1940到1943年我在同济大学附中读书，当时附中是很有名的，教育质量很高。我至今对母校感情很深。

吴孟超
吴佩煜
2006年5月8日

舟中情

——同济中学校友回忆录

上海市同济中学 编
主编 张咏梅

同济大学出版社

图书在版编目 (CIP) 数据
舟中情：同济中学校友回忆录 / 上海市同济中学编；张咏梅主编 .
上海：同济大学出版社，2018.1
ISBN 978-7-5608-7487-6
Ⅰ . ①舟… Ⅱ . ①上… ②张… Ⅲ . ①同济中学－校友－回忆录 Ⅳ . ① G639.285.1
中国版本图书馆 CIP 数据核字 (2017) 第 279545 号

舟中情——同济中学校友回忆录
上海市同济中学 编
主　　编　张咏梅
执行主编　袁义善　张　明
出版策划　《民间影像》
责任编辑　陈立群 (clq8384@126.com)
视觉策划　育德文传
封面设计　陈益平
电脑制作　张晓明
责任校对　徐春莲

出　　版
发　　行　同济大学出版社 www.tongjipress.com.cn
上海市四平路 1239 号　邮编　200092　电话 021-65985622
经　　销　全国各地新华书店
印　　刷　上海锦良印刷厂
成品规格　170mm×213mm　544 面
字　　数　593 000
版　　次　2018 年 1 月第 1 版　2018 年 1 月第 1 次印刷
书　　号　ISBN 978-7-5608-7487-6
定　　价　110.00 元

编 委 会

漫谈同济附中[①]（代序）

周祖翼

同济大学曾有一所真正属于自己的附属中学。同济大学初创时期，国人要留学德国，多选择同济大学，而要进同济大学，多先入附中学习德文。当然也有从附中毕业，然后进入德国大学的。同济附中与同济大学同出一脉，均系德籍医学博士宝隆创办，只不过附中 1907 年创办时称“同济德文医学堂德文科”，1924 年 5 月改为“同济大学附属中学”，1927 年 8 月改为“国立同济大学附属中学”。1950 年 6 月，附中与同济大学脱离附属关系，改由地方教育行政部门领导，定名为“上海市同济中学”。历史上附中的校名始终与同济大学相连，附中的主任（校长）也常常由同济大学的教授兼任，而附中的办学地址也始终与同济大学相伴，有时甚至融为一体，共享办学资源。即使在始于上海吴淞、终于四川李庄的漫长而艰辛的西迁途中，附中也与同济大学风雨同舟，共渡难关，为同舟共济作了最好的诠释。

同济大学曾有沪上最好的医学院和工学院，也曾拥有沪上最好的大学附属中学。仅从当时的名流对同济附中的关注就可知附中的影响。民国 20 年 (1931) 同济附中的毕业纪念册上，蔡元培题词：“知之为知之，不知为不知，是知也。”胡适题词：“只有学问可以救国，此外绝对没有捷径。”纪念册上题词的还有先后两任上海市长张群和吴铁城，以及与蔡元培共享“北蔡南马”声誉且亦曾任教育总长的马君武，民国元老居觉生居士等。三年之后，同济附中 23 级毕业纪念册上，题词的政界要人就有林森、蒋介石、王世杰、吴铁城、张群等。

说到同济附中，不能不提起欧特曼（W•Othmer）博士，他自 1920 年起任同济附中教务长，直至 1933 年 10 月病重回国，次年 1 月因胃癌在德国去世。在他去世后的一个月后，同济大学举行了隆重的悼念大会，参加者逾千人。他从1907年来到中国，先后在北京、天津、青岛等地任教；第一次世界大战期间被日军俘虏，在日本战俘营中待了五年，即使在战俘营中也还坚持学习和教授日文。欧特曼学贯中西，精通德、英、法、希腊、拉丁、中、日文，并略懂西班牙、葡萄牙、俄文，以及库页岛方言、赫哲族方言、梵文。他编写的《中德袖珍词典》是国人学习德语的经典工具书，他在同济附中任职时主编的《德文月刊》是师生们学习德语的重要资料。他还翻译了《中国国民党总章》《建国大纲》《戴季陶述孙中山著作及其演讲记录要目》《我们走哪条路》《明史·徐达传》，以及《明史·周颠传》《聊斋》若干篇，为中德文化交流做出了重要贡献。后人为纪念欧特曼先生，曾编有一本由蔡元培和罗家伦题写书名的《欧特曼教授哀思录》，书中撰写追忆文章或题词的有林森、蒋介石、蔡元培、孙科、居正、于右任、朱家骅、陶德曼(德国驻华公使)、王世杰、孔祥熙、顾孟余、罗家伦、马君武、黎照寰、王星拱、梅贻琦、胡庶华、张群等人。在同济附中曾任教过的除了欧特曼以及一批德籍教员以外，还有一些著名的人文学者，如冯至、钱君匋、廖馥君等。先进同济附中、再入同济大学的杰出校友有贝时璋、吴孟超、董洗凡等。据网上介绍，同济附中在1950年前培养的学生中成为两院院士的有8人，不知其中是否包括笔者熟悉的两位同行钟大赉(构造地质学家)、张弥曼(古生物学家)。笔者与两位院士认识多年，2002年钟大赉院士前来参加同济大学95周年校庆时，才知道这位前辈同行也是同济校友。而获悉张弥曼院士也是附中校友则是在同济大学百年校庆之际。

有一所中学，每年在和同济大学庆祝同一个生日；有一所中学，她上世纪50年代初以前入学的学生今天仍在和几十万同济学子同庆同济大学的生日。但这所中学，却不是今日同济大学的附属中学，这也可算是百年同济的一件憾事吧。(68/3)[②]

①选自周祖翼著《却顾所来径——大学与山水之间》，同济大学出版社2012年出版。
②《舟中情》第68期，第3页，下同。

序　二

悠悠岁月，百转千回。同济中学历经坎坷沧桑，走过了110年的风风雨雨，让吾辈心生敬意！

有一种记忆总在回眸时，才体验出“眷恋”；有一种往事总在重拾后，才品味出“甘甜”。有一种缘分总在遇见时，才相信是“永恒”；有一种心情总在诉说后，才明白是“深爱”。

书中各位校友，或情深意浓，或云淡风清，书写着各不相同却又激情燃烧的同济校园生活。师生之情，同学之谊跃然纸上。同舟共济之学校精神，始终蕴含于每个同济人心中。

我常常感怀同济之星光闪耀，那是因为延续同济精神的同济校友，只因我们是同济人。他们有的为国捐躯，有的敬业爱岗，有的院士领衔，有的平凡建功。无数同济校友在各处发挥着光和热，成为国之栋梁，卧虎藏龙，昔日同窗竞风流。

我常常感念同济之独运匠心，那是因为发扬同济精神的同济教师。他们在三尺讲坛上侃侃而谈，专业论道；他们在夜深人静时，挑灯夜战，备课阅卷；他们在课余时间里，拾遗补漏，不遗余力。深入浅出，循循善诱，抽丝剥茧，鞭辟入里，虽辛苦万分，却甘之如饴。虽桃李不言，仍下自成蹊。

我常常感谢同济之源远流长，那是因为孕育同济精神的和谐关系。本书中，字里行间，可见教师的敬业爱生，学生的刻苦求学，更有相互之间的和谐关系，师爱生，生敬师，互敬互爱，你不说我不语，但却总是存在于相互的交往中，顾盼于相互的眼神中。

同济，一个有温度的名字；同济，一段有品位的佳话。简单写序，聊表作为同济人的自豪，更有作为同济教师的骄傲，愿我的母校蒸蒸日上，熠熠生辉，永续传奇。

张焱（1988届校友，同济中学党支部书记）

2017年10月28日

目　录

同昌盛，济患难

45届 胡国汉

我是重庆籍，1942年在四川李庄进入同济附中，以德文为第一外国语，这是我一生中的大转折点，也就影响了终生。因我和家人皆学工科，所以就升读同济工学院，以至来沪、服务舰船行业、离休、发余热，至今老龄。我就读同济附中和同济大学共8年，与母校和学友们结下了深厚的感情。忆及当年在附中的学习和生活情景，感慨良多。

附中的课程与外语，多按大学部的医、工、理科而设，且列为重点。学生毕业后，绝大多数考升有关学院，是大学部的良好生源，可直读本科一年级。所录取的学英语的高中生，还需先学好一年德语后，才能从本科一年级读起。我们在附中每周一、三、五的首节课，是由廖馥君校长教德语语法和课文，课本采用德国著名的*Berlitz*德文书，他用中文夹德文讲解，我们较能听懂，其语法讲义后来还成书出版，对我们上大学后攻读德文教材和就业后阅译德文书刊皆很有帮助，并享"物以稀为贵"之尊。因在上世纪，我国科教界绝大多数学英语。每周二、四上午首节课由陈一荻(德籍女教师)授口语，教材是*DeutscheSprachlehre für Ausländer*德文书。她的讲、问全用德语，在三年的讲授中，其速度由慢到中等，这对我在就业中很有利。在大连中苏造船公司、北京船舶工业局时，很多苏联专家会德语，不大说英语，当我说俄语受困时，就借德语沟通。在速成俄语中，利用德语基础也比英语容易。每周六上午上一节英语课，这对后来在造船行业较多接触英语亦有所裨益。在附中的校友中，有的长期教德语、当翻译、编外语书刊等，贤言"外语是人生斗争中的一种武器"。当年在日常生活中、球类比赛、玩棋牌、开玩笑等，习惯地常讲德语，学习德国科教的风气很盛，形成同济附中的特色和传统。当时每周还上数、理、化、几何、生物、中文和体育等课各二节。每节课为 90 分钟，与大学部一样 (仿德国教学制)。也有大学部的讲师、助教来兼课，附中一向是同济学府不可分割的组成部分，关系密切，情同手足。大、中学生皆享受国立学校的公费，附中与别的国立高中相比，投考本校大学亦占优势。

在上世纪二三十年代和抗战的艰苦岁月，颠沛流离的生活中，医、工、理三个学院和附中、附职，如同一个团结和谐的大家庭，关爱相顾，患难与共。有大学生到附中找女友，很自然。同济属实科大学，附中课程亦按其针对性而设。附中在李庄时，位于镇街边沿的麻柳坪，是新建的简易平房，前排两幢是教室，后排两幢为宿舍，有一篮球场、厨房、旗杆布局对称有序。1950 年，中学部与同济大学脱离了附属关系。建校 80 周年时，大学曾要求为同济中学复名，因行政隶属关系受阻，使广大师生和校友深感遗憾。我们就读过同济附中的校友都承认现同济中学是母校，这是不争的事实。50 余年来广大师生和校友都渴望现同济中学复名为同济大学附属高级中学，我们期望能趁母校百年华诞之际圆此美梦，传承同舟共济、同甘共苦的优良校风。祝母校兴旺发达，再铸辉煌。(35/6)

(2006.6.15)

忆华德 话往事

48 届 章宗穆

我 1942 年进入华德中学初中部。当时上海沦为日寇占领区，我生长在教师家庭，母亲长期卧病，家庭经济困难自不待言。小学毕业后父亲为我的升学甚是为难，那时正好有一位留学德国的同学，说到有位德国朋友在上海开办了一所华德中学，学费较低，大约只有一般学校的 1/3。学校在静安寺附近，离家也不远，并且说高中毕业后如想学医，还可以直接升入德国医学院，那是一所同样由德国人在上海办的学校；如果想读工科，则可以保送到德国上大学。在这些因素影响下，我考入了华德中学。

华德中学的校址在静安寺路赫德路口 (今南京西路常德路口)，校舍是一幢三层花园洋房。华德中学刚开办时学生不多，班级也不多，所以足能容纳各班教室、老师办公室、校长室等，底楼还有一个厨房，工友可以为自己带饭的学生热饭，既方便又为家长省钱。楼前的小花园权作操场，条件比起一般上海众多的弄堂小学毫不逊色。后来班级增加，学生增多了，这幢洋房已容纳不下，因之在蒲石路 (今长乐路)“留园”又建了分校，那是一条中等大小的里弄，校舍也还是两幢弄堂房子，但是没有了花园，学生活动只能在弄堂里，有时难免和弄堂里的居民发生一些矛盾。我的班级也转到了分校，离家就远多了，每天还照样步行回家，看看现在的学生，有些家长是汽车接送，至少也有自行车代步或乘车回家，而我们当时大部分同学都是安步当车，比起现在的学生艰苦得多，但确实培养了我们的刻苦精神，也锻炼了身体。

华德中学虽然说是由当时拜耳药厂的一位工程师巴尔泰 (Dr. Bartelt) 创办的私人学校，中国校长是孔敏中老师，但是从许多迹象可以看到和德国驻华使、领馆有着千丝万缕的干系。学生在学校里经常可以拿到一些德国使领馆散发的宣传品，我们有时也去位于大西路的德国领事馆参加活动，馆址在现在的延安西路华东医院附近。华德中学的圆形校徽上下并列了华德中学四个中文字，周围是德文全称 Deutsch-Chinesische Mittelschule 的缩写 DCMS 四个字母。

华德中学的教师阵容很强大，有些在抗战胜利同济大学复校后，就在同济大学任教，像吴之瀚 (同济大学数学系主任)、陆振国 (同济大学数理教授) 等，又如晏华璋、戴鸣钟等都是巨著《德华标准大字典》的编委，此外还有不少德籍教师。华德中学的教学内容与上海其他中学有些不一样，德语教学占了很大比重，我印象是每周有 8 个课时。教师有三位，一位中国老师好像是吴之瀚，他上课很严厉，一位匈牙利老师辛凯 (Hr.Chenkai)，再就是校长巴尔泰 (Dr.Bartelt)，每周六亲自来班上教一节课。

我记得巴尔泰校长来班上常教我们一些德国诗人的诗，至今我还有很深印象的是一次教了 Gothe 的长诗《魔王》(*Erlkönig*)，在教此诗时还让同学分别扮演其中的人物，如魔王、儿子等。记得有一次让我扮演孩子，和扮演父亲的同骑在一条凳子上，代表骑马奔走。这首长诗的开始几句我现在还能记得："Wer reitet so spät, durch Nacht und Wind, Es ist der Vater mit seinem Kind……"那位匈牙利老师辛凯不会中文，所以上课时就在黑板上画图，画一撇一捺，就代表母亲 die Mutter，画一副眼镜则代表父亲 der Vater，画了桌子就是 der Tisch……德文课本开始是用《德文入门》，以后又学 *Deutsche Sprache für Ausländer*，这两本书虽已历时 60 余年，封面已破旧，部分书页也残缺，但是我还是珍藏在我的书架上。教音乐课的也是一位德籍老师，也是不谙中文，每次上课带了一把小提琴，先把要教的歌曲用提琴拉一遍，接着就让乐感好的同学随他的提琴声唱下去，我记得李协德学兄常常是领唱人。老师教了不少德国民歌，像《野玫瑰》(*Heidenroslein*)、《摇篮曲》(*Wiegenlied*)、《菩提树》(*Der Lindenbaum*)、《鳟鱼》(*Die Forelle*) 等，至今我还能哼上几句。华德中学高中部还有更多德籍老师，任教除德语课外的其他课程。

强化的德语教学使我们的德语水平提高很快，到初中毕业时我们的读、写、说、听都达到了一定水平。但是等我们升入高中后，就和四川复校回来的同学合班，由于四川没有初中部，他们高中入学后的德语学习从字母 a、b、c 开始，这就与我们之间形成很大差距，学校又不能分别开课，就说我们可以不参加德文课学习。起初我们十几个华德升上来的同学自己出钱，好像是每人十块钱，请了一位德国老师来补课，后来由于经济负担较重，没有再继续下去，另一方面也是年少贪玩不懂事，觉得不上课更轻松，于是放松了学习，令我们的德语水平不进反退，荒废了，这是后话。体育老师是校长孔敏中请来的一位武术师，教的是八段锦一类国粹武术，记得同学中以赵树德学得最好。英文课教师我记得是李协德兄的父亲。后来日寇想进一步控制沦陷区学生，学校不得不增设日文课，大家抵触情绪很大，都不愿意学。其他课程则与一般学校没有太大差别。

华德中学的班级规模都很小，据王昭仁兄回忆，当时我们初一开始时分为A、B两班，期间有些同学由于种种原因陆续离开，到后来转留园分校时便合并为一个班，大约也就20多名同学。现在记得起名字和模样的已不足16人，王昭仁、周允隆、周栋隆、李协德、朱金林、高永祥、赵学铭、陈星强、卢天慈、陈炳鸿、郭丰民、林尔康、江永清、赵树德、叶望云、戴昌秸等。那时同学间感情很丰富，关系融洽自不在话下，但有少数同学在抗战胜利后没有和我们一起并入同济附中。如今60多年前的少年，已成年届八旬的老翁，也有几名同学已经作古：赵学铭、郭丰民、林尔康、戴昌秸和卢天慈，我们永远怀念他们。

抗战胜利后由于华德中学是德国人办的学校，被列为敌产，由复校上海的同济大学接收，并入附属中学。那年我们正好初中毕业，升入了同济附中高一年级，和四川复员来沪的同学组成了新的班级。校舍先是迁到四川路底与复兴中学相邻，以后再迁江湾五角场北的旧博物馆和飞行馆。

华德中学的几年学习对我们影响很大，特别是受到了德国文化的熏陶。后来我们班有好多同学终生从事与德国文化有关的工作，都是和华德的学习经历分不开的。林尔康和赵学铭长期从事德语教学工作，郭丰民和周允隆解放初期便被派往通德语的瑞士从事外交工作，50年代末回国后，又分别到外交部和广播事业局任职，还是从事有关德国的外交和文化交流工作。王昭仁工作分配在北京对外文委，以德国文化交流和德国文学艺术研究为终生职业，其间编纂了德汉字典，为广大德语学习者提供了有效工具。华德中学其他班级也出了不少德语人才，在外交部门、德语教学和文化交流部门工作。解放初期外语人才不足，尤其德语人才匮乏，华德中学为国家输送了人才，为新中国建设起了很大作用。我在华德中学学到的那一点德语，在这几十年的工作中也得到了充分发挥，特别是改革开放后的对外交流中，我的这点德文对我的工作帮助极大。阅读德文文献、同德国朋友交往都是靠早年打下的底子。三年的华德中学生活时间不长，但是印象很深，终生难忘。

时间已逝 60 余年，往事如烟，加上记忆减退，回忆的有些情景已是依稀难辨，不确之处在所难免，还望当年老同学指正。此文写成后，已请王昭仁兄过目，并且修正了一些谬误，特此感谢。(47 /1、48 /2)

也忆华德

46届 夏 经

章宗穆在《舟中情》中的“忆华德”一文勾起了我的回忆，就他的题目，我再来补充一些。章宗穆我们彼此认识，他在华德时比我低三级，我进高中时他进初中。华德中学与德国医学院一样，都明确是德国使馆办的，华德作为后者的附中，我是在《申报》上见到广告后去报考的，入学考试主要考英语水平，因为英语和德语都属日耳曼语系，即西日耳曼语，许多方面相同或相似。但报考华德最主要的是免费，除了注册费和书费外，一律都免，这对当时许多困难同学来说是了不起的大事，我也是如此。何况那时大家最恨日寇，读英文日寇不准，但德方与我们无直接冲突，医学与科技又举世著名，所以就有许多人报考。华德中学规模不大，每班只收 20 人，以后增加 2、3 个“走后门”进来的。凡正式考入的成绩都较好，经过一个学期德国老师或捷克、匈牙利、奥地利乃至罗马尼亚等籍德语老师直接强化教育，相当于今天的 intensive course，基本上就能直接用德语听课和上课了。我记得，那些德语老师是用英语来解释德语的；初中部则雇用一些懂中文的德国佬用中文讲解，很快也能直接听讲德语了。德国老师中教数、理、化的都是抗战前同济大学或其附中的教师，有些曾随同济大学内迁，因希特勒与日寇结成“轴心国”后被强制返沪。以中文授课的老师也都来自同济大学留德的科技博士等。德方校长是 Prof. Dr. Bartelt，原同济大学化学系主任(终身未娶)，教我们无机化学，一丝不苟，做实验更是如此。抗日战争结束后他继续留在同济大学理学院任教，每见到我们华德中学的同学特别亲切，还不时交谈几句。

华德中学办学以德国中学的体制为主导，按照“谁是敌人，就认真学习它的语言”，对英语教学抓得很紧，请了一位留美中国牧师讲课，在 3 年中就学完一本厚厚的 *The*

Autobiography of Benjamin Franklin，经常要求背诵其中的警句或箴言，至今我还能记得不少。华德中学对音乐非常重视，每周必请当时上海交响乐团的第一小提琴手、匈牙利人Hartmann来上课，他的琴艺极精，教我们齐唱德国民歌时，用他的琴声完全压得住，而且谁稍有错误就听得出来，立即停下纠正，一直到准确为止，所以直到今天我还能记住好几首。前几年我去德国时，与几位德国老同事一起合唱，备感亲切。

记得1945年希特勒垮台时，华德中学当天立即“鸟兽散”，许多德国教师不来学校，只来了一位捷克籍德人老师，大声叫：Alles gefallen! Alles gefallen! 然后匆匆离去。1988年我在德国时，突然有一位“德中友协”官员来找我，问我愿不愿意见见在上海的德国同学？我想起，那时上体育课我们常去当年的德侨学校，即解放后的上海市委所在地，当时称Kaiser-Wilhelm-Schule，校址很大，设备极佳，我们常与德国孩子踢足球。没想到以后会在德国见面。原来德国投降前不久，这些十五六岁的孩子奉命乘潜水艇回国参军打仗，可是潜水艇在美机轰炸下先到日本。由于时间一再耽误，登陆日本时希特勒已经垮台了！小日本非但没把他们当客人，反而当俘虏送到集中营劳动，一直到美军占领日本后才发现日本居然还有德国俘虏，于是先把他们赶到美国，之后有的回到德国，有的就留居美国学习或工作。我与两位德国同学重逢时，他们都是年过花甲的老富翁了，但两人居然还都能说一口中国话，一个说上海话，另一个说天津话，最逗笑的是把幼年学会的中国骂人脏话全大声说出来了，笑得我们满口喷啤酒！

当年的华德中学条件确实不错，例如生物课，每人保证一座ZEISS显微镜，把捉到的昆虫切成细片，一定要准确描画出细胞的各个部位，然后注明主要部位才算pass。这段学习经历在我一生中有重要作用。我大学毕业时，刚刚去世的裘法祖等名教授点名留校的师资，主要都从原德国医学院及从华德升入者中挑选，由此可看出其中的侧重了。当时那位教我们音乐的小提琴家Hartmann已50多岁，对几个包括我在内的爱好德文歌曲的同学，时常免费送我们上海交响乐团的票，去听MOZART，BEETHOVEN，WAGNER，BRAHMS等交响乐，这也对我们一生爱好音乐的习惯起到不小的作用。二战结束后他不知跑哪里去了？

应诗达是我当年华德中学同班同桌共三年的同学，他现在是国内知名的麻醉学专家，一直在山东医科大学(即历史悠久的齐鲁医学院)工作，今年也是80岁，山东省政协曾为他祝寿和出版著作。现将应诗达所著《攀登·一生琐事纪实》11-12 页述及华德中学的一段转录于下，该书 2008 年 4 月由山东的出版社出版。

关于华德中学（应诗达）

1942 年初中毕业后，大哥从报纸上查到一所由德国大使（领事）馆主办的华德中学，学杂书费全免，只办高中三个年级，每一年级仅收 24 名学生，成绩优秀者可直升德国医学院并保送到德国深造。当时，这是一个大好消息，条件相当优越，大哥鼓励我去应试。报考人数众多，入学考试严格，结果我被录取。华德中学的办校经费充足，师资力量雄厚，老师经验丰富，德语课由两位大学教授兼任（德人为主）。学校纪律严明，科目齐全，仅语言一项就安排汉语古文、德语、英语和日语四门课程。入学后学习环境非常良好，课堂明亮，课桌全新，每班 24 名学生，秩序井然，教学质量高，读书气氛浓，在当时的敌伪环境中确实是一所难能可贵的好学校。德国人办事严谨、缜密的风格全部体现在学校之中。我有幸能在 1942 ～ 1945 年读完高中，印象极其深刻，受益最深。至今与我仍有联系的同学有大连医学院附属医院小儿科的夏经教授。(50 /1)

从 Heidenroslein 想到的事

48 届 章宗穆

我每次收到《舟中情》总是迫不及待地在第一时间翻阅。前几天又收到了上海寄来的第 61、62 期。我在 61 期第 5 版左上方发现了一首非常熟悉的德文诗 *Heidenroslein*（《野玫瑰》），使我联想起 60 多年前华德中学的往事。这首 *Heidenroslein* 是德国大文豪歌德 (Johann Wolfgang Gothe) 写的一首诗，曾有许多作曲家为这首诗谱过曲，如舒伯特 (Franz Schubert)，维尔纳 (Heinrich Werner)，采特尔 (Friedrich Zelter) 等，其中最有名也是流传最广的应推舒伯特谱曲的《野玫瑰》。歌德的这首《野玫瑰》被翻译成多种文字，中文歌词也由多位音乐翻译家把它译了过来。

我最早知道这首诗是 1942 年在华德中学的音乐课上。那时教音乐的老师是一位奥地利籍外国老师哈特曼先生，教学方法奇特。他带了一把小提琴进教室，先把今天要学的歌曲的歌词写在黑板上，而后用小提琴拉一遍，接着再分段地拉，并叫起一名有音乐天赋的同学跟着他小提琴的旋律唱起来，我记得领唱最多的是李协德兄。他唱完后大家就跟着唱，一句又一句，一段又一段，一遍又一遍，这样用不了一两堂课就把一首歌学会了。那一段时间我们学了不少德文歌曲，主要是德国民歌 (*Volkslied*)，像《菩提树》(*Der Lindenbaum*)、《摇篮曲》(*Wiegenlied*)、《鳟鱼》(*Die Forelle*)、《莲花》(*Die Lotosblume*)、《平安夜》(*Stille Nacht*)《魔王》(*Erlk önig*)，等等。

我学唱这些歌曲虽然已经过去了将近 70 年，而我又是个缺乏音乐细胞的人，但是少年时代唱的歌仍会在我脑海里不时翻滚，有时嘴里还能哼哼几句，特别是在某些聚会场所，还得被迫唱上几句。我记得有几次和德国友人在一起哼这些民歌时，他们很惊讶我怎么会唱《野玫瑰》，我就免不了谈到当年的华德中学。德国友人很奇怪在第二次世界大战时，上海居然还有一所德侨办的学校①。当时我们唱的绝大部分是德国民歌，但是我记得还学过德国国歌，开头几句是：德国啊，德国，世上至高无上的德国 (Deutschland，Deutschlandüber alles，über alles in der Welt……)。在当时这几句话我们听了很不舒服，特别是那时候正处于第二次世界大战，德国企图称霸世界，侵略战争席卷了大半个欧洲，另外也基于我们的民族自尊心，所以大家在课下故意把介词über改为unter，那意思就变反了，德国不是至高无上，而是世界的低层了。当然课堂上不会这样唱，这体现了我们生活在沦陷区少年的一种逆反心理。

华德中学位于上海静安寺路赫德路口 (今南京西路常德路)，后来学生多了，又在蒲石路 (今长乐路) 留园 (弄名) 开设了分校。静安寺总校的校舍是一幢三层楼的花园洋房，洋楼不是很大，那时班级少学生也少，所以很宁静。现在时过境迁，静安寺一带已是高楼林立，熙熙攘攘，面目全非，特别是那座著名的古庙静安寺，恕我直言，虽然外表装修得“金碧辉煌”，但是寺庙的风格已变得不伦不类，完全是另一番景象了。现在我的脑海里，依然还存在着那幢恬静的小洋房，楼前一片绿茵的草地，上体育课时一位年长而矮小的武术师王老师带领我们在楼前花园草坪上舞剑、练“八段锦”。记得同学赵树德，他有一定的武术基础，上课时深得王老师赞许。中午下课铃一响，一楼厨房里的校工已经帮同学们热好了带去的午餐 (那时一般家比较远的同学都自带简易午饭)。各层教室虽然不很大，但因班上同学不多，一般都不到20人，所以也不觉得拥挤。校长巴尔泰博士是一位和善矮胖的德国老头，很重视同学的德语学习，因此在固定的德语课时以外，每星期还亲自为我们上一次德语课，有时教一些德国的诗歌。校长办公室在二楼，他常会把同学找了去。有一次巴尔泰先生教我们唱一首歌德的叙事诗《魔王》(*Erlkönig*)，那首诗描写一位父亲抱着重病的儿子骑马飞奔赶回家，病危儿子的幻觉中看到魔王在召唤他，魔王描述天堂的美景；等到回家，儿子已经死在父亲的怀抱里。这首诗中有父亲和儿子之间、儿子和魔王之间的对话，

①华德中学的办学背景我不是很清楚，当时的校长是德国拜耳药厂化学工程师巴尔泰博士。华德中学不是教会学校，但是受到当时上海德国领事馆资助，所以抗战胜利后也就作为敌产而被政府接管并入同济附中。

写得情感真挚亲切，场景描写深刻细腻。这首诗也被舒伯特谱曲而留传于世。巴尔泰先生在他的办公室里找几个同学，把椅子当作飞奔的骏马，同学们有的扮魔王，有的扮父亲，有的扮儿子，我就扮过一次儿子，朗诵歌德的诗句……这种特殊的教学方式和密切的师生关系，至今我犹不能忘怀。

在我们学校的隔壁有金都公司、亚细亚食品店等，静安寺庙的东面有一条贯通静安寺路和愚园路的弄堂庙弄，每年农历四月初八“浴佛节”，上海各处商贩云集此处举办庙会，虽然这条弄堂不算太窄，平时还能通过汽车，但是庙会期间拥挤的人群使这条弄堂“水泄不通”，我们放学回家经过庙弄也会去看个热闹。如今时光虽然已经飞驰 70 年，但是那些景象仍然历历在目。往日的事物景色都已逝去，我们这辈人也都垂垂老矣。我写这篇短文，只是按捺不住怀念我们的华德时代，我们值得留恋的青春时光，但愿此文能引起华德老同学们对少年时代美好回忆的共鸣。

此文写成后，曾请王昭仁兄过目，他提出了不少宝贵意见并纠正了一些谬误，特致感谢。

（67 /1）

再说说华德中学

48届 李协德

我很想写点东西说说华德中学，可是总静不下心来。近又看到了栋隆和其他好几位学长回忆华德的文章，终于下定决心。自从再次提笔以来，脑子里都被“华德中学”占满了，常常半夜醒来，旧时景象历历在目。

静安寺吉美村旁的那座小花园洋房，眼前清清楚楚。小洋楼呈L字形，主楼是教室和教师休息室，侧楼全是教室，中间一个小操场。铃声一响，学生们飞快地进入教室，马上鸦雀无声；一下课则如脱缰之马，拼命地踢小皮球或打打闹闹。就在这豆腐干大的一小块地方，一批多半是濒临失学的少年正在紧张地求取知识。

我进华德中学也是因为家境困难，原先读初一，才半年就辍学在家。我记得当时有几名同学中途退学，现在还能叫出名字或绰号，后来都没有再见了。或许因我父亲与孔敏中校长认识，我没经考试就进了华德初一甲班。经历了在家苦熬的折磨，一旦又能进学校，高兴自不必说，也格外珍惜这个机会。

孔校长和中国传统文化

孔校长浓眉紧缩，犀利的目光透过黑圈眼镜注视每个学生，直挺腰板，蹬自行车。在当时的条件下，办学之艰辛可想而知。我记得刚入学时还没有“公民”课和日文课，后来有个一身黑西服道貌岸然的人来，大讲“新生活运动”“礼义廉耻”云云；至于日文，好像初三到蒲石路留园上课时才有，其间很可能有过抵制，且来的老师第一堂课就“声明”：本人不是汉奸，我讲课你们不闹，大家都可以及格。

我们在华德初一那段时间，孔校长亲自上课较多，他用很多时间讲中国的传统文化，甚至包括二十四个节气都要一一背出，还测验过一次。毛笔字更精心传授：从开笔、握笔、坐姿直到研墨，各个环节都细细示范。

国文是从《论语》开始，老师更换过几位，印象较深的是一位女的贺老师，不用固定教科书，多半用《北新活页文选》，讲解细致，有些文句至今还能成诵，像《岳阳楼记》《醉翁亭记》《出师表》《桃花源记》和《赤壁赋》，等等。现在我还喜欢在《古文观止》中找出读过的文章，一念就回想起当年的情景。国文课十分注重作文，要求用蝇头小楷端端正正地写，并当堂交卷，老师认真批阅，红笔圈出佳句，写上评语。

学校一度请过王元化先生来上课，他讲课生动，不拘一格，提到什么“文心雕龙”等，我们很难听懂。他写的黑板字笔飞墨舞，几个字就占了满黑板。最有意思的是出过一个作文题《论笑》，我也记不得当时是如何“发挥”的了。

华德中学的外籍教师

华德中学的外语，当然德文占的比重最大，德、中教师双管齐下。第一位是钦凯(音译)老师，据说是匈牙利人，可能是外国教师中最严厉的了。他几乎99%时间是严肃的，只有在极罕见的情况下才微露笑意，却从未见过哈哈大笑。他有一句“经典名言”，把英语和上海方言巧妙结合起来：“Jastthe same，一样GA!!”这是他得意地发现某个德文词和英文词相同，又可解释清楚词义时才说的话。在上他的课之前，值日生必须特别小心，密切注意楼梯脚步声响，只要听到他踩上楼梯，就应立即大声呼叫：“Aufstehen!”全体起立自不必说，还得绝对鸦雀无声。如果他发现学生们有一丁点声响，除了处罚“肇事者”外，他本人还要重新走一遍楼梯，其严厉若此！钦凯老师只教句型不管语法，一上来就在黑板上写些字或句子，还常用简笔画示意，接下来念准、讲解、问答，学生练习是端正抄写句型。有一次教家庭成员的称呼，男性画一副眼镜表示，女性画一撇头发表示，竖的祖孙几代，横的叔伯婶姨堂兄表妹，满黑板人头，老师点到一个就要求马上说出来，搞得头昏脑胀。讲“介词”则以他本人的动作示范，直到学生搞懂为止。他的课比较刻板，缺乏沟通，但句型印象深刻，受益不浅。

后来的Fürst女士上课又是另一种风格了，她讲故事，格林童话里选了不少，且这时师生间已可以用简单会话沟通了。据说她丈夫是德国军官，二战中战死。她老年时住在上海提篮桥地区，双目失明，孤苦伶仃，处境悲惨。中国老师讲《德文入门》，与德国老师两方面相得益彰。我听说现在还有学友保存着那本桑德满原著的书，确是无价之宝了。至于英文课，起先也请过一位美籍女教师，时间不长，可能被日本人送进集中营了。

华德中学的美学教育

华德中学对美学课程十分认真，请来的教师也都有点来历，如音乐课的哈特曼，教法别具一格：先抄一首德文歌在黑板上，然后很慢地自拉自唱，接下来就一个一个点名起来唱，你就得凭听力和记忆模仿，只要稍有差错或走调，他那双闪闪发光的眼睛马上睁得很大。他教的《少年与玫瑰》《摇篮曲》等我至今还能记得一些。哈特曼曾在一场小提琴四重奏音乐会上表演，身穿褐衫，每曲奏完，观众鼓掌，演奏者起立行礼。

另有一位男的贺先生，先教绘画，后来也教音乐，吹口琴，拉小提琴。记得第一堂课在讲台上放个篮子，里面有几棵萝卜、白菜，教我们写生；后又教炭笔画、水彩画，对我日后学医画解剖图很有帮助。每周六课后有一个口琴班，自备口琴，从静安寺跑到留园。每逢重大节日，校长老师讲话后，口琴班就要亮相，很热闹。

孔校长的教育救国理想

孔校长办学有点像目前引进外资，他是呕心沥血、真心实意想按照他的教育救国理想，脚踏实地为中国培养人才。从几位学长和我回忆在华德中学读书的感受来看，似可印证这一点。记得有天孔校长宣布，下午到青年会去听民主人士邵力子、柳亚子等人演说，让我们了解社会上的事。又有一天下午，孔校长讲青春期教育，当时没听出个所以然来，只回忆到有这么一次教育。从后来的情况看，华德中学确为我们这些青年人心田里播下了德、智、体、美全面的种子。后来我们曾去他在上海市南的家探望过，具体情况我已记不起了。

二战结束，华德中学作为敌产被接管，接收大员戴鸣钟 [曾任同济附中训育主任，与陆振邦、晏华璋等一起参加编写《德华标准大词典》，后来在上海机械学院 (上海理工大学) 教书，成为该校名牌教授。] 来讲过话，阴森森的，那副装扮和表情与电影《乌鸦与麻雀》中的官儿颇为相像。

不久，华德中学这段历史就画上了句号，我们年级 14 名同学幸运地融入了同济附中。

(20 /1)

我所知道的华德中学

48 届 周栋隆

华德中学建立于 1942 年，是那时一所颇具特色的中学。学校刚创办时规模很小，只有初一和高一两个班级，每班学生 20 人左右，我是第一批入校的初一新生。当时稍有名气的学校学费昂贵，我家境贫寒不能就读那种学校，而华德中学学费低廉，且招生广告上又注明毕业后成绩优异可以保送德国深造，这两点促使我选择了华德中学。当年华德中学校址在静安寺路赫德路西侧，即今南京西路常德路西，现在原址及其周边房屋已拆毁湮没，变成了上海机场城市航站楼。

华德中学校长是德国人 Bartelt(巴尔泰). 他的来历知之甚少，据说是从西藏进入中国辗转来到上海的。他的专长是化学，除了给我们上德语课外，还给高中班上化学实验课。华德中学虽是私立学校，但在经费上得到德国驻沪领事馆资助。记得有一次德国领事夫人来校参观，校长非常重视，并指派我作为学生代表向领事夫人献花致欢迎词。

又有一次，德国领事馆庆祝德国的一个什么节日，我们全体学生列队到领事馆大礼堂看德国电影，除宣传影片外还有故事片《13 把椅子》(*Dreizehn Sthle*)。德国领事馆还常送来一些宣扬德国法西斯战争战果的宣传品，要求张贴在学校中。但是这一个要求巴尔泰校长从来没有执行。校长经常会叫几个学生到他办公室谈话，了解教学情况。有一次他也叫我去了，还送了我几张精美图片，同学们看了都很喜欢，于是常常大胆到校长办公室讨图片，有时碰上校长心情不好，也会被赶出办公室。

副校长孔敏中，是一位热心教育事业而又有高度爱国心的人士。在敌伪时期，又是在德国人办的学校中，他仍利用一切机会，对学生进行爱国教育，深得学生尊敬。有一次，为了德国法西斯的一个什么节日是否要放假庆祝的问题，孔校长与一位德籍教师争执起来，孔校长态度鲜明，坚持不放假，那位德籍教师只得服从。又据说巴尔泰校长曾有意聘请德国教师来上体育课，教学生军事化操练，这事也遭到孔校长反对。后来孔校长请来武术教师，让学生练习中国武术。

此外，由于孔校长在留学德国期间曾任留德中国学生会负责人，所以华德中学不少教师是他聘来的留德归国学生，例如陆振国老师、吴之翰老师等，都在华德中学教过德语或数、理、化。后来陆振国老师到同济大学任教授，吴之翰老师则任同济大学教务长（陆振国 1928 届同济附中毕业；其兄陆振邦 1918 届毕业，任同济大学教授，1947~1949 年兼任附中校长）。

华德中学课程设置除普通中学课程外，特别加强了德语课的份量。每周德语 8 节，由三位老师分任。一位外籍教师，匈牙利人 Chinkai（辛凯），教听力和口语；一位华籍教师教语法；第三位就是巴尔泰校长，每周亲自来上一课，他不用教材。有时检查学生学习情况，有时介绍德国文学如歌德、席勒的诗文，以提高我们对德国文化的认识和学习德语的兴趣。到了初中三年级，德籍老师 Frau Fürst（费恕德夫人）来了。她的教学方法是讲故事，让大家听懂以后，叫学生依次把故事回讲出来，每人讲 1-2 句。这种教法大大提高了学生的听、说能力。

现在回想起来，60 年前的那种外语教学法，确有明显的优越性，给我们的德语打下了扎实基础。事实证明，我们班级同学中，后来有好几人从事了外交和德语专业工作，取得了很大成绩。如郭丰民同学，虽然他 1946 年就离校参加革命，但后来走上了外交工作岗位，曾任驻德大使和香港回归前期谈判首席代表。林尔康同学，先后任南京大学外语系主任和同济大学德语系主任。赵学铭同学，任上海机械学院（今上海理工大学）德语教授。王昭仁同学，担当了《德汉词典》的编辑重任。还有杨成绪同学，首任驻奥地利大使。家兄周允隆与我同班，1950 年由同济大学举荐到外交部派驻瑞士公使馆工作，后又被国际电台派往德国电台担任对华广播编辑。

从 1942 年到 1946 年并入同济附中为止，华德中学虽然只有短短四年历史，但已在我们青年时代留下了不可磨灭的印记。今天，我们的华德中学早已融入了母校同济附中（同济中学），成为她的骨肉的一部分，华德中学的历史理应载入同济中学的史册。

于 2002 年 5 月 10 日

48 届王昭仁的补充：

读了栋隆同学《我所知道的华德中学》一文，顿时浮想联翩，华德中学往事桩桩如在眼前。

一、华德中学应建立于 1941 年，而不是 1942 年。我与林尔康、赵学铭、郭丰民、周允隆、周栋隆、高永祥、李协德、章宗穆、叶望云、戴昌秸、江永清等诸君都于 1942 年考进华德中学，而在我们之前已经有初二和高二各一个班级，他们显然是 1941 年就入学的了。我现在还记得高中班有钱允庆、孔繁祉、周纯诸学长。钱允庆后来供职上海市第六人民医院，曾参加首例断手再植手术；孔繁祉起初支援青海建设，改革开放后落实政策调回上海科技出版社；周纯解放后先在外交部苏联东欧司工作，后调人民文学出版社。

二、我们 1942 年入学的初一新生分成 A、B 两个班，课程设置完全一样，唯德语教学稍有不同，A 班外籍教师不懂汉语，教学非全用德语不可；B 班外籍教师懂汉语，课堂上就德、汉语并用了。实践结果 A 班同学德语听、说能力都优于 B 班。

三、B 班的第一位德籍教师是位年事较高的长者，他善用教具和绘画进行德语启蒙教育，让学生从那些简单的教具和绘制入神的图画中学会了许多单词和词汇。但学习介词时，就会遇到一些困难。有次老师要求我们用单词 Kind, Tisch, sitzen，再加上一个介词造句，有位同学答题：Ein Kind sitzt in dem Tisch，老师不禁愕然，随后在黑板上画了一个小孩从桌子拉开的抽屉里探出身子，旁边再有一个大大的问号，引得大家哄堂大笑，同时我们也明白了应该用 auf，而不是 in。

四、B 班的第二位外籍教师是萨尔茨盖勃 (Salzgeber)，他曾在山东传教，能说一口带山东口音的汉语，又自称学过《史记》中的一些文章，能背诵其中的章节。他在课堂上与同学们关系融洽。

五、华德中学的教学管理很严格。学校严禁学生上学迟到，凡迟到者，课间必被“请”到校长室，孔敏中和巴尔泰两位校长亲自询问迟到的原因。如果没有正当理由，就要受到严厉训斥，甚至体罚。课程设置也很紧，国文和德语同样重视，每周多达 8 课时，另外还有英语 3 课时，后来又设日语，而其他课程与别的中学相比，也一样不少。

六、华德中学重视学生的全面发展。记得我们刚进初一的第二学期就举行年级的演讲比赛，A、B 班各选若干名同学上台演讲，并由全校教师进行评选，很受大家欢迎。可惜这个活动只进行了一次。德国学校传统重视圣诞节，加上新年，从 12 月 25 日至次年 1 月 1 日连续放假 8 天。我们入学后碰上的第一个圣诞节，学校发给经费让各班同学布置教室增加节日气氛。由于布置教室带有评比性质，所以每班都利用这有限的资金“各显神通”，充分发挥自己的想象力和创造力。布置完毕，由校长巴尔泰和孔敏中率领全校中、外籍教师逐一参观，对各班同学的创造性设计和辛勤的劳作大加赞扬。其中初一 B 班用棉花在黑板上粘贴成的古体德文 Ein glückliches Neues Jahr 尤受青睐。

七、在我的记忆中，各科教师更换颇为频繁，国文课教师先后有四位：先是一位安徽籍老师，之后是贺庚金，再后是盛姓老师和沈退之诸先生。德语课除了外籍教师，先后有吴之翰、陆振国、屠心观诸先生。英语教师有谭秀莲、李广诚先生和一位姓费的教授。其他如数理化音乐等课有李锦璋、马公铎、周似春、秦西弦诸先生。往事如烟，但老师们的音容笑貌，授业之恩，永铭于心。

八、我们进入初三后，同学也有流动，A、B 班合二为一。嗣后进入高中，又新来了陈星强、卢天慈、朱金林、徐孝志等同学，还破天荒招收了一个化名叫许丽莲的女同学，打破了华德中学男生“一统天下”的局面。

九、抗战胜利后，华德中学作为敌产被接收。不知通过什么关系来接收华德的“校长”办的第一件事，就是把静安寺路校舍的三层楼房占为已有，至于学校的教学大事和师生前途则毫不过问。当时全校同学曾多次自发上街游行抗议和请愿。有一位名叫徐高沅的老师还曾投书《大公报》揭露此事，引起社会重视 (接收华德中学时，同济大学和附中校本部尚未到沪，附中派来“校长代表”蒋益生)。之后，华德中学的学生于 1946 年正式并入四川复员回沪的同济大学附属中学，华德中学完成了自己的使命。(18 /1)

华德中学的好老师

50届 杜亚伯

我1944年秋天考入华德中学，在蒲石路留园分校读初中直到抗战胜利并校，一共才三个学期，为时虽短，但华德的老师给我留下了极其深刻的印象，可谓终生难忘。

华德中学对德语课最为重视，一周六天，每天有德语课，且由中德三位老师轮番上课，每周一、三、五是屠心观老师，周二、四是费恕德老师，周末则校长巴尔泰博士亲自来。三位老师上课各有特色。费恕德太太每天骑一辆小轮子自行车早早来校，教课认真，态度和蔼。校长安排她来上课，为的是让我们学得一口纯正德语，她可是真的一点汉语也不会。费恕德老师的第一堂课、第一个动作和第一句话，我至今记忆犹新。那天她一进门走上讲台，师生礼毕，就立即转向黑板写上 Frau Fürst，然后一开口 Ich bin Frau Fürst，我们从未接触过德语，既不识字也听不懂，老师多次反复指指自己又点点黑板，终于使我们明白她是在介绍自己。她要求我们跟着念她的名字，直到念准为止。接着按讲台上一张中德对照座位名单，把我们一个个叫起来学她样作自我介绍。师生相识后，老师就从手提包里拿出些小玩意，开始用教具教单词……我们就这样入门了。记得有一次老师一周没来上课。听说她病了，同学中有人知道其地址，于是七八个同学相约前去探望。后来我们了解到其丈夫和儿子都在二战中战死，在中国没有亲人，一个人孤单单住在福熙路（今延安中路）一个不大的车库里，怪可怜的。我们有几个同学周日常去看她，帮她打扫卫生，买买日用品。

校长巴尔泰是非常严厉的老头,每周来检查我们一周的德语学习效果,又念课文又提问，错了当然不行，开口慢了也不行，他拿着教鞭在讲台上啪啪地打，吓死人了！巴尔泰老师上课时这样严厉，大家都挺怕他，但下课后却很可亲，常要我们到他办公室去吃德国巧克力，还发给我们德国造的红蓝铅笔和其他文具，一点架子也没有，课上课后判若两人。

屠心观老师是我们德语入门的领路人。对于我们初学德语者，听屠老师上课轻松不少，没有听德国老师上课那样紧张。他文学底子厚实，语法教得特棒，为了让我们牢记定冠词变格，特地编了“儿思母恩，啼儿而啼，思斯母思，啼而更啼”的十六字诀；为了熟练前置词的“静三动四”规则，也费尽了心机，利用一本被大家戏称为“百宝天书”的自编例句集作大量课堂练习，让我们熟能生巧。屠老师还精于猜谜之术，博学多才，令人仰慕。

中国校长孔敏中担任我班书法课，排在每周六下午。他上课要求更严：坐姿要正，握笔要紧，落笔要有力。还有不少规矩，例如写字前必须先在宫格纸左上方写上自己名字，否则不合格。孔老师常会突然从教室后门进入，悄无声息从后排逐一检查到前面，有时猛然从背后抽你的笔，看你握得紧不紧，弄得不少同学一手墨汁。对不合格或不守规矩的都罚站。

教我们生物的沈老师，考试时很特别，发完考卷他就走出教室，半节课后再坐到讲台上看报纸，明摆着似乎报纸挡住了视线，但老师却总能准确无误地逮住作弊的人，课末把他们一个个叫起来回答考题，让他们当众出丑。后来我们终于发现老师看报是假，通过报纸上的小孔窥视考场是真。

教地理课的是孔校长的妻妹贺老师。她上课不多讲解，而我们却都学得很好。原来她的教法独特，一周前布置我们预习课文，每人画一幅地图上交，让我们通过画地图来熟悉每个省的山川湖泊、地理环境、铁路交通、城市位置等。她讲的内容也都生动有趣，多半教科书上找不到，同学们都爱听。贺老师挺有骨气，画全国地图必画入东北三省，她在当时敌伪统治下不承认“满洲国”，她说中国的地形像一只屹立于东方的大公鸡，而不是一片残缺的桑叶，言外之意：不是蚕食桑，而是鸡啄虫！

国文老师是一位典型的老学究，开始以《论语》为教材，似乎没什么固定计划，上课引经据典，摇头晃脑，半个学期下来发现学生不感兴趣，他就改讲《木兰辞》和《孔雀东南飞》了。这下学生听得津津有味，他自己也很得意。

留园没有操场，太难为体育老师了。老师只能教武术，舞剑耍刀，或者练八段锦，要不就将学生分成几个组在弄堂里踢小橡皮球。还有音乐老师秦西弦是著名的小提琴演奏家，他练琴练得脖子都弯了。

这些往事已经快六十年了，现在回忆起来仍历历在目，我辈当时小学生，如今已年逾七旬，我们的老师应该过百岁了吧！ (19 /2)

华德中学杂记

51届 谢颖武

方博武学兄写了一篇回忆华德中学的文章，我竟心痒手痒，也想写一点华德中学的旧事。

我与博武兄1945年秋同时进华德中学，且编在同一个C班，但我记得入学还是考过的，考场就在留园分校底层一间大教室。那时还没开学，上午，教室靠后墙一张大八仙桌上校长家女佣正在拣黄豆芽。我选择华德中学的理由与博武兄一样——不收学费！

抗战前我家原住苏州，我出生时已经“家道中落”，战火一起，日军飞机轰炸姑苏城，我们全家逃难，先逃到远郊的洞庭东山（现在是旅游胜地，那时可苦得要命），半年后再乘小木船沿苏州河逃到上海，因上海英、法租界，日军暂未侵占，太平洋战争后才侵入。我家逃到上海后已是家徒四壁，温饱全成问题，兄弟姐妹根本无法正规读书。

我排行最小，到了读书年龄只能到弄堂里一家小学读夜书，上海人称为“弄堂小学”，是看不起的意思。有时也由家兄在家里教我识识字，其实那时他自己也识字不多。到了10岁年纪，听人家说，上海两大报（《申报》《新闻报》）都有“读者助学金”之义举，考合格了就代你付学费，不论多少，只要学校开证明，照付不误，十分爽气（当时上海中、小学绝大多数私立，人称“学店”，学费自定，高低悬殊，不像现在划一）。不过报馆助学金需每学期考一次付一次，报考年级从小学五年级（即所称的“高小”）起始，直到高中三年级为止。于是我父母硬着头皮为我付了四年级下学期的一次学费，算个正式小学生了，读过半年，换得一张“初小毕业”文凭，然后据此报考五年级上学期的新闻报助学金。

就这样，报馆为我付学费四次，让我读完了小学，接着又考取了初一上的助学金。进哪家中学呢？我与几个同年的小学毕业生商量了报名一家私立中学，学费很贵，我依仗报馆付钱，起先倒也不怕，后来一想又觉不是长久之计。正在这时，听人家说华德中学补充招生，不收学费，我就毫不犹豫地进了华德。后来并入同济，国立学校也不要学费，毕业后再读交大，又是一个不要钱的学校，所以我整个读书过程只花费了爹娘一学期学费，但这正是关键的一学期。

当年的华德中学，舆论褒贬不一，我在进华德前就听人说，某某人读华德读白了头发，说是功课特别多，除了别家中学所有课程之外，每星期还要加德语7节。又说外国教师很凶，动不动叫你“吃耳光”(沪语，打面颊巴掌的意思)。按那时一般中小学也通行体罚，不过多半打手心，打屁股太土，可能乡村学校还在用，而打耳光，则与中国传统相悖，认为有侮辱性，多数人难以接受。等我进了华德才明白，外面的传说真是事实。

华德中学校长德国人巴尔泰先生原是战前同济大学化学教授，也是拜耳药厂股东，所以我们用的练习簿背面都有“阿司匹林”广告。中国校长孔敏中先生是德国留学生，又是孔夫子后代，校长室墙上悬挂大幅孔圣人画像。华德中学按德国旧习办学，只招男生不收女生(现在德国自己也男女合校了)，所以我们一直是和尚班。这个“和尚”一直做到解放后读高二，来了插班同学才打破格局。读华德的多数是穷学生，但也有少数家境不错，那是家长故意送来叫华德中学严加管教的。

当年初一C班第一个级任老师(现在叫班主任，是解放后沿用的苏联称呼)是位男性德国老师萨尔茨盖，取个中国名字盖有义，年纪较轻，三十左右，身高体壮，打起耳光来虽不很用力，我们已感颇有份量。我这人总算老实，也难免挨耳光，至少有两次。盖老师上课很认真，且粗通中国话，他也是我们的启蒙老师之一。每星期7节德语课，6节由盖老师教，另一节课校长巴尔泰亲自来，与我们中国小孩玩笑玩笑，有时会从口袋里摸出糖来。

初一下学期来了费恕德夫人教德语，当时她已上了年纪，而上课时必涂脂抹粉，其实这是欧俗，正式场合妇女不化妆不礼貌，但与中国习惯相悖。班上的大捣蛋鬼想出新花样，凡轮到他站起来读课文时，结尾必加上一句中国话“老妖怪”，还用激将法叫别人也照着干，否则就讥为“胆小”。老师虽听不懂中国话，但学生读完课文都咕噜一句什么，听得多了总觉奇怪，大概是去问了孔校长，弄明白了其中意思。第二天上课，记不得是哪个倒霉蛋还照老样子干，结果挨了两个大巴掌。

华德中学除了教务管理洋化外，总务管理也很正规，男校工一律穿制服，看起来挺严格，其实难免百密一疏。我们留园分校就有一名穿制服的工友，常在课间休息时自制“土司”向学生出售创收。这当然是华德校规所不允许的。自制“土司”工艺过程还真不简单，那时没有切片面包，非得自己开片不可，然后淋上蛋液牛肉丝，再在面糊盆里拖过，最后才能进大油锅汆炸，摊场不小，如果校长突然来查，他是绝对来不及收摊的。所以我在捉摸，这位老叔一定对孔校长的行踪“了如指掌”，什么时候在总校，什么时候在分校，什么时候外出作客不回校，清清楚楚。所以校长在时，老老实实，校长一走，他的“麦当劳”立马开张。我口袋里的零花钱少得可怜，但实在抗不过馋时，也会买一块尝鲜。(18 /3)

孔校长和巴校长

51 届 万馥训

我退休已经十年，时间实在太快。近日翻阅母校九十大庆纪念册，第 15 页上华德中学两校长——孔敏中先生和巴尔泰先生的半身像映入眼帘。尽管是发黄的老照片，却引起了我许多深思。我仿佛又回到了半个多世纪前的青少年时代，那熟悉的人和事，那难忘的一幕幕，回味无穷。这真是一种特殊的感情，没有身历其境是无法体验的，对我们在华德中学读过书的人来说，是一笔精神上的财富。两位校长几年来育人潜移默化，确使我深受教益。

我到今天还记得开学第一天孔校长的训话，尤其是开场白独特，他一开口就自我介绍自己姓孔，“是孔圣人的七十二代孙，排行敏字……”我那时小学刚毕业，没有读完四书五经，但《论语》《孟子》还是知道一点皮毛，听了孔校长的介绍，就有一种肃然起敬的感觉。校长又要求学生遵守校规，认真读书，不可调皮捣蛋(华德中学只收男生，小男孩最易捣乱)。结尾时更诙谐地说：“如果你们成了小流氓，我岂不做了大流氓……”引得大家哄堂大笑，在轻松的气氛中接受教育。

华德中学很注重师道尊严，学生在路上碰上老师都要用德语问候，并鞠躬行礼。校长自己平时也衣冠整齐，骑车走路都腰板挺直，给人一种威严的形象。华德中学对学生奖惩分明。记得每学期开学第一天，我们新校 (长乐路留园分校) 学生都到老校 (静安寺总校) 场地上集中，那时没有大礼堂，开会奖励上一个学期的优秀学生。有一次我们班一个姓杨的同学就奖得过一本不太厚的德文原版书，大家都很羡慕。平时学生表现不好挨骂遭打也是常事，有时竹鞭打手心，有时干脆刮耳光。

华德中学非常重视德语教学，老师中外各半，华人老师也多半留德或者同济大学出身。我们用过的德语启蒙教科书《德文入门》，至今还被许多同学当成宝贵的纪念品。

德国人一向给人以严肃深沉、做事顶真、讲求科学的印象。我们的德籍校长巴尔泰，从外貌到内涵都是一个典型的德国人。尽管他从来没有给我们上过课，但每年一度的学生体格检查(查视力、听心肺、看发育是否正常)都是他亲自动手，一个一个进行。听说他本来就是同济大学教授，德国拜耳药厂顾问。他主持的老校理化实验室，用现在的话来说，也是很有档次的。据说高中化学实验课能把一块银元分析出所含各种金属的分量是多少，这在一般中学很难想象。

华德中学基本上推行德国的一整套教学方法，且高中毕业成绩冒尖的，可保送上海的同德医学院(在静安寺善钟路一带)去深造。据我所知，20世纪60年代初，上海市第六人民医院轰动全国的断手再植手术，就是我们的老校友钱允庆学长所开创。(18 /4)

记德语启蒙老师费恕德女士

49 届 钟　敏 吴大元

高一时，费恕德女士 (Frau Fürst) 是我们的德语启蒙老师。当时她已五十多岁，却依然矍铄，目光炯炯，腰背挺拔，声音洪亮，是一个典型女教师的形象。她始终认真负责，一丝不苟敬业教育，对学生严格要求，为我们打下了坚实的德文基础。她的教学花絮，记忆犹新，一直浮现在我们脑海之中。

奖惩分明是老师教学中的一条“戒律”。她上课要经常提问，同学们思想不敢开小差，惟恐没有听清答不上题。老师会突然指向某一同学：“du ！”(你)，要求回答问题，如果答对了，她总是高声赞扬：“gut ！”如果答不上，就要高声批评：“faul!”(懒惰) 在这样奖惩分明的氛围中，我们的学习效果确实不错。

那时我们班上有原华德中学转来的同学，德语基础好，能用流畅的德语回答问题，令我们羡慕不止。

形象教学是老师的基本方法。她上课尽量运用实物或者用手势比划，使大家听得懂记得牢。记得有一次教第二格，她突然叫到我 (吴大元):“du!”同时用手指着天花板上那盏带罩的电灯，意思要我用第二格描述那盏灯。我想只有从形状或颜色上来表达，于是很快回答:“Die Farbe der Lampe is tweig。”老师高兴地大声表扬:“gut!”当时我心里真有说不出的快乐，现在时隔多年，我还清楚地记得这段往事和这句德语。

执着原文教学是老师的施教准则。她上课从来不讲一句汉语或其他外语，全用德语讲解，这对我们初学德语的人来说，开始有点难度，当我们偶尔试用几句英语来与老师沟通时，她必坚持纠正，一定要我们用德语再说一遍。她的出发点是期望我们“非将德语学到手不可”，她经常告诫我们的是那句；“lernen, lernen, immerlernen!”

严肃、慈祥是老师的教学风格。她上课很少废话，从不随便嬉笑，总用严肃的目光扫视每个同学，迫使大家认真听讲注意答问。但她又是一位慈祥的长者，只要你能较好地回答出问题，她就像慈爱的母亲那样热忱表扬，使你内心感到无比温馨；即使挨了批评也心服口服。

费恕德老师为我们早早掌握德语，为中德文化交流默默耕耘，而我们这些学生离开母校后，就有不少同学从事以德语为第一外语的外交、教育、科技等工作，事业上多有成就。就以我们班的干祖德同学来说，凭着早年在母校的德语基础，勤奋自学口语和笔译技能，工作中翻译了大量德文专业文献，并与德国专家合作设计工程项目。至于其他从事德语专业工作的同学，那就更不用说了，他们终生与德语打交道。这一切都说明了费恕德老师为我们打下的德语基础是何等坚实。

（2005.3.16 上海、杭州）

(26 /2)

华德中学也有小学生

52届 郑植德

我10岁时父亲过早去世，全家七口人顿失经济来源，又是日寇侵华年代，生活拮据可想而知。弄堂里墙上有粉笔写的：打倒汪精卫；支持四行仓库铁军谢晋元等字样。

那时物价飞涨，粮食断档，排队买户口米或杂粮苦不堪言。家里为了让我能读书，想方设法托人把我插进了华德中学的小学班五年级下期，主要是学费低廉，有人说该校是德国大使馆办的。这样，我成了华德中学里的小学学生。

华德中学有英语、德语课。德语由德国人夏太太主教。一个班三十来人，每人都有一个德文名字，我叫狄特。老师上课常在黑板上挂一幅图画，上面有动物或其他什么东西，用“史的克”(长竹条)点着读德文名词。课本则用桑德满编的《德文入门》。校长是德国人巴尔泰，一个很和善的秃顶老爷爷。

学校定期为学生体检，有人把我们挨个带进校长办公室，里面有一个德国医生，边上还躺着一条德国牧羊犬。当时感到最尴尬的是叫我脱裤子。体检结束，校长奖我一支铅笔。

那时学校在蒲石路留园弄底的两幢三层楼房里，两幢房子在三楼阳台有木天桥相连，围墙外好像是一所外国学校。体育课是在学校旁马路上，有时打打猴拳。当时同学记得有陈积慧、顾陆弟、李维青、邓福全、薛德明……同学间相互题绰号。教务处有个姓冯的老师，教英语的是谭秀莲，上画图课的是应志鹏，还有国文老师，后来又来了一个日语老师。

那年代还是战时，经常有空袭警报，我们都躲到一楼教室，那时人小不懂事，不清楚飞机要炸谁。小学毕业直升初中一年级，也许家中无人督促，我的学业起色不大。

抗战胜利了，德国战败，学校前途未卜。记得当时全校参加游行，抗议杀害张莘夫事件，还到大公报馆前呼口号“《大公报》拿出良心来！”

新学年开始，同济大学从内地迁回上海，接收了华德中学，学校也搬到了北四川路与复兴中学为伴，我这时重读一年，开始住校。教室里学生增加不少，可能有六七十人，一方面招了新生，一方面来了不少四川同学。德文老师换了屠心观，开课就讲“去芜存菁”“学如逆水行舟不进则退”来勉励大家。教英语的林老太比较凶，可能有个四川同学遭她罚过，家长找到教室用英语诘问，林老师吱吱嗯嗯地给我留下难忘的印象。

宿舍是仓库、厨房一类房子改建的，很多年级学生杂住在一起，晚间捣蛋事真不少，记得边上好像住着陈焕森，也记得初三班有郑一鸣、甘兰江等住一起。教室里最捣乱的要算刘英侠了，上课给老师添不少麻烦，老师对他无可奈何。

在北四川路待了一年，学校又搬迁到了江湾。(18 /5)

接管华德中学的一幕趣剧[1]

朱树卓

日本投降，德意垮台，我们是战胜军，敌产应无条件没收。坐落于上海市静安寺路1594号有华德中学焉。这中学是德国人巴尔泰私人所创办。协助办学的主持人是孔敏中。名义上遵照中国教育部课程办学，而课表中德文每周各班6小时，日文每周各班3小时，英文每周各班2小时。课程表完全德文化。初办时于1940年，开初中一、高中一，学生不足二十人。足见国人不肯送子弟去受奴化教育。又租了两处校舍，与老的校舍分离三处。

根据该校1944年的毕业班纪念刊上所载，该校的校史由作者孔某的演讲词译成，宣传关于校长巴尔泰："……一位在华三十余年的德国老教授，曾任北京大学、同济大学教授多年，所以很认识我们的中国。"从这几句介绍中，足见巴尔泰是中国通。

新来的上海市教育局长顾毓琇，由重庆飞到上海后，已将德国人的学校校产列入了敌产，并派人接收造入清册。副局长李希谋我不认识，惟正局长顾毓琇是我同乡人，在无锡的旅外学生会内相识，这是五四运动时事。他是顾毓琦的二弟，这次回上海，曾与我在顾家相见过。华德中学接收后，产业完全封锁，正物色人去接管。顾毓琦建议他的老弟介绍我去接管，将来组织校董会，成为私立学校，且可拨用华德中学化学间的显微镜一批，由教育局给同德医学院之用。当时我也未曾注意他们的用意，没有作肯定答复。不料几天之后，上海教育局局长顾毓琇正式送公文，指令我去接管华德中学。我即去教育局会见，毓琇当面询我有无意见。我对"接收"与"接管"两种意义不甚明白，希望他直接告诉我应做的事。

①选自《朱树卓回忆录》(未刊稿)。

据他意见有几件要即日去办：

一、对该校教职员(校长不在内)举行座谈。

二、分发该校教职员薪金，由我去领取，向他们发给。

三、举行一次对学生的甄别考试，根据教育部部定课程考国文及数学两门课程。

四、校中产业如仪器设备全部暂为封锁不动。

接着就到教育局总务科。科长为薛道卿，即以前在辅仁中学的老师，做过主任一二年的。根据薛道卿的意见，接收物资，去接管就要防偷窃，要搬进去住。领教师薪金要到财务组杨小姐处领(她是杨叔艺的妹妹)。我领到款项，财务组根据上级指示，接管人无薪金，得支车马费二元(当时币算2000元)。回家后又去看顾毓琦，他也要我迁入华德居住，才好看守好敌产。且要我先组织校董会，董事都是名誉的，可公推我做一个临时校长，将来也可把同德中学合并进去云云。这一切新的任务，我觉得很难办，又少人手帮助，只好唱独脚戏。我自己有职业，不肯丢去。自己考虑结果，姑且脚踏两头船，看形势发展来决定。

时当1945年的寒假，乘此假期，走马看花，往访华德中学的老校舍。房屋也是租赁的，房东为牛惠霖的妻子。门房工友名邵国庆夫妇两人，看守该校。人颇老实，听说我是上海市教育局特派来的，领我看老校舍的房屋。大约一部分为校长室及理化实验室，另一部分为教室。第二处校舍在长乐路，三层楼房，钢窗水泥墙壁。光线充足，相当幽静。式样完全新式。除课台课凳外，并无其他长物。所有仪器，都置于老校舍校长室旁的理化实验室中。

当时带去布告，要校工通知教职员定期开一简单座谈会，会后发放薪工。希望全体教职员出席，并带图章领取各人薪工。届日会议上简单地讲讲我来校的任务，会后按预造名册，发放薪工，并令教务处通知各级学生来校参加甄别考试。照一般春季开学日期上课，还约了下次领薪工日期。

华德中学教职员姓名表

姓　名	经　　历	学　　历
孔敏中	中央研究院汉堡大学讲师	德国汉堡大学
陆振国	机械工程师，柏林商务专员， 光华大学、同德医学院等教授	德国柏林工业大学毕业
沈庆核	曾任澄衷、大仓、嘉兴中学教员	东南大学，南京高等师范毕业
姚鹏移	曾任南菁中学国文教员	光华大学毕业
俞少歧	爪哇多隆亚公华侨中学教员	日本明治大学毕业
朱永璋	交通模范中学高中部	东吴大学法学士
王锦涛	精武体育会教师	前清武举人
张佩恒	民立女中教员	东吴大学毕业
夏枕东	贵池中小学校长	安徽大学毕业
陈主明	惠中中学教员	大夏大学理学士
李广诚	复旦、清华英文教员	圣约翰大学卒业
陈松茂	大同、复旦大学教授	暨南大学理学士
郑美敦	东吴大学助教	东吴大学理学士
李锦璋	苏州中学、第二中学教师	复旦大学理学士
洪明汉	坤范中学数理教员	大同化工学院毕业
贺相容	树人中学教员	苏州美专毕业
张耀德	苏州崇道女中，修德学校	香港大学
贺庚金	清心女中教员	国立女子大学
贺庚玉	暨大教务处，文化中学教员	暨南大学教育系
程钧倩	时中中小教员	民立女中毕业
陈君宏	华光中小学级任教员	上海女中毕业

同时我一家迁入华德中学的校长室居住，旁有空教室也作居室暂用。原来住的二马路459号仍付租金，空房锁好。在辅仁中学同事面前，只简单告诉他们我的新任务。当时过廷勋先生、林德吾先生、朱程千先生等亦来华德看看。有称赞的，也有妒忌的。

我住于华德中学时，亲戚中如二姐、我的二哥的儿子照宇从宁波来，都来看我。我住了不满一个月，又分发二月份薪工。平常我不与华德中学任何教师或学生接触。只有校工部国庆夫妇，平常与我家庭很接近。我的连襟陶炳南儿子陶永宽时在辅仁中学肄业，亦住到华德中学来。到二月将近春季开学，忽然晴天霹雳。在一天早晨，门外人声鼎沸，房门外来了大批华德中学学生。校长室门外，满贴大字报。我气得也不敢去看，就直奔教育局求见局长，告诉校中忽然发生的“风浪”。局长怪我太早迁进去住。我回答这非我本人的意见，是你老兄毓琦及科长薛道卿劝我的。我以后不想参加华德中学接收接管事务。请局里另派员去，我家即日迁出。局长批准。说该校将交教育部，并入同济大学的附属中学。

后来毓琦及道卿两人，告诉我真相，说局长与部长有矛盾，当然下级服从上级，该中学归给教育部办。该校学生贴我的“十大罪状”属无理取闹，如以教室为卧室、在校内大吃大喝，等等，构不成什么罪状，调查清楚，叫我暂息气愤，静观其后。所以说是一幕趣剧。在我说来，花去人力、时间，得到莫名其妙的结果，代人受过，是一幕悲剧。这是抗战胜利后，中央大员到大城市“接收”，也是“劫收”，究竟属谁，看谁的势力大。

这次任务，我完全按上级意图办。以甄别考试讲，幸我儿子照宏、照宣协助我监考及改卷。当教育局派薛道卿来华德中学考场巡视时，不相信这两个年轻人会监考。我告诉他说：这是我两个儿子，他们已在圣约翰工学院行将毕业了，他才重视他们。

我演完这一幕戏剧，仍迁回二马路459号破屋。

我担任同济附中训导主任两年的经历

高时浏

训导处(班主任，训导主任，训导长)在改革开放前长期被看做是反动的特务组织，“文革”期间曾有人批评我:“你在训导处工作你就是干反动的特务工作。”我对他们说，训导处顾名思义是指导学生生活和思想的工作机构。在国民党时代，难免有些大学或中学里面的训导处会监视学生的行为和思想，但不应该认为全部都是反动的。例如同济大学在四川李庄时期，大学部的训导长郑太朴教授，他讲授高等数学。我也听过他的“复变数函数论”和“变分法”课。他温文尔雅，很有学者风度。他是宋庆龄的秘书，是当时思想很进步的民主人士。又如我们测绘界的老前辈叶雪安教授，也担任过同济大学的训导长，他是民盟组织在我校的领导人，也是进步人士。我回忆中学时代所谓训育主任也都是教师兼的，不管政治，只管品德。

回顾我在同济附中那两年的工作，问心无愧。我担任训导主任时的学生现在大部分还在人世。他们都已经是步入八十的老年人，居住在全国各地，以京沪两地居多，有些还在海外。我们还经常通信联系。根据他们的来信，可以证明我的言行一直保持着民主、公正与清廉，不但没有对学生进行迫害，而且我们师生相处都很融洽。现在我把那两年的工作情况叙述如下。

1945 年抗战胜利，从昆明滇缅路油管工程处复员后，很多人想回上海从事工程事业，因为待遇较高。我不计较经济得失，首先想到的是要从事教育。本想回到四川李庄同济大学测量系任教，但由于当时没有名额，就由恩师叶雪安教授推荐我到同济附中任教。当时同济附中有教导主任董维藩，他是辅仁大学毕业的，教语文。当时有大学部的学生到中学部追求女生，他没有能力制止，所以当时附中校长方召(大学部医学院解剖学教授)将教导处分为教务处与训导处两个机构，由我来担任训导主任，兼二年级乙组的班主任。我那时候与学生同吃同住同劳动同学习。每晚上自修，我都巡视到教室去查自修并答疑。对数学英文德文都随问随答。在课外还组织合唱团，歌咏队等。

我禁止学生谈恋爱，更禁止大学生晚上到中学部来找女生。因为我是老校友，所以我有这样的权力和魄力，大学生也怕我。每天晚上下自修后，我就拿着手电筒巡视教室和周围的树林，如果有人在幽会，我就把他们赶回宿舍。我以身作则，绝不同学生谈恋爱，我认为这是以权谋私有损师德的行为。我在油管工程处时很有钱，所以能在经济上对贫困学生加以帮助，甚至有些学生的活动经费我还提供。我还在经济上资助母系《测量专刊》的出版。

在四川李庄，我担任一年附中训导工作，学校的风气大为转变，深得学生爱戴。遗憾的是有一次我做了一件不够民主的事。当时附中每到月底交伙食费的时候，总有一个姓赵的女生报告说她的钱被偷了并向我举报说一名姓孙的女生可能偷了她的钱。经我观察，这个姓孙的女生喜爱文艺，经常写稿子办墙报，工作到很晚，于是我对她也有些怀疑。我就同女生指导员商量后，在她上晚自修的时间和女生指导员共同打开了孙同学的箱子，检查她是否有偷钱的行为。后来被这个女生发现了，向我兴师问罪。问我有什么权力检查她的东西，我哑口无言，只好承认错误。

虹口公园合影，后左起：高时浏、汤从伊；前左起：廖月清、何兼善、杨烈昭

1946年同济附中从四川李庄复员到上海北四川路底。我介绍我的弟妹薛丽忱老师(湖南蓝田国立师范学院数学系毕业，于2004年因病去世)做数学教师兼女生指导，她和杨烈昭老师同住一室。在此期间，

又发生了同样的事情，姓赵的女生又说她的钱不见了，结果经薛老师到女生宿舍检查，正巧在那个姓孙的女生枕头底下发现了钱。孙姓女生不承认是她偷的，但证据在。最后我陷入了两难的境地。于是我在晚自修后开始了深入的询问并作了记录。晚自修后经过一个一个地询问，白天再去调查，逐步缩小了范围。后来又对孙同学同室的女生逐一反复地询问她们最近几天的行动情况。

我与赵同学进行了谈话，发现她有前言不对后语，就开始怀疑她有栽赃的嫌疑。劝她如果承认的话就答应不开除她，这个女孩终于承认是因私仇栽赃。按理说这名同学不该被开除，但是当时的江鸿校长，同时也是大学部工学院院长，没有同意我的建议，一定要开除她，我没有坚持到底。对此我觉得有愧于心。现在这个姓孙的女孩和她的姐姐仍对我非常感激。

我当时采取群众路线，不厌其烦的询问和调查终于有了成果。这个过程很不容易，花了一两个月的时间，我觉得非常自豪。但对被开除的赵姓女生仍然有愧。

由于我在附中任训导工作很有成效，1946 年我的恩师叶雪安担任大学部训导长时，他聘请我去担任新生院的讲师级训导员一学期。我在这学期里也干得很有成绩。不在此赘述了。

2011.3.31

(68/8)

我在同济附中的四年

汤从伊[①]

1945年8月，是我一生双喜临门、终生难忘的大喜日子，日寇无条件投降，抗战取得完全的胜利，又是我4年学习期满，在重庆风景如画的小温泉中央政治大学法政系毕业，取得法学士学位。离开政大后，我和同班的河南同乡于锦绣拿着政大“毕业生指导部”的介绍信乘上三天三夜的小火轮沿长江西上，来到离宜宾60里的李庄小镇，到抗战时期从北平迁来的中央研究院社会科学研究所实习。不料3月期满，却受到不同学派影响，不欢迎我们留下做研究生。我们2人都不愿再回重庆请求另外分配，旋经同在李庄的历史语言研究所河南同乡、考古学家董作宾教授推介，让我到迁李庄的国立同济大学附属高中任地理教员，于锦绣则到该语言所人类学家芮逸夫教授处当书记员，负责整理资料、抄写文件的工作。

我在同济附中三个年级的三个班担任中外地理课程，每星期每班2节课，使我还有充足的自修时间。这期间原籍湖南、北平成长而毕业于辅仁大学的陈致平先生，也从贵州逃难辗转来到李庄，在同济大学新生院（大学预科）任历史教师，并在附中兼课，正好住在我的那套房子的后间，于是我们得以相识，平时常在一起“摆龙门阵”，谈古论今。陈老师多才多艺，诗、棋、书、画无所不精。他长我10岁，日久情长，我们成了“忘年交”，我以师长待之。

战争结束旋即同济大学复员，1946年连同附中一起迁回上海。我离开李庄后先回河南省会开封，在省政府社会处临时找到一个科员职位，将老家的弟弟从周、妹妹从群接出

---

①抗战时毕业于重庆中央政治大学（今台北政治大学），与马英九父母同班。1945～1949年在同济附中任教地理课4年，从李庄随校迁来上海，教过很多年级，并担任过一些班级级任老师（班主任）。曾多次赴台参加政大校友活动，并造访马府。谢颖武2010–2011年间与汤师取得联系并登门拜访，访晤前的一封信，补名“复员迁沪的同济附中”，今附在汤师文后。

来分别报考大学和高中。其间，经我开封高中同学、光山小同乡陈其襄介绍，与另一高中和大学两度同学的徐中威之妹徐中蕙相识。当年9月，我们在开封举行了订婚典礼。同年11月，我又到上海在同济附中继续任教。陈致平也到上海同济继任教席，并将留在贵州的夫人袁行恕和两对儿女接来上海团聚。

陈老师住外白渡桥左近的礼查饭店(今浦江饭店)，该饭店三层楼面全由同济大学包租为教师宿舍。我当时住在江湾附中的飞行馆，上课教室则在贴邻的博物馆，有时会乘同济大学校车到位于其美路(今名四平路)的大学部，而后经礼查饭店再到位于善钟路(今名常熟路)的医学院为止。我常在礼查饭店下车看望陈致平兄，那时的琼瑶是个十多岁的俊秀小姑娘，后来成为大众喜爱的著名作家。1948年我报考财政部高级货物税人员特考及格，分配财政部上海货物税局。1949年5月上海解放后，我也就离开了同济附中，到税务局工作。

从1945年8月到1949年5月，我在同济附中四年。后来我打听陈致平，他已离开同济不知去向。直到1991年，我在《新民晚报》上读到琼瑶撰写的《我的故事》连载长篇，才知道陈致平当年到了台湾。我立即通过在台湾的原政大同学寻找琼瑶所在的地区，1993年下半年终于与陈老取得了联系，开始了书信往来。我在陈老的第一封来信中读到："辗转寄来大札两封，回环拜读恍如隔世，故人情深，不禁感泣。40余年来，苦难多多所幸未死，已然皓首愧余一朽翁。"令我怅然。信中说："小女琼瑶，本名陈喆，微有虚誉，宠承嘉勉，深为感愧。然渠之生活亦忙碌不堪也。"信中还说："今春(指1993年)曾返大陆到北京一行，此为60年后第一次归故乡，诚百感之交集。回台后写就《燕京行》七言长诗一篇，兹寄呈指教，俾知其心情也。"读完长诗，觉其深爱故乡、祖国和中华固有文化之热情，溢于言表，令人感动。诗中对故都兴衰史，描述得如数家珍，对儿时流连处，显得记忆犹新。陈老已耄耋高龄，但记忆力之强，爱国爱民情感之深，实令人敬佩。特别当我读到"几番险做倭刀鬼，又到扶桑成上宾，昨日寇仇今握手，焉知明日不悔今"等诗句时，联想到琼瑶在《我的故事》中回忆当年他们全家逃难到湘桂前线，后有追寇，走投无路，几欲举家投河殉难的辛酸史，更使我这个整整做了8年流亡学生的人，抚今思昔，涌起了无限的感慨和共鸣。

回想1947年底，我在上海与中蕙结婚时，证婚人是同济大学医学院梁之彦教授，介绍人则是陈致平兄和同济大学会计主任毛恩培学长。后来我与陈致平兄长期分离，直到1993年恢复通信，相隔正好是40年。我在同济附中任教4年的感受，除了能与不足20岁的年轻

结婚照

同学朝夕相处切磋学业之乐外，就是有幸能与陈老相识，并成为忘年交，这是我在同济附中最大的收获。

同济附中从李庄迁回上海后，教师之间都很融洽，特别是我和高时浏、廖月清、何兼善等5人组成一支篮球队，与同学们一起玩球。我们几个和杨烈昭、薛丽忱等女教师还常去近在咫尺的虹口公园游玩，我们有一天在那里拍的一张合影，我保存到今天已经60年了。教师之间偶尔也有不愉快出现，那就是体育教师何兼善与教务主任董维藩打架的事，在学生中起到不良影响，当然这是极个别的事件。总体来说，教师之间和师生之间都相处和睦。如今六七十年过去了，同济附中短短的4年，为我留下了既深刻又愉快的印象。

复员迁沪的同济附中（谢颖武信稿）

从伊恩师：接读手示，写了那么多当年旧闻轶事，出我意料，老师的记忆力如此好，足见身体健康、思维清晰之程度。附来的照片更是珍贵，我准备编入校友刊物《舟中情》。6人照中除薛丽忱先生已故、何兼善先生不知下落外，其他都健在，高先生在武汉测绘学院（今已并入武汉大学），廖先生在西安交大，杨先生在芜湖安徽师大，我都有联系。

我1945年秋在上海考进华德中学(Deutsch—Chinesische Mittelschule)初一，那时同济大学尚未复员返沪。华德中学是抗战前原同济大学化学教授德人巴尔泰(Bartelt)所创办，虽系私人办学，却拿了当时德国领事馆的津贴，战后国民政府就以“敌产”而接收，并入了1946年返沪的国立同济大学附中。那年我才初二，学校地址在北四川路底，附中和文、法学院一起，与复兴中学合用一幢灰色大楼，我们在东侧，复兴在西侧，操场公用。起先相安无事，后来两校学生冲突了（主要是中学生会闹），操场也分隔开。虹口公园很近，师生常去休闲，有些好斗的学生则约了在那里打架。

那年同济刚返沪，附中在上海招新生，录取高一 48 人、初一 21 人。附中校长江鸿，他有一个侄女江家騄在新初一班，后来同去台湾了。董维藩是同济大学掌权的董氏圈里人，委任附中教务主任；戴鸣钟任训育主任；晏华璋也管理教务；廖月清先生也兼过一阵子训育主任；薛丽忱先生教我们代数；何兼善先生教我们体育和“童子军”课；高时浏先生教高年级，没教过我，后来也没去江湾。戴鸣钟先生后来调上海机械学院（今上海理工大学），成为该校名教授；晏华璋先生解放后教过我高二立体几何，后来转教“高职”迁南京了。

当年何兼善打董维藩的风波沸沸扬扬，全校师生皆知，我们学生（特别是爱好体育的学生）都站在何先生一边。我们第二天一大早还到何先生住处（校园后部的矮平房）慰问，何先生解释自己本来要走，与打架无关，当然是托词，不想叫我们小孩子卷进去。

1947 年夏，附中搬迁到江湾，校舍是旧博物馆，对面的旧图书馆乃新生院（大学预科专学德文），那年我升读初三。学校不再招初中新生，慢慢蜕去初中，恢复高中建制。那时学校有正规军训，国防部认可的，教官李成祥，湖南人，上校军衔；副教官陈远范，四川人，上尉军衔，人很老实。学校起床、升旗、吃饭、上下课全吹军号，不敲钟打铃。我记得很清楚，1947 ~ 1949 年我初三到高一，您教了我 2 年地理课，您的河南口音我至今记忆犹新。我初三时，您还兼我班的级任教师（现在叫班主任），时间可能不足一年，也许一学期。那时我是班长，您常差我去做些零碎的具体事情。教我们高一历史课的是金石言先生，原名金则人，安徽人，但国语和上海话都流利，大胖子，解放后调复旦大学任总务长。金先生的公子金同稷比我长 2 岁(49 届)，退休前是大连理工大学（原大连工学院）校长、党委书记，与我有经常联系。当年附中迁江湾后的校长换了陆振邦，上海人，也是大学部工学院院长兼任的，可见那年代大学部对附中很重视。据杨烈昭先生回忆，直到解放初期，附中校长和教导主任的聘书仍由大学校长夏坚白签发。迁江湾后的训育主任是萧荣裴，四川人，学生题他绰号“萧黄牛”，大概是不负责任的意思吧。教务主任有段时间是张国模先生，苏州人，教数、理、化，好像也是李庄过来的？50 年代调上海市教育学院任化学系主任，陆振邦校长就是反对学生“不读书”，有时大学生来附中宣传罢课，他闻讯立即从工学院赶来，还会亲自冲上去撕抢宣传品，因此获得“疯子”绰号。

老附中的教师，除上面已提到的外，还有一位曹融南先生，李庄时代曾当过附中校长，迁沪后一直在附中教国文，直到50年代调上海师范学院（今上海师范大学）中文系，现在也已90开外。李庄来的李丕涛先生，山东人，教国文，一足微跛，后被学校解聘，解放后在青岛一所师范学校任教。李庄时代的陈致平先生（琼瑶之父），我无缘受教，但我们关心校史的同济人都知其大名，并引以为荣，感叹同济原本是藏龙卧虎之地。联想起1952年（我毕业离校）马茂元先生还来教语文，他的唐诗宋词研究堪称权威，著作等身，是民国初（安徽）桐城学派首领人物马相伯[①]之孙，不久调上海师大主持古典文学教研，师大把他当招牌。据说他在同济中学时晚上还搭铺睡办公室，那时条件真艰苦。

解放前附中德籍老师不少，我记得的有斯图瓦（人特别高，中国名褚华南），威多福（当年已经高龄）、钦凯（匈牙利人）……教过我的则有萨尔茨•盖勃（中国名盖有义）和费恕德夫人等。李庄时代德国老师可能更多，反正世界大战，在中国内陆小镇躲避现实也许不错。二战结束形势大变，同济迁沪，有些德国人就各奔前程，愿意继续留同济教书的不多了。教德文的华籍教师年份最长的当推屠心观先生，宁波人，后来调解放军外语学院，成为该院德语高年资教师，60年代初我在大连铁道学院工作，我们师生通过信。那时外语学院在张家口（现在迁洛阳）。屠先生60年代末退休回上海，逝于1976年。

解放前教德文的华籍教师还有位张亚龙先生，大概心情不佳酗酒放纵，后殁于酒精中毒，据说他曾在国民政府任过外交职务。

回顾1949年秋，同济大学新生院撤消（同济的德国传统开始丢失，不学德语了），我们附中就迁到了对面的旧图书馆，直到如今。1950年同济大学被拆分，最早是“高职”迁南京，接着是医学院迁武汉，然后是附中与大学部脱离从属关系，更名上海市同济中学。多年来新建了不少校舍，但那幢黄屋顶的图书馆老楼仍是老校友眷恋的标志性建筑。1987年5月，同济80大庆，同济大学和同济中学分别举行了庆典，此后校友联系开始发展。那次专程来参加校庆的不少是“双重校友”，既是大学的，又是附中的。1997年5月，同济90大庆，同济中学正式成立了校友会，各届校友的联络工作逐渐走上轨道。我因华德到同济读书整整6年，且恰恰是变化多端的6年，于是成立校友会时他们认定我是“老土地”，叫我承担高年届的联络工作。我负责编印的《舟中情》是我们高年届（48～55届）的校友

①此处有误，应为马其昶。

通讯刊物，不是全校性的校刊。2007 年百年大庆，有不少老校友奔走呼吁，希望趁此机会“附中回归”，请同济大学重新收回同济中学为其附中，但现实远非理想，牵涉到各方面，此议未能成功，令人扼腕，老校友们更是感慨万千。

我们与廖月清先生的联系始于本世纪初。当年廖先生指导的同济附中篮球队沪上颇有名气，队名“流星群”，主力大多为川籍同学，队长赵辅汉现居成都，已经 80 开外，十分思念廖师。我根据廖先生 50 年代中期曾执教交大（上海徐家汇）这条线索，顺藤摸瓜，终于找上了西安交大。那时廖先生早已从西交大体育主任位上退休。2008 年春 4 月，我们 6 个分处川、滇、浙、沪等地的同学相约首访了廖先生，《舟中情》48 期头版有图片报道。2010 年春，我去西宁、格尔木，回程又经兰州，西安，于是有机会第二次拜访已迁新居（仍在校内）的廖先生，就那次他把您在上海的地址、电话给了我。

上面说了些零碎史料，过一段时间我会来老师府上拜访面叙，不知方便否？

敬向吾师全家问好！

同济附中学生谢颖武拜上

2011.6.29(71/1)

我在同济附中的七年

杨烈昭

1946年秋，经我念大学时的文选老师蒋天枢（时在复旦大学任教）介绍，受聘同济大学附中任国文教师，接高三课程，没有正规教材，由我自选活叶文选。我在商务印书馆选了一二十篇文章作正课教材或阅读教材，如孟子、荀子的性善论、性恶论，还有《古文观止》上的几篇，李白、杜甫、白居易的诗，鲁迅的杂文、小说，高尔基的作品，《告新青年书》等。当时还认不清学生的思想情况，只知道在讲授知识中引导同学追求真、善、美，明辨是非，伸张正义。我想以自己的热情和诚意去感染他们，和他们心灵相通。

附中地址在北四川路底，与复兴中学相邻，大学部的文、法学院和工学院造船系也在一起。出校门就有一排书店，我常在课余去看书，去“开明”和“三联”的次数最多。像小溪进入大海，在知识的海洋里找寻新的东西，充实自己的学识和思想，不断摄取养分，开阔视野和思路。

我住在女生宿舍对面一间小房，和数学教师薛丽忱同室，我们相处得较好，高时浏常来和她聊天（薛丽忱先生乃高时浏先生弟媳，高时堃先生之妻，今已故），要家乡菜吃，他们的福建话我一点也不懂；他也和我谈了许多学生的事，在观点不同时，我们还要争论几句。他80年代初曾去黄山，经芜湖来师大我家餐聚几小时。以后我们经常通信，两次寄来参加合唱团的演出照片，还寄来报刊登载他在加拿大时去北极考察的报道，我才知道他是第一个北极探险的中国人。薛老师调离附中后我一直不知她消息，近年看了第33期《舟中情》，才知道她已在前年离开人世。

由于我住地紧靠女生寝室，与女同学们接触较多，特别是李庄来的，常和她们谈心，从家庭到学习到思想，后来她们升入同济大学后还和我保持联系，解放后她们去团校，分配福建、山东等地，我还接到过她们的信和照片。

那时我在上海也结识一些新闻界的朋友，如姚北华(解放后在《新华日报》任编辑)，程光锐(解放后在《人民日报》国际版编辑部任职)，他们住东嘉兴路瑞丰里，是三套房子的集体宿舍，听说是《文汇报》租的，那里住了不少进步文人，每逢节假日我都去同他们谈天，从他们的言谈中了解旧中国的社会现状，新中国快要诞生。

1946年冬，发生了沈崇事件，美军对臧大咬子的暴行，激怒了广大青年学生，一种正义感和同情心，感到国家处于被凌辱的地位。我听到同学们在喊“中国不是美国的殖民地”“美军滚出去”的口号，看到附中学生第一次在爱国民主运动中显示自己的力量。

1947年冬末到1948年春，由于内战期间奸商投机倒把、囤积居奇，物价飞涨，抢米风潮叠起，学生家庭和教职员工都经济困难。学校发不出薪资，只得将美军的“剩余物资”充数，记得我领到几听罐头，一把有US符号的餐具刀，后来还发了一两重的小金条，托朋友换了320元金圆券寄回老家给父母维持生活。每当我走在街上时，到处都看到银元贩子，手拿一叠银元，不断地掂响，轻声叫唤，我也在不得已的情况下将纸币换银元，心里好像踏实些，但总觉得这不是我所愿，为了生活不得已而为之。我迫切希望加速革命进程，改变这种现状。这时附中学生跟随同济大学在大规模的反内战、反饥饿斗争中，非常积极，不少同学参加宣传工作。当时上海又涌来大批外地灾民，大学部首先发动了救饥救寒运动，组织小分队四出募集寒衣。学生们把自己的衣物在四川路底校门前设摊大拍卖，我看见原46届附中同学孙幼楠站在护栏旁的凳子上叫卖，他们还送给我两张实况照片，那时的情景还历历在目。经过这次运动我感到学生的力量巨大，使我受到鼓舞和鞭策。

在那段时间，同济大学进步学生多次举行集会，请有名望的民主人士来校作报告，附中学生也去参加。我曾听过茅盾、洪深、田汉、安娥、马寅初等人的讲演。丰富的内容，慷慨的言词，至今还有印象，特别是洪深最后富有激情的发言，很具感染力，但不时有便衣军警来会场，故意干扰。我把这种激昂的情绪带到讲课中，使学生们也能感受到爱国家爱人民是青年人的职责。此时我的心胸开朗许多。

1947年夏，学校当局为了不让附中卷入大学的学潮，采取了换领导、迁校址的办法。校长调换了，但不受学生欢迎，他们感到这位外来领导是为了镇压学运的，提出反对意见，强烈要求撤换。在1947年下学期，校址迁到了五角场外府前左路，战前城市规划所建的博物馆和飞行馆，校长是同济大学教授陆振邦。我担任高一国文两个班，仍兼“高职”课。我住在飞行馆，是座飞机模型式的二层楼，女教师住在机尾的楼上，卧室是一人一间，墙壁两面的大玻璃窗外都是一片旷野，我可以欣赏到野外的景色，一条清溪在附近弯曲流过，感到一种恬静的生活。我常站在窗前看着水畔渔家下网扳罾的情景，还去他家访问过。这条夕阳微波去悠悠的小溪，深刻留在我的记忆里。

这段时间我多半是备课上课。在讲鲁迅《呐喊》中的《狂人日记》等文章时启发学生认识旧中国“尔虞我诈”人吃人的社会现象，思索人生真谛。作文也是要他们走出去找现实题材。课后也同他们谈谈看法，交换意见。我当时填了《念奴娇》以寄怀：

人生真谛，永求进，面对罪恶鞭挞。鲁迅横眉迎敌战，唤起振兴华夏。学子宏思，讲台抒志，自愿燃师蜡。烛光暗世，与迷津者为筏。

天晓遥望晨星，春风送暖，旭日临床榻。汩汩小溪东入海，宇宙何其宽大。千万知音，休戚与共，而立雄心发。浦江潮滚，长空云彩如画。

有些学生常来我宿舍谈思想，记忆最深的是张琢成(地下党支部书记)多次来和我交谈，印象最清晰的是他用蜡纸筒夹带从大学部拿回来的学运小报，使我了解不少当时形势。还有一次我托他买列宁文选，他用米袋装来给我。不久训导主任到我房里搜查，我立即将书转到《时代》杂志社朋友处。这时校长又以作文次数不够为借口发来一封警告信，听说李丕涛先生也收到这样的信，他去质问了陆校长，后来李先生被解聘。他离开同济时送给我一本哲学书，首页还有署名留赠。此后一直没有他的消息(有消息说李丕涛先生解放后在青岛一所师范学校任教，可惜一直没有联系)。

在同济“一•二九”运动中学生们纷纷来告诉我他们的亲身经受：骑警队如何用水龙喷射，棍棒、马队向他们冲击，用马蹄践踏，同学们在路边沟里跌倒，大批学生受伤，其中有我班上的储复云同学。我去医院看她时，许多同学围住我发泄他们对这次惨不忍睹血腥镇压的愤怒。第二天大学部的原附中同学又向我讲述了当天晚上的“血债晚会”情况。工学院校门被军警包围，“飞行堡垒”铁甲车、机枪封锁，一批便衣警察混进了大礼堂，正演出活报剧之际，他们将灯熄灭，把学生拖出去，有的揪住女同学的辫子，用带铁钉的棍棒毒打。礼堂一片惨叫声，同时响起了“团结就是力量”的高昂歌声。这一切使我感到学校气氛越来越紧张，陶开熙被开除，校方用开除、留校察看、记过等手段处分学生，每晚就寝前点名，限制学生活动。对教师则用解聘来威胁，李丕涛先生走后，我就感到校长给我的信是一个解聘信号，精神上受到很大压力。正当我处境困难的时候，同济大学学生发起了尊师运动，参加大会的同学给我带来了一面“青年导师”锦旗，给了我莫大鼓舞、鞭策，加强了信心。锦旗一直激励着我：有学生的支持，我也就无所畏惧了！(此锦旗保存到“文化大革命”时才被抄走。)当时我的心情是：“夜阑凭窗坐，凝望太空星。学子被围困，不屈奋力拼。暴徒逞凶狠，正气凛然迎。师生同舟济，相视心共鸣。恨敌至极度，无言胜有声。竭泽濡以沫，患难见真诚。导师旗永志，苦熬到天明”。

1948 年 6 月附中在“反美扶日”运动中，同学们向全市学生提出拯救民族危机示威大游行。各路学生队伍齐集外滩公园，这天正有一名同学病危送中美医院抢救无效身亡，校方利用这桩事故，在同学聚集时怂恿大家去医院追究医疗责任，以此转移目标，同学们识破意图，决定先参加游行。当队伍走到工学院与大学同学汇合时，看见军警包围了学校，学生不得出门。附中学生设法与大学生里应外合冲破包围，终于赶到外滩。同学们后来生动描述了他们那时如何策划对付军警的办法。我是乘车去外滩看他们，那里人山人海，也分不清哪个学校的，只听见一片高呼声、歌声、口号声，凝成一曲宏伟的交响乐，振奋了市民，将斗争扩展到全市各阶层。这些让我也看到了附中学生在政治斗争中的智慧和勇敢，认识到学生运动与工人运动相结合才能汇成一股不可抵御的洪流，摧毁国民党反动势力。那种团结斗争的精神和慷慨激昂的情绪，不怕牺牲的精神，使我感动不已，革命意识不断成熟起来。

在这段时间里，我参加了校外朋友们的一些活动，为了办一家书店，我四处奔走筹集资金，书店终于在 1947 年开张，设在东嘉兴路拐弯处的吴淞路上。我常去书店看书，有时也找住在楼上经营书店的朋友聊聊。书店里的进步书刊吸引了不少青年人，对社会较有影响，只一年多时间就被特务发现，1948 年被查封。朋友们都相互招呼不要再进书店，不料一位回乡刚归来的朋友(后来在《解放日报》工作)，一踏进书店就被捕。许多朋友都为他筹款营救，用赎金把他从警察局救了出来。

有两位住在瑞丰里的朋友孙绳武(别名朱笄)和张孟恢是《时代杂志》社的翻译，杂志社负责办刊的罗果夫是苏联在上海的主办人，总编是姜椿芳。还附办了《时代日报》，刊登许多内战消息，从中透露出一些解放战争情况。我经常能看到此报，对闭塞的我来说获得了很多知识和新的信息，但 1948 年秋报纸就被勒令停版了，杂志还照样按期出。

《时代》常常秘密放映苏联电影。我第一次去看，由两个朋友带我到四马路离外滩不远的一座大楼，底层墙上横写着“美国总统轮船公司”几个大字，我们一声不响登上四楼，进了一个像客厅模样的房间，可容三四十个座位，一个小小银幕。影片内容全是轻松欢快的镜头，集体农庄多么美好，我想将来我国也会有一个美好的明天。

《时代》为了团结更多朋友，还举办《时代》之友聚餐会，特别是那次除夕晚会，两位朋友邀我同去参加。两张圆桌坐得满满的，我还记得坐在我对面的是冯雪峰，都没有喝多少酒，我只是坐在那听他们谈笑。之后又举行舞会，我不会跳舞，就和几个朋友天南地北地聊天，我总觉得他们的知识比较丰富，面也很广，认识问题深刻，使我受益不少。一直到半夜，他们又摆了两桌宴席，来了许多戏剧演员，他们是刚演完戏卸装后就来的，我当时有些意外，从未接触过演员，我还有一种旧的观念，看不起唱戏的，我在旁听到他们的言谈才明白演戏是一种艺术，也是一种革命的工作，为了团结广大进步演员，发挥艺术界为党的宣传工作增加力量，是整个革命工作的一部分。我和朋友们玩到黎明才各自回家。这次聚会给我印象非常深刻，使我认识了许多作家、翻译家、艺术家，使我眼界更为开阔，看到了党的统一战线的开展。

在这一年里我还和朋友们参加过一次特殊婚礼 (钦本立和顾小岚)。为了团结广大民主人士，借婚礼请来了几十位文化界巨子，如许广平、柳亚子等，聚集一堂，创造了互通思想的机会。我想这可能是为了迎接解放作准备吧。

1948 年春，在瑞丰里认识了复旦大学地下工作者齐兰贞，她住四川北路金仲华 (后为上海副市长) 的住宅里，是她介绍我参加了教协。

1949 年春，国民党面临崩溃。解放战争进逼郊区，师生全部撤离学校，上海有家的都回家了，没有家的登记姓名集中住宿。我带的班级多数住在同济工学院，一间像风雨球场的大房间，全是地铺，我还去那里看过他们。据他们说晚上常有军警来检查，深夜用电筒照射熟睡的同学，甚至拉起来盘问，不得安寝。我转移市区后住到瑞丰里，有一幢像集体宿舍，大家雇一个保姆烧饭。最令人难忘的是朋友间在经济上不计较，谁的薪金高就多出钱维持日常生活。这段时间我常到四川路底的原附中校舍，后改为文法学院院址，我原住的那间小房和对面的女生宿舍住着李世华、李琬骐、孙幼楠等原附中毕业后考入文科的学生，我经常去那里玩。这时镇压迫害不断加剧，文法学院大门外飞行堡垒密布，警车到处捕人。在“4·26”大逮捕前夕，在文学院的附中同学来告诉我，这两天军警有大的行动，要换住地隐蔽。当时我想瑞丰里由于书店查封也感到不安全，就把他们带到斯高塔路朋友家，他们还带了两同学戴世玉和陈善英，陈是文学院学生自治会主席，化名陈三(后来她在山东还给我寄了一本有关政治思想教育的书，我保存至今)。果然在26日夜全市进行突击大搜捕。第二天上午留住宿舍的同学来诉说了当天晚上的恐怖情况。夜2点左右，警车开进学校。忽然听到女生宿舍的大门被枪托敲打得很响很急，击开了门，女同学全部被惊醒，警察拿着黑名单一一点名，由于他们一个都对不上，随意带走了小廖。她说是逃进屯米的地下室，借口说是守夜看粮食的，但还是被带走，到一辆黑色警车前，把她推上车时警车容不下了，就把她丢下来了，侥幸逃过这一劫难。

这时我和附中同学分散到各处，没有联系了，有的朋友早已去北方，后来知道他们在《人民日报》工作。上海面临解放前夕，积极准备“护厂护校”，防止破坏。我住在北虹区内，当解放军已开进西区时，我还听见国民党军队在放冷枪。我们等得非常急切，不时打电话问《解放日报》工作的同志，我们想立即去西区，我和《时代》工作的朋友想奔过苏州河，但每个桥头都被封锁，冲了好几座桥都未如愿。等到27日我感到从来没有过那样的激情，我首先同住在附近的金石言先生联系，当我们走近菜市场的路上就遇见了国民党败下来的残兵，立即上前缴了他们枪支、军用电话等物，登记后送给军管会。我在街上走，见那些挂出的白旗，特别是前面邮政大楼的白旗在楼顶上飘拂的样子，心中充满了胜利的喜悦。此时上海街头凝聚了千百万人，满街欢乐，师生们见面时都相互拥抱，热情满怀，庆贺解放。

即兴填了《水龙吟》(上海解放)：

西区已放光明，北虹冷弹余凶逞，苏州河上，残兵把守，桥头受阻。

心急如焚，忽闻敌溃，迎来全胜。

看申城春色，红旗一片，千秋易，功劳庆。

民众昂扬胸挺，浴东风，吾侪幸甚，秧歌舞处，卧龙腾起。

国将强盛，战士英豪，增添奋勇，灿烂前景。

赞宏筹，整顿中华大地，社稷初定。

当时我经金石言先生的夫人徐镜平介绍，立即投入妇联工作，组织分队，为支援战争前线募捐，在短暂三个月中我认识到妇女解放运动的意义，唤起妇女觉醒，提高妇女地位，加强她们的知识学习是妇女界的艰巨任务。当我看到1949年8月24日《解放日报》报道市家庭妇联正式成立的消息和执委选举名单时，我意识到自己要负起这一有意义的工作任务。我担任了宣教研究组工作，兼妇联机关刊物《现代妇女》编委，参加了章蕴同志主持的第一次编委会，研究出刊方向、内容等问题，要求月刊以新的面貌出现在上海市。

不久同济附中新任校长晏华璋来劝说我回附中工作，我开始思考自己应该从事哪个行业。回想自己曾在宁和中学时为反对校长私自检查私人信件被解职，在社教学院附中为支持学生反对校方的不合理措施而失业，但师生之间的感情却十分深厚，看到他们的每篇周记(当时除作文外还有周记)都是那么动人。到同济附中后浩荡的学生运动对我启迪、感染和激励，令我振奋，感到生活充实，心灵丰满，看到他们的进步、成长和成才，内心的喜悦使我体味到人生的价值和意义。这时朋友们纷纷调往北京，我放弃了这些机会，考虑再三，认为自己还是搞教育工作为宜。

6月底我班上的同学在党的号召下踊跃报名参加南下工作团，我去集中地点为他们送行。临别相互赠言，增加了师生情谊。

9月初我回到附中，学校已秩序井然，以一个崭新面貌出现，重建了领导班子。同济大学任命曹礼吾为同济附中校长，我被聘为教导主任兼一班语文课，还兼高中班级每周一节时事政策课。对我来说，教育行政是一个陌生的工作，当初我极力推荐吴柳凡先生担任，但最终同济大学校长夏坚白的聘书下来，我不得不硬着头皮接受任务。我想只要一心为公，诚以待人，多请教、多学习，有党的支持，困难总会克服的。首先要团结教师，针对不同思想、不同业务、不同性格的教师，和他们谈心，一视同仁，坦诚相见，把教师的积极性发挥出来，在新形势下大多数教师都满怀热情，信心百倍夜以继日的备课推进教学改革、编写教材、自制教具、改进教学方法。在行政业务上，我没有一点经验。学期开始时安排教师课程之后，就是排上课日程表，我用了三个通宵才排出全校课表。那时经费不多，实验器材、教学设备都不齐全。这是一段艰苦创业的时期，也是我摸索教育经验的时期。

1950年3月地下党公开，我是第一批入党对象，要征求广大教师意见，还给我看了各方评语，确定了党支部讨论时间。这天下午正逢教育局召开会议，结束时已是傍晚，市区风雨交加，赶不回去，又无法告诉支部，就没参加当晚的讨论会。这说明自己觉悟不高，缺乏克服困难的精神。后来又是运动停止发展，我两次调动工作，因此我入党推迟了 10 年。

1950 年 6 月附中改由市教育局管属，更名同济中学，当时教育局长杭苇，对干部培养抓得很紧，我听过三次陈毅同志的报告，诙谐生动，话中常引用诗句，那种谈家常的风格很受听众欢迎。从中我得到启发，思路开阔得多。当时经常有苏联专家来华，我听过心理学家的教育心理学分析和综合技术教育的经验，印象最深的是凯洛夫的那次报告，至今还记得他的话："我看到中国的千手观音，我也很想像她一样，长出千只手来拥抱你们。"这种表达情感的语言，我感到很新颖、巧妙，他联系实际讲了许多教育理论问题。后来，我还参加了系统学习教育理论的学习班，知识更充实起来，认识也有提高。又学习了从访苏访德代表团归来的汇报和一些介绍各国教育经验的内部资料，逐渐找到教育教学改革的路子。记得一位物理老师苦于没有教具，学生听得没劲，他下功夫自己动手做教具，同时带动学生也自己动手制作，我帮助他们解决材料问题，既节约了经费又满足了教学需要，丰富了教学内容，方法也生动活泼起来，出现了崭新的教学面貌。后来发展到学生组织课外兴趣小组，如航模、航海、生物等组，使课内外结合，相互补充，师生积极性都比较高。教师逐步运用启发式教学，培养学生独立思考能力。当时我对综合技术教育感兴趣，考虑一些理论与实践相结合的问题。

这时全市进行教育普查工作，我担任北虹区的副组长，对市里情况常进行交流，感到有几所学校理论联系实际的做法很成功，如生物课，教会学生嫁接技术，亲眼看到那些嫁接成果，这对建设新中国的科技教育发展开阔了一条新道路。教育的意义是育人又育才，育人是培养思想、人格、道德，育才是锻炼才智，运用于实际，促进整个社会发展。我树立了这样一个教育目标。

国际社会不是那么平静。在 11 月的"抗美援朝"动员大会上师生们表现非常积极，请来了复旦大学教务长王中来校做动员报告，他用很生动的语言讲了古代"麻木和木麻"的故事作比喻，深入人心，大家很容易理解了"唇齿相依"的关系。在 1951 年元月发动参军参干中，附中同学表现得十分踊跃，批准了数十名学生参加各兵种。首批女飞行员有 6 名，她们入伍后还寄来照片，这些照片保存至今。

此时整个学校一片朝气蓬勃、和谐民主的气氛。学期结束时，要向全体教师总结工作，评论领导，在教师满座的会上，让他们完全自由发表意见，甚至尖锐的批评，虽然我内心感到有的意见并不是事实，但来自群众的东西都得听着，接受意见，经过自己分析做出改进计划，再向教师报告。由于为民服务的思想，团结教师的愿望，就是受一点委屈也算不了什么，这段时间磨练了自己坚强、宽容的性格。

1952 年初，思想改造开始，记得是阴历正月初二，我去市三女中报到，第二天就集中了全市学校干部开始学习文件，检查思想。为了清除旧的思想意识，我认真检查了自己过去的一切，清理了资产阶级思想。6 月我又参加了骨干培训班。暑期在全体教师思想改造时我担任组长，对自己又进行了一次改造。通过这些学习检查，大家提意见，对自己作了深刻反省，锻炼了自己的忍耐力和虚心的胸怀，进一步树立革命人生观，培养无产阶级优良品质。直到现在我认为思想改造对人的意志、反省力，接受意见，思想分析等能力都有提高，对我今后的工作有积极意义。不过在掌握上也存在分析过火，不够实事求是的缺点。

1953 年 9 月我调离同济中学。回忆那段时间正值解放前后，国家和私人都处于大变化时代，经历的许多事情印象非常深刻，特别是那些休戚与共的师生情谊始终激励着我奋勇前进。我的工作精神和品格是在党开展的各种活动中锤炼出来的。

1957 年因照顾家庭关系调来安徽师范大学，当时在安师院附中，曾三次评为市“三八红旗手”“社会主义建设积极分子”。调安徽教育学院后又评为省先进教育工作者。在师大教育系，已 64 岁的我还鼓起勇气承担一门新开的教育理论课“学校管理学”，既无教材，国内资料又很少，完全靠自己编写讲义，四处寻找理论根据的材料。至老仍然坚持着求进精神，是同济中学奠定了我的工作基础。让我体会到做一个教师除了书本知识外，重要的是在学生中汲取营养，达到教书育人的目的。老来我更感到师生情谊滋润了我整个人生。

(41 /2、 42 /1、 43 /1-2、 44 /6-7)

同济附中的三件事

52届 赵整纪

1948年5月4日，我去交通大学拿取《学生报》。交大校园里正在举行“五四”营火晚会，还记得会上有上海音专的司徒汉唱《老天爷》，大型舞蹈等节目，最有意思的是交大同学当场揪出了混进来的特务，同学们群情激奋。那时交大被誉为“民主小堡垒”“小解放区”，确非虚传。

又一个礼拜天，我去上海学生礼拜堂，也是取《学生报》。里面正在做礼拜，唱赞美诗，与我联系的郭丰民同志招呼我到无人处，把《学生报》交给我。那时，郭丰民是附中高三三甲班的同学，他是上海另一处地下组织的成员，协助附中地下党传递《学生报》。他告诉我，学生礼拜堂5个团契中有4个团契的主席是共产党员。上世纪80年代，郭丰民同志离开我国驻联邦德国大使任上后，任中英香港问题联络小组中方首席代表，在电视屏幕上出现时，我感到亲切，但已是很久未见到他，别来无恙否，我想念他。

1948年5月19日下午，在附中学生自治会办公室里，小兵(梁寿益、当时附中地下党负责人之一，同济“一•二九”事件后被学校开除)和其他几个同学打算在第二天贴出纪念“五二〇”南京珠江路惨案的墙报，希望有一个关于“五二〇”的专刊作参考。我家里恰好有一本，于是乘校车到北四川路，换8路电车到外滩，步行到城隍庙我家，家里已吃过晚饭，我怕耽搁，拿了专刊就走。到北四川路后步行返校，到校时已是20日凌晨二时。在学生自治会办公室里，小兵见到我说：“我知道你一定会回来的。”可能有人等得不耐烦，以为我会在家里过夜。第二天，学校贴出好几版纪念“五二〇”的墙报，包括专刊的剪辑。

(3/4)

同济（附中）中学学生运动史

51 届 朱月娥（执笔） 李忠诚[①] 50 届 周燮威

同济附中全称“国立同济大学附属高级中学”，前身是 1907 年创办的“同济德文医学堂德文科”，1927 年 8 月更名同济附中；1946 年 2 月上海华德中学并入同济附中；1950 年 6 月改属上海市教育局，更名“上海市同济中学”至今。现将同济中学（前同济附中）1946 年至 1951 年解放前后的学生运动史实和中共地下党组织的建立和发展，分段记述。

一、斗争中成长，建党

1946 年 9 月同济大学及附中从四川迁回上海，全校师生 488 人，加上华德中学并入的 200 多人，蜷缩在几间简陋教室内，教学和日常生活都很不安定，绝大多数师生的抗战胜利热情转变成了对前途的失望和对国民党统治的不满。同济附中首次参与的学生运动，是 1946 年 12 月为了驱逐强占同济大学理学院校舍的国民党驻军而举行的罢课，以胜利告终。

同年 12 月 25 日，北京发生美军强奸女大学生的“沈崇事件”；此前，上海也发生过美军坐黄包车不但不付钱，还殴打车夫臧大咬子的暴行，这些都激怒了广大青年学生，感到国家处在被凌辱的地位。上海学生奋起抗暴，组织了“抗议美军暴行联合会”。

1947 年元旦，附中有 100 多名同学毅然参加了抗议美军暴行的“抗暴大游行”，喊出“中国不是美国的殖民地”“美军滚出去”等口号，并罢课数日。杨烈昭老师支持学生的正义行动，当即赋诗云：“暴行叠起浴血腥，沈崇无辜遭辱凌，众口抗议切齿恨，学府发出怒斥

①又名田子林，同济高职地下党书记、同济大学地下党总支组织委员。

声；生灵涂炭国含耻，黩武穷兵民毋宁，虽得栖身一席地，岂能卧度任夜昏。”

当时各班都有一批进步同学自动组织出版壁报，各班壁报负责人又组成了壁报联合会，简称“壁联”，会长王纯丞。校方曾对出版壁报发过禁令，但民主运动压不服，壁报联合会组织各班壁报一夜间贴出一大批以示抗议，校方无可奈何，只能以后慢慢借故整人。

1947 年 5 月中旬，平津、江浙学生开始了“反饥饿、反内战”、要求增加公费等的罢课和街头宣传运动。上海学生 5 月 19 日到北火车站送别晋京请愿代表，并游行示威，同济附中约有 100 多人参加了这次行动。

5 月 20 日，宁、沪、苏、杭各国立院校 6000 多学生在南京请愿，遭到镇压，酿成血案。附中同学看到上海《联合晚报》上刊登的这条消息后，义愤填膺，马超英、周尚明、丁申宽、景蔚周、王纯丞、梁寿益等紧急开会商讨对策，拟成立同济附中抗议暴行委员会(“抗暴会”)，油印宣言，决议向全市各大中学校邮发，又简要撰写了报道，深夜送到《文汇报》社，次日见报。同学们把《文汇报》立即张贴在食堂最醒目的墙上，于是全校师生很快行动起来了。那天上午“抗暴会”与学生自治会 (梁寿益、张琢成领导) 开联席会议，决定正式成立同济附中抗议暴行联合会，简称“抗联会”，同时决定当天立即罢课。这是上海第一个宣布罢课的中学！会议还成立了办公室、宣传队、纠察队等，组织了 10 多个小分队走向四川北路、南京路、外滩一带进行反饥饿、反内战、反迫害的街头演讲宣传，再到北区各校宣传鼓动，各校纷纷响应罢课，并主动与同济附中“抗联会”联络，采取统一行动。当时同济附中被人们称为“上海北区的民主堡垒”。

随后，上海学联与同济大学地下党都派人与“抗联会”联系，使学运规模更加扩大。“五二〇”运动后，反动当局为了防止附中参加学生运动，大学校方采取了两个措施。一是换掉附中校领导，派来他们认为可靠的人，学生们感到这是个阴谋，立即起来反对新任校长，迫于广大师生的压力，大学校方只得将其调离，却留下了训导主任肖荣裴，成为后来镇压学生运动的干将；二是为切断附中学生与大学部的联系，1947 年 7 月暑假，将附中校址从四川路底迁至远离市区的五角场地区旧博物馆内 (今长海医院)。

1947 年“五二〇”运动时期，同济附中还没有地下党员。经同济大学地下党组织在运动中的考察，1947 年 7 月份发展了同济附中第一个地下党员张琢成 (48 届)，播下了第一颗种子，同济大学肖嵘峥是介绍人。抗战时期，张琢成在四川宜宾中学时就结识了地下党员肖嵘峥，接受了进步思想。后来张进入同济附中，肖进入同济大学，共同迁来上海，肖嵘峥成了张琢成的引路人。张琢成入党后属于同济高职支部，书记是李忠诚，上级党联系人是庞其方 (同济医学院学生，同济大学地下党负责人)。

时至 2002 年，上海市委主办了“五二〇”运动五十五周年纪念活动，此次活动中同济附中榜上有名，被誉为“五二〇”运动的先锋队。

当时的地下党工作首先抓基础，即联系群众的工作，当时进步社团除原有的《秋江》社、《交响》社、《星野》社等，又新成立很多社团，如《垦荒》社等，并成立了社团联合会，陶开熙任会长。同时，党支部还注意做好新生工作，如在 1947 年秋新生入学时，张琢成带领积极分子迎接新同学，主动帮拿行李，介绍学校情况，引导办理入学手续，以后又借给进步书刊，经常交流思想，逐步建立感情，再发动新生参加革命活动和学生运动，壮大积极分子队伍，也为以后发展党的组织创造条件。

地下党不但抓学生工作，还积极抓教师工作，张琢成同志从入党后直至离开附中，一直是杨烈昭老师的联系人 (杨老师住在飞行馆机尾二楼)。杨老师当然不知道张是地下党员，只觉得他思想进步，很有见解，因此很谈得来。张琢成常在交谈中向杨老师介绍学运情况，并用隐蔽的办法送宣传品给杨老师，如有一次把大学部出的油印小报，卷在蜡纸筒里送去，还有一次把杨老师所要的列宁文选装在米袋里送去。杨烈昭老师也常把《时代日报》登载的消息告诉张琢成，杨老师有朋友在苏联办的《时代杂志》工作。

10 月 17 日张琢成介绍梁寿益 (48 届)、景蔚周 (48 届) 入党，同济附中有了三个党员。此后不久，约在 1947 年 12 月间，庞其方同志 (同济大学党总支书记) 宣布同济附中单独成立党支部，张琢成、梁寿益、景蔚周三人组成支部委员会，张琢成任支部书记，亦即同济附中第一任党支部书记，上级党的联系人仍是庞其方同志。

新建立的党支部组织党员学习《中国革命与中国共产党》《新民主主义论》等文件，新党员进一步提高了为共产主义事业奋斗终生的决心和信心。随着党的队伍的巩固，形势的发展与积极分子觉悟的提高，1947 年底又发展了陶开熙 (48 届) 入党；1948 年 1 月张泰桐 (48 届) 入党。此外，还有外校转学来的 48 届郭丰民，党支部了解他也是地下党员，在教会学校入党，由于工作需要，组织决定其组织关系仍留在宗教界，没有转来同济附中。

二、为劳苦大众，救饥救寒

1947 年 12 月，上海天气特别寒冷，劳苦大众饥寒交迫，生活十分困难，同济大学党总支通过全校各群众社团组织开展为劳苦大众救饥救寒运动 (又称募寒衣运动)。同济附中党支部立即通过学生自治会发动群众 (自治会代表会主席吴大元、副主席顾联瑜，理事长吴咏麟、副理事长李宗周)，以党员、积极分子为骨干，组成了救饥救寒劝募小分队，举着“募捐寒衣，救济贫民”的小旗，冒着凛冽寒风，走上街头里弄、大小店铺、酒楼饭店、影院舞厅，向群众演讲宣传，演唱“月儿弯弯照九州，几家欢乐几家愁”等歌曲。同学们深入社会底层问寒问暖，有的居民听了宣传后感动流泪，拿出了旧棉衣棉被，有的拿出了钱，体现了劳苦人民之间的深情厚谊，同学们从中也受到很大鼓舞和教育。募捐结束后大家从市区徒步走回江湾宿舍，时已深夜，虽然又冷、又饿、又累，可是大家觉得为劳苦大众办了一件好事，感到很有意义。通过救饥救寒运动，加深了党员、积极分子与群众的联系，提高了同学们的政治觉悟，也锻炼了党员，培养了积极分子。

三、参加抗议“九龙事件”

1948 年初，英帝国主义为修建九龙机场，强行拆除中国居民房屋，导致 37 起流血事件，2000 多居民无家可归，国民党政府则敷衍搪塞。附中党支部按同济大学总支指示，1 月中旬发动同学到外滩参加全市 30 多所大中学校学生游行，沿途高喊“打倒奴才外交”“反对卖国政府”“赶走英美帝国主义”等口号，揭露国民党的卖国政策。在外滩英国领事馆门口抗议，高喊“抗议九龙事件，把英国国旗降下来”，英国领事馆大门紧闭，没有人敢出来露面。

四、“一·二九”血溅其美路

由于党在蒋管区开辟第二条战线，学生运动不断高涨，国民党反动政府加紧镇压学运，1947 年 12 月公布了《修正学生自治会规则》，规定自治会理事要由学校圈定，活动要由学校派人监管，学校还有权撤消学生自治会的决议，甚至解散学生自治会等，企图以御用学生自治会取代进步的学生自治会。这时同济大学的学生运动和党的力量，经过前几次运动的锻炼，正在不断壮大，成了反动当局的眼中钉、肉中刺，他们把同济大学学生自治会作为第一个打击对象，趁学生自治会换届之际，首先向同济发难。

1948年1月初，改选工作刚开始，校方即提出，由校方指定级长筹备学生自治会，各院校分开成立自治会，不准成立全校性组织。同济大学党总支决定发动群众予以坚决反击，在斗争中击败了学生中国民党、三青团、特务分子的候选人，取得了民主选举学生自治会的胜利。国民党当局不甘失利，校方也慌了手脚，先将两名自治会干部开除学籍，然后于1948年1月14日、18日、21日连续开除进步学生11人，记大过处分34人，悍然取缔同济大学刚成立的全校性新学生自治会。同济附中支部坚决与大学部同学一起，发动群众满校园张贴海报、墙报抗议，要求校方收回成命，但遭到拒绝。同学们忍无可忍，同济大学新学生自治会决定成立晋京请愿团，准备1月29日去南京向中央政府请愿。

1月28日晚上，同济附中党支部组织动员群众，连夜作了各种准备。29日清晨，组织发动了200多名同学，高举“争民主，反迫害”和“欢送同济大学学生代表晋京请愿”的横幅，在党员张琢成、梁寿益、景蔚周及骨干分子周燮威等同学带领下，集队赶往其美路(今四平路)同济大学工学院，8点半与同济理学院、同济高职、复旦大学等学校队伍汇合。当时已经有大批军警封锁阻挡，在同济工学院校门口右前方其美路上，军警架着机枪对准学生队伍，又有成百名骑警肩背马枪，腰挂马刀，封锁了其美路。同学们群情激昂，高呼“中国人不打中国人”，高唱“枪口对外，齐步向前，不伤老百姓，不打自己人”“团结就是力量”等战斗歌曲。

9时许，同济工学院内千余名同学突破军警包围，冲出校门与外面同学汇合。10时左右，全市各大中学校千余人赶来送别同济请愿队伍。同学们立即高呼“感谢兄弟院校支援”“上海学生大团结万岁”等口号，“团结就是力量”的歌声此起彼伏。市长吴国桢、警备司令宣铁吾、警察局长俞叔平都到了现场，以训话、谈判等手段拖延时间，破坏上京请愿。

下午3时许，成百骑警手挥马刀，猛冲学生队伍；军警又用高压水龙喷射学生队伍，用棍棒猛打学生群众。附中女生储复云头部被砸，鲜血直流，后被同学护送到医院。同学们坚持到傍晚，重新整理队伍，被迫退回到同济工学院大礼堂内。军警又立即包围了礼堂，铁甲车封锁了工学院校门。同学们又渴、又累、又恨，学生自治会为同学们供应稀饭充饥，组织大家休息。晚上同学们面对疯狂镇压，与大学部同学及其他院校同学一起举行“血债晚会”，礼堂台上挂着“血债要用血来还”的大幅标语。

晚会进行中，国民党军警和“飞行堡垒”(头戴钢盔，全副武装的宪兵乘坐的红色警车)包围封锁了大礼堂，窗口架着机枪，警察局长俞叔平冲上礼堂讲台，恐吓威胁同学们交出所谓“肇事凶手”(在混乱中，吴国桢被挤倒，反动派诬称被学生打倒)。同学们个个手挽手，齐唱《团结就是力量》《跌倒算什么！》《古怪歌》等革命歌曲。

这时，又一场疯狂镇压开始了，国民党军警、飞行堡垒、特务打手从各个门口冲进礼堂，残酷棍打学生和逮捕进步学生。混在学生里的便衣警察，揪住女同学的辫子，用有铁钉的木棍毒打，一时间，殴打声、呼喊哭叫声连片，恐怖气氛笼罩大礼堂。在礼堂门口，特务们打着手电，取出照片，对同学挨个查对，逮捕进步学生。张琢成、梁寿益已由群众掩护，乘着暮色和混乱之际离开了礼堂；陶开熙不幸被捕。

在这次斗争中，大学部及其他院校同学被捕近百人，受伤七八十人，造成震惊全国的同济“一·二九”血案。附中同学当晚被集中到广场上蹲着，四周有军警包围，露天受冻一整夜。第二天拂晓，同学们怀着满腔气愤和仇恨回到学校。当时，杨烈昭先生极为气愤，当即作诗一首：“学生请愿赴金陵，政府阻拦禁前行，警宪骑兵摆敌阵，群英怒视愤然争；虎狼依势对徒手，逮捕殴伤近百生，市首亲临曰：‘劝说’，层层围困吴国桢；众民目睹唤觉醒，耳际仍留壮歌声！”

随后，党支部组织同学探监和营救被捕同学。当同学们到杨浦分局探监时，在白色恐怖下，被捕同学低声嘱咐同学们要坚持，在监狱里齐声歌唱：“坐牢算什么，我们不害怕，放出来，还要干……”，大家备受感动和鼓舞。

通过这次对敌斗争锻炼与考验，经上级党组织批准，于4月11日发展了顾联瑜(49届)、马杏荪(51届)、许子平(49届)、王万荣(48届)等同志入党。稍后又发展薛德培(51届)、周燮威(50届)、赵整纪(52届)等同志入党。此时附中共有党员12名。

“一·二九”血案被捕的98个同学，在地下党多方营救和社会舆论压力下，当局于1948年2月3日开始释放第一批57名同学，后陆续于3、4月份分批释放。但是迫害并未结束，校方仍以各种托词开除、勒令退学、记过等处分削弱和打击同学中的进步力量。

同年4、5月间，一天夜里梁寿益、景蔚周、马杏荪等往墙上贴传单，不慎为训导主任肖荣裴发现，校方借此迫害参加过“一·二九”的积极分子，第二天就贴出第一张开除梁、景、马学籍的布告，后被许子平、张泰桐两人公开撕掉，此举在同学中影响很大。次日校方又重新贴出布告，并加派两名警察在布告边上日夜“守护”三天。张泰桐因此事被记两“大过”两“小过”(再有一个“小过”就要开除)，且毕业时被警告不能升同济大学；许子平被记两“大过”一“小过”。接着又开除薛德培、李宗周、王学海学籍；朱伯颖、杨志长等许多同学也记过处分。开除和记过的同学在地下党领导下，迅速成立了被迫害同学会，到各班控诉反动派罪行，并发动了一场声势浩大的罢课斗争。

校方不但迫害进步学生，同时也对进步教师下手，以解聘相威胁，首先解聘了进步教师李丕涛(后去解放区，全国解放后在青岛一所师范学校执教)，以此对教师施加压力，使进步教师精神紧张，处于十分困难的境地。这时，学生自治会适时开展了尊师运动，以赠送锦旗等活动来激励和慰藉老师。同学们从大学部领取锦旗赠送老师，赠给杨烈昭老师的是一面浅绿色书有“青年导师”的锦旗。杨老师教国文，讲课中宣传新思想，支持学生运动，和同学们打成一片，受到同学们爱戴，她解放前参加党的外围组织“教师协会”。

为了保护在斗争中暴露了身份和被开除的同志，也为党输送培养干部，同济大学地下党组织了秘密交通线，把这些同志分批送往解放区。同济附中党支部根据同济大学总支部署，贯彻疏散隐蔽，保存力量，等待时机的精神，先让梁寿益、景蔚周、储复云隐蔽到赵整纪家中，直到同济大学地下党组织开通了去皖西大别山区银屏山游击四分区的交通线后，于1948年7月1日奔赴解放区。

五、参加“反美扶日”游行

在“一•二九”之后的险恶环境下，同学们在地下党领导下，并没有惧怕退缩，当美国扶植日本，激起中国人民公愤时，上海学联决定于1948年6月5日全市学生集会外滩公园，进行“反美扶日”大游行。附中学生在党支部带领下，也决定参加这次行动。此时，训导主任肖荣裴和个别特务教师故意传出中美医院(同济大学的附属医院，今名长征医院)未及时抢救附中一同学以致身亡的责任事故，挑动学生立即去中美医院找院方算账。正在议论纷纷时，有同学说:“他们想冲淡政治，转移目标。我们还是去参加集会，回来再说。”终于有20多名同学的队伍，向同济工学院进发，此时许多军警、特务已包围了工学院，附中学生设法里应外合，冲破包围，汇成了示威游行的浩荡队伍。沿途在大街的墙上和电车车身上，写上“US army get away”(美军滚出去)。在外滩遇上军警镇压，同济大学学长们把附中同学团团围在中间，自己承受军警殴打，附中的小弟弟、小妹妹们异常感动。50多年后的今天，同学们还记得这感人一幕。

在这一段时间，斗争确实很艰难，多数同志不屈不挠坚持斗争，但也有个别同志思想动摇。我们附中也有这个情况，有一党员提出退党，这在党内虽是很严重的问题，但历史上各次革命低潮时期自动退党的都有。地下支部决定顾联瑜找该党员谈话。在当时的严峻环境下，思想工作很难扭转悲观动摇情绪，但该党员保证退党后不泄漏党的机密、不做损害党组织的事，且仍参加学生运动的一些活动。于是地下党根据党的政策同意其退党，当时处于地下状态，没有什么专门手续，口头谈过就算数。

六、组织群众，重建党组织

1948年暑假后，马杏荪去了解放区，顾联瑜被勒令退学后离校。10月，张琢成、张泰桐、许子平也去了皖西解放区。由于撤退了大批同志，加上48届毕业离校的王万荣、郭丰民，同济附中地下党员只剩下周燮威、赵整纪两人。地下斗争时期党的组织是单线领导，支部书记张琢成去解放区时，与上级庞其方已失去联系(因当时形势紧急，庞其方突然去香港)，只得仍去找同济高职地下党支书李忠诚，委托李将同济附中地下党组织情况转告同济大学党总支，但终因离沪匆忙，上级党尚未来得及与附中党员接上头，因此周、赵与党组织失去了联系，同济附中地下党处于极为困难的境地。周燮威、赵整纪在这种困难情况下记住了组织嘱咐和革命责任感，在焦急等待党组织来联系的同时，发挥了独立作战的斗争精神，自觉主动联系群众，团结、培养积极分子，为以后发展壮大党的力量，推动同济附中学生运动的发展准备条件。与此同时，他们在新同学中揭露校方镇压学生运动的伎俩，使新同学认清训导主任肖荣裴、军训教官李成祥的恶行。

此阶段，由于校方的高压政策，对敌斗争采取隐蔽、稳健、步步为营的工作方法，多以合法面貌进行半公开活动。1947年底前成立的社团继续活动，比较有影响的《星野》社，原负责人陶开熙离校，由陶文琮、姚鉴棠负责，各年级成员都有，还在邮政代办所小房间设立小图书馆，秘密出借进步书刊；《交响》社则由聂多饶移交给50届几名同学，接着由邹祖荣负责；还有《秋江》社、《垦荒》社等，经常出壁报，评论时弊，写讽刺诗歌等。

1948 年大约 11 月份，同济大学党总支书记乔石同志研究决定，由李忠诚寻找同济附中地下党，为其接上组织关系。李忠诚通过其弟李忠实 (附中 50 届) 了解当时同济附中政治活动情况以及周燮威等的表现，待摸透情况，有了充分把握后，于 11 月某天上午，李忠诚化名李远，以周燮威表哥的身份去同济附中找到周燮威。在校门口，李忠诚问周燮威："你是周燮威吗？"周答："是的，你是谁？"李又问："你是 S 吗？ D 要我来找你，我们出去谈谈？"(当时上海地下党规定 , 党员代号 S，党代号 D，全上海统一) 在学校附近的僻静路上，李忠诚告诉周燮威："我叫李远，以后有人见到就说我是你表哥。现在请你把失去组织关系后的情况谈一谈，好吗？" 周燮威详细汇报了所有情况。从这时起，同济附中地下党的组织关系得到了恢复，而且找到了第二个党员赵整纪。乔石同志听了汇报后，决定由李忠诚负责联系周燮威和赵整纪开展附中工作，但暂未成立支部。

此后，李忠诚多次与周燮威、赵整纪研究附中情况，商量怎样开展工作。首先在党内抓紧学习《目前形势和我们的任务》及《青年运动的方向》《五四运动》等油印秘密文件。当时党员学习党的文件，都用《七侠五义》等旧小说封面包装，夜里躲在被子里打着手电偷看。同时积极联系进步同学，组织他们学习解放战争的胜利形势和党的政策，并将革命文件在积极分子中秘密传阅，再通过积极分子以墙报、座谈会等方式在广大同学中传播。到 1948 年底，经考察发展了洪锡玖、田颐春入党。此时，附中有了四名党员。同时，经上级党领导乔石同意，在同济附中建立党的秘密外围组织《旗手》社，其宗旨是：拥护中国共产党，学习宣传党的政策，团结群众，反对国民党反动派，为建立新民主主义新中国而奋斗！当时采取个别联系、秘密发展的方针，自 1948 年底至 1949 年，先后发展了 20 名社员，有 50 届李忠实、王勇、张敬德、邹祖荣、曹其行、夏佩迪、金永康、何彩明、刘惺佩 (刘星)、封续君 (石棉)、马兆蕙、朱伯颖，51 届李贻堃 (肖柏)、杨倩蝶、朱月娥、许宝文、郭玉仙 (肖楠)、王如华，52 届张惠松、关汉夫。

七、迎接解放

1. 币制改革学生遭殃

1948 年秋，国民党政权摇摇欲坠，经济上危机重重，物价一日数涨，老百姓扛着麻袋装钞票买米，就在这样的背景下抛出了币制改革，用金圆券替换法币，1:10000，而另一方面又大量印发钞票，引来更加恶性的通货膨胀。蒋介石派蒋经国来上海“打老虎”，对市场实行全面限价，建立所谓“钢铁防线”，商家不愿贱卖，结果是市场生活必需品供应极度匮乏，出现了抢购风。老百姓把所称的这道“钢铁防线”叫作“豆腐防线”。

1948年10月10日，上海市政府决定在虹口公园集会游行，支持蒋经国“打老虎”，同济附中军训处规定全校学生都要参加。女学生由李妙庄同学带头，缠住教官李成祥，强调女生军训，没有制服不能参加。大家跟着李妙庄对李成祥嚷嚷，李成祥说没有制服就穿蓝布旗袍，大家又嚷没有蓝布旗袍，软磨硬泡，终于获准女生不参加虹口公园集会。这次合法斗争的成功，大家高兴极了。但男学生却不得不参加，那天每人发一个面包。国庆过后，有一个社团出了一张壁报，其中有一篇文章《一个面包买了我们一天》。这篇文章在同学中炸开了锅，大家纷纷传颂写得好，校方急急撕了壁报，并扬言要处分。

限价引起市场崩溃，波及学生生活，我们全校300多名学生，先是没有菜吃，接着没有油吃，再后来没有柴烧，但又不能吃生米，只得把洗衣房的木棚拆了当柴烧。吃的是白薯煮米饭，而且限量供应，几个木桶吃光为止，吃不饱也就算了。同学们上食堂吃饭像是打仗，拿着大漱口杯到饭桶里挖一大杯，回来给同学们分着吃。到最后，连这点也供不上了，终于有一天中午饭开不出来了，全校同学躺在床上，有气无力。学校开不出饭，只得宣布停课一周，并规定一周后复课时，上海有家的，每人从家里拿五斤米来。这就是当时的实际生活状态。

1948年底，又有部分同学奔赴解放区，曾沁芳、陶文琼、聂多饶、刘佩霞、程世胤等5人，加上大学部郭昭明及外校的孙杰人，共7人去了绍兴嵊州解放区。

2. 1949年1月初，寒假提前

淮海战役后，形势紧张，学校提前结束学期，连期终考试都来不及进行。同学老师就要分手，纷纷互写纪念册留言惜别。英语老师孙时敏先生写道：“The more you do, The more you gain”。德文老师屠心观先生写道：(“耳中常闻逆耳之言心中常有拂心之事才是进德修行的砥石若言言悦耳事事快心便把此身埋在鸩毒中矣。”) 当时，除了这两位老师和杨烈昭老师外，还有一位老师备受同学们尊敬，即历史老师金石言 (原名金则人，与夏衍有联系)，我们的历史书像砖那么厚，但他从不照本宣读，而是生动有趣地讲近代史，讲蒋介石如何在雅尔塔会议上出洋相；也讲孙中山建设新上海的规划，想在江湾另建市区来抵御帝国主义的租界，后来建了琉璃瓦顶的图书馆、博物馆及市政府大楼。这个博物馆也就是我们那时的校舍；图书馆是大学部新生院。同学们最爱听他的课。“一·二九”期间不少同学去大学部参加“惜别晚会”,那晚轮到金老师负责51届同学夜自修点名，他故意不点名，使训导处无法了解谁去参加了晚会，以此保护了同学。1949年3、4月份他不来了，据说是隐蔽起来了，训导处还在同学中追查过他的下落。听说他是皖南事变前的党员，送他的侄子参加新四军，皖南事变中，他失去了组织关系。

学期结束分散回家后，各班级都办起了“通讯”刊物，自己掏钱买纸张、钢板、铁笔，以至简单的手推油印机、油墨等等，自己动手刻蜡纸油印。刊物由同学投稿，或选登一些进步文章，或转载《同济大学通讯》部分文章。那时反动当局曾拟把同济大学连同附中、高职撤退南迁到广西柳州，当时附中同学对此反应不一，有的还觉得南迁新奇。“大学通讯”中就有一篇反对南迁的活报剧，51届乙班的《一乙通讯》中转载了这篇文章。

春节过后，2月14日，由周燮威召集各班通讯负责人，在交通大学一个教室里开会交流各班通讯经验，到了周燮威、赵整纪、王宏升、朱月娥、陈丙华、邹祖荣、李忠实等共12人。会上成立了“生活学习社”。

3. 复课斗争

由于校舍主楼(博物馆)被淮海战役败退下来的国民党军队占领，只有教师住宿的飞行馆未占，学校迟迟不能开学，同学们要求校方向政府交涉撤出驻军复课，校方无能为力，听之任之。地下党决定动员同学提前进驻学校对抗，首先是“生活学习社”成员于2月17日到学校注册，并带头串联同学，动员尽量多人先住进飞行馆，与国民党军队对峙，做出等着开学的架势，等他们一换防，就立即占领主楼；另一方面敦促校方出面交涉。同学们来校后由党支部周燮威领导，朱月娥协助组织，并串联女同学。这一行动风险很大，人们心目中兵匪不分，所以规定晚上不可轻易外出，必须外出也应结伴而行，特别是女同学。有一件事在同学中震动很大，当时驻军竟抓了隔壁国防医学院学生(军官军衔)为壮丁，强行剥掉军官服，穿上士兵服，后来有人报告了国防医学院校长，出面交涉后才放人。这件事后，男同学们也加倍警惕起来。

在此期间，各社团组织联合要求校方向政府交涉撤出驻军，同时积极联络老师，要求边上课边争取正式复学。经过师生们不懈努力和一段时间对峙、交涉，国民党驻军终于撤走，同学们赶紧占领主楼，打扫卫生，复学上课。

4. “三八特刊”事件

复课后不久，为纪念三八妇女节，1949 年 3 月 7 日夜里，全体女同学在宿舍里通宵编写“三八特刊”，庄留琪主编，文章、诗歌、漫画，内容丰富，揭露反动派剥夺妇女权利的种种事实，要求尊重女权，妇女解放。那天夜里女同学热情高涨，好多人不睡觉，大家动手誊写、绘画、编排、张贴，直忙到半夜三点多完成。可是大家躺下不久，就听到走廊里有人走动，又听到撕纸的声音，赶紧起床到宿舍门口一看，壁报没有了，这分明是反动校方指使爪牙干的。这下惹怒了辛苦一夜的女同学，也激怒了正义的男同学，全体女生提出了强烈抗议。一时间，在饭厅门口墙上(同学们称之为民主墙)，《交响》社《耕耘》社、《奔雷》社等贴了满墙几十张大字报，谴责撕壁报的丑行。有一张叫人印象很深的大字报这样责问道：“你们是人吗？你没有母亲、姐妹吗？请问你是属于虫豸的哪一种？特刊要继续出！撕吧！无耻的暴徒，看你们撕到几时？……”紧接着女同学们马上把特刊原样编排出来，并多了一幅漫画：墙上贴着“三八特刊”，旁边蹲着一只狗，正在用前爪撕壁报。特刊在白天贴出，由同学们监护着，避免再遭厄运。

5. 社团斗争

以“三八特刊”事件为始，再度拉开了“一·二九”之后争取民主斗争序幕。大家吸取了“一·二九”的经验教训，不搞大规模运动，只采用合法斗争方法，开展社团活动。地下党进行深入细致的群众工作，以“生活学习社”为核心，除原有社团外，纷纷成立新社团(有以班为主的，也有跨班的)。当时训导主任肖荣裴采取恫吓手段，规定成立新社团各社长必须到他那里登记备案。当时社团多得如雨后春笋：除原有星野、秋江、垦荒、交响、耕耘、奔雷等外，还有新组成的黎明、新生、杂志社、警钟社等，并重新成立社团联合会(社联)，邹祖荣任会长。各社团活动有定期出壁报、开会学习、讨论形势，参加跳集体舞

吴淞口虬江码头郊游

等。有一次交响社出的壁报中有一篇抨击当局的文章，军训教官李成祥叫了邹祖荣等交响社成员到壁报前，撕下壁报，把邹祖荣等训斥一顿，当时围观群众非常气愤，但敢怒而不敢言。事后李成祥还在博物馆前旗杆台上，对学生们恶狠狠宣布规定，并训斥了一气，学生们并不怕他，恨在心里，我行我素。社团活动除了出壁报外，还组织教唱革命歌曲(《国际歌》就是那时教给大家的)；由大学部同学来教集体舞；组织郊游野餐活动，1949年4月4日吴淞口虬江码头郊游就是一次规模较大的活动。

地下党从这些活动中发现积极分子，又进一步发展了旗手社，它的成员在政治斗争中发挥了重要骨干作用，党组织也从中发展新党员。1948年底已有党员周夔威、赵整纪、洪锡玖、田颐春，1949年3月底又发展了50届李忠实、邹祖荣、王勇、张敬德与51届朱月娥入党，另有外校转来的51届许宝文，党的队伍已扩大到10人。大约在1949年2–3月间，由于附中党的力量有所壮大，上级党领导乔石同志决定，单独成立同济附中党支部，并指定周夔威为支部负责人，上级党组织联系人李忠诚(时任同济大学党总支委员)。

6. 恢复学生自治会

3月下旬，全国形势变化，国民党已退守长江以南，又开始了国共谈判。由于社团组织不间断地争取民主，加上校长更换(大学部丁文渊换成夏坚白；附中陆振邦换成晏华璋)，校方对学生限制有所松动，允许重新成立学生自治会。选举结果是自治会领导权掌握在进步力量手中。自治会代表会主席是李忠实，理事会理事长王冠群，副理事长曹其行，福利股长周夔威，副股长杜裴，学艺股长邹祖荣，康乐股长陈丙华。同学们欢呼：“好极了！”

7. 声援“四一”惨案被害学生

1949年4月1日，国共谈判正在进行之际，南京学生游行示威，到总统府前请愿，要求国民党政府接受中共提出的八项和平条件。军警对南京学生大打出手，造成死二人、伤一百余人的惨案，引起了极大愤慨。在地下党领导下，各社团联合出了“四一特刊”壁报，并由社团联合会会长邹祖荣出面召集各社团开“四一座谈会”，声讨国民党镇压学生的暴行。同时由自治会做出决定，节食喝粥三天，把省下来的钱支援南京蒙难与受伤学生。通过这一系列活动，提高了同学们的觉悟，认清了国民党反动派的真面目。

那年 4 月 20 日，50 届女生高桂德经曾沁芳 (50 届女生，1948 年底去浙东解放区) 引荐去浙江诸暨解放区，入燎原干校。

8. 接“应变”口号，行护校之实

1949 年 4 月份，蒋介石宣称下野，上海的反动黄色工会头面人物陆京士、王晓籁等提出了“应变”口号，还登了报，意思是如何应付国民党统治即将垮台的局面。我们党指出：“上海解放已定局，国民党将钻入地下，我们党将到地上来了，但是黎明前更黑暗，要注意斗争策略，保护自己，团结起来到明天。”同学们接过了“应变”口号，成立了“应变委员会”，负责人周燮威，成员还有李忠实等 2、3 人，名义上对付非常时期，实际上做护校工作。赵整纪向官方要来物资，领到大米、黄豆、咸黄鱼等备荒物资，还领了口袋、沙子，装成沙袋，作护校之用。直到学校被遣散，“应变委”才停止开会。那些食品在刚解放时供同学们足足吃了一个月，不交伙食费，同学们戏说：“共产主义来了，吃饭不要钱。”

在国民党政府面临垮台之际，针对国民党特务的疯狂挣扎，同济地下党曾发送过一封警告信，内容大意是：国民党政府即将垮台，你们必须停止作恶，停止镇压学生运动，准备向人民投降，否则后果自负……信后还开列了一批特务名单，第一个是同济大学训导主任王辰春；附中训导主任肖荣裴也在其中。这封信也在积极分子中秘密传阅，大家看了很兴奋，认为这一天终于要来了，特务们还能横行到几时。

9. 搜查行动

1949 年 4 月下旬，获悉反动校方要搜查学生宿舍，查抄进步书刊，以此判定谁是进步学生，为进一步镇压学生运动作准备。周燮威按上级指示，通知党员把一切可能引起麻烦的文字纪录，包括当初办的“通讯”、诗歌、日记等都交他销毁 (很可惜这些历史资料没能保存下来)；进步书刊则要求党员各自藏好。过不了几天，果然以肖荣裴为首的 4 人到女宿舍查抄，借口某老师长呢大衣失窃，但是找大衣却翻看每个同学的枕头底下。女生们早已把“违禁”书籍藏到了墙脚下的电闸壁洞里，没有被发现。朱月娥马上报告周燮威，要男宿舍早作准备。不过，没过两天，4 月 25 日星期一早晨，江湾已经炮声逼近，校方突然决定全体学生搬迁到其美路同济工学院体育馆内。那段时间，肖荣裴不但搜查女生宿舍，竟然还搜查杨烈昭老师住所，四处翻腾，还撩起床单看床底，无视教师尊严。

10.“四二六”大逮捕

4 月 25 日附中学生迁入工学院体育馆后，地下党一边清理进步刊物及宣传品(有的烧毁，有的扔在工学院后边河里)，一边组织同学自卫。在体育馆大门口，夜里有男同学站岗值班；女同学住体育馆北端楼台上，能看到楼下全貌，也布置了值夜。当天半夜，即 26 日凌晨 2 点左右，值夜的女生于敏发现长窗外电筒灯光乱晃，好像探照灯包围了体育馆。原来大学部地下党为防止警、特突然袭击，事先作了预防，一旦有情况就拉响设在同学自挖井中的土警报，并切断电源，没了照明。这时全部女生马上起身，打算冲出去，但已来不及了，宪兵、特务已包围了体育馆，值班男生已被扣在别处，并抢走了他口袋里的两块银元和值班警棍。此前，有一大学生逃进来，一骨碌躺到了进门第一个和第二个地铺之间。这时特务提着马灯，带着宪兵进来，先查门旁第一个地铺同学的学生证，一看是附中的，就叫大家躺着不许动。那个逃进来的大学生好悬！然后，特务又提着马灯上楼到女生区，指着戴眼镜的王淑琦 (49 届) 说“睡觉还戴眼镜，怕做梦看不见？拿学生证来看！”一看也是附中学生，就命令大家不许动。特务拿出黑名单与学生花名册核对，从半夜二点多一直到四点多，在马灯映照下，宪兵荷枪实弹头戴钢盔的身影投射在大墙上，活像魔鬼的黑影，恐怖极了。在这段时间里，赵整纪叫张惠松起来要求小便，特务只得应允，随即其他同学纷纷仿效，一群人就出了大门，那个逃进体育馆的大学生也乘机混了出去。

当天上午，李忠诚和支部联系，介绍了大逮捕的情况：由于地下党事先准备了警戒，当军警特务冲进工学院时，学校后边铁丝网外的麦地里，已经躲藏着逃出来的 200 多人，李也在其中。据内线了解，附中同学在黑名单里有 4 人：周燮威、李忠实、邹祖荣、曹其行，但因附中是突然搬进工学院的，抓人的机关不知道，只带大学部的名单抓人，所以没抓走一个。另一批特务则拿了附中的黑名单去博物馆扑了空。那天反动派的猖狂并没有吓退群众，更激起了群众愤怒，群情激昂，没有一个人离群而去。同学们在体育馆里游行，手挽着手，八人一排，齐步前进，高唱“团结就是力量”，那种气势让混在群众中的特务看了发抖。

11. 组织地下联络网、人民宣传队、人民纠察队

4月27日上午，附中同学们又搬迁到四川路底同济法学院。刚到法学院，许多家长担心子女安全，纷纷到法学院来叫子女回家，但大家迎接解放的热情高涨，多数人不愿回家，决心坚持到上海解放。51届旗手社员杨倩蝶，家里来人硬把她挟持回家，打算乘船南下温州后转道去香港。次日晨，她趁家人不备又逃了出来住到同学家。那时身无分文，未带一套换洗衣服，全靠同学支持，一直坚持到底。

4月28日，反动政府宣布紧急疏散郊区15所学校，同济大学及附中也在其中，附中同学被迫分散回家，上海无家的则集中到礼查大楼(今浦江饭店)。针对这一新形势，附中党支部遵照上级领导乔石的部署，决定建立地下联络网，迎接上海解放。联络网按地区分划联络区，下设中队和小队，党员和积极分子担任各级领导。在周燮威家开的一次会上，宣布了各联络区正副区长名单，布置了组织人民宣传队、人民纠察队，继续办好通讯刊物的任务。人民纠察队的任务是秘密统计学校财产，了解档案情况，做好护校工作及解放后接管学校的准备。

当时地下联络网中心就设在党员赵整纪家中，他家租用的是一处隐蔽的深宅大院中的部分房屋，前后门都是店面，进出不会被人注意，如有情况，撤退也安全。解放前地下党的会议和“旗手社”都在那里活动。难能可贵的是房东对使用他空房子进行颇有风险的活动从不干预，原来房东正是复旦大学西语系著名教授孙大雨。

上海解放前夕，李忠诚和周燮威、田颐春、王勇、朱月娥等部分党员一起，通宵达旦收听和记录新华社广播，连夜刻写和印刷《向全国进军的命令》《南京政府向何处去》《约法八章》等文件和宣传资料，然后由地下党员及旗手社员们，在极其危险的环境中，采用各种隐蔽方法，把宣传材料放进装着土豆的袋子里、卷在袖子里、夹在鞋底里……携带出去，通过联络网渠道由人民宣传队散发。往往在半夜里，向商店门缝里塞《约法八章》，各店清早都会发现此类宣传品，人们互相传阅。那时有自行车的同学还很少，同学们连坐电车的

钱都没有，只能靠两条腿走路，几乎走遍了全上海。省下零花钱，买彩纸、扎红花，准备迎接解放军。50届51届女生曾集中在朱月娥家隐蔽的库房里扎红花，扎好后藏在地洞里。各年级自办的“通讯”，也为避免特务发现，都按普通信件封寄（不作开口的印刷品），且都在夜里10点以后，分散投入各邮箱。

5月上旬，上级党组织领导乔石通知周燮威到浙江中路“公大铁店”楼上亭子间内汇报工作。乔石同志详细询问了附中迎接解放的准备情况，检查附中地下联络网的组织、人数、分布地点和通知集合需要多少时间等。周燮威临别时，乔石同志更叮嘱：“上海即将解放，天快亮了，可是黎明前更黑暗，斗争更残酷，一切活动都要特别小心，要严格遵守地下党的工作纪律，千万不能麻痹。”

12. 迎接解放

5月24日，党内已传达：“明日解放，各自坚守岗位，等待命令”。是夜，枪声响了一宿，25日晨，解放军已从沪西进入。由于上海地下党的领导，工人的努力，供水、供电、电车、电话、电台都照常运作。那天，苏州河以北地区尚未解放，按事先约定，人民宣传队员到同济医学院集中，等待命令；附中部分女同学已被召去电台唱革命歌曲，北区同学都能从无线电中听到。当晚，周燮威、朱月娥、杨倩蝶等集中在南市赵整纪家中通宵印刷宣传品、扎红花等宣传准备工作，直到27日北区解放。在医学院集中待命的附中同学，立即由卡车载着开往北四川路上海剧专，又进入复旦大学，一方面街头宣传，唱歌、扭秧歌、演活报剧，一方面清除国民党反动标语，换上迎接解放的新标语。那几天每天有雨，同学们衣服全湿透了，没有换的，冻得发抖，夜里被子薄，只得俩俩合盖。女生睡在拼起来的课桌上，男生睡在地铺上，生活如此艰苦，但再冷也没一个人回家取衣被。那时发给每人一个蓝色袖章，上有白色字样“人民宣传队员”，戴在手臂上，大家感到无上光荣，感到有一种责任感。

13. 六月初复校

宣传活动结束后，大家回校复课，首先是打扫卫生，那真是一项艰苦工作，学校屯过兵，教室被糟蹋得满地垃圾，还有伤兵的残留污物，几十个人打扫了足足一星期。打扫过程中拾到了两块银元，党支部用来买了一批《新民主主义论》单行本，分发给大家，这是解放后公开看到的第一篇毛主席的文章。杨烈昭老师赶来学校看望同学，她也是在解放上海前迁往北四川路底同济文法学院内，并在刚解放的那几天中与金石言老师一起，在路上处理了国民党的一股败兵，命他们缴械，将枪支弹药、电话机等转交军管会。当时学校周围和校园里到处有战争遗下的成包火药、子弹，有同学捡来玩了惹祸：51 届一同学把火药装进空的玻璃墨水瓶，不慎撞击引爆，炸掉三个手指；晏华璋校长的四五岁小女儿捡到一个炮弹引信，也是敲击引爆被炸伤，急送医院抢救。

刚解放时庆祝游行很多，6、7 月份就有 6 次，其中有庆祝杭州解放、南昌解放、纪念卢沟桥事变 12 周年等。纪念卢沟桥事变举行了“7•6”大游行，为避免国民党飞机轰炸而提前一天，大雨倾盆，但同学们仍坚持队形。这次游行还有解放军的入城式。

7 月 1 日是党诞生 28 周年，这是解放后第一个党生日，那天在其美路小学开纪念会，全体同济地下党员参加，会上听乔石同志作报告，主要是讲形势和任务。当时由于上海是刚解放的大城市，政权尚未巩固，地下党及外围组织还处于秘密状态，党员参加这次会议也是秘密的，但能够在大会场里公开听领导人作报告，从白色恐怖环境下过来的人们，心情仍难用言语形容。

14. 随军南下工作

为了解放全中国，解放军继续向南方进军，但开辟新区工作、建立新区人民政权，急需大批干部。7 月初，上海学联遵照中共上海市委决定，建立中国人民解放军南下服务团与西南服务团，号召广大同学报名参军。同济附中地下党员、旗手社员带头响应，一时间掀起了报名热潮。

名单公布，附中南下服务团(福建)有周燮威、赵整纪、顾祥熙、俞志华、封续君、何彩明、王宏升、梁耀驹、于敏、田泰春、陈焕森、刘和堃等；还有 48 届已毕业同学傅长光、沈宜刚、冯翔、李天韵。西南服务团(四川)有洪锡玖、张敬德、陈炳华、田颐春、刘惺佩、郭玉仙、李贻堃、刘治平、吴咏麟、曹其行、廖书擁、王碧云、姚鉴棠、梁耀英、张修建等；还有 44、48 届已毕业同学龙家德、黄业超、许本炎、彭永昆、郭兆奎、刘锡嘉、钟德硚、王万荣、郑士玉、彭明芝、余宁邦、杨和生、张德芳。已毕业同学从同济大学参军，在南京集中地与附中同学汇聚留影，以后分配同一中队。

附中参加南下工作的同学都在 7 月 10 日左右集中，南下福建的集中沪江大学，西南服务团集中圣约翰大学。

南下福建的队伍途经上海莘庄时就遭敌机轰炸扫射，牺牲、受伤多人。进军四川的队伍则背负行装跋山涉水，历尽艰险，还要对付土匪和国民党残兵袭击。田颐春、刘锡嘉等同学所在大队为接管重庆先头部队，必须跟上野战军。为了加快行军，在湖南常德找了几辆从国民党军队接收来的军用卡车，不料车至湘西小宫庄附近一个弯道下坡处，天雨路滑，车速又快，卡车竟翻下二十多米高悬崖，车子打了三个滚，战友们被压在翻倒的车厢下动弹不得。刘锡嘉被压最低层，伤势特别严重，头盖骨和左颧骨被压凹陷，左眼球凸出，右臂重伤，最终却奇迹般地从死亡线上抢救了过来。田颐春被压断手臂，近视眼镜也飞了，他既不能摸到自己的头，又看不清周边情况，急得大叫:“我的头掉了！”后被送入野战医院，伤愈后为后续部队收编，从此留在了部队。西南服务团的同学在完成了四川的艰巨任务后，都陆续转业地方。

南下服务团开拔后不多几天，学校校舍就由旧博物馆迁到了原同济大学新生院所在旧图书馆，因为解放后新生院被撤消。这个校址一直延续至今天的同济中学。

学校迁址后不久，来了一位军代表，原是复旦大学学生，比较平易近人，同学们有什么问题都愿意向他反映。那时学校校医曾凌辱和虐待他的养女，女同学们非常气愤，为了保护女权，就向军代表反映，后因那个养女不敢揭发而无法处理。军代表是代表行政系统来接管学校的，不过问党务工作，但他常与党支部书记李忠实联系了解情况。接管工作完成后，军代表就撤走了。

八、政权巩固

1. 新民主主义青年团

1949 年 10 月份，以旗手社员为骨干，公开成立了“新民主主义学习社”，为建立新民主主义青年团作准备。11 月，北四川路区团委派林愚真同志来校主持建团，由群众选举建团筹委会，审批申请入团同学。建团后，正式选举团总支委员，李忠实当选为同济附中第一任团总支书记 (李的党支书身份当时尚未公开)。

2. 反银元贩子的斗争

上海解放初期，由于军事仍在继续，军费开支庞大，经济建设烂摊子亟待收拾，加上美国军舰吴淞口外封锁、奸商囤积居奇等因素，出现了通货膨胀，老百姓只得买银元来防止货币贬值，因而银元贩子活跃。解放前延续过来的证券交易所也推波助澜，经济雪上加霜。人民政府下决心取缔，一夜间封了证券交易所，抓光了银元贩子，使经济开始好转。这期间同学们再次上街宣传，向市民发送传单，街头演剧，宣讲人民政府的正确政策。同学们参与了社会工作，提高了自己的认识。

3. “2•6”轰炸

国民党不甘心失败，对上海狂轰滥炸。在校舍顶层，白天能看到江湾飞机场被炸时的蘑菇云，晚上飞机声隆隆，探照灯光柱划破夜空。学校也要防空，抽干地下室的水，又堆起了沙袋。全体同学齐动手，由校工们领着干，老校工龚坤生同志体壮力大，干活最卖力，同学们都给他喝彩。1950年2月6日那天的轰炸，把杨树浦发电厂(当时上海最大的发电厂)、闸北发电厂、卢湾发电厂都炸瘫了，许多地区停电。不少同学大年三十不回家过年，在学校里点着煤油灯通宵赶写标语、印刷传单，大年初一上街宣传。由于电厂被炸，工业瘫痪，印染厂的布泡在染缸里拿不出来，工厂机器转不起来，不少工人失业，经济恢复受到打击，同学中也有家庭经济因此发生困难的。在这种形势下，毛主席提出：“有困难，有办法，有希望！”给人民指明了方向，大家克服困难，渡过难关。同学们还亲眼看见解放军防空部队在夜间探照灯聚焦下打下了敌机。后来苏联派来了一个空军师，驻在江湾机场，全是超音速飞机，从此国民党飞机不敢再来了。

4. 地下党公开

1949年随军南下同学离校后，学校里留下了5名党员李忠实、邹祖荣、王勇、朱月娥、许宝文(许尚属单线联系)，上级决定与华侨中学合并建一个支部，李忠实任书记。不久，两校又分开建独立支部，同济附中支书仍为李忠实，归北四川路区委领导，上级党的联系人则由李忠诚改为胡昌璧，她是解放前同济大学地下党领导人之一。到了年底，区委考虑到附中支部除许宝文外全是候补党员(支书李忠实也是)，发展党员就有困难。按解放前入党只需1名介绍人，而且不限定正式党员，而解放后入党必须有2名正式党员介绍。因此提出，同济附中的党员都是经受过解放前考验的，不一定非要1年候补期，可以写申请提前转正。于是李忠实、邹祖荣、朱月娥都写了转正申请，并经区委批准，1950年元旦前后全转为正式党员。1949年底，王勇考取人民大学俄语专业后离校。区委联系附中的组织员改由汪炎雄(原同济高职地下党员)担任。1950年1月8日发展了3名党员，他们是50届金永康、51届徐康泰、王如华。

不久，中央公安干校招收学员，党支部就选送了金永康、马兆蕙去北京该校。上海团市委拟选送一批高中毕业的团干部去中央团校，党支部就选派了团支委朱伯颖去北京。那段时间，还有夏佩迪、李世煌、胡一飞、徐寿椿等同学参加空军，到杭州笕桥学习。

1950年6月，同济附中改名上海市同济中学。

一年来形势发展，政权已得到巩固，为了进一步密切党群联系，那年4月15日开始酝酿地下党公开，经过党员、群众周密的思想准备和程序安排，约在5月4日前后，正式公开了党员名单，正式党员4名，李忠实、邹祖荣、许宝文、朱月娥；候补党员2名，徐康泰、王如华。5月7日召开座谈会，党员与群众见面。到了1950年秋，50届党员李忠实、邹祖荣毕业离校，李忠实分配去团区委，邹祖荣考入哈尔滨工业大学，校内由许宝文接任支部书记，区委联系人改由组织员陈丽华同志担任。

5. 到祖国最需要的地方去

1950年秋至1951年秋的一年中，学校以抓学习为中心任务，学习科学文化知识，为建设祖国作准备。学校成立校务委员会，统筹行政、教务与政治活动，由校长曹礼吾先生领导，教导主任杨烈昭先生、副主任陈紫霄先生、党支部许宝文同学参加，区委的指示由许宝文通过校务委员会贯彻。

这一段时间，国家有三件大事：

一是抗美援朝，参加军干校运动。1950年5月，朝鲜战争爆发，10月25日志愿军跨过鸭绿江。同学们保卫祖国的歌声响彻校内外，各班级都组织了“战斗队”，爱国主义热情沸腾，纷纷报名参加军事干部学校。第一批审批有45人，此后又陆续批准了第二批和第三批，全校总共有 60 多人参加了军干校。这次运动前后停课 1 个多月。1951 年元旦过后，最早开拔的同学就离校了。

1950 年 12 月，党员王如华调区委工作，提前离校。

二是土地改革。1951 年初，江湾区召开人民代表会议，讨论土地改革纲领，做群众的宣传工作。学校地处江湾郊区，也派人民代表朱月娥同学参加，本校艾蓄三先生则以民主党派代表身份参加，回来后向全校师生传达，并做群众工作，提高思想认识。

1951 年 2 月，新学期开始，52 届由外校转来 1 名党员俞锦屏。

三是镇压反革命。上海市于 1951 年 4 月 27 日夜进行全市大逮捕，本校党员许宝文、徐康泰参加了区委组织的这一行动。

1951 年 5 月 4 日，52 届顾云娟受上海团市委选派入藏，历经路途艰难、高原反应，终于涉险进藏，12 月才到达拉萨。她是首批入藏的 2 名上海姑娘之一。1955 年《人民日报》上曾刊载她在西藏工作的事迹报道。

1951 年 5 月，王明辉入党，这时同济中学共有 5 名党员。6 月 2 日，朱月娥调江南造船厂党委组织部工作。7 月，51 届学生毕业时，许宝文、王明辉调区党委工作；徐康泰调区团委工作；俞锦屏因病辍学离校；还有不少同学放弃升学，参加了上海的市政建设工作，包括党政、教育、公安、电力、工商等部门。同年 8 月，52 届蔡祖善入党，成为当时同济中学留下的唯一党员。

同济附中地下党发展概况

1947 年“五二〇”时，同济附中没有地下党员，通过“五二〇”运动的洗礼，经同济大学地下党考察，1947 年 7 月，张琢成入党，成为附中第一名党员，隶属同济高职支部。10 月 17 日，经张琢成介绍，梁寿益、景蔚周入党。此后不久 (约在 12 月间) 附中成立独立支部，由张琢成、梁寿益、景蔚周组成支部委员会，张琢成任支部书记。1947 年底陶开熙入党；1948 年 1 月张泰桐入党。当时有外校党员郭丰民转学来附中，支部了解后，经协商同意他的组织关系仍保留在原单位。

1948 年 4 月 10 日前后，发展了顾联瑜、马杏荪、许子平、王万荣入党。稍后不久，又发展周燮威、赵整纪、薛德培入党。

1948年4、5月间，反动校方阴谋打击“一·二九”运动中暴露的进步力量，借故陆续开除梁寿益、景蔚周、马杏荪、薛德培1948年暑假勒令顾联瑜退学。此后，48届毕业，张琢成、张泰桐、王万荣、郭丰民离校。1948年9、10月间，许子平与张琢成、张泰桐去皖西解放区，学校只剩下周夔威、赵整纪2名党员，且与上级党失去联系。1948年深秋，李忠诚受乔石同志委派，接上附中地下党的关系，年底发展了洪锡玖、田颐春入党。1949年2、3月间，附中第二次单独成立支部，由周夔威负责，李忠诚为上级党联系人。3月底4月初，发展朱月娥、张敬德、王勇、邹祖荣、李忠实入党；许宝文从外校转入。至解放前夕，附中实有党员10名。

上海解放后，1949年7月南下工作的有周夔威、赵整纪、洪锡玖、田颐春、张敬德。余下的党员与华侨中学党员组成联合支部，李忠实任支部书记。不久，又单独成立同济附中支部，仍由李忠实任支部书记。该年底，王勇考取人民大学后离校。剩下的李忠实、邹祖荣、朱月娥、许宝文4名党员中，唯许宝文为正式党员，1950年1月初，其余3人提前三个月转为正式党员。1月8日，金永康、徐康泰、王如华入党。金永康不久调中央公安干校学习。

1950年5月4日，地下党公开，共有6名党员，4名正式党员：李忠实、邹祖荣、许宝文、朱月娥；2名候补党员：徐康泰、王如华。至此，同济附中党在秘密状态下的发展告一段落。

1950年秋，李忠实、邹祖荣毕业离校，许宝文任支部书记。同年12月，王如华调区委工作。1951年2月，外校转来党员俞锦屏同志。1951年5月，51届王明辉入党。6月2日朱月娥调江南造船厂党委工作。同年暑假，51届许宝文、徐康泰、王明辉毕业离校，其中许、王调区党委工作；徐调区团委工作；俞锦屏因病辍学离校。8月，52届蔡祖善入党，此后一段时间校内就只有蔡祖善一名党员。

后记（朱月娥）

我应同济中学校友会之邀，为学校撰写解放前后同济附中学生运动与地下党发展简史。由于本人在校仅3年(1948~1951)，时间有限，很多事未曾亲历，只能尽量向前届学长收集资料，特别是本文作者李忠诚、周夔威提供了简史前半部分大量素材，并不厌其烦修改补充。有些事年代久远，各人记忆也有参差，只能多方核对，且回避核对不清的问题。向本文提供资料的还有张琢成、顾联瑜、梁寿益、许子平、赵整纪、马超英、张泰桐、高桂德、李忠实、田颐春、许宝文、张惠松、谢颖武、朱伯颖、刘锡嘉、杨烈昭先生等，特此致谢。

我1948年秋考入同济附中，亲历了国民党限价时期受饥挨饿、训导处特务教师的威胁警告、“四二六”大逮捕的惊险恐怖，体会更深的是地下党如何领导群众巧妙地对敌斗争，党群关系鱼水之情。当我在特务们进女宿舍搜查之前，不慎将《四大家族》一书遗留在桌子上，是群众帮我提前收藏了起来；当特务教师发现我们办的“一乙通讯”和我写的文章而盘问我时，又是李家玥、梁珠联搭档来干扰解围，抵制了这次纠缠。如果没有群众的帮助，我们一天也站不住脚；而群众有困难时，我们也竭尽全力真诚帮助。从群众中来，生根于群众，这是我们党生存壮大的原则。我于1951年6月调江南造船厂党委组织部工作；1956年响应“向科学进军”号召，考入北京地质学院，此后就为地质事业兢兢业业工作了36年。我的工作态度和做人准则，都是同济附中地下党对我教育打下的基础。记得入党第一课，李忠诚对我讲的就是为保护党的利益不怕牺牲，甚至个人生命，这一信条，我终生难忘。今天我执笔撰写这段历史，愿与新老校友共勉。(33 /1~5、34/ 1~5)

同济附中学生运动史料

49届 顾联瑜

一、参加地下党

1948年初的一天夜里，在旧博物馆的男生宿舍，许子平神秘兮兮地跑来找我，商量参加地下党的事情。我由于此前已经历了一年多的学生运动，并且在附中迁到江湾后成了附中学生运动的组织者，思想觉悟提高了许多，也有了入党的想法，但苦于不知道附中有没有地下党组织存在。这种事情当然是不好随便打听的。

当时党处于地下状态，入党不像现在那样个人申请、组织讨论再征求群众意见等，而是由党组织根据本人表现，暗中审查后主动发展、吸收。现在组织主动找我，可能已经过审查准备要吸收我了，当然很高兴。我立即写了一份个人情况交了上去。没过多久，梁寿益找我们谈话，除许子平和我外，还有马杏荪，共三个人。梁说由他作为介绍人，经组织审查已通过了吸收我们三人入党，从此我们成为附中地下党的新一批党员。我们入党后才知道，附中已有地下党员梁寿益、景蔚周、张琢成、陶开熙等，他们都是高三的，许子平和我是高二，马杏荪是初三。

那时我们对党的组织情况并不清楚，有没有支部，谁是支部书记，都不明白，也不好多问。我们只知道有一个单线联系的上级领导，是大学医学院的同学，我们都叫他“小王”，经常来附中召集我们开会，地点是隐蔽的，一般晚上到校舍外面的野地里开。后来慢慢与“小王”熟了，又叫他“小P”，后来才知道他真名叫庞其方。

虽然是地下党，手续比较简单，但宣誓仪式是不含糊的。记得是在市区的一处房子(忘了是谁家里)的阁楼上，由庞其方、梁寿益带我们三人进行入党宣誓，完成了最重要的一道手续。我们三人入党后，附中地下党又发展了一批同志，有周燮威、赵整纪、薛德培三人，时间只隔了两三个月，说明当时形势发展很快，附中地下党急需迅速壮大。

我在入党前已在我们学校学生自治会担任副主席，本来这只是一个闲职，但由于理事会理事长不太过问自治会的活动，而主席又是埋头读书的人，我就在这样的条件下，用合法身份抓了学生运动的具体组织工作。地下党通过我实现了对附中学生运动的领导。

那时学生自治会有一间办公室，平时自治会干部都去上课，没人来办公，我们就把这间办公室变成了商量学生运动的“指挥部”。由于我有合法身份，梁寿益、景蔚周经常来研究开展学生运动的问题。当时通过公开的组织“学生自治会”团结了一大批进步同学，不少成为党的外围积极分子。其中，初三的李宗周是理事会副理事长，很多事情由他出面比较合适，他工作十分积极。周燮威、赵整纪、薛德培在入党前都是积极分子，还有王学海等同学。其中有两员女将周懋庸和储复云，是比较突出的积极分子，做了不少工作，也是自治会办公室的常客。地下党曾把她们作为培养对象，但由于形势发生变化，许多地下党成员先后离开附中，没有来得及发展她们，现在回想起来很感可惜。

二、遭到挫折

同济附中是个国立学校，由国民党政府直接控制，校内反动势力比较强，像训育主任、军训教官等，把持着政治实权。校内有国民党、三青团组织，学生中也有三青团员，情况复杂，地下党面对的形势十分严峻。我们虽然团结了一大批学运积极分子，参加了全市性游行、罢课等活动，表现突出，但在斗争策略上，毕竟经验不足，地下党员隐蔽不够，过分暴露招致了损失。

1948 年上半年（约在四五月间），一天夜里梁寿益、景蔚周、马杏荪到食堂外面墙上张贴革命传单，被训育主任发现。第二天校方就挂出布告，将他们三人开除。虽然校方不知道他们是共产党员，没有抓起来，但他们必须离开学校，对我们来说是很大的损失。当时曾研究过如何与校方展开斗争，但考虑到校方已抓住了“证据”，要组织反击不太好办。为了保存实力，不再暴露其他同志，只好让他们三人撤到解放区。马杏荪上海有家，可以暂缓。梁寿益和景蔚周是四川人，开除了没地方住，必须尽快撤走。经庞其方同志安排，临时在郊区找了一个秘密住处，我曾随庞去那里看望他们，并研究他们走后附中地下党下一步工作问题。当时庞其方提出由我任支部书记，后来我并未担任此职。

经过一段时间等待，他们两人终于在上级党组织安排下，离开上海进入解放区。

在他们被开除而未离开上海的日子里，我校部分党员和积极分子曾去照相馆拍过一张合影。时过五十多年，已记不太清当时拍照的起因。周懋庸同学在该照说明中描述比较详细。从照片上的人看，似乎可以判定是由于梁、景即将离沪而留影纪念。后来可能大家都未保存这张珍贵照片，而我也是极偶然地在一大堆旧照片中才发现了它。经过仔细翻拍，添印了分寄合影中的同学，他们收到后都十分高兴，激起了对过去斗争生活的许多回味和对早逝同志的深切怀念。这张照片应该是同济附中地下党的宝贵历史资料。

梁寿益、景蔚周走后不久，1948 年上半年学期结束，我们又遭到一次打击。我在拿到成绩单时，看到上面盖了一个戳："勒令退学"，这就是说，我也被变相"开除"了。现在分析起来，这是校方耍的一个花招。由于抓不到我什么具体"过错"，就来一个不公布的"实质开除"，而且时已暑假，要闹也闹不起来了。就在此时，庞其方通知我，我已被列入国民

1948 年初离别留影，前排右起：周懋庸、孙任远、顾联瑜、马杏荪、景蔚周、储复云；后排右起：许子平、张琢成、王学海、赵整纪、梁寿益、张士楳、薛德培、程世胤

党暑期大搜捕黑名单，要我暂时隐蔽。于是我和马杏荪商量，到他苏州亲戚家去住一段时间，借口是去考苏州的社会艺术学院(实际上也真报考了，做了一个小品，不过没考上)。等我们再回到上海，最糟糕的事发生了，我们与唯一单线联系的上级庞其方失去了联系。此后，马杏荪去了解放区，我改读省吾中学，参加上海地下学联《学生报》的发行工作。

同济附中的地下党曾一度与上级联系不上，幸亏当时已发展了周燮威、赵整纪等同志，火种还在，不久终于接上了关系，而且以后不断发展壮大。

三、迫害与反迫害斗争

梁寿益、景蔚周、马杏荪三位地下党员被反动校方开除的事件，并不是孤立的。这一时期，反动当局对上海各学校的进步同学正在进行大规模的迫害，记过、开除、监视、开黑名单等卑劣手段变本加厉。而与此同时，上海地下党也针锋相对地组织了反迫害的斗争。也就在我校的梁、景、马三同学被开除后不久，上海地下学联在一所学校里(记不起是哪所学校了)召集各校代表开会，控诉反动当局对学生的迫害。当时我们附中地下党上级单线领导庞其方要我和他一起去参加大会，并叫我代表同济附中发言。我从没有经历过这种场面，既兴奋又紧张。庞其方对我详细面授发言的内容，并自己在主席台下面“把场”。我在大会上向各校代表控诉了我们学校反动校方开除进步同学的罪行，并提议全体起立以示抗议(这也是庞其方教我的)，当时会场气氛高涨，坚定了各校开展反迫害斗争的信心。

可能是由于我在学生自治会实际负责开展学生运动，本来就比较暴露，再加上这次大会发表的激烈言辞(我想一定会有特务混入会场)，到了1948年暑期，我不但被校方“勒令退学”，而且还上了反动当局的黑名单。庞其方告知了我这一内部得来的消息，并让我立即“隐蔽”，据说反动当局要在暑假中来个全市大搜捕。于是，我和马杏荪两人马上离开上海，到马杏荪的亲戚家中暂时“隐蔽”了起来。后来又知道庞其方自己也离开了上海，致使留校的周燮威、赵整纪等地下党员有一段时间与上级组织失去了联系。

四、校长亲自出马实施“瓦解”策略

在1947–1948年附中学生运动高涨时期，是陆振邦担任校长。

当时附中学生运动的骨干队伍，基本由两部分同学组成：一是四川籍同学；另一是上海籍同学。四川同学多为48级的高年级生，从西部贫困地区来到上海，经过风雨，对当时的反动统治很容易产生不满，附中学生运动最初也是从他们那里开始的。最早的地下党员张琢成、梁寿益、景蔚周、陶开熙等都是四川人。我和其他一些上海同学则是逐渐参加到学生运动的洪流中来的。校方对于四川籍同学中的学运积极分子很头疼，他们家不在上海，没有任何约束，有股天不怕地不怕的造反精神。因此，校方除了在川籍同学中培植一些反对学生运动的人进行干扰外，没有其他好办法。而上海同学情况不同，一是上海有家，二是年轻没有社会经验(有的还是初中生)，因此校方认定上海同学参加学运是一时热情，跟着跑跑，比较容易“瓦解”。

大约在1947年下半年的一个星期天，陆振邦亲自出马，突然跑到我家来找我父亲。那个年代不像现在学校，从来没有什么家庭访问一类事，所以校长上门非同小可。说来也真巧，那天我父亲偏偏不在，陆振邦只好直接和我谈话，大意是说我家境不错功课也好，不要跟着四川同学“闹”,要好好念书之类。显然，这是一套软的“瓦解”策略，他似乎认为，只要“劝”住了我就可以“瓦解”一大批上海同学，从而孤立四川同学。当时我只能哼哼哈哈，暂时应付过去。回到学校我当然依然不改，而且越“闹”越凶。陆振邦看到软的不行，终于在1948年夏学期终了时在我的成绩单上敲了个“勒令退学”的图章，把我“请”出了同济附中。

五、残酷斗争的考验

同济大学“一•二九”赴南京请愿，声势浩大，很多学校参加，附中也有不少同学经历了这次运动。国民党上海反动当局十分惊慌，市长吴国桢、警备司令宣铁吾等反动头子亲自出马，赶到其美路工学院门前力阻同学去火车站。吴国桢被挤，掉到了一个小沟里，眼镜也跌碎了。于是反动当局出动了“飞行堡垒"、马队等武力镇压学生，逮捕了一大批同学。一场壮烈的学生运动被镇压下去，形势暂时处于低潮。

在这一段时间，反迫害斗争并未停止，但斗争确实很艰难很残酷。多数同志在地下党的坚强领导下不屈不挠坚持公开或隐蔽的斗争，也有些同志经不起考验，思想消极、动摇。我们附中也有这个情况，有一党员对革命前途悲观，提出退党。这在当时党内虽是一个十分严重的问题，但党有党的政策，历史上革命低潮时自动退党的各个时期都有，也是革命过程中必然会出现的现象。地下支部决定叫我去找这名党员谈话，做思想工作。在当时的恶劣环境下，这种思想工作不好做，很难扭转悲观动摇情绪，但他保证退党后不泄漏党的机密不做损害党组织的事，且仍参加学生运动的一些活动。于是我们按照党的政策同意退党，当时处于地下状态，没有什么专门手续，口头谈过就算数。

六、一次话剧演出

在1947-1948年学生运动的大潮中，同济附中除了积极参加上海地下学联组织的罢课、游行、集会等大型活动外，校内也同时开展多种多样宣传、组织活动，例如成立社团、出版壁报、歌咏活动等。其中比较特殊不同一般的一项活动，是一场同学自导自演的话剧演出，这在附中学运活动中是唯一的一次。当年参加或观看过演出的同学可能还回忆得起来，而我作为参加和组织者，凭记忆来追溯一下当年演出的情景。

大约是1947年下半年，学校刚迁到江湾旧博物馆，我们49届已升入高二，乙班有一部分同学酝酿要在学校内搞一次话剧演出。现在已想不起来，当时为什么会产生这个大胆设想。大家推举我负责筹组演出，照现在的说法，就是包括策划、设计和导演等多项内容。

首先要选定剧本。挑来挑去还真难定，最后我提议用吴祖光的《少年游》，这个剧本有进步意义，但不太激进，比较含蓄，演出不致引来校方干预。大家研究后同意了，剧本也就这样定下来了。接着是确定演员。大家都没有演过整出话剧，一下子要登台谈何容易，但当时年少气盛，不知深浅，就大胆分配起角色来。我扮演剧中人周栩，是男主角；王碧云担任女主角，她国语(普通话)说得好，有明显优势；顾联璜和另一男同学扮演两个便衣特务，其他角色已记不清谁演了。前年赵整纪来信曾提到马兆蕙似也上台，而我对此印象不深，兆蕙已惜离人世，无法向她核实，不过当时确有别班同学参加演出，是谁就记不清楚了。演员确定后，大家就紧张地背台词排练。

除了演员外，还有大量“后勤”工作要人做，例如制作布景、准备道具，以及灯光、效果，等等。其中最困难最吃重的一项是由我班吴兴华负责的制作布景，可以说完全是白手起家，也不知他从哪弄来的木条和纸张，钉一钉，糊一糊，居然把一堂布景做成了，有墙有门，与正规剧场一个样。

演出是晚饭后在饭厅举行的，长条饭桌拼起来搭成舞台，装上布景，放上道具，拉上幕布就可以演出了。当时绝大多数同学住校，晚上看戏的人很多，还有附近学校的同学也来看，把个饭厅挤得满满的。这是附中第一次由学生自导自演话剧，大家感觉很新鲜，也是附中学生运动史上值得纪念的一项活动，可惜当时没有留下照片。

由于我们这些学生从来没有演过话剧，独立组织这样一场演出更无经验，难免手忙脚乱出问题，例如布景是纸糊的，晃晃悠悠，开“门”不小心就可能把“墙”碰倒，只得派人在后面扶住；服装都是各人从家里拿的，五花八门，有的不太符合剧中人身份，也只好凑合了。还有几件“轶事”，我亲身经历，至今记忆清楚：

我扮演的男主角周栩是个进步学生，剧中描写他逃避军警追捕躲到同学家中，头发应该很乱，一部分耷拉下来，才像情况危急。但是我上场前忘记了把头发弄乱，头上光亮整齐就上了台，不像逃难，舞台气氛打了折扣。

剧中有男主人公吃饭的情节，桌上应有饭菜作道具，我们真的从学校附近小饭馆里买了一碗红烧肉摆上。当时我真高兴，以为一边演戏一边还可以吃肉，那知台上剧情发展很快，根本不允许你品尝美味，而且真要是夹块肉塞进嘴里，如何说台词与人对话？幸亏当时我还没馋到真去吃肉的程度，只是比划比划。散戏后这碗肉当然不会浪费，大家分吃了。

根据剧情，男主人公最后决心奔赴一个“光明”的地方，这时台上留声机里应放出一段雄壮的音乐，我则摆出一个造型，戏在音乐声中落幕。留声机和唱片事先当然都准备好了放在台上，但那时的留声机是老式手摇唱机，不上弦不会动，结果忘了上弦，当我把针头放上唱片时，它既不转也不出声，我的造型就此僵在了台上。幸好我叫来的另一个弟弟顾联璧在后台帮忙把场，见此情景急呼闭幕，大幕拉上全剧就结束了，否则我可真“下不来台”了。

七、社团兴起

1947 年上半年，因北京“沈崇事件”和上海黄包车夫“臧大咬子事件”激发，上海学生运动蓬勃发展起来，附中同学也积极参加了地下学联组织的抗暴游行以及反饥饿、反内战、反迫害运动。在此期间，一些进步同学自动组织起来出壁报，并逐渐形成了一批社团。

当时在北四川路校园内，各种壁报贴在教室外墙壁上，虽然都是手抄的，但有的进行了美术加工，报头、标题都很醒目，还有插图。内容多为宣传进步思想，控诉国民党反动统治等，吸引很多同学阅看，起到了推动附中学生运动、扩大影响、壮大队伍的重要作用。

一些壁报和社团的名称现在已记不起来了，据朱月娥、李忠诚、周燮威所编写的《同济附中解放前后学生运动及地下党组织的建立与发展史》所述，当时有“星野”“交响”“秋江”“垦荒”等社团经常出壁报，具体内容已记不清了。有一点印象较深刻，48届张泰桐同学一人办壁报，从撰文到抄写、美工直至张贴，都是他一人干。他的字很怪，与众不同，人也长得特别，像个小老头。

社团成立得多了(在1947年上半年北四川路时期大约有十几个)，于是共同组成了附中学术团体联合会，推选48届陶开熙同学担任主席。由于学术团体联合会简称“学联”，陶开熙就成了“学联”主席，而地下的“上海市学生联合会”也简称“学联”，这可能成为他在“一·二九”运动中被抓进去的一个原因。

八、“奔雷”社成立及《奔雷》暑期专刊出版

在上海学生运动蓬勃开展及附中社团、壁报迅速兴起的推动下，我所在的49届乙班(当时为高一)部分同学也酝酿要成立一个社团，出版壁报。几位平时比较谈得来的同学一起商议，首先是确定名称，大家分别提出了一些，最后决定采用“奔雷”这个名称，酝含一种冲破黑暗迎接光明的意思。

“奔雷”社成立时间大约在1947年上半年(具体月份记不清了)，参加者都是49届乙班同学，有王碧云、张鸣剑、张鸣铉、刘佩剑、刘佩霞、吴咏麟、康绍曾、吴兴华、粱耀驹、杨汉卿、顾联瑜、顾联璜等十几人，大家推举我担任“奔雷”社社长。

“奔雷”社的活动，一个是出版壁报，大约半个月出一期，由各位社员写文章；一个是组织社员参加附中学生运动，如游行、罢课、向社会宣传等。还有就是组织社员间的小型集会，交流思想感情、评论时局等。记得曾到公园里和同学亲戚家里搞过几次聚会，至于社员互相之间到家交谈则更多了。

“奔雷”出的壁报内容已回忆不起，当时壁报贴在墙上也无法保存。幸运的是，“奔雷”曾出版过一本“暑期专刊”(油印本)，我一直保存到现在。从这本专刊内容中可以窥见“奔雷”社成立的原因和活动的宗旨，现简要介绍如下：

这本“暑期专刊”是在1947年暑假期间，由社员分别撰写文章编辑而成，油印16开本，共 49 个页码，用白线手工装订，外加蓝色书皮纸做封面、封底。我负责刻蜡版，顾联璜负责油印和美工，共用了三个月时间。由于受财力物力限制，大概只印了三四十本，主要赠发“校外人士”，所以本校同学恐怕很少见到。

专刊扉页上部为“奔雷”两个极大的镂空美术字，下面标明“暑期专刊”；中部为“顾问葛琳廖月清先生”；下部为“中华民国卅六年十月”“国立同济大学附属中学奔雷出版社出版”两行小字。

有意思的是，在扉页背面刊出了一首歌曲，曲名即为“奔雷”，由社员王碧云同学作词，并由她请人谱曲。从歌词中可以看出我们成立奔雷社的原因和活动宗旨。歌词写道：“只有翻涛摧石般地烧空的奔雷才能征服一切黑暗和忧愁”“朋友不要畏惧更不要凝眸，涌出奔雷般的热情为吾们的理想去奋斗”“贫穷不能阻止我们，失望不能折磨我们，为了人间的光明，吾们勇往直前，奋斗奋斗奋斗奋斗”。这些内容可以看作是“奔雷”的宣言，因此这首歌也可以当作是“奔雷”社的社歌。

从目录页可以看出，专刊共载有 21 篇文章，分为评论、散文、随笔、介绍、诗歌、小说六种体裁，此外还有一些补白、名人名言。有的文章内容透露出对时局的批判和对民主、光明的向往。例如：吴咏麟社员写的《可贵的今天》一文中有如下句子：“人民要和平，政府要打仗；人民要安居乐业，政府要征兵纳粮。”“黑暗需要你驱除，环境需要你改变，世界需要你创造。”“拿出你的力量，发挥你的智慧，挺着改造的利剑，向恶势力挑战！”顾联瑜以“洪流”为笔名写的一篇杂文《谈自由》，谈道：“在这二十世纪的今天，我们竟在标榜着自由的土地上过着不自由的生活！”自由——不仅被关得更紧密，还被用来做了装饰品，做了假面具，做了哄婴孩用的橡皮奶头，做了永不能兑现的空头支票！”“在忍无可忍的时候，也就是火山爆发的时候，一切丑恶、卑鄙、无耻的衣冠禽兽、吸血魔王、人类的公敌，将在愤怒憎恨的火焰下消灭！”

“奔雷”社在当时同济附中的社团中间并不很突出，比较低调。它只是本班一些倾向进步的同学自发组织起来学习、交流、切磋，对时局发表一些看法。在附中学生运动的大潮中，只能算是一股小小的细流。(14 /1、17 /3、22 /3、24 /5)

同济附中学生运动史料（续）

49届 顾联瑜

1948年1月29日，震惊上海乃至全国的同济大学“一•二九”运动爆发，当时同济附中有不少同学参加，我曾是亲历者和具体组织者，虽然过去许多年，至今历历在目，印象十分深刻。值此“一•二九”运动六十周年之际，对同济附中同学参加那次运动的前前后后，以及附中学生运动的发展变化作一些历史回顾，作为对这一学生运动重大事件的纪念。

一、地下党组织通过学生自治会发挥领导作用

“一•二九”之前，同济附中已经有了地下党组织，党员有张琢成、梁寿益、景蔚周、陶开熙4人。那时地下党的组织原则是进行秘密活动，或以公开身份出面为掩护，但前述4位党员都是高三年级，按规定已不能担任学生自治会职务，没有公开身份，不能直接出面领导学生运动。当时学生自治会已经过改选，吴咏麟任理事长，李宗周副理事长；吴大元任代表会主席，我任副主席。由于李宗周和我对学生运动比较积极，所以我们2人实际掌握了自治会的领导权，这在上海学联那里也是挂了号的。我们先后出任同济附中校代表，由上海学联指派郭丰民同志与我们联系。

学生自治会是合法组织，校方也认可，还拨出一个房间做办公室，我们就在这间办公室里合法地商量学生运动的事。常来办公室的是梁寿益和景蔚周，当时我尚未入党，所以也不了解他们身份，只是隐约有些感觉。他们通过这样的思想引导，把地下党的方针、策略融入我们脑子里，再以学生自治会的合法名义贯彻实施。附中学生参加“一•二九”同济大学集会的组织准备工作就是梁、景、李宗周和我在自治会办公室里商量筹划，然后以学生自治会名义组织同学们参加的。我们还按照过去参加游行的惯例，布置了“纠察”维护队伍的安全，防止坏人破坏。张琢成同志的作用不可低估，他是同济返沪后附中最早的地下党员，后来担任支部书记。他把地下工作的隐蔽原则掌握得非常好，在校内向以“灰色”面目出现，从来不到自治会办公室来谈学生运动的事，我入党前一直以为他不能算“进步学生”。表面上看张琢成没有参与“一•二九”的领导，实际上他是通过梁、景2人发挥领导作用，我后来才弄清楚。他由于巧妙伪装，在“一•二九”运动中和运动后始终没有暴露，避开了“开除”“黑名单”的打击，保存了党的实力，他是最善做地下工作的优秀党员。

二、1月29日其美路同济大学工学院现场

我们附中队伍约200多人，上午出发步行到达其美路(今四平路)同济大学工学院门前时，已经有上海多所院校的声援队伍先到了，他们打着各校旗帜，喊着口号，场面壮观。我们附中的队伍停留在稍远的地方。很快，市长吴国桢带领一帮官员赶来，企图阻止同济大学同学到火车站去。他站到一辆美国军用吉普车的车盖上向学生“训话”，大家根本不听他讲，围上去提抗议呼口号。在混乱推挤中，吴国桢突然从车盖上跌了下来，掉到了沟里，眼镜也摔破了。此时秩序大乱，反动当局派来专门对付群众集会游行的“飞行堡垒”(红色的武装警车)，骑警都戴白色钢盔，挥舞刀、棍冲向学生队伍驱赶，同学们则随手拣拾地上石块还击，我也奋力扔了好几块。

队伍被冲散，储复云同学就是在这场混战中头部受了伤。“飞行堡垒”用暴力把学生逼进同济工学院大门内，大家聚到大礼堂暂时休整。同济大学学生自治会组织食堂送来馒头稀饭，填充一下肚子，同时在舞台上演出活报剧等节目鼓舞士气。这一段时间相对平静。

天黑以后，“飞行堡垒”就冲进礼堂分割包围学生，围成若干圈子，然后1个、2个地分别拉出去。我当时不知喊了一句什么，就有2个“飞行堡垒”把我拉了出去，我以为要抓起来了，也做好了思想准备。他们把学生拉出去后按学校分堆，叫校方来领人。附中校长陆振邦派了几辆卡车把同学们拉回了学校，此时已是深夜。

三、陶开熙被抓

陶开熙同学是在什么时间、什么情况下被抓走，由于现场十分混乱，当时并不清楚，回校后才发现缺少了他。第二天到处打听，才知反动当局共抓了十几名学生，关押在杨浦警察分局拘留所。经与梁寿益、景蔚周商量，我以学生自治会负责人身份，带了部分同学到杨浦分局探望陶开熙和其他被抓同学。我们隔着铁栅栏内外共呼口号，一起唱歌，互相鼓励，大家情绪高涨。在社会各界抗议和声援下，当局不得不陆续释放被抓学生，陶开熙也回到了学校。

对于陶开熙的被抓，我与梁寿益、景蔚周一起分析，有了一些看法：陶开熙当时虽然已是地下党员，但外人并不知道，他也没有担任自治会的领导职务，在校不大抛头露面，抓他似乎根据不足。我们分析认为，外面来抓学生，必由校内人提供黑名单，而附中是国民党控制的学校，有公开的反动分子如训育主任、军训教官等，也有半隐蔽的三青团分子，我班就有一个。校方可能认为，附中学生运动主要由川籍学生"闹"起来，他们年级高、年龄大，性格粗犷，家又不在上海，没有家庭约束，上海学生则跟着四川学生跑，属于"温和派"，所以校方重点盯住四川同学，陆校长还曾到我家来劝我不要跟着四川学生"闹"。陶开熙四川籍，又有一个"学术团体联合会"主席的头衔(当时校内有许多学术组织，都出版壁报，后来成立联合组织，公推陶任主席)，大家习惯称呼他"学联主席"，这有可能引起校方注意，怀疑他与当时上海的地下学联有什么关联，列入黑名单也未可知？这只是我们的分析，解放后能否从敌档中查到与此有关的材料就不得而知了。

四、"一•二九"后附中党组织的发展和挫折

"一•二九"运动虽未达到南京请愿的目的，但在上海大中学校中掀起了一个学生运动新高潮。对于同济附中参加"一•二九"的同学来说，更是一次极好考验和锻炼经历，大大提高了思想觉悟，也使附中地下党进入了大发展时期。我就是"一•二九"之后与许子平、马杏荪 3 人一起参加了地下党，4 月 11 日在许子平家阁楼上举行了入党宣誓仪式。随后又有周燮威、赵整纪、薛德培等陆续入了党，附中地下党全盛时共有十几名党员。

当时地下党常在夜里秘密开会，我们的单线领导是同济大学地下党总支书记庞其方，他常来参加我们的会，开始并不知道他真名实姓，只知他是医学院学生，大家叫他"小王"，后来又叫"小 P"。我们的会不能在学校里开，只能跑到校舍后面的农田里露天开会，利用黑夜，不易被人发觉。

附中地下党大发展以后，周围又聚集了更多要求进步、积极参加学生运动的同学，附中的学生运动蓬勃开展起来。我们曾组织进步同学到交通大学参加一个大规模集会，上海地下学联的负责同志在会上讲了话。当时台上有十几个强光灯往台下照，使台下人看不清台上人的脸，学联同志讲完话就有人保护着离开了会场。

我们在校内也多次组织活动，记得有一次是地下党研究决定全校罢课，由于我当时担任学生自治会代表会副主席，有合法身份，地下党支部就叫我出面组织实施。我在一天晚上召开代表会会议，讨论罢课之事，我还贴出公告，欢迎同学旁听，结果来了不少同学。代表会讨论决定立即罢课，第二天大家就都不上课了，步调十分一致。校方企图用各个击破的办法来破坏罢课，连校长也出动拉同学进教室，都没能得逞。这次罢课成功，说明附中地下党力量壮大后学生运动高涨。

上海反动当局对于同济“一•二九”后学生运动更加汹涌十分恼火，加紧了对进步学生的迫害，附中当然不能幸免。大约4、5月间，因秘密张贴标语传单被发现，梁寿益、景蔚周、马杏荪3人被开除，随后又陆续开除了几个同学。梁、景上海没有家，上级组织安排他们去解放区，暂住近郊赵整纪家待命。记得我还和庞其方一起到他们住处开过会。储复云当时还不是党员，也未开除，但她坚决要求去解放区，上级也同意了。在等待期间，由我安排她暂时到我一个朋友家住了一段日子。

反动校方对我采取狡猾手段，不用开除，因为开除要贴布告，怕同学们“闹事”，所以悄悄在期末成绩单上盖了个“勒令退学”的戳子，没说任何“理由”，没提任何“罪名”。这时已经放暑假，同学们多数回家，想“闹”也“闹”不起来了。后来分析，校方之所以要逼退我，恐怕是有来由的。紧接着庞其方通知我已被列入上海反动当局的黑名单，要我暂时隐蔽。我留在上海太不安全，而那时正好马杏荪尚未去解放区，我就与他一道到苏州他亲戚家住了一段时间。暑假临近结束时，我又回到了上海，考入一所地下党创办的学校——省吾中学，并参加了地下学联的工作直到上海解放。(30 /3、45 /3、46 /2)

悼念张琢成同志

48 届 张泰桐 49 届 顾联瑜 杨烈昭 50 届 周燮威

追思同济附中学生运动先行者琢成同志 (48 届 张泰桐)

今年 6 月的一天，许子平突然从北京打来电话，告诉我张琢成同志已于 4 月 4 日永远离开我们了。震惊和哀痛使我久久说不出话来，50 多年交往的一幅幅画面，不断从眼前掠过。

琢成，四川人，1945 年 9 月我与他在四川李庄同济大学附中高一同班。琢成性情豪爽，待人诚恳，不拘小节，那时我们成天学习在一起，游玩在一起。有时星期天，我们几个知心同学，竟敢弄一只小木船冒险荡舟长江大河，一边还畅谈人生和理想。那时年轻，人人都有远大抱负，都想读好书振兴中国。

1946 年春夏时，同济附中搬迁上海，当时我们都幻想中国已成为“四大强国”之一，只要好好读书就可报效国家。哪知到上海后听到、看到的完全不是这么回事，当时反动政府腐败透顶，人民生活穷困潦倒，“友邦”美国大兵横行霸道，人民群众挣扎在水深火热之中。我们这一群青年学子正在彷徨，读书救国行不通，怎么办呢？琢成，凭着他的聪明才智和觉悟，先走了一步，他认定跟着共产党，国家才有前途。

琢成很快被大学部党组织秘密发展为中共党员，后来担任附中地下支部书记。除张琢成外，又有梁寿益、景蔚周等一些地下党员，团结进步同学，形成附中进步力量核心，带领我们把学生运动推向高潮。当年学生运动中，我们同济附中在上海的中学里首屈一指，被称为“民主小堡垒”。这一切都与琢成的忘我工作分不开。我就是在张琢成、梁寿益带动下，从一个什么都不懂的单纯学生成为投身如火如荼的学生运动的积极分子，并由琢成介绍，于 1947 年末被发展为中共党员。当时斗争形势越来越残酷，同济“一·二九”运动后，我被校方记名开除（二大过二小过），并告诉我，如果再跟随共产党闹学潮，下学期不得升入同济大学，我只得回到南京。1948 年 10 月，琢成到南京通知我撤退到皖西解放区，从此我参加人民解放军，奔向新的征程。

琢成是我投身革命的领路人，是我的好同学、好战友。

安息吧！琢成同志！

追忆琢成同志二三事 (49 届 顾联瑜）

灰色的伪装

当年同济附中任何一个同学，都不会从张琢成的外表上猜出他的真实身份，他当时给人的印象是玩世不恭，吊儿郎当，最特别的是到处大谈“厚黑”，从而得到一个“张厚黑”的绰号。

在我参加地下党前，对他印象不太好。他看起来对学生运动并不积极，从不来自治会办公室，不像梁寿益、景蔚周那样，我们经常在一起。直到我入党以后，才知道他是附中最早的地下党员，当时我思想还真一时转不过弯来呢。我当年属于热血沸腾、心胸外露的青年，对琢成那种深藏不露的隐蔽策略不理解。后来的事实证明，附中地下党遭到多次打击大伤元气之际，琢成仍能保存下来继续秘密活动，全靠他那“灰色伪装”。我想当时的反动校方和校内外特务都不会怀疑他，这确是很高明的地下斗争策略。

北京重逢

1948 年暑假我离开同济附中后，就与琢成断了联系。一直到解放后我奉调北京，仍没有他的音讯。“文革”期间，有不少老同学所在单位来人外调，也没有他的消息。到了 70 年代末，突然有一天许子平陪了张琢成到我家看我，真是喜出望外。不过互相已经 30 多年不见了，面貌虽依稀，而人事已全非。张琢成诉说他受到了不公平对待，情绪抑郁，身体也不好。他说在山东省农科院工作。当时我只能尽力安慰他，又不好详细问，所以直到今天我仍不清楚。当天故旧重逢十分高兴，并相约找机会再见，可谁也料不到，这一次分别竟是永诀了。

照片忆旧

前几年我偶然翻出了一张老照片，是附中地下党员和部分积极分子在1948年所摄，经仔细翻拍添印后分赠合影中各人。琢成也得到一张，并于2001年3月29日给我寄来复信，那时他已不能写字，由夫人刘星同志代笔。他在信中说，初看只认出储复云一人，连自己也找不到了，后来又与刘星一起反复辨认，也只认出六人，而且没有认出我来，只记得我是高个子，前排有三个，不知哪一个？这件事使我震动很大，琢成的记忆力已严重受损！

琢成在信中表达了他对当年一起战斗同志的深厚感情："照片上的十四人，不论是入党或没入党的，都是当年同济附中参与学生运动的活跃分子，都是党选择和培养的青年干部，是中华民族优秀的子孙。我想这些人都是像保尔•柯察金那样艰苦奋斗、无怨无悔，更是无愧的一生。"

他这封信我当永远保存。

琢成同志已离我们而去，但他在同济附中学生运动和地下党建设中所作出的贡献，将永远留驻我们的记忆，也应该永载母校史册。

琢成同志，安息！

悼念张琢成同志(杨烈昭)

附中迁至郊区后，我住在飞行馆机尾二楼右侧的一间宿舍。在晚自习前后，经常有一位青年来我这里联系，我并不知道他的地下党员身份，只认出他是48级同学，和李世华同班(李与我交往较多)。我们交谈了思想、当前形势和学运的看法，使我得到很大启迪。我也把在朋友处看到的《时代日报》(苏联在上海办的《时代杂志》社出版的报纸)上的消息告诉他。

有两次会见我记得最清晰。一次是他手上拿着纸包好的蜡纸筒，打开里面全是一些未写的蜡纸，他从中取出一张附中办的小报，他是写好用这种方法带出去，又用这种方法把印好的从大学部带回来。使我看到了许多学运的新消息，接触了新思想，宽阔了我的视野。

另一次是我托他买一部《列宁文选》，也是在一个晚上，他从一个装米的袋中，把埋藏在下面两册厚厚的文选取出来给我，我立即放到床下(后来萧荣裴到宿舍搜查，我才转放出去)。

这些事给我印象非常深刻，他在我脑里留着一个无私无畏、冒着危险为党工作的进步青年，永留着我对他的钦佩。

自同济“一•二九”之后，他转至外地，我们就失去了联系。

前年岁末，我意外收到他和惺佩的贺年卡，我一直盼望着同他们聚会，未料他竟这么快离开人世。贺卡成了永久的纪念，往事铭刻于心。

(2003.7.20， 安徽芜湖)

不了情——给琢成同志的信(50届 周燮威)

琢成同志、惺佩同志：

你们好！分别多年，经常想念你们，特别是听说琢成同志患病，更是十分挂念。因为我俩的革命友谊，确是令人难以忘记的。

我忘不了进同济附中的头一天，刚下校车，就是你来帮我拿行李，带我去三楼大宿舍，又引导我去办理入校的各种手续，让我在陌生的环境中，感受到你温暖的友情；我忘不了你经常来看望我，把《钢铁是怎样炼成的》《李家庄的变迁》，还有《群众》杂志和《学生报》等进步书刊，悄悄给我看，使我在政治上受到启蒙，逐步树立起人生理想；我忘不了你组织我参加“救饥救寒”等学生运动，在革命实践中弄清旧社会必定毁灭，新社会必定诞生，人民必定胜利的道理，在思想上得到洗礼；我忘不了1948年1月29日清晨，你动员和带领我们去其美路(今四平路)同济大学工学院，与前来支援的全市大中学生汇合，送大学代表赴京请愿。从而让我亲眼目睹了这一场国民党镇压学生运动的血腥暴行，坚定了我走革命道路的决心；我忘不了在那个寒风凛冽的夜晚，你和我在校外草地上散步时，轻轻告诉我：“D(党组织的代号)已批准你为S(党员的代号)。”简单的几个字却如熊熊烈火，使我的心要沸腾起来，更照亮了我前进的方向；我忘不了你陪伴我参加入党秘密宣誓，庞其方同志(时任同济大学地下党总支副书记)主持仪式，带领我们以低沉的声音，一句句读出这重如千斤的庄重誓言，由此我走上了这辈子历尽坎坷无怨无悔的人生历程；我忘不了“文革”结束不久，路过济南，专程去探望你时，你那战友重逢的喜悦心情溢于言表，你们陪我游览趵突泉，在大明湖旁还留下珍贵的照片。

总之，这一幕幕情景和你的声音经常在我脑海中闪耀，你是我的入党介绍人，是我参加革命的领路人。我们虽然分居两地很少见面，但这友谊却地久天长，永远铭刻在我心里。

琢成同志，你现在患了病，但我们是彻底的唯物主义者，应该以积极的姿态与病魔斗争，像过去同国民党反动派斗争那样，要有决心和信心，与医生密切配合，遵守医嘱住院和服药治疗，并且要少喝酒、少抽烟，尽可能改变这一不利于治疗和健康的习惯。

琢成同志，你在我心目中是有坚强意志的人，我希望你能闯过这一关，战胜病魔，争取康复。我非常希望你和悭佩同志能一起来福州，看看这东南沿海的历史文化名城。假如能成行，我这与你生死相交的战友一定热情接待，我期盼着这一天。

祝

早日康复！

周燮威

2003.3.1

(15 /2~6)

缅怀金石言老师

49 届 钟乃溥（钟敏）杨烈昭

荆棘载途、忠贞不渝——缅怀金石言老师 (49 届 钟乃溥)(钟敏)

今年 5 月中旬，我班金同稷同学偕夫人赵乃义女士，依旧自己驾车从大连出发，经南京、苏州来到上海，18 日两人在我家小聚，畅所欲言。当金同稷谈到这次专程来龙华革命烈士公墓为其先父金石言老师扫墓时，立即勾起了我们记忆中金老师当年教历史课的种种轶事。老师每次上课，总是把课本往讲台上一放，却从不看一眼。老师在课堂上滔滔不绝，抨击当时政治风云、社会黑暗，引经据典激昂慷慨；揭露当局腐败内幕，借古讽今入木三分。金老师的课大家十分爱听，后来我们同学中有不少人早早参加了革命队伍，与老师的教育也是分不开的。

金石言老师是我们十分崇敬的一位师长，我们盼望好久，很想知道老师的革命身世。这次金同稷学兄来我家，有机会促膝谈心，且正好提及乃父，蒙他告诉了我不少有关他父亲过去的事情，但又强调，乃父之事他也仅知点滴，既不系统也不全面，其中有自己看到的，父亲讲述的，还有父亲与其战友谈话时旁听到的。

金石言老师原名金则人，1903 年出生于安徽芜湖，早年留学日本，1927 年入党，直到全国解放前，始终在“国统区”从事党的地下工作。他在留日期间就因参加学生运动而被开除回国，此后参加“左联”，并在上海闸北一带组织工人运动。从抗日战争前到抗日战争初期，在上海杂志公司担任总编辑。上海沦陷前夕，辗转芜湖、武汉、长沙直到重庆。皖南事变后，因获悉有被捕可能，就改名金石言，转移到四川丰都一所中学教书，在那里结识了董维藩老师。1942 年再返重庆，由夫人出面与别人合伙经营一家缝纫合作社，并在此建立了地下电台，利用附近瀑布水声掩盖发报，与延安保持联系。1945 年抗战胜利返回上海，因无法设置秘密电台而去南京中共办事处向南方局负责人汇报工作。

1947 年，金老师经董维藩介绍到同济附中任教。上海解放后，任军代表接收震旦大学，震旦与复旦合并后，任复旦大学总务长，那时已复名金则人。

我们的金老师为党为革命做了大量工作，大多是默默无闻的“幕后英雄”，但在那个荆棘载道的年代，挫折和冤屈却又难免。老师在抗战初就曾被怀疑为“托派”而停止党籍接受审查，直到 1940 年底才弄清“问题”恢复党籍。在解放前的那段日子，斗争环境复杂，党的单线联系中断，又一度失去组织关系，多年后经原南方局负责人证明，1954 年才恢复组织关系。到了 1959 年，老师如实反映：“看来粮食没有那么多”，这下又划为“右倾机会主义”而受到三年批判，1962 年才纠正。“文化大革命”期间更遭遇残酷对待，关“牛棚”、挨批斗，积年劳累衰老之躯难以撑持，1969 年心脏病复发，含冤而死。

金老师一生对党对人民忠贞不渝，无怨无悔，直到生命最后一刻。1983 年复旦大学隆重为金老师召开了追悼会，平反昭雪，骨灰移葬龙华烈士陵园。师母徐镜平是 1924 年入党的老党员，由于长期地下工作，夫妻间虽互知对方政治身份，但均因与上级单线联系，大多并不清楚对方的具体工作。

(2005.7，上海，28/6)

启开尘封的记忆(杨烈昭)

读《校友通讯》第 29 期钟敏写的《荆棘载途、忠贞不渝——缅怀金石言老师》一文，使我想到一些往事，我和金先生在附中共事数年。

解放前在附中迁至郊区图书馆飞行馆的那一段时间，我们常常在等待校车的地方见面，他是下课后回到家里，我是到市区购物或找朋友玩。我们总要闲聊几句，彼此熟悉起来。我曾从同学那里知道他讲历史课的观点、立场。虽然我们在谈话里并未接触这些，但我们都有一个共同心愿，就是盼望上海早日解放。当沪战进入紧急状态，附中师生迁进市区，我住在《文汇报》宿舍东嘉兴路瑞丰里，是朋友们聚集的地方。金先生的家就在附近，他告诉了地址，记得在北虹区解放的那天，他约我去他家，经过菜市场，拦住了好几名国民党的散兵游勇，我们缴了他们的枪，登记后通知军管会来接收，这件事对我的印象很深。

在他家中认识了他的夫人徐镜平。她要我去妇联工作，她和胡绣枫(李妙庄的母亲)

介绍我参选市家庭妇联执委，任宣教委员，参加过大选和两次小型会议。她们还组织了小队募捐活动。同时她们介绍我兼任《现代妇女》月刊的编委，参加了章蕴同志召开的第一次编委会。后来同济附中曹礼吾校长来我处几次要我回附中任教。这时金先生也提出北京文化部需要人，问我是否愿意去北京。我经过一番思考，决定终生从事教育工作。当我接到同济大学夏坚白校长的聘任书后，就回到附中，又工作了几年。从此我再没有与金先生会过面，以后的情况也一无所知，当时我只从他的谈话中知道他和夏衍的一些关系。时至今日我才从钟敏同志的文章中了解他的不平凡的人生经历和最后遭遇。读后不禁潸然，惜英才，感到心情沉重。

(2006 年元月芜湖)

(31 /1)

同济中学老师在上海师大

53届 李培栋

曹融南老校长

上世纪50年代中期，由同济中学调入各类高等学校任教的老师很多，教过我届学生的老师集中于上海师大的就有曹融南、曹礼吾、马茂元、徐光烈、姚人杰诸先生。后来调入上海师大的同济中学老师还有江子翔、杨德壬先生等。

曹融南老师今年已九十高龄，早年(1937)毕业于南京中央大学中国语言文学系。他1943年任国立同济大学讲师；1944–1945年兼任同济大学附中校长，那正是抗战时期学校内迁四川南溪李庄时代的同济附中。抗战胜利后，1946年随同济大学迁回上海继续任教。1954年由同济中学调当时的上海师专。1956年后，历经上海第一师范学院、上海师范学院、上海师范大学，曹融南老师一直在中文系任教。他从1957年起连任中文系中国古代文学教研室主任达15年之久(“文革”动乱时期不计其内)。在中国古代文学的长河中，曹融南老师的研究领域着重在汉魏六朝时期，出版有《谢宣城集校注》《汉魏六朝散文选注》《唐宋散文选讲》等著述。60年代初参加编写全国高校文科教材《中国历代文学作品选》，之后又多次从事修订。曹融南老师是上海师大中文系的资深教授，现在身体健朗，经常能看到他在校园散步锻炼的身影。(21/3)

马茂元先生

马茂元先生(1918~1989)，安徽桐城人，早年毕业于唐文治先生创办的无锡国学专科学校，后来在上海师大成为最受学生欢迎的中国古典文学教授。其实，他家学渊源，浸润极深，祖父马其昶是清末桐城学派名家，又是《诗经》专家，所著《毛诗传笺通释》被尊为《诗经》研究的经典。然而，马茂元老师青年时期正值乱世，无所展其所学，只能在多所中学任教。1951 年春季，他来到同济中学，教过我们高一的语文，记得他当时搭一个帆布行军床，睡在办公室。

1953 年，马老师奉调华东速成实验学校，1954 年调当时的上海师专 (今上海师大)，开始了专业的中国古典文学教学、研究生涯。在 1957–1958 年间连续出版 3 本书：《古诗十九首探索》《楚辞选》《唐诗选》，都是多次重版的畅销书，为世瞩目。60 年代初，周扬主持编写全国高校文科教材时，曾接见他，颇多勉励。当年《文艺报》特邀他写社论，他借杜甫《戏为六绝句》为题写一长文刊发，这在《文艺报》是空前之举，马老师此时已是名满天下。

好景不长，1966 年“文革”骤起，马老师遂成批斗重点，业务研究中断，健康大受损伤。“文革”结束之后，他带过几名研究生 (当时上海师大尚无博士点)，参加主编过几种大部头出版物，如《楚辞研究集成》《唐诗鉴赏词典》等，但已不能再上讲台授业，学生们无缘再听他那激情飞扬、口似悬河而又从来不用讲稿的讲演了。(22/2)

姚人杰先生

同济中学的理科教师中，年资较老的是张国模老师。我在 1948 年入学时，他已是教务主任，擅长三角。到 1950 年我复学时，教几何的有郑锡兆老师，陈仁溥老师。我于 1951 年秋到同济中学办第二次休学手续时，教代数的是姚人杰老师，他不知道我即将休学，还热情为我补课，教材是当年流行的《范氏大代数》，看上去他对这本教材十分熟悉。1952 年，姚人杰老师调华东干部补习班。1954 年上海师专创办 (后为上海师范学院，今上海师范大学)，姚先生被调入数学系，从此一直在上海师范学院任教，至 1988 年退休。

姚人杰先生 1947 年毕业于复旦大学土木工程系，但个人志趣却是研究数学问题，特别是数学的基础研究，曾发表《谈谈数学无限》等论文多篇；还有未发表的论文和专著多种：《皮亚诺自然数公理是不相容的》《非标准分析的理论和方法剖析》《广义实数论》《新微积分学》等。他的主要观点是：数学基础存在逻辑矛盾，解决的办法可以从重新定义自然数概念入手，正确塑造“无限”概念，指出潜无限向实无限转化的条件，进而改造现行的“集合理论”。

他曾在上海师范大学的公共场所“张榜求贤”，征求合作研究改进“集合理论”的同道。如果校友中有对此感兴趣的人，姚先生肯定非常欢迎。(27/1)

曹礼吾校长

我 1948 年考入国立同济大学附属中学读高一，后来因病休学，当我 1950 年回同济附中复学时，曹礼吾先生任校长。当时就知道曹先生在文学界有不少朋友，与冯至先生尤为友好。我们学校的老师都对他很尊重，比如音乐教师梁恕去参军，在欢送的集会上，梁老师特地向这位管他叫“小弟弟”的老校长致敬；1951 年镇反运动中，党支部开始公开活动，曹校长和当时的支部书记许宝文同学有很好的合作关系。

然而，真要写一点曹老师调上海师大后的事，却犯难了。中文系和图书馆都没有老师的材料，甚至学校档案馆也没有他的档案，虽然他解放前就已经是大学教授，《上海师大教授录》中却没有他的名字。看来，经历一场“文革”劫难，曹老师的档案肯定遗失了。

我向上海师大毕业的校友和老同志了解后，大致得知如下一点情况：抗战期间，曹老师随同济大学和附中迁往内地，而当同济最终迁四川李庄时，他未能随校前往，留在了云南。抗战胜利后，他回上海，曾在几所大学任教，其中有大夏大学 (今华东师大校址) 等。1950 年同济附中改名同济中学时，他被任命为校长。上海师专建校后，他于 1955 年调入中文系任教，与马茂元老师在不同教研室工作，他教“中国文学理论”。1956 年，上海师专扩建为第一、第二两所师范学校时，他调第一师范图书馆任馆长。在馆长任上，他曾主持购入大量地方志，三四十年代成套期刊、线装古籍等，为上海师大的图书馆建设做出了奠基性贡献。1958 年，两所师范合并后，他又回到中文系任教，1966 年“文革”前去世。卒年也不过六十出头。

据说曹老师早在上世纪 30 年代曾拜访过鲁迅先生，对鲁迅的旧体诗很有研究。80 年代，湖南人民出版社出版了他的遗著《鲁迅旧体诗臆笺》一书。他还有不少旧体诗作品，曾分期刊载于 1946 ～ 1948 年间沪宁铁路沿线的一些刊物上，可惜没有结集出版。

(21 /3、22 /2、27 /1、32 /5)

博物馆和飞行馆怀旧

48 届 周栋隆 王昭仁 章宗穆

去年 (2007) 我们参加了同济中学百年校庆盛典，喜看母校新貌，并有机会老同学相聚，但是唯一的遗憾是没有再去看看当年我们生活、学习的博物馆和飞行馆，它们如今已是第二军医大学长海医院的院舍。幸亏章宗穆最近出差长海医院时特地拍摄了这两座楼的照片，供老同学们分享，聊补此憾。博物馆是我们当年 (1947–1948) 的教室；飞行馆是我们的宿舍，现在虽然已经修葺一新，但在我们眼里仍是多么熟悉的建筑！ 60 年前我们就是在这里度过了难忘的高中生活！

博物馆的中央大厅是当时的饭厅，左右两边是教室；飞行馆的形状是一架飞机，我们高三乙班的同学就住在飞行馆左“机翼”的那间房间。两幢建筑中间是操场，我们在那里上体育课和军训课操练，还观看校队“流星群”篮球队与外校球队比赛。

上海解放前夕，社会动荡不安，经济已到崩溃边缘，我们不能安心学习，生活十分艰苦，伙食很差。家在上海的同学每周日下午返校时，都从家中带来一些食物或熟菜聊作小补，但每桌 8 人一起用餐，不到一两天，带来的食物就吃光了。有时，晚饭后约几个同学拿了热水瓶，经过长途步行，到附近农村小镇去买热豆浆，并且在镇上茶馆里欣赏民间艺人的民乐合奏。记得学校的学生社团曾请来上海音专的音乐老师张民权教我们唱进步歌曲，很受同学欢迎。我们高三乙班川籍同学张慕良，能拉一手好京胡，而沈承龙同学能唱青衣，他们的表演深得大家赞赏。从华德中学来的同学则喜欢唱一些德国民歌，如：*Heidenroslein*，*Wiegenlied*，*Der Lindenbaum* 等。这些活动给当时枯燥的学余生活增添了不少色彩。(48 /5)

活命大拍卖和金石言先生

48 届 聂多饶（石在）

同济附中在 1946 年秋随大学部一起迁返上海后，我们附中 48 届的历史课由金石言先生讲授。记得他颀身厚背，方额宽颐，总是身着长衫一袭跨进教室。那时正是反饥饿、反内战、争民主的学运浪潮一波接一波的年代，国民党军队在北方一再失利，蒋管区内白色恐怖十分严重，时局真相常被歪曲封锁。每逢金先生来上课，就屡屡被我们请求讲形势、讲内幕。金先生所知甚多，言语又幽默戏谑，引得我们聆听出神，时有所悟。间或，我们又提出一些更深层次问题求解，先生从不推辞；有时也会一笑置之。那时给我们学生的印象是：金石言先生和国文老师李丕涛先生一样，是进步教师，同情和支持学生运动。但那时并不知道金先生是共产党员，直到现在读了《舟中情》上有关同学和老师的介绍文章，才恍然有悟。

言及金先生，当说及一件事：1948 年秋，我在同济附中毕业后，经一再考试方进入大学部文学院德文系。经秋入冬，时局日变，蒋家军政溃逃乱漫；时序逐寒，路有冻死，民难生安。学校配到粮食日减，文学院只能一日两餐，后来更以粥、薯充饥。其时一些兄弟学校情况好于我们，交大有 3 月存粮，暨南有 2 月积粟，尚无燃眉之虞。在此情况下，同济大学文学院首先发起自救，拿出自己的衣物举办“活命大拍卖”，摊子一字形儿摆上了北四川路，当时的 1 路、11 路有轨电车站旁，亦即我同济校园和复兴中学校墙之侧。“活命大拍卖”的大字横幅迎风，行者驻步，购者相从（以穷人为多）。一连数天，影响颇远。有一天，金先生忽然来找我，要我如实写一篇以“活命大拍卖”为主题的《校园通讯》报告给他，要求 5 天交稿。果真，第 5 天他按时来取走了稿件，后来以《同济学生活命大拍卖》为题刊登在一份似叫《海涛》的期刊上，用 6 号字，整整一页版面。在那段时间前后，我们同济其他院系和上海一些兄弟院校也都在“活命大拍卖”了。这一活动影响所及，在此毋庸赘言。倒是我还记得我那篇《校园通讯》稿刊登之前，金先生有天又来找我，把我叫到校园北四川路一侧门口，在朔风呼啸中，递给我3斗米钱的稿酬(后来我把这钱送给了一名学运中被开除生活十分窘迫的同学)。那天，金先生还是那样的一身灰色长衫，那样的一副慈眉善目。从那以后，我再未见到过金先生，但他那刻带着欣慰的面颜，不畏寒风侵袭的身影，一直飘忽在我的眼前！

(2006.5.17, 于宁海旅次)

(33 /7)

“夜哨社”旧事述怀

48 届 朱金林

老人喜怀旧，近日翻阅老照片，昔日同窗那一张张意气风发的脸进入我的眼帘，而如今物是人非，其中有的已不在人世，叫人感慨唏嘘不已。忽然我在老照片中发现一张摄于 1947–1948 年间“夜哨社”成员的合影，顿时勾起了我对那个年代如火如荼学生运动的记忆。

我 1945 年秋考入华德中学高一，1946 年我升高二时随校并入同济大学附中，迁校北四川路底。那时上海的学生运动十分红火，同济更在前列。当时我们学生年轻，极富正义感，因此大多数同学都参加了罢课、游行、请愿等活动。记得有一天当局为了阻止我校学生外出活动，竟调集了青年军和警察将北四川路底校舍团团围困，当时在校的文、法学院大学生和附中学生就用乒乓桌等大木板贴上大幅抗议标语竖在校墙边，还向军警宣传为什么要反饥饿、反内战。接下来军警闯进校门抓学生，撕扯校墙边的大标语大字报，形势很紧张，但同学们都不后退。我还记得后来哪天在校门外人行道上组织过一次慈善捐款义卖活动，义卖的东西有“反饥饿、反内战，向炮口要饭吃”木刻版画拓印件和同学们自己的衣着用品等。大家自身也很贫困，但凭着赤子之心，自有一股热情涌动。

就是在那一段时间，姚秉豫同学带头，我们高一、高二几个热血青年组建了一个社团，取名“夜哨社”，也出版一份壁报。“夜哨”的意思是我们愿当黑夜中的哨兵，为大家站岗放哨。我记得有一天训育主任撕毁某班壁报引起全校同学公愤，大家相约同一时间，各个社团的壁报一起上墙，也就是在这一次，我们“夜哨社”的壁报创刊号诞生了，报头用了我的木刻版画，一枝粗大的自来水钢笔，其笔尖正对着一个抱头鼠窜的小丑，左上方是“夜哨”两个字。以后又陆续出过几期，具体内容已经记忆不清。

1947年秋，学校迁到了地处荒郊的江湾旧博物馆，一时间社团、壁报等活动渐入低潮。我找到的那张“夜哨”老照片，就是那时在国防医学院(今第二军医大学)大门对面的土丘上拍的。后排自左至右：姚秉豫、章道勤、周懋庸、祝希媛；前排自左至右：梁寿益、王淑琦、朱金林。“夜哨社”在四川路底初创时，成员中还有毛乾根和一名大学中文系姓杨的同学。毛转学他校，杨则因文学院仍留原址，都没有去江湾。

“夜哨社”的发起人姚秉豫与我同届，昆明人，1949年5月上海解放而昆明尚未解放，他断了生活来源，只得暂住我家，后来在同济理学院生物系谋得工作。1952年高校院系调整时调入华东师范大学，“文化大革命”前担任该校生物系党总支书记，接下来的运动却使他遭到迫害致死。“文革”结束后我曾应邀参加了他的平反昭雪追悼大会。王淑琦和我都于1949年考进江苏医学院(今南京医科大学)，近年来因医大校友会的联系彼此知道消息，可惜她几年前已经病逝。

往事如烟，50多年前的事有些仍然历历在目，有些细节则已模糊不清。当年的同伴章道勤、周懋庸、祝希媛、梁寿益的名字，我已经在新领到的五届通讯录中见着了，除祝希媛外，其他几位都在国内，我希望有机缘见面叙旧。

(2005.3，上海)

(40/5)

长忆《交响》念故人

48届 聂多饶(石在)

在《同济中学90周年校史资料汇编》中，曾见到当时的同济附中“在复员上海后，直到解放前夕，在中共地下组织的领导下，进步社团如雨后春笋般产生，举办读书会，出壁报，十分活跃”的叙述，而在列举社团名字中，有“交响社”在内。这使深悉“交响”起源、发展，并对之萦回在心的我，不禁思绪蹁跹。不过时过境迁，斗转星移，对有些关节已记忆欠详，未敢用笔。迄至而今，喜获闲暇，方才断续翻阅本人幸存、也是求学上海时唯一残留物的1947年、1948年两本不下数十万字的求学“同济”日记，以该日记的实录为据，借纸聊述一二，以眷恋那段时空，以纪念那些学友，同时亦借以咀嚼那段风云，温习结下的珍谊，激励我们永不泯灭的信志。文中凡引用日记语句或段落，均用引号，以直接语形式处理，意在共享共鉴也。尚祈“交响”先后同仁，以及知“交响”者，正误补遗。

源　起

在同济附中随大学部自川南迁还上海之后，我最初参与并活动的团体是“流星群”。它是一个篮球队，也办壁报，是由景蔚周同我编排、抄写的，陆龙文画的刊头。1947年初，我们还以初中部同学为主体组织的流星群B队，正式成立。在这些活动中，结识了不少初中部同学，他们大都是上海人。其中，思想活跃的李宗周、王学海等3人，也说要办壁报，提出来要我指导和帮助。此事，我同这时与附中同住在北四川路大院内的文学院同学、原系附中45届毕业的郭昭明(兰兵)，以及同班同学程世胤说了。他俩极力支持。在酝酿中，还有3名低班同学也欣然参加。5月初，我们还议定：“壁报要办成合乎同学们口味的壁报，内容多在于反映现实及学校的实际生活。这样做，因系事实的描录，现实的反映，合理的批评，是枯竭的同学幻需要的滋润。”经商议，取名为“小同济社”。5 月 10 日，星期六，李宗周、王学海等均因周末回家去了，趁晚上不上自修，我同郭昭明、程世胤在虹口公园兜了一圈回来后，又在我班的教室里谈论小同济社壁报的问题，一直讨论到深夜11点。所议，一是计划另起名字。当时提出来的有：鸣雷、夜风、萌芽、松涛、空谷传音、呼唤、燎原的星火、交响、交响曲等。最后初定为交响。二是形成一个团契，即交响社，出壁报，办读书会。壁报分评论、新闻、文艺诸项，再加上一项报纸“剪贴”，因为在当时附中的壁报中，还没有这样的风格。我们议定“交响”要包括所有壁报的长处；为着“剪贴”版的出世，还决定从牙缝里省下钱来订阅相关一些报纸。这个定名和设想，随后取得了大家的共识；并决定 5 月 15 日出刊 (创刊号)。

一当确定“交响”之名，我便去找我班的国文老师李丕涛先生题写刊名。这不仅因为李先生的墨笔字写得好，还因为在接触中，他思维敏捷，又同我们有许多共同语言。李先生欣然命笔。他写的“交响”二字，遒健而苍劲，典雅而大方。他还签题了一个名字“白涛”。我们很快找人将之刻成两方印章。“交响”从创刊号起，就一直以之为刊头，不时用或红或蓝或黑的变化，这在校园里亦是别具一格。

经过几天，特别是几个夜晚的奋斗，到 5 月 14 日夜深。《交响》壁报在附中诞生了。“我们四个人终把它表露在报壁上。(尽管) 贴出时正刮大风，我们 (贴得) 很吃力。躺下了，总算舒适地出了一口气。……当是，又担心它该不会被风刮跑吧？”

《交响》出来后，“读者很热忱。上起先生们，下到工人们，以赞赏的谈话，都在公认着，在评论中。它得到了‘树立风气’的品誉。”但在它影响扩大的同时，有 3 个同学退出了交响社。倒也无关甚事，本来就是入出自由的。那时间，北平、上海、南京等城市大学生的反饥饿反内战、改善师生员工待遇的呐喊如潮，并且纷纷罢课。5 月 17 日，同济响应！这时，我们“交响”立即出了“号外”，以宣告同学们。

触　礁

不料，《交响》壁报在创刊出来后不过 4 天，即 5 月 19 日一早，连同我们的“号外”就被校长江鸿撕去了。在我闻讯之前，3 名初中部小同学已经被叫去谈过话，结果是叫他们不要出号外，不要出剪报。

这天是星期一，我们主动约见校长。纪念周仪式后，我和程世胤到了校长室。一开口，我们就因壁报被撕一事问校长为什么，要他指出我们壁报有何问题，哪些是有嫌于现实的。江校长倒是未去涉及这些问题，而是说《交响》的不是，他们是初中部同学(指李宗周、王学海)，你们不应该让他们走在你们的前面来带你们。他们年纪小，学识浅，万一带走错了路子，错误是不再能收回的。我们说：这点，我们已明白了，当先由3名初中同学出面经办的“小同济”更名为“交响”壁报社，我们为减少麻烦，减少手续，没有去校方更改社名和负责人姓名。而在昨天，我们即已知道训导主任曾经专门跑到李宗周同学家里去查问过。因而在昨下午我们便已决定要去训导处办理改报手续，但是终于迟了一步。为此，对于这一点，我们承认我们的错。江鸿校长抓住这个突破口就进逼我们：“正因为你们的错误，要你们改名字，不要叫交响了。”我们一听，愣了；明朗地摇摇头。稍微沉默了一会，我们说：既然《交响》没有内容方面的错，就谈不到改名的问题。而他却坚持他改名的命令，谈话陷入了僵局。

此后，江校长断续谈了些他也认为“学校应是个自由自在的学习园地，譬如办壁报，就能交流学习心得，练习写作能力，联络同学感情”之类的话，我一面听，一面思虑着怎么办的问题，只见他宽额墨眉下架着的大眼镜中那双大眼睛，倒也并不是怒气逼人，而是有一丝平常与慈和的柔光。这时他像兜圈子似的忽然兜了回来：“你们还有哪些人啊？有没有大学部的同学？”我们冷淡地笑笑：不，就我们高二和初三的几个人！

他又把话收回来，仍然要我们另改名字。沉思片刻，而且替我们想好一些名字，缓慢地一一说来，诸如：“公园、观察、读书杂志、再生……”他说一个，我们都报之一笑，摇一下头；总之，坚持不改。这时，在旁边的何先生插话了，他建议：“改个‘共鸣’吧，和‘交响’一样的。”我们从江校长的神情中看出，他并不赞成何先生的插话，转而对我们说：“你们自己想，自己改吧！”话就说到这里了。我们见状，还是说不改，同时也不离开。在一阵冷场之后，我便直截了当地说：“假如名字要改，我们便不能再出下去了。这好像是我们的生气。江校长难道不谅解我们，而叫我们的生气这样死去吗？”接着，我又请他指出：“交响这个名字对现实有什么可怕？”但他没有回答。

看来，一切无效。我于是说道：“不必改名的事，请校长考虑考虑。这样吧，我们‘交响’暂时不再出刊。”

他迟迟没有回响。总之，此回谈话，前后一个多钟头。

终于，他在沉默中开腔了：“这样吧，我作你们壁报的指导。随后，你们在(训导主任)邵主任那里改一下负责人。”万万没有想到，他在最后一刻以那么干脆的态度来结束此次事件。我们如释重负，称心地笑了。相继，我们在更改负责人之后，贴出了一则启事：“敬启者，交响壁报在今晨被校长收去，经交涉结果，仍继续出刊，唯本期不能再贴出，望读者鉴谅。最后还谢谢诸同学的关心。交响社 1947 年 5 月 19 日。”

重 生

《交响》解脱触礁之困后，在 6 月 1 日出第二期。这期版面比创刊号扩大了三分之一多。“而且字又抄得小，颇费材料，又花时间。”在 5 月 31 日夜(星期六)，“不断地抄写，写到凌晨一点多也未抄完”。是同程世胤、郭昭明一同编排。第二天一早起来，又一起继续奋斗。到七点钟，《交响》便跃然墙上。

那时我们附中同学办的壁报，大都是这样利用课外时间，牺牲休息和睡眠来进行的。

《交响》原定七天或半月一期，但不时又会因需要而出增刊、号外之类。到 6 月 8 日(星期日)，便别开生面地出一期《交响新闻简报》，分学校、社会、政治、军事四类。“近午贴出，大家都有着胜利的微笑”。可是在这一夜的大风猛雨侵袭下，次晨起来，它已被刮得无影无踪了。我们立即动手，重新抄排，赶在当天再现读者面前。且在不过 3 天后，6 月 12 日，又一期以评论和报道“反饥饿反内战”学运为中心的剪贴报出来了。它获得老师和同学的更多关注与支持。

即使在反饥饿反内战的罢课期间，《交响》也坚持正常出刊。6 月 23 日，农历五月五日端午节，是诗人节，便出了一期“献给诗人节”的特刊，是以漫画为主的题材形成的。而在仅仅一周后，“6 月 30 日，工作到凌晨 2 点，又一期交响正刊与剪贴报出现”。

这年 10 月，丁文渊一上任后，就把附中从北四川路底的文法学院里迁到江湾的博物馆。到了江湾，各种活动顿时冷落了许多。“交响社”便约同由王纯承主办的“杂志社”一同出刊，以打破沉寂。我们在 10 月 18 日夜共同在五层楼的玻璃房内奋战到 19 日早晨 2 点完成壁报。这天是鲁迅逝世 11 周年纪念日，我们都以纪念鲁迅先生为主题。《交响》通栏题是：“我们特向这位全民族的革命战斗者致敬。”这是《交响》的第七期。这期起，《交响》扩大版面，正刊分为新闻、评论、文艺三栏。殊不知，第二天我和王纯承都先后受到训导主任萧荣裴传唤，他要我们各撤换两篇稿件。萧还说，以后出的壁报，先交给他看看。我们都明确表示反对这种“检查”。而对撤换稿件的事，也未予理睬。在这样的情况下，大概训导主任只有采取夜间撕壁报的手段了。11 月 15 日，《交响》为抗议关于悼念浙大被迫害致死同学于子三的快报被撕，贴出了严正“警告”，可是这一贴得很牢的“警告”，也在当夜被撕光了。校当局这种暗撕壁报的做法激起同学们抗议后，不能不暂时有所收敛。

1947 年 12 月 7 日，《交响》出第 8 期后，在 12 月 21 日 (星期日) 编“交响革新版”。是夜，“刚下自修，马上又开始抄壁报……四更过了，我和程世胤还未睡”。第二天，“吃过早饭继续编排。到晚饭都已吃过，我们 4 个人用最后力量，完成了它”。“我们吃这冷饭。然而连冷饭都没有了，我们仍然高兴。因对这次的革新，都比较的满意。”(至于此处说及的 4 个人是哪几位，未记其详。不过还记得在“交响”进程中，我班王民信、况有为曾一度参加过工作) 在此基础上，过了一周，《交响》为配合宣传“募寒衣救难胞”学运，在多方支持下，于熬更熬寒中，又出了一期富有特色的剪贴版，也获得了好评。

这年年底，校方言传，所有壁报要重新办理登记 (手续)，并要求填写在职指导老师姓名。同学们意识到这是压制壁报社团的一个信号。“交响”联络一些社团，建议自治会学术股在元旦举办壁报展。各壁报社团热烈响应。这次，全校展出的壁报，琳琅满目，形式缤纷，引起很大反响。它反映出附中的壁报如雨后春笋，勃勃生机，不可抹杀；如若被裁，必起抗争。于是整顿登记之议悄然平息。

1948 年的“一•二九”事件后，附中进步学生和进步活动都受到了迫害和限制，其壁报文化亦受到打击和摧残。直到 3 月份的“探牢”活动中，各壁报社共同协作在出了两期《探牢去来》专刊后，方由“壁联”易名的“学联”在 3 月 17 日，向校长提出要求：壁报应继续出刊。虽然被大大训斥了一顿，大家也未屈服，继而出了《学联专刊》。专刊一出，却被收走。于是全校掀起了抗议浪潮，抗议书和抗议快报一时贴满校墙。在保卫抗议墙的日夜中，马杏荪同学奋勇坚强，他旋遭开除迫害。随后因整个同济同学的保卫受迫害同学权益斗争深入开展，迫害与反迫害斗争十分尖锐。附中在 4 月 17 日又有 27 名同学遭受处分，其中有 3 人被勒令退学。5 月 28 日，在保卫民主墙的斗争中，再有 5 名同学被记大过。校园内一时万马齐喑。到了 4 月 29 日，“感到不能再沉默。再沉默就是妥协，就是投降”！交响社与杂志社贴出“告师长书，以强硬的语言和坚决的态度，呼吁制止对文化的摧残。”同学们在愤慨之中，迎来了“五二〇”一周年，各壁报又掀起了一次回顾与展望热潮。

接　力

此时，附中的壁报文化从整个来说处于起落不定状态中。我们“交响”尚存的主事者面临毕业考试，更面临着本届起不能再直升大学这一变相的迫害之举，时空匆匆然，身心惶惶然，对“交响”未曾较多顾及。6月9日，高一乙班的王丽娥同学找我说，她们想组织一个壁报社，希望我能给予帮助指导，也建议我作为她们壁报名义上的发起人之一。他们这群同学我知道还有曾沁芳、马兆蕙、朱伯颖和曹其行等，都是学运中的积极分子。而她，还有朱伯颖，都是因4月8日之夜参加大学部主办送别受迫害同学的“惜别晚会”，又上台朗诵诗篇，以致遭学校“记大过一次”处分的同学，今见她和周围同学并未退缩，倒是更坚定了，在联络串联办社团了。她们的打算和期望令人鼓舞！但是她们担心到校方登记时可能受阻。这一讯息被我班同学张琢成听到（那时还不知道他已是中共地下党员，附中第一任支部书记），他跑来对我说，不如就让他们用“交响”的名义吧。这真是一个好提议。这天，我的日记写道：“‘交响’将没有人了。已被开除三个同学（按：指大学部郭昭明、初中李宗周、王学海）。下级班次已无一人。”那么，王丽娥她们来接办，岂非大好之事，怎不令人欣喜！我和程世胤等都十分欢迎，而王丽娥等也欣然同意参加，很快接办了“交响”。

6月18日，是我们48届在附中学业生活的最后一天。6月19日，王丽娥她们的“交响”新社团，“共7人”，在江湾校外的浣纱溪畔组织了一次欢送我班进步同学9人的送别会。次日，我便将《‘交响’事迹》一册等，移交给了新社团，而且附了一封热忱的信，对她们寄予厚望。以后，《交响》就由新社团在附中继续其文化活动。记得，我们班部分被排斥升入大学部的同学，经过大学部同学一再竭力声援交涉，又经二次考试，方才升入。我在同时就读于同济文学院与民治新专的那段时间，还数次应约回附中与新社团同学共商编壁报、办读书会、迎接新一届同学之类事。在这期间，记得他们也曾遇到诸多困扰。我10月7日的日记中记有“他们学科繁重，学校压力太大，……一切处于表面现象上的沉默”，然而他们“有着内心的共鸣”之句。果真，11月13日，我得知《交响》终于又在附中出刊。这时，附中“交响”诸友知悉我和郭昭明将要离校回家（四川）去了，于11月16日在江湾校外一处坡形草地上，举行了送别活动。随后，我与郭昭明就离开上海了。

在我和郭昭明离校离沪时，本来“交响”新成员内，暗中有王丽娥、曾沁芳说定要同我们一起上浙东会稽山的，丽娥后因家事羁绊未遂，沁芳则和附中同学陶文琼、刘佩霞与我们同行。一起走的还有从南京中央大学赶来的《交响》原创始人之一的程世胤。谁知，刘、曾二人在同我进入会稽山间即分别，从此再未见面！刘佩霞 4 年前不幸痛故，连我给她唯一的一封信，报告当年上山途中所遇一个现仍健在的房东对她的思念，都没能看见；而曾沁芳，近闻她也于去岁 12 月离世，哀哉！哀哉！由此，更说不上与《交响》其他诸多同侪联系以至面晤了。特别是参与创办《交响》的李宗周、王学海，被迫离校后一去无音。遥望星河，相叙何期？

当然，我对后来的《交响》和接办它的诸多学友，同样记怀不已。

直到进入新世纪之年，2001 年秋天，我要去北京参加一个学术讨论会。行前，我从现居绍兴、当年由曾沁芳带去会稽山的附中同学高桂德 (陈鸣) 那里，得到了马兆蕙和朱伯颖的北京电话号码。我终于在会议间隙与她们先后通了话，真乃“京华九月听君音”呀！谈到《交响》时，都对我说，《交响》壁报一直出刊到上海解放前夕。至于后来又涌进哪些中坚分子，先是由马兆蕙列数，后经朱伯颖明确订正，除了上面已经提到的王丽娥、曾沁芳、马兆蕙、朱伯颖、曹其行外，还有李忠实、邹祖荣、夏佩迪、金永康。待我不久给马兆蕙去信贺岁，并请她和朱伯颖一同进一步回忆《交响》。不料奉函尚在途中，她已被病魔夺去了生命，真是令人伤悲！

对于曹其行，不论其形其音，我都记得。在离开上海的前一天，郭昭明和我将先前出刊的《交响》各期壁报原件，送到曹其行家移交给他，所以我到过他的家宅。这里还有一个小插曲：1948 年上海那个寒冬之夜，我们奔浙东上山的一行 7 人，到了北火车站碰头，发现行前卖尽衣物所筹盘缠仍是匮乏，正在进退维谷之际，曾沁芳献计，由她坐上一部黄包车，直奔曹其行家借贷，不料适逢其行外出，而他的父亲听闻急用，就照数把钱借给了沁芳。随后，我们一行就挤入了混乱的人群，钻进好似塞满沙丁鱼的车罐，待得几声鸣笛，向南而去。此事，不知其行后来得知否？也不知今在九泉之下的沁芳还记得否？这件事也可算是《交响》的一段交响情、交响曲吧。愿《交响》的音律长萦在心！

我对“交响社”的新老同仁，包括当时过从甚少，以及未曾面见过者，深深致意！

(2003 年 6 月 28 日初稿，2004 年 3 月改定，杭州)

(22 /1、23 /1-2、24/4)

我所亲历的同济学运

48届 杨和生（杨萍）

记忆总是带着历史的痕迹而萦绕脑际。在漫漫人生旅途中，学校生活最令人难忘。当年我是怀着同舟共济的深情，离开母校，从东岸上海出发，辗转奔波，最终靠岸西陲昆明，历时半个多世纪。岁月虽不返，纪念却可追。我就读同济附中的3年，既是学习成长的重要年份，又是对我一生有影响的最关键的一段生活。

秋江社

我在四川李庄时就参加了同学自发组织的“秋江社”。生动活泼的社团活动使我明显融入了同窗共好的情谊之中，也为我今后不断活跃思想打下基础。抗战胜利后，学校从四川迁回上海，客观上又让我们有条件投入当时热潮迭起的学生运动之中，从而使同济附中的三年成为我学生时代最有回忆价值的一段。当年的上海是全国学生运动的中心，而同济大学和附中又站在了学运斗争前列。我那时人年轻、单纯、热情，易受民主自由思想影响，认为不对的事，愿意率直表态，与48届不少同学一样，站到了最前面。据我看，当时不少年轻人积极参加学运，都是冲着国民党政府腐败而来的，腐败是学生运动的诱因。

罢 课

作为学生，罢课是一种引起社会同情、扩大影响的积极手段。社会舆论也确实对学生罢课表示支持，有人捐款捐助，但怕遭到当局迫害，很多不留姓名。在我记忆中，那时罢课次数还真比较多，尤其是1947年下半年到1948年上半年那一段时间达到高峰。记得每次贴出号召同学罢课的大字报，我都签名参加。罢课无疑推动了学生运动发展，但也出现了另一面，即同学们的学业难免受到影响。以我们48届来说，高三那年由于罢课频繁，上课时间少了许多，功课欠缺不少，这是同学们参加学运付出的代价。

风　险

当时面对强大的专制控制，参加学运自然要冒风险。我读高二那年，学校还在北四川路底191号。有次我和另一同学(姓名实在记不起了)被分配到南京路上贴标语，我们心里并不害怕，欣然接受任务。我们两人分工，我提糨糊桶刷糨糊，另一个同学贴标语，这样行动迅速，贴了马上离开。但如果不加掩盖提着糨糊桶走路，易被人发现意图。于是想了一个简单伪装办法，在糨糊桶外面罩上一个布套，人家就不知道里面装的是什么东西了。我们准备妥当后按计划到达南京路，并选定大光明电影院对面的跑马厅竹围墙贴标语。不料，我们刚把标语贴上，就被马路对面巡逻过来的一个又高又胖的警察发现，他急忙奔过来抓我们。但我们毕竟年纪轻，等行动缓慢的胖警察追过来，我们早已跑得老远，他只能眼睁睁看着我们消失在人群中。就这样，我们逃过了一次被捕的危险。

沙面事件

我所参加的学生运动中，有两次记忆最为深刻，虽事情隔50多年，却如刚发生一样，清晰浮现在眼前。一次是高二时，因沙面事件而引发的全市学生游行抗议；一次是高三时，同济大学著名的“一•二九”运动。

沙面事件是我参加的游行中人数最多、情绪最激昂的一次，差不多包括了对学运态度积极的所有大中学校学生。整个外滩，一眼望去全是学生游行队伍，十分壮观。旗帜、横幅飘扬，口号、歌声响彻上空，沿街一侧油墨涂写的标语更是醒目，讨伐了帝国主义的野蛮暴行，伸张了中华民族不可辱的正义气概。游行为的是维护国家尊严，表达人民愿望，很有号召力。这次游行规模很大，使全市交通中断，队伍最后聚集在外白渡桥头大门关闭的英国领事馆门前。当局派出大批军警，还有堵截领馆门外的装甲车。双方对峙，学生队伍的抗议口号声响雷般冲向门窗紧闭的英国领馆。

一·二九运动

我读高三时，冬日，同济大学各院系和附中、高职的学生队伍，正准备去车站支持赴南京请愿的上海学生代表，却被大批军警阻拦于其美路工学院外(今四平路同济大学校址)，引发了一场学生与当局直接对抗的尖锐斗争。政府派来全副武装的骑警、特务，还有装甲车殿后，用来对付我们这些手无寸铁的学生。同学们则毫无畏惧，在“团结就是力量”歌声鼓舞下，大家手挽手不顾一切往前冲，把站在土堆上大声欺骗学生的市长吴国祯也冲倒在地，礼帽、烟斗横飞，狼狈不堪。于是，凶残的马队冲向学生，长刀挥舞砍人，大家并不退缩，用路边石块英勇回击，血染其美路。星光见证暴行，这一幕壮烈情景我至今难忘。同学们追求民主和自由，痛恨腐败和伪善，他们为了国家和民族的未来做出了牺牲。

(2003.8.24，昆明)

(16/4)

我校募寒衣运动纪实

48届 聂多饶(石在)

1947年12月26日 星期五 阴

前几天的冷，是上海二十多年来的巨变。报载一晚就曾冻死了一百七十余人。北风刺刮(骨)，白雪飘飘下，冻死的人太多了，可怜得很。然而有钱的人呢？那并不敢想象。

我们的大学部发起幕寒衣救难胞运动，在上海展开了，而且很顺利。走在我们后面的交大底成绩，比我们好一倍，由于他们全体出动了一天。

黄昏，大学部的宣传队来唱歌、演讲，而且说学联定礼拜天为上海总募捐日，希望我们踊跃参加。同学们热情高涨。掌声中更可看出同学间的融洽。歌子，我们也学会了一些，由于他们决(觉)自治会少力量，所以在我们那里登记(只包括交响社和秋江社在内的许多壁报社团组成的“壁联”)。然而，这晚上没有灯，所以是沉静了过去。

1947年12月27日 星期六 阴

早饭后贴出了标语和一些通告，同学们陆续来登记了，共91人，女同学占26人，依比例我们男同学是相差得太远，尤其是我们三年级仅10人，二年级少，一乙一丙最多。下午练歌，晚上也练歌。因为受到上年学运关系，唱歌真容易学会。听同学说，新生院人多，且齐心，明日绝食一天，然而唱起歌来，全不整齐，很难听呢。

吃过晚饭，我在教员休息室贴“劝募情形集锦”，萧先生，我想他定会阻止、劝告我们。相反，还关心起来：练歌好吗？明天有车子来吧？吃饭问题如何解决？组织严密些，衣服整齐点，……他也赞成?！(编者注：萧先生指当时的训育主任萧荣裴)

这次的演变，定是上半年的口号，不过还是初步，同济是劝募寒衣运动，交大是救饥救寒运动，更可彰明了。看其如何演变下去。

1947年12月28日 星期日 阴

今天是上海劝募总动员的日子。

我校在我们这里报名参加的共101人。七点过，八点过了，我们老望着马路。接我们的车子为什么还不来？大家都埋怨：这样一定没有多少时间的(干)工作。九点一刻，才来了一辆两江公司的车子载着我们到北四川路法学院联络总站去。路上，响亮的歌声，提醒了好多人似的。在一阵掌声中，我们走进休息室，我忙着领取宣传劝募的用品，人多，又挤得很，同时各小组负责人，有的自己去领了，费了好大的力，才做好。

同学们在操场上练习歌子，急着要走。我们的目的地分在提篮桥。虽然今天我们坐电车、公共汽车不要钱，然而毕竟是麻烦，同时人又多，还有许多小同学、女同学。交涉的结果，租车给我们了。我报告他们，都很高兴，鼓励着必须拿出力量来。

在车载我们到提篮桥的街头上，我们散传单。你看，去捡的人是一些穷人；我们唱歌，同情表示的，是穷人们。穿得好而暖的富人们，不时脸上还浮现出讥讪的笑。

车到站，三组宣传组(2、3人一组)、五组劝募组(每组5人)分头去工作。我们五人由于缺忍耐心，成绩坏极了。然而你知道吗，这是少不了碰钉子的事呀！我们组的成绩最坏，而宣传、劝募混合的，成绩很好，可是他们的宣传工作不够。

申培中学做我们的联络站。因此，第二次我就没有出去了，等在里面。有些(组)回来了再出去，有些就一直没有回来过，精神非常可佩！四点钟了，休息室里，大家都说肚子饿。未吃中饭啊。只等着宣一、劝五(组)的同学回来就走，然而仍不见来。我等在门口，风又大，今天比较冷，我忍着，要接他们。一个小朋友告诉我说那边有同济同学不识路，我跑过去几十步，向他们招呼。感情的融洽更可以看得出来。他们问我们的成绩好不好，又问“我们的成绩好吗？”……我回答他们：你们最好，我们一组是最坏。大家疲乏了，休息，休息，马上回去。掌声中，我们迎接他们回来了，觉得特别高兴。

五点多钟了，我们包了车回来(老板说随便给钱)。车子上大家更高兴。成绩非常可观，肚子饿，也就忘去了。我们散着传单标语，高呼高唱，更亲睦呢。欢呼和掌声中，又回北四川路来了。

饭厅里等久了。大家抢着吃吧。我是高原他们请我吃的面，都说没有吃饱，回校再吃。(石在注：高原乃附中45届同学郭昭明，当时已是大学部文学院学生)车太挤了，用力挤了回来(江湾)，我们硬是又吃，边吃边开玩笑。

我明白了：在今天的工作上(石在注：指救饥救寒运动)，究竟谁救谁？——是穷人救他们(自己)！看，三轮车夫不要车钱运寒衣，还说(是)责任；贫困的黄步普君，捐105万元，另三套棉衣……然而好多人甚至把我们赶出来。由于这些，我知道现实。

1947年12月29日 星期一 阴

为编这次劝募壁报，真是不容易的事，一天没有去上课，晚上12点过了才贴出去。抄写得使我疲乏了，然而毕竟成了报，订名为“饥寒专刊”。除自写的文字外，为劝募纪实，为各组报告经过等篇。这次成绩统计起来，尚属不差。

1947年12月30日 星期二 阴

昨天晚上出报多下了稿，而且是未参加劝募的同学写的，有不少勉励、慰贴的话，所以又补出订名“饥寒专刊(2)”，其上还编入劝募点滴。又是一上午的两个人的工作。

1947年12月31日 星期三 阴

今年的最后一天了。晚上，演剧的同学们忙着排剧，我们便忙着赶壁报了。这期“交响”剪报的内容也是此次劝募集锦。我们此时没有报纸，是李宗周一位报摊上的朋友潘原君送的。非常感谢！剪报贴出去的时间凌晨一点到两点之间了。

1948年1月13日 星期二 阴

大公报载着，同济今天晚上举行劝募寒衣运动庆功大会。

风刮得很大。由于这，阻止了很多人。然而并没有拦着我们。步子很慢，大家都想拦车子，可是今天偏偏又少。终于拦着了，却带我们走魏德迈路高职去。绕多了路，走也走出来了。很晚才到达，正碰上南洋女中的车到，很多人认为我们是校外的，三千元的一张票子才能进去呢。

会场布置的特别辉煌。人也愈来愈多了。据快报上载，校外共三十二所大、中学，空前的热烈也。各校致辞、献旗、歌唱……同学们的热情又在节目表演上。大家说、吼，喊出了反饥饿、反失学、反内战、反专制的口号，痛快地道出了这老早就郁积着的话。这一个晚会都使我们满意，大家都兴奋。

大学部这次自治会改选和校方争执了很久。校方要在各院分别成立自治会，分散力量;理事要由校方指定。这些是奴化教育。在同学们团结一致下，民主的选举完成了。今晚很多学校都为我们庆功。如像复旦献旗“民主之光”; 另一学校献的“胜利归于民主”……我们自己也鼓了掌。外面的鞭炮也响个不停。交大同学献旗后演讲，很尊重同济，把前次 (12 月 28 日) 赛足球时同济打伤了他们同学的事消失了。真的是“不打不亲”。是的，“兄弟阋于墙，外遇其侮”呀！他们代表讲话中，报告了已经响应九龙英警拆华人屋 (两千华人无住地) 的抗议，要大家也同样地站在一条线上来。工商学院代表说“……随后来的运动太多了，看我们如何开展新的运动？首先得坚强团结一起。”光华代表“……祝同济民主胜利。希望同济老大哥带领走向一条光明的、已经是光明的路上去。”

话太动人了，掌声也太多了。游艺节目算不错。如清贫学生闹阴司、疯子、火把，等等，蛮有深刻的意思。

“举起火把来！”“举起火把了！”“举起火把来！”的朗诵送我们走出了会场。火把照的屋子通红，照得人们的脸多亮，整个的世界也没有了一点黑的角落。(14/3)

八字教诲终生难忘

48 届 王昭仁

李丕涛先生是我在同济附中读高三时的国文教师。

丕涛师是山东人，抗战军兴，毁家纾难，并在抗战中伤失一腿，装义足，行走微瘸。

丕涛师授课不拘泥于教科书，不时穿插讲授一些课外诗文。有一次在黑板上写下一首辛弃疾的词《破阵子·为陈同甫赋壮词以寄》：

醉里挑灯看剑，梦回吹角连营。八百里分麾下炙，五十弦翻塞外声，沙场秋点兵。

马作的卢飞快，弓如霹雳弦惊。了却君王天下事，赢得生前身后名，可怜白发生。

先生诵读这首词时充满了感情，但我当时领悟不深。现在想来，可能同他早年经历和后来的境遇、心情有关。南宋爱国词人的传世佳作，不正道出了先生的心声吗？一位是 12 世纪的南宋词人，一位是 20 世纪的民国教师，时空相隔几近 800 年，但词作者和吟诵者都通过这首《破阵子》词透露了两位山东汉子爱国、忧国的气概和心境。

高中毕业前夕，我请丕涛师在纪念册上题词，他给我写了“毋意、毋必、毋固、毋我”八个字，是用毛笔写的，字迹苍劲。我当时年少气盛，处事偏激，丕涛师这八字赠言极具针对性。说实话，我初看到这出自《论语》的八个字体会并不深，但随着年龄和阅历增长，就愈感其含义深刻，可谓是为人处事的箴言。它教我遇事三勿一要：勿主观臆断，勿自恃成见，勿固执不化，要忘我无私。

可惜丕涛师的手书赠言毁于“文革”，但这八字教诲始终铭记在我心头。离开同济附中后，没有再见到过丕涛师。谨作此短文，以表对这位为我授业、解惑师长的永久怀念。

(李丕涛先生上世纪 50 年代在青岛近郊李村师范学校任教，48 届张泰桐学长那年代与李先生有过一段时间交往。)(48/2)

进军大西南途中历险记

48届 刘锡嘉（刘刚）

上世纪40年代末，解放战争已取得决定性胜利，1949年5月27日又解放了我国最大的城市上海。当时我刚从附中毕业，就读于同济大学，我怀着革命激情，随着同济60多个同学一起参加解放军西南服务团随军南下。6月30日，学校用车送我们到圣约翰大学报到入伍，我们同济的都编在一团二支队3大队11中队。10月1日清晨，我们这支随军干部队伍开始跟随刘邓大军，从南京出发，浩浩荡荡进军大西南。

我们从浦口乘闷罐火车经郑州到武汉短期休整，然后又乘敞篷火车继续南下，到达湖南汨罗江渡口，发现铁路遭到破坏，我们就开始了五千里路步行的艰难征程。当我们到达常德后，进行了一次整编，我被编入接管重庆的行政司法大队，我们大队还是接管重庆的先头部队。前方野战军进展神速，干部队伍必须迅速跟上。为了加快进军，我们找了几辆从国民党部队那里缴获来的军用卡车，一辆车挤上40个人，再加上粮草背包，其拥挤可想而知，大多数人只能站着。

1949年11月13日是我永生难忘的一天！

那天是个阴沉的天气，毛毛细雨整天不停。上午8时，我们从常德出发，我所乘的那辆车开得特别快，但也特别野。下午4时左右，车至湘西小官庄附近大山丛中一个弯道下坡的地方，天雨路滑，卡车竟翻下20多米高的悬崖，车子打了3个滚。战友们在车里翻成一团，而我在打第一个滚的时候就被压在了崖坡的稀泥里，一阵剧痛后我就昏死了过去。当时我的头盖骨和左骨被压凹陷，左眼球突出，七孔出血，脸部已经变形，右臂也被压重伤，只有右眼还能看见天日。同车战友个个挂花，一片呼叫呻吟之声。同车遇险的田义春，眼睛近视，翻车时眼镜掉了，右臂也被压断，既看不清周边情况又摸不着自己的头，急得大叫“我的头掉了，我的头掉了！”气氛真是十分紧张。

当时我出血过多，生命垂危，后续部队赶到，才从崖上将我抬上公路，多方抢救，才幸免一死。遇险之时已经过去了50多年，可我现在仍然要怀着十分崇敬的心情专门提到几位战友，是他们，在我们这几个危重伤员奄奄一息时，发扬阶级友爱和战斗情谊，无私地救护遇险战友，把我们从死亡线上硬拉了回来。同车遇险的赵瑞祥同志，她虽也受了伤，却舍己忘我地首先用军用水壶的凉开水细心清洗我满身血污泥沙，再为我紧急包扎。孙绍文，钟得乔，曾树人、吴明4战友不顾自己艰苦行军疲惫不堪的身体，用担架把我抬到好几里路外一处无人居住的农家堂屋里，找来干草铺地让我安置好后，又不顾黑夜路险，急急忙忙追赶部队。上面提到的4位战友前3位都是同济的同学。部队派一名叫曹修福的老同志来守卫，他是留守护理同志中唯一带一把短枪的人。后来大队政委许德同志知道后不放心，又增派了一位久经沙场的老干部王实斋来。当时这个地方处于群山深谷中，土匪和国民党散兵游勇不时向村里打冷枪，说不定什么时候会发动袭击，当然土匪不知道我们这里只有两个人两条短枪和几个重伤员，否则后果不堪设想。

曹修福和王实斋两位老同志通宵达旦守卫着我和另外几个动弹不得的重伤员(这里有后来任重庆市人民法院院长的胡润吾和俞勤等人)。两位老同志对我们无微不至地照料，到野外找来柴草，架起柴灶用口杯烧水喂我们，还为我们接屎接尿样样干。多么可亲可敬的战友情谊，我终生难以忘怀。当晚待到天明，曹修福同志守卫，王实斋同志外出找人抬担架。由于当地刚解放，又人烟稀少，群众经过战乱，也可能误听了反动派宣传和威胁，见到穿黄军装的就躲避，王实斋一直到上午9点还没找到一个青壮年劳力，曹修福只得火速赶去大官庄大队部求救。大队部非常重视，不但给了汽车，又增派了宋如春同志来照顾我们，3人急忙找来稻草铺满车厢，再把我们一个个小心抬上车。派来的驾驶兵听说也是上海学生参军后到南京培训的，特别体贴伤员，车开得十分平稳。1949年11月15日，我们终于被平安送回常德的西南服务团留守处，并立即转送人民解放军第二野战军临时野战医院。这一下我们又与先期到达的重伤员卢文绮(同济法学院毕业，大家叫她卢大姐)、田颐春、熊相武等在野战医院相会了。

治伤期间我们不断收到前进部队战友寄来的慰问信，鼓励我们战胜伤痛。我记得其中有一个信封上居然写着“刘刚烈士收”，显然是一封悼念的信了，这也正说明当时我们受伤情况确实很严重，目睹者中一定有人认为我必死无疑了。

我们于1950年1月随军抵达重庆，参加了接管市政的工作。我曾先后在重庆市税务局、沙坪坝食品公司、沙坪坝商业局工作，兢兢业业完成党和人民交下的任务，1988年离休。同学们可能还记得，我当年曾是同济附中篮球校队(名叫“流星群”队)队员。参军后我对篮球的爱好仍然没变，上世纪50年代时，我曾先后选入重庆市篮球代表队、中央财政部篮球代表队，几次到外地参加比赛，其中有在贵阳举行的西南地区篮球比赛，在北京举行的中央直属机关篮球比赛等。我今年76岁，离休后一直坚持看书学习和体育锻炼，坚持参加社会活动，所以现在身体健康，安度晚年。

有些老战友见面时喜开玩笑，说我：“刘刚，流钢，是一块钢，压不烂，击不倒，越炼越强。”可是我今天自己动笔回忆那年遇险情境，却是不寒而栗。我能大难不死，还真是不幸中之大幸！

2003.5.27(上海解放五十四周年日用左手写于重庆沙坪坝家中)

(14/5)

流星群篮球队的当年风光

48 届 赵辅汉

1945 年 8 月，正当抗战胜利的热潮荡漾在长城内外、大江上下时，我们一群被同济附中录取的年轻人，背着简单的行李，也背着胜利的喜悦，背着无限的希望，从长江、金沙江、岷江等四面八方乘车、船加步行来到川南古镇——李庄就读高一年级。喜悦之情难以言表，真是:“麻柳坪，长江畔，同济附中学圣贤，生活艰苦兴致高，学成不负家与国。”

金秋十月，李庄古镇，风光宜人，学子荟萃，人杰地灵。我们高一年级三个班中几十个篮球爱好者组织了一个篮球队，取名“流星群”，意思是一群流星在浩渺的空际巧汇在一起，穿梭飞行，一动万里。当时的球队只有 6 人：刘锡嘉、聂多饶、景蔚周 (已故)、杨升阶 (已故)、王有箴、赵辅汉。大家推举我当队长，我就说暂时领个头，以后轮流执掌。球队兼健身、友谊、球艺于一体，还做了队服，约定了练习时间，一般每天晚饭后夜自习前，只要不下雨，总要打一个多小时球。抗日战争时的大后方，老百姓生活很穷苦，我们这些靠公费读书的穷学生打球穿不起球鞋，经常在沙土地上赤脚上阵，但其乐无穷。每到星期天，早饭后看一会书，我们就去江边球场与大学部学生打比赛，或者也打“接班球”，就是三四组轮流上场，胜者坐庄。打完球能吃上一碗阳春面，或有队友约到“留芬”(李庄名菜馆) 请吃一次回锅肉，那就是最称心的享受了。吃过回锅肉呵，长久不能忘怀，一想起来还口水直流。

同济大学和我们附中是在日寇侵略上海时，从上海吴淞西迁，长途跋涉千辛万苦到达四川李庄，并在物资匮乏极其艰苦的条件下继续办起了大学、附中和高职。可敬的老师们高瞻远瞩忍不拔的精神，是我们这个民族永远立于不败之地的支柱。抗战胜利后，1946 年

5 月，学校提前放暑假，开始复员回上海。那段时间，大家都沉浸在“白日放歌须纵酒，青春作伴好还乡”的诗情画意中。同年 10 月，我们陆续到达上海，升上了高中二年级。这时，我们流星群篮球队又增加了 3 个同班同学：钟德硚、梁寿益、陆文龙，还有高三的郭开东。钟、梁都是热血青年，当 1944 年日寇侵入贵州独山逼近重庆的危急关头，他们投笔从戎，抗战结束后再回母校读高二。我们从山沟沟来到大上海，真是：“长江尾，上海滩，十里洋场大开眼；内战风云起，学运战犹酣，困惑胜过山湾湾。”

到上海以后，我们篮球队实力增强了，比赛也多了。除了代表同济附中参加上海市中学篮球锦标赛外，我们流星群篮球队还在 1946 年寒假和 1947 年暑假先后西征无锡东战崇明，此外还参加了上海社会组乙级篮球赛。那时每周六晚上，差不多都要去陕西南路体育馆打比赛。由于我们场场胜利，比赛持续了将近一年时间。我们的表现颇得社会好评，一些媒体相继评析，说同济附中流星群队夺魁有望，有的报纸体育版，还在我们出赛前夕，刊登我们队员的姓名、号码和场上位置。记得我们杀入决赛，是与圣约翰附中对决雌雄的。我们有的队友还被当时上海有名的球队看中，被邀作队员，辅佐出战。

“流星群”之所以茁壮扬威，还靠我们老师的关爱。有次制作球衣，穷学生根本无法实现，不少老师慷慨资助。不少不教体育的老师也喜欢我们，体育老师更宠爱有加，特别是廖月清先生为我们花了不少心血。在同学中我们更有大批热心支持者，常与我们一起征战，呐喊助威，令人难忘。1947 年春，我们以初中同学为主体，组织了流星群篮球 B 队，队员有郑一鸣、甘兰江、朱文彬和杨成绪(高一)等。B 队更是迅速成长，也打得小有名气。“流星群”也出壁报，当然是后来同济附中“壁联”(壁报联合会)成员之一。1946 年年底，北平女学生沈崇被美军强暴事件发生后，12 月 30 日同济大学学生召开社团代表会议，商讨抗议示威等问题，我们“流星群”聂多饶代表附中参加了在其美路大学部工学院举行的抗议筹备会，并连夜回校传达贯彻。

1948 年，同济“一•二九”运动后，反动派加紧进步迫害学生。梁寿益、景蔚周被学校开除，后来到大别山参加了人民解放军。这一下球队实力受损，流星群中少了几颗璀璨星星。同年夏，我们这批老队员又高中毕业各奔前程，有的进了中大，有的奔赴浙东游击队，一颗颗流星虽然飞离开同济这条彩链条，但它的光辉依旧闪亮耀眼。(16/1)

五十年前的一场篮球赛

48届 聂多饶(石在)

看过赵辅汉学兄《流星群篮球队》忆旧文章，我检出一则1947年同济中学与育才中学打篮球比赛的日记，虽残缺不全，亦可配合赵文从另一角度窥见我校当年生活场景。旧日记不做任何修改，原本照抄，保持原貌，更有情趣。

1947年12月7日星期日

中体协篮球联赛昨日开幕，今日上午九时二十分，本校对育才，以揭开首战。

吃过稀饭，大家不断收拾行装。球员们心里当然都想拿着胜利的旗帜回来，精神都很抖擞。其实，他们一样的忧虑：别人的势力没有见过；其次，几个月来，从没有练习过，暑假是个散漫分离的日子，搬校以来(指从虹口迁江湾)，读书、睡觉、吃饭、哪样上轨道！况且没有机会练习，连场子都没有，这明明是别人长进，自己开倒车了。但，凭着他们的信心，不骄傲的习德，所以他们的脸上仍浮现着胜利的微笑。

冬天的太阳究竟那么可爱，暖和和的，早照遍了这黄褐的草地(当年母校周围都是农田荒地杂草丛生)。一辆专车在校门外吹着喇叭，向球员们呼喊了。从一张“好消息”纸头上，爱好球艺的同学们都知道了这种破沉静的音响。有专车接送，更是好机会。马上，车上便挤满了……(作者注：此处残缺八行约200字)果然，不过半里，车停驶，抛锚了。先生和球员们的心里可急了，这样不顺利会误时间的。然而，同学们的心里更比球员们急呢，帮助修车，推车 ...... 可以看得出来，这种合作精神，只有在“同济附中”。

三分钟后，车修好了。可车一如发抖一样的慢。同样的，大家还是在担心，恐怕会再演一次。……多次。

果然，五角场一到，车子用力喷完了最后一口气，停下来了。球员们迫切的心弦，从他们紧张的面孔上行动上看得出来。大家都明白这不行，车子已经“旧”“坏”了，不能再抱一线希望在上面，只有另找办法。然而，可惜的是这一车呐喊战士、胜利的收获的寄托者，不幸被遗弃了，多么淡漠啊！

逢着礼拜，军人特别多，车挤得要命，而且这天车又要减少。到处军事机关打交涉，但它究竟是“军事关系”，哪会成功？大家都站在马路边上，以阿拉伯人在沙漠上祈祷的姿势，向着它招挥，却是白费了，不理不说还放了股臭气冲过去了。一辆又来了，可是哪里能拦得住它。它究竟是多大马达的力？一辆辆空空的车都跑过去了，然而它一句强硬的话“不搭了”，你还能说什么！

时间是八点二十分了，大家都急躁起来。这次，廖先生下定决心要去说服前面开过来的一辆空军吉普车。车停下来了，马上爬上去了两个穿“空军衣服”的。廖先生跑过去，用手在司机臂上，轻轻的以招呼的手吻拍一下。司机愣了一眼，很快地冲过去了。大家都呆望着不远处的新兵营屋环上大挥着的“军人第一”四字。军人究竟是第一。

这办法又失败了。

大家的眼睛都转动的很快的。随着一声叫喊，跑过去用力地挤上了空军“定海”交通车。每个人的心情平和了些，觉得如果顺利还可以赶上时间——九点二十分。

回头看，烂校车还停在那里。

这车子的司机好商量，果然开得很快，路上少停，所以很快得到了虹口北四川路。

球员们跳进了黑色的小包车(租来的车)。司机说可以赶到的。都安静下来了，讨论进攻、防守的战术了，而且定下心要打胜仗，可见他们是临阵不惊的老战士。

真的是顺利。路上没有遇着一次红灯，象征着他们胜利的拥抱也是顺利的。车一到市体育馆门口，市区的本校同学早在那里等望着了：“时间到了，快些！”“怎么这样迟？”“我们才担心得很，白白的弃权吗！”……这一类的话语，表现着同学间感情的融洽。

五分钟后，战势展开了。我校一身着红，育才是着蓝，红蓝交锋，特有一般色彩。第一球，因防守松懈，敌方远掷，首开记录。回首，11 号则跃起掷球，打成平手。连着，我方球员大肆活跃，连接中篮。育才连呼暂停，商讨策术。然以技术较差，亦无所济，所以演来并不紧张。上半时我以 16:4 占先，已把握看得胜的局势。下半时开战，育才全力反攻，甚想扳回，终于，15:31 败北，全局告终。

“同济好！同济妙！……”这呐喊的声响在看台上洪亮的高呼起来。

战士们带着微笑走了出来。

……深夜，匆匆及下次赛战况已是四更了，我才躺在床上。

(2003.6.10，杭州)

(16/2)

我也怀念“流星群”

50届 郑一鸣

抗战胜利后，我从华德中学合并到了同济附中，校址也迁到了北四川路底。原来在华德中学时，分校没有运动场，只有一个天井大小的院子，我们这帮爱玩的学生，下课时只能在院子里踢小橡皮球。现在到了北四川路底，活动条件好多了，有个操场，还有篮球场，这是我最高兴的事。开始我一点也不会打篮球，都是甘兰江教我的，怎样带球、传球、上篮、投篮。从此我课余时间就不断练习和钻研，球技很快跟上了班里的几个好手。

流星群篮球队不但校内赫赫有名，校外也很有点名气。这支球队特点是带有西部人刚猛狠拼的作风，球艺熟练，全队团结。当时我非常欣赏，也很羡慕。球队每个球员各有特长，赵辅汉善于高手钩球和奇妙传球，他能控制前后篮板，并快速传球给优势位置的同伴，把握得分；刘锡嘉则双手定点投篮成功率达 80%~90%，是一名得分能手；聂多饶带球过人上篮，是一个中间突破的得分手……当时我就常常模仿他们的动作。

1947 年春天的一个晚上，赵辅汉等大哥召集我们参加流星群 B 队成立大会。我记得参加 B 队的同学有甘兰江、朱文彬、杨成绪、陶润清、卢兆荣、冯博文和我等。B 队在 A 队指导下，进步都很快，每逢 A 队校外比赛我们都跟着去看。记得每次校外比赛，学校都有人给我们留饭。比赛完后，大家凑钱买菜回校吃饭，虽然很累，却很快乐。

1948 年，A 队队员都已毕业离校，B 队主力成了学校校队，由廖月清老师继续领导我们，他让我们代表同济附中参加上海市第三届篮球联赛（划入当时所称幼年组），最后获得亚军。

2003.9.6(贵州凯里)(16/3)

篮球、老师和同学——同济往事追忆

52届 庞申华

我是50多年前和姐姐庞燕华一起转学到同济附中读初二的。我因近视，戴了眼镜。“小四眼”的外号由此而来(当时戴眼镜学生不多)。一年多以后，到了1949年春，解放战争已经进入了长江流域，上海局势日益紧张，我随家人一起回到了老家重庆。如今一转眼过去了半个多世纪，当年同窗天各一方，现都已年届古稀。我追忆往事，犹历历在目，略记一二，以抒情怀。

“流星群”篮球队

我喜欢篮球，出教室往右不远就是个篮球场，每逢校队“流星群”有比赛，我必定去捧场加油。后来我也真成了自己班级篮球队的一员，打右前锋。我们班篮球队还同别的班打过比赛。平时我三大步上篮、跳起投篮都还像模像样，有的同学还夸我姿势优美，但是我个子瘦小体力不足，真到了实战却花拳绣腿，难有作为。

老师们

我原先学的外语是英语，到同济又增加了德语课，其困难可想而知。教我德语的屠心观老师给我留下了深刻印象。我特别喜欢听他的课，并坚持上课记笔记，只一个学期，我的德语就大有进步。记得有一次屠老师还在课堂上表扬我笔记认真，这个鼓励使我学外语兴趣更浓，也为我日后自学外语并终生从事英语教学奠定了基础。教我国文的是葛琳老师，她一口标准国语(普通话)教授白居易的《琵琶行》，抑扬顿挫生动感人。葛老师身材娇小和蔼可亲，一些同学常冲着她“淘气”。记得有次上课前，不知道那个调皮蛋在黑板上画了个女人头像，旁边写上“诸葛琳麻衣相术，看相算命”之类话，气得老师差点掉泪。我最难忘的是教我们历史的金石言老师。他胖胖的身材，嗓门也大，正史野史充盈满腹。他的课生动有趣，学生听得入迷，常常在下课铃响后还要求他再讲下去，如此受欢迎的老师实属少见。

同学们

当年班上同学，音容笑貌常浮现眼前。外号“老太婆”的蒋家祯与我比较要好，他成绩优秀，喜爱京剧，唱两句戏有板有眼。“小裁缝”陈德康文笔出众，常在墙报上发表大作。“黑皮”魏先英是篮球队主力，比赛中屡立战功。方夏一身正气，好像没什么外号，我记得他绘画很棒，美术课应志鹏老师带我们去附近农村写生，方夏画的水牛着实使我羡慕不已。还有篮球队有万馥华、张惠松、汤维申等，也都在我的记忆中无法磨灭。(16/2)

高时浏老师对我的教育

48届 章宗穆

高老师是我在同济附中时的数理老师，他的音容犹在我眼前，不高的身材，戴一副眼镜，带着福建口音的普通话，喜欢唱歌，在音乐方面有相当造诣。1948年在我们附中毕业后，他就去了加拿大。以后关于他的情况都是医学院楼强南同学告诉我的。她是从李庄到上海的，在李庄时就认识了高老师，所以比较熟悉，并且一直保持着联系。她告诉我高老师1952年为了参加新中国建设，从加拿大回到上海同济大学测量系任教。在加拿大时他曾经到达了北极，是第一位到达北极的中国人，后来又随院系调整到了武汉测绘学院。曾被打成右派。虽然他有一位有病的儿子，家庭负担较重，但是乐观开朗，工作认真，热心社会工作。退休后又义务开设德文班，帮助年轻人学习德文，又创办了武汉高校老年合唱团。改革开放后他多次出国，去了很多国家和国际测绘界进行学术交流等。强南更是把高老师1996年送给她的《高时浏教授八秩寿庆诗文集》一书转赠给我，使我对高教授的为人和事迹有了更深层的了解。

2007年同济百年校庆时，在附中的庆典活动上终于和分别了近60年的高老师又相逢了。虽然半个多世纪过去了，见面还是那么亲切。那天高老师在王碧云校友伴奏下，就是演唱了这首“乘着歌声的翅膀”。当年高老师已经91岁高龄，还能够在那么大的场合下，引吭高歌，实在是难得，得到了大家长时间的鼓掌。可惜那次见面以后，强南返京后不多日子由于急性心肌梗死，不幸仙逝，这样高老师的信息也就中断了。但是在我1948年毕业前夕，他给我的训诲，帮助和激励了我几十年来的工作和生活。多年没有和老师联系，此次借《舟中情》表达我对他的祝愿，祝老师幸福，健康，长寿。

2011年9月4日(68/11)

悼念周允隆老同学

48届 王昭仁

2011年德国时间2月28日晚9时，允隆走了，享年82岁。我与允隆1942年初识于华德中学初一B班，此后在同济附中同班3年；在同济大学，虽在不同学院，却仍过从甚密。1950年末，他参加工作后奉调外交部，随即派往驻瑞士公使馆。1955年回国，供职于外交部苏联东欧司。那时我们同在北京，常在节假日相约游览各处名胜遗址、园林古建。印象尤深的是一次与允隆联袂周口店北京人遗址之游。上世纪50年代交通不发达，去周口店只有一条长途汽车路线，而且班次很少，我们不仅要起个大早，还要带上干粮和饮水。我们遍访了山顶洞等发掘遗址，期盼能在遗存残迹中发现一星半点儿石器时代的工具，当然未能如愿。站在山巅草莽中，远眺京郊大地，凭吊远古祖先的生息环境，至今记忆犹新。

上世纪60年代初，允隆调往当时的广播事业局对外部工作，从事对德广播的德语翻译。接下来就是“文化大革命”和下放五七干校，之后才从干校调回原单位。虽经如此磨难，他对工作认认真真、精益求精的态度始终不渝，不仅提高了自己的德语水平，而且博览群书，对历史和实事均有独到之见；为探讨清代历史，他还曾学习过满文。

上世纪80年代初，他奉派当时联邦德国的德国之声 (Deutsche Welle) 工作。为了不断提高业务，他利用业余时间到科隆高等学院研习德语，为获取攻修德语的高级文凭，滞留德国，定居科隆。

允隆终身未婚，淡泊名利，生活简朴，唯孜孜好学。在他不多的遗物中，保留了60多年前李协德兄在华德中学时写给他的赠言“学无止境”。这略带稚气笔迹的四个字，成了其毕生的追求。

魂兮归来，允隆！亲人思念你，好友思念你，故乡大地拥抱你！ (66/3)

我在泸州读初中

49届 沈承龙

抗日战争期间，我在考进李庄的同济附中之前，是在泸州读的初中，普通的私立学校，位于沱江对岸。校长军人出身，大概是副团长，因此，这所学校与别的不同，首先是只收男生，不收女生，是所“和尚”学校；其次，别校初中是童子军，而此校实行军训，学生进校一律剃光头。学校有好几位教官，名为教官，却并非军伍出身，都是校长的小舅爷、侄儿一类，混饭吃的，除了会喊几声立正、稍息(念成“朝西”)，什么都不会了。校长的太太是个打扮得花枝招展的胖妇人，出身富家，又有弹硬后台，所以校长怕老婆。体育教师是个男青年，长得英俊潇洒，身强体壮，据说颇受校长太太青睐，记得有天早晨升旗，体育老师没来，却见校长怒冲冲地向自己的住地跑去。音乐老师是个年近30的女人，长得不漂亮，却很自得，有时胸前抱一本书在校园里走来晃去，摆出一副风韵十足的派头，惹得一些未成婚的男教师垂涎三尺。在这所学校就读的学生，不少是当地的地主或富裕农家的子弟，年龄不小，有的已经成婚，有了孩子，他们来校读书是为了躲“壮丁”。这些学生一到星期六就回家，星期天下午又匆匆赶回学校。

学生全是住读，过着军队一样的生活，早晨六点吹军号起床，除了洗漱之外还得裹“绑腿”、整理内务(被子叠成豆腐干状)，六点一刻就吹号集合，大家进操场排队，教官点名，升国旗，完事后才由教官带队进饭堂，8人一桌，教官吹哨后才可以进餐。午饭也是那样规矩，几只大饭桶，直径和桶高均约半米，一般有2-3个素菜，煮南瓜、青菜……都是白煮，没啥油水，一星期才打一次“牙祭”吃肉。吃饭有时间限制，教官哨子一响，大家就飞快地吃起来，并争先恐后地围在饭桶边抢饭。我个子小，饭又吃得慢，饭桶边根本抢不到饭，都是别的同学帮我抢。由于缺少油水，我常从家里带一瓶辣油拌饭（辣椒末浇上熟油，再加点蒜泥葱花）。饭很硬，还渗有小石屑、老鼠屎之类，真是难吃，又不得不吃，现在想来还感到恶心，不知当时是怎样熬过来的。

晚上6点到8点是夜自修时间，没有电灯，每人提一盏小油灯到教室，油灯座是一个竹筒，上面放一只小小铁碟，盛以油和灯草。那时我们写字、做算术都用毛笔。9点钟熄灯就寝，熄灯前后都有教官来巡视。平时我们不准出校门，只有星期六下午才允许出校，星期日下午又得回校。泸州3年初中，我是第一次离开家独自生活，那里读到的书本知识并不多，但学会了如何独立生活，培养了我的自理能力。

在泸州有几件事我至今难忘，一是我们的国文老师，一位老先生，是当地有名望的秀才，教我们的都是古文、诗词一类，还掺杂些作者的小故事，课堂气氛轻松活跃，颇受学生爱戴。老先生偏爱几个学生，我也是其中之一。他喜欢听我朗读诗词，我是上海来的“下江人”，所以常到他房间去玩。我到四川学会了抽烟，不是现在的卷烟，是用竹筒子装上烟丝点火抽，每抽完一口就得吹灭装新烟丝。有天我到老师房里，他正在睡觉，我就抽起烟来，哪料一不小心，燃着的烟丝吹到了他新买来的一双呢鞋上，顿时烧了一个洞。我心想糟了，一定得挨骂了，谁知他醒来不仅没骂，反而笑嘻嘻地说：“好呀，这样可以留下个纪念了。”

有一次老师生日，要我陪他晚上去校外吃点心。我说不行，学校知道了要处罚的。老师说，没关系，你是陪我，怕什么？我就大胆地陪老师出了校门。回校才进校门，迎面来了一人，手持电筒照在我的脸上，我一看是教官，吓了一大跳。教官看到旁边是老师，当场没发威，只叫我到办公室去，结果是挨了一顿手心。后来老师知道了，向校方发了一通火。这位国文老师只教了一学期就走了，临别时赠我一首诗，现在我只记得开头两句：“夔门东望意惨然，蜀国苏台路八千……”

我抽烟惹祸的事，也记忆犹新。有天晚自修后回到宿舍，我想先抽口烟再睡。为防教官，央一名同学在门口望风。不料我正要抽最后一口烟时，感到肩上有人拍了一下，我随口说：“别开玩笑。”回头一看，呀！是教官。我也不知哪来的机灵，竟敢一口把灯吹灭，顿时屋内一片黑暗。教官抓住我胸前的符号（军服上的长方布块，上有连、排、班次和姓名），想把它扯下来留证，不过符号是用针缝在衣上的，根本扯不掉，他就摸到我的校徽取下走了。第二天，教官把全班集合在操场上说：“昨晚我抓到一个抽烟的，此人是谁我清楚，现在我不点他的名，叫他自己站出来，可以轻罚。”重复几遍我都不理，因为我确认他昨晚没看清我的脸，而校徽也不是我的，拾别人的，自己的已丢失。教官无可奈何，只有不了了之。

另有一次因抽烟险些酿成大祸。那天上午课后饭前，我回宿舍抽烟，没抽几口就响起了集合号，我匆忙中把烟往枕头底下一塞。等我饭后回宿舍，就看到好几个同学站在我的床前。坏了，我的被子烧了个大洞。这次真危险，幸亏发现早，火被同学扑灭，大家也为我保密，没让教官知道，避免了一场大祸。

我在泸州读书那段时间，还有一事使我难忘，那就是四川的耗子。四川大耗子有名，又大又壮，十分猖獗。你大白天坐在房内，耗子会在你面前蹿来蹿去，胆子很大。晚间睡觉更糟，常在梦中感到脸上冷冰冰的，惊醒后才知大老鼠的脚爪正在你的头上、身上爬呢！想挂帐子学校不允许，只得硬挺着受罪。从此后我特别惧怕耗子。(61/3、62/6)

同济生活的美好回忆

49 届 刘佩剑

一晃半个多世纪过去了，当年风华正茂的少男少女，如今都成了古稀老人，有的儿孙绕膝安享晚年，但也有不少同学已长眠地下，阴阳两隔，令人唏嘘。同济附中 3 年同窗生活中许多学习、生活、奋斗的场景，依然是那样叫人难忘，引起了我无限美好的回忆。

1946 年秋，我们入住的北四川路底旧校址宿舍，狭小局促，双人床密密麻麻挤在一起，一直摆放到门口，我当时就睡在临门的下铺，上铺是吴咏麟，旁边是梁耀驹。到了冬天，宿舍门口寒风直吹，其冷可想而知。吴咏麟细心地帮我挂上一个布帘，聊以阻挡直接扑来的风。记得吴咏麟入校时仍穿着国民党海军的水兵服，给我留下了明显印象，后来知道他年龄较大，比我大 3 岁。一年后学校搬到了江湾旧博物馆，男生宿舍安排在撤空的展览大厅内，仍然是双层床，但感觉明亮宽敞多了，冬天也无寒风直吹之苦；女生宿舍先在一楼，后迁飞行馆。那时学校周围全是农田，同学们常三三两两结伴去田间嬉耍，抓田鸡、捉泥鳅，或者抓鱼、野餐，田园风光让我们这帮穷学生自得其乐。

学校远离市区，但同学们并未陶醉在看似宁静的氛围中，大家积极参加大学部同学组织的“反内战、反饥饿、反迫害”学生运动。那时班里的顾联瑜是学生会主席，他带领大家宣传民主进步思想，组织社团、办壁报，也和上海其他学校的学生一起参加“募寒衣”活动等。在激烈的斗争中大家勇敢面对军警的马队和“飞行堡垒”，在大棒和马刀面前毫不退缩，一次次战斗洗礼，逐步提高了同学们的政治觉悟，对我尤甚。那时同学们思想很活跃，政治热情很高，上海学生运动中的重大事件都有同济附中同学的身影，这使我感到自豪。

在学习上，大家都很认真刻苦，不浪费一点时间，同济附中的 3 年为我们今后的学习和工作打下了坚实基础，使我们终身受益，许多同学事业有成就是明证。记得我的同桌钟乃溥学习拔尖，尤其数学特棒，而我各科成绩平平，数学更是弱项，经常向他求助。后来升学考就是因为数学拉分而落榜。钟乃溥、冯志德、张福元等许多同学都考取了同济的大学部，令人羡慕。

1949 年末，我考入了上海华东革命大学附设的俄文学校 (现上海外国语大学前身)，1951 年 7 月提前毕业，分配北京外交部，后调内蒙古自治区人民政府外事处 (驻地海拉尔)，从此与当年同窗天各一方，音讯中断。1986 年至 1989 年间，我曾被派北京临时工作，可惜并不知道我们有不少同学也在北京，当时无法联系。1990 年前后，我在上海姐姐家住了十几天，主要是看病，未能与上海同学见面。此后虽与许多同学恢复了联系，但 2007 年的百年校庆却因腿疾行动不便而错失相聚机会，很感遗憾。

毕业后的几十年中，我也曾碰到机会面晤过几位老同学。

第一位是郑万年。1949 年夏我和他一起参加上海市团工委组织的俄文培训班，不久他就应东北招聘团之聘去了哈尔滨 (后分在铁路局)，我曾去车站送行，随后我也考了俄文学校。1951 年 12 月我赴海拉尔途经哈尔滨找他，那时有过一段交往，后来又中断。

第二位是王碧云，我从姐姐刘佩霞那里得知她在总政歌舞团工作。1957 年，因蒙古人民共和国在呼和浩特设了总领馆，苏联在海拉尔的侨务工作量也大幅缩减，外事处就从海拉尔迁回了呼和浩特。那年恰逢内蒙古自治区成立 10 周年，总政歌舞团来呼市慰问演出，我趁休息机会跑到后台和王碧云见了一面，只讲了一点离校后的经过和我姐姐的近况，没有时间详谈就匆匆告别，谁料这一别就是整整 50 年！恍如昨日。

第三位是梁耀驹，在吉林市委研究室工作。他每次出差路过上海总要打听老同学情况，1984 年前后打听到了我姐姐的地址，他们见了面，也有过通信，得知我在呼和浩特。1986 年夏，梁耀驹路经北京，找到了我在北京的临时住处，我们终于晤面彻夜促膝长谈，返吉林后仍一直保持联系。1998 年前后得知耀驹因心脏病不幸逝世，我十分悲痛。

第四位是甲班的宋肇基，1964 年在东柏林意外见到了他。那年夏天，自治区组团去苏联、波兰、民主德国一路，参加的人由官方指定，都是与外事活动有关的人员、国营企业和草原旅游点代表等，我担任秘书，办理诸如签证、兑换外币、向大使馆汇报等行政事务。我们结束旅行回国前，领队等人去大使馆汇报，我在办公室见到了宋肇基，时隔 10 多年，又是在异国他乡，感到十分亲切，只是时间短暂不及多谈。

此外，我和吴咏麟在1955年前有联系，后来中断。直到1999年下半年，我才知道他的新地址，我们又重新开始通信。原来他1955年被隔离审查，怕牵连我，不得已违心中断了联系。此后，他重病缠身，通信都由老伴代笔，倾诉了他西南服务团的种种遭遇。他1986年因病提前离休，本该安享晚年，不幸突发脑梗，后遗症逼他坐上了轮椅，各种病痛又接二连三，直至2001年被确诊为胆囊癌晚期。每当我捧读来信，总忍不住心酸泪下。2001年9月18日，咏麟同学背负着身心的巨大伤痛，艰难地走完了他73年的人生旅程，永远离开了我们。稍可告慰的是，他患病、住院期间得到了亲人和老同学、老战友的真情关怀，可以含笑九泉了。吴咏麟的身影将永远铭记在我心中。

我从参加工作到内蒙古，至今已有57个春秋，我把全部青春献给了少数民族地区，自感欣慰。以前由于地处边陲，信息闭塞，自己对外联系又少，未能和老同学们多交流，现在有了通讯刊物《舟中情》，就可以从多方面了解老同学们的近况，虽见面不易，却也聊以慰藉思念之情。(49/1)

我对同济的回忆和感想

49 届 沈承龙

我与同济的亲密关系非同一般，因为我的高中和大学都是在同济念的，而且从李庄一直念到上海。抗日战争时期，我随家庭内迁四川泸州，初中毕业后进了时在李庄的同济附中。记得那年我曾报考过 2 所学校都被录取，一所是去重庆报考上海内迁的青年会中学，另一所就是李庄的同济附中。我选择同济附中理由很简单，青年会中学是私立中学，每年要付学费，而国立同济附中免费，所以贫寒学生都选国立学校。抗战胜利后，我随学校迁回老家上海，后来又升读了同济大学。

当年的李庄小镇原无甚名气，来了同济大学和其他许多研究机关，陡增了文化气息，知名度从此升高。我们在那里读书，环境幽静，没有城市喧闹的干扰。我们班的同学来自全国各地，也有从已经沦陷的地区来。我们的生活是自理、艰苦、朴实的，但思想是自由的，心情是愉快的，大家聚在一起学习交流，收获匪浅。在李庄，附中和大学部在一起显然得益，我们附中的教师都是大学部的教授或讲师、助教，例如我们的德文老师就是大学部的廖馥君教授……

李庄这小地方与四川其他城镇一样，多的是茶馆，四川人喜欢坐茶馆聊天。我们也学样，一到礼拜天，就邀几个同学去茶馆，泡上茶，一坐就是半天，我们在那里或复习功课，或聊天，或打桥牌。遇上大学部有演讲，有文艺表演，我们就会去参加捧场。回想当初，我是十分怀念李庄那段生活，虽则单调，却自由自在，不受任何拘束。我们那时才十几岁年纪，却能远离家乡，跋山涉水，置身江湖，独自为生，比比现在的学生，上大学还得由爹妈陪着，我们老辈人可以自感无愧了。

抗战胜利后同济迁回上海，华德中学并入同济附中，校址先在虹口北四川路底，第二年又搬江湾。我在旧博物馆里住过，大房间内摆了几十张双人床。后来我住到虹口横浜桥家里，每天骑自行车上学，直到 1949 年毕业离开附中进入同济大学。我学土木系市政工程专业，1952 年提前毕业，去了遥远的哈尔滨，留下母亲独居上海。当时的同济大学还没有现在大学的那种衙门化和商业化。那时同济大学校长夏坚白，中国四大测量权威之一，教务长李国豪是众所周知的桥梁专家，学校还是教授当家。我 1952 年刚毕业时同济大学还保持着理、工、医的综合大学规模。不久全国院系调整，同济大学被切割成了单一的土木建筑类学校。现在又不得不重建理、工、医，当年的失策，几十年的折腾，损失惨重。

我在哈尔滨待了 11 年。先在哈尔滨工业大学任教，后又在哈工大分出去的哈尔滨建工学院任教。1963 年调回上海，进了上海机械学院 (今上海理工大学)，有了个教授的头衔。1987 年退休，到如今我已经是个 83 岁的老人了。

在这几十年里，我与同济大学或附中都没有任何联系。在那运动不断的年代里，谁也不会想到校友会什么的。直到我退休之后，同济中学校友会的谢颖武老弟才找上门来。当得知附中已经脱离同济大学而成为上海市属的普通中学时，我很惊讶。

据说现在的同济大学嫌弃同济中学不够条件，不愿复原老附中，宁可另选一所学校为附中，这事太令人遗憾了！附中一直是同济大学的一部分，八年抗战又在李庄共患难，胜利后更是一船复员回上海，昔日如此相近相亲，今朝竟遭遗弃，说起来叫人心酸。我想，如果同济大学当年老领导在，决不会这样！这里面究竟有什么奥妙，详情小百姓也不清楚，我只是有感而发。好在同济中学 (附中) 已有悠久的历史积淀，也经受过磨练，在此我衷心希望母校在新的历史条件下，能摆脱时下教育的诸多弊端，发扬我们的优良传统，为国为民培养更多优秀人才，再创辉煌。

(2009 年 8 月上海)

(57 /1-2)

59 年前的篮球冠军争夺战

49 届 杨成绪

几年来，同济附中在北京的同学聚会时，常说起同济中学(原同济附中)曾获得过当年上海中学男子篮球赛冠军。这使我回想起我在同济附中读书时的篮球生活。

上世纪四十年代末，同济附中篮球队一直是上海东北角中学篮球冠军，可是始终没有获得过全市冠军。我清楚记得我参加的 1948 年秋那场有争议的比赛，由我校和南洋模范中学争夺冠军。比赛在当时的陕西南路上海市体育馆举行。赛场内坐满了观众，我校路远，只有少数同学到场为我们打气。

裁判一声哨响，开始了这场中学生篮球决赛。一开始我们就感到这位裁判不对头，判罚偏向南洋模范中学，这也许是由于南模的名声，有不少阔家名门子弟在该校上学，也许还有我们至今不了解的原因。我打右前锋，以往我很少犯规，但这次上场不久，裁判就连吹了我两次犯规，实际两次都是对方带球撞人。我校球队的四川同学开始沉不住气了，发火不服裁判，引起口角。打到后来，这个裁判更加明显偏袒南模，前来观战的中学生十分不满，发出一阵又一阵嘘叫。在最后宣布南模获得冠军时，数百名学生一下子冲进了篮球场，将裁判团团围住，要求他承认偏袒一方。双方僵持不下，全场秩序大乱。此时当局派了大批军警包围体育馆，但双方仍互不相让，裁判最后不得不承认在一些方面判罚不妥，但不肯承认偏袒南模。这场风波也就不了了之。

我是 1945 年到 1949 年的学校篮球队成员。记得那时给我印象最深的是队长赵辅汉，他个子高高，脸黑黑的，善于从空中将篮球单手钩下来，还能单手钩住篮球旋转一圈，用以迷惑对方。钟德硚身躯敏捷，奔跑疾速，他是后卫，将球运到前场传给前锋是他的拿手好戏。刘锡嘉和我都是前锋，我们两人一直配合很好。我那时身体不如他健壮，从前场退到后场已经累得不行了，打到前场只能靠队员及时将球传给我才能投篮。还有聂多绕(现名石在)，他来自四川，但与其他川籍队员相比，算是比较温和的。

后来的队长好像是徐兆炜，他是中锋，个子高，打球稳重，球艺很高，是个全材。打过篮球队的人也真奇怪，有的往事逐渐淡忘，有的却记忆终生，同济的篮球生涯就是我永远抹不去的一段记忆。

中学时代的篮球运动给我带来很多很多好处，健康的身体、坚强的意志和灵活的反应，支持我工作整整半个世纪。

我从同济附中毕业后，48、49 届的同学分奔东西，有的 40 多年音信全无。近几年来，在同学会努力下，编印了通讯录，不少同学重新取得了联系，但我们已徐徐老矣，回首往事，不胜感慨！(42/7)

57年前老照片勾起的记忆

49届乙班 吴葆青 干祖德

在一次我班老同学的小聚会上，吴葆青一张珍藏了57年前的老照片吸引了大家。照片上是我班足球队的部分队员。看着那一张张熟悉而又“陌生”的脸庞，顿时让我们打开了尘封的记忆之窗。50多年前的校园生活，趣闻轶事，竟像电影般一幕幕在脑海中移动，叫我们浮想联翩。现在我们把它写出来，供老同学们共享这段美好的记忆。

足球队

我班足球队成立于高一下的1947年初，当时学校在北四川路底，与大学部的文、法学院和复兴中学合用一个大院，场地狭小，设备简陋，加上部分沪籍同学不住校，所以足球队训练和比赛的机会甚少。但是就这么一支小小足球队，分工却是煞费心机，扬长避短：门将李健美有身高优势，又有打篮球经验；后卫吴葆青、吴大元膀宽力大，加上卢天慈、胡琦守护严密，后防堪称“万里长城”；前卫顾联瑜、盛百中、盛百正配合熟练，灵活机动；前锋朱元贞、王伯钧、王伯伟善于奔跑，体力充沛；队长由顾联瑜兼任。这支足球队只在班级之间较量，没有机会外出比赛，最远好像到过虹口公园踢球。后来学校远迁江湾，部分同学离开学校，足球队活动更少了。

1947年秋，学校迁江湾后，廖月清老师在体育课上引导大家踢足球，这就又勾起了我们对足球的情结，于是新的班级足球队应运而生，上述老照片就是那时的合影。新足球队组成是：球门李健美；后卫吴葆青、金同稷、朱重强、黄利钧；前卫张鸣剑、刘佩剑、徐孝志、胡琦；前锋朱元贞、党人庆、郑万年、沈金根、干祖德；队长好像是朱元贞兼。除在体育课上活动外，课余也活动，常在队内分组比赛。当时学校别的班级足球队纷纷成立，其中不乏高手。我们这支球队还没有与别班打过正式比赛，是默默无闻的“无名英雄”。

江湾体育场

离我们学校很近的江湾体育场是同学们经常光顾的地方，当时算是设施比较完备的了，游泳池、田径场，各种球类赛场俱全，而且可以自由出入不受任何限制，课余同学们纷纷相约去那里活动、嬉耍。抗战前的上海市政府拟在江湾建一个新市区，修建了市政府、博物馆、图书馆、医院和体育场等仿古的庞大建筑群，经过战乱此计划无法实现，于是博物馆成了同济附中的校舍；图书馆是同济大学新生院；医院为国民党军队的“联勤”总部使用；市政府是辎重部队；体育场则基本闲置。

1948年5月5日至15日，第七届全国运动会在江湾体育场举行，由南京向上海火炬

足球队(前排左起张鸣剑、吴葆青、郑万年、党人庆、胡琦、黄利钧，后排左起朱重强、金同稷、干祖德、李健美、徐孝志、沈金根、朱元贞、刘佩剑、廖月清)

接力。当局的组织管理很差，秩序很乱，交通阻塞，开幕那天东、西司令台栏杆被挤断，30 多人受伤，鞋、包、眼镜、手表挤落一地。我们学校与体育场近在咫尺，这对我们来说真是又新鲜又有趣。尽管我们无钱买票，但会前运动员的训练却是开放的，记得上海市代表队就住在我们学校的飞行馆，我们还与摔跤选手周士彬聊过天；向体操选手请教单双杠动作。运动会开始前一段日子，游泳池已注满清水供选手训练，记得我们班有几个同学曾偷偷溜进泳池嬉水。田径场上的跳高、跳远、长跑、短跑训练都使我们大开眼界，至今历历在目。运动会期间，我们老远就能看到升起的大气球和挂在下面的“可口可乐”广告布条，还听得清场内的高音喇叭。听说也有些活络的同学，想办法混进体育场“看白戏”。

“七届全运会”后，体育场被军队当作了弹药库，我们再不能进去玩了。1948 年末或 1949 年初，弹药库大爆炸，全上海震动。

打牙祭

四川同学为我们带来了“打牙祭”这个新名词，就是聚餐改善生活的意思。我们在附中读书的那几年，正是战火纷飞、物价飞涨的年代，伙食极差，很少有肉食，因此对打牙祭的渴望相当强烈。除了指望伙食团月末结余大家吃一顿之外，我们也到校门外的小食铺解馋，自己打牙祭。小食铺由一对川籍夫妻经营，四川小吃还相当正宗，如果囊中不太羞涩，就可以去那里光顾一下，什么担担面、素条面等照样让你大汗淋漓，(肚子) 满载而归。我们南方籍同学能适应辣味也是由此练出来的。

打牙祭的第三种方式是星期一会餐。我们沪籍同学周末回家带些菜来调剂生活，诸如豆瓣肉酱、雪里蕻肉丝等，星期一午饭时同桌共享，现在回想起来还别有一番风味。

双胞胎

我班的盛百中、盛百正是孪生兄弟，相貌酷似，衣着鞋袜相同，有时叫人难分伯仲。两人座位不同，盛百中坐后排居中，盛百正坐第一排左侧。记得一次德文课，费恕德老师(Frau Fürst) 指名盛百中站起来回答问题，得到满意答复后微笑地说声“gut！”然后转身黑板写字，就在这时前排的盛百正做了个什么小动作惹部分同学发笑，费恕德老师很生气，马上叫盛百正站起来，但忽然发觉刚才明明在后排的学生怎么跑到了前排？当她扫视后排时才找到了两个相同的面孔，大家哄堂大笑，老师自己也不觉笑了起来。

起绰号

不知什么时候大家对起绰号产生了兴趣，一时间绰号流行，其范围不仅限于本班同学，且波及别的班级和个别老师。绰号比较文雅的有博士、学究等；中性的有老百姓、荷包蛋、大阿福等；还有低俗的杀胚、老甲鱼……现在回想起来，当时固然幼稚可笑，却别有一种说不出来的味道。反观当今社会，国际名人中也有人“荣获”绰号。

旧貌新颜

面对着老照片上一张张稚气未退的脸庞，再对照已经见过面的老同学那一张张苍老的面孔，眉发花白、眼睑下垂、眼袋鼓起、眼角鱼纹，真是：旧貌依旧，新颜不新。

当然，上面讲的仅是外表。我们不能把“新颜”单纯理解成容貌和外表，而应深层次地与心理状态、精神境界、人格尊严联系起来。我们这辈老同学都已成家立业，事业有成，儿孙有后，一个毛头小伙子或小姑娘已经变成了今日的“我”，这才是真正的“旧貌换新颜”吧？可是，同学们，毕竟岁月不饶人，衰老不可逆转，因此，我们要珍惜生命，爱惜光阴，在有生之年寻找乐趣，好好生活，共勉共励，欢快地度过人生最后一段旅程。

2005 年 8 月北京 (29 /4)

百年华诞忆往事

49 届 钟乃溥（钟敏）

母校百年华诞近在咫尺，思绪万千。我们这一代人，曾迎来了新中国，迎来了新世纪，这次又轮到我们迎接母校的百年华诞，是够幸运的了。我们这一代人，还都有许多难忘的过去；我们年级在母校就读的高中 3 年里，就有不少值得一写的事例。

无比喜悦

我的童年和少年时光都是在战火弥漫中度过的，因此，和平、安宁和读书成了我的梦想。我父亲几度失业，六个弟妹，生活十分贫寒，3 人上学全靠社会救济（《申报》助学金）。1946 年 7 月，我考上了母校国立同济大学附中，不收学费，还可申请公费（助学金），读书有了保障，心里说不出的喜悦。祖母为了庆贺我，特地从她糊火柴盒挣的钱中，到原成都路游泳池门口地摊上买了一套蓝色细布学生装。

那年 8 月下旬一天，我一身新衣，心潮澎湃地与同时考进同济的初中同学干祖德、包国义约好，到北四川路底的学校报到。一看门口有张布告，说是学校刚从李庄复员回沪，开学准备不及延至 10 月。我们 3 人就到另一名住在江湾乡下的同学家去玩，领略农村一望无际的田野、片片的庄稼和大大小小的池塘、河沟，我们自感无拘无束，像几只大鸟在广阔天空自由翱翔。叫人难料的是，一年后我们竟也随校迁到了那里。

革命摇篮

我原来是一个“只读圣贤书、不闻天下事”的死读书穷学生，但刚进母校不久就发现学生政治活动不断，“沈崇事件”“臧大咬子事件”……迁江湾后又有更大规模的“一·二九”抗暴运动。那时学校内经常有左、中、右壁报的政治论争；经常有进步同学被开除（包括我班许子平、顾联瑜），接连不断的政治斗争给了我很大震动。老师中也不乏进步人士，历史老师金石言就是其中一位，他上课慷慨激昂，引经据典揭露社会黑暗，隐示一切腐败源于反动政府。1948 年初的一个中午，48 届梁寿益同学把我叫到宿舍，对我宣讲当时社会形势和“只有共产党才能救中国”的道理，他是我的第一个政治启蒙人。现在想想他当时冒着很大风险，关心我的政治前途，真是“不是亲人，胜似亲人”。我在母校受到革命活动熏陶，在我脑海里渐渐生根发芽，后来我与其他进步同学一样，终于走上了革命道路。

艰苦生活

学校 1947 年迁江湾后，正是国家经济面临崩溃，物价飞涨之时。那时商店货架上除二战后的美国剩余物资外，空空如也。我们学生的区区伙食费，只能天天青菜萝卜，几个月才见一次荤，同学们个个面黄肌瘦，憔悴不堪。上海有家的本地同学，星期天从家里带来一小瓶花生米豆腐干之类煮的豆瓣酱聊补不足，如果带来一瓶猪油，那就是高级营养品了。当时母校四周环境，只有战前遗下的旧博物馆、图书馆、旧市政府和后勤医院（现长海医院），此外全是荒地河沟，没有居民人家。肚子实在太饿时，只有到远处村镇小铺觅食。我印象最深的一次是考试开了夜车，腹中饿极，独自一人寻到图书馆后门路边卖面的草棚小店，照明只有一盏小小煤油灯，在黑灯瞎火下，根本看不清碗里哪是面条哪是菜，由于肚子非常饿，吃下去味道蛮不错，心里很满足。那个条件与今天相比，真有天壤之别。

救援逃兵

1948 年 11 月，辽沈战役尾声，溃退的国民党军队从锦西、葫芦岛跨海逃往关内。一天午后，我们在校门口看到军衣褴褛、满脸污垢的士兵，背着沉重的枪支弹药，一路上稀稀拉拉，从军工路过来，向着江湾体育场方向走去。有人将背不动的物资随地扔下，路上许多散落的子弹火药。时不时有士兵惊慌问道：“这里有共军吗？”我们看到有一个士兵，趁前后无人突然窜进校门避难求救，有同学出来帮忙，把他领到二楼宿舍，又从厨房打了些剩饭开水，那士兵狼吞虎咽，好像几天没有吃东西了。他告诉我们，家在苏北，上有老

影中人左起：

前排：张仁达、沈祖礽、姜兆芳、廖月清、陈远范、吴柳凡、晏华璋、张国模、周似春、杨烈昭、王淑琦

二排：杨汉卿、朱培尔、王大雄、顾心清、冯志德、胡琦、黄利钧、梁耀驹、杨邦炡、周祥、金同稷、张鸣弦

三排：唐观甜、宋肇基、干祖德、倪传训、徐惠仁、吴大元、杨存敬、吴兴华、朱德熙、钟乃溥、王馀泰

四排：卢天慈、顾光华、周海泉、韩光炯、陈德潜、孙应铨、王克澄、廖书拥、刘佩剑、吴葆青、孙文综

五排：党人庆、王以德、刘珩章、杨成绪、卢兆淦、于均迪、朱元贞、姚鉴棠

六排：高年生、张鸣剑、徐兆炜、殳家骐、徐孝志、郑万年、张福元、杨庆有、李健美

下有小，是被拉壮丁当兵的，现在想回家去。我们怕马上出去会被抓，就留他过了一夜，第二天换了便衣才让他走。

匆匆分手

1949 年 4 月，由于战争迫在眉睫，学校决定我们年级提前毕业考试。为了使大家升学有好成绩，周似春、张国模、吴柳凡、沈祖礽和杨烈昭等老师专门为我们编选了复习题，李健美同学自告奋勇刻蜡纸油印。我们拍了毕业照，大家对拍照很重视，又是整理衣服，又是梳饰头发。我和王馀泰同学先在学校南边乱草地里挖了一篮马兰豆，在庆祝毕业的午饭上“打牙祭”。拍完毕业照，饭后大家就分手回家了。遗憾的是，匆匆分别，大家都没有留下通讯地址。时隔整整半个世纪，才重新寻访联系，我们十分珍惜这同窗共读 3 年的深情厚谊，但还有部分同学至今不明下落，不知他们身在何方？

(2007.2，上海)(40/4)

同济附中学运片断

49届 周懋庸

沈崇事件

我从四川初到上海是1946年深秋，附中设在北四川路底。女学生宿舍在后门，不远处就是虹口公园。

美军强奸沈崇案发生后，首先在北平大学生中引爆了反美运动。不久的一天，在大饭厅里，一些男同学突然登上饭桌发表演说，号召大家上街游行，反对美军暴行。我们回到宿舍，发现墙上贴了一张大字报："不在沉默中爆发，便在沉默中死去！"我们猜想肯定是男生贴的，批评我们行动不快。其实，我们女生对美军暴行尤其义愤填膺，怎么可能沉默呢？于是，我们立即去买红绿纸，制作小旗，写上标语口号，准备游行示威。暗中组织发动的是高三女生李振先，解放后，她曾任北京海淀区的领导工作。

寒风中，附中游行队伍从北四川路底出发，一边走一边喊口号："打倒美帝国主义！""美国兵滚回去"……有时还停下来向群众宣传演讲。大同学鼓励我们"登台演讲"，但我一口四川话，不敢讲。来自北平的王碧云同学普通话好，她就在一家电影院门口向过路人作了演讲。

我们的目的地是游行到南京路和其他学校的游行队伍会合，但过白渡桥到外滩之后，军警早已赶到，手执木棍、皮鞭，乱打乱骂，把我们的队伍冲散了。我们进不了南京路，只好化整为零陆续返校。其后，我们又进行过两三次反美示威，每次军警都如临大敌，围追堵截。这是我第一次经受斗争洗礼。从此，走上进步的道路。

“一•二九”运动中的附中

“一•二九”前夜，附中地下党员梁寿益交给我两项任务：尽力动员更多住校女生参加斗争；制作同济附中横幅和游行用的小旗。当时初高中女生并不多，都住同一宿舍，大家都很积极。一经发动，立刻分头行动。买纸的、裁纸的、写标语的都好办，就是横幅大，需要大块白布，只好用床单。女生的床单不是格子的，就是带花的，恰好48届祝希媛的床单是本白的，拿出来做贡献，由一名美术字写得极好的同学写上“同济大学附中”几个大字。

上海的一月，寒风正劲。我考虑到万一被捕可以御寒，所以穿得特别厚实。清晨，队伍即向工学院进发，我们到达工学院时，大门外已聚集了不少大中学校队伍，而且陆续还有不少学校向工学院集中。一眼望去，交通大学、暨南大学、南洋模范中学……横幅格外显眼，他们都是来声援同济大学反对政府解散改组同济大学学生自治会，欢送同济大学学生赴南京请愿的。

当局当然怕学生去南京，先是上海市长吴国桢来“劝说”。他在台上讲，我个子小，只能看见他的礼帽在晃动，根本听不见他在讲什么。听说，在他讲话时，旁边有几名同济的大学生和他辩论，台下的歌声、口号声一阵高过一阵，“劝”不出结果，吴国桢只得灰溜溜地离去。不过镇压学生也就开始了。

本来，我们聚集在工学院门外的田野上，这时，当局的军警、马队、飞行堡垒(一种装甲车)已经包围了学生。下午，他们开始驱赶学生。马队最疯狂，挥舞皮鞭抽打学生，军警则挥动木棍打向学生，同学们渐被冲散。开始我还在队伍中间，不知怎么竟落到了最后，回头一望，马队正向我冲来。我无目的地跑，一跤跌倒在地。突然一只手拉起了我，并关照我：“进工学院去！”我才发现是一名大同学。我跑到工学院门口，再回头一望，只见田野里还有好几位大同学站在那里救助和指挥跑散了的小同学，他们是无畏的。我心里想，他们一定是共产党员。

挤进了工学院的大礼堂，和许多外校学生一样，我一时找不到熟悉的同学。慌乱中，大家按照主席台上同学的指挥安坐下来；此时军警已把大礼堂严严实实包围了，要我们交出同济大学自治会负责人，才放我们走。我们当然不答应，互相挽起手臂，抱成一团高呼：“生要一齐生，死要一齐死！”又高唱：“坐牢算什么，我们不害怕；放出来，还要干！”作为回答，和军警对峙到夜晚。一天没吃没喝，可是个个斗志昂扬。

深夜，军警终于露出了狰狞的面目，挥舞棍棒进入礼堂，我眼见一名同济文法学院的女生当场被打破额角，鲜血直流。我们被逼着排成单行，逐个从一个小门走出礼堂，门口有特务对照相片指认抓人。事后知道，附中陶开熙就是这次被捕的。

我们被赶到操场上，被分成二十几个人围一圈蹲下。夜是黑的，旁边军警看守。文学院宿舍也被搜查，时不时从楼上传来殴打和怒吼声。我蹲在地上，心里唱着《山那边哟好地方》《你是灯塔》等歌来“磨”时间。寒夜正深，身子快冻僵了。天快明时，各校校长来保学生，我们才被陆续带走。我们十几个人一排，在校方派来人的监督下往回走，大家又冷又饿又气愤，同时还担心同学们是否都安全回来，那滋味很难受。到底年纪小，回到宿舍困极了，饿着肚子和衣就睡。

第二天，走读的女同学回来，非常遗憾没有参加“一·二九”，一名初中的女同学为此还哭了。

事件虽过去，引起的余波一浪高一浪。先是组织了探监。我不记得是哪个监牢了，反正附中陶开熙关在那里。那是我活了16岁第一次看见牢房，像关动物的铁笼子。抓的学生太多，一个牢房关好些人。后来经过斗争，释放了一些人。但其他迫害接踵而来。附中出布告开除梁寿益等几名同学，并限期离校。顾联瑜后来也被劝退。甚至连我这样的党外积极分子也被学校通知家长，说我不守校规，以后对我的一切不负责任，实际是让我退学。

有一本学生运动画册，大约出版于70年代末，许多照片中有一张是我们同济附中“一·二九”那天打的横幅的画面。80年代，48级同学祝希媛和我在大学工学院同学张继庆家看到这本画册。当我们见到附中横幅时，激动异常。祝希媛说：“横幅在斗争中丢了。那布是她的床单。回家后挨了家长一顿骂。”那时她家生活并不富裕，一条床单还是宝贵的。我说：“你的床单已经凝固在历史画面上了。”

朱月娥印象

我是1948年由上海市立江湾中学转入同济附中的，就读于50届丙班。初入新班级就感到有股暖流，烘的周身温暖。同学们一点没有歧视我这穿着陈旧来自苏北的乡下丫头，而是和蔼友善亲如手足，我很快就和他们融为一体，积极参与班级各项活动。经王勇同学介绍参加了旗手社组织后，认识了低一届的朱月娥。她虽是个身段纤长较瘦弱的女孩子，脸上也缺少少女应有的红晕，但经频繁接触，日益感到她有股旺盛的精力。特别是解放前夕，在护校活动中，我在她手下配合做了一些迎解放的准备工作，感觉她年龄虽小，却非常机敏，胆大心细，是个有魄力与组织能力的人才，心里很敬佩她，也渐渐理解她那旺盛不倦的精力，来自她的坚定理想的支撑。她为人热情坦率，曾批评过我的急躁脾气和讲话生硬伤人的缺点。她告诉我沉着冷静和善于团结人在工作中的重要性，并警告我说："你如不改，等以后碰了钉子就会想起我今天讲的话了。"这件事对我印象很深，我的毛躁脾气也改掉不少。

一晃四五十年，彼此不通音讯。直到1995年，朱月娥可能是从王宏升那里得知了我的坎坷遭遇和经济拮据的情况。朱与王同班，近年常见面，而我与王参加南下服务团在同一中队，朱月娥对我受"左"倾路线伤害丢了工作又早年丧夫艰难度日的境况，非常同情，曾连来两信，真情意切的要为我找有力道的人，找组织解决待遇问题。能解决历史遗留问题，当然是我的最大心愿，但我却不愿意让年迈的老同志为我奔走劳累，更担心日后人们对月娥有什么非议。因此我回信婉谢了她的好意。事情虽搁下来了，但她的一分真情深铭于心，同窗情谊可贵。以后我如到北京，一定去拜访她，望她保重，我衷心地祝福她健康长寿，全家幸福！(12/3)

奔赴解放区

49届 许子平

一、“一•二九”后同济附中学运形势

1948年“一•二九”以后，国民党当局大肆逮捕上海进步学生。近百名被捕学生都是学生运动骨干。但是，反动当局的镇压并没吓到上海的进步学生，斗争仍在继续。在地下党领导下，上海学生联合会(学联)动员社会力量营救被捕学生。营救工作包括请著名律师辩护，组织大家到法院门前游行示威，要求公审参加旁听，向社会募捐筹措营救资金，动员进步学生慰问被捕、被关同学，鼓励他们不屈不挠斗争。开庭那天，围墙外面学生游行队伍声势浩大，要求当局释放被捕学生的口号声和歌声响彻云霄。此后，上海的学生运动进入低潮。我开始对学生运动形势和前途感到担忧，但并不退缩或动摇，时刻准备接受新的挑战。在附中党支部根据同济大学党总支组织的营救探监和募捐活动中，我都凭着一颗赤子之心，挺身而出，与其他进步同学一起，拿着痛斥反动派迫害学生的慰问信和购买的食品，到善钟路(常熟路)警察分局拘留所探访被捕同学，表达我们誓为他们后盾的决心。我参加的募捐活动也得到了亲朋好友和社会人士积极响应，慷慨解囊，因为他们也都不满反动派统治，希望国民党早日垮台。

在当时上海学运低潮时期，参与还是躲避这些活动，是进步学生面临的严峻考验。探监和募捐活动就是党支部对我的实际考察，证明我在学运低潮时经得住斗争考验。我于是成了附中地下党的发展对象。1948年4月11日，在我家直不起腰的阁楼上，顾联瑜、马杏荪和我，由同济大学党总支委员庞其方监誓，秘密宣誓入党。党组织向我们颁发了党名和党号。庞其方讲了地下斗争的纪律和策略，严肃指出，共产党员必须不顾个人安危，为

共产主义事业不惜牺牲自己的生命。我入党时才 17 岁，尚未成年。

我在入党前后，始终积极投身学生运动，不顾个人安危。但是年轻气盛，政治上幼稚，斗争方式简单，甚至有些莽撞，例如我曾冲动地撕掉校方开除梁、景、马的布告，半夜到处张贴反对校方的墙报，平时言词过激，时不时与人正面对峙，不隐晦自己的政治观点。当时同济附中反动势力较强，我的这些表现，必然会授人以柄，不利于长期斗争。有一次我与美术老师应志鹏讲话时不经意流露出无法安心读书的情绪，他立刻敏感地问我："是不是想到解放区去？"幸亏他不是告密者，否则后果不堪设想。然而我终于为我的不明智，付出了代价，陆振邦校长根据别人告密，把我叫到办公室严词训斥："你不要在学校里搞政治，否则开除你的学籍！"后来，校方不知为何手下留情，只给了我两大过一小过处分。

暑假期间，庞其方要我吸取教训改变斗争方式，并根据我已保住学籍的条件，要我留校继续斗争，但暑期中暂离上海市区避开逮捕恶浪。又要求我按他指定时间和暗号到虹口公园与地下党联系人接头。只是后来局势变化，上海风声太紧，同济党组织的重要干部包括庞其方在内，都不得不相继离开上海，我接头未成沮丧地离开接头地点。但我并不灰心，暑假后在局势尚不明朗情况下，仍回校注册上课，一边等待恢复与党组织的联系。这时附中党支部已陷于瘫痪，支部负责人和不少党员已相继被开除、离校或转去别校，留下的少数党员，不知如何开展工作，更不知何去何从，唯一能做的就是无奈地面对风险，继续留校待命，寄希望于党组织派人来附中把党员重新组织起来。

二、上海学生运动向何处去

进步学生陆续被释放，相继被学校开除，难以在上海立足谋生，还有一些进步学生在学生运动中抛头露面，已引起当局注意而列入黑名单，随时都有被捕危险。针对这样的白色恐怖严峻形势，为了保存革命力量，避免进步学生遭遇不测无谓牺牲，上海学联根据党中央关于白区工作隐蔽的方针，指示同济大学党总支，开辟一条通往安徽解放区（皖西和皖中）游击根据地的地下交通线，把不宜再留上海的部分学生党员和非党进步学生，通过这条交通线分批撤退到解放区，为迎接日后全国解放作准备。同济地下党员耿光锦、宣俊慨然受命，不顾个人安危，历尽艰险，成功开辟了交通线，为输送上海、南京、杭州等地进步学生去解放区做出了重大贡献。

三、奔赴解放区

开学以后，我终日忐忑不安，无法安下心来读书。正当我因与党组织失去联系而焦急万分的时候，大概是9月底，已离校很长时间的张琢成意外在附中出现，给了我一个惊喜。张琢成向我传达了上级党关于安抚与组织失去联系同志的去向信息，问我继续留在上海还是去解放区，自己选择。事实上，去和留对我来说都有风险，但由于我对解放区向往已久，所以我决定到那里去。张琢成从口袋里掏出一张白纸，用钢笔写着从上海到解放区的路线图，目的地是皖西的黄雒河，中间经过南京和芜湖。

张琢成安排我先到南京与张泰桐、王书麒会合(王是南京《益世报》社印刷工人，张的表弟，张在南京发展的党员)，然后去芜湖。我到南京后，才知他两人还没有作好离去准备，我必须在南京耽搁一段时间。我由王书麒安排，在国民党总统府旁《益世报》社的工人宿舍暂时栖身。后来，我们一起离开南京到达芜湖，但这时从联络站得知，就在我滞留期间，国民党桂系李品仙部队正对皖西军区第四军分区“扫荡”，我们要去的目的地仍在国民党控制下，不能前去。我们意想不到，现在竟陷入尴尬的进退两难境地，很懊恼和失望。

芜湖联络站联系人并不理解我们奔赴解放区的迫切心情，更不明白我们为什么要离开大城市，放弃美好的读书机会和优裕的家庭生活，偏要到战场吃苦。或许是出于好心，他劝我们先回南京、上海等待，等国民党军队退出黄雒河以后再去那里。他当然不会明白，回南京或上海，对我们来说意味着什么。我们对他说，我们已经没有退路。他执拗不过我们的决心，于是提出一个折衷方案，让当地交通员先把我们护送到国民党军队的军事据点运漕镇，在那里蛰伏若干时日，等国民党军队退走黄雒河以后，再由交通员去运漕把我们接走。但是，当我们一到运漕后就听说，解放军已回到黄雒河。这就是说，我们如果在芜湖多耽两三天，就可以直接由交通员把我们安全地从芜湖护送到目的地黄雒河，而不必在运漕耽误不少时间。在运漕还天天担惊受怕，我们的盘缠即将告罄，交通员迟迟不来，我们自然心存疑虑，怕生变故。再则在运漕耽的时间太长，已引起敌人怀疑，再不赶快离开，早晚要出问题。于是，在张泰桐策划下，我们选定了一天，以去巢湖探亲为名，雇了一条小船，天亮前出发，沿着运漕河前进，中途在即将到达黄雒河时，我们借故上岸看看，让船夫在黄雒河停靠。小船刚一靠岸，我们就带着行李，高唱歌曲，欣喜若狂奔跑上岸。

我们终于平安到达了朝思暮想的解放区，一种回到“家”的感觉油然而生。

四、尾　声

我们是与组织失去联系以后去的解放区，也可说是鲁莽地闯入解放区的，又没有交通员护送，所以我们一上岸就受到军分区一名便衣人员仔细盘问。这位同志听我们说是从上海和南京来解放区参加革命的，才半信半疑把我们带到了军分区联络部。当我们到达联络部时，已经有同济的同学在那里，此时见面格外亲切，加上先期到达的梁寿益和景蔚周的证明，我们的身份终被确认。但是，我们的鲁莽行动也受到了责难和批评，因为这样做不仅对我们自身很危险，而且有可能导致交通线受破坏的严重后果，影响大批白区学生继续撤退。组织上对我们晓以利害，我确实感到后怕。值得庆幸的是，我们的整个行动虽然一波三折，总算没有发生任何意外。问题澄清以后，我们按要求提供了各自的党名和党号，作为去上海向地下党进一步核实我们的身份并恢复党组织关系的依据。

我从此告别了上海的学生运动，开始了新的、漫长的、充满荆棘的、坎坷崎岖的人生征途。(14/8、15/9)

我入伍时的一波三折

49 届 刘珩章

1949 年，我在当时青年学生参加革命大潮的影响下，不顾家中劝阻，下决心应征入伍。但入伍过程中的一波三折，险些使我当兵的愿望成为泡影。而今我已垂垂老矣，疾病缠身，行动不便，但思维依然清晰，年轻时的往事，仍历历在目，恍如昨日。今记之以飨学友。

1949 年夏，我同济附中毕业，参加了解放后的上海统一高考，报考航空工程，但首轮录取榜上无名，心里十分着急。9 月的一天，我去学校有事，偶然听到某航校正在招募学员学习航空机械，已有几个同学报了名，因航空机械与我喜欢的航空工程相近，就欣然去青年团四川北路区工委报名填表，随即指定去中美医院 (今凤阳路长征医院) 体检。透视肺部意外发现有钙化点，招生人员起先认为不合格。我那时年轻气盛，就与医院和招生人员反复解释，据理力争，最后终于被录取了，但耽误了几天时间，没赶上已录取的那批人同行。只好在南京西路东首新世界饭店楼上的华东局招待所暂住，等待下一批走。

9 月 28 日上午，上海市青年团工委把我们送到龙华机场交给部队的同志，并宣布当晚乘火车去杭州笕桥，到华东军区航空处杭州机械大队报到集中。当时空军有两个机械大队，另一个是北平南苑机械大队，都是日后空军机务工作人员的摇篮。到了中午，我哥哥突然从市区徒步来到龙华机场找我，告知我已被高考第二轮录取，同时录取的还有冯志德、钟乃溥、张福元等，他嘱咐我择机离营回家上大学。我考虑再三，觉得不辞而别很不妥当，就与哥哥争辩，最终他也说服不了我，只好悻悻离去。此事过后，我并未向领导报告，只是对新结交的同行学员周企勃 (吴淞中学高二学生、地下党员) 提及，孰知晚饭前点名时，带队的干部竟提此事，且表扬我态度正确。我当时并不理解此乃关系到巩固部队的大事，反而埋怨周企勃汇报多事。当日傍晚，我们乘坐美制十轮卡车穿过市区来到上海西站坐上闷罐车，翌日 (29 日) 凌晨到达笕桥火车站，随后被送往机械大队。

一天清晨，我正与同队学员在营区漫步熟悉环境，忽然“哒，哒，哒”的一阵机枪声在身边响起，我们赶快卧倒，抬头望去，只见一架美制 P-51 型野马式飞机正在低空扫射，原来是基地在舟山群岛的国民党空军前来骚扰。恰好广场上有块原国民党空军军校校长胡伟克在撤离大陆前勒石为铭的碑石 (解放后未及移去)，碑文大意是：此系国家财产，后驻者应妥为保护，勿稍毁损！对照当日敌机扫射，真是言行不一的莫大讽刺。在这次空袭中，一名来自同济大学测量系的学员被枪弹击中了胳膊，这对刚入伍的我来说无异生死考验，我的信念开始动摇了。部队中一小部分沪、杭城市学生出身的学员萌生了离队的想法，个别人甚至想“开小差”，我说开小差不行，必然会导致身败名裂，我们可以向领导提出，要求回上海另行择业。为此，我和另一个学员找到机械大队刘大队长，向他阐明来意。刘大队长身材适中，面容清癯，态度和蔼，他并没有批评我们，只是说：“你们是上海地方组织介绍来的，除非他们要你们回去，否则我们是不可以放你们走的。”这话使我们无言答对，随后他又耐心跟我们讲道理，经过他的说服和随后的入伍教育，我的思想渐渐转变过来，端正了入伍动机，并坚定了投身新中国空军的信念。

1949 年 9 月 29 日，我幸运的赶上了新中国成立前入伍的末班车。这中间的曲折，不仅决定了我一生的军旅生涯 (1982 年我因病离休)，也坚定了我一生的处事原则——说老实话，办老实事，做老实人。(49/2)

往事回眸几番巧遇

49届 钟乃溥（钟 敏）

我自附中毕业后，由于和张福元、冯志德、殳家骐、倪传训、周海泉、刘育成几位老同学，都就读于同济大学工学院，所以几乎天天碰头，其余同学却各奔一方。但在漫长的半个世纪里，我有幸在不同年代、不同场合，先后与5位同学巧遇。

不速之客包国义

1951年2月我们上海参加军事干校的大中学生都集中在笕桥预总学习政治和军事。刚过春节的江南，天气还比较寒冷。一天上午，大队政委正在讲授社会发展史，通信员匆匆到课堂来说，有人找钟敏，等在传达室。当时我感到十分蹊跷，我在杭州并无亲友，怎么会有人来找？难道我家里来人追我回去？再想我为了避开家庭的阻挠改名参军，家里还以为我在大学里，他们无论如何也是不可能找到这里来的。当我赶到传达室一看，原来是我初中里的同学，1946年一起考进同济附中的包国义。他乡遇故知，我们又握手，又问好。他说，他高中没有念完就走上了社会，现在做推销酱油的生意。这次送货到杭州，特别到预总来看望我。我们畅谈了离别后种种事情。遗憾的是，预总纪律很严，平时学员一律不能请假外出，中午只能让他一个人到笕桥镇去用午餐，走时我们俩人都有相见时难别亦难的滋味。由于我们太激动，光顾到谈同窗时的感受和情况，却忘掉问他因何缘故中途停学，走上社会？也想不到问他，是怎样找到我的？4月份我调到南京雷达研究所学习雷达专业，中间他有否再来预总找过我，我就不得而知了。在我记忆里他住在天潼路河南路口附近，哪一弄几号记不清了，到现在也不知其下落。

后台幸会王碧云

1955年初，当时东南沿海局势紧张，我随空军前线指挥所，在福建龙田雷达站执行技术保障任务。一次总政歌舞团来福建前线慰问演出，其中有一个节目是王碧云同学拉手风琴独奏，奏出一首首激昂动听的战歌，有力地鼓舞了官兵们。我更是惊喜竟在前线看到老同学的演出。我又高兴，又激动，急欲到后台去会见她，因为老同学见一次面是很不容易的。在身旁战友的鼓励下，待演出中间休息时，我终于到后台去找她。因为我非演出人员，经说明情况，才允许我去后台休息室。王碧云同学已无当年那般娇弱娟秀的满身学生味，而成为一个英姿飒爽，严肃活泼的文艺战士。她见到我更感到意外。由于演出又要开始，我们只稍作寒暄，便不得不匆匆分手。这时，我顿时回忆起她是我国著名口琴家王庆勋的女儿，因受家庭熏陶，早具有一定的音乐基础。母校还在四川北路时，我们教室里有一架钢琴，课余时经常可以听到她弹奏一首优美的歌曲，同学们以赞赏的眼光看着她。当时部队风行拉手风琴，我曾去信问她要了一本手风琴演奏曲，后来成了我们雷达站文艺爱好者爱不释手的珍品。

上图巧遇王克澄

1963年10月，我被调到上海五角场现空军政治学院，参加编写空军雷达部队雷达维修条例。为此，我到上海图书馆。无巧不成书，那天在借书处值班的竟是当年老同学王克澄。故人相逢，别是一番滋味。我把来意告诉了他，他热情又细致地把外军在这方面的资料一一调出来，任我挑选，我借了一大批，为我们合理科学地编写条例起到很大作用，后来博得上级审批条例首长的表扬。当时图书馆不像现在，借书人那么多，我们在借书间隙，聊了不少母校师生的去向。当时我们毕业离校才十来年，好像已是遥远的过去，很有感触。之后，我先去太仓参加四清工作，后又回南京原部队，再没机会去图书馆了。

济空巧遇刘珩章

1977年5月，空军雷达部队在济空招待所召开技术干部会议。一次，我正在房间里休息，突然闯进一名面孔十分熟悉的军人。我定神一看，原来是刘珩章同学，他是来招待所找其他人的。我们突然邂逅，都异常高兴。因为老刘和我比较要好，经常在一起玩，讨论功课，节假日同路回家，因此这次巧遇，久别重逢，真是喜出望外，天南海北畅谈不休。当时他是济南空军地勤机务干部骨干，工作颇有成就，但身体欠佳。这可能与他长期在室外维修飞机，大寒酷暑，刮风下雨都要干，时常饱一顿，饿一顿有关。由于会议时间安排很紧，这次见面后，竟没有时间去他驻地拜望。过了几年，刘珩章同学来了一封热情洋溢的信，并附来了全家福照片，我才知道他由于身体不好，提前离休了，我为他十分惋惜。

杭大求助吴大元

1983 年 10 月，领导要我负责南空指挥所指挥自动化设计工作，为配备指挥所所需计算机控制动态显示大屏幕，我与几位技术干部先后到有关院校、研究所调研，校方向我们推荐物理系教授吴大元。我一听名字，高兴得差点跳起来。我们在物理系实验室里找到了他，他依然文质彬彬，戴着一副金边眼镜，完全是学者样子，笑脸前来接待我们。由于部队一起去的人较多，我们只谈公事，没有时间谈私事。从他介绍多种大屏幕技术特点和优缺点，既详尽又有重点，使同去的战友十分钦佩，为我们后来选些大屏幕奠定了很好的基础。

(10/4)

我的自学成才之路

49届 干祖德

阔别母校已55年之久，真没想到半世纪后竟能看到《校友通讯》《舟中情》这样温馨的读物。读了《舟中情》才知道，有一些热心的同学还为寻找我这样的“游子”而四处奔走，不由得潸然泪下。特别感谢情同手足的老同窗钟乃溥(钟敏)，他写的《世界就那么小》《功夫不负有心人》是那样情真意切，还有谢颖武同学的热心肠，真是无法用语言来表达了。

我与老同学们联系上后，在京的同班同学已数次欢聚一堂，吴葆青、张鸣剑、朱元贞、许子平等与我促膝长谈。在京的朱月娥同学和远在上海的钟敏、谢颖武同学也多次打来了电话。我的这篇短文将从一个侧面叙述一下我离别母校后的人生历程，向母校和老同学们作个汇报，感谢母校的培育，感谢老同学的关怀。

重工业干校

我1949年从母校同济附中高中毕业，当年参加上海大专统一招生考试，落榜后第二年再考上重工业部干部学校，3月份去北京报到。我起初以为重工业干校既然招收高中毕业生，必是学习专业技术培养专门人才的学校，但实际上却是学习马列主义毛泽东思想，对知识分子进行政治思想教育的短期培训班，6个月毕业分配工作。不过这个学校的领导、教师都是有一定名望的，校长是重工业部部长何长工兼任，社会发展史和哲学课由艾思奇讲授，政治经济学狄超白讲授，时事报告都由著名记者或中央党校教师担任。对我来说，这半年的学习受益匪浅，为我坚定了革命的人生观，为我开拓了今后宽阔的人生道路。

1950年9月，我从重工业部干校毕业，分配到重工业部所属的华北窑业公司(建筑材料工业部前身）计划室工作，这便是我投身建材工业的开始。在 1953 年之前，我一直干计划统计的管理工作。

水泥厂建设

由于我对专业技术工作有兴趣，经组织同意，1953 年调北京琉璃河水泥厂，并转到水泥工艺专业技术岗位工作。水泥制造属于无机化工系统的硅酸盐工艺范畴，对我这个高中毕业生来说，必须补足大学基础课再加上一定的专业知识才能适应。这形势促使我除了在工作中努力学习之外，还必须付出业余时间自学。我曾制订过一个“五年自学规划”，自学大学基础课：高等数学、物理、化学和专业基础课：化工原理、物理化学、流体力学、分析化学等，还有专业课：胶凝物质工艺学、水泥化学、水泥工艺学等。我当时担任值班长，工作是三班制，空余时间很少，但我仍坚持按计划自学，也确实学到了不少东西，为我今后工作发展奠定了良好基础。

50 年代末，我任技术员，那时三门峡大坝建设需要大量大坝水泥，我参加了为三门峡供应水泥的洛阳水泥厂的建设，并参与了大坝水泥、抗硫酸盐水泥的试制和生产。

70 年代我任工程师，为了调整水泥工业布局需要，参加了河南平顶山水泥厂建设的全过程，从选址、规划、设计、施工直到建成投产和嗣后的技术改造。

80 年代我任高级工程师，在冠南建筑材料研究设计院从事水泥工厂的设计工作。90 年代我任总设计师，直到退休。

德语基础

综观我的成长过程，我在母校同济附中的 3 年是基础，其中外语（德语）更是突出。德国是水泥工业最发达的国家之一，母校的德语课为我译、读德文资料敞开了大门。50 年代，我自学了俄文，70 年代起我复习德文、英文，也学习法文。改革开放以来，我翻译了多种专业杂志中的论文，其中有德文的《水泥、石灰、石膏》(*Zement-Kalk-Gips*)，英文的《水泥工艺》(*Cement Technalogy*)，法文的《水泥、混凝土、石膏、石灰》等。我前后撰写约十多万字著、译作，分别发表在《中国建材》《水泥》《武汉建材学院译丛》等国内期刊上。

我曾两次出国参与国外同行的联合设计。那年洛阳水泥厂购买了德国洪堡公司

(Humboldt) 的设备，使我有机会赴德工作，而母校为我打下的德语基础，又在我与德国同行交流时发挥了很大效用。有一次与洪堡公司驻北京办事处主任鲁伯涛博士 (Dr. RainerKlaubert) 会谈，当他得知我粗通德语时，立即高兴地将一本他参与编写的《新汉德词典》郑重地签名赠送给我，并写了祝词：Mit denallerbesten Wünschen。后来我在这本词典的主要编者名单中，意外地发现了同届同学高年生的大名，记得当时还与他通信联系过一次。

断链重接

由于我 1950 年初就早早离开上海独闯他乡，从而失去了与母校和众多同学的联系。几十年中甚至还有擦肩而过、失之交臂的事，例如我曾在洛阳多年，却并不知道同班的李健美也在洛阳矿山机械设计研究所工作，而且我还到过这个研究所联系工作，近在咫尺而无缘谋面，真是遗憾。

现在，这根断了几十年的友谊之链终于又连接上了，借助《校友通讯》和《舟中情》鸿雁传情，又使我们重新回到了青春年华的记忆中。让我们在有生之年，为创造美好未来而祝愿吧！ (22/6)

追思王克澄学兄

49 届 周海泉

从吴其斌处获悉，王克澄已于不久前病逝。我在悲伤之余也多少感到有些意外。就在去年 10 月 29 日，我们几个在沪同学与久违的朱德煦聚会时还用手机轮流与克澄通过话，他那时因前列腺手术住院，特地叮嘱大家不要到医院探望，说那里空气不好。不想就此永诀，不胜叹息！

我和克澄可以算是一生接触最多的人。早在华德中学读初中时，我们分属两个班，我在 A 班，他好似 C 班，并入同济附中时我们已升高一，原华德升上来的同学并成一个班 (甲班)。那时在四川路底与复兴中学相邻，班上除少数同学住校外，包括我和克澄在内的大多数同学都走读。由于我和克澄住处较近，上学一起乘电车，我们就越来越熟悉了。我们的文艺爱好接近，都喜欢看京戏，也涉足沧州书场听苏州评弹，什么蒋调、丽调我有了初步了解，还是克澄兄领进门的哩！高二时我由于搭乘“教授专车”(专门接送老师的校车) 而被记“大过”一次，也被免去了班长职务。少了约束，我与克澄星期天就有更多机会爬天蟾舞台三层楼看京戏了。

60 年前金秋时节，我们高中毕业，我还记得我们一起骑了自行车考大学的情景。后来我和孙应铨、倪传训、刘有成、殳家骐，还有乙班的张福元、钟乃溥、冯志德进了本校同济大学，就读于电机、机械、造船、土木等系科；王克澄则与杨成绪、宋肇基、高年生读复旦德文系。1952 年我们提前毕业，我和张福元、冯志德去了鞍山钢铁公司，那时我们一起去拜访过在鞍山任教的薛丽忱老师。我于 1956 年春调北京，不久又调上海至今。说来也巧，1957 年春，我在上海的人民公园遇见克澄，他已由北京调上海图书馆工作。我后来调上海化工系统，专业不断变动，不得不经常跑图书馆，于是与克澄的接触更为频繁。他告诉我，有次周似春老师来外文阅览室，师恩难忘，他立即奉茶致敬，老师很高兴。

同窗情谊值得眷恋，同学的成就更使我高兴。我在50年代中国领导人接见东德总理格罗提渥的新闻纪录片里，见到翻译官竟是头戴皮帽、身穿长大衣的宋肇基；我又在一本《德华大字典》的编委名单里，赫然有高年生的大名；杨成绪那时已经是局级的外交官；克澄兄也把他已出版的2本译著签名相赠。我戏对克澄说，你们“德文系”的同学个个有出息，前程远大，他也戏说，你应该也读德文系，工作可能比学机械要顺心得多。实际人各有志，也算天意吧？我与克澄兄也谈到过王以德同学，他曾有信给我，也到过上海，并去过长乐路“留园”觅旧踪，只是没有与同学们聚会。杨存敬也来过上海，也没有聚会，回新疆后曾有电话给我。克澄兄听后总感叹，为什么不聚一聚呢？正如吴子椿说得好：能聚一次，就多了一次！(57/7)

怀念丁德润老同学

49 届甲班 吴关生 (吴诚)

丁德润是我就读同济附中从初一到高一的同班老同学 (原华德中学初中)。我与他相处 4 年，由于住得很近，来往密切，不是我去他家，就是他来我家，可以说每个星期没有不来往的。我们一起做功课一起玩，也谈论天下大事，抒发各自理想。另一方面，我与他性格、兴趣都较接近，我们性格都较内向，都爱好文艺戏剧一类。

大约初二或初三时，有一位教几何的老师叫余志明，是中共地下党员，丁德润经他介绍，并被批准为党员。稍后，我也写了入党报告，但还来不及审批，余老师便“失踪”了，大概是奉调他处了吧，至今“下落不明”。这样，我们就与党失去了联系。此后，我们为了团结同学，办了班级墙报，并与众多同学一起参加了当时的反饥饿、反内战等学生运动。当时，我们一方面与党无法联系上，另一方面又觉得学校里的那些课程学了“没意思”，还不如自学。于是，在读到高一下时，我自动退学了。不久，丁德润也离校。后来丁德润进了由顾执中当校长的民治新闻专科学校，直到解放前夕。我则进了由顾执中之弟顾用中为校长的上海俄文专修学校学习。丁德润在民治新专学习时重新入了党。上海解放后组织安排他到新华通讯社当记者，从此我们分手，各奔东西。

抗美援朝期间，丁德润是新华社驻朝鲜战地记者，我曾看到过他两篇有关朝鲜战场的文章。朝鲜停战后，他又回北京，在新华社总部工作直到最后。60 年代初，我出差北京，曾去看望过他，并在他家住了一宿，那时他已成家。我万想不到，这次相见竟成永别，从此再也不能见到我最真挚的好友，丁德润老同学了。

丁德润是当年我们班上文采最杰出好的一个，能写一手漂亮的毛笔字，这也许是后来被新华社社长吴冷西赏识的原因之一。他先是当吴冷西的秘书，后来担任新华社对外联络部部长(局级干部)，我印象中当时是所知同学中职务最高的。“文革”中，曾有人两次来我处外调，一次是为了批斗丁德润，一次是落实政策。从来人嘴里，我才得知德润兄已被逼身亡。推算起来，他离开人世时还不足40岁，正是风华正茂时，却被活生生地摧毁了。

岁月流逝，丁德润同学离开我们已经30多年了，现在“四人帮”早被打倒，冤假错案也已“拨乱反正”，但逝者却一去不复返了。诗人李白曰:“人生贵相知，何必金与钱。”丁德润老同学是我的知己，今当我班老同学又白发重相聚之际，写此短文，聊表思念之情，也可告慰德润兄在天之灵。(10/6)

回眸《久别同窗一线牵》后的十年

49届 钟乃溥（钟敏）

李庄抗战时期，母校随大学部从上海内迁，经过6次迁徙，才于1941年到达四川宜宾小镇李庄。此镇号称长江上游第一文化古镇，原有九宫十八庙，文物古迹众多。走出镇东门，道上耸立一列高高的麻柳树，故名“麻柳坪”，当年同济附中就落脚在这里新建的四栋简易平房。前面两栋设有6个教室，后面两栋是可容200~300人的宿舍和办公室、图书室，前后房屋中间是篮球场、厨房和升旗杆。那年代生活条件十分艰苦，伙食差，蚊子多，也没有电灯，晚间室内用灯草照明，外出用竹篾制作“火把”。然而学校师资很强，不少课都由大学部教授兼任，还有几位德籍教师，现代著名女作家琼瑶之父陈致平先生也在附中执教国文。学生们刻苦攻读，培养出不少像吴孟超学长那样的高级人才。

寄　宿

二战结束同济大学迁返上海后校舍零乱，1946–1947年附中曾在北四川路底暂时落脚，那里的集体宿舍在人们记忆中是个早被遗忘的角落。我们的宿舍坐落在学校大门东侧，一幢孤立木结构两层小屋，给离家路远或家不在上海的同学住宿。睡铺全是上下层铁床，屋内排得挤挤的。二楼几乎全是四川籍同学。我届同学住校的有刘佩剑、吴咏麟、梁耀驹、朱元贞、卢天慈、杨汉卿、杨邦炡、杨存敬、廖书拥、杨庆有、姚鉴棠等。整幢宿舍只有楼下一处方便，那是一个仅有一座抽水马桶的小小厕所。夏天当然谈不上电扇，生活条件不能与现今学校相比。

足球队

本届乙班足球队的发展可分2个时期，初始时期守门员是李健美，后卫吴大元、吴葆青、卢天慈，前卫顾联瑜和盛百中、盛百正兄弟，前锋是朱元贞和王伯钧、王伯伟兄弟。到了1947年秋后，阵势增大，球门仍是李健美，后卫有吴葆青、金同稷、朱重强、黄利钧，前卫张鸣剑、刘佩剑、徐孝志、胡琦，前锋朱元贞、党人庆、郑万年、干祖德、沈金根，队长朱元贞。

学　运

1947年7月同济大学地下党发展张琢成入党，属同济高职支部。1947年10月后又发展梁寿益、景蔚周、陶开熙、张泰桐入党，附中成立支部，张琢成书记。1948年4月后陆续发展顾联瑜、许子平、王万荣、马杏荪、周燮威、赵整纪、薛德培、田颐春、洪锡玖、朱月娥、张敬德、王勇、邹祖荣、李忠实入党。另有49届甲班的丁德润、朱德煦是在华德中学入的党，不属母校支部。

此外，1947年后的附中学生自治会，代表会主席是吴大元，副主席顾联瑜，理事长是吴咏麟，副理事长李宗周。

1949年6月，为了开辟新解放区的工作，抽调干部、学生组成随军服务团。母校同学参加西南服务团的有22人，本届有吴咏麟、廖书拥、姚鉴棠、余宁邦4人；中南服务团共16人，本届梁耀驹参加。(70/1)

想起费恕德老师

49 届 顾联璜

1946 年我在同济大学附中读高一。同济的独特之处是同时开两门外语课，即英语和德语一起学，每周各 4 节课。我英文从小学三年级就开始学，老师是中国人，听课比较习惯。德文就不一样了，以前从没接触过，更新鲜的是老师是德国人，一位 50 来岁的德国老太，姓费恕德 (Fürst)，西方人习惯称女士，同学们都称呼她 Frau Fürst。

Frau Fürst 一句中文不会说，也听不懂，所以第一堂课大家目瞪口呆，一头雾水，不知所措。面对这种情况，洋老师却一点也不尴尬，她不管中国学生听不听得懂，就是滔滔不绝地讲，配合表情手势，给你来个潜移默化。师生之间应该交流互动，可她叫不出中国学生的姓名，于是就把全班学生编上号码，我被编为 zwei und fünfzig(52 号)。我的胞兄顾联瑜编为 drei und dreißig(33 号)，这个数念起来顺口，觉得很好玩，大家常挂在嘴边。每次上德语课我们都成了没有姓名只有号码的学生，老师叫到哪个号，那位同学就站起来回答提问。

老师虽然不懂中国话，授课却有一套办法。她来教室必定随带一大堆图片，按图一个一个地教我们德文单词。经过一段时间的硬记，我们学到了不少单词，然后慢慢开始造句，学习语法。由于课堂上只能讲德语，大家硬逼着学，逐渐就适应了，简单的课堂对话也过得去了。洋老师教书特别认真，既严厉又热忱，一丝不苟，体现出一种典型的德意志民族品格，感染力也很强。我们对德语越来越感兴趣，甚至超过了对英语的热心，星期天我们几个同学还相约到老师家里去“开小灶”，多学一点日常用语。我现在回想这一段短暂的德语学习经历颇多感慨，尤其是对 Frau Fürst 这位可敬的德国老太印象深刻，终生难忘。

半个世纪后的1999年，我随司法考察团访问欧洲，到了德国的法兰克福、科隆和慕尼黑，一次在商店购物时居然还想起了所剩无几的德语词汇，特别是数字记得牢，可以勉强对话，德国营业员很惊讶，问我是哪里人？我回答：“Ich bin Chinese.(我是中国人)”我看到有一种纸片一样薄的放大镜很喜欢，就用德语问：“Was kostet das？”营业员笑答：“zwölf Mark.”真没想到，几十年前的残缺记忆居然派上了用场。感谢我们的德语老师Frau Fürst！(54/5)

漫漫人生路 眷眷同学情

49届甲班 周海泉

同济高中毕业后，同班殳家骐、刘有成、倪传训、孙应铨和我，还有乙班的钟乃溥、张福元、冯志德都考入了同济大学工学院。张福元、冯志德和我就读机械系，钟乃溥和殳家骐就读电机系。

钟乃溥兄在大学读书期间，依然是一位品学兼优的好学生。难能可贵的是抗美援朝时，他毅然报名参军，投笔从戎。也就是在这段时间，我从报刊上得知同窗吴子椿也参军了(他高中毕业后就读大同大学)，更为激动的是我在报刊上读到了学友丁德润从朝鲜发回来的战地报道。我为有这样的同学感到高兴和骄傲。

我与乃溥兄一别多少年，直到校友刊物《舟中情》问世，我才与他联系上，了解到我们别后的种种情况。在这份小刊上我读到了乃溥兄许多很有文采的文章，我佩服他的老当益壮精神，执着、热心地为《舟中情》撰稿出力。特别是近年来他为甲班在沪同学代发刊物，我十分感谢，但愿我们的“文字之交”能延续长久……君子之交淡如水，祝愿我们的交谊永恒!

我1952年因国家建设需要提前一年大学毕业，我与冯志德、张福元一起被分配到东北的鞍山钢铁公司设计公司，他们都学动力专业，所以分到热力科，我学的是机械制造专业，就到了轧钢科(苏联专家办公室、冶金设备科)。到了1956年5月，我从北京调上海，此后就很少与冯志德兄有联系了，后来知道他已调内蒙古的包头，直到同济百年校庆，才在大学同学聚会上见面，却又来去匆匆，未有机会细谈，甚为遗憾。

说起张福元兄，我与他有一段不平常的情谊。在同济附中，我与他同级不同班，在同济大学，我与他同级同系不同专业，起初工作又同在一个“鞍钢”，上班虽不同科室而宿舍却又同居一室，人生路上颇多巧合。福元比我年长一岁，像一个大哥似的对我关心，我曾在鞍山患病，住院期间多承他的安慰和照顾。忆往昔风雨，患难与共，同学情深，真是旧事经心忆梦中！我调上海后的几年仍与他互通讯息，后来他也有机会调回上海宝钢。

2007年大学同学聚会又得见面，但不得不感叹，昔乎哉！虽然再得相逢，人却垂垂老矣！近闻福元身体欠佳，不常外出，心中很是忧虑，只能默默祝他早日康复，好人一路平安！

此文行将结束，但意犹未尽，我无论如何也忘不了的同学情谊，应该永远延续，再延续，永恒绵长……

2011年仲夏 (69/3)

怀念黄宗恕、李维藩学长

49届　张鸣弦

黄宗恕和李维藩是我老伴倪子俞的同班同学，他们1943年在四川李庄入读同济大学医学院，抗战胜利后学校迁回上海。他们俩都是云南人，家不在上海，他们和倪子俞又都是学生运动积极分子。我当时在同济附中读高中，也参与学运的活动，所以他们常来倪子俞家或我家，因之我和他们相识相知。

当时现实社会十分黑暗丑恶，政府接收大员，军、警、宪、特横行霸道欺压百姓。那时物价飞涨，我父母拿到工资得马上换成银元或购买生活必需品，否则立刻贬值，真是民不聊生。那时国民党强化独裁政策，国家政权极为腐败，迫使我们学生举起反饥饿、争民主、争自由的旗帜走上街头。在这期间，黄宗恕和李维藩两位学长秘密向我介绍《新民主主义论》《论联合政府》等文章，使我初步认识中国共产党，了解到毛泽东在《新民主主义论》中所阐明的中国社会的发展，必须先经过民主革命，推翻帝国主义、封建主义，然后在共产党领导下实现民主自由，经过长时期多种经济成分的新民主主义社会过渡，待条件成熟时进入更加民主、更加自由、更加幸福美满的社会主义社会。这一切对我们产生了重要影响，使我们这一代人把反帝、反专制、争民主自由、争人权，建设一个经济繁荣、人民幸福的新中国作为毕生理想。所以说是黄、李两位学长的引导和同济民主运动的熏陶，启发了我的民主意识。

1949年初处于黎明前的黑暗时期，特务们加紧迫害进步学生，黄宗恕被捕，关在上海提篮桥狱中，我和倪子俞去探望过几次。李维藩也入黑名单，被追捕中，他曾躲藏在我家亭子间内，后又转移到我亲戚家晒台搭的窝棚内，直至上海解放。黄宗恕经共产党营救出狱，全国解放后进入军事医学科学院；李维藩则去北京中医院当外科医生。我则满怀着美好的憧憬，与金同稷一起奔赴我们久已向往的老解放区，入读大连大学。

我们在大连大学，金同稷读工学院，我读医学院。进校后先是政治学习、改造思想、提高认识。在此期间，共产党和各界人士召开了政治协商会议，接着成立了中华人民共和国。那时我们要学习开国根本大法《共同纲领》，那里明确宣示中华人民共和国是“新民主主义即人民民主主义”的国家、“国家保障人民的民主权利，人民有思想、言论、出版、结社、通讯、人身、居住、迁徙、宗教信仰及游行示威的自由权”、“经济政策是促使5种经济成份‘分工合作，各得其所’，以促进全社会经济的发展”。那时我真为自己是新中国第一代大学生而自豪。于是我为实现理想而发奋学习，常常阅读俄国和苏联作家如托尔斯泰、高尔基等人作品，看苏联电影，唱苏联歌曲，学跳苏联式舞蹈，在我们心目中，工农当家的苏联是一个自由、民主、幸福的人间天堂，为了到达这个共产主义天堂，我们应为之而献身。1949年12月我加入了新民主主义青年团。

1953年我被保送到高教部举办的高级师资训练班学习一年，它设在北京医学院，由北医教授指导。在北京期间，我和黄宗恕和李维藩都见过面，当时正宣布要过渡到社会主义，他们都为这突然改变方向、新民主主义和《共同纲领》都被抛弃而疑惑不解，怎那么快呀？我们的思想跟不上，但我们还只能承认自己思想没改造好，自己思想落后于时代。1954年，我被分配到哈尔滨医科大学任教。从那以后，政治运动不断，1957年，倪子俞在哈医大被冤成右派，为了不连累别人，就不再和同学或亲友交往，也中断了与黄、李两位学长的联系。“文革”结束后，我和子俞俩人去北京拜访黄、李两位，彼此相见唏嘘，只谈各家儿女小事，不再谈论国事，大家心有余悸。不久，李维藩逝世。

“改革开放”以后，经济政策上似乎又出现了新民主主义时期主张的影子，多种经济成分共存，经济状况好转，人民生活得到显著改善。那段时间黄宗恕已离休，我们到过他所住的部队干休所，房子挺宽敞，但他并不感到安稳，仍然忧国忧民。他还像解放前搞学生运动时那样，慷慨激昂地痛斥官场腐败。现在两位学长已离我们而去。他们为追求民主、自由、富强的新中国而呐喊、而献身的精神无疑是我们“同济精神”的重要组成部分，它将会深深影响后来的同济人，并启示人们：从争民主运动出发，历经曲折坎坷，但最终必定会走向真正的民主制度这一目标。(69/7)

错失同济梦 幸得舟中情

49届　顾联璜

我1946年考进了国立同济大学附中，萌生了一个“少年梦”：将来升读同济大学的医学院。然而命运捉摸不定，阴差阳错，我只读了2年同济附中，就转学别校后参了军，然后于1954年考进了北京政法学院(今中国政法大学)。本想“学医进医院”，现在变成“学法进法院”了。我是无缘同济梦，几十年间与母校同济附中也缺少讯息交流，直到几年前收到校友通讯刊物《舟中情》，才重新激起我尘封已久的记忆，同时也知悉了不少老同学的近况，甚是欣慰，感谢小刊为我送来的“舟中之情”。

学生时代校园往事，已逝60多年，记忆所剩无几，只有点滴片段，还能记得起来的有学生运动热潮、住校生活清苦、班级同窗同学。

一、当时学生运动风起云涌，三天两头罢课请愿，游行示威。那年学生痛打上海市长吴国桢的一幕我在现场目击，他的眼镜也被打掉了。另一幕是同学们与警察冲突，警察以警棍驱赶人群，学生以石块还击，骑警则向学生队伍乱冲乱撞，场面甚为壮烈。最后我们被“飞行堡垒”分割包围，圈坐成几大群，直到半夜学校来车把大家接走。学生运动持续时间很长，胞兄顾联瑜是学生自治会负责人，被认为“带头”闹学潮，惊动了附中校长陆振邦，亲来我家找家长说事，意思是“勒令退学”。于是我也随兄一起离开了同济附中。

二、当年住校生活十分清苦，先在四川路底，然后远迁江湾，生活条件都极差。男生住“大统舱”，几十个人挤在一处，我始终睡上铺；吃的也很差劲。我们课余的活动只是踢踢小型足球。有一件事我觉得不光彩：同济附中有军训，来一个上校教官，学生都穿军服，于是我们就“着装整齐”地混进星期日上午各大影院劳军专场看免费电影。我们的军训服虽与一般军官服式样相同，但胸前没有布质“符号”，只有一枚圆形小证章，上半有“国防部”字样，下半写“同济附中军训团”，于是我们都把证章挂在左上兜插钢笔处，只露出上半截的“国防部”，而下半截塞进兜里。

三、我所在49届乙班很值得怀念，无论男生或女生、上海籍或四川籍、年龄稍大或偏小，彼此相处都十分团结和睦。我至今还有较深印象的有：吴兴华、张鸣剑、张鸣弦、王碧云、章道勤、周懋庸、刘佩霞、刘佩剑、康绍曾、朱重强、许子平、吴大元、吴咏麟、郑万年、王伯伟、王伯钧等。遗憾的是除了张鸣弦与我同在哈尔滨外，其他同学60多年从未谋面，只能借《舟中情》一角向各位老同学问候了。兴华、咏麟已故[①]，实在可惜。

现在说说我自己，1948年转上海华东模范中学读高三直到解放，参加西南服务团。1954年进北京政法学院，1958年分配黑龙江，先在基层从事经济工作，1979年调黑龙江省高级人民法院任经济审判庭长，兼任全国法院业余法律大学主讲教师，有法学教授职称，当选省人大代表。1992年离而不休，继续为法官学院授课，并担任一些企业法律顾问。我曾撰写发表过数十篇法学论文。现在我虽已进入“80后”，但身体健康，每天骑自行车出行，经常游泳。(69 /4)

---

①刘佩霞已故，康绍曾2011年5月31日去世。

我所认识的中美医院

50届 李世煌

我小时候就知道上海白克路(今凤阳路)有一家德国人办的“宝隆医院”，但我从未进去过。1947年秋，我考进同济大学附中后，才知道它已改名“中美医院”，是国立同济大学医学院的附属医院。

对于这所医院，我曾经历过与其有关的两件事。

第一件事，1947年冬，我脖子上长了一个小疮，几天后就发展到栗子那样大，疼痛难忍，同学们劝我快到自己学校的附属医院——中美医院去看看。于是在一个星期六下午，学校按例放假，午饭后我即赶到中美医院，凭学生证免费挂了号。我找到外科诊室，见有一老三少4个医生，从他们的谈话中我判断那3个年轻医生是同济医学院尚未毕业的实习生，一位想必是带领他们的老医生。其中一个年轻医生见我上衣胸前有校徽，就亲热地对我说：“附中小同学，你看什么病？”我告诉他们脖子长疮的事，几个实习生在讨论如何处理为好，最后老医生对他们说：这种疮叫“毛囊炎”，你们看它的顶部已发黄变软，那是成熟了，可以摘除……随即吩咐他们准备器械和药品。我一听要准备器械，一定是开刀了，心里很害怕，就问：“不开刀行吗？星期一我还要上课呀。”有一个实习生就来安慰我：“小同学，这不是你想象中的开刀，只是一次小手术，不怎么痛，不会影响你上课。”他们叫我躺在一个平台上，用帆布带将我双手和上身扎紧，在我鼻子上捂一块纱布并叫我从“1”开始念数，我立即闻到一股强烈的芳香味，还没数到10就睡着了。我醒来不知过了多久，但看墙上的挂钟才知不到30分钟，这时正用绷带把我脖子包起来，并解开帆布带叫我下地坐一会，再给我一小盒药膏，交待了注意事项，也不需交钱。我记得以后每隔两天换一次药，换了

3 次，伤口结痂，没几天这个“毛囊炎”就治好了。当时我感到中美医院对同济的同学真温馨。

第二件事的感受与第一件事大相径庭。那是几个月后，学校出了一件大事，高二乙班的川籍同学张慕良因没有得到及时救治而惨死在学校。

有天张慕良突然昏迷不省人事，大家急忙派同班的 2 个同学护送到中美医院，谁也没有料到，竟遭“自家”医院拒收，只好返回学校，在缺医少药的条件下不久身亡。后来，护送张慕良的梁耀驹同学对我详细讲述了当时交涉的经过。原来送医当天就已诊断为“大脑炎”，需要住院救治，但因无法先付款，医院公然拒绝收治。同学们听说此事都气愤极了，学生自治会当即写信给报社揭露。第二天上午，楼下大厅门口就贴出了一张当天出版的《东南日报》，醒目位置有一篇新闻，自治会用红笔圈了起来，新闻的标题是：“中美医院要钱不要命，同济附中张慕良同学遭拒惨死”，将这一事件公之于社会。学生自治会还在大厅召开大会，由梁耀驹向全体同学报告事实经过。这天下午，正好我们班有历史课，金石言老师进教室后的第一句话就说：“同学们都看到了吗？中美医院要钱不要命，张慕良同学丧命惨死，这不单中美医院有责任，也是整个社会和政府的责任。”金老师还为我们分析了产生这种社会现象的原因。

前后两件事对比，使我对中美医院的认识深化了一步。我看当年去过中美医院的同学不会少，有病都去那里，大家有什么感受？一人感受有局限，众人的感受也许能说明问题。

2011.12，上海 (71/6)

校园生活回忆 (1947.10~1950.6)

50届 刘本培 邵月馨等整理

一、1947.10~1948.2

1. 新学年开学就迟了

1947年同济附中高一新生报到日期，由于学校从北四川路底复兴中学旁搬迁到江湾的博物馆，不是8月底，而是10月初。可由以下3例为证：

①刘治平在上海报考5个学校，连中四元，为入唯一的国立中学——同济附中，在老家绍兴安心等待，直到9月20日左右见到上海《东南日报》刊登的录取名单后才动身来上海；

②许宝文是10月初进同济附中，但第3天就得了病而离校，1948年9月重新复学。

③尹启农既考取附中又考取高职，高职正常开学，他已在高职上了几周课，见到附中通知，就由高职跳到附中。

当时学校周围是大片农田，交通闭塞，30年代落成的上海市三大建筑(市政府、博物馆和图书馆)呈品字形点缀其间，最为醒目。附中的校舍在博物馆及其南侧的飞机楼，图书馆当时是同济大学的新生部(新生德文学习)，与同济附中属同一系统；所以由一个军训司号员站在图书馆向博物馆吹号，就可以统一两者的作息时间。同济大学校方特意将附中迁至市区郊外，本身就含有切割与大学部的联系，遏制学生运动发展的企图。

“博物馆”楼改由野战医院使用，现为长海医院影像楼，同济附中迁至图书馆。1950年6月更名为上海市同济中学，后新建了教学楼，“图书馆”作为老大楼继续使用到21世纪初期，近年因年久失修，处于关闭状态；“博物馆”近年经过修缮，现在是长海医院的影像楼。长海路一带现在高楼林立，环境面貌已经大变。

50届高一共有3个班，甲班由原华德中学转入，乙、丙两班是新招的学生。

2. 开学伊始就遇战斗洗礼

50届新生周夔威(现名周协威，下同)自入学第一天起就受到地下党的教育和培养，在50届三个班级中播下革命火种。附中学生会当时由三青团分子把持，学生会主席是从四川李庄迁回上海的高三学生。新学生需增补新委员，在地下党员张琢成的鼓励下，丙班推出余长兴竞选学生会福利部长。由于竞选激烈，当刘治平刷出“请投余长兴一票”横幅，就有人喊出“把福利委员拎出来”。同济附中的学生伙食团由学生代表参加管理，按月轮换，刘本培被推荐担任10月份伙食团会计。由于属于生活服务性临时岗位，未引起意外风波。

10月份在江湾体育场召开第七届全国运动会，上海市的公共交通临时增开了多条市区直达体育场的专车。当时上海代表团就住在飞行馆，入住那天一个摔跤队员和拳击运动员打架，50届乙班夏佩迪等都去看热闹。虽然附中离体育场很近，由于门票昂贵同学们大都利用会前大型集体体操彩排等机会，享受难得的免费参观机会。

记忆中抗战胜利后回归祖国的台湾代表团受到最热烈的欢迎，获得的奖牌也最多。麦伦中学的方队集体穿白色制服，在看台上用有节奏的掌声引起广泛注意。附中同学们进入整修一新的体育场后，往往情不自禁地在跑道上奔跑或往沙坑内跳跃。丙班调皮的刘晓军和刘治平、刘本培一起看男女学生集体体操彩排时，说“三位刘夫人就在其中”。

11月天气转冷，12月下旬天气特寒，上海出现大量“路有冻死骨”现象。在地下党支持下，由同济大学基督教学生团契8位同学发起，组织广大学生开展为劳苦大众救饥救寒运动。附中50届同学大部分都参加了，被分配在提篮桥地区。大家不顾天寒地冻，不是追拦小汽车，就是叩门而入，举着《募寒衣救贫民》的小旗，唱着“月儿弯弯照九州，几家欢乐几家愁，几家高楼饮美酒，几家流落在街头……”，积极募捐体验到遭大户人家闭门羹和贫困哥们慷慨相助的强烈反差。丙班女同学储复云站在板凳上面向群众演讲，一口国语，滔滔不绝，令人心折。

通过募捐运动，在地下党领导下的学生会在群众中建立起极大的威信，国民党的校方恨之入骨，欲下毒手。大学学生会通过在工学院组织电影晚会和派人来附中联络等形式，揭露学校当局开除领导劝募寒衣的大学学生会干部的劣迹，发动反迫害斗争。50 届许多同学在晚上结伴步行到工学院大礼堂参加反迫害运动，见到会场主席台上挂有“挣脱镣铐的奴隶”的巨幅画像和标语。全场同学在一名来自复旦大学身穿长袍同学的娴熟指挥下进行合唱、轮唱，气氛激昂。同学们高呼：“指挥好！指挥妙！指挥、指挥刮刮叫！”指挥回应：“大家好！大家妙！大家、大家刮刮叫！”这种迫害与反迫害的斗争进一步演变成名震全国的同济大学“一•二九流血事件”。

1948 年 1 月 29 日上午，附中同学高举“欢送晋京请愿同学”横幅，列队步行来到其美路 (四平路) 同济大学门前，为大学部晋京请愿团送行。稍后，市区内圣约翰大学等众多支援队伍来到，形成浩大的群众运动声势。反动当局派军警、飞行堡垒和马队强行搜捕进步学生，驱赶聚会群众，遭到群众全力阻拦。在斗争第一线的丙班女同学储复云遭军警警棍击中头部受伤。

当晚，大家集中在大礼堂举行“血债晚会”，等待代表与当局谈判结果时，“飞行堡垒”又冲进礼堂，强行驱赶和搜捕进步学生，女同学长发被揪的惨叫声，仍历历在耳。附中同学离开会场后继续受到军警特务监视，有个特务竖起三角眼特别审查了刘本培戴的军训军帽，责问是不是“青年军”成员？50 届同学通过这场战斗洗礼，经了风雨见了世面，认识了“社会不公”现实和“革命与反革命”分野，对于进一步树立自己的人生观发挥了重要作用。

3. 同济情结和教师形象

考上同济附中，大家都有一种自豪感。陈由城 (绰号“阿琴嫂”) 喜欢人家问他在哪里上学，回答时总把“国立”两字突出响亮。当时校方有一辆蓝色道奇带蓬交通卡车，来往于四川路底到各学院、高职、附中之间，乘客众多时，售票员就喊“同舟共济”，车上人再多再挤，也无一怨言。女同学一般不易挤上交通车，只能走到五角场乘交通车或步行往返于学校至四川北路之间。

新学年接触新教师印象很深。最新鲜的是德籍威多福老师上德文课，他往往突然拿出一个东西发问：“Was ist das ？”对回答正确的同学就从口袋里摸出一颗糖或一只橘子奖励；杨烈昭老师 (女) 龙飞凤舞的板书和诲人不倦的作风，是对全年级影响最深的老师。丙班音乐课老师应志鹏老师教我们第一首歌是《吕梁颂》，音乐优美，贴近生活，启发进步；他在乙班却教图画课。乙班音乐课老师韩德璋教了《黄河大合唱》，还经常公开演出。生物课老师曾咬破自己手指，将血抹在玻璃上，通过显微镜让我们观察红血球，他的敬业精神，使我们油然起敬。上《新生活运动》公民课的训导主任肖荣裴，平时装得道貌岸然，王勇却发现过他一个人在办公室里看闲书。听到学生喊报告，急忙把闲书盖上。

二、1948.2~1948.6

这学期，大学和附中当局加强镇压，开除大批进步学生，周燮威等地下党员暂时与大学总支失去联系，但仍采用各种形式继续开展活动。附中成立被迫害同学会，到各班级控诉当局反动罪行。

1. 课堂内外

胖胖的金石言老师代课来班上讲“阿元故事”，在学生运动低潮时期能兜出蒋介石小名，无疑具有进步意义。德文课改由大学部廖尚果教授来上，他本欲离开附中，后经我班同学联名挽留而继续执教。他教我们唱德国民歌 *Alle Vögel sind schon da* 和海涅诗篇名句。后来有一次在课堂上发火，可能是他把我们的德文水平估计过高，因而教学效果不理想吧。春季有次生物课测验，有些同学采取当天早上 4 时起床到小溪边突击背笔记来对付。事后老师指出，不少答卷照抄笔记，连老师讲课中所说的“将在下次课中介绍”这样的话也一并抄入，闹了笑话。我班英文课由年轻的马国靖老师 (女) 执教，发生调皮，幼稚的事不少。例如，王勇当堂抓小辫子向老师发问，全班集体逃课躲进田野等事。集体逃课时女生王素瑜和刘悍佩曾被教导主任抓住逼问:“人都去哪了 ? ”当然也问不出个结果。晚自习时，我们居然敢分析老师曾是高材生为何上课出错，这对马国靖老师实在不够尊重。为英语老师事，丙班同学受到学校集体警告处分。后来更换了英语老师，苏北口音重，发音不标准。

当时学校四周都是农田和村舍，还有残留的飞机库。记得我们曾多次绕博物馆和图书馆溜达，还自称为“深入民间”。有一次我们见到摆成“太牢式”(全牛、全羊、全猪) 祭祀的供坛。还有一次因为分不清麦苗和杂草而乱拨，遭到农民斥责。学校旁边有馄饨担，也有个老头开的小面馆。有一次晚上刘治平去买一碗面，老头不在，没经验的老妇下了两碗面的量，只能收一碗面的钱。刘本培曾友好地为 49 届甲班的杨成绪 (绰号“洋葱”) 吃面买单。后来在马路上发生 49 届同学抢过丙班同学的篮球传球不想归还的现象，杨成绪竟把球传给刘本培，回报了友谊第一。

本学期 5 月巧逢一次难得的日全蚀现象，根据预报，丙班不少同学聚集在博物馆前的空旷地观察。当王勇见到“天变暗，鸟返巢”现象时，口中连称“果然与预报的一样”。奇特天象激发了大家探讨自然现象的热情，对于当时国文课选用的《古文观止》苏洵《辨奸论》中所说“月晕而风，础润而雨”，以及查考到的“月丽于毕(月亮位于金牛座位置)，雨滂沱”等天象谚语，王勇和刘本培特别感兴趣。丙班同学中后来涌现出自学科普读物小组，这次日食无疑也是一个激发因素。

2. 假日旅游和校庆运动会

记得丙班组织过两次假日郊游。春天 4 月 6 日到中山公园，约有十多人参加。女同学中庄留琪带了排球，邵月馨和储复云、高贵德、李妙庄和王素瑜也在场。男同学有刘治平、沈士豪、陈由城、刘本培、顾统元和黄钟越。那次黄钟越拍了集体照留念。黄钟越还主动承担水中划船，从此才知道他曾在印尼划船谋生，是一位阅历丰富的老大哥。

大约清明前后，早自习前田颐春、洪锡玖、刘本培等到市政府前的田野踏青，见到一口出土的棺材，洪锡玖纵身跃上，表演领袖发表演说的模样。后来丙班几位同学自己戏称“伟人”，田颐春、洪锡玖、王勇分别冠以 α、β、γ 伟人称号，刘本培则自称 Φ(当时上海话发音为“非”)伟人，以示“忝列班末”之意。

刘治平、王勇、刘晓军都对拉丁化新文字有兴趣，1948 年春成立《锄头社》，不定期出版墙报，介绍推广新文字。后来，丙班、乙班有更多同学参加。

我们还参加过地下党组织在交大举行的五四营火晚会。在大草坪上见到了张敬德的弟妹。上海学联代表戴墨镜发表演说，会场上高唱《你是灯塔》等革命歌曲，由于场面宏大，总指挥和许多副指挥同步指挥歌唱。交大同学还当场抓住了国民党特务，大快人心。这次晚会点燃了大家心中的革命火种，预示着新时代即将来临。

1948 年 5 月同济大学成立 41 周年校庆时举办校运动会。丙班黄於婷、杜馨武、刘治平、张敬德、沈士豪等人参加比赛。其中黄於婷一人独得跳高、跳远和 500 米的冠军，为附中争了光。校庆期间同济大学开放实验室，刘本培对测量系的航摄仪器感兴趣，黄钟越、顾统元、黄於婷、庄留琪则立志学医。

在“一•二九”事件中比较活跃的储复云，4-5 月间先转移隐蔽到赵整纪同学家中，7 月 1 日赴皖西大别山解放区。

三、1948—1949 学年上学期

正值解放战争三大战役节节胜利，蒋经国在沪“打老虎”最终失败的转折期。周爕威恢复了与同济党总支联系，附中学生运动再现高潮。文艺晚会演出“α 大元帅”(最后以把 α 大元帅拉下宝座为结尾)，“反征兵、反内战”等活报剧。12 月洪锡玖、田颐春加入地下党。50 届进入高二，在校内影响增强。

1. 壮大革命队伍

1948 年冬，经过上级党委及乔石通知批准，附中地下党委建立地下党，采取个别联系，秘密发展的方法，组织了党的秘密外围组织“旗手社”(为建立新中国而高举革命红旗)，先后发展过 25 人。丙班王勇、张敬德、田颐春、洪锡玖、刘惺佩、何彩明等，乙班曹其行、李忠实、邹祖荣、夏佩迪、金永康、马兆蕙、朱伯颖等，甲班顾祥熙等均先后加入过“旗手社”。在反对国民党反动统治，迎接上海解放的斗争中，成为党的有力助手。

2. 班上趣事

周爕威住宿舍中多次用两个口琴吹奏“蓝色多瑙河”等名曲，经常身穿长衫或旧军装，用以掩护地下工作。周在班上获得大多数同学尊敬，只有刘晓军对他有过调皮的揶揄。刘晓军还调侃美术老师，上交的图画只画了一条线，名曰：“牛吃草图”(牛吃完草跑了，只剩下一条线)，引起哄堂大笑；又学上海话说：“××老师，你的油画鸡巴(摆)在大新公司”，又是哄堂大笑。洪锡玖曾动员刘本培参加活报剧演出，饰一个被母亲亲手刺瞎双眼以逃避兵役的儿子，但未实现。田颐春在班上朝气蓬勃、热情高涨，革命歌曲不离口，有一次整整唱了一个晚自习。

1948 年秋，尹启农在校旁马路(长海路)北侧的小酒铺目睹威多福老师嗜酒而猝死，从此立下“一生不沾烟酒”的誓言。噩耗传来，顾统元表示“以后有机会到威多福墓前鞠躬，因为他是我的 Lehrer”。顾的无锡腔《古怪歌》和中庸哲学思想也给人留下了深刻的印象。朴素老实的王津烈曾穿一条时尚的“小裤脚管”，被灵敏活泼的陈由城及时发现后，显得很腼腆。广东来的梁耀英生活朴素，进入秋季后仍在床上铺凉席和薄被；有一次因误入隔壁国防医学院铁丝网被扣由军训教官李成祥 (少校) 领回。王勇和王庆勇睡上下铺，曾发生过换铺事件。庄留琪一次从沪西南家里带行李乘三轮车来校，整整走了半天。

黄於婷为人热心，一次南京天文台的李阮来教室找刘宇光 (笔名)，她协助找到刘本培。周其煌人小志大，聪明伶俐，大家戏称他为 das Kind，我也充分领略过他的伶牙俐齿锐气。张敬德在晚自习中称赞我们的副班长邵月馨“像个大姐真懂事”；调侃沈士豪“与刘本培摔跤把人家眼镜都打坏了，换新的” (实际上是沈自己脚步不稳摔倒在地)；还有一次硬把篮球胆吹破，显示了强大的“肺活量”。

沈士豪的好斗和直爽也表现在他与刘治平打赌方面，三拳打穿略显裂缝的教室间隔墙。当时刘击墙前戴上手套，达到了目的。沈虽有微词，但终于到学校小卖部买来 4 块小型奶油蛋糕送给刘治平实践诺言。

已属深秋季节，教室间的墙上有了个洞，我们可以窥见 50 届乙班烛光晚会的动静。只见在熄灯点烛情况下，好几个女同学戴着头巾围绕课桌拼成的长条平台“唱诗班式”地款款前行，可能是为校内联欢晚会准备的节目。

应在此事后不久，丙班的班长选举会上 (班长黄钟越主持)，大家串通一气，给沈士豪开了个不大不小的玩笑：先有人提议选沈当班长，有人附议，并多数通过；当沈兴冲冲上台致词时，就有人提议罢免，同样有人附议，而且马上再次多数通过。

1948 年冬，余长兴奉父母之命结婚，我们获悉喜讯，马上在校门口拦下一辆大军车赶到四马路鸿宾楼大酒店。刘晓军和乙班曹其行当了伴郎，大家凑了微薄的贺礼，但主人回报以增设两桌喜宴款待。余长兴婚后来校，7-8 个男同学围住他好奇地问“洞房之夜”，余大哥在小弟弟们前聪明地转移了话题。

刘本培、尹启农、吴祈镛、王庆勇爱好自然科学，本学期内 4 人自愿结合阅读科普书刊，并在家庭客厅内做化学实验，晚上在学校内结合“星空巡礼”开展天文观察，举办学生主讲的多样化科普讲座，后来发展为成立跨班级的科普性《宇宙社》并出版墙报，也颇引人入胜。

许宝文本学期初身体康复回到学校，进入51届班级，他也参与宇宙社的科普活动。有一次晚上和大家步行经过五角场时讨论各人兴趣，他表示“我爱无线电”。

3. 食堂点滴

同济附中的食堂就在博物馆一层大厅，现在是装潢一新的长海医院的候诊室。当时厅内排列大批长条桌，两边各3人，两头各一人，站立进餐。50届入学以来，随着物价上涨伙食质量每况愈下，很少见到荤腥。食堂开饭时抬出一大桶汤(其中杂有一些熬汤的带肉骨头)，王庆勇等同学善于及时“围剿”，啃得很香。乙班刘和堃同学主持伙食团时，搞过一次“每桌一鸡”的轰动效应，但该月平时伙食质量很差。

1948年10月，蒋经国在上海推行“打老虎”“限价”政策时，市面上买不到东西，学生食堂伙食面临危机。校长陆振邦来到食堂，一手指责参加学生运动影响学习，另一手借口查看到“蔬菜中没有油”从家里带10~15斤油给伙食团表示“关怀”。

家庭经济条件稍好的上海同学能自带“猪油”“肉类”来校，有的主动与大家分享，也有乘你去打饭的时候“盛猪油的勺”被移入公共素菜盆的现象。余长兴和王勇一起买了一听美国KLIM奶粉，存放在集体宿舍床铺底下，约定两人同时食用，曾见到他俩“相视一笑，就兴冲冲同奔宿舍”的默契场景。学校马路对面小酒店的老板娘看准商机，推出“小桌包饭”业务，提供整条鱼、肉类菜单，为家庭富裕的同学提供服务，自称已有4名顾客。

4. 球类与运动

高二后我们进入老大哥行列，在球类、游泳等方面渐露头角。班级足球赛中高二丙班以2:0完胜高一乙班，由刘本培开角球和杜馨武头球各得1分。体育课廖老师选拔各班足球队长(乙班王伯伟、丙班杜馨武)进入校足球队，杜馨武因不愿与高三明星球员合作，推荐刘本培代替。

篮球方面刘治平的底线远投、陈由城的跳起投篮都很活跃；张敬德体格健壮，打篮球、踢足球动作刚劲有力，颇有足球名将高保正风度；钱永宁是“真人不露相”，长期韬光养晦，直到吴俊昶指出“钱永宁会打篮球”后才出场，果然身手不凡。吴俊昶有一次途经篮球场，偶而半场外勾手投篮，球竟应声入筐，正好在场的甲班郑一鸣(入选校篮球队)也为之动容。乒乓球方面陈由城玩得最好，采用拉攻战术。刘治平的单杠动作得到沈士豪称赞，体育教师也称他是练“三铁”的好苗子，他在班足球赛中经常担任司阍，也踢过后卫。

篮球校队“明星”中有两位48届同学令人印象较深：一人(四川籍，可能姓刘)身材灵巧、作风勇猛，有一次与外校比赛中与对方相撞摔倒，双手仍紧抓篮球；另一人(赵辅汉)善于伸手捞球、传球，显示出神入化的“以柔克刚”本领。由他们组成的同济附中“流星群”篮球队，在参加上海市青少年校际篮球赛中成绩优秀。50届甲班郑一鸣个子虽不高，篮球打得很好，体育课廖老师点名让他和乙班李世煌都进入“流星群”队。51届同学中有一个高个子(徐寿椿)，早上晨练时总在第一排领跑，也是篮球好手，入选“流星群”队。1949年度的校际篮球赛前报名时，“流星群”高年级队员因超过年龄、身材标准而被禁止参加，导致水平下降。

足球校队“明星”中也有两位48届同学印象较深：一人(姓名待查)圆脸、身材魁梧，校内比赛时曾见他半场外直接凌空射门，被守门员挡住；另一人(姓名待查，上海话绰号“柴bai”)身材结实、灵巧，在前锋右翼位置上获球后采用“腿上颠球带进”直达底线后传中，旁观的杜馨武对此动作颇为赞赏。另一球星是50届乙班王伯伟，无论是盘球过人或举腿射门，作风都很犀利。

48届的杨成绪(绰号“洋葱”)平时和蔼可亲，竟是附中篮球、足球校队双料队员，实属难能可贵。

5. 免费音乐会与音乐课

我们多次在周三晚上步行去市政府北侧的国立音专享受例行的免费音乐会。朱伯颖提到的中秋音乐会即发生在本学期。有一次是音专的毕业音乐会，先有个男生奏小提琴，其中有法国马斯内的优美《冥想曲》，末一句悠长的弦音拉出了明显的复音。最后的压轴是女生弹钢琴，开始给人印象平平，最后才体现水平。王勇颇为感慨“人家拉拉琴，玩儿似的就毕业了，我们要埋头苦读才能毕业”。丙班继应志鹏后教音乐课的是音专高材生魏鸣泉，颇有艺术家风度，是个很好的男高音，曾在兰心大戏院登台公演。他教唱《采莲谣》中的“船行快，歌声高”，仍感余音袅袅于耳。

6. 学生自治会再度改选

随着地下党组织教唱《山那边哟好地方》等歌曲，在同学中开展“为什么解放军老打胜仗”讨论，影响日益扩大。1949 年 4 月同济附中由晏华璋取代陆振邦任校长，允许重新成立学生自治会。进入竞选高潮时，丙班推出周燮威，先声夺人，及早抢占博物馆大厅正面墙壁，挂出大量竞选标语。乙班推出曹其行，后发制人，临选举前一天突然贴出特大号通栏横幅，加深选民印象。结果地下党支持的两名候选人都当选，周燮威任福利股长，曹其行任学生会副理事长。

四、黎明前的黑暗和斗争

寒假中国民党军队占领博物馆，2 月底被迫撤退。3 月底张敬德、王勇参加地下党。由于战局紧张，部分同学在地下党的安排下曾一度分散回家。4 月初，地下党通知返校进行护校斗争。4 月中旬军队再次强占校舍，许多附中同学按同济大学党组织的统一安排，搬到工学院体育馆集体居住，继续开展护校斗争。4 月 23 日南京解放后，国民党对同济大学进步学生实行“四二六”大逮捕白色恐怖。由于地下党率先派李远通知，入夜前同学们在体育馆焚毁了反蒋资料和《群众》等解放区刊物，周燮威等幸免遭难。27 日限令疏散停课，地下党决定由周燮威、朱月娥领导，派洪锡玖、田颐春、王勇等组织两个分区地下联络网，先后在张敬德、王仿荀等家中召开积极分子会议，传达有关迎接解放事宜。联络网负责秘密收听新华社广播，记录后油印成宣传品。同时成立了人民宣传队，分头秘密排练《翻身花》等节目。准备配合解放军入城时进行街头宣传。一次田颐春和王勇把宣传品藏在皮鞋垫下，乘电车外出。车上一女子惊呼钱包丢了，要求搜查，田颐春急中生智，立即将宣传品扔到车外。

5 月 25 日凌晨上海苏州河以南解放。参加迎接解放的同学，在苏州河北还在炮战、苏州河南还有零星枪声的情况下，立即按事先约定，到同济医学院集中，待苏州河北一解放，卡车立即开往河北。人民宣传队员集中居住，在上海剧团的大厅内，男女同学分两侧睡地铺，每天外出进行街头宣传。

1. 校园生活

1949 年 3 月初开学后，号称“民主小堡垒”的同济附中内部进步社团纷纷成立，各种壁报琳琅满目。丙班和乙班同学联合，建立了新文字社和宇宙社，吸收了不同班级同学参加。宇宙社壁报的发刊词经过认真讨论，开篇文句数易其稿，最后定稿及壁报美术加工由吴祈镛完成。多种科普讲座的规模也扩大到丙班以外。

4 月上旬跨班组织了一次吴淞口郊游，规模达到 30 余人，往返乘市轮渡，在虬江码头留有合影。高桥码头泊岸时，陈由城拜访了初中就读的高桥中学，还回忆了当年以童子军身份值班站岗的往事。午餐在吴淞镇吃了鲜美的鳝丝面。下午在田野上围坐成一大圈，并有张敬德吹口琴，周燮威跳舞等场景，尽欢而结束。4 月春假期间，刘治平联络吴祈镛、黄钟越、刘本培赴杭州做学生式旅游，住在杭高学生宿舍 (借宿放假回家学生空铺)，在平湖秋月留下合影。

本学期末高桂德离校去浙江游击区。杜馨武因为家庭经济问题跟随叔父去了台湾，以后有“做过小工、当过兵、半工半读念完大学”的人生经历。据他后来的信函介绍，附中 50 届丙班的谢克安和乙班的 2 人，以及更低班级的 5 人也去了台湾。

虬江码头郊游，跳集体舞 (1949.4.)，右一张敬德 (50 丙，吹口琴，地下党员)，跳舞者周燮威 (中，50 丙，地下党负责人)，后方穿白衣者郭玉仙 (51 乙)，其右杨倩蝶 (51 丙，旗手社成员)；左边一排后方第一人封滇君 (51 丙，旗手社成员)，其左李家玥 (51 乙)

2. 参军高潮和热烈欢送

1949 年 5 月 27 日上海全部解放，6 月初师生返校，附中迁至原上海市图书馆 (今黑山路 181 号)。解放初期李妙庄曾在班上发展中苏友协会员，她在本学期中转学离校。在学校多变形势下，吴祈镛提出“单科独进”教改方案，未被晏华璋校长采纳。6 月中旬号召参加南下工作队，我届不少同学积极响应，报名参军。最后成行的分两批离校：6 月下旬东南服务团(周燮威、何彩明、顾祥熙、俞志华、封续君)出发，7月份西南随军服务团(洪锡玖、张敬德、曹其行、田颐春、刘治平、刘惺佩、梁耀英、张修建)出发。7月14日杨烈昭老师专程赶到西南服务团驻地(圣约翰大学)，送给参军的同学每人一本小纪念册，并题字鼓励。7月3日丙班李妙庄、钱永宁、吴俊昶、王建烈、余长兴、王庆勇、周其煌、顾统元、陈由城、黄钟越、王仿荀专程到驻地欢送合影。班上同学间还在留言簿上相互赠言或赠相片，王勇在送别曹其行时提出把“新文字带到大西南”的豪言壮语。晚上学校举行欢送晚会，田颐春之弟(白樟)男扮女装表演歌舞，有人点燃(国民党败兵遗留)火药并高呼：“祝参军同学前途光明！”

周燮威参军后，附中党支部工作由李忠实接任，继续组织同学参加解放初期的各项活动，如上街宣传取缔银元贩子、战胜风灾等等。在校组织“七一”“八一”“十一”等庆祝。

五、1949.9~1950.6

进入了解放后正常的学习环境，在参军高潮影响下，仍不断有同学离校参军、参干或提前升学。校内外同学仍保持通讯联系。新民主主义青年团建立和地下党公开是校园中的大事，备受关注。

1. 校园生活点滴

9月开学，曹礼吾任校长，学校恢复了正常教学秩序。张云溪转到附中丙班。在解放后首次召开的迎新大会上，刘本培代表宇宙社也致了欢迎词。由于刚刚学讲普通话，显得很生硬，王勇一针见血指出“讲上海话就好了”。10月1日全班参加了解放后的首次国庆游行。11月乙班李世煌、胡一飞赴杭州参加空军。除夕时班上举办首次聚餐会，同学们自己动手做菜，邵月馨等全部女同学各献所长，尹启农做了“皮蛋焖蛋”特色菜。应邀到会的曹礼吾校长即席表演了小魔术，宾主尽欢。后来在毕业前举行的第二次聚餐会上，采取了各人从家里带一种菜来的方式，更好地体现了群众路线。

1950年1月29日，同济大学纪念“一•二九”运动两周年，在工学院礼堂演出自己编排的话剧《钢铁是这样炼成的》，乙班朱伯颖扮演了其中一个角色。2月，夏佩迪参加空军离校。

50届三个班女同学都住同一个宿舍，在学习上、生活上一贯团结友爱，互相帮助。记得学校伙食团由同学轮流帮厨，那时可以享受大铁锅的锅巴，不管轮到哪个女同学帮厨，都会分到一份又脆又香的锅巴带回宿舍，大家共享。同学们周日回家后都会带来一些猪油、白糖等抹在锅巴上，在当时真算得上是一种美食。同学们从家里带来的菜肴，也都拿出来大家共享。带来次数最多的是王素瑜、庄留琪等，王素瑜从崇明家里带来的海货，庄留琪带的宁波苔条等，都是最受欢迎的。

每逢周末，吃完中午饭，都想赶紧坐校车回家，但校车容量有限，女同学往往挤不上，大家就约伴步行到四川路底再分散回家。有时也怕星期一早晨赶不上校车会迟到，就约好星期日下午在四川路底集合步行返校。这不仅体现了艰苦朴素的作风，也锻炼了身体。参加过这个步行队伍的有庄留琪、黄於婷、邵月馨、王素瑜、高桂德、曾沁芳等。

同济附中学生的家庭多不富裕，平时根本谈不上有零食吃，但是说实在的年轻人也很馋，大家曾想了个办法，把步行省下来的几角钱买五香花生米吃，认为花生米最好吃，又有营养。当然买多少自己掌握，记得当时是数着粒儿吃的，每天每人不能超过 20 粒，说超过了是浪费。

2. 50 届丙班主编《通讯》

1949 年 7 月至 1950 年 4 月已经出到第八期，刘治平保存的文物可追踪到 1951 年 4 月的第 12 期。邵月馨、余长兴和吴俊昶都当过主编和刻钢板。其中曾载有王庆勇在沈阳药学院当选团代表等信息。何彩明的前线来函十分珍贵，介绍她参加浙东四明山地区的剿匪战斗经历，在缺乏药品条件下用盐水救护伤员，未发生死亡现象。信中也怀念化学课吴柳凡老师讲课中的“一点点，再加一点点”口头语，鼓励在校同学好好学习。

3. 继续有同学离校

1949 年 11 月黄於婷同学考入南京二野医科大学，把学医和参军统一了。同年年末组织上派遣丙班的外语天才——王勇同学赴北京中国人民大学学习俄文，大家觉得是好钢用在刀刃上，离校前班上部分同学在霞飞路(今淮海中路)青岛照相馆与王勇合影，共有 11 人。

1950 年初华东海军海道测量局招生，丙班王仿荀、刘本培报名，因色盲检查十分严格，仅王仿荀录取，于 1950 年 2 月初离校参军。2 月，乙班夏佩迪、李世煌、胡一飞等四人离校赴杭州笕桥参加空军。

2 月寒假中清华大学在沪招收地质学春季班学员，刘本培报考后获得备取第一名，余长兴戏称为“有困难、有希望、有办法”，稍后获正式录取通知书，于 3 月 8 日赴京就读。3 月 5 日来校告别时，曹礼吾校长开了同等学力证明，晏华璋老师手绘学校素描图相赠。乙班马兆蕙、金永康 3 月份赴北京中央公安干校学习。4 月 4 日 50 届同学为欢送黄钟越、王庆勇和冯博文赴沈阳中国医大上学，在五角场吉克照相馆集体合影。尹启农 4 月离校赴沈阳东北工学院矿冶系就读。

4. 青年团建立

按地下党安排，1949 年 9 月开学后旗手社以新民主主义青年团名义公开负责筹备建团。丙班余长兴、黄钟越参加建团干部培训。附中第一批团员入团宣誓大会是 11 月 4 日，乙班李忠实任首届团总支书记。建团后余长兴参加团总支工作，经常外出开会。因附中青年团的黑板报办得好，余长兴曾被兄弟学校团干部拉住要求介绍黑板报经验。黑板报是由 51 届小个子张平平总支委员负责的，他写得一手好艺术字，还教大家唱《一根扁担，两筐子炸弹》歌曲。50 届丙班是在校同学全部入团的少数班级之一。在选举团小组长时，大家热情地选举了孙耀秋，余长兴则担任团支部书记。

5. 地下党公开

杨烈昭老师和朱伯颖都记得是在 1950 年 3 月份公开附中地下党组织后，递交了入党申请书。刘本培 3 月 5 日来校时，从一层大厅已经公布的地下党员名单中见到朱月娥的名字。与沈思詠上海师范大学本科毕业论文 (2013) 中提出的 3 月 3 日地下党公开可以相互印证。据朱月娥当年日记，附中地下党支部的正式公开仪式是在 5 月 7 日举行的，两种说法事实上并无矛盾。

6. 毕业前的并班

最后一个学期 50 届由 3 个班级调整为两个班，丙班和部分甲班同学合并，改编为三甲班，新增同学王世铭、夏毓常、张治正和朱正庆。这时大家抓紧学习迎接升学考试。朱伯颖由上海团市委派送，于 1950 年 7 月 1 日考完最后一门课就上火车赴北京中央团校学习。

上海市立同济中学 1950 届毕业留影

在 6 月底拍摄的 50 届毕业照上，共有同学 43 人，其中原丙班 11 人 (女同学 4 人)。

(2000.8 第四稿，2017.10 第五稿全文完)

周燮威学长阅后发来邮件：

本培同学：

来件收到，已阅。你为母校同济附中编写在上海解放前后的大事记，花了不少精力，谢谢。只是有两条是我亲身经历的，我认为比较重要，可否予以补充，供参考。

1.1949 年 3–4 月间，乔石同志 (时任上海北四川路区地下区委书记兼同济大学地下党委书记) 得知我被敌特组织列入黑名单，立即派同济大学附属职业高级工业学校地下党支部书记李远（即李忠诚）前来通知我转移，因此我当天傍晚便离开同济大学工学院，转移去其他党员或“旗手社”（党的秘密外围组织）同学家中过夜。结果一天深夜敌特去同济大学工学院突然袭击，没有抓到我，让我避免了被捕的灾难，也使同济附中地下党组织避免了被敌特破坏。

2.1949年5月初，上级党委乔石同志通知我前去汇报同济附中迎接上海解放的准备工作，我按时到上海浙江中路的“公大铁店”（当时地下党秘密联络点之一），详细汇报了组织地下联络网后的一系列工作，他又询问和检查了许多具体情况，最后亲自送我到门口，嘱咐我说：“天快亮了，上海即将解放，可是黎明前更黑暗，斗争更残酷，你们的一切活动要更小心，必须严格遵守地下工作的纪律，千万不能麻痹。”这简单的几句话，进一步提高了我们的敌情观念和纪律观念，在工作中更加谨慎，胜利度过了黎明前的黑暗。

致礼

周燮威

(8 /1、10/5、11/2、12/2、13/4、14/7)

吴柳凡老师的化学课决定了我的专业选择

50届 曹其行

1949年6月30日，我离开了同济附中，参加二野西南服务团，随刘邓大军进军大西南，行军七千余里，从川黔边境进入川东，直至重庆一带。大概有2—3年时间，我们完成了清匪反霸、土改、建政任务后．我被调到涪陵地委机关，在工业交通部任秘书。有一次地委召开地区县委书记、县长会议，我在大会秘书处工作，听到了“向科学进军”的号召，国家需要大量建设人才，各级领导莫阻拦愿考大学的青年同志云云。事实上在这以前我已经错过了一次上大学的机会：云南地质学院曾来这里招生，专署文教局通知我去报考，事后我的顶头上司却告诉我：“没有录取，安心工作吧！”当时我一点怀疑也没有，后来才知道我是被大专班录取的！现在又有机会来到，部长叫我打好背包去乌江对岸的涪陵高中复习班听课，我又惊又喜，知道这回领导支持我考大学了！我1956年暑假参加全国高校统考，我第一志愿报考化工专业，第一院校选了成都工学院（今四川大学工学院），皇天不负有心人，我被录取在选定学校的化工系塑料专业。我为什么选读化工，无疑是同济附中教我化学的吴柳凡老师对我影响深远。

1947~1949年在同济附中时，我是学生自治会的头头，当年学潮如火，课程荒废，游行罢课是家常便饭，但是我化学课始终坚持听讲，从未间断，吴柳凡老师是我的恩师，我一生最早崇敬的老师。吴柳凡老师备课充分，上课十分认真，一边讲课与一边在黑板上写字的速度几乎同步。他写的字自成一体，非常漂亮，每堂课要写几黑板，连化学方程式也一样规范整齐。我坐在课桌前，每逢老师擦黑板心里都感到可惜，下课后还希望黑板多留一会儿。我与老师个人接触并不多，在我参军的前一天晚上，我们几个要离开母校的同学到吴老师宿舍与他告别，他在我的纪念册上留了一页文字，颇有哲理，在这里我选录一段：“多少年来对事的看法，我只着重原则方面，问它究竟是为的大多数，还是为的极少数，因为没有在做法上面留心，结果连做事的常识也不具备。今天我觉得只有原则是不够了，非要在做法本身上仔细探寻不可。当然这比原则难得多。”显然．吴老师提出的问题，简而言之就是“辨别原则是非较容易，纠正方法错误很困难”；“好心不一定办成好事，要研究方式和方法”。这句话后来成了我人生中时时注意的一个重要信条。我参军后与吴老师没了联系，现在才知老师早已调哈尔滨的东北林业大学任教去了。

在大学里化工系新生中，有好几个党员调干生，成立了支部，有 3 名是西南服务团来的上海学生，很投缘。我们的毕业设计是在 715 厂实习后作的，我的课题是建立一座“年产 400 吨聚四聚四氟乙烯工厂中的原料气体精馏塔设计”，也许这个“含氯”的概念，把我送进“核”里去了。当 1960 年进入核工业后，我 36 年紧缩在“核”中，直到 1995 年底退休。我的一生无怨无悔，而且终生不忘启蒙化学老师——吴柳凡先生。(24 /6)

忆同济“一·二九”斗争

50届 周燮威 李忠实

1948年初，同济大学的同学们高举“反迫害，争民主”的旗帜，在上海广大学生的支持下，为争取与保卫学生会的民主权利，反对学校开除与迫害进步同学，成立了晋京请愿团，于1月29日赴京请愿。国民党反动当局为阻挠同学请愿，动用了大量军、警、宪、特前来进行血腥镇压，从而引发了一场轰轰烈烈的“一·二九”事件，震动了全国。事件虽已过去五十年，但由于我们亲身经历，这场激烈的斗争还历历在目，现记下当时所见所闻的片段回忆，以志纪念。

在这之前，同济附中地下党就密切配合大学部开的这一场“争民主、反迫害”斗争，通过墙报、海报等形式，及时揭露以校长丁文渊为代表的反动校方如何破坏学生自治会，一批批地开除和处分数十名进步同学，使大家了解事件的真相。同时，发动同学去工学院礼堂参加控诉晚会，直接听取受迫害同学的代表杜受伯、何长城等在会上的控诉，激起对受迫害同学的深刻同情和对反动校方的强烈憎恨。

29日清晨早餐后，我们附中各年级的同学就集合起来，在党员张琢成、景尉周、梁寿益等同志的组织与带领下，从校门口列队出发。记得队前高举“争民主、反迫害”和“欢送同济大学学生代表晋京请愿”的横幅标语，一路唱着《团结就是力量》《光明颂》等歌曲，浩浩荡荡走向其美路。当我们队伍经理学院时，见到理学院，新生院、高职的队伍也已整装待发，便和他们汇合在一起，继续前进。途中又遇到复旦大学的欢送队伍，这是长长的行列已有千余人。在抵达工学院附近时，就被军警与铁甲车所阻，大家高呼口号：“中国人不打中国人”，唱起：“枪口对外，齐步向前，不打老百姓，不杀自己人……”

上午10时许，同济工学院同学突破铁甲车的封锁，冲出校门；文法学院同学绕过警察马队的包围，也赶到工学院。这时，交通大学、圣约翰大学，大夏大学、南洋模范中学等几十所学校的欢送队伍从四面八方赶来。数千人的队伍在其美路上行进，口号声与歌声此起彼伏。但军警奉命不让学生通过，同学坚持要去火车站，就出现对峙的局面。

后来，市长吴国桢带着警备司令宣铁吾、警察局长俞叔平出场，阻止同学去南京请愿，同学们高呼口号：“反对迫害！”“反对开除！”“保障学生的民主权利！”表明同学们晋京请愿的坚定意志。于是，吴国桢要求与学生代表谈判，可是他毫无诚意，在谈判过程采取拖延时间的策略，阴谋使同学请愿计划破产。

到下午4时左右，同学们见谈判调解不成，决定整理队伍立即前进。军警却向赤手空拳的同学发起残酷袭击，警察拿起警棍殴打同学，尤其是骑警挥舞马刀，闯进同学队伍，立即砍伤与踩伤了许多同学。我们附中有一个女同学的头上就被砍了一刀，鲜血直流。当时也有一部分同学拿起石块、竹竿进行自卫还击，可是怎敌得过那些凶残如狼的反动军警。在这场搏斗中受伤同学数十名，还有一些同学被抓走。傍晚，同学们又饥又渴又累又气，学生自治会便组织我们退进工学院休息，每人一碗稀饭充饥。

晚上，同学们都去工学院礼堂参加“血债晚会”，台上挂着“血债要用血来还！”的横幅，两侧贴着“生要一起生”“死要一起死”的标语，会场充满着悲壮愤恨的气氛。演出的节目有诗朗诵、唱歌、活报剧等，内容都是根据下午其美路上发生血案的情节临时编写的。晚会进行中，特务们切断电线，会场上一片漆黑，但是这难不倒同学们，台上又挂起两盏明亮的汽灯，节目继续演出。特务头子忍不住了，带了数百名警察与便衣特务闯进会场，一个特务跳上台去大声喊叫：“限你们三分钟内交出打吴市长的凶手，否则老子就不客气了。”回答他的是一片抗议声：“血债要用血来还！”“军警退出学校去！”和《古怪歌》《跌倒算什么》等歌声，表现出同学们大义凛然、不畏强暴的气概。这时，军警和特务便冲上前，两三个人抓一名同学，有的女同学被抓住头发拖出去，一时惨叫声和同学们愤怒的斥责声响彻礼堂。

我们许多同学手挽着手，齐声唱《团结就是力量》。有些同学也拿起板凳与警察特务的枪柄、棍棒对抗，可是只能抵挡一阵。最后，全体同学都被赶出礼堂，按学校分成一圈圈，被强制坐在操场地上。特务们蒙住脸，拿着黑名单对照检查学生证，又逮捕了不少同学，当时附中的陶开熙也被他们抓走。但是，一些地下党的干部在进步同学的掩护下，都得到安全转移。我们附中有的同学把自己的帽子和大围巾给了张琢成，他用围巾遮住部分脸孔，趁混乱之际走出礼堂外的包围圈。这样，到30日清晨，同学们才纷纷离开工学院，附中的同学们也冒着凛冽的寒风，带着心中的仇恨与疲惫的身体，返回了学校。此后，附中校方也紧随大学部迫害进步同学，开除景尉周、梁寿益并取缔学生自治会。

同济“一•二九”事件中，反动派使用武力并不能把革命的学生运动镇压下去，相反却深刻教育了广大同学。使许多同学从中看清了国民党政府的反动本质，更加积极地投入革命斗争的洪涛中去，为迎接上海解放，建立新中国做出自己的贡献。(3 /5)

1949年同济附中的巨大变化和回忆

50届甲班 冯博文

1949年寒假过后，新学期开始了。我是高二甲班学生，当时学校在博物馆，是一座独立的大楼，南北长150~200米，东西宽60~70米。东面是国民党军队的“国防医学院”，有铁丝网相隔，北面是大门，门前有马路直通杨树浦。西面有条小河，宽3~5米，对面就是稻田，南面有个小土包，也有铁丝网阻隔。

校园里共有两座楼，另一座是“飞行馆”，造型像飞机，是老师们的居室。男生住在博物馆1、2楼，女生住在3楼和环形走廊里，冬天是很冷的。两座楼相距约两个篮球场。

这里远离市区，空气新鲜，安静。更重要的是附中老师真棒，主要授课老师有许多是同济大学讲师和教授兼任的。记得有位代数老师，上课不带书，站上讲台就开始讲课，代数公式和演算方法从来不错，大家非常佩服他的功底和记忆力！化学老师在上海解放后，就受聘于哈尔滨林学院当教授。历史老师从不按书本讲课，他结合形势，说古论今，讲得十分生动，大家特别爱听。语文老师非常认真批改同学的作业，热心支持当年轰轰烈烈的学生运动，深受同学敬重。五十年后(2000年4月)，50届老同学聚会上海，还特意给她挂了长途电话，祝她老人家健康长寿！教三角的老师，快要分娩了，还挺着大肚子来讲课，同学们非常感动。还有许多老师都非常认真。

这里人杰地灵，是个进步、学习的好地方。

同学们全在学校住宿，有严格的作息时间，早晚都有自习，晚9点半熄灯睡觉。每周六下午放假回家，周日晚自习前，必须到校。每天有同济大学的校车接送老师上下班，放假时有些高大个子的同学穿上军训用的服装，混入“国防医学院”，坐他们的校车到市内。

上海解放前的5、6天，一个星期天，家在上海的同学都回市内了，我也去了，下午2点多往回走，经过同济大学工学院门口时，看到前面有许多军警和过路人，我不知道发生了啥事，急着向前走，到警戒线被挡住了，说是戒严了，工学院以北都是战场！前面所有建筑都由军队接管了。五角场一带修建了许多碉堡，说成是“保卫大上海的马其诺防线”！？

我很着急，行李和书本都在学校，回不去怎么办？正在这时有位老师过来对我说，“附中学生宿舍的行李和教室的书，都由当时在校的老师和同学齐心协力，全部捆好，已运到大学工学院体育馆，你到那里找吧！”晚上就住在体育馆，这是个室内篮球场，四周没有看台。是木地板，我到达时已经有几个同学打开铺盖，或坐或睡，看书聊天了！我也找到行李打开铺盖坐下休息。我心中默默感谢替我收拾行李和书籍的好同学，好老师……

半夜一点左右，体育馆灯全部亮起来了！我从睡梦中惊醒，看到十几个荷枪的国民党军警进来，命令大家起来，穿好衣服，把我们押到教学楼走廊里，让我们排队站着，不许走动和说话，前后有几个军警看守，不时听到惊心的警车汽笛声，看到许多国民党军警进进出出，原来是军警特务到同济大学来抓共产党员和进步学生。在走廊里等了约一小时，几个军警陪着一些带大口罩，戴墨镜穿西服的人，走到我们面前，命令大家脱帽抬头，由他们一个个相面，核对名单，没有找到他们要找的人，就让我们回体育馆。经过这一番折腾，睡意全没了，大家小声谈论各自知道的非官方消息，这一夜让我们上了一堂生动的，难忘的课。

第二天下午，学校把我们20来个同学，从工学院体育馆转移到市区一座楼内，在黄浦江与苏州河会合处的理查饭店，是英国人在上海最早开办的宾馆之一。西面正门是国民党的“中央航空公司”，东边有个小门，供租用人出入。开始让我们在二楼的木板走廊里打地铺，以后让我们搬到半地下室的一间仓库里，大家就在这里过避难生活，早上吃稀饭和小萝卜干，中午和晚上吃黄豆煮咸菜。从这里向南看，可看到苏联驻沪领事馆的大门。外白渡桥已经不通车了，也没有行人，只看到桥上堆满了沙袋，有20~30个国民党官兵端枪守桥，面向南方，我们只能看到他们的背影。大家认为这里比较安全，但靠窗户的上铺不能住人，怕流弹打进来。我们不能上街，老老实实在室内聊天，睡觉。郑一鸣同学每天晚上到楼上，借航空公司的电话，与苏州河南面的同学通电话，有一晚上他跑来报告静安寺附近已经进解放军了，大家异常兴奋，一晚都没有睡好！

一早起来，外面很安静没有枪声，有汽车马达和人群嘈杂声，往外看去，国民党守军不见了，我和郑一鸣大着胆子从窗户爬出去，看到地上有许多丢弃的军用品和子弹，走过外白渡桥来到南京路，看到许多解放军战士一个挨一个抱着枪，睡在冰冷的人行道上。当时正下着毛毛雨，值勤的解放军衣服都湿了，围观的人纷纷议论，当时不理解，南京路两侧都是大公司，大商场，为何不进去睡呢？我们真实地感到解放军与国民党的差别！从南京路出来想到四川北路去看看，刚到北京路就过不去了，邮政大楼还有国民党军队往楼下打枪，我们只好回来，把好消息告诉还在梦中的同学。两天后，解放上海的战斗才完全结束。

我们又从市区搬回博物馆，学校经国民党军队糟蹋，已面目全非，楼道内外一片狼藉，到处是屎尿和垃圾，同学们化了一两天才把地面冲洗干净，我们又复课了！

1949年的暑假，是同济附中同学参军参干、报考军校的高潮，许多同学都在这个时期走上革命道路，也给母校留下了一段光荣的校史。(25 /2、3)

惊心动魄的一夜

50届 杜亚伯

1949年4月26日，留在江湾原博物馆内同济附中的同学全部转移到同济大学工学院，男同学被安排在体育馆内，集体打地铺睡。傍晚，有人要我们班的几个同学手持长木棍在馆门口站岗，任务是一防坏人二打狗。原定我只值上半夜，那时班里数我个子矮，还没那根木棍长，但是我非常认真地持棍站岗，寸步不离馆门。接近午夜时分，有人要我去领夜餐，由他替我站岗。我领回一些面包，继续站岗。

不久，周围气氛骤然紧张，“不许动”“站住”等喊声不绝。一会儿来了几个军警，用手枪顶住我们问：你们在这里干什么？我们回答说在这里站岗防贼防狗。有个警察凶神恶煞地说这地方哪有狗！当时我很单纯，认定我们站岗是为了大家的安全，也不害怕，理直气壮地回答说：“你们看这南面不远就是铁丝网，校外难免有野狗窜进来。”那人打了我一记头榻（顶）骂道：“小鬼头，侬还敢顶嘴！”又问：“这里厢睏的是啥人？”我说全是我们附中的男生。另一个警察探头一看满地都是人，就说：都是些小囡，走吧。等平静下来，我回到自己的铺位，见到已有两个不认识的大学生挤睡在我的铺上，肯定在我去领夜餐时进来的。我立即返回门口继续站岗，这样我就值了一整夜。天亮后又有人叫我去吃早餐。饭后回来，我铺上已空。一夜未眠，困极了，躺下觉得枕下有东西，翻起来一看，是一堆证件，上面还有照片，我立即用手绢包好交给了那个要我站岗的同学。一觉醒来，才知道这一夜反动派在同济大搜捕，所幸附中同学安全。

是谁选我站岗？我掩护的这两位又是谁？(2/4)

参加人民空军的往事

50届 夏佩迪

这是一个从几名普通学生变为新中国革命军人的故事。

1950年初，附中有4个同学被选中参加人民空军，他们是50届乙班的胡一飞、李世煌、夏佩迪和51届乙班的徐寿椿。同济大学在解放前是学生运动的民主堡垒，在地下党领导下，同学们的爱国热情比较高，所以在1949年秋末，青年团北虹区委负责和我们附中联系的林愚真同志到学校通知要招收一批同学参加人民空军。大家得知要建设空军时，特别鼓舞人心。当时大约有40多人踊跃报名。大约半个月后，已报名的人被通知到北四川路第四医院体检。在检查中，除了检查身体有无疾病外，还有一个项目是医生拿出一本册子，上有许多各种颜色组成的字，要求辨认，大约有将近10个人没有通过。他们不一定是色盲，但肯定是辨色能力不强(后来到空军见到飞机后才知道，飞机上各种系统的导管非常多，为了便于识别，都加上各种色条以区别，辨色能力不足是难以在飞机上胜任工作的)。甲班李名洲和郑一鸣还有几名同学也因此没有通过，但他俩没多久参军到华东军大，毕业后也分配到空军的雷达等部门工作。大概在1949年11月底，又通知到外滩苏州河旁的公济医院，作第二次体检复查。到了1950年1月10日左右，北虹区委正式通知下来，前面所述4人被批准参加空军。这是附中第一批参加空军的同志，一年后朝鲜战争号召参干后又有好几名同学参加了空军。

当时我们几个人参军是不是思想觉悟很高，不是的。其实，当时大家对马列主义可以说根本不懂，是许多现实教育了我们，一定要跟着共产党走。我们这一代人，年幼时代就亲眼目睹日本帝国主义侵华战争造成的苦难，好容易盼到抗战胜利，国民党打内战和种种腐败，太令人失望。我们这一代人可以说是从贫困苦难中成长起来的，加上附中在地下党领导下，历次学生运动教育着大家。国民党在同济“一•二九”运动中残酷镇压学生使大家看清了它的反动本质。记得当时大家都会唱一首歌《山那边是好地方》，谁都知道所谓山那边就是指延安，说明内心里拥护共产党。加上上海解放时解放军入城时成片露宿在大街上，三大纪律八项注意引为军队楷模，大家都非常敬仰解放军。所以当知道有机会参军时，自然而然争取报名。我们就是在这种心情下入伍的。

大约在 1 月 28 日，我们 4 人被通知到北四川路底复兴中学东面的北虹区团委报到，管我们学校的林愚真不在，由另一位男同志接待我们，并讲了话，大意是要求我们要作好几点思想准备：一是参加人民空军是非常光荣的事，但一定会有不少困难，要做好吃苦的准备，这次参军的人都是空、地勤人员，要做好接受战火洗礼的准备；二是要做好保密，将来不论空勤或地勤，都要在飞机上工作，敌人不知道人民解放军要建立空军，对外不准许讲空军这两个字；三是从现在开始一定要听从指挥，不得随便行动，因为随时都可能要出发。记得，和我们一起报到的大约有 16 人，(其中有一人是在五角场南面华侨中学的贺照平，他是我们北虹区中唯一被选上空勤当飞行员的，可惜后来在江湾机场因飞行事故牺牲了)。讲完话后大家被领到新闸路一家作为招待所的旅馆和全市其他区参军的人一起住下。总共全市有 80 人左右，人多床少，我们附中的人一直是集体住校惯了，生活上也一直清苦惯了，打个地铺就能睡。

到了 31 日下午，大家被通知集中在阳台上，一位市里的工作人员给大家讲话，说马上就要出发去北站，不许打听到哪里去，一切行动要听指挥。大约在 5 点钟到的北站。那时候敌机经常到上海轰炸，火车一般都是在晚上才行驶。我们每个人都背着自己的行李进入站内月台，一列客车已坐满了旅客。一直向前走，直到最前面车头和客车之间挂着三节和后面客车不通的闷罐车，我们 80 人左右就全部上了一辆闷罐车，大家把行李放在地板上，人就坐在行李上，中间的大门开着通气。不一会儿，列车就开行了。出站后列车并没有向真如方向走，而是过苏州河向南行驶，于是大家猜测可能是要到杭州去。

大约 9 点左右，列车到达一个叫硖石的车站，车站旁有一座石头山，以前我从未离开过上海，第一次看见真正的山，真有点激动。火车将近 23 点左右到达杭州，在站内坐等了一个多小时，军区的汽车才来接我们。天色很黑，坐在有棚子的车里也看不到外面，就糊里糊涂到了一个招待所，分配到二楼一个房间打地铺，马上就熟睡了。第二天清早约7点才醒过来，向窗外一看，不觉一惊，近处就是以前在图片上见过的宝俶塔，起来后到楼下一看，才知道我们住的是西湖北岸有名的新新旅馆，解放后大概被征用为军队招待所。

早饭后，工作人员告诉大家上午没事，可以在附近西湖玩玩，但中午12点前必须回来。我们这一群中有一人来过杭州，就由他带领先到西面附近的岳飞庙看了一下，接着去西北的紫云洞和玉泉看了下。很快时间就要到了，就赶紧回招待所。我们在杭州一共待了半年多，就一直在营房里不能随便外出，这一次是唯一的机会目睹了号称天堂美景的一小部分。

午后，军区来了两辆大卡车，把我们送到笕桥机场。那里原先是国民党空军军官学校，进机场大门约一公里就是校园区，校区大门口是4根方形立柱，前面路中央有一座五六米高的塑像，圆形底座上有国民党空军司令周至柔题词“置身汉霄上”五个大字，最上面是一个穿飞行服的铜制塑像，一只手指向天空。大门南面就是机场跑道，北面是校区，门口左右各有一座两层小楼(国民党时应是行政人员办公区)，后面是约100米见方的花园，最北面是教学大楼，大楼背后连着一座大礼堂。花园左右各有六排平房，是宿舍和食堂。从当时的条件看，应该是比较气派的。现在回过头看，当初国民党建设空军，为了建立这所航校是下了本钱的，但成果是什么？花了大价钱买了些老式飞机回来，淞沪开战后不到半月，就几乎全军覆没。

我们到后，被安排住进门口两层小楼的楼上。室内什么都没有，就睡在地板上，窗上的玻璃全破了，住在室内几乎和露天没有区别。好在那时年轻，这点算不上什么。后来才知道，几天前国民党飞机刚来轰炸，一颗炸弹炸掉了门口4根柱子中的一根，所以近处楼上的玻璃全震碎了。到了第二天我们才知道，现在这里是叫杭州笕桥学习大队。这里已经有4个中队，都是从野战军调来的战士，我们是第一批从地方调来的青年学生。我们现在所在的地方叫接收队，是要对我们初步进行入伍教育，并要求每人详细填写表格，在填表时，关于入伍这一栏不知怎样填，领导告诉应填“由上海市委介绍在杭州笕桥学习大队入伍”。后来我们才知道，人民解放军空军是1949年11月正式组建的，建军原则是在陆军基础上建设空军。考虑到陆军战士文化普遍较低，所以从地方抽调一些青年学生加入混编，有利于进入航校学习时互相取长补短。我们这个学习大队是华东区的，所以战士都来自三野，学生都来自华东各省市。在我们到达后没几天，其他省市的学生也陆续到达。

我们到达后第二天，学习大队领导把大家集中到大礼堂首先上防空课，讲课的人是一名国民党空军留用人员，毕竟他有一定经验。他提到国民党在舟山群岛有机场，从那里起飞到笕桥只需 20 分钟，因此当我们的雷达发现敌机发出空袭警报后，留给大家准备的时间也就 3~5 分钟。所以第一点要求就是当大家听到警报声后，动作一定要快，赶紧找就近地方伏地隐蔽；第二，如果看到敌机扔炸弹，如果能看到弹身侧面，那就绝对没事，如果看到的是一个点，那就是冲着你来了，赶紧要跑出多远就多远，以免中弹。又说飞机扫射时，子弹和地面有个角度，几乎是平飘下来的，所以一定要趴伏在地上，不要站立身子，等等。虽然接受了防空教育，也响过几次警报，但敌机好几天都没有来。

不到 3 天，就过春节了。第一次单独在外过春节，不觉得孤单，部队是个大集体，大家在一起还是过得挺高兴。特别是队里杀了一头猪，蒸了肉包子，除夕晚每个班都打了一脸盆包子，尽量吃，管饱。这对我们附中来的人说真有点意外，吃饭能见到肉特别高兴 (我们在学校时，每次开饭每人一缸子饭加一勺盐水煮青菜，天天如此)。

到了阴历初五，早上刚吃过早饭，突然响起了警报，我们赶快跑出楼，就被附近的战士大声喊叫“趴下，趴下”，立即伏在地上，只见两架 P-51 飞到机场来扫射，好几个陆军战士趴在地上举着步枪向空中射击，机场内有一门日式小型高炮，开了几炮，炮弹在空中爆炸时的黑烟，离目标差得实在太远。当时的防空实力就是如此，对敌机形不成什么威胁。这是我第一次真正遇到的空袭，敌机向机场扫射了几回，也没有遭受什么损失，并没有感到有什么可怕。

就在空袭当天下午，我们这批人就被分配了，附中的四人都分配到已有的第二中队，我和李世煌分在一个班，全班 12 人中有七八人是三野战士，班长姓文，他们几乎清一色是党员，对我们新来的人非常热情。这种热情是老战士对新兵的关怀，使大家非常感动。当晚，大家互相介绍过去的经历，特别是老战士们有很多战斗经历，我们听得非常入神。从第二天起，就开始过起紧张的军事生活，好在大家还能适应。我们的中队有百人左右，应该是连一级单位，但配的干部要高一级，中队长和教导员都是营级干部。特别是教导员很有点意思，他是上海人，在纺织厂当工人，一次在工人运动中把一个印度警察 (上海人叫红头阿三) 打死了，把他塞在阴沟里，后来跑到解放区参了军。他有点文化，所以一直做政治工作。中队里还有一名干部叫文化教员，记得他叫肖锡林，原是同济大学工学院的学生，见我们是附中的人，当然非常亲热，后来他被分配到哈尔滨一航校当了飞行原理教员。

分配到二中队不到一星期，不知什么原因，就叫全体人员搬家，搬到机场最东面的一片日式营房，那里是日本人占据时建造的。驻扎一个骑兵旅，有宿舍楼、食堂和许多马厩。这个营区规模不小，我们这 4 个中队每个班都配有一支步枪和 5 发子弹。到了新营区，白天都要出营区到北面的农村分散到各家农户的场院，以班为单位进行活动，记得主要内容是学习毛主席访苏签订的《中苏友好合作条约》。有一天上午大家正在开会讨论，突然听到隆隆的飞机声，班长立即带大家到房后田埂旁趴下。这时候我还没有来得及看见飞机，就听见一阵怪异的呼啸声，比飞机俯冲时的声音还大，我还以为是飞机正要下来扫射我们。正在想时，突然在离大家五六十米处爆炸了 3 颗炸弹，泥土被炸后飞起的土像立柱似的冲天，有二三十米高，3 架 B-25 从头上飞过，这时才反应过来，原来刚才是炸弹的呼啸声。看来国民党飞机本来是要炸我们的营区，结果偏出约 1000 米，说起来大家也够幸运，全学习大队在这片疏散地区约有近 400 人，竟无一伤亡。到了下午，每个弹坑派 3 个班去填平，我也参加了，弹坑很深，炸弹入土很深后才爆炸，弹片爆炸四散时基本都钻入土内。后来我才知道，这种炸弹叫爆破弹，弹体外壳很薄，内部全是炸药，对付建筑物等目标威力比较大，但在野外则深入土中，只能把泥土冲上天，杀伤人员作用不大。如果是杀伤弹就不同了，它的弹体引信刚接触地面时就爆炸，弹体可形成许多碎片四散专门杀伤人员。遭遇这次轰炸后，大家并不害怕，因为早在北虹区团委集中时，就要求大家当解放军就要作好接受战火洗礼的准备，我们都是有思想准备的。但是还是有个别人害怕，据说当晚有个别学员就逃跑到笕桥火车站坐火车开了小差。

这一次轰炸后不久，又来了不少学员，领导上决定重新编队。所有陆军来的同志编为 1~4 中队，学生来的编为 5~7 中队。我们 4 个人也就分开了。李世煌、胡一飞分在 6 中队，我和徐寿椿分在 7 中队。除了统一组织的政治学习外，我们要着重学习军事操练（从立正、稍息做起），部队学员则要学习文化。政治学习主要是系统学习《社会发展史》，每一阶段由一位团级干部姓陈的教员先上大课宣讲，然后由各中队组织各班小组讨论，有时还要组织全中队辩论会，大家自由发言，最后由教导员总结。部队的这种学习方法和原先在学校时完全不同。通过这次学习，使大家初步知道了什么是社会主义和共产主义，开始建立革命的人生观。在这期间，还组织劳动锻炼，在机场内开荒种地，领导上就要看一看谁娇生惯养，谁能吃苦耐劳。这一段时间实际上叫预科学习，我们的单位名称后来也改称预科总队。这期间还有最重要的一点是政审，记得我们班里就有一个姓王的冒充学生名义参军，实际是以前国民党的少尉飞行员。

我们入伍后，实行供给制，预科时吃大灶，每天4毛钱标准，每月发一元钱津贴费，可以买一些肥皂、牙膏之类用品。我们都很节俭，每月还能剩几毛钱。在我们学员中家境比较富裕的有人叫苦，但我们附中来的同学生活要比在学校时好。

现在回过头来看，空军在建设过程中，建立预科教育是完全必要的。空地勤人员必须经过严格政审。空勤人员是直接上天和敌人作战的，地勤人员要对飞行员的飞行安全绝对负责，任何差错都有可能造成机毁人亡。所有空地勤人员一切工作都必须严格按条令、条例办，政治上要可靠，要有高度的责任性和纪律性，这些都要求在预科阶段对每个学员严格审查，不合格者一律淘汰。其次，要对学员进行思想教育和军人素质教育，使大家建立初步的革命人生观，积极要求进步，遵守三大纪律和八项注意。特别要考验大家是否能做到个人利益服从整体利益。举例来说，当时部队规定军人必须达到二八五团才能结婚，也就是达到28岁、5年党龄和团级干部标准才允许结婚。我们离这个标准差得很远，当时大家正值青春期，如果在地方工作，很可能正在“月上柳梢头，人约黄昏后”，我们在入伍时有的学员已经有女朋友，得知这条规定后，自觉切断了双方关系。对比现在某些腐败分子，可以自豪地说，我们这些人在对待个人利益问题上，决不计较任何个人得失，而是一心扑在革命事业上。而且我们这批人在后来的军人生涯中，一直做到听党的话，老老实实办事，决不做出格的事。

到了8月份，航校体检组来了，给大家检查身体，我们知道预科即将结束，就要正式进航校学习了。这时我不幸得了疟疾（杭州笕桥蚊子非常厉害），高热40度，人昏迷得有点糊涂，不得不住进休养所治疗，错过了这次转航校的机会。胡一飞、李世煌被分配到三航校学习飞机特种设备专业，毕业后李世煌留校任教，胡一飞分配到空16师。徐寿椿分配到北京六航校，学习机械专业，毕业后分配到空5师。我则出院后待到10月份和下一批学员接受体检。我因鼻中隔弯曲只能地勤合格，我们全班12人，只有两人空勤合格，8人地勤合格，2人政审未通过。

10月23日早晨，全体到航校人员近600人排着长队由东营房行军约2公里到达笕桥火车站。那里早就有一列火车等着我们，所有被检查上空勤的人都被分配到第一部软席车厢，其余则分配到后面的硬席车厢。这是军用专列，上午 9 点发车，下午 5 点到上海龙华车站，全体人员下车到月台领取棉军衣。第二天早晨 3 点到南京。那时过江要近 3 个小时，火车被一节节拆开推上轮渡，过江后再重新编组。火车到济南时，最后一节车厢被留在车站，他们被分配到济南第 5 航校 (代号南海部队) 学习。列车继续前行到天津时，最后一节留下分到北京第 6 航校 (渤海部队) 学习。火车出发，在半夜 2 点左右到达山海关，被通知全部下车，站台上有一排桌子，大家排队把身上所有人民币换成东北币 (1:10)，据说老百姓还要检查证件，我们军列就免了。当时过山海关就好像要出国境一样。

第 4 天早晨，火车到锦州车站，留下的是到 3 航校 (黄海部队) 学习的人，我们第一次看到自己的飞机在天上飞行，大家都很兴奋。这时候我们成了最后一节车厢，所以我们都猜到要分到沈阳 4 航校，当天是 10 月 26 日。当时还不知道朝鲜战争已开始，但是有一点引起大家注意，有一列陆军专列几乎和我们的专列一起同行，我们车厢中有的战士在车站上和他们相遇时认识是三野第 200 团，后来才知道他们是去参战的。晚上 9 点到达沈阳，天已经下雪，等了很久航校的车才来接我们。终于到达大家的终点第 4 航校 (东海部队)，我们被分配到学员大队第一连，学习专业是机械。

我毕业后留校任教，其余人则分配到空 6 师和强击机部队空 11 师担任地勤人员。那时航校的教员队伍中除苏联教员外，绝大部分中方教员都是国民党留用人员，国民党员远比共产党员多。在我们毕业时，苏联教员大部分都要回国，所以我们是第一批自己培养的教员。教员队伍成分也有了根本改变。我们第一批被选拔当助教的有 60 多名，分配专业时比较人性化，基本上由本人选择志愿，我选发动机专业，和我一起加入发动机教研室的有 10 人，当时教研室有 3 名苏联教官、3 名前国民党留美教官。航校为了专门培养我们，除了专门学习专业知识外，还提高我们的文化知识，学习了微积分、应用力学、材料力学、机械制图、电磁学等课程，基本上补齐了理工科大学前两年的基础课。在这里，我要特别感谢带我的教员苏军马德连科大尉和国民党留用教官朱仲山，他们手把手教我。在他们的帮助下，我是第一批被批准走上讲台授课的两人之一。

在空军最初的建军日子里，苏联共帮助建设 6 所航校，第一二航校是轰炸机学校 (分别叫长江部队和珠江部队)，分别在哈尔滨和长春，其他 4 所是歼击机航校，还有一所学校是第七航校(叫黄河部队),在牡丹江,是原东北老航校的底子,主要培养运输机和强击机飞行员和空中通讯员与射击员。苏联援建的航校,从校长到教员全套班子都来华,我方也同样配一套班子,一带一地帮我们建校。

由于是以苏联为主体建校,所以一切都是苏联模式。拿我们四航校来说,教学区走廊上挂满苏联科学家和航空专家相片和格言,上课时间是6小时一贯制,就是每天从早上八点上到下午2点,2点后才能吃午饭,饭后2小时体育活动,然后是2小时自习,晚饭后小组开会政治学习,九点熄灯,这种6小时一贯制对我们中国人来说很不习惯。尽管航校伙食很好,吃地勤灶,早饭有3个很好的炒菜,吃米饭、馒头,但大家都吃不下,到了中午12点左右,肚子就饿得不得了,一直拖到下午2点下课后才能吃饭。晚饭则比较简单,喝粥和馒头加花生米。这种生活直到几个月后才慢慢习惯。

苏联人上课方法也和我们不同,开课前15分钟,都要有一个复问环节,就是要考核一下上次讲课的内容,通常至少要问3个问题,每个问题提出后让全体都考虑1-2分钟,然后指定一人回答,并立即评分,记入教学手册,作为平时成绩。他们实行的是五分制(按质计分),5分代表优秀,4分代表良好,3分代表及格,2分代表不及格,1分代表什么都不知道。这种复问使大家都很紧张,万一有人在课堂上得了2分,晚上学员队的区队长就会开会批评。复问环节结束后,开始讲新课,苏联人一般都是按凯洛夫教学法授课,按导入新课—讲授新课—每段小结—最后总结—布置作业和复习题等环节进行。为了使大家更容易接受所讲授的内容,苏联人特别强调形象教学,尽可能使用图表、模型和一些实物配合教学。应该说,不管是哪一位苏联人教课,都是一个模式,比我们过去在学校时听课效果好,的确他们在教学上有一套。后来我们基本沿用了这套模式,只是把6小时一贯制取消,改为上午4小时,下午2小时。学员学习难免会发生一些困难,由于青年学生和部队生混编,就组织互助组,实行包教保学,加上教员教得也比较好,基本上能完成学习任务。

下面说一说苏联的考试制度。每门课结业时都要考试,一律口试,而且非常隆重,由5—6名教官包括教研室主任组成。考试时找一个空教室,讲台前放一排桌子,铺红布,上面放一个签筒,内部放着30~40条纸条,每张上有3道题。应考学员在另一个教室等候,每次叫3个学员进来,由其在签筒中抽题,允许在考场内准备15分钟写答题提纲,完毕后即可上桌前回答问题。每个考官都有发问的权利,然后各自记分。考场内同时允许有2—

3 组学员准备，因为每条签内容不一样，互相不会影响。全部结束后，教官们聚在一起会商核对分数，最后给一个总评分，也是五分制，通常在第二天公布。这种考试方法绝对作不了弊，学习成果好坏一目了然，缺点是学员在这种三堂会审式下考试比较紧张。这种口试方法在苏联专家撤走，中国方面全面管理学校事务后，据说以反教条主义名义取消，又恢复笔试和百分制制度。我认为苏联的教学法还是好的。前些年我接触过一些所谓名牌大学教授，到课堂后打开讲义照本宣科，根本不管学生是否能听懂。要学生考试通过也简单，考前临时办个辅导班 (收费)，变相泄露一些题，学生就过关了。相反，中学的教育好像要好一些。

我们当上见习助教后，导师们对大家非常严格，特别强调当教员的必须身教重于言教，凡要求学员做到的，教员必须首先做到，并且要做得更好。比如，我们发动机教员有实习课，必须在教学中就培养学员好的操作习惯，那么首先自己要做好。导师对我们的要求还很多，包括说话不能带粗话，要有良好的军人姿态，切实做到令行禁止，等等。这些都为我们今后的人生道路养成了良好的开端。

我们四人中要数胡一飞在部队获得的战功最多。他在抗美援朝战争中荣立二等功两次，奖章两枚，朝鲜民主主义共和国三级国旗勋章一枚。其他 3 人也曾获得过不同程度的表彰。

这大体上就是我们参加人民空军初期的故事，和绝大多数 30 后的人差不多，经历了数不清的政治运动。虽然经历有所不同，但我们 4 人都平安过来了，“文革”后我们都已超龄，所以都在 1976 年后转业。

2016 年 6 月 8 日 (84 /2、85 /2)

同济缘，未了情

50届 张云溪

我是同济附中50届毕业生。1950年9月至1987年3月留校任教37年。1987年韩志萱老师和我筹办80周年校庆。1990年参加校史修志工作，被退休教师选为退教协负责人，一干5年多。我这个普通的中学教师与同济结下了不解之缘。

地下党员引我起航

1949年我从外校转到同济附中，受地下党员李忠实、许宝文、朱月娥、王如华的影响，1949年11月黄钟越同学介绍我加入中国新民主主义青年团。当时上海刚刚解放，附中团员和我参加过反银元贩子的斗争，“二六轰炸”后，我们在溧阳路浙兴里挨家挨户宣传。朱月娥通知我参加王明辉等同学入党讨论会。在党、团教育下，经同济附中地下党员的引领，参加社会实践，使我逐步建立了科学的世界观和人生观。

甘当少先队辅导员

1952年同济中学成立中国少年先锋队，我受聘任少先队大队部总辅导员。校团委少年委员金绍民同学要求团委派高中学生团员如魏章丽、黄宇稔等到初中各班任少先队中队辅导员。少先队员在抗美援朝运动中响应捐献“上海市红领巾号飞机”的号召，节省零花钱，收集废铜铁，种植向日葵，积极筹款捐献。向苏联少先队员铁木儿学习，做好事不留名。学习苏联英雄(丹娘、古丽娅、保尔•柯蔡金等)和中国英雄(刘胡兰、黄继光、董存瑞等)的光辉思想和献身事迹。生动活泼地举行了“六一”儿童节化装营火晚会，主题是廿年后再相会。激励少先队员用学到的知识描绘祖国各条战线的灿烂前景，围着营火欢跳集体舞。最后由辅导员带领少先队员为理想奋斗高呼口号，少先队员齐声回应：“时刻准备着”。

我校的儿童剧“小白兔”“喜鹊与寒鸟”在江湾镇和五角场镇多次表演，获好评。我被推举为江湾区团队干部代表，出席过区人民代表大会。1955 年团市委聘我任上海少先队员夏令营中队辅导员和生活指导员，《文汇报》夏令营专栏报道我们中队教育不丢剩饭菜、爱惜粮食。

我校当年的少先队员，后来成为国家有用人才，如朱荣国、叶良秦、王彩凤、宋昭华、翁垂骏、杨维新等。

继承光荣传统做好思想政治工作

1950 年国立同济大学附属中学改制为上海市同济中学。解放前，同济附中在同济大学地下党领导下是青年学生革命活动的摇篮，有民主小堡垒之称。解放时同济附中为国家输送一批南下干部。改制后的同济中学，首当其冲投入轰轰烈烈的抗美援朝运动中，继承了同济人光荣革命传统，全校学生报名参军非常踊跃。据统计，1950 年入学的高一年级新生中先后有三分之一约 40 名同学被批准参军、参干。留在学校的同学继续努力学习，到 1953 年该届毕业生还有 72 人，结果先后全部被录取为大学生和留苏生。事实表明，从同济附中到同济中学，同济精神一脉相承。

1956 年同济中学党支部和团市委任命我为校团委书记。1956 年 12 月由校党支部书记、1938 年参加革命的老干部孙彬斐同志介绍我加入中国共产党。我又是校人事干部。

共青团工作有学习团章、党章，树立革命理想，组织团支部生活、发展团员。学校思想政治工作有庆祝“五四”青年节，与解放军部队联欢，祭扫革命烈士墓。组织团员和青年到乡镇夜校教书，下乡为农民扫盲，帮助烈军属和孤寡老人干活等。

1957 年，校党政团学联合举行热烈隆重的欢送会，欢送应届高中毕业生浦锦文等 10 位同学到江湾公社金星农场当第一代有文化的农民。区领导出席，我代表校团委授予革命红旗。《解放日报》《文汇报》等媒体的记者现场采访。浦锦文同学为上海市青年学生的榜样。1958 年高二 (1) 班在费廷祥、牛慧敏等团员带领下，在德、智、体、美、劳方面成绩优秀，被北郊区团委评为“共青号火车头班”的先进集体。

上世纪 50 年代，同济中学是上海市重点中学，是向全市招生、有寄宿条件的中学。在校党支部领导下，学生思想政治工作较为规范，学生的思想、文化、身体素质较好，高考录取率较高。

谢希德教授来访

1958 年复旦大学谢希德教授 (后任复旦大学校长) 特地亲临同济中学，要调 59 届学生 (68 人) 和老师共办上海市技术物理学校，由中科院和复旦大学物理系双重领导。该校学生毕业后约 49 人直接进入中科院上海技术物理所工作，成为该所新生力量。物理老师施智洲教学有方，后调市教委任中学《劳动技能》教材主编。核物理学教授赵癸也是 1958 年从同济中学高二直升上海技术物理学校的。

从谢希德教授专访同济中学调走师生一事可略知当时同济中学办学的质量了。

朱月娥离校赴江南造船厂党委组织部工作，同学们送到五角场留影，前左起：梁洁贞、沈元如、颜淑明 (均为 52 届)，中排左起：贺杨 (52 届)、朱月娥 (51 届)、张云溪 (50 届，留校任教)，后左起：许宝文 (51 届)、王明辉 (51 届)、徐康泰 (51 届)、张弥曼 (53 届)

当后进班的班主任

“文革”十年浩劫带给同济中学沉痛的灾难。林修和老师被殴打致死，学生深受“读书无用”的毒害，后进班是学校“文革”灾难的产物。我接的后进班，共 45 人，打架捣乱，自由散漫，无心读书，成绩很差。我是班主任，尽心尽力开展有教育意义的活动，组织反对打斗的劝说小组，用 15 人小班补课，在校领导和任课老师共同努力下，结果有 6 人考上高中。升学就业后，剩下不到 20 人，与同届落选生重组技艺班，继续教育，发展一人入团，3 人参军，没有一人有犯罪记录。技艺班同学离校时大家都拿到高中肄业证书愉快地走上工作岗位。不少人成为单位班组的领头人。

1979 年我被评为宝山县的先进教师，参加上海市国庆 30 周年群英会，获市、县两级的奖励。

自强不息，同舟共济

1978 年教育学院举办中学教师业余进修学院。我学了 4 年，通过各项正规考试。连以前学习，计有 7 年完成高等教育的学习任务，获得了毕业证书。其间，宝山县教育局要调我去宝山师范当校长，我校范家骅副校长征求我意见，去风光中学当教导主任，我都婉言谢绝了。我情愿在同济中学做任课老师。当时我任高中的哲学和政治经济学课。86 届高一 (4) 班颜骏同学写了一篇“科学并不神秘”，获 1984 年上海市哲学优秀小论文一等奖，另有同学两篇论文得市三等奖，我也获得指导老师奖。

退休后，为学校退休教工、校友和社区做点力所能及的事。参与了 50 届曹其行等校友的《舟中情》创办工作。1993 年获杨浦区退管会、退教协奖励。学校评我为 2004 年度退管工作先进个人。居民区党总支评我为 2005 年社区好党员。

我老伴黄有虞 1948 年进同济附中，1953 年调离同济中学。长子黄大路在外国语大学任教。二子黄大跃在中学教电脑课。三子黄民在美国获得化学工程哲学博士学位之后回国，在同济大学化学系任教。我们家有 3 人与同济结缘。我与同济结缘，就是自强不息地为同济人尽职、尽心、敬业服务。(35 /7)

同济和我的缘分——我的医学情结

50届 黄於婷

同济大学医学院原在上海善钟路 (今常熟路)，离我家很近，我经常去玩。在这些医学生影响下，我也想将来当一名医生。在我上初三的时候，学校来了一位几何、英语代课老师，是同济大学法学院的学生，从他那里我知道了同济附中。1947 年初中毕业后，我考入了同济附中，决心以后升入同济大学医学院。

两年的同济生活熏陶，上海解放后附中同学纷纷南下的影响，我到南京考入了二野医科大学，当了一名军校医学生。进入基础课学习不久，学校政治部动员我改行，到二野文工团当团员，我拒绝了。1950 年 5 月进军大西南，学校迁到重庆。我作为二野医大代表团的成员，出席西南军区运动会，得了名次 (田径)，这又给我带来了麻烦。运动会一结束就让我去西南军区体工团参加训练，还要我搞体育，我坚决拒绝，为此还受到不服从组织安排的批评。训练期间我见到了附中同学梁寿益，当时他在西南军区政治部保卫部。

1953 年毕业了，我为自己终于实现当一名医生的愿望而高兴，谁知道校干部处通知我，西南军区后勤卫生部到学校选了 4 名毕业生，其中有我。作为一名军人，只有服从，打理背包我就走。从此，我就一直在医院管理这个岗位上。我在医院管理方面的第一个老师是宋欣岚 (当时是我的处长，后为总后卫生部医疗处长，《军队医院管理》一书作者) 虽然我没有当成一个直接为病人服务的医生，但 1955 年以后我始终在医院工作，也间接为病人服务。在重庆期间，我见到了我们丙班的刘治平 (当时他在西南公安学校) 和黄钟越 (重庆医学院附属医院外科)。1959 年在北京参加军事博物馆军事医学馆筹备工作时，见到了王勇和田颐春。

1969 年 10 月，三个军医大调防，第七军医大学由重庆调往上海。过去的国防医学院 (后改为第二军医大学) 是第七军大学的分部，附中的校舍和飞行馆成了第七军医大的图书馆，我所在的第二附属医院长征医院，是解放前同济大学医学院的教学医院中美医院。世界就这么大，想不到 20 年后我又回到了曾经学习生活过的地方。在上海，我曾去过庄留琪、邵月馨的家，未见到面。

1976 年 9 月，我从部队转业到南京。到地方后我参加了卫生部和省市卫生厅局组织的院长学习班，参与了省市医院管理学会的工作，使自己的专业不论在理论和实践方面都得到了提高。1983 年，我们医院在深圳办了几个点。

50 年前，我们丙班几个志愿学医的同学，欢送我参军合影留念，黄钟越、顾统元，庄留琪和我都实现了自己学医的志愿。(3 /6)

烈昭老师，祝您健康长寿！

50届丙班 邵月馨 刘本培 尹启农 田颐春等

1947~1949年，杨老师是我们在同济附中的语文老师。那个年代，在中国大地上，正是中国共产党领导的人民革命和国民党反动统治进行激烈较量，并取得最后胜利的年代。在战场上，人民解放军以摧枯拉朽之势打败国民党军，解放区一天天扩大，国民党反动派为了维护反动统治做垂死挣扎。在上海地下党领导下，各大中学校展开了反对国民党反动政府卖国、独裁、贪污腐败的斗争！学生运动风起云涌，我们同济附中又是上海各大中学校的战斗堡垒之一。而杨老师平易近人，在同学中有很高威信，不仅教书而且更教我们怎样做人，谆谆教导我们做一个正直的人，勇敢的人。这对我们的人生观、价值观的形成起了潜移默化的作用。老师没有课程的班级也敬重她，因为同学之间有交流，有传颂。

上海解放后，各大中学校掀起了参加南下服务团和西南服务团的高潮，我校有不少同学报名参军南下，杨老师满腔热情支持和鼓励他们到未解放的地方去投入革命和建设。周夔威等南下，田颐春等走向大西南，杨老师在这些同学的纪念册上，写下了难忘的留言，成为他们最珍贵的留念，直到今天仍珍藏着。田颐春的小本上写的是："西南是一个美好的地方，扯长了你的脚步，走遍它，那里有善良和纯真，随便你去找吧！"

在建国后若干年，杨老师虽然离开了同济附中，但每逢校庆，您都尽量参加与当年师生共聚，同叙师生情。您在校庆90周年时写的《校庆偶感》；"岁月流逝情未逝，风光依旧驻春时。精英满座归来聚，共庆腾飞话新题"，道出了您对莘莘学子在各自岗位上事业有成的喜悦和欣慰之情。

在我们的脑海里，您总是那样慈祥，和蔼可亲！敬爱的烈昭老师，我们衷心祝您健康长寿，永葆青春！(31/1)

念家兄学铭 话同济质量

50届 赵学涛

家兄赵学铭，1929年生，1942年入华德中学，1948年毕业于同济附中，1952年毕业于同济大学机械工程系。

学铭在华德中学和同济附中期间，就打下了扎实的德语基础，升大学后还不断努力奋进，他的钻研精神叫我钦佩。一本《德华字典》被他翻检得破损不堪，使得他日后能丢开字典，笔译口译都得心应手，最后更从事专门的德语教学工作，成为上海外语界知名人士。

学铭刚从同济大学毕业，就分配到上海机械学院（今上海理工大学）教德语。他的目光敏锐，觉察到单纯学外语而不懂专业的弊病，经向领导建议并得到支持，创建了“科技德语”专业，担任教研室主任，采用德国为专科学校编写的原文教材，学德语的同时也学机、电、电子、光学等专业。学生学成以后，这种既懂专业又懂德语的人才很受社会青睐，许多与德国合作的外企争聘科技德语专业毕业生，不少学生后来站上了重要岗位。

随着上海对外开放形势的发展，学铭常被各单位借聘为德国专家讲学或重要技术谈判的翻译；宝山钢铁公司从德国引进轧机工程，他几次赴德任翻译和顾问；还曾为王震等国家领导人当过德语翻译。联邦德国世界中心领导人在来信中赞扬：“我们对您的德语水平表示敬意，这样的水平，联邦德国的有些公民是要羞愧的。”联邦德国科技部长福尔克尔·豪夫访问上海时，专程参观了上海机械学院，部长对赵教授的流利德语和表达能力十分惊异，忙问是不是在德国学的？学铭的回答大出人意料：“我是在上海的同济学的！”部长当场向他发出了访问德国的正式邀请。中国的一个普通教授，被外国政府部长邀请作贵宾，历史上不多见，殊荣不属于个人，殊荣应归功于母校同济的教育质量！学铭访德于1980年4

月成行，作为部长的客人有专人安排一切，费用全由德国承担，回来时带回了部长所赠的大量科技图书资料。

家兄赵学铭在外语方面一专多能，除以德语为主外，还自学了英、法、俄、日语，触类旁通，出版译著不少。他是一个闲不住的人，从学校退休后还继续受聘于别的单位上班。

1996 年 11 月 18 日清晨，家兄发觉睡过了头。由于他责任心很强，怕上班迟到，起床过猛，一下摔跌在地。家人赶紧人工呼吸，又叫救护车，却已回天乏术，时年仅 67 岁，临走时连一句话也来不及留下。他学校的领导、同事，亲友、学生和德国朋友，都为这样有才华的人过早离世而痛惜不已。洪昭光大夫讲老年人起床要慢，建议三个“半分钟”，看来是有道理。

我在追念兄长的同时，也为当年母校同济的教学质量之高深有感触。那时并不太注重生源，而是配备了很强的师资力量，中学里就有不少教授资质的老师，还有多位德籍教师与华籍教师一样工作，并无特殊化，有的甚至住校，学生随时可以找他们。此外，学生一律寄宿，也是保证学习质量的有效措施。在今天一片“复名回归”的呼吁声中，我建议先从加强师资、恢复德语课和学生寄宿这三方面着手，这是学校增强实力和特色的有效途径。

2007 年 2 月，北京 (39 /5)

艰苦非常的押运任务

50届 夏佩迪

我这里回忆的是一次参军后不久独立执行押运的任务，非常艰苦的历程，终生难忘。

1951年8月，我已从航校毕业并留校任教。8月底，领导让我带2名警卫战士由沈阳出发，到徐州空11师去接收两架ИЛ-10(伊尔10)强击飞机，供教学使用。这种飞机的座舱和发动机四周都是装甲，能携带114颗反坦克炸弹，驾驶员后面有一名射击员，火力极猛，能超低空飞行，是专门用于对地面目标攻击的飞机，德国兵称它为“黑色死神”。电影《攻克柏林》中超低空飞行的飞机就是这种“空中坦克”。

8月30日，天气还很热，我们3人办好手续(2名战士都携带枪支)从沈阳乘车去徐州，那时候火车慢，第三天才到达。第一次出差，还不大懂得办事规矩，凭介绍信先找到了师值班室，才知道了应该找的那个部门。空11师是新建部队，地勤人员中很多机械师过去刚入伍时都是在一个中队的战友，有了这些熟人，办事方便多了。师器材科的同志联系了车皮和吊车，机务处的同志帮助办理了飞机移交手续，到了9月10日两架飞机吊上车皮，并用钢索将它固定，中午就由车头将它从机场专用车站拖到了徐州火车站，一切总算顺利。

谁知到了车站后却发生了问题。一般飞机用火车运输时，只需将机翼拆卸下来就行，但伊尔10型的机翼拆下后，两个翼根部分突出一块，左右各超出车皮约半米，总宽度就比车皮超出约1米，车站调度室检查后就不允许发车。由于我们是军运任务，车站方面请示上级积极想办法解决。

铁路局的命令终于下来，要求编组一趟专列，车头后面的那节车皮上做一个木模和飞机一样宽，其后挂20多节空的平板车皮，然后才是装飞机的2节车皮。行驶时限速每小时15公里，一旦发现木模被刮，司机来得及刹车。这样就在徐州车站等了3天才组成专列。

由于车速太慢，在当时的单轨线上运行，必须前后多站没有别的列车通过才能放行，于是我们的专列每行驶一站后，往往要等几个小时后才能驶向下一站。从徐州到天津这段路整整走了10天。我们3个人押运，原先没有预料到这种情况，乘坐的又是平板车皮，先得解决露宿问题。我们商量后用飞机的蒙布架了一个土帐篷，又由车站同志帮忙找了些稻草，这样既可睡觉，又能遮风避雨；吃的问题好解决，出来时带了点出差费，那时候东西便宜，吃碗面只要一毛钱，或者买两个烧饼也可以解决一顿。问题倒是我们出来时只带了一身单军装，那时穿上还感到热，但等到专列发车却已是9月中了，晚上就觉得很冷，只好钻进稻草堆里取暖。我们3个人每2小时轮流值班警戒，看守好飞机。一路上天气还晴好，只是到青州时遇上一场大雨，那真叫狼狈，这一段过程才是真正的野营生活。好在那时候年轻，身体好，一切都还顶得住。

9月23日到达天津，3个人才有机会轮流到车站旁吃了碗炸酱面，算是改善一下生活。由天津到沈阳是双轨线，因而快了一些，但也走了3天。火车到达山海关站是中午，停在一个很大的调车场上，当时恰好有一列从朝鲜返国的志愿军列车在那里休息，不少志愿军指战员可能第一次这么近看到飞机，于是有许多人围到了我们的专列旁，我理解他们的心情，就大致给他们作了些介绍，这些同志都很高兴。他们当中有一位领导对我说："在朝鲜我们吃美国飞机的苦太多了，多么希望有自己的空军呀！"

那时候火车过山海关，就像现在过海关一样，人人必须下车接受检查，并兑换人民币和东北币，两种货币不能跨区流通。9月26日中午，专列终于到达沈阳。我们回到航校后，同志们看见我都认不出来了，因为一路上被太阳晒得漆黑，风餐露宿，人完全变了样，身上也脏得不像样了。机关的政治协理员马上领我去洗澡，关照我赶快去休息，接连好多天，睡觉时耳朵里总是响着隆隆的铁轨声。由于及时把飞机运回，一周后由七航校转来50名日本教官训练的飞行员来改装N JI-10飞机，这批学员毕业后，加入空军在唐山组建的空32师，这也是我国的第三个强击机师。当时我也参加了这批学员的教学工作。

这次出差没有什么特别任务，但就我来说，却是一次极好的锻炼机会，让我懂得怎样对待困难和克服困难，对我后来调到北京南苑建设空军高级航校有很大帮助。在南苑我们自己动手把飞机发动机专修室搞得非常漂亮，成为一些高级干部和友军外宾来校参观时的代表性项目。这次艰苦异常的押运已经成为我一生中难以忘怀的经历。(64 /6)

自由自在的学习与生活

50届 马兆蕙

附中生活阶段，最使我怀念的是自由自在的气氛。在日常学习和生活中，我们是散漫而松懈的，没有沉重的功课负担，没有应试教育压力，也没什么必须遵守的规章制度。全体同学住校，甚至十几人住一间大的集体宿舍，却没有严格的作息制度，虽然起床、睡觉都要吹号，但没人监管，实际上都由自己决定。每天早操要点名，但如果想睡个懒觉，只要找个借口写个假条就可以应付了。多数老师除了教课，与同学接触很少，很多老师住在校外，上课时才来。所以，课后复习全靠自己掌握了。我记得德文老师威多福，考试时也不监考，放一个闹钟在讲台上，让学生自己掌握时间，他就走了。由于多数老师教课质量很好，也能充分尊重学生的自主独立精神，所以课堂秩序好，师生关系融洽。学校(博物馆时)只有在临马路一侧有一段围墙，其余部分都与四周麦地、小水沟相连，虽有一个传达室，但进出完全自如，深夜也可以到对面小铺子吃宵夜，中午可以到附近麦田里晒太阳，睡午觉。但学生并不是一盘散沙，我们有自己选举产生的自治会，有伙食团，通过民主讨论，决定有关学生自身的事项和行动。还有多种自发组织起来的社团，出墙报、搞活动，因此，校内外信息是及时而畅通的。正是这种自由自在的气氛，使我们有充分的活动自由，能读到进步刊物，交流思想看法，能经常参加附近同济工学院、理学院、文法学院、国立音专及复旦大学的各种晚会和活动，接触当时的新思想，汇合到时代的洪流里去。我们厌恶肮脏腐败，关心人民疾苦，向往没有人剥削人，没有人压迫人的理想社会，尽管想得很简单，却是真挚的。所以看似自由散漫的学生，在发生重大事件及活动时，能很快形成一股力量，积极参加进去。我们也正是在这样的环境中受到熏陶和锻炼，接受革命启蒙教育。(2/4)

怀念马兆蕙

杨烈昭 50届 朱伯颖

缅怀兆蕙（杨烈昭）

从《舟中情》第七期看到的讣告，谨向几位病逝的同学表示哀悼，对兆蕙，我更有一种压制不住的沉痛。

她在中学时的模样立刻浮现在我的脑海里，在印象中她是一个纯正天真，善于思考的姑娘，她常和朱伯颖在一起，每当遇见我时，总是那么微微一笑，我感觉到她是一个有上进心和有自约力的人。

最近我清理旧日信件时，发现了她在1950年3月5日离开同济附中之际，给我留下了一封信（见下），当我重读的时候，字里行间使我内心感觉到一种遗憾、歉疚和自我谴责之情。我未曾做到她向我提出的要求，别后我们没有联系，也未寄照片给她。可能是由于我在繁忙的现实工作中而忽视了这份师生情谊，成了无法弥补的伤痕。所幸的是在1997同济90周年校庆时，我们不仅见面，而且能住在同一房间，饮食起居在一起，令我非常感激，难以忘怀。分别是我还托她捎信给49届的李世华同学，她回北京后写信给我，并寄来4张她亲手为我和几名同学拍的照片。我何曾料到，在如此短暂的时间里，她竟先我而去，使我无限怅惘，无限哀思！

2002.4.8

杨先生：

昨天晚上刚刚知道今天走的消息，心情太乱了，又忙着整理一切东西。早上我曾来向你告别但是你不在。杨先生，请允许我向你保证，我一定要加紧学习，为人民服务，请相信我不会使你失望。

答应我，常常写信给我，并允许我常常写信来问候您。以后尽可能的我会写稿子给现代妇女。我相信以后写的资料也多了，最后希望你永远做我敬爱的先生给我生活上、工作上、学习上、文学上以指示。

祝您

健康

爱你的学生

兆蕙

1950.3.5

(11/3)

我心中的马兆蕙(50届 朱伯颖)

最后一晤，难舍难分

我最后一次去医院看望兆蕙是在2002年1月5日，从9:30到11:10，我们一起待了1小时40分。

当时她脸色灰黄，嘴唇发白，说话吃力。我请她不要说话。但她还是断断续续说了一些:“我感到从来没有过的难受，人像一摊泥。肺部的病灶不敏感，吃什么都吐，喝水也吐，一天能喝一小碗薄粥汤就不错了。”

“到我这个分上，已经无所谓想得开想不开。老实说，我体会想活不容易，想死也不容易。”

“人总有这一天。我活了这么一大把年纪，死也无所谓了。当然如果经过这一段的困难，能再有一段比较好的日子那是最好。”

她说到郑一鸣知道她生病后给她写了封信。“收到信我已写不动回信了，等我好点，给他回信。”

相伴附中，相知终身

我和兆蕙自1947年秋入同济附中，就成为好友。我们一起参加各项学生运动，一起参加交响社，同时加入旗手社。我们一起在地下党时，为自己“不被信任”而闹情绪。我们经常一起到上海音专去听音乐会，到地里挖野菜，到河边抓小螃蟹，还曾经在大雨中一起散步，把自己淋个湿透。兆蕙和我家境都不好，都只有一条被子。有一个时期她和我睡上下铺，天冷的时候，我们就钻一个被窝，把两床被子都盖上。1950年3月，兆蕙去中央公安干校前夕，我俩在床头点上蜡烛，彻夜长谈。1950年7月我到北京中央团校，报到之后立即到当时在郊区的中央公安干校看她。

此后的50多年，我们一直保持着比较密切的联系，从未中断。我们都还在谈恋爱的时候，我们两对就一起去游颐和园。她的两个儿子1957年、1959年生，我的两个儿子1958年、1960年生。后来她还想要个女儿，1963年如愿生了个女儿小芳。历次政治运动，我们遭遇不同，却始终互相信任。无论思想上、政治上、生活上，我们彼此尽情倾诉，分享了所有的快乐，也分担了所有的痛苦。

同学们逗着玩，躺者朱月娥，围着的朱伯颖、马兆惠、宁玉明（均50届乙班）、王如华(51届乙班)(同济中学楼前广场，1950春)

豁达开朗，勇于磨炼

兆蕙是坚强的，突出表现在近5年的抗癌斗争中。纤维肉瘤是一种毒性很大的恶性肿瘤，随血液转移。这些年来，她做手术，做放疗，练气功，无论治疗带来多大的痛苦，一直认真坚持。治疗取得成效、好的前景刚刚展现，不料却又发生转移，她又开始新一轮更加顽强的斗争。2001年七八月间，肺部的病灶有明显好转，同时整个肺出现纤维化，治疗需要暂停，她和专程从美国回来看望她的女儿、女婿、外孙一起度过了3个月的愉快时光。不料之后全身出现黄疸，查出了胰头癌。她做了胆总管支架手术，胰头癌却不能开刀了。

兆蕙对自己的病情始终十分清楚，她从不在人前落泪，依然是豁达开朗，谈笑自若。正如她当年在我纪念册上的留言一样：“痛苦算不了什么，因为只有它才能将我们锻炼得更坚强！所以一旦痛苦降到你身上，你该迎上去，因为它会带给你磨炼！人生是一场没有休息没有侥幸的战斗！”她一直在希望，在努力，直到最后。

兆蕙一生的工作已与无数人们的努力汇成历史，她留下的精神财富也将永存。

(12/5)

怀念老战友吴咏麟

50届乙班 曹其行

1. 大西南征途

人与人相逢，取决于机缘，或者说巧合。但要彼此相知，却需经过岁月考验与磨练。我与吴咏麟兄弟在同济附中同班相逢是偶然的机缘，但我们在共同进军大西南的漫长岁月中则缔结了彼此都确信的一辈子的友情。

我们从同济附中报名随军南下工作，跟随“二野”进军大西南。从南京集训后出发，途经湘西土匪老窝，跨越少数民族地区，爬过终年积雪的白马山，目睹了尚未收拾的战场，尸骨遍地，硝烟未灭，真可说是千辛万苦。我们这支来自上海和苏南地区的学生军，其中还包括三分之一女战士，从没有经历过这种艰险场面。白天行军近百里，夜间有时还不得不与牛羊同圈，没有一个人身上不生“革命虫”的。我们紧跟前方部队，跋山涉水3个月，终于在1949年12月下旬到达重庆。我们的主要任务是征集粮食支援部队继续向前推进。我们被分配到巴县征粮工作队，吴咏麟在白市驿走马场，我则去了巴县蔡家场。在征粮工作队，每个队员都要独当一面背上武器到大地主庄园敲门，进行大户加征，动员说服地主，富农拿出粮食上缴国库。

我们每走一处，都需时刻提防匪徒行凶或恶犬伤人，处处面临风险。这样干了近2个月，地主武装就勾结土匪，加上国民党潜伏特工，还有搞所谓刀枪不入的刀儿教的会道门，趁新政权立足未稳进行反攻。我们巴县地区曾有3个乡工作队被敌人围困，几乎弹尽粮绝，直到解放军赶来才被解救。

在剿匪的激烈斗争中，吴咏麟曾勇敢地抓捕过3名土匪，其中一名涂姓罪魁属首恶必办，经公审大会判处枪决。大约过了一年左右匪患平息，征粮工作队重新分配工作。

2. 各分西东

此后一段时间，我和吴咏麟都在涪陵地区工作，偶尔会在街上碰到。这时我才知道咏麟兄已去邮电局长途通讯科从事野外线缆架设测绘工作。我当时暗想他身体虽比我强，但高度近视，真有点担心。在1952年、1953年间我奉调去专区土改工作队，先后到过丰都和彭水两地搞土改。土改任务完成后又调长寿县搞私营工商业改造，直到1956年回涪陵地委工业交通部，这时咏麟兄已调四川省邮电局长途通讯科，人在成都了。可巧1956年夏，我经批准参加全国高校统考，录取到了四川大学工学院化工系，当时我爱人已在四川医学院就读。

有一天我们夫妇两人居然在成都青羊宫附近巧遇咏麟兄，当时真是又突然又高兴，本应好好叙叙，可我转念一想，自己要在成都读书好多年，咏麟也在成都工作，日后见面叙谈机会有的是，竟匆匆分手了。以后的事实证明，我当时想法错了。谁都不会想到，这一次分手竟会长达40余年！

3. 岁月流逝

此后几十年，吴咏麟生活道路坎坷。先是在肃反运动中有人向他发难，以后又在多年极"左"思潮中蒙受冤屈，下放凉山最边远的木里藏族自治县，在深山老林野兽出没的地区架设野外线缆。每天背着沉重的仪器爬山越岭，身心的艰辛劳累，一般人很难支撑得住。就这样一干23年，身体终于垮了！

我自1960年川大毕业后，一直被锁定在"核"内，只允许与家属通信，且只许写信箱号而不许写详细地址。这一锁就是30多年！

直到2000年，刘治平告诉了我咏麟的合肥地址，我们才重新联系上。我当即去信约他参加我们50届的新世纪大聚会，但这时咏麟兄身体已很虚弱，吴大嫂怕他激动，未接受邀约，但寄来一百元资助同学活动。我在众多同学聚晤时读了吴大嫂的代笔信，大家听后沉默良久。当时有老同学说这又是一幕《天云山传奇》。

这一年我刚离休5年，而咏麟兄已坐上了轮椅。

4. 沪上重逢

近2000年末，我忽然接到吴咏麟打来的本市电话，说他已到上海浦东，住在儿子租的房子内。我迫不及待约了广东老乡，同班好友李世煌同去看望。

40 余年的岁月，将在我们每个人的身上留下什么印记？！

吴咏麟兄，当年的小伙子如今头已光秃，坐在轮椅上，说话也不那么流畅。吴大嫂十分热情，一见如故。我们都期望咏麟兄劫后余生度个安乐晚年。他有两个儿子都在上海工作，还有其他亲属在沪。李世煌又专门为他调试好电视机，用上了增频器，可以聊解寂寞。

这时正巧西南服务团老战友上海联络人小鲁刚与咏麟兄接上关系，而重庆的中队联络人晓兰夫妇又到上海，于是我们约定在世纪公园聚晤，这是一次难得的重逢。由于公园离咏麟家不远，我们大家轮流推轮椅去公园，喷水池边吃干粮，花木丛下拍照留影，看得出，这是咏麟兄非常开心的一天！

6. 最后的日子

2001 年夏，吴咏麟兄除了仍坐轮椅之外，又发现了肠梗阻，不能正常进食。我们都明白，他又将面对新的磨难。6 月，洪锡玖从昆明来沪探亲。他俩也是同学加战友的关系，多年未见。于是我们约在 6 月 17 日再次去浦东吴家小聚。去的人除洪锡玖、李世煌和我外，还有校友会的谢颖武和西南服务团战友鲁永皓。那天我们说了很多往事，叙了不少旧情。下午，我们和吴大嫂一起轮流推着轮椅到他家附近风景优美的张家浜水边散步并摄影留念。现在看来，这几张照片是我们与咏麟兄的最后合影了。

不久，吴咏麟住进了东方医院，手术有困难，我们都很揪心，大家尽了最大努力，还有 49 届的钟敏也为他寻医访药，后又转辗换过几次医院，但都无力回天。

9 月 17 日，咏麟兄已进入弥留时期。阿煌与我，锡玖与小鲁先后赶去医院。他儿子已守在病床前，只等女儿火车赴沪。这时咏麟兄已不能讲话，只能用眼睛看着我们。我们告诉他，当年他架设的长途电话线将永存人间，人们不会忘记他的战绩，直到永远……

18 日凌晨，吴咏麟兄与世长辞。临终前能见到家人、老同学和战友，也不失为一种安慰。我与咏麟兄从相逢到相知，历经半个世纪有余。现在人虽已去，但记忆永存！ 9 月 22 日追悼会上，邹祖荣等都到了。老战友代表老同学，小鲁代表西南服务团老战友，敬献花篮，祝愿咏麟兄一路平安。安息吧！

2002.2，上海 (10 /1)

进校后之感想

51届 王宏升

1948年秋大，我考进了上海同济大学附中，入学后写的第一篇作文题目就是《进校后之感想》，反映的是我初进校门时的心态。这本作文簿一直在我身边保存了55年之久！时越半个世纪有余，今天翻阅，感慨无限，少年已成白头翁矣！当时我们乙班国文老师是林轶西，他还在这篇作文后面批了“笔调很活泼”五个大字。2004年3月5日于扬州

天苦着脸，流下蒙蒙的雨泪，大上海被一层朦胧的烟幕笼罩着。气候是这样的窒闷郁悒。天还未亮，我便从梦中醒来，怀着喜悦的心情和新奇的希望，同纯(秦道纯同学，已故)忙着梳洗、用早点。一切收拾就绪，便辞别了我的叔父母搭了两辆三轮车，到善钟路同济医学院，将行李搬上了同济校车，开始奔向我憧憬了2月之久的新的环境——同济附中。

一眨眼，两个星期飞过去了，可是在来校途中的情景——像那新鲜的空气，夹着泥土的气息；带看冷意的秋风，拂着我们灼热的胸膛……以及到达目的地，门前的两根大旗杆；水泥墙上的四个大字“忠勤廉明”和那带着威严庄丽五色缤纷高耸在空际的彩楼。这一切……深深地映进我的脑膜，使我回忆、咀嚼，而更使我深深地爱上了我新的奶妈。我从此便祷祝我的新奶妈健康茁壮，奶份充足，使我们从遥远的地方投奔来的孩子，得到充分的营养，使我们很顺利的发育，一直到长大成人。可是我的奶妈，你不会说：“你这个太多梦想的痴孩子！你既然来了，我会不爱护你孕育你吗？……”可是，我的奶妈，我也是一百廿万分相信你，你难道会使我们失望么？！

当我第一次踏进了课堂，看到廿几张陌生的面孔时，我的心跳跃着，还带着一种处女

的羞涩态度，不自然地坐在自己的位置上，手上虽然拿了一本书，但是眼睛却溜米溜去，偷偷地看看这个面孔，看看那个面孔，心里暗暗猜想那位是我的同乡吧！那位拖着短辫子的女同学该姓什么吧！我有点发呆了。对于几位先生，我预感兴趣的是历史课的金先生，他那流利的官话，逗人发笑的神情和衬着他的大块头身体，上他的课，谁还要睡觉呢？不过对教其他课程的先生的热心，我是十分感激的。而在几天以后，我便认识了好多位同学，并且在互通姓名答询之下，还有几位是我的同乡呢！这又给我在陌生寂寞的环境中，多获得了一分温暖。

号声在旷野的空气中播散开来，传进耳朵，一听便知道是下课号。5 点钟后，拿了饭罐走进膳厅，人声聒耳，尤其在饭桶旁边，一群青年你挤我攘的争着盛饭，一班女同学只好站在远远的地方伸伸舌头，等到男同学饭盛得差不多了，然后才有机会。这是每天必有的趣剧，可是我的感想并不在此。而是在吃饭没有凳子坐，工友一块儿吃，这十足地看出这里没有阶级的现象和生活军事化的切实。

这里设备虽差了一点，不过在这物质维艰国难不止的今日，我并没有感到不满的地方。最值得我留恋的，该是落日余晖，暮色黄昏的夜晚吧！当晚饭毕后，三五成群，步出校门，迎着晚风，吹着口哨，唱着山歌，踏着柔软的泥土，轻轻哼着迷人的小曲，徘徊一个恋人的黄昏，消失了一天学习的疲劳。

总之，这新的环境中，充满了青春活跃，新生光明，热情蓬勃的影子。我希望我自己在这新的环境中一天天走向进步的道路。(20 /7-8)

记 1949 年 4 月 26 日大逮捕

51 届 朱月娥

1949 年 4 月 25 日，我由家返校，校方紧急通知，全校立即迁往工学院体育馆。于是，我们仓促转移到工学院体育馆，男生住楼下大厅，女生住楼上看台，席地而卧，上下相通。

因为前几天，曾发生不良分子偷窥女宿舍，装鬼吓女生等流氓行为，24 日同济大学党总支委员李远 (李忠实之兄李忠诚之化名) 要我借此机会组织女生斗争，由马兆蕙牵头，发动女生向大学校长夏坚白哭诉；保障女生安全，严惩肇事者。我还未及办这件事，便搬迁了，李远同志便要求我以防范不良分子流氓行为为由，组织女生夜间值班以应付白色恐怖，一经讨论，为自身安全，立即付诸实施。

4 月 26 日深夜 2 时左右，值班女生于敏急来告我情况，同学们都一骨碌爬起来。室内停电了，一片漆黑，窗外手电筒灯光乱晃划破夜空，吆喝声四起。同学们穿衣起床准备冲出去，但宪警特务已冲进体育馆，喝令大家躺下不许动，听候检查。

我睡在王如华旁边，她将我藏在腋下，拉被子盖住我的头说："你别怕，有我保护你。"我感到无限温暖，感激万分，这份感情我记住一辈子。不料，被子盖住了头，却露出了穿着鞋的脚。一个便衣巡查过来说："睡觉怎么还穿鞋！"大家不理他，只把脚缩进出了被窝。便衣又指着王淑琦说："你睡觉为什么还戴眼镜，怕做梦看不见啊！拿学生证来看！"他看了半天找不出毛病来，只好悻悻带着宪兵下楼，吼了一声："你们躺下不许动！"

我俯卧透过栏杆观察大厅里的动静。暗淡的马灯灯光下，荷枪实弹头戴钢盔的宪兵正在核对同学们的花名册，投射在墙上的身影摇忽不定活像魑魅魍魉，阴森恐怖！忽然大厅里有人喊叫，乱哄哄，我不知发生了什么事，我的心揪了起来，生怕我们的同志出事。过了一阵又静了下来(直到40多年后，张惠松同学告诉我，为了掩护逃进大厅的工学院学生，赵整纪捅了睡在身旁的张惠松，叫张挑头出去小便，其他同学纷起效仿，那些大学生也就乘机混了出去)。

到4点多钟，宪兵特务终于撤走了。劫后余生，同学们又逐渐活跃起来，我赶紧打听周燮威，邹祖荣的安危，见到他们安然无恙，心里一块石头才算落地。原来，附中竟无一人被捕，只是值勤的男生(姓名已忘，有谁知道吗？)临时被扣，并被搜走了一个电筒和一块银元，宪特撤退时他也解放了。

天渐亮，逃到麦地里的工学院学生陆续返校，很多同学围着这些大哥哥听他们讲述昨夜的惊险故事，也深为他们的乐观主义精神所鼓舞。

警宪特的暴行把同学们激怒了。在周燮威同学的组织下，同学们手挽手10人一排，在体育馆内一边高唱“团结就是力量”，一边不断变换队形齐步前进，真是雄伟悲壮，大义凛然，昨夜大逮捕的阴森气氛一冲而散，同学们随时准备迎接新的斗争。

事后，李远同志告诉我：同济大学地下党员有准备。校门值班同学见到“飞行堡垒”(装甲车)开近学校，就拉响了土警报(设在井中的自制警报)。切断电源，锁上校门便藏了起来。特务宪警进不了大门，只好翻门而入。这就赢得了时间，200多名地下党员和积极分子钻出围着学校的铁丝网躲进麦田。

据内线消息得知，这次大逮捕整个同济大学所属院校学生列入黑名单的共108人(我曾在四川路底文法学院门口墙壁上见到国民党当局贴的告示：……值此非常时期，戡乱救国……对刘必长等108名学生应予管教……云云)。附中被列为黑名单的学生有周燮威、皱祖荣、李忠实、曹其行4人。当时曾通知周燮威隐蔽，但他说，要在这里坚持斗争，我怎能抛下大家，自己躲起来？再危险也要和大家在一起。幸好4月25日附中搬到工学院体育馆后，宪兵警察拿着黑名单到博物馆原址去抓人，自然扑了个空。而当夜被抓走的1名同学并未列入黑名单，因被发现藏有进步书刊、传单等暴露身份。

“4月26日大搜捕”是濒临崩溃的国民党镇压学生运动的垂死挣扎，也是我们同济附中49、50、51三届学生一次惊心动魄的斗争经历，每忆及此激动不已。今录于此，一为续战斗友情，二为让参加过那场战斗的同学了解一些当年不知道的内情。(6 /2-3)

守夜，一篇六十年前的老作文

51届 周龙衢

守夜在冬防时期曾进行过，但最近几天又要守了，这是有原因的。“五一”前夕，发现有人拆竹篱笆，瑟瑟作响，且你来则他溜，你去他又来，梁上君子乎？特务乎？不得而知。但特务的可能性比较大，因为正在红五月运动高潮——“五一”和“五四”的当儿发生，不大会是小偷为了几根竹片而来，很可能是特务为了扰乱情绪而来的，既是特务，安知其不有其他企图呢？因此我们又不得不守夜了。

“守夜”对于我们来讲是“硬伤”，因为它要使我们牺牲好几个钟点的睡眠，妨碍健康，妨碍学习。不过这并不是说怕守夜或不高兴守夜而是从假设没有特务出发的。的确，假设没有特务的话，我们不是可以少此一举吗？少此一举，既利健康，又利学习，所以这个“硬伤”完全是特务给予我们的，因之我们更进一步体验到特务对人民的危害性，也增加了对特务的仇恨。

昨晚轮着我们3人守夜，现在的守夜范围比过去大，所以我们分了两组，一组负责室内，一组负责室外，室内组又分为楼上楼下。分组结果，我与方承源同学负责保护饭厅，看好两侧门、储藏室。储藏室可真重要啊！里面都是易燃的花壳，假使特务放了火，则二、三、四楼寝室里的同学，将不堪设想了！于是我们商量了一个办法，要既安全又易使特务落网，计划了一下，就将两侧门摆了许多障碍物，如粪桶、石块、桌、凳等，储藏室的门口也架起了许多桌、凳，我想，假使有特务走这里掉在粪桶里，或碰到石块、桌凳倒下来砸得头破血流，然后乖乖落网，那是多么有意思呢！所以我们虽然弄得满头大汗，却很有劲。这些准备工作做好了以后，我们二人就分立在饭厅里厢两个黑暗地带，端起我们的武器——

垒球棒，拿着手电筒，像是守卫着祖国边疆的士兵，感到无限光荣和威武。外面来了一个人，我立刻叫“口令”，回答是“锦标”，是自己人，因为这是我们预订好的。

12 点钟了，是我们内外两组人员对调的时候了。

我回到了寝室里将搁置好久的黑棉大衣穿起来，并戴起了帽子，因为外面有呼呼的风声，这样既可御寒又有了掩护色。在外的武器不是短的垒球棒而是长的标枪，因为在外边短兵是不利的，遇到对象可望而不可及时是伤脑筋的。

到外边先是巡视，沿竹篱笆走了一圈，麦苗里厕所旁都是我们注意的地方，因为“青纱幛”的确是个很好的藏身之所，很可能为特务坏蛋所利用。起初我们每隔一些时候 (大约一刻钟) 巡视一遍，后来觉得这样的方法还不够好，可能“打草惊蛇”，所以我们就分开伏在暗地里听动静，以期有所获得。狗叫了，那里有可疑的声音响了，就轻轻地寻声觅路，有时寻觅的结果是几只癞蛤蟆正在慢吞吞地在草地上跳动，发出“吵吵”的声音，正是又好气又好笑。不免要拿标枪刺它几下，但想到了是个益虫，伸出去的标枪又缩了回来。

紧张之余，我们也还有余暇来欣赏欣赏这春之夜景。当风势小的时候，有时万籁俱寂，有时夹着一些蛙声；风势大的时候，可以听到麦浪的声音，仰视天空则见群星闪烁，不免忆起了《英语》(开明版) 第一册里的一些小诗：

Twinkle twinkle little star！

How I wonder what you are！

Up above the world so high，……

在寻找地方休息的时候，我们发现了躺在校门前柏油地上的庆祝“五一”用的立方锥体的彩牌，为木条所钉成，中间可居人，这是一个很好的地方。因为我们在里面可以看见外面，而外面不能看见我们，在这里听动静再好没有，但美中不足之处是偏居前门一隅，不能兼顾四方，所以巡视仍是需要的。

疲倦的时候，我们就聚拢来“吹吹牛皮”(我们的惯用语，意思是谈谈天) 内容相当丰富，东南西北，古往今来，样样皆有，件件俱全，真是包罗万象，当然声音是很低的，低得像蚊虫叫，能为风声所淹没而不致被局外人发觉。

就这样直到下半夜第二批同学接班的时候，我们才卸下了责任，胜利地平安地完成了这光荣任务。

然而今天早晨有许多同学毕竟疲倦得起不了身。这几天一连串的体育活动，拔河呀！接力跑呀！……我们已经很疲倦了，再加上守夜，无怪今天上午第一课的时候，大部分同学还在酣睡之中，无形中停顿了一课，是谁造成我们这样的呢？是特务，特务是与我们势不两立的，今当人民政府为民除害严厉镇压反革命分子的时候，我们一定要站稳立场，坚决拥护政府的这一贤明措施，并积极向群众宣传，向政府检举。我们高呼："坚决镇压反革命分子！"

曹融南先生的批语：

先叙为什么要守夜，再说要守夜前的心情，再叙述守夜的情节感念，很有层次；结束处用议论，尤其好。(61 /1)

回忆在母校学德语的时光

51 届 曹其宁

人生的道路大多是由一个人的生活环境和本人志愿所决定的，但一次偶然的选择也会影响到人的一生，也许我就是这样的事例，而这段往事就发生在母校同济附中读书的时候。值此 51 届同学毕业 50 周年之际，我要一吐为快，与老同学们同乐。

我 1948 年秋考入同济附中，编入甲班，这个班外语课是德语，班上还有前华德中学转过来的一批初中起就学德语的同学作为“核心”。我初学德语时，它那复杂繁琐的文法对我简直是一种折磨。我一直暗暗希望，哪一天可以不上德语课该多好！到了 1949 年春果真不必上德语课了，不过那是因为解放战争临近上海，学校全部停课疏散了。

上海解放后学校很快复课。这时对外语课实行新办法，可以在英语和德语之间任选一门，愿学英语的可转去乙，丙班。我不由大喜，立即转到了乙班，以为这下我可以从德语课中彻底解放出来了。

不料没过几天，我那些甲班的老同学对我“跳槽”颇有微词，言下之意是我背离了患难之交，“不够朋友”。在这种“舆论压力”下，我真的觉得对不起他们，于是又回到甲班继续学习德语。谁知这一改却“柳暗花明又一村”。那时教我们德语的是屠心观老师。说实话，他那口“宁波德语”的发音实在不敢恭维(希望老师在天之灵原谅我不敬)，但他的治学态度，教导方式实在叫人钦佩。他的特点是讲文法非常清楚，且循循善诱，顺序前进，通过大量课堂练习(他有厚厚一本自编的例句集，我们称之位为“百宝箱”)，使大家学了能懂，懂了能用。在屠老师的教导下，我这个原本害怕德语的人居然很快对德语产生了兴趣，入门伊始就找德文版的《论人民民主专政》硬啃起来，乐在其中而一发不可收拾。

1950年底、1951年初，学校开展了参加军干校运动。这时52届的陈思义同学参干后分配到北京外国语学校学德语，听他来信说，该校还需要德语学员。于是我们甲班4个志同道合的同学(关衡康、沈国梁、全关良和我)，一经商量就下定了北上学德语的决心，并向母校领导讲了我们的愿望，当时杨烈昭老师亲自为我们写了给北外的介绍信，并很快得到了北外同意。就这样，我们4人于1951年2月踏上了去北京的旅途，进了位于颐和园旁边的北外德语系，后来又有一批同济附中同学(张国良、张连根、吴增华、沈一民，徐希尚)也走上了和我们同样的道路。

我因为有同济的德语底子，进北外时经考试插入二年级，学习比较顺利，还未毕业就提前分配工作，1953年初进外交部，从此与德语国家打了一辈子交道。如今我已经退休多年，但我的电脑键盘上仍不时响起与德语有关的敲击声，这就是我与德语结下的不解之缘。

回首往事，母校对我的哺育，恩师对我的指点，同学对我的关心，令我感激不尽，永志不忘!

2001.7，北京 (8/3)

学生会执委合影引出的轶事

51届 谢颖武

1950年秋季开学，学生会改选，我们高三名额较多，班上不知哪几位仁兄硬把我“轰”了出去竞选。老楼二楼的大饭厅内外贴上大字横幅“请投谢颖武一票”，气势不小。我看到自己的贱名写得巴斗大，从未有此殊荣，不管选不选得上，心里总是乐滋滋的。选举揭晓，我居然当选。但选出的11人执委并无明确分工，第二天由当选者自己议定，沈镇东颇有威信，成为新任主席，再看别的执委都有专长，搞文体、搞宣传、组织活动……只有我呆头呆脑，结果七嘴八舌地把个秘书职位留给了我。回到班上，大家议论不一，有的说我当了秘书长，有权；也有人贬低，说我只是个秘书，没有“长”字，抄抄写写而已；第三种说法中庸：“学生会里只有你一个秘书，上面没有秘书长，那你算秘书或秘书长都无所谓。”联想到十几年前看到的一部电影，有一段描写部队里一位参谋闹情绪，有句台词：“参谋不带长，放屁也不响。”大概导演认定参谋的职位很低，是不是这样，请在部队呆过的同学纠正。

学生会当秘书，与那些分管文体、学习、宣传部的执委相比，确实清闲得多，但也有些事务工作要做：整理、保管各部委文字资料；为同学开个证明什么的；到北四川路区学联跑跑腿，领取通知、文件等。有一次到区学联去办事，碰上同院的区团委正组织区内学校团员活动，看那些同学比我小，可能是高一的吧。他们活动大概一天，正在发午饭，每人2个长长软软的小面包，每个里面夹一条小红肠，淡咖啡色，油亮油亮，我馋得直掉口水。那年代“外国香肠”大多在洋派的伙食房出售，还卖现烤的面包、奶油、乳酪……中式卤菜店猪头肉特别多。我从没吃过这种小红肠。不过这一“馋”倒跟来了我一次真正的口福。那年冬天，驻在江湾体育场的一支解放军部队调防，三大纪律八项注意，部队首长

1951年学生会干部在教学大楼前,前左起:卢金生(52届)、徐康泰(51届,客串),二排左起:沈福林(53届)、朱月娥(51届)、王效良(52届)、沈镇东(51届)、金绍民(53届),后左起:谢颍武(51届)、朱祖光(51届)、王明辉(51届)、张惠松(52届)、贺杨(52届)

设晚宴向驻区居民辞行，同济中学接到请帖派师生各一名赴宴，教师是总务主任张泽民先生，学生当然非我这个秘书莫属，其他分管执委哪一个也不合适。张泽民先生叫我打扮打扮仪表，临行还检查一下我的衣领和钮扣，我仍穿了照片中的那件老夫子长衫。宴会上同桌有复旦大学学生会的2位秘书，也是和我一样的书呆子。张先生看起来能喝酒，但他只喝了几口应答，学校出来的代表总得有些道貌岸然吧。回到学校不少同学问我，吃了些什么东西？可见大家都馋！顺便说一下，52届女同学孙姗姗之父就是那支部队的首长之一。孙姗姗后来参加军干校，此后失去联系，哪位同学有线索请告诉袁义善、余铭正或我。

我们同济附中当年有很多同学活动能力特强，办事经验老到，我是自叹勿如。我在学生会里，与其他执委相比，能力也是差了一截，胆子又小。有次为一位同学开个证明，一着急就手忙脚乱，惹得那同学抱怨："真正天晓得！"(那同学好像是高二的王为箴，记错了莫怪)。又记得解放前高一时曾轮到甲班办伙食一月，我也被大家推了出去，分工管公费的会计，这活最简单，只需拿了公费同学交来的私章去领钱，然后交给总务；管自费的会计就要复杂得多；总务廖忠淇管全面更难。有一天不知什么事惹恼了高二、三的老大哥来查账，一人说，公费会计很简单不要查了，另一人则说也要查，一边翻看我的账本，一边恶狠狠地说："好极嘞！好极嘞！"我不知他抓到了我的什么错处，吓得心里直打鼓。

这篇短文是那张全体执委合影引出来的，但令人伤感的是合影中的王明辉和沈福林，还有上文提到的廖忠淇，已经不在这个世界上了，在此谨致哀悼！

2006年8月上海(36/6)

我们踏上了通讯兵的征途

51届 陈恭启

1950年12月，同济附中报名军事干部学校的学生获得了正式批准。我们一批被批准为通讯兵的同学于翌年1月9日傍晚，在上海老北站蒙蒙细雨中登上了西去的火车。那是一趟特慢的慢车，遇到别的车，不管什么快车、慢车、货车，都得停下来让路。不过也好，大家初次“远征”，正兴奋着哪，一路歌声嘹亮、笑语不断，根本不知疲劳，终于10日上午在皑皑白雪中踏上了集合点南京的土地。到南京主要是分班，少数大学一年级生被选入张家口的军事通讯工程学院，占大多数的高中生被分别编入武汉通讯机务学校（后称第四通讯学校）和南京通讯机务学校（后称第三通讯学校）。1月11日自由活动，我们同济的几个同学原先熟悉，当然在一起活动，那天玩了市中心的“新街口”，买了南京特产红皮花生米进电影院，那影院不对号随意坐、连续放不清场，对上海人来说很刺激。1月12日，因参干同学中有一名是南京军界某高级干部的女儿，经她引荐组织参观了南京政府的“总统府”。

我们有13个战友在南京拍了集体照，1月13日，我们分乘2辆当时有南京特色的载客马车晋谒中山陵和明孝陵。在赶车人“嘚儿、嘚儿”的吆喝声中驶出街市走上山道，感觉别有风味。当年我们这群年轻人在登上中山陵台阶时的奔跑追逐嬉笑声，似乎犹在我的耳边。我们数了台阶共有152级，不知道是否确切？我还有一件印象较深的事，那是别校的一名参干学生，去中山陵游玩走散迷路，被人用刀砍死，参军才3天就牺牲，令人扼腕。

1月14日，经重新编制宣布名单，我与程其赐、李家玥、张平平、沈建功、马贵彪（马力）、钟子安（钟锋）7人编往武汉通信机务学校。我们从下关摆渡到对岸的浦口乘火车，因那时长江无桥，火车渡轮也尚未开通。我们的火车途经徐州等地，于15日下午才到郑州旅宿。

那时的郑州只因处于陇海线和京汉线交叉点，纵横2条铁路，随之而来就是2条十字交汇的街道，“名副其实”的一个铁路枢纽城市。我们16日上午逛了一下街，吃些早点，然后又上火车奔汉口，17日到达驻地。

我们在汉口几经编队，7个人分在了4个不同的中队：李家玥在22中队(女队)，我在24中队，其余5人则在19、20中队。

在汉口的学习特别紧张，每星期6天，除了出操(单兵和队列训练)外，每天安排10课时，早饭前2课，上下午各4课，晚上2小时自习，这样紧凑的安排据说是仿照苏联的军事院校。我们学校也有苏联顾问，还有抗日战争时期留下的日本籍工程师、女医生和护士等。政治教育中常有中南军区首长来校作报告；军事教育中除制式教练、体育教练外，那时正值新条令颁布，军事院校当然学习特别认真。我们的业务课是通讯机务，复习一般文化课(高等数学等)，进而学习电磁学、电机学、电子管学及无线电收发讯机理论和实习、无线电报话机、步话机、有线电话、汽油发电机理论和实习等等。重中之重是无线电机务教育，部队强调动手能力，在整个2年时间中，大约有8000课时，自修尚不计在内。正如校歌所唱：“一分一秒都不能放松”“战斗的学习和生活”“培养成政治坚定、技术精明、体格健康的技术

中山陵前合影(1951.1.13)

人员”……后来，军委总参通讯部核定我们学校为大专学历，每人颁发一张学历证明，为我们转业提供了方便。

我们同济原来的7个同学已经分属4个中队。那时所有活动都以中队为单位，例如开大会听报告、外出游憩、洗澡都不能自由活动，因此我们2年下来几乎是互不来往，除非不期而遇，机会也是少之又少。直到2年学习期满，打听到××队今天毕业，才抽空见一下面，问一下大致去向，例如去朝鲜、去福建……一般也只说去××军区，不会告知确切的地址。我们7人中最遗憾的是张平平因家庭问题株连而遭歧视，被迫中途退学离开部队。

说句我们少年时做作文的套话：光阴似箭、日月如梭，我们都在地球的飞速旋转中很快衰老。我们在各自转业后，从同济母校的通讯录或第四通校的通讯录中才寻找到了彼此的地址。当年一起参军到武汉的7人，如今作古已经过半，程其赐、张平平、钟子安(钟锋)、李家玥先后离开了我们。我与程其赐在同济同班，求学时代和转业后在上海的住址离得也不远，因而接触较多。程其赐人太老实，拿了军委总参的大专学历证书，他所在的上海电表二厂居然不予承认。李家玥曾在80年代初来过我富民路的老宅。张平平离开部队后在上海师专(今上海师大)数学系毕业，响应建设大西北，主动到边陲兰州工作，80年代后期曾到过我家，后又多次来上海等地探访老同学。钟子安在老战友年度聚会时有见面，不料突发心脏病仙逝。

我今天翻阅60年前中山陵老照片思绪万千，浮想联翩，是说不出的兴奋和念旧，还是道不尽的思念和悲叹！垂垂老矣，还能有什么联想和展望？空想是没有用的，我愿寄语南京的马贵彪(马力)和苏州的沈建功，珍惜目前拥有的健康，寻求属于我们自己的快乐人生和幸福吧！ (70 /2)

影中人喜相逢

51届乙班 徐寿椿

1949年秋冬之间，同济附中地下党受中共上海北虹区委指示，要动员一批学生参加人民空军建设。那时李忠实、朱月娥、许宝文等在同学中作了动员，不少人报名，最后批准了6人。由于批准的6人绝大多数为同济附中篮球队成员，所以学校就组织了一场“惜别赛",从而留下了一张珍贵的照片。照片年久泛黄，现经电脑处理后刊登于右。

图中第一排是参军的5名同学。

郑一鸣于华东军政大学入伍，后调空军第四混成旅场站工作，1966年从空军二台子基地(吉林)转业黔东南州财贸系统，1991年退休于黔东南州财贸学校。

李名洲于华东军政大学入伍，后调雷达兵某团工作，50年代中期曾在航空兵一师雷达站，后失去联系，至今尚未找到(已找到)。

徐寿椿于华东军区航空处入伍，后调空军第六航校学习，毕业后分配航空兵五师机务工作，1982年从航空兵五师转业无锡园林局，1992年退休。

夏佩迪于华东军区航空处入伍，后调入空军第四航校学习，毕业后留校任教，1976年从空军十五航校专业北京公共汽车公司，1990年离休。

李世煌于华东军区航空处入伍，后调空军第三航校学习，毕业后留校任教，1976年从空军第三航校转业上海航空工业公司，1992年退休。

胡一飞于华东军区航空处入伍，后调空军第三航校学习，毕业后分配航空兵十六师机务工作，1978年从航空兵十六师转业广东省惠东县农机局，1992年退休。

光阴荏苒，转眼间迎来了同济的百年校庆，那张珍贵老照片中的“影中人”李世煌、夏佩迪、徐寿椿、李忠实、曹正家等在母校相聚，可惜远在贵州的郑一鸣因事没来，我与他已经了 50 多年没有见面了。到今年秋天，郑一鸣到上海探望他的大哥，并住在那里，李世煌马上转告了我，于是我们立即约定 11 月 26 日在沪相聚。那天我一大早起来，上午 7 点钟就从无锡赶到了上海，先到李世煌家会合，然后一起去郑一鸣大哥的住处，我与郑一鸣是 55 年后重逢。我们这次相聚已经是 3 个白发老人了，虽然身体都算健康，但毕竟行动迟缓，显露了老态。我们谈起当年同济附中和东北空军那段生龙活虎的生活，犹如眼前，回味无穷。

同济附中篮球队欢送本校投效空军同学于举行惜别比赛前合影 (上海, 1950.2.1), 第一排是参军的 5 名同学[①], 二排左 2 李忠实、左 3 冯博文左 4 甘兰江, 三排左 2 陈球、左 3 曹正家、左 4 杜文辉老师。

我们 3 人既是同济学子，又是空军战友，追忆往事，百感交集。首先我们谈到了那张“惜别赛”珍贵照片，那是 1950 年 2 月 1 日拍的。2 月 6 日上海杨树浦遭美制蒋机轰炸，全市大部分地区停电，我和李世煌、夏佩迪、胡一飞 4 人接到通知去部队招待所集中，夜间漆黑一片，2 天之后我们到了位于杭州笕桥的空军“杭州机械大队”入伍。同年 8 月，郑一鸣、李名洲参加华东军政大学后也转入了空军。我们入伍后，当时部队特别强调“严格保密”，不能彰显自己的空军身份，所以把随身携带的“惜别赛”照片上方的题额剪掉了，可喜的是李世煌和郑一鸣分别把照片和题额都保存了下来. 这次两者合一，再经电脑处理成完整的画面，恢复了那张珍贵的篮球队“惜别照”的本来面目。

1950 年 11 月 28 日，我从六航校机械系毕业，分配到辽宁开原的空五师十三团任机械员。正巧郑一鸣那时也在开原场站任冷气员，我俩惊喜地又在一个部队工作。1952 年“五一”

①另一名参加空军的同学胡一飞不打篮球，那天正在家准备行装，所以没有入照，其简历一并列后。

节前，为参加首届东北空军篮球联赛，全师经过选拔，郑一鸣和我被选进了师篮球代表队。因我个高力大，篮下发威，得了个“大老虎徐”的绰号，郑一鸣个小灵活，投篮准确，绰号“小冷气郑”。我们两人在篮球队内配合默契，深得全师官兵赞扬。我们篮球队先是在地方上战胜了实力很强的开原县队，而后在东北空军篮球联赛中获得亚军。我们两人又同被选进东北军区空军篮球队。6月下旬，空军篮球队与文工队一起下部队慰问一个半月，我们队的表演比赛北至牡丹江、齐齐哈尔，南下大连，东迄延边、丹东，西到锦州，开阔了眼界，经受了锻炼。在锦州三航校，我们见到了李世煌．3人军旅相聚，高兴之极。

1952年8月，我和郑一鸣返回空五师，部队受命去北京参加国庆检阅。我们地勤、外场保障人员8月25日乘火车专列到北京西郊机场。在8月29日的飞机转场过程中。我所在中队的09号机由师长和领航主任驾驶，由于气象突变，发生了一等事故(机毁人亡)。我维护的是08号机，而在西郊机场误听为08号机失事，吓得我心惊胆战，直到转场机队着陆后才知事故真情，我们为失去了师长和领航主任而悲痛不已。

10月1日，人民空军强击机群首次以200米低空通过天安门上空接受毛主席检阅，大家都为完成这个光荣任务而兴高采烈，喜气洋洋地在首都度过了国庆节，又悲喜交集地回到了开原。部队进行了总结和评功，郑一鸣和我都荣立三等功，08号机组和冷气站都荣立集体三等功。

1953年，我们各分东西了。郑一鸣随部队调防吉林市二台子基地；我被选入全国空军篮球队到了北京，此后再回空五师和机关工作；夏佩迪调北京空军高级航校当教师；李世煌仍在三航校任教。我们都实现了离开母校同济附中时的志愿，为创建人民空军而贡献自己的一分力量。(51 /3)

(2011.11，上海)

追念王承第老师

51届 薛秉铨 沈镇东 严 庄

王承第老师离开我们已经有55年之久了，但老师的音容笑貌至今深印我们脑海：清瘦的脸庞，鼻架金丝边眼镜，高高的身材，常穿深青色西装，讲课时一口乡音浓重的普通话，说话声音不高，却是慢条斯理，让我们听得十分真切。

王老师解放初教我们高二年级大代数，教学经验丰富，上课不依赖呆板的讲稿，因此讲课十分生动，深入浅出，引人入胜。据说老师能把当年流行的那本《范氏大代数》倒背如流。王老师教数学并不单纯传授知识，而是着眼于对学生科学思维方法的训练，讲解从不平铺直叙，常常边设疑边解答，关键处必提出问题让同学思考，有时也组织短时间的小组讨论，启发同学动脑。老师演示例题也不一人独演，必是引导我们大家一起多方位寻觅解题方法，分析比较，从而找出最便捷最合理的解题思路。王老师教“实数和数轴对应”的那几堂课，我们至今记忆犹新。老师在黑板上画了一条线，然后讲起了人类思维循序发展的故事，古人是如何将脑子里的思想观念与实际的东西一一对应的，这就很自然地引进了“整数”概念；为了分割整体的需要，又引进了“分数、小数”；填补分数、小数的间隙才出现“无理数”，终于填满了数轴。总之，老师的讲课生动极了，我们今天撰文纪念，笔尖很难描写到位。

王承第老师为人严格、治学严谨。他对自己讲课严格要求，有条有理，简明清晰，句句话落到实处，黑板上字迹工整、疏密得体，批改学生习题特别认真，细小错误也会指出来。他对我们同学也是这样，不只教书，也重育人。王老师很关心学生的思想和身心健康，常以自己年轻时的勤奋经历来勉励我们发奋学习，为国报效，又以自己的切身体会讲解时

王承第老师追悼会

事和政策。由于他讲的道理都寓于自身感受，所以听起来就不是干巴巴的说教，而像是和你娓娓谈心交流心得，同学们都很听得进去。

王承第老师非常勤奋，责任心很强，除了教课，还担负了学校不少社会工作，一直很忙，批改学生习题本都在晚上，常常工作到深夜，这一来积劳成疾，身体渐渐衰弱。刚开始时我们发现老师上课咳嗽，有时讲着写着忽然停了下来，后来我们才明白老师是忍着病痛为我们上最后几堂课的！直到有一次上课铃响十多分钟还不见老师来，我们感到不祥预兆，就赶忙到寝室探望，果见老师卧床不起，他说头痛得厉害，这回实在撑持不住了。那一天老师住进了医院，不多几天就传来了噩耗 (由于解放初期知识界中涌现的积极分子少，王承第老师除了担任工会主席外，还肩负校内外太多的其他社会工作，积劳成疾势在必然。1950 年春，王老师患结核性脑膜炎病逝于上海公济医院，时年仅 38 岁，令人痛惜，留下师母和 4 个不足 10 岁的年幼子女，家道艰难。本文从学生角度如实记录了老师最后那段“鞠躬尽瘁”的岁月，读来催人泪下)。

王承第老师的追悼会在学校二楼 (旧图书馆) 算是礼堂的那一块地方举行，会场固然简朴，却十分庄重，音乐老师还专门为他谱写一首挽歌，我们都怀着悲痛的心情吟唱挽歌送别敬爱的老师。时间虽已飞越半世纪有余，但此情此景仍长留我们眼前。(25 /3)

才华横溢的方瑞士先生

51 届 谢颖武

方瑞士先生在我们读高二时当过我甲班半年班主任，也教语文。方先生矮小个子，眼睛高度近视，看文稿时纸张几乎贴着脸。但肚子里博古通今，教书风格是基本京朝派又融合进了海派特色。我这里用上了京剧术语：京朝派，指恪守规范、古调正宗，北京观众闭目合睛、手掐板眼、摇头晃脑品味；海派京戏则唱、做刻意夸张，迎合喜欢热闹的观众胃口。方先生既然是京朝派融合海派，他讲的课当然是又有深度又有趣味了。本来在我们学生心目中，语文课(解放前叫国文)枯燥无味，可那时看到当天课表上有方先生的课，居然暗自庆幸，今天可以轻松一下了！

我们的语文课本是解放初期人民政府颁布的教材，其中古典材料除诗词和《出师表》外，还有元杂剧《窦娥冤》，也选进了三国演义的篇章《失街亭》，而这在解放前不可能，因稗史小说类不上品，三国演义是小说，不是正史三国志。我们的方先生教《失街亭》真是得心应手，他谙熟戏曲，讲课有声有色，就只差没有当场唱上两句了，我们听得入了迷(《失街亭》《空城计》《斩马谡》简称“失空斩”，是京剧著名曲目)。方先生上课善于抓哏，调和课堂气氛。记得有次讲到唐诗“旧时王谢堂前燕，飞入寻常百姓家”，先生就指着王宏年和我说，现在王家、谢家早已成了寻常百姓，你们看王宏年和谢颖武不也没有什么大气派么，大家一阵哄笑。

听讲语文课固然有趣，但碰上两星期一次的作文大家还是头痛，动笔搜索枯肠总是苦差事。有一次作文题目是“论实事求是”，这个题目很大，按我们那时的年纪才十七八岁，没有什么生活体验，确实很难写。我为了凑字数，在开场白里乱说一通，煞有介事地“考证”这4个字到底是成语还是老古话云；后面又怎么写，我现在也记不得了。几天后发下作文来一看，我的开场白有毛笔批语：“实事求是，语出汉书”，这下我的开场白全成了废话。现在忽发奇想，时隔50余年，如果再叫大家做一遍这个题目，一定不会有什么困难了，内容丰富之极，打翻了五味罐。

那时写作文常有笑话。记得有次作文要求虚拟一封写给志愿军的信，这题目不难，大家都凑上许多慷慨激昂之词，我当然也不例外。作文发还之后，陈克文捣蛋，竟敢在我的作文后面冒充老师用毛笔批上：“吹牛要像一些，与行动太不配合！”不过这个笑话可能已是高三的事了，曹融南先生教语文。

解放初的班主任也不好当，那时我们学生年轻，不知天高地厚，乱七八糟的话都会讲，而做老师就不同了，不得不有许多顾忌。我们甲班由两部分人组成，一是初中升上来的“老华德”，二是1948年新生，也不知哪位“老华德”想的馊主意，家里带来粽子“老华德”每人一个，其他同学没有，并言称我们是DC党，DC者乃华德中学德文名 (Deutsch-Chinesische Mittelschule) 的缩写。于是，方先生神色有点紧张地到教室来查问开了：“听说你们成立了一个什么党？”等到弄清楚了我们的玩笑，他才一块石头落地，只告诫我们不要搞“小圈子”，全关良在一旁还插科打诨：“先生，我们还想活几年呢！”

方瑞士先生除了教书，他还有一个发挥才华的天地——《文汇报》。他有两个笔名，一个叫“史卫斯”(显然是取瑞士国名的音译)，用来发表新诗；另一个叫“方莹”，专写剧评，多半是评析旧戏曲，专栏名叫“旧剧透视”。我班的叶奇蓁、吴衡康等喜欢写写新诗，可能与此有关吧？我只看过几篇剧评，而且那时还不懂戏，印象不深，内容大多已忘，只记得一篇写《打渔杀家》的，抓住丑角“大教师”一句台词：“我是马笤上苍蝇混饭吃”加以剖析、发挥。按马笤乃刷洗便桶(江浙人叫马桶)的工具。不久后，专栏的剧评集中起来出了单行本，书名也就叫《旧剧透视》，当时好像有些同学买得这本书的，不仅甲班同学，还有乙班同学。我当时没买，可现在真想拥有这本宝书，“买”是根本不可能了，只能幻想有同学至今保存着这本书，有看到了我的这篇文章，把书借给我恭读？

方先生曾做过甲班乙班的班主任，是否还有丙班，我就说不上了，但方明宝记得先生曾对我届三个班有过评价：甲班团结；乙班调皮；丙班老实。我们那时同学间好题绰号，有时也背后给老师题，方先生就有绰号，用词当然不雅，所以这里不敢亵渎了。不过从另一角度看，学生呼老师绰号(哪怕只是背后)，说明老师亲近同学，有的老师过分严肃，学生只好敬而远之。

方先生家住本市康定路西康路东的三星坊，1951年寒假时陈恭启约了我去探望，我那时住虹口哈尔滨路，老远赶去，到了方家才知道先生已经过世，享年不过40。我们毫无思想准备，失魂落魄地呆了半晌，只得在遗像前行礼告别。后来听同学间传说，可能是脸上黑色胎记在作怪，是皮肤癌还是脑瘤，说不清楚，总之是上天不公，有才不寿！现在我回忆当日情景，心里仍觉酸酸的好难过。

告别先生一年之后，即1952年春，我也从虹口迁到了三星坊隔壁一条弄堂福康里。那时正值“三反五反”，交大停课闹运动，学生不得回家，所以搬家那天我不在场，后来第一次回自家门不得不向邻居打听：“请问新搬来的谢家住哪间房？”这也算个不大的笑话。

(22/4)

怀念恩师张国模先生①

51届 薛秉铨 沈镇东 严 庄(执笔)

我们回忆起当年在母校同济附中的学习生活，虽已过去了快60年，但各科老师授课的情景却还历历在目：讲话的语气、声调和乡音，乃至习惯性的手势动作和带学科特征的口头语……让我们至今都记得那么真切。

张国模老师教过我们数学(高一年级《三角学》)，也教过我们高二年级化学。在我们的记忆中，张老师脾气非常好，同学们都愿意与他接近，按我们学生的说法，张老师“很好说话”。张国模老师眼睛高度近视，常戴一副褐色镜框的眼镜，穿一件带条纹深灰色长衫，每次都是踩着铃声进教室，一进教室就开讲，开场白很简单，交代一声上次讲到哪里，今天讲什么。老师教书很认真，一口浓浓的苏州乡音，一边嘴里滔滔不绝，一边手写黑板清清楚楚，而且写字很用力，一堂课下来，满手粉笔灰末，连袖口都沾上白灰。老师授课讲究严谨，演例讲究条理，而更重要的是注意引导学生提高自身学习能力，时时强调前面的章节如何为后面的内容作铺垫。记得我们的三角课被分成了两截，是不是因为战争疏散，中间隔了很长一段时间，有的同学就能自学余下的课程，甚至做完了全部习题，后来复学续课就很轻松。

张国模老师的化学课更富情趣，深入浅出引人入胜。他时时启迪学生动脑思考，激发学生探索科学的兴趣。记得一次课上讲到氢、氧两种气体在一定条件下骤遇，能在瞬间释放出巨大能量，课后就有同学兴致勃勃地与老师讨论起利用这个反应制造炸药的新路子来。

①张国模先生1998年秋到银行办理国库券存储时马路遇盗，被摔破头骨，半年后去世，此案至今未破。

老师讲元素周期表和原子核外层电子排列的规律，引导学生从物质的微观结构来理解化学性质，使我们同学感到这丰富多彩又纷繁复杂的化学世界里，一定可以找到全新理解的大门钥匙 (2005 年 5 月，55 届同学毕业 50 周年大聚会时，大家还记得起张国模老师用苏州评弹曲调编的“元素周期表”顺口溜，并当场齐唱)。

恩师张国模先生早年毕业于抗战时期北方三校避难昆明的西南联大化工系，抗战胜利后在我们同济附中执教多年，直至我们毕业离校。听同学说张老师不久就调到上海市教育学院任教，后来升任化学系主任、教授。他毕生从事化学教学，培养了我们这辈中学生，也培养了不少化学教育专业的人才，对国家贡献极大，可惜 90 年代末逝世。在这母校百年大庆来临之际，我们深深怀念张国模老师，深深怀念为我们授业的各位老师，感谢母校对我们的教育培养。

2007.2，上海 (39 /2)

怀念老友程其赐

51届 陈恭启

我与程其赐是老同学加老战友。我们从初中二年级起就同窗共读于同济附中，后来又一起抗美援朝，参加军干校，当上了通讯兵，在军校我们又同学两年，直至毕业分配到各自的部队。

回顾50多年前，我们还是十三四岁的少年，我家原住上海法租界钜籁达路(今巨鹿路)，其赐则住在不远处的沧州别墅。记得他家三代同堂，他排行老四，人很聪明，学习成绩好，又打得一手好篮球，反身投篮动作尤为灵活，当时同学们都亲热地称呼他"阿赐"(或者是"阿四"，反正音同)。我虽不爱打篮球，但特别爱看阿赐打球。后来母校先后迁址四川北路底和江湾，我与他每周六回家返校必邀同行，送到他家门前。这些琐事现在回忆起来犹历历在目。

程其赐为人憨厚老实，与世无争，严于律己，宽以待人。我所知道的事例很多，现仅举两事：

我们当年因军干校急需报到，是提前几个月高中毕业的；军校学的是无线电工程专业，学制两年，课程排得十足，学习十分紧张。"文革"之后中央军委总参谋部为所有学员补发了大专文凭。当其赐把军委发的文凭送交所在单位组织部时，单位竟然不予承认，以致影响了他的待遇职称，但其赐也不据理力争。老战友们听后都觉得奇怪，为之不平。其赐的干部登记表上现在恐怕还是"高中肄业"4个字。

其赐多年来受累类风湿症，常到医院检查、配药。有一次在医院门口被自行车撞倒骨折，而骑车人趁机溜走，其赐也就听之任之，他不喜欢也不善于与人争执。其赐对老同学老战友一往情深。前年，上海的纪念抗美援朝五十周年大会在同济大学礼堂举行，其赐不顾病痛，在女儿陪同下支撑着参加大会，与老战友欢聚一堂。当大家欲去他家探病时，他总是婉拒：“大家都年纪大了，身体保重，不要奔走。”此后不久，其赐又不幸心脏病发作，在心肌梗死病危住院的2个月中，经过5次抢救，终于不治。弥留之际他还叮嘱家人“丧事从简”。

阿赐投笔从戎，兢兢业业革命，踏踏实实工作，从不向组织伸手，这就把过多的困难留给了自己。现在阿赐走了，留给我们的是深深的怀念和无不酸楚的感慨。(12 /4)

缅怀于敏老同学

51 届 王宏升

在同济中学百年校庆的前 5 天，2007 年 5 月 15 日，于敏同学因患胃癌医治无效而与世长辞，噩耗传来，老同学们不胜悲痛。

我和于敏同在 1948 年秋考入同济大学附中，编在高一乙班。当时我是班长，她的座位紧靠我旁边，有较多机会交谈。于敏性格内向，沉默寡言，但学习勤奋，写得一手好字。1949 年上海解放，我和她一起报名参加了南下随军服务团，到沪江大学报到后，同编入二大队四中队三小队，我是小队长；此外还有高二丙班的封续君也在三小队。我们小队里仅有她们两个女同志。这时于敏已经剪去了长发，留着像男同志那样的西装头，加上她体格较壮，同志们都戏称她为“假小子”，后来又有人戏称她为“傻大姐”。

于敏南下福建后归来，在于敏家聚会，前排李家玥(参军后出差来沪)，后左起王如华、朱月娥、于敏(均为 51 届乙，1953 年或 1954 年)

那年我们一路行军，到莘庄镇时遭敌机扫射，当场就有 4 个同志牺牲。在血的考验下，我们都没有动摇，反而更加坚定了革命信念，向福建进军。于敏(白枫)同志在行军路上很能吃苦耐劳，背着背包，打着绑腿，和男同志一样，一天行军 50~70 里路，从不掉队，脚上起了泡也不喊苦。到达宿营地后，她还和队里另一名战友，帮助炊事房打柴火。到了江西铅山时，封续君(石棉)已担任团支部委员。为了庆祝福州、长沙解放，我三小队全体同志到铅山大义桥上拍照留念。

我们行军终于到达福州前屿远洋村，这是南下的最后一站，学习总结后就分配工作，各奔东西。我分配在十兵团机要训练队；石棉分到福安专区；于敏分到闽北建阳土改。此后我与她们就一直没有联系。

一晃30多年过去，直到1989年南下服务团庆祝入闽40周年，我们才恢复了联系，知道于敏在建阳认识了上海某单位的党委书记老陶，并结了婚，调到了上海闵行区物资局。

此后，在入闽45周年、50周年庆典时，我们都回到四中队，一起参加活动，一起游西湖、逛鼓山，参观马尾巷，聚餐摄影，畅叙同学、战友之情。另外还有2次51届乙班老同学上海聚会，北京朱月娥、上海王如华、梁珠联、谢颖武，还有刚联系上的金立正，都在于敏家集中，她盛情招待，除了酒、菜满桌外，2次都吃水饺。料不到后一次水饺竟成我与她的诀别之日。

于敏对南下服务团怀有深厚感情，有一年福州“南下林”遭台风摧毁，南下团史研究会号召南下同志捐款集资修复，她一次就捐了2000元。

如今于敏同学已经驾鹤仙去，我当为她祝福，祝她在天堂永远快乐！

2008年7月1日扬州(49/6)

怀念家玥

51届 朱月娥 王如华

我与家玥的62年友情（朱月娥）

2010年3月4日，李家玥溘然长逝，无限悲痛。我与家玥62年友情，以此文一诉衷肠，以志悼念。

1948年秋，我考入同济附中，报到之日，最先认识的是王如华与李家玥，她俩都来自务本女中，很活跃。我与50届朱伯颖是上海中学初中同学，再加上朱伯颖的好友马兆蕙，当时我们5人就相处亲密，后来成为终生交往的好朋友。

1949年2月7日左右，别的学校都开学了，唯我们同济附中迟迟不能上课，因为教学楼被内战前线退下来的大兵占领了。地下党动员了一批同学住飞行馆，以形成对峙形势，只等军队换防，就可以伺机占领教学楼。我们班的女生王如华、李家玥、郭在德、梁珠联和我最要好，与别班的女生一起住进了飞行馆底层的大房间里。有一个男老师每天晚上到我们女生中来混，直到很晚才走，地下党告知同学他是特务。有一次那老师发现了我办的《一乙通讯》刊物中有一篇文章：责问校方不积极向军方交涉让出校舍，呼吁：我们要开学，我们要上课！他探听到此文是我执笔，当场要去了这份小报。我们复课以后有一天晚上，他竟到女生宿舍来找我“谈话”，先是问我读书的目的是什么？我知道他的用意，正在穷于应对，李家玥是文艺天才，擅长集体舞，她也看出了这个特务老师的用意，就故意跑到我们旁边跳舞唱歌，闹得那老师无法与我说话，一会儿梁珠联在宿舍另一头叫我过去帮她找橡皮，我走过去后梁就轻声对我说：小心点，少说话！我回到原地，李家玥继续在我们跟前又唱又跳，我任凭那老师问我什么，就是不吱声，弄得他没趣了，就对我说：“你没有兴趣，我们以后再谈吧！”讪讪地离去了。这件事我终生难忘，李家玥和梁珠联保护了我，李家玥当时的舞曲和舞姿我至今历历在目。

1949年初开学后，同学们组成的社团如雨后春笋。我和李家玥、王如华、陈炳华、洪锡玖(50届)、张敬德(50届)6个人组织了一个社团，取名“杂志社”，李家玥任社长。我们定期出壁报；参加“3·8撕壁报事件”的大字报声讨；参加“4·1惨案”座谈会，声讨政府对南京学生的暴行。6个人活动在一起，李家玥表现出很强的工作能力。

1949年4月底，已到了解放前夕，我们学校因地处郊外而遣散。地下党决定组织同学联络网；成立人民宣传队，发送“约法八章”传单；组织同学编演街头剧；组织同学扎红花，准备竹竿和床单制作横幅，以迎接解放军进城，对家长们则说是打起仗来做担架救护伤员。我们同济附中的同学分散在全上海，故按当时的行政区域划分联络区，我担任新成联络区副区长，洪锡玖正区长，李家玥任中队长。有一次，王勇传递一大卷“约法八章”传单，放在一只装着土豆的洋粉袋里，用自行车驮到李家玥家门口，向李指一指洋粉袋，口说“potato”，家玥就领会了土豆中有东西，到家里取出传单送还土豆，王交代李把传单转交给我。我到李家把传单藏在后背的衬衫里，用裤腰扎住衬衫，正好天下小雨，我身披雨衣，就看不出来了，然后由家玥陪同步行去我家。我们俩在西藏路上由南往北走，当走到离金陵东路口还有20来米远的地方，过了马路就到我家。这时李家玥特别机警，首先发现马路口有特务在“抄把子”(即搜身)，问我怎么办？我们当机立断，折回去换一个路口，即到东边的云南南路金陵东路口，没人抄把子，就安全过马路到了家，躲过了一劫。

李家玥

李家玥人很活跃，有文艺天赋，解放后是学校里打腰鼓能手，又是《青年报》的通讯员，常有小块文章刊出，后来被选上学生会女同学部部长。1950年10月抗美援朝，学校里掀起了参加军事干部学校的热潮，家玥报名被批准去了通讯兵干校，学无线电通讯技术。那时她有个男朋友在同济高职，她毅然告别了他，相约互相等待。许多年以后，她对我说，是我的一句话改变了她的命运。她说，当时很多同学都表决心参加军干校，她是积极分子，却迟迟没有表态，我当时曾问了她一句话："你是共青团员，应该怎么办？"这句话使她思想斗争了一夜，没有睡好觉，第二天就毅然报了名。她说的这一情况，我一点都记不得了，居然影响了她的人生道路，并让她记住了一辈子。

李家玥军干校毕业后，分配在气象系统工作，仍为军人，经常带着一只工具箱，到全国各地气象台修理电路。那年代生活很艰苦，而且一个女同志在外面走，还要提防坏人，真需要机智勇敢才行。1954 年春节，她到上海出差，顺道来看我，正好朱伯颖也回沪探亲来我家，这是她 1950 年参加中央团校后第一次和我见面。我们 3 人久别重逢，好不开心，各述别后所为。那天我发现家玥精神不佳，在我床上躺着讲话，果然没过几天，她就住进了凤阳路的部队医院，高烧不退，患了脑结核。医院要发病危通知，问她上海有什么亲友，当时她家已搬离上海，她就报了王如华、颜文珠和我 3 个人，我们立即赶去医院看望。后来总算抢救过来了，所幸脑子没有留后遗症。她住院时间很长，我多次探望。也是在医院里，我第一次见到了她的未婚夫司瑞祥同志。

此后好几年，因为我在大学里学习紧张，接着又是结婚生子，一时顾不上与老同学联系，当年要好的几个在京女同学，都不知道我在北京的地址。1962 年家玥来北京出差，找到了朱伯颖、马兆蕙，却没法找到我。幸亏马兆蕙在北京公安局工作过，才通过户籍档案库查到了我的地址，这一回我们又聚到了一起。

那次以后我和家玥又恢复了联系，她好几次来北京我家。1978 年许宝文在扬州工作，我到那里探亲，家玥知道后，就争取到扬州出差的机会。我买了一只活鸡招待，她说独个儿就能杀鸡，我真佩服她的能干。我又想起了一次我在家招待我班在京同学，做了十几个菜，当时杜裴同学感慨地说："如果说李家玥会做菜，这在我的意料之中；朱月娥会做菜，出乎我的意料。"可见家玥的能干，已经是众所周知的了。

难忘 64 年友情（王如华）

在同济附中，李家玥是个活跃分子，热情很高，且善于和人交往，人缘极佳。她人漂亮，字也写得漂亮，于是她得到了一个使人感到非常亲热的昵称：二毛（两毛），校园里到处可以听到喊“二毛”的声音。家玥待人亲切，能言善语，这可以说是她“柔”的一面；她毅然放弃升读上海名校务本女中，那就是她“刚”的一面了；此后她与病魔斗争的坚强、豁达，顶住了多年来双腿病变的疼痛折磨，这样的精神面貌更是“刚”的体现。

我最佩服她 1949 年 5 月初的一次果断行为。那时地下党秘密组织了“人民宣传队”，朱月娥是联络区长，家玥任中队长。上级要求王勇把解放军进城的“约法八章”通过人民宣传队秘密向人民传播，王勇就将文件装进混有许多土豆的布袋，放到家玥家里，再由朱月娥取出，家玥陪朱走向朱家，那是人民宣传队的据点，路上家玥眼尖，见远处有人搜身，立即果断地拉朱走向另一条路，避免了一场重大危险。那时王勇和朱月娥已是经受过不少考验的老手，而家玥还是一个新手，临危不惧，正表露了她“刚”的精神。

从 1948 年秋到 1950 年末，我与家玥继初中同学后又在同济附中同窗两年半，在这期间，我们的政治觉悟提高了，人生目标明确了，走社会主义道路坚定了，家玥和我的友情更加深厚了。1951 年我们面临高三毕业，我离校直接参加了工作，家玥则毅然放弃学业，参加了军事干部学校，当上了一名通讯兵。我们各奔东西，但仍保持着联系，互相牵挂着。

李家玥到了安徽，常利用出差机会来上海看我和颜文珠。在“文革”期间，我们 3 人还有过一次相聚的机会，家玥和我一齐去了文珠家，那时她还没有平反，她 90 多岁的老父母为我们准备了一桌丰盛的饭菜，我们谈得很开心，但有些话却还不能说，只允许闷在心里。那是我们 3 人相聚的最后一次，我们曾经想再聚，现在已经不可能了！

我抄几段解放前夕家玥给我的留言，那时我们天天见面，但她喜欢书面表述心怀：

“在同济我们不停地磨练自己，在无数的打击中又站起来做我们所高兴做的事……环境是人造出来的，我们要造环境非得要环境来磨练我们，磨练的越久，将来就变成了钢。”“我说我们应该感谢杨新，使我们受了他的无形中的影响和启示，让我们看到另一块天地和另外一种热烈、正义的呼声的呼唤。”“让我们改造自己的缺点，互相勉励，互相帮助向前进，去学习《钢铁是怎样炼成的》，我希望我们都能成为钢铁，然后我们才能献出我们的一切，为大众为人民。”

家玥在留言的最后标明：“家玥草于 1949.5.16 黎明前。”

今天我重读留言，忍不住泪珠成串。家玥你走好，我和你约好天上再见！

(59 /7、60 /7、65 /6-7)

怀念同窗好友肖柏

51届 严 庄 谢颖武

肖柏原名李贻堃，湖南湘乡人，少年随父来上海崇明安家，就读于崇明中学初中，勤奋好学，性格豪爽，特别爱好文学，热衷写作，初三时曾以“路”为笔名多次在崇明一家报刊的文艺版上发表文章。1949年初转来我同济附中后，在火热的学生运动中经受了锻炼，思想进步很快，耿直性格更为突出。记得有一次训育主任在高一丙班“公民”课上讲马尔萨斯人口论，讲到“人口自然消亡”时竟脱口而出：“我从来不施舍穷人一分钱。”这使得听课的同学们十分惊讶，肖柏和另几个同学当即站起来诘问，训育主任语塞，极为尴尬，课也就上不下去了。

上海一解放，肖柏毅然“投笔从戎”，参加了人民解放军西南服务团，同去的除高一甲陈炳华、高一乙郭玉仙外，还有不少高年级的同学。大西南旅程艰险一言难尽，到四川后，肖柏曾在川东区委工作过，后来又因社会主义建设需要，进昆明工学院采矿系学习，从此就走上了矿冶专业工作的道路。

1997年母校九十大庆时，肖柏与老伴刘华同志一起来参加庆典。那时她还谈到，参加革命后虽也时时与文字打交道，但终究为无法实现文学创作的夙愿而深感遗憾。肖柏晚年还曾继续搞些写作，又托崇明的老同学寻找当年发表过她文章的报刊复印后寄给她，可见文学创作是她未了的情结。肖柏于前年10月发现晚期肺癌，后经治疗稍有好转，她与初中同学通电话时还很乐观想要写作。

肖柏患病后，同济附中老同学和西南服务团老战友都很关心，我们曾计划去铜陵探望，由于相约的同学身体不适，错过了时机，我们还未及到铜陵，肖柏已走了。我们至今十分后悔，但已无法弥补，永远的遗憾。

肖柏老同学，您已走完了人生的全部路程，无悔无愧，愿您在天之灵安息！

附记：肖柏同学逝世后，刘华同志曾给谢颖武写来了信，今摘录部分一并刊载于后。

贻堃的病情从去年10月份开始恶化，经过一年零3个月的病魔折磨，体力消耗殆尽，已无药可治，于去年12月6日19时40分逝世。

你和在沪的好友，一直很关心她，鼓励她树立信心把病治好，对她是很大的安慰，我衷心的感谢你们。

贻堃在生病期间，听说你准备来铜陵看她，很受感动，而且急切期望能见到你，不料她走得太快，无法如愿了，成了历史的遗憾！

贻堃在沪还有不少好友，我就不一一写信告诉他们了，请代为向他们致谢和转告。

刘华 2002年1月20日 (12/5)

点点滴滴忆父亲

51届　臧乐安

童年的记忆

自从我1930年10月4日在大海涛声的伴奏下出生于青岛，便和这个美丽的海滨城市结下了不解之缘。那时父亲臧克家刚考入国立青岛大学。我出生刚满月就被送回诸城臧家庄老家，交给祖母和姑姑扶养。我哥哥臧乐源比我大一岁，1929年8月10日生在济南，未满月就被送回家里。我们兄弟俩相依相伴20余年，几乎没有分离。

我们小的时候，父母在外面闯世界。爸爸先是上大学，毕业后到临清中学当老师，一年难得回家一次，见面机会很少，相当陌生，但在我们的心目中父亲是很了不起的。我们根本不知道父亲是诗人，小时候脑子里留下的印象是：父亲个子高高的，瘦瘦的，身上穿一件蓝色或者灰色的长大褂，头上戴一顶礼帽或者草帽，非常帅气。我们是乡下孩子，没见过世面，认生。有一次爸爸妈妈回家来了，我爬到树上躲起来，有人问我为什么不回家，我回答说家里来客人了。爸爸妈妈很关心我们，给我们买来好看的小人书、铅笔、画图画的彩色笔，我们很喜欢，但一提要带我们出去上学，我们就什么都不要了。记得大概是1936年夏天，爸爸妈妈决定带哥哥去临清上学，那时我们借住在县城臧丙兮的家里，外面汽车都快要开了，哥哥哭闹着说什么也不去，我吓得趴在床上，头都不敢抬，记得妈妈在我屁股上打了一巴掌。最后，哥哥到底还是没去。我很高兴，哥哥要是走了，我一个人在家孤孤单单，谁跟我玩呢……

盼父亲，找父亲

1937年7月7日卢沟桥事变爆发，年底爸爸妈妈离开家走了，流亡去了。1938年阴历正月十五前后，日本鬼子占领了诸城县城。祖母姑姑带着我们俩逃难到离家几十里外的山区躲藏了几年，生活困苦颠连，我们没有学上，觉得前途没有指望。看见别人家的孩子去上学，我们羡慕得流下了眼泪，我们真恨死日本鬼子了。战争的炮火阻隔了爸爸同家里的联系，真是“烽火连三月，家书抵万金”。头几年还偶尔能得到来信，知道爸爸和妈妈离婚了；爸爸后来又结婚了，给我们生了一个弟弟名叫远生，并寄来一张照片；爸爸在李宗仁那里当秘书等情况。1942年秋天，祖母实在没法了，带着我们投奔城北十里堡她的娘家，那村里有个小学，我们又能上学读书了。我们和爸爸失掉了联系，真是生死两茫茫啊。因为很久得不到爸爸的信，祖母急得要命，为了安慰全家，爸爸的小叔叔(我们的三爷爷)，曾伪造了两封父亲的“家书”。因为爸爸是我们家的精神支柱和全部希望。正是这个希望支持祖母和姑姑含辛茹苦拉扯我们兄弟俩度过了那些难以言表的苦难岁月。我们希望快点赶走日本鬼子，我们祈祷爸爸在外平安，盼望爸爸早日归来，拯救我们这个家。

1945年8月，日本投降了，抗战终于胜利了。中秋节前后，诸城县城解放了。不久，三爷爷从青岛捎信来叫我们兄弟俩去。我们以为爸爸找到了，便去了青岛。原来，跟爸爸还没联系上，三爷爷自己也没有工作，寄居在他的妹妹、我们的三姑奶奶家里。生活难以维持，只好让我们俩去街头摆地摊，卖香烟、糖块、花生和朋友托卖的袜子等物品，赚点小钱糊口。我们刚从乡下来，老实巴交，土得掉渣，哪会做买卖，没几天我就被一个骗子骗了，差点跳了海。实在没法，我又被送回了老家，和从未离开的哥哥暂时分离。待和爸爸联系上之后，1946年春天我又回到青岛。我和哥哥找人补习功课，准备考学校，但由于过去断断续续总共上了5年乡村的小学，文化基础差，考不上青岛市的学校，夏天考入了诸城临时中学初中二年级，总算有学校可上了。三爷爷没有固定的工作，我们全靠父亲寄钱生活。1947年夏天，父亲通过朋友在北平给三爷爷找了个工作，三爷爷去了北平，我们没有了依靠，便去上海找爸爸。

和爸爸一起在上海的日子

1947年8月上旬的一天，我和哥哥登上了“华联”特快轮，由青岛前往我国第一大都市上海，心里满怀着希望。船第二天下午到达上海。

北四川路东宝兴路138号院内，有一座拐尺形状的日本式二层楼房，原是《侨声报》的办公处所和宿舍，爸爸曾在《侨声报》主编文艺副刊，住在二层最西头的一间屋里，外面是一条长走廊，有玻璃门可以拉上，把整个走廊封闭起来。爸爸妈妈的房间很窄小，靠走廊的窗前摆一张写字桌和一把椅子，靠西墙有一个小茶几，再往里一点是一个大床，脚头摆些箱子什物，就没有什么回旋余地了。我和哥哥到后，没有房子住，晚上只好睡在爸妈房门前的走廊上。后来便用木板在走廊上隔成一间“屋”，晚上搭地铺，白天收起来，摆上圆桌，就是会客室。

我们一到上海，爸爸就给了我们一次刻骨铭心的庭训。爸爸说：你们不了解我的情况，你们不要以为我在这里做了官。我不停地写诗骂国民党，随时都有被捕的危险，我想走还走不了，你们来会把我拖死的。现在只能走一步看一步了。爸爸提醒我们：这里的情况很复杂，到家里来的什么人都有。有生人来，我不介绍，你们不要跟他们说话，你们一定要记住！爸爸还告诉我们，对接不接我们到上海，他本来心里很犹豫，很矛盾，是郑曼妈妈坚决主张接我们来，担心我们在“流亡中学”读书，思想会受到不好的影响，将来就来不及了。爸爸这一席话给我们很大的震动，我们好像一下子明白了许多事情……

此外，爸爸还担心，郑曼妈妈能否和我们兄弟俩处好关系，因为她只比我们大十来岁。事实证明，这种担心是多余的。因为郑曼妈妈非常开明，具有博大真诚的爱心；我们俩来自农村，老实听话。为迎接我们，妈妈缝了软和漂亮的被子，给哥哥的是淡蓝色的绣花被面，给我的是绛紫色绣有红梅的蜀锦被面。说来真不好意思，我有遗尿症，头一晚上就“发了黄河”，被子从里到外全染红了。第二天，妈妈又拆又洗又晒又缝，没有一丝不高兴。我真恨自己太没出息，同时心里感到热乎乎的。之后，妈妈又带着我跑了几家医院诊治（这之前我从未去过医院），又照X光片，又拿药，晚上还把药和在温水里，让我坐在里面浸泡。

这使我在感情上一下子就和妈妈亲近起来。妈妈对我们的关怀真是无微不至，甚至我们哥俩闹小别扭的时候，也是和蔼地耐心劝解。妈妈的脾气真好，我们从未见她发过一次火，令我们感动不已。

我们的到来给爸爸、妈妈增加了负担。我们要吃饭，要穿衣，要上学。家里经济情况很困窘。《侨声报》已停刊，爸爸只能靠写作挣稿费，后来白寿彝先生把《文讯》月刊让给爸爸主编，情况才有所改善。妈妈在上海市税务局一个分征所里当小职员，薪水微薄。每天，妈妈一大早就起身到早市上买好菜，做好饭，吃罢才去上班。中午爸爸和我们把饭热一热吃。因为经济力量有限，爸爸、妈妈只好到旧货市场上买了两件呢子茄克，送到洗衣店洗涤消毒，黑的一件给我，格子的一件给哥哥穿，这成了我们在上海期间的“礼服”(我们同爸爸、妈妈在上海的唯一一张合影上穿的就是这两件茄克)。雪上加霜的是，1948 年春天，爸爸得了肺结核病，发烧吐血。贫病交加，爸爸下决心把吸了多年的烟戒了。我记得，《大公报》还为此发了一条小消息。刚巧这时候，有朋友送来几条达克雷斯香烟，但爸爸说戒就戒，让我们把烟转送给了老师，并从此未再吸一支。

我们到达上海时，中学暑期招考大都结束，只有一个学校还在招生，我们去报考了，结果落榜。后来，爸爸找了李健吾先生，他有一名学生在上海私立致远中学当校长。经李健吾先生介绍，高校长接受我们到致远中学插班初三年级学习。总算有学可上了。入校后，有的老师用上海话讲课，开始我们一点也不懂，像听天书；再加上原来基础差，学习十分困难。开头一个月，每星期天回家，爸爸、妈妈都找人给我们补习功课。记得头一次英文测验，我和哥哥一人得了 10 多分，一人得了 20 多分。我们知道读书的机会来之不易，懂得学习的重要，于是起早贪黑，发奋用功，结果期末我考了全班第二，得了一枚铅做的奖章，哥哥也进入前列并成为班上的几位“秀才”之一。别看我们学校很小，教过我们国文的三位老师——汪曾祺、陈敬容、唐祈先生都是很有名气的。初中毕业后，哥哥考入上海私立麦伦中学，我考入国立同济大学附属中学，继续我们的学业。

国民党反动派想尽办法搜刮民脂民膏，物价飞涨，民不聊生。爸爸、妈妈在经济上受到极大压力。令我难忘的是. 1948 年 8 月发行金圆券以后，物价扶摇直上，市场物资匮乏，形成抢购风潮。那时我住校，因买不到米，有一段时间每天喝三顿稀粥，没有菜，妈妈用豆腐干、榨菜、青豆炒一点小菜，让我带到学校里去吃。记得，哥哥当时还写了一首哀小票的打油诗，爸爸把它拿给《大公报》发表了。

物质生活虽然艰苦，还可以咬紧牙根，精神上的枷锁令人实在无法忍受。爸爸写了大量的讽刺诗，倾泻自己的义愤，出版了《宝贝儿》《生命的零度》《冬天》等诗集，揭露与批判国民党统治的黑暗与腐败。爸爸是在用诗句呼吸，用诗句宣泄，用诗句控诉，用诗句呐喊，用诗句号召，用诗句预言。1947 年 12 月他在《冬天》一诗里写道：

“从多久以来，

我们就一直活在冬天里——，

春天的冬天，

夏天的冬天，

秋天的冬天，

而今，是冬天的冬天。

我们的嘴巴，

被冰封着，

我们的热血，希望，苦痛和呼号，

也全都被封在肚子里，

寒冷呀，寒冷呀，寒冷呀，

寒冷，又岂止是气候上的！”

最后，他预言说：“寒冷呀，寒冷呀，寒冷呀，

这该是最后的一个严冬。”

随着国民党军队的节节败退，国统区的政治形势越来越紧张，国民党反动派加强了对革命人民和进步人士的迫害和镇压。1947年底，郭沫若和茅盾先生先后离开上海去了香港。之后，许多进步作家也相继去港。爸爸身上的压力更大了。1948年末，黎明前的黑暗更加浓重了，国民党反动派进行垂死挣扎，特务天天抓人，警车到处乱窜，刺耳鸣叫，弄得人心惶惶。我们有的老师在课堂上公开谈论淮海战况，人心思变。反动派害怕学生闹学潮，12月就宣布提前放假，让学生回家。爸爸不断得到朋友送的消息，说他上了特务的黑名单，催他快点走。1948年11月末的一天晚上，陈白尘先生到家里来，严肃地对爸爸说：“今晚不能在家里睡。”当晚爸爸躲到田仲济叔叔家住了一夜。第二天一早爸爸刚回到家，曹辛之先生的爱人突然来了，说特务昨晚搜查了星群出版社，还逼问爸爸的住处。她催爸爸赶快走！于是，爸爸白天躲到韩易田伯伯工作的地方，晚上去了王辛笛先生家里，在他家躲了两三天，后来又转移到李健吾先生家……一周五易其居。这时我们家也从北四川路东宝兴路138号被赶了出来。幸亏文通书局借给一间原来存书的亭子间做了我们临时的家。

爸爸在上海再也待不下去了，决定潜去香港。我们真的成了他的累赘。临走前，全家

在十分紧张的气氛中聚在一起，爸爸说明了情况，提出了安排我们的办法。爸爸说："我跟妈妈商量，我走后，对你们有三个安排方法：一是你们留在上海，托韩易田伯伯照顾，他是山东人，你们认识；二是送你们到浙江黄岩外公家暂住一段时间；三是回解放区去。我到香港后，也要转去解放区，妈妈把你们安排好以后，再去香港找我。你们看怎么办？"我和哥哥异口同声毫不犹豫地回答：我们回解放区去！

1948 年 12 月 8 日，爸爸独自一人秘密离开上海去了香港，我们都没到火车站送行。1949 年 1 月 4 日，妈妈把我们兄弟俩送上了前往青岛的轮船。船到大海里，遇上了大风，东倒西歪，剧烈颠簸。我们晕得要命，觉得心肝五脏都要吐出来了。本来一天一夜的路程，走了整整两天才到，真有死里逃生的感觉。下船上了码头，扛着行李卷，还晕晕乎乎眼看着直朝海里走。青岛啊，我的出生地，一年多以前我和哥哥离开你去上海找爸爸，现在我们从上海回来了，这一去一回之间，我们变了，长大了，成熟了。

到达青岛后，我们向仍在上海的妈妈报了平安，让她放心。后来她从那里去香港找爸爸了。我们在青岛三姑奶奶家待了不几天，便乘走私的帆船，在夜幕的掩护下，越过国民党的海上封锁线到达红石崖，转回诸城老家。我们回到了解放区，在诸城城北十里堡和阔别 3 年多的祖母、姑姑高高兴兴地过了一个欢快团圆的农历年。

爸爸护佑指引我们走上革命道路

回到解放区，我们希望继续上学，便决定闯一闯路子。1949 年农历年后不几天，我们就到县人民政府去了，遇到了父亲儿时的朋友、臧家庄的老贫农于明，当时他是县人民政府民政科长。他领我们去见县政府的领导，我们自报了姓名，父亲是臧克家，我们刚从蒋管区回来，想找学校继续读书。因为县里没有合适的学校，县领导便介绍我们到专区去。我们来到了专区，接待我们的是专员臧君宇同志。他得知臧克家是我们的父亲，高兴极了。论辈分我们是平辈，他叫我们喊他"大哥"。早年父亲在县城里上高小的时候，曾经在他家里住过一段时间。他告诉我们，专区也没有适合我们上的学校，便开了介绍信，让我们去潍坊找省教育厅，并发给了"大众饭票"，凭它可在"大众饭店"免费吃住。回家告别了祖母和姑姑，我们哥俩便出发去潍坊，有一百多里的路程。途中，我们在"大众饭店"住了一夜，第二天傍晚才到达潍坊。不巧，省政府已迁去青州，潍坊青联的几名青年同志十分热情地接待了我们，他们都知道爸爸。晚上，他们拿来好几条被子，在桌子上搭了个铺，我们睡得暖暖和和，心里也感到热乎乎的。接着我们来到青州，找到了省教育厅。真是太幸运，太凑巧了，我们遇到了爸爸中学时代的老同学李光家伯伯。我们详细地向他讲了爸爸在上海工作、生活及去香港的情况，表达了我们迫切希望学习的心情，他听了非常高兴。他十分关心我们，拿《新民主主义论》和《吕梁英雄传》给我们看。这是我们回到解放区后最早读到的书。他叫我们放心，说省政府马上就迁往济南，让我们跟随前往，介绍我们到革命干部学校——华东大学学习，我们心里的高兴劲儿就不用提了。

1949 年 2 月下旬，我们凭着省人民政府教育厅的介绍信在济南入了华东大学，参加了革命，享受供给制。我们被分配到华东大学社会科学院一部二班为学员。

我们刚从黑暗的旧社会来到解放区，感到眼前一片光明，一切都蒸蒸日上。革命的理论启发我们的头脑，把真理的种子播入我们的心田。我们风华正茂，满腔热情，奋发学习，积极追求进步。

入校后不久，有一天我们俩去图书馆借书。负责借书的是一位身材矮小、脸面白净的女同志。她满面笑容地问：

“你们叫什么名字？”

“臧乐源，臧乐安。”我们回答。

“你们的家乡是哪里？”

“山东诸城。”

“是诸城的什么村？”

“是臧家庄。”

“你们认识臧克家吗？”

“他是我们的父亲。”

“可把你们找到了！”她高兴地说。

她告诉我们，她叫丁毅，她和她丈夫宁汉戈同志是爸爸妈妈在重庆时期的好朋友，抗战胜利后，他们去延安时，爸爸妈妈把他们送到汽车上。爸爸的小说《小马灯》就是记述爸爸妈妈和他们之间那一段友谊的。宁汉戈同志在华大附中当校长，有时也到华东大学讲课。丁毅同志在我们图书馆工作。她真是个有心人，她说，见到姓臧的她就问，终于把我们兄弟俩找到了。是友谊促使她这样做的，从中我们也感受到了这友谊的力量和温暖。

这一次又一次的“巧遇”是我们的幸运，而又不仅仅是我们的幸运，我总觉得，有一颗福星照耀着我们顺利前进，是爸爸在身边护佑和指引我们走上了革命的道路。

谆谆教导殷殷期望

1949 年 3 月下旬，我们从报上看到爸爸、妈妈从香港到达北平的消息，真是高兴极了。时间仅仅过了 3 个多月，我们全家两路汇聚到了解放区春光明媚的蓝天之下，用爸爸的话说，从地域上讲，从一个旧世界踏进了一个新世界；从时间上讲，从一个旧时代跨入了一个新时代。我们决定立即给爸爸、妈妈写信，但没有通信地址。我们商量把信寄到某个单位 (现在已忘记是什么单位了)，请他们转交。我们在信里向爸爸、妈妈报告了回到解放区、参加革命和在华东大学学习的情况，两颗火热的心跳动在纸上。我们祝贺爸爸妈妈平安抵达解放了的北平，从此结束颠沛流离的生活。不久，回信飞来，爸爸、妈妈得知我们参加革命，高兴之极，希望我们努力学习，争取更快地进步。我们虽然同在解放区，但各自忙着革命工作和学习，一时还不能相聚，靠通信互相联系。1949 年 5 月 17 日，我和哥哥同一天光荣地加入了中国新民主主义青年团，每人写了一封信向爸爸、妈妈报喜，信中洋溢着青春的喜悦和革命的激情。《天津日报》的记者在爸爸处看到了这两封信，便拿到《天津日报》上发表了，记得冠有“光荣入团”字样，遗憾的是，把我的信也错署上了哥哥的名字。

光阴似箭，革命形势迅猛发展，需要大批干部，我们的半年学习期限接近结束，大家将分配到不同的岗位去为革命、为人民工作。按最初的计划，我和哥哥将分配到一所中学去当政治辅导员。就在这时，一位校长从北平开会回来，宣布为迎接革命胜利后即将到来的建设高潮，要留下一批有一定文化的年龄较轻的同志继续学习。学校建立了政治系、中文系、历史系、俄文系和艺术系。我进入了俄文系，哥哥上了政治系。爸爸对我们能继续学习表示高兴，叫哥哥“下苦功细啃理论书”，叫我“找一门东西，下专门功夫”。

转眼间 1949 年 10 月 1 日到了，爸爸有幸在天安门前亲身参加了伟大的、轰动全世界的开国大典，仰望着毛主席亲手升起五星红旗，庄严宣告中华人民共和国的成立。50 年后回忆起当时的情况，他仍是心潮澎湃，感慨万端。我们在济南收听了开国大典的情况，参加了庆祝活动，我高举彩旗，跟着五星红旗前进，感到无比幸福和自豪。从此我国历史进入了一个崭新的纪元。在新中国，爸爸可以像他诗中的“春鸟”一样，放开喉咙自由地歌唱，歌颂祖国，歌颂人民，歌颂党，歌颂一切美好的事物。就在这个不平凡的10月，爸爸写下了《有的人——纪念鲁迅有感》这首传诵了几十年的著名诗篇。

1950年3月，山东各界人民代表会议在济南召开。在旧社会，爸爸到处受压迫，遭排挤，甚至被驱逐，没有安身之地；在新中国，爸爸当了人民代表，来山东开会。为了熟悉情况、会见老朋友和重游旧地，爸爸提前一个多月来到了济南。我们父子在泉城相会了，喜悦之情真是难以言表。不久我哥哥就下乡土改去了。2月5日，我到爸爸的住处去看望他，随身带着我刚用窗户纸订的一个小本。小本的最前面用俄文写着高尔基的一句话：生命的意义在于为革命服务。接着是长篇小说《钢铁是怎样炼成的》中的那段名言。我请爸爸给我写几句话。爸爸思索片刻，挥笔写了下面的题词：“你是英气奋发的一匹小野马，你所具有的正是我所缺乏的。今天，你这匹小野马找到了一个可供驰骋的自由的原野，你必须为你的主人——人民俯首贴耳的服务，对你，我存着一个大希望，千万不要叫我失望呵，我的，我们的小野马呀！”这是父亲对儿子的谆谆教导和殷殷期望，真是语切切，情深深。那时我正青春年少，朝气勃勃，精力充沛，意气风发，革命激情似火。亲爱的爸爸，写这个题词的时候，您是否想起了自己青年时代的峥嵘岁月，激烈情怀？那时，您一个高一学生，为摆脱黑暗，追求光明，奔向武汉，参加轰轰烈烈的大革命；大革命失败后，您逃回家乡，遭国民党追捕，流亡关外，受尽磨难……您空有一腔革命热情，但没有用武之地。您庆幸，今天我找到了“可供驰骋的自由的原野”，嘱咐我要俯首贴耳地为人民服务……爸爸的这个题词对我是极大的鼓励，我时时刻刻牢记在心。几十年来，我一直珍藏着这个小本。1993年我把小本拿给爸爸看，他看了说，写得不错，并高兴地把题词给我写成一个条幅。今天，这成为爸爸留给我的最珍贵的纪念物之一了。

我谨以这点点滴滴的回忆纪念去世的父亲。我为有这样的好父亲感到无比自豪。

2004年8月(31/4、32/1、35/8、36/4)

情系同济附中——暮年的联想

52届 方 夏

李庄是长江边上的一座古镇，距四川省宜宾市60里，这里山青水秀，民风古朴。抗日战争时期，除同济大学迁于此外，尚有中央研究院、中国营造学社、中央博物馆，成为当时四大文化中心之一。同济附中那时相当于大学的预科，通过高中三年的外语学习可直接进入大学本科。

我小学毕业时，李庄当地没有初级中学(同济附中只有高中)，家里不放心我去外地上学，当时请同济大学的学生来家中与我补习功课。第二年我到同济附中旁听高一(48届)课程。给我印象很深的是讲语文课的陈致平老师，个子不高的，瘦瘦的，戴副金丝眼镜，至今对他讲授的《长恨歌》这篇文章仍是记忆犹新。他讲解非常细腻，感情丰富，听了十分伤感。1992年看到琼瑶(台湾女作家)写的自述文《我的故事》,文章中介绍她父亲的情况，才知她就是陈致平老师的女儿。

李庄时期同济大学体育运动很活跃，体育场就在长江边上，每周日都举办各类球赛，附中也参加，我常去看比赛。那时赵辅汉是附中篮球队成员，他勾手摘篮板很出色。游泳场就是天然的长江水域，水性好的可游到对岸再横渡回来。因水深流急，也发生人被冲走的事故，家中是绝对不允许我去游的。江水清澈见底，在缓流地段，有成群的水母在游动。

1946年我家随同济大学迁回上海，我应插班上初三年级，但父亲坚持由初一学起，名曰打好文化基础，这样我就成了52届的一员。不久家又迁去南京，我则留在上海住校。那时学校在北四川路底，班里没有几个人住宿，我就和李明鑫他们住在一起，宿舍就在进校门右侧的一幢木质二层的房子中，附中迁到黑山路后我与班里同学一起住过飞机馆、博

海燕篮球队合影，后排左起：汤维申、杜文辉（体育老师）、万复华；
前排左起：魏先英、方夏、张惠松（1950.6.1）

物馆(今长海医院)、图书馆的书库。由于和高年级同学很熟，经常到飞机馆去四处观光，感受这如同飞机似的房子，这种满足感是激起青少年时代的我对航天的向往和好奇。

回忆高一教几何的晏华璋老师，课讲得条理分明，顺序井然，通俗易懂。尤其印象深的是他在黑板上徒手画圆，和圆规绘制的分毫不差，下课后同学纷纷效仿。以后我参干了，调去空军陆战一师司令部炮兵室，曾经在讲课中也学着他徒手在黑板上画圆，战士们问我是怎么学来的？我就想起晏老师的形象。

高一年级时在学校上空第一次见到了喷气战斗机，在图书馆左侧二层教室，高大长条的玻璃窗正对着江湾机场，可以观赏到它的起飞降落。上课时，只要听到飞机轰鸣声，我的注意力便被吸引到窗外的那片天空。有一次，见到飞机风驰电掣般冲向云霄，然后翻转180度垂直俯冲而下，真是又新鲜又神奇！当时刚解放的中国还没有飞行部队，上海的领空是由机翼上标着红星的苏联飞机来保卫。我还记得地理老师讲到沙俄通过爱晖条约等不平等条约，侵占了黑龙江以北、乌苏里江以东，包括库页岛在内上百万平方公里的国土时，他讲得慷慨激昂，非常激动，至今难忘。

我从部队调到飞机工厂，1958年以后从事运载火箭研究，以后中苏关系恶化，加上美帝封锁，研制要解决诸多新材料、新工艺、新技术等问题。首先用到大量外文资料查阅工作，其中不少是德文资料。联想到教德语的屠心观老师，每次上课都是乘同济大学的校车由市内来校。穿着长袍，戴副眼镜，为人和善，讲课耐心不乏幽默。一次，课余时他从衣袋里拿出一张纸片，是他想了几条谜语让大家猜，其中一条是“四五月之间”打一同学名字，当时没人猜出，过了两天，再来上课时，揭开谜底：“四五月之间”不是方夏吗？

高一年级结束转学到南京，次年参军后分配到空降部队，这是一支从四个野战军中抽调出来的战斗英雄和模范组成的部队。有在辽沈战役中一人俘虏国民党一个营的孤胆英雄，一人拼斗7个日本鬼子的刺杀英雄，淮海战役中连续爆破敌人碉堡的爆破英雄等。

回首往事，已相距50余载！忆起共同生活学习的日日夜夜，似在昨天。同在一起下棋、打桥牌、打牌，甚至我们5人的“海燕”篮球队，在老师上课时还偷偷溜出去练球的情景仍是历历在目……(13/10)

情系母校

52届 杨志长

不知大家是否有同感，中学在一生中是最令人留恋的。小学我们还太小，也不懂事，能记得住的事太少。虽曾有过几个相好的小朋友，但现在谁也找不到了。大学呢，它教给了我不少的专业知识，师生情和同学谊也都不错，但相比之下，总觉得不如中学那样纯朴。

特别是我们的同济中学，不仅给我们打下了扎实的基础知识，还锻炼出坚强的体魄，培养了艰苦朴实的作风和永葆革命青春的信念。所有这一切，在自己还不算很坎坷的人生路上，给了我无穷的力量。7年的同中生活，吃、住、学习在一起，朝夕相处，其师生情、同学谊非同一般。就是和校工师傅的关系也不同于其他学校。

还记得，刚刚东方发白，杜老师、史老师已带领我们绕着学校跑步了，有时要跑到五角场才折回。管体育用品的龚师傅，或早或晚，他总是有求必应，热情地借出各种体育用品。那时我们爱玩垒球，早上露水大，球和手套不时损坏，龚师傅就会及时修补，从不断档。至于同学间的友情，更是像我们那时从不离口的那支歌“我们是姐妹兄弟，大家团结在一起……”那样，亲密无间。

随着时光的消逝，当年还是涉世不深的青少年转眼间已成古稀之人。现在在相册中保存着几张为数不多的发黄褪色的同中照片，却显得分外珍贵，它们所勾起许许多多往事的回忆，却永远深深铭刻在我的心中。

摘石榴的教训

1945年抗日战争刚结束，我小学毕业考上了华德中学。第一次离家(那时我家在浦东)

寄宿，摆脱父母絮叨的管束。这对一个年仅 11 岁的孩子来说，真可谓到了自由世界。华德中学分校在长乐路留园，是个标准的弄堂学校，除了一楼前面有个一二十平米的院子外，根本就没有操场之类的活动场所。

一天课间，同学们在院子里嬉戏。不知是谁注意上了隔壁院子里的石榴。在其“倡议”下，几个“勇敢分子”，当然也包括我，翻过墙去，把那又小又涩却非常可爱的小石榴都摘了下来。虽不能吃，却能当球抛着玩。邻居告到校方，次日，我们被校长召进了校长室。校长严肃地教训了一番后，我们还像高尔基小时那样伏在长条凳上挨了一顿屁板。这顿屁板是疼还是不很疼倒是记不得了，但这事对自己教育很大，印象也很深，使自己一辈子记住了一条教训：不能干坏事，干坏事是要受到惩罚的。

募寒衣的启蒙

随着国民党接收大员由重庆来到上海，华德中学也随之被接管并入同济大学附中。1946 年夏学校迁至北四川路底，我们也就成了国立学校的学生。本以为可以好好读书了，可是这年冬天上海遇到了寒流，一夜间街头上出现了不少被冻饿死的饿殍，同学们唱着“啦啦啦啦西北风呀刮得紧……”这首歌走向街头，向市民劝募，得到热烈响应。然而当我们走进那些灯红酒绿的舞厅、酒吧，继续喊着“先生太太发慈悲，多募件寒衣救穷人……”时，这些肥头大耳的先生，其中不乏国民党接收大员却对我们冷眼相看，在我们小小的心灵中引起了强烈反感。

从小受日本鬼子欺凌的我们盼望胜利能给我们带来好日子，可在事实面前幻想破灭了。那时国民党政府配给学生食用的米又霉又糙，掺着谷子、稻子、砂石、玻璃、米虫和老鼠屎等，同学们戏称其为“八宝饭”。就是这样的饭也没能让同学们吃饱。每次开饭，学生们都要经历一场激烈的“抢饭(当时同学们都是这样称呼吃饭的)战斗”。谁不抢谁就得挨饿。这些盛饭盛粥的大桶高达七八十公分，要掏桶底我们这些同学就得两脚离地悬空操作了。记得有同学被挤得掉进粥桶里去。

游行走上革命路

说实在的，当时自己还是个十一二岁的孩子，根本不懂什么是政治，然而由于目睹耳闻国民党官员们以“接收”之名中饱私囊，花天酒地，和美国大兵到处为非作歹，这就使自己思想上也逐渐增强了对世事是非的考虑，北大“沈崇事件”终于使自己第一次带上了政治色彩走上了街头(虽然，当时也只是出于义愤，并不懂得这是政治斗争)。不久以后，“反内战、反饥饿、反迫害”运动轰轰烈烈开始了。就要举行示威游行的那一天我们正对着北四川路熙熙攘攘的校门竟被军警的机枪封住了，禁止出入。可这又怎么呢？机枪就能挡得住我们伸张正义的决心么？于是我们就从教师的窗口跳入复兴中学的操场，再从复兴中学的校门走出去赶上了示威游行的队伍。正是在这一次次的斗争中使自己逐步走上了革命的道路。

发配荒郊我不怕

国民党对同济附中又恨又怕，于是施以两条毒计，一是将其发配到杳无人烟的江湾，以减少其影响力和号召力(当时同济附中在上海的中学中已享有民主小堡垒之称誉)；二是缩小其规模，特别是不再招收初中生。1947年夏，我们被迁到了博物馆(即今长海医院)。

当时这里的确很荒凉，除了不远处有个图书馆(同济大学新生院)外，四周一片农田或芦苇。交通也很不方便，从市区到五角场没有公交车。同学们周六和周日只能乘那用大卡车加篷布充当的同济大学校车到北四川路底或从那返校。这车又闷又挤，小同学经常被挤得两脚离开车面。有时挤不上了或误车了，高中生还可以靠那件虎皮(军训课的美式军装)拦个黄鱼车(国民党军车)什么的，可我们这些初中生就只能靠自己的两条腿了。

其实隔离政策并没有起到什么效果，我们照常去市里参加游行，到工学院参加集会，不就是多走几步路吗？而且在校内，我们更是无拘无束地开展各项活动，出墙报，唱民歌。那是我们也不知道什么叫革命歌曲，但是在唱《在那遥远的地方》的同时也唱起了《山那边呀好地方》《古怪歌》《你是灯塔》《我们的队伍来了》……

记过罪名莫须有

同济“一•二九”晋京请愿。淞沪警备司令竟派了数千名军警包围了工学院。一时间，飞行堡垒们手持狼牙棍棒大打出手，全副武装的马队挥舞着马刀乱踩乱砍。记得高中部就有女同学被砍伤了脑袋。事后，当大家笑话吴国桢的那副眼镜时，有人发现在博物馆楼下门厅南墙的布告栏内贴出了一张处分100多人的布告。那是一张很大的布告，印象中还有那标志其级别很高的和很大的红色关防。处分中有开除的、留校察看、记两个大过的和记一个大过的。名单中我是最后一个，终生难忘。那是记大过一次，莫须有的罪名是蔑视校规。但是这张布告很快就被撕掉了。于是再贴出时当局还派了教官加以看守。即使这样也没能贴住。最后不得不派来了一个班的武装军人，日夜守护了3天3夜。可是当第3天他们刚一撤走，这张布告又立即见鬼去了。

记过一事在当时对我来说不是没有思想包袱的，它使我不好向父母交代。当时大学部的油印小报《同济人》还来采访我，大哥哥大姐姐(那是我们都是这样称呼大学部的同学的)对当局这样无耻迫害小同学深感不平与气愤。但当自己懂得了“欲加之罪，何患无辞”这一道理后，心中也就坦然了。(12 /2、13 /5-6)

忆在国立同济附中的那些日子

52届 吴增华

年纪越老，怀旧心思越浓。数十年前发生的往事，故去亲朋好友、同窗的音容笑貌，往往在不经意间浮上脑际。我还清楚记得德语老师屠心观，头髮花白，梳理整齐，鼻架金丝边眼镜，宁波口音，颇有绅士风度。校长曹礼吾，身材颀长，常穿长衫，举止稳重，落落大方。化学、三角张国模老师，深度近视，讲课有条有理，数学公式、化学分子式记得滚瓜烂熟，对同学和蔼可亲。历史老师徐光烈，身材中等，知识渊博，说话京腔京韵，讲中国近代历史如讲故事，充满了爱国主义教育，听得我们入迷。此外还有四川口音浓重的杜文辉老师，他虽教体育，却是我们的班主任，关心我们的思想德育，个儿俏巧的杨烈昭语文老师和数学老师晏华璋，他们都是令人终生难忘和尊敬的好老师。

我在母校只读了两年书，1951年9月便离沪北上了，但留下的印象很温馨，有些事情想忘也忘不了。下面讲的几件故事不知还有同学记得否？如果我说得不完全或者有出入，还望原谅和纠正。

血染纱帐——大丈夫报仇不过旦夕

我们男生宿舍设在大楼北侧第二三层楼面上，宿舍床铺都安放在原来的钢制书架之间，给人一种局促和压抑的感觉，第三层宿舍有些地方则因没有书架阻挡而显得稍为宽敞亮堂一些。由于宿舍处于北面，加上钢窗密闭性不好，冬天西北风一刮，整个宿舍如同冰窖一般，同学们的洗脸毛巾头天晚上挂在那里，次日便冻得硬梆梆了。那时大家正处在青春期，倒也不觉寒冷，只是夜里睡觉时像虾米一样，蜷缩在一起。比寒冷更令人心悸讨厌的是宿舍内的成群臭虫。我每晨醒来后，便在蚊帐四角寻找它们。一般来说，每个角内少则几个，多则十几个，肚子都吃得胖胖鼓鼓的。它们吃的都是我的血呀！本来我们这些穷学生营养就不良，你们还要吸我们的血，太可恨了。接下来我便实施报复，将这些害人虫一一掐死，此仇旦夕不报非丈夫也，顿时，蚊帐上便留下了斑斑血迹。高一上学期过去了。等到下学期开学回到学校时，发现肆虐一时的臭虫不见了影踪。原来学校在我们放寒假时向宿舍内喷洒了大量 DDT(当时还是一种常用药) 消灭了臭虫，为同学们创造了较好的生活条件。

垒球棒打鸳鸯——打过正着

一天晚上，大约已近午夜时分，大家已入梦乡，忽听得宿舍外大厅内人声鼎沸，熙熙攘攘，不知道发生了什么事情。我随着被惊醒的同学一齐出外打听，才知道事情来龙去脉。

原来这些日子正值抗美援朝镇反运动时期，严防国民党潜伏特务破坏，防特反特的时候，也就是贺扬这位“闹钟”同学提及的组织全校同学每天夜里轮流值班，守夜巡逻时期。那时学校四周 (即现在的黑山路、长海路、国顺路周围) 均是农田、旷野一片，同学们约每组 6 人，分上、下半夜两班，以垒球棒为武器，拿着手电东照西探沿路巡查，对于教学楼 (即现在的图书馆楼) 的暗角更是搜查备至。当时女生宿舍设在有琉璃屋顶的顶楼，学校为了防止男女同校住读发生越轨事件，多年来都安排一名女学监常驻女生宿舍加以监督。不料该名女学监自身不淑，耐不住寂寞，每晚在女生熟睡后向被子内塞入枕头，伪装以后，偷偷下得楼来潜入一楼图书室，与一名男职员幽会。天长地久，此秘密终于被女同学们发现。于是在这一天晚上被巡逻组查得确证，采取了断然行动，抓了一个现行。在我记忆中，我们班的任美贤和王为箴在此行动中起到了重要作用，不知此记忆是否有误？

这镇反运动，发动全校同学提高警惕，大半学期的轮流查夜，当然提高了同学们的实际政治觉悟，而这起深夜捉幽会，也可算校中镇反、查夜的唯一业绩了。防人出轨反被捉，也确是笑话。如今看来这也仅是小事一桩，上不了纲与线，但当时对同学们也确实起到了教育。事发不久，学校开除了图书馆男职员，解雇了女学监。

鹰击长空——惊看银鹰降楼旁

上了年纪的上海人大概都记得 2·6 大轰炸。而我们 52 届许多同学亲眼目睹了此次事件。

同济附中高一全体同学合影 (1950.2.6)

1950 年 2 月 6 日下午一二时许，我班老师和同学们聚集在大楼前拍照留念。90 年代，张惠松和王效良来我家时，王效良随身携带一本相册，其中就有一张是我在上面提到的集体照。前面第一排左起第一和第三席地而坐的正是我和沈一民。

正当我们拍照时，国民党派来的飞机轰炸了上海杨树浦发电厂和闸北电厂。事后知道，由于有地面特务指挥和引导，对杨树浦电厂的命中率很高。我们听到了爆炸声，也看到炸后升起的黑烟，它笼罩了整个杨树浦电厂上空。待到黑烟散尽那标志着杨树浦电厂的两根高大，日夜冒烟的烟囱口上的黑烟也随之由浓变淡直至消失。我们立即意识到电厂被炸毁了，再去按教室里的电灯开关时，已经断了电。记得陈宝良等几名同学立即赶赴杨树浦电厂，回来说："炸后现场救护惨不忍睹。"此后很长一段时间，每当夜里遥望市区一片漆黑，我们学校里上夜自习只好用汽灯照明，在寝室里多半点起了自制的煤油灯，菜油灯和蜡烛。

此后，学校四周旷野上设置了高射炮群，从教室外望，一目了然。高炮群由四炮一组，解放军天天操练，装好炮弹后只见指挥员红旗一挥，四炮齐放，有时实弹，特别是蒋机来袭时炮群齐发，炮花呈朵朵黑烟，围着蒋机煞是好看。但有 4 个旋桨的 B29 和不知何型有 2 个旋桨的蒋机却仍不慌不忙，无动于衷地盘旋着，说明黑烟炮弹射程不够高，至多只起到不令其低飞而已。但事隔不久，有一天正当我们聚精会神在教室上课时，忽然间听到一种过去从未听到过的空气撕裂声，这种声音跟螺旋桨飞机发出的声音截然不同。同学和老师也顾不得上课了，立即扑向窗口观看。这是我们有生以来，第一次听到喷气飞机发出的声音。我们学校离江湾机场竟那么近，眼见着一架架新式喷气银鹰凌空而降，徐徐降落江湾机场，绕跑道滑行整齐排列着，约莫有六七架之多，看得大家又惊又喜。以后天天看到银色喷气飞机掠空而过，很快便习以为常了。自此以后，国民党飞机再也不敢侵犯上海领空了。驾驶这些飞机的是苏联飞行员。他们居住在上海大厦，每天乘坐敞篷卡车来往于住地和机场之间，身穿皮制飞行服，头戴军帽，既威武又倜傥，驶过市区时，回头率很高。

小刀试锋——童心恶作

我的身材较高，在班里算是“长脚”。一般情况下，我的座位都在最后一排。有一天，坐在我前两排的同学身穿一件皮夹克，正端坐在座位上听课。忽然间，我前面的那个同学从铅笔盒中拿出一把铅笔刀，对准前面的皮夹克划了一刀，顿时在背上出现了一条一寸左右的裂口。我已不记得这一幕两个当事人的姓名了。在你们看到这段文字后会不会哈哈大笑？骂我这个老东西到了耄耋之年，竟还提及此事如此促狭！如今想来，这确是个恶作剧，可见那时我们虽已长高，但毕竟还只有十六七岁，尚未成年，真可谓童心未泯哩！

天公做主——音乐人生

黄师虞未读完高二便转学上海音乐学院学习，这里还有一段插曲。一天下午课余时间，四五个同学聚在操场附近闲聊。黄告诉我们，他哥哥是拉小提琴的，他希望也能步其后尘学习音乐，正在犹豫中。那天下午，天有点阴沉，黄说：“如果今天晚上下雨，我就下决心转学考上海音乐学院”。晚上，果然滴滴答答下了一场雨。天老爷替他做出了决定，让他后来成为一名出色的大提琴专业音乐教授。黄师虞前年病故。我想即使他仍健在，恐怕也不会记得上述情节，奇怪的是这一发生在 60 多年前的情景，始终在我脑海中挥之不去。

夜深人静——无常入梦

一天晚上，正当同学们熟睡之际，忽听到一声惊叫，把大家从梦乡中惊醒。原来1950年初正是镇反运动高潮。当时的五角场远离市区，荒凉而少见人烟，正好是刑场的首选之地。每当红色警车发出的警笛声传来时，便知道又要对反革命执行枪决了。如果正好在课余时间，大家便一拥而出，奔去观看。记得有次在图书馆楼下的西角教室上音乐课，老师正埋头于弹琴教唱，而坐在靠窗口的那些同学，一听警笛声不约而同地竟跳窗而去，奔向刑场观看行刑。我虽然生性胆小，但也想观看，便往往躲在人群后面。记得有一次是对数名江洋大盗执行枪决，其罪名是在吴淞江面抢劫民船，杀人越货。他们罪行累累，死有余辜。观看此次行刑时有两个同学给我留下了深刻印象。王为箴虽是女同学，却始终在最前面。另一个张敬民(山东人，身材不高而敦实)，他居然敢接触尸体。行刑后，尸体就地草草掩埋，然后公安局和法院会通知家属领回。参加掩埋的是居住在学校近旁一名向同学卖油煎荷包蛋和臭豆腐，被我们叫做老山东的老头。此人颇有来历，曾经作为华工参加过第一次世界大战，约六十岁左右。

开头说到的那个同学，就是当天观看行刑后，真是应了日有所见，夜有所梦。他半夜起床，睡眼惺忪地看到对面床前挂有一件长衫，在夜风中有些摇晃被他疑为来了无常鬼，吓得绝叫，被传为笑话。

军车代步——女生优先

学校远离市区，同济大学虽然也有一辆道奇牌卡车作为附中校车，但是只在每周六下午和每周一早晨对开一次。所以同学们往往只能靠步行回家。当时从五角场到市区，在邯郸路上只52路公交车，途经复旦大学到四川路底。出车稀少而且车资不菲。因此，每周六下午，从五角场向四平路上可以看到三五成群的同学结伴而行。大家一路上说说笑笑，打打闹闹倒也不觉得劳累。从五角场出发，先要经过在四平路东侧的同济大学理学院，再往前走，便是在马路西侧的同济工学院。到了工学院以后，离市区也就不远了。但是这一走，总得花上一个半小时。解放初期，四平路上除了解放军车外，其他车辆和行人十分稀少，因为路两侧全为农田。解放军车有载重卡车、有中、小型吉普车。同学们如果凑巧遇到空驶的军车便招手示意拦车，解放军一般会停车让我们搭乘，特别是女同学，娇声娇气拦车技术高，搭车机会更多。到达市区后大家挥手示意表示感谢。搭乘便车的机会在刚解放的头一年里比较多，后来随着抗美援朝战争爆发就难以为继了。

顶楼清唱——百鸟共鸣

我们的教学楼和寝室是民国时期的市图书馆，它至今仍算得上是上海市一座标志性建筑，其顶楼仿中国古典亭台造型，配以金色琉璃瓦，四角飞檐，高翘入云，吸引了四野雀鸟环飞齐鸣，更是引人入胜，印象深刻。

每当我从照片中看到这顶楼时，往往会触景生情，忆及往昔登楼之事。当年晚餐以后到夜自习之间，有一段自由活动时间。我记得陈宝良、王效良、穆家修、张百行和我等登到了顶楼，放眼远眺，可以绝目四野，一片绿地，就近只有博物馆(现淹没于今长海医院建筑群中)，宫殿式旧市府大楼(即现上海体育大学大楼)具有中国特色的古典建筑，方能与我们的教室楼一齐匹配，呈三足鼎立之势。置身此种美景真可使人心旷神怡，消除一天的课堂疲劳，情不自禁会放声唱歌。可陈宝良却唱起了高亢的京戏，声震四方，其曲名有《捉放曹》《四郎探母》《玉堂春》等。其实，除了陈宝良较有功底外，其余人都是走腔跑调地在那里寻开心、瞎起哄，但琴师张百行拉的京胡却有板有眼，有着真功夫。

我们的唱声震得雀鸟惊飞，叽叽喳喳地绕顶盘旋，这是否是百鸟朝凤地在和我们共鸣、伴奏？因为不懂鸟语，无从考查，待我们唱到得意忘形、忘乎所以时，有时会持续较久，竟忘了楼亭之内即为神圣不可侵犯的校中闺房——女生宿舍，这样难免影响了闺中小姐们的休息和学习，后来因此遭来非议而停止。张百行家住上海浙江中路附近，我曾到他家里作过客，那是一幢石库门房子。可惜他中途辍学，我们失去了联系，至今无着。写到这里，希望他仍能和我一样，与我今晚共婵娟。(74 /2、75/2)

也来掀开尘封的记忆——校园绯闻

52 届 陈德康

引 子

最近第 74 期《舟中情》刊登了吴增华同学所作《忆在国立同济大学附属高级中学的那些日子里》一文，读到其中“垒球棒打鸳鸯，打个正着”一节，颇受启发。此事说起来已过去 60 多年，原来总觉得不过小事一桩，不值得刻意渲染，此其一。二来认为毕竟是些偷鸡摸狗之事，说出来也不登大雅之堂，弄不好倒有污秽版面之嫌，笔者作为当年值夜班巡逻的直接参与者、亲历者，长久以来对此段经历一直讳莫如深，记得曾在某次同学聚会侃大山时，私下谈起过。今天有人旧事重提，倒激起我重新掀开这些尘封记忆，还原事实真相的冲动。当然也为了防止以讹传讹，以正视听。下面谨就笔者亲历小记，告之诸君。

来龙去脉

此事发生在 1950 年冬天，一个寒冷的夜晚。当时国内抗美援朝和镇压反革命运动正方兴未艾，社会治安情况相当混乱。一则我校与江湾机场近在咫尺，上海遭美蒋“二六”大轰炸后，苏联空军进驻江湾机场，在教室二楼阳台就可以眺望飞机起降动态，这里成为敌特觊觎的重要地区，入夜附近常有信号弹出现。二则我校地处市郊交界，除了后门附近有少数零星居民(即盐业新村后改名创新村)，出门十来米开外，四周全是连片农田，到了夜间一片漆黑，加之校门洞开可自由出入，又不设专职保安，这些都给校区安全带来不稳定因素。为了维护校区夜间安全，学校组织同学夜间值班巡逻，由各班同学轮流担任，每 4 人为一组，每组两男两女，配 3 节电筒一支，男生配备警棍一根。警棍比拖把柄略粗，长短与扁担相当，酷似以前童子军的军棍，给持棍者壮壮胆而已，我们常以垒球棒替代。

那天晚上轮值女生是蔡祖善和顾云娟，男生是我和陈英仪，如今前三者在上海，后者在美国。估计入夜11时左右，宿舍内早已熄灯。因屋外很冷，陈英仪和我在二楼大厅球台上打乒乓球取暖。玩得正起劲时，只见蔡、顾两女生匆匆跑来叫我们停止打球，把我们拉到一边，悄悄说，现在有任务，马上到楼下去抓人。起初我们没听懂，不解地问抓什么人？她俩神秘兮兮地欲说又止，这就越发引起我们打破砂锅问到底的好奇心。在我们催问下，她俩只好如实相告，原来住在琉璃瓦顶层女生宿舍的那个脸色黝黑、身材矮胖的女生宿舍管理员，同那个貌似文质彬彬、书生模样、待人接物谨小慎微的图书管理员早有苟且之事。这对正届青壮之年的孤男寡女长年远离家眷，耐不住生理和心理寂寞，终于陷入了肮脏的泥潭，而图书管理员单门独户的宿舍环境，也为他们幽会提供了方便。那女舍管理员常常在夜深人静，女同学入睡后，偷偷起身，把枕头衣物塞进被窝，床沿又端放鞋袜，伪装成被内有人模样，实际上早已人去“窝”空，潜入图书管理员房内。其实许多女同学对此也早有察觉，无奈缺乏真凭实据，不能瞎说。今晚这对野鸳鸯又故伎重演，清纯的校园岂容此等污泥浊水继续横流！正好撞到我们枪口上来了，这无疑是一次抓现的绝好机会。

为了打好有准备之仗，我们4人在最短时间内作了简单分工：首先由蔡、顾两人以查夜为名敲门进入搜查，我负责在门外警戒伺机而入。考虑到该宿舍有一外窗，为防止有人翻窗逃逸，由陈英仪到屋外窗下负责警戒。分工完毕各就各位，立即行动。蔡、顾两人开始敲门，等了好一会室内亮灯，接着房门打开，蔡、顾两人进入室内，我持警棍守候在门外。开始还听到传出对话声，由于隔了一道门档，讲话内容听不真切。接下来好一会儿听不到动静，这段无声无息的佳景大约持续了3-4分钟。我在门外等得有些不耐烦了，为防止发生意外，不等里面召唤，一脚踢开房门大步跨入室内。只见那男的罩在靠床一侧，虽然衣着整齐，但脸上明显露出惊恐之色。环顾屋内四周，却不见那女的身影。蔡、顾两人则站在床沿旁没有动作，眼光却注视着床下。显然这两人毕竟是女孩儿家，脸皮薄，第一次经历这种场面，恐怕是一辈子唯一的一次。明明晓得那女的躲在床下，就是抹不开脸，一时愣在了床前。见我过来，用手指指床下。我当然领会，于是一面提起警棍重重敲蹬地面，一面朝床下大喊“快出来，快出来”。在我的呼喊声中，那女的不得不从床下爬了出来。只见她衣衫不整，只着内衣内裤，哆哆嗦嗦。一来是天冷受凉二来是害怕，身不由己打着颤抖，战战兢兢地跪在水门汀地上，磕头求饶。此时我们有些可怜起她了，唉！

俗话说，捉奸捉双，若要人不知除非己莫为么！如今人证物证齐获，我们的巡逻任务也画上了圆满的句号。

很快请来了老校长曹礼吾，他对我们的行动鼓励了一番，嘱咐我们早些回去休息。我们很快离开了现场，以后如何处理那是校长们的事了。最后的处理结果，大家都已知道，在此无需赘述。

尾 声

行文至此，有人问当晚的情报来自何处？是蔡、顾两人自己发现的，还是有人提供消息？对此只有问蔡、顾两人。当然此事并非反革命大案、要案，但因值夜巡逻同学人人参与，所以纸包不住火，尤其这种桃色新闻很快就不胫而走，议论纷纷也属正常，无形中给同学们在德育方面上了一堂生动重要的一课，这未尝不是一件好事。

顺便还要提一下，此事发生后，那名图书管理员并没有立即处理，继续工作了一段时间，而本人是图书馆常客，隔三差五要去借书，这下倒是冤家路窄，每次见面十分尴尬，害得我后来只好退避三舍，干脆不去图书馆借书以避困境。

袁义善二次修改，2012.1.29

回忆活跃的“松鼠剧团”

52届　余铭正[1]

当时，在各个班级演出的剧目中，最大的困难是参演者是清一色的男同学或女同学，遇到有女性或男性角色时，都是由男同学或女同学反串。“松鼠剧团”初期也不例外，每逢剧中有女性角色时，都由男同学反串。在排练第一个秧歌剧“兄妹开荒”时，杨志长演哥哥，朱嘉城反串妹妹。在另一个短剧中，杨伯宁反串老太太。同样，女同学演出剧目中有男性角色，也只能由女同学反串了。大家都感到不方便。有一天，演出后的中午，大家在原图书馆二楼楼梯口站着吃午饭时，吉玉琴同学对我提出“男女合演”，一拍即合，我当即赞成，也得到剧团同学们的支持。

男女同学合并组团，我找到独幕话剧《魔城末日记》，决定进行排练。得到学校办公室艾蓄三老师大力支持，由他邀请话剧界的老朋友陈新民、程引等老师帮助，利用星期日上午空隙，在中兴路艾蓄三老师家中排演话剧(陈新民导演《魔城末日记》、程引导演《伏虎记》)。

为了提高演出效果。在演《魔城末日记》时，我到同济大学工学院(今同济大学，下同)学生会联系借布景，没有汽车搬运布景，发动剧团内全体男、女同学从现在的黑山路同济中学(图书馆)步行到四平路同济大学工学院，齐心协力将布景抬到同济中学，演出以后再抬回同济工学院，连个子矮小的梁洁贞同学也不例外，参加搬运，这在今天是不可能有的，充分发扬了艰苦朴素的作风。有了导演指导，加上灯光、布景配合，首次男女同学同台演出，

①松鼠剧团团长。

一炮打响，演出水平空前提高，与以往的演出有天壤之别。在同学中间引起了巨大轰动和极大反响。演出后，同学们都说："想不到！想不到！"独幕话剧《魔城末日记》演出获得巨大成功，获1950年校"五四"青年节演出的"优胜纪念"奖旗。得益于艾蕃三老师和陈新民导演的帮助。

为此，也得到了学校重视和大力支持，曹礼吾校长向市教育局申请2000元经费，添置大量活动饭桌(拼起来是一个大舞台)、灯光设备和幕布等。

在学校里掀起一股话剧热，剧团也扩大了招生，从我们52届扩大到其他班级。在第一次参军前，松鼠剧团最多达26人之多，还没有计算临时参加的同学。当年剧团演出频繁，非常活跃，唐志高还是我剧团扮演反派角色的大腕。

后来，又配合镇压反革命、抗美援朝、参军、参干演出等活动，当年在校演出任务很多，主要剧目和导演如下：

《魔城末日记》(独幕话剧)——导演陈新民(后为上海戏剧学院老师)，参加学校1950年"五四"青年节文艺竞赛，获优胜奖；《伏虎记》(独幕话剧)——导演程引(后为上海电影翻译片厂配音演员)，庆祝同济大学43周年校庆，在同济工学院大礼堂(今"一•二九"大礼堂)舞台上演出；《过关》(四幕话剧)——导演梁怨(上海戏剧专科学校毕业，校文艺教师)，欢送第一批参加军干校的同学；《仇》(朗诵诗)——导演苏选生，欢送第二批参加军干校的同学；《母亲的心》(独幕话剧)欢送第三批参加军干校的同学；《放下你的鞭子》(街头活报剧)——在吴淞街头、吴淞中学(原为同济附中校址)演出；其他还有《打倒美国野心狼》《复仇的火焰》《锦明大楼》《感谢斯大林》《喜报》等短剧，慰问和欢送在沪二军大疗养的志愿军伤病员。

为欢送第一批参加军干校的同学，演出四幕话剧《过关》，招待参加军干校同学的父母及亲属。有一次，我到宁波路永久烙铁厂去修理电烙铁，一名同学的父亲还问起："你是同济中学的同学吧！"我一头雾水，很诧异！他说："我儿子在同济中学参干，他参加了欢送会，看到了你们的演出……"

后因剧团团员参军、参干同学较多，剩下团员不多，难以继续从事较大剧目的演出。校长曹礼吾授意，在艾蕃三老师督促下，于1951年下半年扩大改组为同济中学剧团(简称"同中剧团")，吸收广大同学参加剧团。李式琦刚从外地转学来我校即参加剧团，很活跃，

松鼠剧团排练《过关》时合影 (同济中学, 1951.1.4)
第三排左起曹才伦、卢金生、朱嘉城、金之祥 (参干 2)、牛晨、汤玉林 (参干 1)
第二排左起余铭正、杨志长、戚家伦、贺扬、陈久泓 (参干 1)、陈德全 (参干 3)、王昭良 (参干)、梁怨
第一排左起颜淑明、梁贞 (原名梁洁贞,参加市委工作)、吉玉岑 (参干 2)、欧阳树华 (参干)、蔡继增 (参干 1)
注: (参干 1) 表示是第一批参加军事干部学校, 未列者不详;
松鼠剧团还有部分团员未出席:
唐志高 (缺席)、杨百宁 (已参军)、张敬民 (回山东)、顾长根 (转学)、方博武 (休学)、黄师虞 (转考音乐学院)、李家玥 (参干)、潘根发 (休学)。

也是“同中剧团”负责人之一；剧团后扩大发展到初中部，凌敏、陈红妹等同学也积极参与活动。“松鼠剧团”“同中剧团”搞得有声有色，得力于学校支持，同学们的积极参与，葛汉云等同学也是长期积极支持剧团活动的积极份子。

松鼠剧团在学校活动取得了一些成绩，是和虹口区团委大力培养文艺积极分子分不开的。我们参加了虹口区团委设在横滨桥上海戏剧专科学校内办的戏剧学习班 (1951 年 2 月)，由剧专毕业班魏珉 (魏鹤龄儿子) 负责，排练《在战斗中成长》《母亲的心》等剧目。

李勋华、梁波罗都是学习班成员，梁波罗是学习班内最小的一个学员。他们两人后来均为戏剧学院学生。还有一些成员则考入人民艺术剧院。参加戏剧学习班的我、杨志长在高中毕业时，曾与李式琦一起讨论报考戏剧学院事，因缺少勇气，没有报考戏剧学院，而是报考了理工科院校(哈尔滨工业大学、北京地质学院)。可是，我们对戏剧文艺活动的爱好仍然不减，中学毕业后仍活跃在业余文娱战线上。我在1955~1957年底前为哈工大话剧团3个负责人之一，剧团成员有150余人；杨志长在工作单位里长期活跃在文艺战线上，负责艺术团的工作，退休后，至今还担任海上石油部老年艺术团团长。(37/1-2)

我也是“松鼠剧团”一员

52届 杨志长

松鼠剧团不仅提高了我们的文艺素养，也培养了我们的组织能力和吃苦耐劳精神，使我受用一生。

松鼠剧团的发展首先要归功于学校师长的支持和帮助。记得《魔城末日记》的一次总排是星期天在艾蓄三老师家里，他当时单身，住市区的一个单间。我们一大早就去，把老师的床铺收了，桌子也搬出屋外，20来号人就在那可能不足20平米的小房间里整整折腾了一天。中午艾老师请客，订了好几大屉馒头和一大锅罗宋汤，让我们一扫而光。事后才知道，我们一下子就把老师半个月的工资给吃了。

曹礼吾校长为我们剧团申请了经费，还把学校仅有的一位电工和一位木工都派给了剧团制作布景、灯光。在排练《过关》一剧时，学校专门安排了一间大教室供排戏用；厚厚的剧本，买二三十本是从学校行政经费中开支的。曹校长还好几次亲自召集我们开会……同学们的干劲也就更大了。

申请来的2000元(应该是老人民币2000万元)，这在刚解放的那年头是个不小的数字，但精打细算也只能买木料和布料这两种材料，再加少量电线、油漆、铁钉等。演出必需的聚光灯，每次都是向军医大或部队借用。调控舞台灯光的变阻器，是由余铭正利用食堂两个咸菜缸做的。制作舞台前那块紫红色又厚又重的大幕布和台后天蓝色大幕布也没花一分钱，是贺扬、戚家伦等同学拿回家用家里的缝纫机缝接起来的。戏台怎么办？我校当时的所谓礼堂，又是饭厅，本来就不大，根本无法安置一个庞大的舞台，加上当时“三大运动”政治宣传任务多，经常要下乡、下厂演戏，因此我们决定做一个活动的戏台。大家找了几十张尺寸标准而又结实的餐桌(有的餐桌经过战争折腾已快要散架或干脆已丢失)，平时用来吃饭，有演出时就拼起来，再加上一些配件，就是一个相当漂亮的舞台了。布景要求多功能和重复利用，大家与电工、木工师傅一起设计，七手八脚制成一些标准景片和能够拆改的配件，演出时刷上大白，靠几支画笔、几瓶墨汁和广告色、一个 DDT 喷雾器，一堂剧情需要的布景就做成了，还相当正规呢。

每当回忆起这段同济生活时，我是特别怀念不幸早逝的顾长根同学。他是剧团总务，是自觉奉献、埋头苦干的老黄牛。虽然他总不上台演戏，但每次演出的服装、道具都由他一手筹集，有些特殊的服装道具是他去找海燕电影制片厂商借。学校有个小卖部，当时叫合作社，是在“大办合作社”的社会背景下全校师生集资兴办的，顾长根被推为“主任”(业余、义务)，于是他就利用合作社的三轮车去市区拉道具，用毕再送还；需要“枪支弹药”，他就找部队借；雨声效果需要大箩筛，他就去附近农村借。我们每逢演出，他总是个大忙人，是后台主任，一切组织得有条不紊，即使场间只有 5 分钟的紧张换景，也照样安排得非常到位。顾长根是值得我学习一辈子的同学。

还有一件总使我不能忘记的事是吉玉琴演完《过关》后，毅然将自己两条又粗又长的辫子剪了下来留给剧团。这真是一种奉献，令人钦佩。我不知道这两条辫子现在是否还保留着？ (39/5)

一切从《德文入门》开始

52届 吴增华

我的职业是翻译，一名德语翻译。这一职业生涯的起点是在同济附中。一起都是从《德文入门》开始的。

1949年9月我考入同济附中。一开学就面临外语课是选择英语还是德语的问题。我几乎没有迟疑就选择了德语。另有十几名同学也做出了同样的选择。

我们的启蒙老师是Wittoff(Wiethoff)先生。第一堂课给我留下了很深的印象。他采用直观教育法，手里拿着钢笔、铅笔、橡皮、小刀等物品，嘴里用德语说，这是……下课时他还告诉我们，课后有问题可以去找他。他在一楼的卧室兼办公室的门口贴上了一张纸条，上面写明接待时间几点到几点。

接替Wittoff(Wiethoff)先生的是屠心观先生。我清楚地记得，屠老师戴一副金丝边眼镜，稍有花白的头发梳理得很整齐，一派学者风度。他的发音略带宁波口音，德文造诣很深，教课简单明了，有条有理。为了帮助我们这些初学者，他还编了一些顺口溜，比如阳性名词的冠词四格变化der，des，dem，den，用了儿思母恩这4个字。虽然德语课每周只有两三节课，但在屠老师的认真讲授下，我们在不到两年时间里便学完了《德文入门》。正是这本薄薄的教科书，为我后来的学习打下了良好基础。

1950年6月朝鲜战争爆发，当时没有想到这场战争会改变我的人生道路。在抗美援朝保家卫国的爱国主义精神鼓舞下，1950年年底和1951年6月先后有两批同学投笔从戎，参加了军事干部学校。此时有一股激情在我心头涌起，我再也无法静静坐在课桌前了。

在第二批参干同学走后不久，我有一天在学校二楼办公室前看到了一块布告，内称北京外国语学校(今北京外国语大学)拟在我校招收学过德语的学生。后来了解到，北京外国语学校德语系主任姚可昆先生与我校曹礼吾校长是旧相识，是姚先生委托曹校长办理此事的。这正是所谓的天赐良机，我便欣然报名参加。

1951年8月底，我和同班同学沈一民、张连根和徐希尚一行4人离沪北上。加上第一批参加军干校被分配在外国语学校的陈思义，52届的同学共有5人在一起学习。

由于当时外语人才缺乏，我们在外语学校只学习了3年便走上了工作岗位。1954年，我和陈思义两人被分配到二机部一家工厂，为民主德国专家当翻译。1957年工程院专家回国后，我于1958年初调到中国科学院情报研究所(今中国科技信息研究所)，40多年来一直从事德语翻译和调研工作，与德语结下了一辈子的不解之缘。(13 /11)

难忘的岁月

52届 庞燕华

附中52届的同学们，新年好！

首先谢谢你们对我和弟弟庞申华姐弟俩的关注和友情。尽管我们在附中就读时间不长，且有许多同学并不认识我们，但你们惦记着我俩，不时寄来有关学校的资料和照片，谢谢你们！

12月6日由袁义善同学寄来的校友通讯和同班学友、老师合照像也已收到，在未看同学的名单前，我仔细地辨认，能认出来和熟悉的同学不是很多，只有1996年在吉玉岑家见过面的余铭正、魏先英、陈德康以及曾经见过面的赵整纪、杨志长、谢颖武和在北京工作的一些同学，另一些同学是看了照片名单才对上号，蒋家祯是当年我弟弟要好的同学，记得他那时书生气十足，老老实实，杨志长和杨伯宁叔侄俩在附中时的样子，我仍能清楚地记得，杨伯宁白白胖胖，杨志长绝对是个淘气包儿，他们和梁洁贞等几个广东人常爱讲广东话，那时我曾学会一首广东话的顺口溜："童子军吃馄饨，打烂碗，赔十文。"

以杨志长为首的几个男生，常欺侮挨着我坐的女同学戴××，她胖胖高高的个儿，但却不大反抗，我爱为她打抱不平，于是杨志长等就嘴里叨念着："辣手，雌老虎！"不知杨志长等能否记得当年淘气的情景。

1947年秋，我和弟弟进入附中初二年级，1949年念初三下学期时，随家返回四川，在同济的时间虽然不足两年，但那段岁月使我常念念不忘的，当时高年级的四川同学，多是从四川李庄迁来的，如景蔚周、梁寿益、聂多饶、陶开熙、李世华等等，他们都对我很关照、爱护。当时附中大门口左侧有一间极小的邮政代办所，常常有不少高班同学挤在一起，谈天论地，由于和景蔚周、陶开熙等同学接近多了，虽然当时不知道他们是地下党员，但还是受到他们进步思想的影响，和他们一同参加反饥饿、反内战、罢课、示威游行等活动，记得附中罢课那几天，我们还在教室上课的时候，我听到景蔚周在教室外叫我的名字，并招手要我出去，他对我说："不要再上课了，学校罢课了，快走。"我怀着对他的信任，离开了课堂。

陶开熙爱画画，他的笔名是野马，他曾送我一张画，可惜已丢失。听说他在安徽大学教书，曾去信，但未联系上。70 年代在成都，见到了景蔚周、梁寿益、赵辅汉，大家在一起吃饭，他们依然对我十分热情、关心，景蔚周说，他和梁寿益被学校开除以后，曾考虑过到我家躲避。他说，因为我，因为我们姐弟单纯、善良，且能积极参加进步活动。那时，景蔚周处境不是很好，正在争取回到成都。我本以为以后还有很多见面的机会，可遗憾的是，景蔚周却过早地离开了我们，那次是解放后我和他的第一次见面，他真是一个十分热情、坦诚的人。

附中的女同学不多，我和许多高班的女同学住在一个宿舍，不少人成了我的好学姐、好朋友，如王琼(当时叫王丽娥)、黄於婷，她们都是我一生难以忘怀的朋友，还有李世华、童道勤也是我保持着联系的好学姐。

我班上的梁贞洁，现在虽和她同在北京，但很少见面，因她很少参加附中的校友活动。多年前，当我从张惠松处得知她的地址后，我专门走了许多路，东问西问，才找到她的家，她很忙，我小坐了一会就走了。今年毕业 50 周年，班上能有那么多同学聚会，的确很不容易，以后，有机会我争取参加大聚会活动。

我和弟弟庞申华都是在 1950 年参加川北军区文工团。后来我于 1952 年考上上海戏剧学院，1956 年毕业后到中国儿童艺术剧团工作，直到退休。现在仍有少量教学任务，每周还用两个上午的时间，在我家附近的天坛公园义务教群众唱歌，有时候也参加电视台的一些栏目。生活较充实，心态较好，但是身体并不太好。庞申华未上大学，他靠自学外语，应聘到了重庆市一中教英语，教学效果还不错，一直延聘到今年才退下来。

新年即将到来，祝 52 届同学和校友们身体安康，全家幸福，诸事如意。(13/9)

第一次考验

52届　陈德康

1951年1月9日，是我人生路上的一个重要转折点，从这一天开始了我18年漫长的军旅生涯。

当运兵列车在蒙蒙细雨和夹杂着雪粒缓缓驶离上海站的时候，我的思绪伴随着车轮滚滚的节奏而翻腾起伏。这次参军，事先没有征得家里人同意，恰逢期终考试之际，给了我“三个星期可以不回家，在校进行复习”的借口，报名时生怕家人从报上公布的名单中看到自己的名字而改了名(后来不知道什么原因公布名单中却没有自己的名字)。把留校的铺盖行李和应用物品打了一个包，托同学顾长根在我走了以后一个星期送回家里。这一系列的秘密策划安排，让我如愿以偿踏上了从军道路。现在，当这些纷扰终于告一段落之后，在列车单调的轰隆声中，使我陷入了沉思和回想。

在家中我是长子，父亲极力希望我将来学医(因为同济医科颇有些名气)，读出来做一名医生。邻居家的马阿姨也曾向我父亲作过许诺，让她家独生女儿(邻里一致公认的小美人)将来长大协助我的事业。我这不声不响地一走，受到伤害的岂止是我一个人！当然，我可以为自己的行为举出100条理由，诸如：有国才有家啊！……可是我却举不出一条理由来说，你们养了我18年，现在我要走了，却可以连招呼都不打一声？当我患有高血压的父亲和糖尿病的母亲得知我不告而别的消息后，他们会发生什么事情？……这一连串问题使我实在无法再想下去，一种自责和愧疚油然而生，当笕桥车站上的高音喇叭传出高亢激昂的革命歌曲和站台上冒雨欢迎人群中此起彼伏的口号声，才一下子把我从沉思中唤醒，我们的目的地——笕桥，已经在不知不觉中到了。

华东空军预科总队——这是一所为空军航空本科培养生源的摇篮，我们将要在这里接受半年左右政治和军事训练，然后分配到航校和部队。这里的管理干部都是从三野各部队中抽调出来的精英，清一色的老山东，有过辉煌的战绩，不少是有过战功的英雄。这些陆军干部到了空军都降一级使用，即原来是师、团、营级的分别就任团、营、连级职务。我们同济中学来的十几个人都编在一个分部队里(班)，我们52届有郑家庆、欧阳树华(地理老师欧阳禾的儿子)和我3个人。部队的生活是艰苦的，我们的营房是原日本骑兵的马厩经过改造，成为我们的宿舍。睡的是通铺，完全像电影(花木兰)里所展示的那样，两边两排通铺，中间六张书桌，这就是我们除了上操场以外的活动空间了，白天学于斯，晚上学于斯，一举一动都在众目睽睽之下。我们的伙食标准每天一角八分，据说是对空军的照顾，已经是陆军2倍了。一角八分值多少我也说不清楚，只知道当时每个鸡蛋值5分钱。有一次，轮到我帮厨，跟随司务长到笕桥镇上买菜，在回来的路上，一辆自行车跟司务长的挑担发生了碰撞，打碎了3个鸡蛋，司务长——这个三十几岁的汉子，竟坐在路边，难过得泪流满面。他痛心地说："我把一个同志一天的伙食费给打掉了。"这件事说起来，现在有人可能觉得不能理解，可这的确是我亲身经历的一件事。我们的津贴是每月两元钱，一直保持到1953年。发饷那天也是军人服务社门口最热闹的日子。杭州这地方出产小核桃，两元钱一到手，先把一个月要用的肥皂、牙膏、牙刷等买齐，还剩下几角钱就人手一把小核桃吃了回来，一个月的津贴就这样花光了。

部队生活也是紧张的。部队里有句话"新兵怕号，老兵怕哨"，因为号声一响就要冲锋，新兵怕打仗所以怕号声，而哨声一响就意味着要出操，老兵就怕出操。其实新兵又何尝不怕出操。俗话说："冬练三九，夏练三伏。"在那冰冻三尺的寒风中，在挥汗如雨的烈日下，在操场上连续站上几个小时，还要做各种各样的动作，对于我们这些刚出校门的莘莘学子，无意是不小的压力。就拿欧阳树华来说吧，这是一个活脱脱的身体孱弱、性格内向的白面书生，一口浓重湖南口音，平时在校园操场上都很难见到他的身影，很少有运动感、体育感。他在这严格的军训操场上可惨了，站不多久就昏倒了，被别人从队列中抬了出去。什么"看齐观胸线""余光看排面"……他一窍不通。走正步的时候必须出左脚伸右臂，而他偏要出左腿伸左臂，单个练了一上午，又是老样子，惹得个个大笑(毕业时他没有随我们一起到航校，不知道后来分配到了哪里)。

“平安家书”是到达部队3天后发出的，一个多月过去了，“西线无战事”，意外的平静使我产生了一种不祥的感觉。一天中午时分，指导员把我叫到中队(连)部，对我说：“你母亲来了，是你外公陪来的，他们现在在招待所，你要好好跟他们解释一下，不要让他们太伤心了，现在是你行动的时候了。”对我来说，这不啻五雷轰顶，怀着忐忑不安的心情，紧跟着通讯员来到了招待所。

妈妈坐着，手里还抱着襁褓中小妹，一个月未见，妈妈像是换了个人，鲁迅小说中的那个被狼叼走儿子的祥林嫂形象，立刻涌现早我的面前。妈面色苍白，头发蓬乱，双目深陷，眼眶红肿，外公则和招待所的同志在打招呼。看到母亲这副失魂落魄的样子，我的心软了，快步走上前，哽咽着说：“妈，对不起……”我跪倒在母亲膝前，泣不成声，妈见到我也不及细说，就伏在我身上哭了起来，襁褓中的妹妹见到我妈和我哭，也就跟着哭，3个人抱着哭在一起。还是外公先开口：“你要从军报国是好事，可总得跟家里说一声啊！父母辛辛苦苦把你养到18岁，容易吗？”一席话，触到了我的痛处。妈这时起身，停止了哭声，冲着我说：“你现在就跟我回家。”我说：“妈，这不能啊！前头的事是我不对，我对不住你和爸，可是，现在既然已经来了，就不好再回去了。”妈见我这么说，就一把将小妹甩到地上，一面哭着说：“你不跟我回去，那我今天就死在这里不走了！”刚刚停止了哭声的小妹这下又“哇”的一声哭了起来，我连忙走上前将小妹抱在怀里，并对母亲说：“好，你一定要我回去，我可以跟你走，可你想过没有，我回去以后你叫我怎么做人？你们能养我一辈子吗？今后我还有什么前途啊？你难道不怕人说，某某人的儿子开小差回家了，你作为父母，脸上还有什么光彩啊？”母亲见我这样说：口气有些软了下来，她又说，“妈是怕你在这里吃苦……”

不等妈把话说完，我就接上去说：“妈，还怕我打仗，上前线是吗？您过虑了，我在这里生活得好好的，一个多月没见，你看我不是没病没痛生活得很好吗？再说了，年轻人现在不吃点苦，难道你要我白发苍苍，老了吃苦吗？至于打仗嘛，你以为空军打仗就这么容易吗？论打仗，我现在还没有资格呢！”母亲似乎这才发现我身上一身威武的军装，面孔晒得黑里透红，神采奕奕，精神抖擞，心里也踏实了不少。这时，中队长和指导员也来了，他们热情地与外公和母亲打招呼，指导员拉着母亲的手说：“老人家，年轻人考虑问题欠周到，伤了你们的心，不过，我也要请你们体谅孩子的一番苦心，毕竟他的路是走对了，他没有给你们丢脸，为了他的前途，请你们成全孩子吧！”中队长在一旁跟外公风趣地说：“您的孩子有眼光，现在年轻人能到部队锻炼，这是花钱都买不到的啊！”说得外公频频点头。这时，食堂管理员过来说：“午饭已经准备好勒，开饭吧！”辞别了两位中队首长，我拥着母亲和外公走进了食堂。嘿，小食堂的伙食果然不一样！桌上摆着四菜一汤，红烧肉、咸菜小黄鱼、葱油萝卜、芹菜炒干丝，还有一大碗冒着热气，漂着油花的榨菜蛋花汤，离家一个月，这整块的肉、整条的鱼，别说吃连见都没有见过。我紧挨着母亲坐下来，不断地给她夹着菜。一路风尘的母亲和外公，大概肚子真的饿了，也就大口大口吃了起来，同时还聊着家常，母亲的脸色渐渐恢复了往日的慈祥和和蔼。我知道，母亲已经完全原谅我了。吃完饭，稍事休息后，外公就说要走了，因为还要赶当天回去的火车，我抱着小妹送老人到营门口。临别时，母亲接过熟睡中的小妹对我说：“既然来了，就要好好干，不要给父母丢脸，你一个人在外面，妈照顾不到，冷热要自己照顾，过几天我会给你寄些衣服。”说到这里母亲的眼圈又红了，我连忙说：“妈妈，你放心，我已经长大了，我会自己照顾自己的。”外公和母亲转过身抱着小妹走了，才三五步，又转过头来关照：“别忘了常给家里写信。”我点点头，回答：我会的。看着母亲和外公蹒跚的脚步渐渐远去的背影，我的双眼模糊了，两行热泪不由自主夺眶而出。

半个多月后，收到母亲从邮局给我寄来的一个包裹，里面有两双羊毛袜和一件新做的里外三新的丝绵马夹，这使我想起了“慈母手中线，游子身上衣……”的诗句。这件马夹我一直没有舍得穿，像珍物似的保存着。后来，这年冬天我调到了天寒地冻，零下 30 度的哈尔滨。我仍然照样把它珍藏着。碰巧遇到了同去航校的 51 届曹泛 (正家)，他因病，退到北京上大学。我看他有病，又衣服单薄，就毫不犹豫把马甲送给了他，我觉得为它找了一个最好的归宿。(13/12~14)

进藏回忆录

52届 顾云娟

1. 进军西藏

50年代初，在上海众多青年学生参军南下、抗美援朝的热潮中，我多次要求参军而未获批准，只得无可奈何地安下心来读书。恰在这时我碰上了机遇。1951年3月的一天，我校团总支告诉我，团市委要我们同济中学选派一名青年团员进西藏，问我愿不愿意。我当时几乎要跳起来，毫不犹豫坚决表示愿去西藏。此后，对我家庭的说服工作有一个多月。

5月4日晚，我终于登上了北上的火车，先到北京中央团校集中学习。5月23日中央人民政府和西藏地方政府签订了和平解放西藏的协议；于是我们就集队到驻兰州的解放军第十八军独立支队报到。7月去西宁，8月从青海香日德出发正式进军西藏，12月才到达拉萨。今年正好是进军西藏50周年。回忆前事，我发现我这一生中最艰苦的岁月是进藏行军途中和到藏后的三四年。这一段时光也是我一生中最愉快、最幸福和最值得怀念的时段。有时我会傻想. 如果将来我老年痴呆、健忘，什么事都可以记不得，而这一段经历中的许多“镜头”大概是万万不会忘记的。

2. 高原反应

青藏高原是一马平川、可又满目荒凉，一片片草地、沼泽地和盐碱地，几乎没有树。在3个多月的行军途中，一路上没见到过老百姓，有时可看到远处一群不知名的什么动物在奔跑，感觉空空荡荡的，只有在藏北重镇黑河(那曲)和临近目的地拉萨时才见到部队以外的人。记得在黑河附近一眼看到当地百姓时，我们这群年轻的学生兵竟高兴得大叫起来：“有人了！有人了！”当然，由于语言不通，大家只是微笑着招招手而已。

青藏高原看上去平平坦坦，但平均海拔在四千米以上。沿途有高达六千多米的唐古拉山，我们部队是从一个豁口处翻过去的。豁口看上去是个小山坡，但海拔也达四千五六百米。部队过唐古拉山时不少人得了高山反应症，有一年轻同志就牺牲于此。奇怪的是我在过山时没有什么反应，但过山两三天后却开始头痛乏力起来，吓得政治部首长特地关照指导员小心照顾我。指导员让我骑马，可是马也乏力驮着我，走了两三小时就趴下了。指导员只好派两位战友看着我自己走。其实也只能是“看着”我走，大家的体力都严重下降,“看着”的意思是在我实在不行时叫叫卫生员，等着“光荣”而已。事后有两个同志偷偷告诉我，当时有很多人都说这个从海平面上 (指上海) 来的小丫头危险了！女战士中还有人哭了鼻子，准备与我“永别”了。而我呢，两天以后早晨起来居然和没事人一样了。大家都开玩笑，说我骗马骑、骗病号饭吃。我心想真正“天地良心”，骑马不到半天，还差点与马一起摔倒在地，面条也只能吃两三口。

3. 险渡通天河

9 月，部队来到小说《西游记》上所说的通天河南岸。当然，通天河并没有小说书上夸张的八百里宽．但却波涛汹涌 (据说平时水不大，那年河水涨得厉害)。通天河水面看上去平静，然而冰冷刺骨，因为是从雪山上飞下来的水，记得当时有两名战士下水探探深浅，刚一下水就冻得抽筋失控，很快被水冲走，连尸体都未找到。部队后勤只好找当地民工扎了几个羊皮筏子，连同部队出发时准备的橡皮船渡人渡物。整个部队半个多月才渡完。

到了通天河北岸，恰逢国庆节，部队召开庆祝大会，领导上让我代表青年团员在会上发言。我发愁了，愁什么呢，我的发言稿已写好，也有人审查、修改，我的普通话也还可以，这些都不成问题。唯一愁的是，行军 2 个多月来棉衣上的扣子大多掉了，平时用一根绳子系着，这模样如何上台讲话。人家都帮我想办法，后来是拆了两个人棉衣上的扣子缝到了我的棉衣上。

4. 手抓羊肉

行军初期，粮草充足，不愁吃的，虽无米饭，吃面食也对我胃口，没有一点不适应。

可是过了一段时间粮食供应不上了，部队采购人员千方百计，还是供应紧张。有时接连几天吃“手抓羊肉”。可能有人会说，有肉吃还苦啊？可那是什么样的肉呵，半生不熟，高原上烧水 80 多度就沸，肉如何煮得透，那时候还没有高压锅呢。吃肉缺盐少酱，更谈不上什么调料，连着几天当饭吃你不信可以试试。

有一次部队休整，建议挖野菜。结果折腾半天，多人空手而归，只有两个人拿着一把草似的东西回来，说那是野蒜，大家闻闻也确实有蒜味。天知道是什么东西！切完后放到汤里，每个人捞不到一小段。于是有人说，吃吧！有毒量也太轻，毒不死！

我们的生活确实很艰苦，但大家仍过得有滋有味，每天笑语不断。我感到我所在的集体真是非常的温暖、团结，大家无话不谈。有人偶尔有错，大家当面友好批评，从不背后乱说。也有意见分歧，可以争得脸红耳赤，但过后照旧说笑，从不记心。谁有困难，大家分忧，甚至别的组、队都会来相助。真是多么令人留恋的集体啊！

5. 初当老师

我们十八军进入西藏后，经过多年交涉才争取到在藏开办教育班的权力，因为在旧西藏农奴是没有受教育的权利的，而那时又处在民主改革前，做什么事都得西藏地方政府和达赖同意。1954 年，西藏团工委在拉萨开办了第一个西藏青年教育班，免费吸收藏族青年学习藏文和汉文，后又陆续开设算术、自然等课程。这时我被调去那里当教师。

招来的学生多数是农牧区来的农奴，也有少数小商人的子女，他们不是领主阶级的，因而也还是农奴，但其地位要比农牧区农奴高，也可以算是此中的“贵族”了。开始时双方虽同学，却还相当拘谨，农奴子弟见了那些“少爷”“小姐”只敢低头吐舌头(吐舌头表示敬重、惧怕的意思)。经过一段时间的教育，他们之间才渐渐融洽起来。农奴子女智商并不低，学习又刻苦，成绩往往比“贵族”少爷、小姐好。西藏多节日，我们常利用节日组织学生排练节目演出。起先那些“贵族”见自己的子女与农奴子女一起演出很惊讶，后来也习以为常了。

西藏人民是重感情的。记得有一位老师偶患感冒，第二天学生们都带来一小壶酥油茶，说是能治感冒。放学后仍有几个学生受全班委托留下服侍老师吃完晚饭，洗完脚后才走。天知道他们怎么打听到我们晚上有洗脚的习惯。

6. **大地震**

青藏高原是地震多发区，我从进藏到拉萨初期就曾遇到过两次大地震。一次在行军路上，大约是1951年11月间，在宿营地我和另一个战友一起去抬水，突然水桶摇晃，水都泼了出来。开始不知道原因，两个人不约而同怨对方："你是怎么走的？！"后来才知碰上了大地震。当时天不怕地不怕，还觉得很好玩呢！天黑后看到远处天边火光冲天，火山爆发了！半夜，大家睡得正香时却响起了紧急集合的军号声，领导通知部队赶快收帐篷、打背包，出发！我们这些青年兵正困得迷迷糊糊，走起路来跌跌撞撞。有一个随队的新华分社记者告诉我们，他从电台上收听到路透社在印度发的一条消息："藏北发生强烈地震，中共军队将不能进入西藏"云云，我们这才明白，我们已处在地震中心了，必须赶快转移，好危险！

第二次遇到地震更有趣。大约在1952年夏天，我在西藏军区向地方官员学习藏语文。干校设在一个西藏地方官员的林卡里。男同志住帐篷，照顾女同志住马厩。这马厩虽有顶，却无门，墙也只有一米高，上面透空，只用布围着。拉萨天气往往白天晴空万里而半夜大雨。那时我特别好睡，半夜大雨一概不知，别人都把被褥往里挪着躲雨，而我的被褥常被淋得透湿，好在第二天白天一晒就干。

有一天半夜大地震了。地震有前兆，大家都跳起来往外跑，到操场集合一点人数唯独少了一个我。班长和几个人跑来叫我，却怎么也叫不醒，我睡得像死猪一样。队长急了，只得指派了几个男同志做好准备，如果连续地震大队必须转移时，可以抬着我上路。后来总算没有再震。第二天，我挨了大家一顿"好骂"。

7. **沉重剥削**

旧西藏对农奴的剥削非常残酷。西藏流行民谚："天是三大领主的天，地是三大领主的地，太阳能照到的地方都是三大领主的地方。"总之，一切的一切都属于三大领主（即地方政府、寺庙、贵族）。奴隶只不过是三大领主会说话的工具罢了。奴隶生产出来的所有东西，除维持最低生活所需外，都归三大领主所有。

我们刚到拉萨时，看到这座西藏的首府除布达拉宫、大昭寺和贵族的府第外，都是破破烂烂的。道路是土路，且满街屎尿横流，因为除了三大领主外，即使是他们家的佣人都没有厕所可用，大小便都在街上。我们上街时看到男人随地大小便已不算奇怪，妇女也是一样，一出门就地往下一蹲（妇女穿藏袍，不穿裤子）站起来就是一堆屎或尿。西藏冬春季常刮风，大风一起，夹带着屎尿的灰尘满天飞扬。

农奴中有一个叫“差巴”的阶层，是专为农奴主支应各种差使的。例如某领主要盖房，就命令所属各庄园指派若干名差巴（农奴）自带口粮去当小工。口粮尚须自带，工钱当然不会有了。说来有趣，1957年经西藏上层同意，在咸阳建立西藏民族学院（当时叫西藏公学），学生来源除少数已参加工作的藏族工作人员外，大多数是各地指派来的“差巴”（叫作学差）。大家都说这正是“歪打正着”的美差了。

8. 酷刑种种

在学校读书时，那时刚解放，我们也断断续续读了点社会发展史，对奴隶社会也有一些概念性的认识，但说穿了仅仅是些教条，没有什么体会。我到了西藏之后，什么是奴隶主，什么是奴隶，什么叫剥削压迫，马上血淋淋地展现在我的眼前，体会可深刻啦！

我们初到拉萨时就发现街上缺胳膊少腿的人和盲人特别多，感到很奇怪。那些没腿的人在满地屎尿的街上爬着向人乞讨。还看到不少戴着脚镣、枷锁的犯人在行乞，晚上再回囚房。而那些盲人和缺胳膊、腿的人则全是冒犯了主人而被主人挖了眼睛或剁了手脚赶出门外的，只能沿街乞讨了。按照旧西藏的刑法，领主可以随意处置奴隶，可以卖、送、交换，也可以任意杀戮，挖眼、割舌、剁手脚，乃至剥皮。那么奴隶究竟犯了什么大罪遭此酷刑？说来令人发指！有的奴隶只是因为走路时脚步稍重了点，或者看到领主来不及避让，或不小心脚或手碰了领主的东西，即会招来剁手剁脚挖眼割舌的酷刑。我有一个学生，她的父亲就是因为不小心看了一眼主人就被挖了眼睛（奴隶是不允许直视奴隶主膝盖以上部位的）。有的时候甚至奴隶并无上述诸般“过错”，只是因为一时奴隶主心里不痛快，就倒霉了。我有一个学生，她的姊姊在院子里干活捻羊毛线，莫明其妙被奴隶主剁掉了手。后来那主人说，只是因为自己心里不舒服，看到她姊姊不顺眼，没别的原因。还有，寺庙里喇嘛念经，有时需要某个年龄段的活人的鲜血，那么就会砍一个适龄奴隶的头取来鲜血供其念经。有的喇嘛念经需要一个新的手鼓，指定用什么样的人的皮蒙鼓，就会找一个符合条件的奴隶来活剥了皮，等等。这些事都千真万确，骇人听闻！农奴主和一些农奴主的子女对此并不讳言，因为他们认为那是天经地义的事。至于饿饭和鞭打，相比之下，那只是很轻很轻的处罚了。

9. 险些惹祸

50年代初修筑康藏公路，至1953年已到后阶段，其中墨竹公卡到拉萨一段需要藏族民工参加。来的人当然都是差巴了。我们军区干校也选派一部分学藏语文的同志给解放军当翻译，我也在其中。

第一次发工钱时，我们发现了一个奇怪的现象，场地上搭了两座帐篷，一座是解放军在发放工钱，民工们排队领了工钱后又立即到另一座帐篷去排队。我出于好奇，过去一看，原来是民工们把刚领到的工钱(当时用银元)，又吐着舌头恭恭敬敬"上交"给了头人。晚饭后我到民工的帐篷去问是怎么回事，他们都说那是规矩，他们是领主的差巴，只有做工的份，绝没有拿钱的份。我当时年少气盛，就鼓动他们以后不要交，说这是剥削。不想，这下子惹祸了！

在这几天里，民工们都三三两两地说这件事，头人听到了风声，追问民工们谁出的主意。民工们没有一个人出卖我。于是，头人向解放军领导报告，要求查处。一查我就坦白了，连长、指导员很生气，说我违反了和平解放十七条协议，违反了民族政策，可是又叫我不要向外泄露。我忐忑不安地等候处分，因为我知道这在当地是一个非常严重的错误。不料几天后竟然风平浪静了。后来指导员悄悄告诉我，由于民工们没有指认我，领导也就推说是过路的汉族干部乱说的，没法追查，并好言劝那头人不要把事弄大，才使这件天大的事烟消云散。

这件事过后，我想想真是后悔，都怪自己太幼稚。但这件事也使我深感藏族人民的正直，他们是冒着被拷问或更严酷刑罚的危险来保护我。后来听说领导上做了许多工作才说服西藏上层同意，民工们可以自留一部分工钱了。

10. 民主改革

藏族是个伟大的民族，勤劳、朴实、聪明、热情、能歌善舞。但旧西藏却是个最黑暗、最反动、最残酷、最野蛮的封建奴隶制社会。农奴主的凶残剥削和广大农奴的悲惨遭遇使我们心情非常沉重，都盼望早日消灭农奴制度。

记得在修筑康藏公路的工地上，我曾幼稚地问过一些年岁较大的民工，主人那么凶残地压迫你们，为什么不到地方政府去告发。民工们苦笑着告诉我，主人们要找一个杀我们的“理由”太容易不过了，就算是真的错杀，也不过赔一条绳子罢了。我初听大吃一惊。后来我才发现：原来《西藏法典》规定“奴隶的生命价值为一条草绳”！

1959 年，西藏上层发动了叛乱，这倒是加快了民主改革的进程，加速了农奴制度的灭亡。达赖跑到国外反华，目的是要恢复西藏的农奴制度。达赖造谣说解放军屠杀了一百万西藏人，事实是民主革命时西藏人口不足百万。而全国最新一次人口普查，西藏人口已增加到 260 万。农奴制度已扫进了历史的垃圾堆！人类的历史绝不可能倒退！ (8/2-3、9 /1-2)

我问心无愧

52届 余铭正

1965年3月支部书记找我谈话："'三线一天不建设好，毛主席一天就睡不好觉'，经组织研究，决定派你去'锦屏工程指挥部'。"当时，根本不说及支援的时间长短，也不问有什么困难和要求等，谈话不过2-3分钟就结束了。我当即回答："服从组织安排，什么时候走？"

我开始去了解"锦屏工程指挥部"(简称"锦屏")在哪里？怎么去法？原来"锦屏工程指挥部"在四川凉山彝族自治州冕宁县里庄区。冕宁县在西昌北面，是当年毛主席长征途中，刘伯承与小叶丹结盟的前一站，它是一个偏僻、贫瘠、落后的彝族、藏族少数民族聚居地区。为了了解彝族地区的风土人情，我特地看了一遍描写彝族生活的电影《达吉和他的父亲》。

"锦屏"位于冕宁县西南的大山里。当时从冕宁县城到"锦屏"之间有80多公里，中间隔着一座大山——牦牛山，正在修筑的公路只通到牦牛山脚下，然后需徒步翻越牦牛山。它逶迤的山岭一直延伸到雅垄江边，然后沿江边山间小道走七八公里，才能到达位于雅垄江边里庄区的"锦屏"。

虽说指挥部是在区政府的所在地，却仅有一个百货副食品商店，一个邮电所，一座烈士陵园，仅此而已。由于报到者很多，先到的住干打垒的空土房，住满了，后来者就住帐篷，再以后的就得自己平地基、用竹篱笆油毛毡搭大草房。屋内面对面两排大统铺，人挨人，40个人一间。

公路没有通车前，我们吃的菜蔬及所有大小工程器材和日常物品，都是汽车翻山越岭从四五百公里以外的成都运到冕宁“锦屏”转运站，再换汽车拉到牦牛山脚下，然后就是依靠人力肩背、畜力驮运，翻山越岭运至里庄。当时一台较大的柴油机需要16个工人，外加一个护士，在狭窄、陡峭、起伏的山路上搬运，费10天时间才能从冕宁抬到里庄。

初期医疗条件很差，有人得了急性盲肠炎，送到西昌去需三四天，迫不得已只能用手电筒照明，医生在蚊帐内为病人开刀。

在雅砻江进行查勘非常艰险。沿江两岸都是高山峡谷，人烟极为稀少。我们餐风露宿、跋山涉水，那是常有的事。当你在岸边攀援行走或坐船在江中漂行时，遇有急难，那真有“呼天天不应，喊地地不灵”之感。如果一旦出现灾难，牺牲生命也完全可能。

由于没有路，我们必须翻山越岭，有时还要沿江涉水。为了赶路或查清坝址两岸地质岩性，还必须坐船在江上漂行。有些河段，江水急流澎湃，当我们随船在江上漂流时，你的命也就交给了船夫。雅砻江是不通航的，江中乱石密布，水流湍急，旋涡连连，波涛起伏，汹涌澎湃，船夫根本控制不了行驶的准确方向和速度，只能任凭船只在江中顺水颠簸漂流，稍加点拨而已。当船过急滩时，雷声轰鸣，飞流直冲滩下，一阵忽悠，水浪劈头盖脸迎面扑来，从上而下全身湿透。接着“咔嚓”一声，划着的左边一条桨，在江中撞上大石头而突然折断，为了防止船体扭转引起侧翻，船老大赶紧命令将右边的另一条桨取下来，架在船头上划动，以探测江中巨石，不要让船体撞上巨石而崩裂。就这样，我们胆战心惊地任船在雅砻江波涛起伏、汹涌澎湃的急流中漂行，险象环生，毛骨悚然。

我们的船不能与沿海发达地区的船相比，那里的船壳是用木板榫头拼接，桐油石灰嵌缝的，而我们的船外壳是用木板和蚂蟥钉拼接起来的，所以漏水很厉害。船在江上颠簸漂行时，4个船夫，其中一人掌舵，两人划船，另一人则不停掏渗进船里的水。每个坐船的人都穿上救生衣，没有救生衣的则手拉住铺盖，个个神色凝重。只见两岸悬崖峭壁，唯有攀援在峭壁树上或在山巅上的猴子在那里张望，“两岸猿声啼不住”，与我们遥相呼应。那年代船在急流中崩裂或翻船的事故时有发生，现在想来仍然不寒而栗。

我们经历了难以想象的艰难险阻，终于在20多个坝址中，推荐“二滩”水电站为雅砻江上的第一期工程，锦屏水电站为其后续。2009年，雅砻江上已经建成330万千瓦的二滩水电站，现在正建480万千瓦的锦屏水电站，这两座水电站的建设都有我的汗水和心血。

回想当年的艰苦和惊险，虽无战争硝烟，却也出生入死，我是问心无愧的。(66/5)

致袁义善信

52届 唐德斌

义善老同学，您好！

感谢你的不懈努力，我才得在离别54年后首次了解老同学们的情况。读了校刊和《舟中情》，知道不少同学在各自专业取得成就，我作为同济人，也感到高兴。可是读了陈思义、吴增华追忆沈一民的文章，却不禁潸然泪下，唏嘘不已。当年在校时，沈一民、穆家修和我3人最为相契，常在节假日结伴去校外游玩，虽是50多年前的事，情景仍旧历历在目。沈一民学习十分努力，后来果然外文造诣很深，但天予之以才而不予之寿，惜乎！

我是1950车春季学期由青年会中学考进同济附中的。我还记得考场设在光华大学大礼堂，当时正值国家首次发行公债，作文考试以“公债就是公责”为题。录取榜张贴在四川北路底同济法学院一幢紫红砖楼房内。我在同济读书共3个学期，先后与我同桌的有王妙勇、穆家修、李锦秀3人。原来高一时有甲、乙两个班，但经过参加军干校运动和保送北京外语学院读德语等其他去向，人数锐减，两班合并，后来又从华侨中学转来一个班，李锦秀好像就是华侨中学转来的。当年同学我至今还能叫得出名字的不下30余位。

老师的名字我记得更清楚。校长是曹礼吾先生；教导主任先后为杨烈昭、陈紫霄；语文老师杨烈昭、方瑞士、苏选生、曹融南；数学老师陈仁溥、许仲彝、王承第、晏华璋；英语老师张泽民、严幼文；物理老师吴鹤翔；化学老师张国模；生物老师盛成舟；历史老师徐光烈；地理老师欧阳禾、洪懋熙；政治老师金汝进、陈紫霄、张石山；体育老师史汝棠；音乐老师靳卯君、粱怨、章洋，都是上音学生来兼课的。还有管图书馆、化验室的老师许正超；与同学亲密无间的工友龚坤生等。上面提到姓名的各位老师、工友的音容笑貌都能一一呈现眼前，时隔50多年还能记得这样清楚，皆因师恩难忘终生铭记之故也。

我因家境困难，不得已而辍学提前就业，1951年7月进大华仪表厂工作。1960年奉调支援云南仪表厂，在昆明西郊百里滇池之滨的一个小山村里，属保密厂，交通闭塞，生活艰苦；但环境不错，三面环山，一面向着滇池，风景绝佳，气候宜人。我既被命运抛到这里，也只得“既来之则安之”，我就在这个小山村里寄情山水，潜心业务，默默地度过了漫长的30年，先后干过工人、技师、工程师。1991年退休回到故地上海，依傍儿女安度晚年。

数十年感慨良多，套前人诗意，杜撰四句借以自况：

昔年奉调支边疆，旅居滇池数十霜。

退休方得回沪地，误把云南当故乡。

2005.6，上海浦东 (28/5)

难忘的同济岁月

52届 卢金生

回想我在同济附中学习时，确实有许多美好的记忆。我从上海固本小学(静安寺胶州路口)毕业后，因家境困难，没有上私立中学(这种学校每学期学费要几担米钱)，考入了收费较少的华德中学，总校在静安寺路常德路口。华德中学治学较严，刚开学上课，我因与同学讲话，被老师打了手心；有的同学骂人，被老师用红墨水在嘴巴四周画了红圈，以示惩罚。抗战胜利后，华德中学并入同济大学附中，迁到北四川路底复兴中学大楼大礼堂右侧一片教室。

我那时家住梵皇渡路金司徒庙(现万航渡路万春街)，每天自带午饭，由静安寺乘有轨电车去上学，路上花不少时间。那时年纪小，对社会也不了解，不懂得什么革命道理。有一次，交大同学开火车去南京请愿，因真如车站铁路被国民党拆除而未果，同学们到南京请愿又被政府镇压。消息传来，各校同学纷纷罢课和上街游行，我本也想上街与同济大学同学一起去募捐和游行，但大门外已有大批军警把守，双方对峙，结果没有去成。

不久，我们学校又迁往原上海博物馆，学生都住校，我们很多同学挤在一个大厅内。学生自办的伙食比较差，八人一桌，大家吃饭时争先恐后，饭菜一扫而光。那时物价上涨很快，伙食就更差了，主食里还掺了山芋。我家境虽然不太好，但每周回家时家里还是让我带点榨菜肉丝或红烧肉来校，与相好的同学一起吃，两三天就完了。

我家子女多，全靠父亲一人在上海电话局工作，每月向家里要伙食费，我思想负担很重。我的学习用书都是从福州路旧书店淘来的。我每周回家要从学校走到四川路底再坐电车，返校也如此，当时也不觉得累。学校的生活虽差，但政治气氛很浓，学生办了很多墙报。在大学部同学影响下，我们也参加一些爱国活动，常去邻近的复旦大学参加文艺晚会，矛头直指国民党政府的反动和腐败，使我们对当时的社会实情有一些了解，对我们树立革命思想起了启蒙作用。

有一次，同济大学工学院大门口，同学们责问市长吴国桢，结果遭到国民党军警镇压，附中也有不少同学在场，有几个被国民党骑警砍伤了，头上缠着纱布。后来，听说去了解放区。那时附中有不少四川来的高中同学，手腕上有金属牌，据说他们参加过青年军，我们多望而远之。但也有很多背井离乡来沪求学的同学，生活很不易，记得有一个同学患急性盲肠炎，送同济大学的附属医院中美医院(现长征医院)，院方以他交不出高昂的医疗费用为由，不肯及时治疗导致死亡，引起全校同学极大愤慨，纷纷罢课，要求严惩医院负责人，后来结果如何不得而知。

同学们的爱国思想比较强，记得有一天地理老师上课时，把中国比作桑叶，日本比作蚕，说蚕吃桑叶是自然现象，立即遭到严厉批判，要求学校解聘该教师。

解放前夕，同济大学工学院以北用铁丝网栏了起来，我们学校即将成为战区。为防备抓壮丁，学校实施“应变”，先将附中学生集中到工学院，晚上睡在体育馆地板上。一天夜里，大批军警抓人，大学同学为了逃避敌人的搜捕，钻到我们被窝里，直到敌人走了才离开。据说就是那天夜里，工学院都被敌人的军警包围了，抓走了多少同学，我不清楚。

不久，上海解放了，我们附中就搬到对面的图书馆(原同济大学新生院)，后来校名改为上海市同济中学。那时我们年轻，思想单纯，积极热情，对新事物接受也快。搬到新址后，我们积极参加学校周围的绿化工作，种了不少树，现在这些树应该长得很粗了吧？

学校各项体育活动在史汝棠老师指导下，开展得红红火火，我那时最喜欢百米赛跑和足球。史老师看到我对体育很热心，就指导我写了篇报道我校体育运动盛况的短文，后来刊登在《文汇报》上。那时体育老师中有个较年轻的是踢足球的，我因此在体育课中学到不少踢球技术，听到很多趣闻。我也热衷于全校的社会工作，参加学生伙食管理，有一次和另一个同学去十六铺买咸菜和油炸花生米，带了两个麻袋，在外滩人行道上休息，一转眼两个麻袋被人偷走了，没办法，只好自己出钱赔。我参加了“松鼠剧团”，配合那时的中心任务搞文艺演出，我参加演出的“魔城末日记”还获得学校1950年文娱演出优胜纪念奖。也当班干部，有机会上台讲话时热情真高。那时候脑子里充满了各种幻想，曾想当歌唱家，清早起来在麦地里吊嗓唱翻身道情；又想当指挥家、画家，结果现在什么也不是！

抗美援朝战争打响后，同学们纷纷捐款。不久，下来一批志愿军伤员，住在第二军医大学医院里。一天晚上，我校与他们联欢，搞慰问演出。那次我结识了一名战士，是山东山西一带的人，第二天和他一起去五角场吃饭并合影留念，可惜后来失去了联系，也忘了他的姓名。在解放初历次运动教育下，同学们热情高涨，奔向四面八方。高二时我们班就走了将近一半，我当时也报了名，可惜体检时发现“双肺纹理增粗”，疑是肺结核，没有被录取。我和蒋家祯很熟，常去他家玩，他爱唱京戏，都是从收音机里学的。他叔叔在南京路成都路口的大楼里有一个私人诊所，有X光机，他请叔叔又给我检查了一次，确诊为肺结核，只好去乡下疗养一段时间。

后来他叔叔调到了同济医院当肺科主任，又去拍了一张X光片，证实病变已经消失，这样才又回到学校继续上课。写到这里，很想念蒋家祯同学，感谢他和他叔叔，后来我们一直没有联系。

最使我难忘的是，我们参加了上海百万市民庆祝中华人民共和国成立的游行。参加游行的人很多，队伍行进很慢，下午我们从学校出发，到市区已经天黑。我们走在南京路上，远远看见国际饭店楼顶上探照灯将一面五星红旗照得雪亮，四周是锣鼓声、口号声和广播里高唱的“我们工人有力量”“翻身道情”等歌声，场面十分动人，游行一直持续到凌晨。

在党的教育下，我于1949年11月15日加入了新民主主义青年团(共青团前身)，是我校的第一批团员。我一直把入团日期11月15日当作我的生日，即1931年11月15日，而我的真实出生日期是1932年1月8日，是后来才知道的。当时有一名女同志(可能是区团委的)，常来我校找我们谈心，对我们进行革命理想教育。不久，我们一批同学就入了团，可能有3-4人，后来又有几人入了团，名字已记不清了。学校地下党组织已经公开，在党组织领导下，学校成立了团总支，书记由党员担任，指定我为副书记，参加过两次团干部学习班。第一次在四川北路底，后因杨树浦电厂被美机轰炸，大家义愤填膺．响应团市委号召，纷纷去电厂参加抢修，学习班因而中断；第二次学习班是在上海圣约翰大学，可能由团市委举办，记得参加学习班的还有蔡祖善等人，当时的团中央书记钱李仁还到会作了报告。第二次学习班可能还带有审干目的，期间我谈了父亲解放前夕在青浦买田一事(实际是受人欺骗上当)。回校后不久，不让我做团总支副书记了，让我回班上当班长，我也欣然接受。那段时间我由于参加社会工作多，特别是患病和参加两次团干部学习班，拉下了不少功课，尤其是数理化，虽经努力，我的高考成绩仍不理想，进入高校后只分在专修科，毕业后只能得大专文凭。

说到同济中学的老师，我对他们印象非常好。有一次我患眼疾，校长见了十分关心，特地让我去找他在二军医大眼科工作的学生，治好了我的眼疾，心里十分感激。教化学的张国模老师生活简朴，就住在学校旁边的屋子里，教书任劳任怨，课教得很好。最风趣的是教德语的屠老师。初中时规定学德语、英语两门外语，解放后改学一门，我选了德语。屠老师讲课深入浅出而生动，我记的不少德语语法笔记到现在一直保存着。我回国参加工作后，复习了我的德语笔记，借助字典就能阅读一些德文资料。可惜去四川后，没有德文资料可看，德文又忘了，家里保存的几本德语字典也都用不上了。

现在我住在天津市的南京路300号，1987年入住后，家里一直没有装修，显得又破又旧，家具多数是20多年前买的，有的还是在四川渡口时请人做的。现在人到晚年，生活过得去也就算了，好在我家地段好交通方便，马路对面就是家乐福超市，隔壁是原工作单位和附属医院(血液病医院)，办点事和看点小病很方便。牛晨、杨志长、张惠松、穆家修曾来看过我，感谢他们对我的关心，杨志长虽在同城，但相隔路远又不顺路，所以后来也没有再见面，只是元旦互寄贺卡。

啰啰唆唆地写了这些东西，只是回忆的一下我半个多世纪的人生历程，介绍一下我的现状，通过《舟中情》向关心我的老同学们作一简单汇报，十分感谢！

(25/4、26/4、27/7、28/4)

我的坦克情缘

52届 牛 晨

从同济附中到北京理工学院

在同济附中求学3年，毕业后父亲建议我投入重工业建设，报考北京工学院（今北京理工大学）。这里我要感激同济附中的老师们对我的栽培和同学间的相互切磋。使我心想事成、一举考中，我在同济3年，一开始就当了班长，又当选为学生会执委，学生会副主席。这些经历，可能记入了档案，所以一入北京工学院也顺理成章当起了班长。

在听了一次分系科的报告后，同学们议论纷纷，有些菩萨心肠的同学说："不学制造杀人武器的专业，那太残酷了！"我却想那些救亡曲中所唱的：把全世界的强盗杀光，于是我从入学的机械系被分配到坦克专业，那时也称汽车系。我从小爱玩会跑的汽车，所以又正式分配到了发动机专业。

怀着对科学事业的热爱和对日本侵华的刻骨仇恨，期待早日报效祖国的决心，我们刻苦奋斗、努力学习，5年后终于毕业，但我们班已从初入学时的50多人被淘汰成34人，由此可以想见学习的艰苦了。

在学习中有一段使用实习，我驾驶过日本95式坦克、苏联T-34坦克。原来日本坦克竟然这样轻巧，装甲厚仅十几毫米，火炮口径也只37毫米，就是这样一个小家伙，当时中国军队就对付不了。据说在淞沪抗战时，我们的勇士们只好浑身捆满手榴弹同日本坦克拼命。

初次见习——造了拖拉机

1957年大学毕业后，我被分配到"坦克发动机设计所"（"文革"后改称研究所升格为地师级单位)，并到坦克修理厂实习。刚参加工作，进入真刀真枪建设岗位，真是干劲十足，唯一的一名车工名额分配给我，上班前一天晚上到车间里拜见了师傅，当晚就和他一起干活。我们师徒配合默契，效率最高时，一个夜班能完成2000个活塞，它是发动机上的一个重要零件。由于工作努力，半年后我被调回北京永定机械厂(也是坦克修理厂)，参与第一台拖拉机试制。我参与从资料翻译、图纸消化到指导零部件加工的全部过程。一次正当我聚精会神观察工人在车床上加工连杆时，只听得哐当一声，工人立即停车，发现原来连杆没有紧固，从我站立的对面飞了出去。好险呀，总算上帝有眼，上上大吉，幸运地躲过一劫。

这是大跃进年代，在全厂工人努力下，不到半年，造成了我国第一台拖拉机。虽然拖拉机外壳是工人用手锤一锤一锤敲成的，现在想想真是土的可爱，但当时这个竟是我国自造的首台拖拉机。即使说仿造也行，毕竟是造成了，它也凝结了我的一份心血。这个履带式拖拉机，若安上装甲和火炮，可不就是坦克了吗？就是这个手工敲打成的仿制品，却也使我们好不自豪哩！

初生牛犊不怕虎

正当那台拖拉机突突地刚一冒烟，单位急电要我们回所，唯恐工厂把我们留下。回到所后，我们立刻投入了坦克发动机设计，和我一齐参与的同事多是一帮刚出校门的大学生。大家怀着期盼祖国早日富强的强烈愿望，有朝气，有热情，更有干劲，却缺乏实践经验，只是埋头苦干，忘我劳动，投入火热的建设高潮中。就这样，也真是初生牛犊不怕虎，虽然刚出校门，才学得些理论知识，我竟大胆提出让发动机烧水的设想，就是利用发动机的废热，使水分解成氢和氧气，再送入发动机气缸中燃烧，产生热能，推动发动机工作。如今想来真有些异想天开，虽说理论上可以想象，但实践呢？至今世界上那么多型的汽车，还没有一辆是由水分解成氢、氧气来推动的哩！当时的我实在是幼稚可笑。

我们全设计室共20多人，在大跃进热火朝天、热昏了头的年代里，却接了十多台发动机设计任务，当然忙得不可开交，脚不着地每天加班加点，要干20小时，每夜一二点才收工，第二天(应该说是当天)早晨5点起床，还要学俄文，忙得连洗衣的时间都没有。岂止洗衣服，说句笑话，连放屁的时间都没有啦！工作虽然辛苦，但工作条件也差，办公室内除桌椅外一无所有。

一次我们设计了一台水平八缸发动机启动系统，按苏联教科书上的公式计算，起动功率竟需 15 匹马力，我心里很嘀咕，就去请教新调来的一位苏联专家 (1958 年苏联老专家撤回)，他看了我的问题说：“明天答复你。”次日他带了一本练习本答复我，我一看本上写的计算步骤，和我计算的结果一模一样。我问他：“怎么办？”他答：意思是试验、试验，我不露声色地道了声“谢谢”，其实心里是憋了一肚子气，想的是抄了我的设计计算，我要是有条件试验，还找你这个饭桶做什么？后来我才知道他也是刚出校门，彼此彼此，情有可原。

引进、仿造 T-34 坦克

苏联 T-34 式坦克是二战中的英雄坦克，我们在抗美援朝时，短短一个月里，就用它一鼓作气打到了朝鲜半岛南端的釜山。1958 年我们就仿照了它，在 1959 年国庆大阅兵时，推出仿制改进后的 59 式坦克，已使西方震惊。但 59 式坦克其上装用的 B2-54 发动机，只有 500 匹马力，依然是跟在人家屁股后面爬，并没有什么骄人之处。

给英雄坦克换心脏

谁都知道坦克的心脏就是发动机，若它没有强劲的动力，就不会有强大的战斗力。所以，我们这些从事坦克研究的人们，为了赶超世界先进，一心想设计自己的大功率发动机，给 T-34 换心脏。

在大跃进年代，第一次我们日夜奋战，只花了 45 天时间，设计、加工、装配，完成了一台水平八缸发动机，但经过整机台架试验，其性能不尽如人意，只好推倒重来。就这样失败、重来，继续设计新的发动机。如此几经周折，却花费了好几年时光，可是所有设计的发动机都达不到理想境界，深感测试条件不足。

从失败中吸取教训

后来我被调入试验站，从事发动机试验，测试研究和测试设备，承担了三项任务即：充实测试设备，管理发动机装配工艺，保管、展出并测试新引进的汽车样品及其发动机。从而我们的测试条件，逐步得以改善。一次一个技术员就使用由我设计的水泵测试台，成功完成了甚为先进的水泵设计，它启发我认识到测试条件的改善已初见成效，更使我明确了努力方向。这样直到“文革”前夕，由我设计的测试设备图纸已经装满了三大柜，充实了 19 个测试实验室设备。后来经我设计的配套大功率联轴器，最终帮助大功率发动机闯过了结构强度的考核试验。

经过多次失败推倒重来，总也出不了一台完善的大功率发动机，我们所从上到下，人们的心情都很沉重。干活的热情虽高，不懈地和失败斗争，但总是不断失败，不断努力再干。这样，使这些从事换坦克心脏的人们心急如焚，最终使一部分人领悟到那种推倒重来，只是根据书本理论重新设计的方法，始终停留在重复的、仅仅是基本的设计阶段，也就是低级设计。如此反复，干劲虽足，精神可嘉，却并不是一条成功之路。懂透、融会教科书知识固然重要，但它只是基础知识，世界先进技术怎会在教科书上透露给你？俗话说得好：“师傅领进门，修行靠自己”，更何况还要修成正果哩！这本书仅是师傅而已，先进的设计还得靠自己通过测试、试验去摸索。换句话说，这也就是“摸着石头过河了”，从而加强了实验室建设和测试条件的完善。

有了这些领悟，我们改变了思路和作风，首先选定了一台基础较好的发动机，对它扎实地深入探索，保留它原来结构紧凑、启动性能好、便于修理等优点，再对它各个部件进行改进。

改进立足于测试，研究设计服务于改进。这样在已有科研成果基础上，对发动机主要部件如机体、汽缸盖等关键部位，进一步加强设计，并采用有限元分析、表面应力和三维光弹性测量等研究，还做了超载 30% 的动态模拟疲劳试验。曲轴连杆也作了类似研究设计，对活塞、连杆、轴瓦、衬套等零件配套后进行 500 小时满负荷试验。同时又进行单缸发动机长时间运行全面测试研究和精确分析。此外，对配气机构的零部件进行了 500 小时模拟实验，对喷油泵与调速器做了模拟计算和 350 小时结构考核实验，对附件驱动机构进行了 70 小时台架模拟实验，等等。在这样严密的零部件配套试验、改进研究基础上，也对发动机整体结构作了相应改进，采用了涡轮增压加中冷的先进设计。至此使发动机功率几乎增加了 3 倍，而零部件受力负荷却减少了 20%，发动机总长度也缩短了 100 多毫米，燃油消耗率降低了 9.5%，最高爆发压力则比预计值减少 6.5%。至此，在新中国首批坦克设计师和工人们夜以继日锲而不舍的奋战下，终于为我国第三代主战坦克换了一颗健康有力、真正由中国人自行设计制造的心脏。我们有了装有中国制造发动机的坦克，世界级先进坦克！那就是当时的99式坦克。

青出于蓝

当年美国MIAI坦克也只有1500匹马力，使用的却是燃气轮机(类似于喷气式飞机用的发动机)，我们知道燃气轮机耗油量大，而99式坦克却是在优良的柴油机基础上改造成功率强、负荷较低又省油的先进发动机。在1999年国庆50周年，2009年国庆60周年大阅兵时，国人和中外记者万众瞩目的99式今非昔比了。

原来T-34坦克最高时速为55公里，而99式可达67~70公里，这当然与跑车速度不可比，但坦克跑起来速度带风，威风凛凛气势吓人，被追的车辆将吓得慌不择路，望风披靡。从前我们的坦克为了瞄准目标，得停车射击，现今装了双向稳定器(前后左右均可稳定)，行进间即可开炮，还装上了激光测距仪，红眼夜视仪等装备。由于动能动力性能改善，火炮口径也由原来的85毫米(T-34)增大到125毫米，而且装的是滑膛炮，可以发射导弹，在坦克正面和两侧还安装了主动反应装甲。

就这样，我们的坦克兵提出了响亮的口号："首发命中。"他们自豪地说："在战场上只有第一，没有第二。"今晨我在10月18日中国网上看到，我们99式坦克可敌美M1/德豹2/日90式坦克的报道，我国的国防除了坦克以外，其他装备也鸟枪换炮，日本等军国主义侵略者再想欺侮我们，已不像20世纪30年代那么容易了。

抚今思昔

如今我已年过七十有八，早已退休十几年了，但我依然爱坦克。最近我从《环球》杂志上获悉，2010年我国向摩洛哥出口54辆VTIA型坦克，我十分高兴。我们的坦克从99型发展到VTIA型，必有更多的创新，我国的坦克事业后继有人。在世界美俄英法诸多军火商中，我国的主战坦克在世界上也取得了一席之地。回顾我这大半生，献身于坦克事业所经历的成败，的确做事还得讲究科学，扎实试验，在科研道路上一步一个脚印，踏实前进，锲而不舍，吸取先进、消化、改进，必能自主创新。(77/ 2、78/2-3)

快乐就在你身边

52届 朱家城

快乐是什么？是一种心境，是一种感觉，要你去发现、去创造。我们的一生，虽经历过坎坷，但也经历过多种不同的快乐。

半个世纪过去，当年在母校的情景仍历历在目。那时，风华少年，不知愁为何物。我们男生宿舍是以前图书馆的书库，里面放了上、下各4人的木架床。楼下是饭厅，一到吃饭时间，我们穿着木拖鞋从楼上走下，故意弄出噼噼啪啪的响声。排队盛菜时，拿着匙子敲起搪瓷茶缸，仿佛在演奏一首吃饭交响曲。伙食很简单，经常只有冬瓜菜，把饭盛在菜上面，第一缸只吃掉上面的饭和菜中的汤，第二缸才探宝似的往下挖菜吃。虽然清苦，大家仍吃得津津有味。课余时间都交给了运动场，打垒球是我班的传统项目，每月都要打坏很多球。那时我们经济很紧张，史汝棠先生只好向我们求饶，希望大家节省点。

我班的松鼠剧团很活跃，演活报剧——《放下你的鞭子》《兄妹开荒》等，很受大家欢迎，兄妹开荒中的妹妹，演活报剧中的美国鬼子成了我的专利。

周末回家，大家结伴同行，从学校到江湾五角场再到虹口体育场都靠两条腿走，有说有唱，欢笑声洒满一路。一群天真无邪的少年，在解放后的阳光下，享受着人生的快乐。

“二六”轰炸是我们生活道路上的一个转折，我们看到了血与火。闸北水电厂里一段段残缺不全的尸体，杨树浦电厂被炸后，当天晚上一片漆黑，让我们看到了斗争的残酷，也明白了自己的责任，以后就有进军西藏，参加军干校、参军、参加抗美援朝等革命举动。对敌人的仇恨，建设和保卫祖国的责任感迅速成长。这是一种奋发向上的心情，自己也得到无比的快乐。

离开母校，遭遇各异，有人顺利，有人坎坷，我们的一生，有过欢笑、愉悦，但也有过困惑、无奈，有着一夜间从天堂走向地狱的痛苦经历，当然也有成功后的欣慰。

在艰难的日子里，我们头上戴着“帽子”，仍能从容做人，认真做事。“文革”中，随时都有人会踢门进来训话，一到周末，我们就泡一杯好茶，锁上门玩双人桥牌，怡然自得。

我们没有自暴自弃，仍然努力做好本职工作，即使是当时，学生对我们的教课也是欢迎的。这些，也是我们经历的特殊快乐。

退休以后，回到原籍，宁静、无争，忘记过去，珍惜现在。我们只是普通居民，普通老人，做一些力所能及、对别人有益的事，保持乐观，是一种恬静淡泊的快乐。

回忆过去，总结人生，觉得磨难对人非坏事。它使我们学到许多做人的基本原则和对待困难的积极态度。所以我们对所有的困难无怨无悔。因为在历经沧桑后，存留的是乐观和从容，成熟和豁达，生活也因此而多姿多彩。

有人说：拥有财富、名利和身体健康，不见得就拥有快乐；只有心理健康，才会永远快乐。其实，快乐很简单，只要您用心感觉，就能享受到。

让我们生活快乐！(13 /2)

忆我的父亲叶雪安

52届 叶德丰

我的父亲生于1905年，1929年毕业于同济大学土木系，1933年官费留德学习测量，1935年获慕尼黑工业大学特许工程师学位。后来又转柏林高等工业学校深造，并在德国汉莎航空公司、蔡斯航空测量部实习，同时到瑞士和奥地利考察测量技术。

父亲第一次见到我时，我已经3岁了，那时是1937年。抗日战争爆发后，我们全家随父亲任教的同济大学内迁。母亲和我随父先迁浙江金华，后到江西赣州、广西八步，再借道越南河内，才到达边陲云南的昆明、呈贡，在那里度过了我的童年。1940年10月同济大学再度内迁四川李庄。我印象最深的是那年从呈贡迁李庄途中，由于山高坡陡，道路崎岖，装载我家行李的车子翻下了山谷，行李全部损失，到李庄后一贫如洗，母亲为此哭了一场。在李庄的艰苦年代里，父亲仍是热爱教育工作，治学严谨。那时没有电灯，父亲竟在微弱的菜油灯下用毛边纸写下了大量教学讲义，这使我十分敬佩。

李庄时期，同济大学不少德籍教授离去，师资严重短缺，父亲一人承担了大地测量、误差理论、地球形状、天文测量、地图投影和地面摄影等多门课程；又要经常在系里举办学术讲演。父亲还非常爱惜教学仪器，每年黄梅季前，组织全系讲师助教对仪器全面擦洗。父亲把毕生精力都花费在了测绘教学和研究事业上，每晚都工作到深夜，我常常一觉醒来看到父亲还在翻书写讲义。父亲一生从教，为我国大地测量事业培养出了大批英才。

我父亲在德国留学期间节衣缩食，以高价购买了从19世纪创刊以来的各期德国测量杂志*ZFV*，这套完整杂志后来捐献给了武汉测绘学院图书馆。改革开放后，德国学者专家来华访问时，发现了这套完整的*ZFV*爱不释手，因为二战中德国遭到破坏，德国本土已经很难看到这样完整的杂志了。

50年代，父亲对中国城市控制测量做了开拓性的工作，指导了当时上海、天津等城市的一级三角网的施测、加密工作。特别使我难忘的是进入21世纪后，仍然把我父亲关于两椭圆求坐标转换的原理应用到了导弹和航天运载技术中去。父亲在椭圆大地测量学和地图投影方面有很高的造诣，对我国大地测量和航天技术贡献卓著。

我父亲一生论文、著作不少。早在1933年，就在同济大学工学会季刊上发表了论文《顾及地球曲面迅速计算三角点法》；1942年在中国《测量》杂志上发表论文《韬佩氏舆地位置公式之探讨》；1943年在同一杂志上发表《配适于任一地域最佳之正形投影》和《大地测量地图投影》；1950年编写出版了《测量平差》一书；1951年出版《大地测量》专著；1953年出版《地图投影》专著；1956年在《同济大学学报》上发表论文《高斯投影坐标问题的研究》；同年在《中科院地理研究所测量专刊》上发表论文《高斯—克吕格坐标换算表内关于bx及by的研究》；1957年在亚洲五国会议上发表论文《高斯投影应用到我国的研究》；1962年在《测绘学报》上发表论文《在坐标变换中顾及两种椭圆体的问题》。

(44/6)

怀念徐光烈先生

52届 李锦秀

我1952年就到北京读大学，从此以后耳边不时响起带有浓重儿化音的北京方言，不同于普通话，还夹杂特有的方言词儿，南方人乍到北京听得云里雾里不知所云。然而，我生平第一次面对面听到字正腔圆的北京话，却是在上海的母校同济附中，出自我们的历史老师徐光烈先生之口。他的北京话只带轻微的儿化音，且没有土语方言，我们听来就是非常漂亮的普通话了。加上老师谈吐温文尔雅，他的上课风格令我几十年后难忘，犹如初恋时的某个美好时刻，永远留驻心中。

徐光烈先生早年毕业于中央大学历史系，先到国立同济大学，后来附中任教，他是我求学时代有幸深获教益的最好的历史老师。老师治史博学深邃，上课从不拿呆板的课本，一小张纸的教学提纲也只供备忘，从不“照本宣科”。他讲的课语言严谨，逻辑连贯，史实精确，观点鲜明，其间还穿插引人入胜的秘闻轶事。我们听徐先生的课真是一种享受，个个聚精会神，兴趣盎然。他讲的中国近代史，贯穿了强烈的爱国主义教育，讲鸦片战争、甲午海战，壮怀激烈，讲到丧权辱国之处，愤慨满胸。看似讲故事，实际在我们同学心中不知不觉播下了爱国的种子，激发了当年参军、参干，抗美援朝的热情。

徐光烈先生在史学上有自己的独到见解，不迷信权威，不人云亦云。他曾对建国初期就已滋长的形而上学的“左”的历史观，即后来发展的“以阶级斗争为纲”的教条化历史观感到困惑和不安。他认为对农民起义、农民领袖，不应把其革命性夸大成“历史发展唯一动力”而忽略了落后性破坏性；同样，评价出身地主阶级的有影响的人时，也不应反历史地苛求历史人物。先生那言之有理、论之有据的见解使我深受启发。不久听说他调上海师范学院（今上海师范大学）历史系任教，我固然深感欣喜，但随着政治形势的发展，我真担心他会在劫难逃，祸从天降。

2000 年 5 月，我和妻子赴沪参加校庆活动，欣逢阔别半世纪的老同学和部分师长。彼时我特别思念徐光烈和曹融南先生，于是在袁义善陪同下我俩不顾路途遥远，去到上海师大拜访老师。我们在徐先生家里与曹、徐二师欢聚话旧。几十年生活坎坷，徐先生夫妻健康都欠佳，师母已半身瘫痪在床。当年同济附中师生全住校，师生关系密切，徐师母端庄秀丽和蔼可亲，颇有大家闺秀风度，很能与学生谈得来，给我们印象深刻。这次重逢，师母虽然老病，但谈吐之间我们仍能感受到她当年神韵。师母记忆力甚好，还记得当年师生交往中许多琐事，有的事我们倒已忘了。如果时间允许，我真想再与师母聊几天，倾听她娓娓道来我年轻时的轶闻，无异一大乐事。

2002 年我再次赴沪参加我届毕业 50 周年大庆时，惊闻徐先生前不久已经作古，我深感悲痛，再没有机会与先生长谈了。我两度电话拟慰问师母都没打通，是否已经迁居？我决定下次到沪一定登门探望，祝愿她安宁长寿！

我们敬爱的徐先生轻轻地走了，如今天人相隔，谁也无法呼唤先生重返人寰，真是：哀情绵绵，似水东流；逝者已矣，生者何堪？(23 /2)

忆维申学友

52届 陈久泓

汤维申(义)学友已不幸离我们而去。我与他相识于同济附中，又一同参军，并在海军联校四分校一中队第一小队共同学习生活了近一年，在分本科学习后才分开。后又相逢于第五海校，那时他已是海校的罗经教员。1969年后，我们相继离开部队返回上海，又曾欢聚多次。维申学友是我50年以来相知到相交中的好友之一，今回忆点滴以资纪念。

维申性格直爽坦诚，在四分校时，他是第一个在学习中坦诚披露自己家庭情况的学员。当时组织上要求每个学员向学校忠诚老实交待自己的各种问题，而大多数学员都心存各种顾虑，不愿先开口，想先听别人怎么讲。我当时担任副小队长，专抓学习，而无人发言成了我最头疼难办的事。维申平时本不善言谈，而小队中只有我们两人原来是同一学校的，我只能依靠他支持带头了。果然他首先带头发言，详细谈了他父亲是如何随人去了台湾，并表示要划清界限。这一炮不仅在小队打响，而且还影响了区队、中队。当时的副区队长是比我们高一班的姜景逸学友，我向他汇报，他又向中队做了汇报，当晚点名时，中队就表扬了我们区队和小队。当然现在想起来，这种所谓忠诚坦白运动，其实是很幼稚的做法，但在当时的情况，维申能这样带头已可窥见其直爽坦诚性格的一斑。

执著认真的教学态度是对维申任教时的评语。学校毕业后我分配去了南海，他可能因父亲问题只能留校任教(据我分析一是他学习成绩好，二是因他忠诚坦白，所以才能留校，不然恐怕早就让他复员了)。他教学的认真我是在第二次到第五海校学习时听到的。他上课时总要提问，提的问题就是上一堂课学员不太清楚的核心问题。如果学员回答不太满意，他会再次详细讲解，课余还会前去辅导，而在第三堂课时他又会再提问，直到大家都彻底搞懂为止，在全军实施郭兴福教学法时，他被评为教学先进（听说王兴裕学友也是教学先进，他应能体会到评上郭兴福教学法先进的甘苦吧！）。

任劳任怨，埋头苦干是维申学友一生中的又一踏实作风。维申回沪后因极“左”思潮的泛滥，把他分配到工厂去做钳工。当时年过半百的他硬是从头学起，踏实苦干，几年后竟成了熟练工，还带出了不少徒弟。而党的十一届三中全会后，落实政策，让他重返教学岗位时，他已荒废了多年的学业，又被他重新捡起，且又成了上海第一中学的教学骨干，还积极主动要求去西北地区支教，在那里又受到好评，他的踏实苦干作风，在他任第一中学教导主任时，也是有口皆碑的。

维申谦虚好学，据我的老伴蔡祖善回忆，她与维申是小学同学，当时对他的印象就是一名勤奋好学，不大吭声的学生。光阴匆匆逝去近 60 年了，而维申的音容笑貌清晰地留在我的脑际，谨以此文作为对他的怀念吧！ (37/5)

追忆沈一民同学

52 届 陈思义 吴增华

沈一民和我们既是同济附中又是北京外国语学院德语系的同窗好友，他读书刻苦，成绩好，是位学习语言的天才。遗憾的是他英年早逝，过早地离开了我们。每当我们回忆起多年的交往时，总是令人唏嘘不已。

在我们同济 52 届的同学中，沈一民留给大家印象最深的大概有两个方面。一是爱好体育，身体结实、精力充沛，操场上可见到其矫健的身影。他特别喜欢打垒球，每次比赛都少不了他，因此得到了一个绰号：Cow-boy。二是富有语言天赋，他的德语知识和运用能力是班上出类拔萃的。当然，与他后来的成就相比，此时只是崭露头角而已。

沈一民于 1951 年秋到北京外国语学院德语系学习，成绩一直名列前茅。1953 年由于得罪了一名比我们参加革命早一年的政治干事，他被调到山西榆次县一家志愿军荣军学校任文化教员；当时北外有的教授曾为损失这样一个语言天才深感惋惜而流泪。1958 年左右他才回到北京，起初在文化部，后来在对外文委下属的中国对外演出公司工作。1964 年成立北京第二外国语学院时，他又转往该院德语系任教。

在荣军学校期间，他通过电台广播自学了俄语。在对外文委时，他每周数次去国际关系学院旁听法语课程。又由于他初中在教会学校圣芳济中学读书，英文基础很好。所以到 50 年代末，他至少已掌握了英、法、德、俄等多门外语。就我们所知，中国人学习过这些外语且能阅读和翻译的并不罕见，但是像沈一民那样听、说、写、读全能运用自如，对每门外语都有很深造诣的人才实在难得。他的法语基本是自学的，但实际水平已经超过了第二外院的一般法语教师。他用法语写的一篇比较语言学论文引起了法国有关部门的重视，并正式邀请他赴法工作一年，后因法语系有一个经考试选派留法的名额而选择了后者，于80年代初公派巴黎留学，在短短一年多时间里获得了博士学位。回国不久，他就被任命为第二外院的法语系主任。像他这样一个并非“科班出身”，只靠几年旁听学习的人被任命为系主任，正是对他的最大褒奖！

在我们与他多年的交往中，既看到了他的语言天赋，同时也深感其勤奋和努力。

在北外德语系学习期间，有一次要排练德语话剧，他自告奋勇扮演一个角色，且接受任务后只要有一点时间都会背诵台词，一边念念有词，一边手舞足蹈，达到了如痴如醉的地步。

60年代初，他一个人带领年幼的儿子居住在七八平方米的斗室里，一张双人床除了容身之地外全是书籍，用“埋身于书堆”来形容是最贴切不过了。然而，与同时代许多知识分子一样，沈一民也遭到了不公正待遇，“文化大革命”中更因莫须有罪名而被打成“现行反革命”，直至1978年才得平反。

令人不胜痛惜的是，正当沈一民在生活上和事业上都处于历史最佳状态时，病魔却无情地向他袭来。1986年他确诊为骨癌。尽管北京第二外院为他提供了良好的医疗条件，法国有关方面的朋友也为他寄来了治疗方案和药物，但终因病入膏肓，回天乏术，不幸于1987年秋去世，终年仅53岁。(22 /5)

同济中学往事琐忆

53届 纪大椿

1. 报考同济中学

我1950年进同济附中读高一。我之所以大老远从市区跑到郊外读书，一是因为公立学校收费低廉，只相当私立高中的20%；二是我当初想学医，对同济大学医学院心向往之，后来打听到同济大学有附中在江湾郊区，这就成了我报考的首要目标。设在光华大学礼堂的考场里坐满考生，而录取名额有限，起先还真有些担心。

我们这届新生共120人，分成3个班，我编在丙班。我们入学之后，学校就更名为同济中学，校徽也换成了长方形，原先的三角形附中校徽已与我们无缘。不到一年就有超过1/3的同学参加了军干校，于是3个班合并成2个班，到1953年毕业时大约有70多人。

朴素的校风使我心情舒畅，父母也满意。周末回家，住在四川路一带的同学常结伴步行，称之为“马拉松”，我有时也加入这支队伍，到四川路再坐车，省却一点车费。学校有自来水，可是大家都用井水，冲厕所更用渠水。我也随俗，洗漱涤衣一概用井水。真想不到这汲用井水的本领，我后来在新疆农村搞社会调查时派上了大用场。

2. 自己动手做实验

在同济中学，实验课都由学生自己动手做。生物实验解剖过蚯蚓和蟾蜍，范胜兰老师事先通知大家到校外农田去捉。动手解剖时，无奈解剖刀不争气，只好借用同学的削铅笔刀片代替。

化学实验是3人一组，我记得我的组内有张石平，他很专心，实验报告主要由他完成。

有一次，邻桌一同学将温度计掉地上断了，连声说："我赔！我赔！"任课的张国模老师捡起断了两截的温度计仔细看着，非常惋惜地说："德国货，赔不起的，赔一支国产的吧！"我们注意到，老师连一句批评的话都没有。本来同学失手闯祸心情已够沉重，再加责备显然多余。

物理实验每组人数多些。记得有次做电动机模型，施智洲老师发给大家几个曲别针和1米藤包线。我思量这能做什么？不料竟做出来了。我想施智洲老师事先一定做过一遍。

3. 访问校外农户，巧遇养伤志愿军

当年的同济中学，篱笆之外便是农田，夏日昼长，我们晚饭后喜三三两两校外散步。有一天走到一户农家门前，农户正在门外树下摆饭，见我们就问平时吃点啥，我们如实回答了。他们笑着说："太差了，看我们吃的！"正说着话，一男青年骑自行车回家来，他是四川路一家工厂的工人。像这样的农户上海市郊并不少见，地里有农业收成，又有一份工资收入，日子相当好过。

学校对面是军医大学，步行过去要走一阵子，但那里小铺子多，我们常去买五香花生米之类的零食解馋。有天意外地在那里遇到不少外地口音、穿病号服的军人，一打听才知道是朝鲜前线归国的志愿军伤病员，于是就把他们请到学校来见面。这些伤病员已经治愈，可以自由走动，或将重返前线，或将转业复员。有同学与他们互赠相片；我则抄了2名志愿军战士的地址，但后来没有书信往来。

4. 排演舞蹈"红军之家"

同济中学的文艺活动搞得有声有色，学校有一堂布景和活动舞台，这在一般学校是难以置办的。有一年国庆，各班演节目，我们班决定上一个舞蹈。我们听说虹口区学联有人教，班长就让张石平和我去请。教舞蹈的是一名半脱产的青年工人，他答应最后彩排时来一趟，要学的话当场就教，学一个"红军之家"不难；外出辅导则需收费。我们临时商定，张石平学动作，我画队形并记谱，就这样"赶鸭子上架"，我是生平第一次也是最后一次。

回到学校立即由团支部书记张凤仙组织大家学习。张凤仙是班上"大姐级"人物，有组织才能，上台的同学很快凑齐。"导演"的重任落在我身上，原因很简单，记在纸上的符号只有我一个人认得。张石平担当“男一号”，张弥曼出演“女一号”；仲鑫华口琴吹得好，伴奏非他莫属。演出用的海军服从毗近部队商借，裙子由女同学查看每人的被面，色彩、花样合适的立即就拆，演完后当夜缝好。不料第二天说要拍照留念，于是拆、缝被子的事又“演习”了一遍。这次演出，班上同学几乎人人参与，一切都在欢乐声中进行，兴奋之情“写”在每个人的脸上。

5. 检查身体；暑期生活

解放初期，肺结核病在社会上尚未有效遏制。学校十分重视学生健康，组织大家检查身体，有病早治。班上因病休学的同学不止一位。江湾有个叶家花园，是“防痨协会”指定的体检医院。我记得去过两次，照例排队步行前往。那是一处园林式建筑，环境优雅，绿树花草，鸟语花香，绝无城市喧嚣之声。我们检查完身体以后，就各自游玩，直到集合返校，还恋恋不舍。

我们的暑期生活很丰富，很多同学情愿在学校多留些日子，或干脆住校不回家。暑期中课堂都成了宿舍，课桌拼成了大床。好像还记得暑期中到附近建筑工地民工夜校当过几次扫盲教员。

高一暑假，学校组织大家去吴淞，依然是排队步行前去，借住吴淞中学的教室，记得去了复兴岛，还参观了一家水产品加工厂。第一晚大家特别兴奋，路途疲劳早就置诸脑后。李培栋歌兴大发，引吭高唱《嘉陵江上》，别班同学或驻足窗外，或走了进来，欣赏他那优美的男高音独唱。李培栋的这副好歌喉令人羡慕，后来1997年时他以上海市政协委员身份到新疆参加会议，我送了他几盘新疆民歌磁带，他很高兴。

高二暑假，江湾游泳池修复开放，我们的同学都成群结队去学游泳。由于游泳池近在咫尺，男生都穿着泳裤披着浴巾去的。有一次碰上阴天，可是没人愿放弃那张游泳票，入水后宁可泡在水里也不上岸，直到有人冻得嘴唇发紫才不得不回校。

6. 同学自办伙食

学生伙食都由学生自己办，各班轮流。记得高二那年，我和另一同学，好像是仲鑫华，被班上推举出来办5月份的全校伙食。我们提前半个月接手，先向正办伙食的前任同学取经，再去五角场、四川路和江湾镇联系采购。一次去江湾镇，大雨将我们衣服淋得湿透，大风又将衣服吹干，一天下来居然没有感冒。

办伙食的这一个月，天亮之前，炊事员就到床前来叫，“该准备早餐了”。上课的时候，炊事员也会在教室门口叫，不是验收主副食、燃料，就是该点火做饭了。我们烧不起煤，烧“花箕柴”(棉花秸秆)，我们的重任之一就是不停地往灶眼里续柴，直到饭菜做好。

最后结算账目，退还伙食结余，每人交费 8 元，剩余 0.3 元多。我们从开始接手到结账公布，历时 2 个月，账目没出问题实属万幸。管了一次伙食，学到了一些如采购、做账之类的东西，但也耽误了功课，尤其是对我这样智商的人来说。不久，学校派了专门的管理员接管学生伙食，让学生“回归”课堂，同济附中学生自办伙食的历史也随之结束了。

7. 报考大学，毕业离校

我之所以没敢践诺初衷报考医学院，就是因为数理化成绩降了下来，高三时倍感吃力，那时几乎所有课余时间都花在了解析几何和物理上面。我胆怯了，决定考文科，且选上了历史，因我中、外文成绩都平平。

我们那一届，绝大多数报考理工科，考文科的只有 5 人，中文、俄文、哲学、教育、历史各一人，聚在一起也找不到“共同语言”。那一年高考是最后一次文理兼考，此后就文理分科了。我那肤浅的数学知识，后来在研究新疆历史人口增长、缎吾尔族度量衡旧制等课题时，还统统用上了。

毕业离校前夕的最后一次师生聚会是令人难忘的。当得知我将就读南开大学历史系时，马茂元老师就告诫我古文一定要过关；徐光烈老师嘱咐我学好外文；陈紫霄老师提醒我理论课不得马虎。这些我都牢记心头，至今不敢忘怀。

那天聚会结束后，同学们仍依依不舍不肯离开，天很晚了大家还在谈论理想、憧憬未来。谁都知道，这一分别，不知什么时候才能再聚？！

2004.12，于西陲梦得斋 (24/6、26/2-3)

难忘四个月的同济生活

53届 陈克华

1950年夏季我从光华附中初中毕业，考入刚由国立同济大学附中改制的上海市同济中学。同来的有郭蔚兴、葛汉云和一个姓应的同学。9月份正式入学，我被编在高一甲班。学生全部寄宿。我睡在上铺，怕滚下来，特地在床边用绳子拉起一道拦索。有一天，邻床夏绍宣半夜从上铺重重地摔到了地上，不幸骨折。

同济同学艰苦成风。老师资深质高，对学生很严格。记得教英语的严幼文老师是哥伦比亚大学硕士，严格要求学生，戏称自己是“阎罗王”。他常会突然提问学生，答不出就要批评，甚至罚站。我英语基础原本较差，而在他的严格调教下提高不少，印象极深。

我们的课余生活很丰富。班上文娱委员张汉梅同学穿一条西装短裤，那时可算非常时尚的了，不时引来高年级同学的注视和窃窃私语。晚饭后全班同学聚集在校前广场，由张汉梅教集体舞，别班同学四周围观，过了一会他们中的不少人也会加入进来。这种集体舞大大增进了同学间的友谊和感情。直到今天，“咪哆哆发眯嗦……”的舞曲声还不时萦绕我耳旁。

那时我还经常和黄仁楚、火光亮同学一起玩双杠。他们两人身体健壮，一上杠全身肌肉显露，能做大难度的翻腾动作。我也想试试，可一上杠就吊在那里再也撑不起来，简直丢人之极。后来在他俩鼓励和保护下，练过一段时间，我也能撑上十几下，更不可思议的是居然还能在杠上翻滚倒立。

1950年夏秋时节，朝鲜战争爆发，美、李军队打到鸭绿江边。在这种形势下，全国掀起了青年学生参加军事干部学校的热潮。我们同济所在区的大、中学青年团员集会，团组织号召团员带头参加军干校。那时，我已经是一个有一年团龄的“老团员”了，就立即报名参干，并得到班主任范胜兰的大力支持。不久到西江湾路政法学院体检，门前排起了几百人的长队，好不容易轮到我，工作人员看了我的登记表说，参干年龄至少 17 岁，你连 15 岁还不够，不能体检。这下子给我浇了一头冷水，但再怎么说也没用，只好回校继续读书。过了几天传来消息，说上海防空学校招生，且因学校就设在上海，可以放宽年龄，我真是喜出望外，重新做了体检，结果合格，经保送委员会批准，我就离开了母校同济中学，走上了革命之路。离校之际，范胜兰老师流泪了，也许因我人太小，她还不放心吧？此情此景我终生难忘！

回顾我在同济只短短 4 个月，却是我人生中出现重大转折的时期。同济是我走向革命的摇篮；老师是哺育我成长的母亲。我们为青春奉献祖国而骄傲。(50/5)

一张五十余年前的老照片

53届乙班　徐瑞康

我手边一张保存至今已经泛黄的老照片，细细辨认，竟是50多年前我们高一乙班同学与抗美援朝志愿军伤病员的合影。

我依稀记得事情的原委是这样的：

我们1950年8月进母校同济中学，就读高一时有3个班，我编属乙班，关心我们成长的班主任是教化学的张国模老师。大约是1951年初夏，一天晚饭后，我们同学散步到邻近的第二军医大学时，看到有一些伤病的军人头上、腿上绑着厚厚的渗有血迹的白纱布，身穿白色病服和黄色军裤，还有一个披着的深蓝色长绒衣胸前居然绣有USA字样，很惹人注目。几天后我们看到了报载志愿军首批归国伤病员到上海疗养的消息，这才知道那天遇见的就是为了抗美援朝、保家卫国而负了伤的志愿军。

此后，我们同学在班级和团支部倡议下，多次到二军大病房中慰问“最可爱的人”，听他们讲朝鲜战场上的战斗故事。于是，就有了一次邀他们到学校来与我班同学联欢的活动，并在我校大楼前请五角场照相馆师傅为我们摄影留念。应邀来联欢的有6个志愿军战士，照片中坐在前排，中间则是我们的班主任张国模老师。从那张老照片背后字迹已有些模糊的签名中可辨认出志愿军名叫高玉贵、李金珠、张玉才、郝凯金、范旭东和陈树桐。

和志愿军伤病员的亲密接触，对我们有重要影响。那时我们都是些十五六岁不懂事的小孩子，正是与志愿军战士的直接交流，才使我们懂得有多少志愿军战士在浴血奋战保家卫国，英勇负伤乃至献出宝贵的生命。这震撼了我们的心，激励了我们“一切为祖国”的爱国主义精神。事实也确是这样，不久，在“参军参干”热潮中，我班同学纷纷响应，不

同济中学53届乙班部分同学和志愿军伤病员合影

少同学被批准参了军。余下的同学则为了祖国建设加倍努力学习，精神始终振奋。

今天，我面对这张弥足珍贵的50多年前的老照片，回忆往事，心情依然激动。就我所知，照片上的同学有的不久参干离校，如宋瑞令(后排右一)，有的毕业后考进各个大学深造，如毛新福(中排左四)、陶宠美(中排左五)、沙建尧(后排右四)、张弥曼(中排右五)、翁润生(中排右一)等，这些同学后来都在我国的军、工、医、农科研和教育岗位上辛勤工作，业绩卓著，其中张弥曼还被选为中科院院士，她是我们同济中学的骄傲。

遗憾的是照片上的6位志愿军伤病员，后来我们一直不知道他们身体可好，是否重返前线，此后工作和生活又怎样？虽然如此，我(前排左一)却至今还清楚记得当年他们和我们倾心交谈时的音容笑貌，我由衷感谢他们的激励和教育。同时，我也深深怀念我们的母校同济中学。(23/5)

珍贵的礼物

53届 李维显

在53届同窗60周年聚会上，姚乃强将军向母校敬献的礼物有同济中学校徽一枚、参军纪念章两枚和自己主编的两本词典。

我们53届学生进校时佩戴国立同济大学附中校徽，后来才佩戴市立同济中学校徽。在历届同济中学的学生中，能在高中求学时既佩戴过国立同济大学附中校徽，后又佩戴市立同济中学校徽的只有1948年入学的51届、1949年入学的52届和1950年入学的53届这三届学生。这三届同学是同济附中改制的经历者。1950年，由上海市军管会命令，同济大学附属中学与同济大学脱离附属关系，改为市立同济中学，受上海市教育局领导。改制后学校的校长、领导班子、教职员工不变。我们53届学生高中毕业时的校长、教导主任仍是原同济大学任命的曹礼吾校长和杨烈昭教导主任。姚乃强同学敬献的一枚校徽是改制后同济中学的首枚校徽，等边三角形，珍贵。顺便说一句，母校改制后挂出来的第一块校牌校名是“上海市立同济中学”。现在的师生可能面对其中的“立”字不可思议，校史会回答“立”字的由来。

姚乃强将军敬献的两枚参军纪念章是“上海学生参加军事干校纪念章”(不规则圆形，21毫米 ×23毫米)和“同济中学保家卫国纪念章”(方形，17毫米 ×21毫米)。(62 /2)

同济岁月忆旧

53届 李培栋

1. 入 学

我于1948年秋由苏州桃邬中学初中毕业考入同济附中，在苏州看到大公报载的录取名单后，即来上海报到。当时的校园在博物馆，对面图书馆是大学部的新生院，校门两边墙上刷着白粉写的“继往开来”等宋体大字。我来报到那天，老生组成迎新团指导我们办理各种手续，我还记得帮我拎皮箱进宿舍的是高二的李世煌，服务很热情。

2. 社团活动和军训

记得同济附中的学生社团很多，也很活跃。大门旁边的小房间就有“星野社”，经常值班的有陶文琼和姚鉴棠，我在那里借过油印小本本，记得是《兄妹开荒》等革命读物。学生社团也出各种壁报，当时正值学运低潮，校中三青团势力猖狂，几次发生他们打人和撕毁壁报事件。学校训导主任萧荣裴是国民党特务分子。学校军训十分严格，教官姓李，在课上讲授“步兵操典”。学生都着制服，参加双十节阅兵式，那天在虹口公园由蒋经国检阅，同济附中军容整齐。阅兵这件事在蒋经国日记中有记载，当时他正在上海策划“经济改革”，已经组织了“大上海服务队”戴着袖章参加游行。

3. 老师们

当时校长是陆振邦，留德专家；教导主任张国模，数学老师。我们高一语文老师是林铁西，身着长袍马褂，第一课就讲《史记·屈原烈传》，油印讲义。德文老师叫张亚龙，家在北京，据说曾任吴佩孚幕僚。生物老师是大学部助教，我们给他起了绰号“阿米巴”。英文老师似乎是复旦的青年女教师，很漂亮。美术老师姓应，在课堂上给我们看他出版的作品选。音乐老师是男高音歌唱家韩德彰，骑自行车由音乐学院赶来上课。所谓上课就是他自弹自唱，他的音色真美，第一课教黄自的《踏雪寻梅》。历史老师叫金石言，课上借古讽今，大骂国民党专制独裁，毫无顾忌。

4. 学生自治会和管理膳食

学校有学生自治会。管理膳食是自治会的一件实事。我曾被选在自治会为膳食收费，这是我第一次从事公职，印象很深。和我一起负责收费的是女同学梁珠联，幸好，一晚收下来没有差错。此外，就是监厨，掌管钥匙，发放油料、粮食、熟菜。这也很辛苦，轮值监厨者要早起，发出早饭所需物品，包括早餐用的油氽果肉、豆瓣等，然后帮灶拉风箱为烧的棉籽助燃。享受的优待是吃上大锅新米粥的第一碗，也能多吃点花生米。

到蒋经国限价以后，麻烦多了，什么东西都买不到。最严重的是大米，我曾经和自治会负责人一同跑去向大学部食堂借米，借不到，四川北路各个米店空空，更买不到。最后，约在孙中山先生的生日前后，学校宣布放假，大家回家吃饭去，停课了！

5. 休 学

就在此时，我经医院检查，确诊患上肺结核，医生开出鱼肝油处方，我和哥哥跑遍上海滩买不到一瓶鱼肝油。“停课回家吃饭”以后，我便回到了苏州。那时我穿着军训制服，享受军人优待，但是火车挤得无法形容，秩序也坏到极点，在人缝中勉强站立挨到苏州，终算回了家。休学养病，暂别同济附中。

6. 复 学

两年后，1950 年秋我复学回到母校，学校已改名同济中学，校址也迁到了图书馆。我等于留了两级。同班同学已升高三，他们告诉我解放上海战火中，沈法良同学手指受伤。这时校长是曹礼吾先生。学校尽管已与大学部分离，师资队伍还是坚强的。

张国模先生教我们三角。严幼文先生教英文，他是一位和蔼的白发老人，身材高大，一口上海本地音。他说他在美国哥伦比亚大学读书时，一位有种族主义倾向的教授说东方人脑容量小，智力较差，而他这位东方人却是大脑袋，弄得教授很难堪。范胜兰老师教生物，她身材矮小，精力充沛，对学生真是无比热情，课外还指导学生兴趣小组在校园种植，后来院校合并到东北去了。马茂元先生教语文，讲到五四运动火烧赵家楼，有如身临其境，因为他祖父马通伯先生在北京知之甚详。

7. 抗美援朝运动

我在苏州养病期间已入团。复学后，在高一担任团干部，后又任团总支委员，经常到四川北路团工委开会，都是步行往返。当时团区委书记杨佩景，组织部长王其健，都是地下党，我校李忠实也调在区里工作。记得纪念一•二九大会在团校举行，就是一个抗美援朝誓师大会。第二天，上海市街头游行，规模浩大，我们由学校步行出发，一路演出活报剧、唱歌。音乐老师梁怨自己创作歌曲教唱，热情投入。

接着便是参加军事干校的报名热潮。各班级都成立了战斗队，我们高一丙班叫“井冈山”战斗队，大多数同学热情报名，到春季，班级走了有一半人。我现在还保留了一张欢送参干同学的班级照片，里面有我们班主任史汝棠老师，他是我遇到过的最好的体育教师。

参加军干校的同学有的至今联系不到，比如庄李华，很活泼的女同学，不知今在何处。

8. 民主革命教育和学习生活

许宝文同学在 1948 年入学时和我同班，又同一宿舍上下铺，绰号叫“卖报”。他这位少年地下党员隐蔽很好，直到 1950 年初地下党公开，他才正式就任党支部书记。他很尊重曹礼吾校长，关系不错。在党支部领导下，我记得全班同学参加过宝山郊区的土改大会，一个工商地主在大会上认罪。还参加过宝山炮台湾农村调查，听一老农介绍种棉经验(当时美国搞禁运，美棉不能进口)。参加镇压反革命运动，在 4 月份的一次突击行动中，拘捕了我校的一名物理教师(被捕教师为吴鹤翔，后释放回校，今已故)。我们团干部也参加夜巡. 手执棒球杆，通宵不眠，在校园巡逻。那时，同学们热情高涨，不知疲倦，学习投入，互相切磋交流，快乐无比。记得顾荣生同学最爱和我交流三角，有一道题是“$\tan x=x$”，大家做不出来。几何题有九点圆，难度相当高。教几何的郑锡兆老师，第一课介绍自己，说是浙江大学毕业，“今天开始，我和大家一起讨论几何问题。”

在抗美援朝高潮中，我班排演过一个活报剧，我演麦克阿瑟，郭蔚兴演李承晚，周中鼎演吉田茂。我没有墨镜，只得把自己的近视镜涂上墨，上台一片黑，依稀辨认着同台演员。薛兢芳同学为了扮演男青年，把头发剪光光。演出热烈极了。

这一年既紧张又快活，过度的消耗使我肺结核复发。暑期回苏州后，又开始了新一轮的休养生活，并从此离开了同济中学。但我经常会回味同济中学的一切，同学、老师和校园。

(21 /3、22 /2)

西域问史 甘苦自知

53届 纪大椿

1953年，我结束了在同济中学的学习，告别上海北上天津。在南开大学历史系完成本科学业时，正是1957年！毕业班提前“反右”,批了6名“右派”之后又“重点帮助”了3人。我属于后者，连同其他4位同窗一起分配到筹建中的中科院新疆分院历史研究室。自公布分配方案到办妥手续离校走人，限定3天时间，没有人来得及同外地的家人辞别……

科研队伍中的新兵

离校那天正是“九一八”纪念日，清晨，同学们送我们上火车。从此，开始了我们的横跨祖国之旅。上午到北京，在邮局给远在上海的父母匆匆寄了一封短信，报告了我的行止，不是“面辞”也算“告辞”了。下午登上了开往兰州的列车，在硬座车上东倒西歪地对付了3个夜晚。兰州是铁路联运的终点，我们取出托运的行李，在此后的行程中，每天都得将这一大堆东西搬来搬去、搬上搬下，好在人多尚可应付。

在兰州火车站附近的小旅店里，我们美美地睡了一觉，再上街走了一圈，领略了西北重镇兰州市的风光。那时兰新铁路刚铺轨到甘肃新疆交界处的星星峡，临时营运的客车只到河西走廊玉门以东的老君庙(今玉门市)。抵达老君庙，出了车站就见到一些席棚，那就是临时“招待所”,里面只有空空的双层铁床，自己的行李正好用得着。再往西，便只有卡车可以乘坐了。甘肃的长途车只到星星峡，新疆的长途车则以此为起点，班车每天三五辆，全是苏联造的卡车，每车载客32人，分4列，中间两列背靠背。每次上车需要先摆放行李，大家挨个儿坐在行李上，“软席”还是“硬席”全凭运气。班车天亮开行，下午住宿休息，倒不觉得太疲劳。交通旅社都建在路旁的戈壁滩上，是半截地下、半截地上的“地窝子”，长长的土坑上面铺有苇席。我们都用自己的铺盖。只有哈密例外，是招待所，有 4 人一间的住房。我们遇见了教育厅的接待站。因为我们是中科院直接分配的，接待站里查不出我们的名单，也没有科学分院的地址和电话。接待站的老师关照我们，不要贪吃哈密瓜，出门在外务必注意饮食，注意冷暖。

9 月 29 日中午，灰头土脸的我们到达了此行的终点，结束了长达 4000 公里的行程。在车站内外，找不到公用电话：这是星期天，又是午休时间，我们放弃了拨打电话的尝试。出站之后打听到了科学分院的地址，乘坐公共汽车只有 3 站，但都是上坡。我们嫌三轮车索价太高，雇了 3 辆拉行李，大家跟着车走，上坡时便于帮着推一把。灿烂的阳光驱走了我们心头的疑虑，道路整洁，行人稀少。沿路主要是平房，有些两三层建筑，显然是近年建造的新楼。中科院新疆分院是 1956 年开始筹建的，地处乌鲁木齐的南部，院内有些零散的旧平房，是解放前英属印 (印度) 巴 (巴基斯坦) 领事馆旧址。东面和南面有新建的几排平房，主要是一室一户的家属宿舍，少数也作集体宿舍使用；西面临街是即将落成的三层办公新楼。平房无论新旧，都有一处墙面奇特，称作“火墙”，冬天取暖用。初到新疆难免遇到不少尴尬事。到乌鲁木齐的第三天便参加了国庆游行，清晨天凉，衣服不敢少穿，很快就越走越热，只好忍着。大陆型气候从此领教。集体食堂的伙食费每月 30 多元，比天津贵一倍半。我和另一个大学同学上街理发，理毕问价，答曰 1 元，我们付了 1 元，说还差 1 元，掏遍了所有口袋才算凑足，理发比内地贵两三倍。物价之高从此领教。当然，新疆津贴不少，遗憾的是一年之内就被砍掉一半。1958 年我购买了一条毛布裤，25 年之后才有了第二条。后来社会上将我们这些人戏称为“7938 部队”和“8820 部队”战士 (11 类地区基本工资加津贴实得 79.38 元和 88.20 元)，我有幸在这两支“部队”中连续服役了 22 年。

新的工作开始了，那是在学校里从没学过的。比我们早一年来的同志，已经在南疆做过社会调查；又在京津沪等地购得了一大批图书。因此，我们的头一项工作便是整理调查资料和帮图书馆登录、分类线装书。这工作让我了解到许多维吾尔族农村社会的情况，也了解了院内的藏书状况，对于后来大有裨益。

1958 年，全国人大常委会民族事务委员会组织的少数民族社会历史调查组的大规模调查开始了。我和大学同学萧育民，还有一个西北民族学院维语系毕业的黄治国，被安排在伊犁察布查尔的锡伯族组。不少人告诉我：“不到新疆，不知祖国之大；不到伊犁，不知新疆之富。”新疆的首富之区强烈地吸引着我们，大家兴冲冲地带上铺盖行李出发了。长途卡车一路向西行驶，走过碧波浩淼的赛里木湖之后进入天山峡谷的“果子沟”。司机特意停下车来。我们被这里的景色所吸引，纷纷下车观赏，只见流水淙淙，阴坡绿树茂密，想不到戈壁滩背后的大山里竟有如此“世外桃源”。

在伊宁市，我们下榻在新近落成的伊犁饭店。几天后联系好去察布查尔的马车，因为伊犁河涨水，渡船停驶，我们就多住了几天。听说架桥的地址早已选定，因缺少经费而没法开工。在那几天里，我们拜访了来这里进行考古调查的著名考古学家黄文弼教授；也遇到了来新疆视察的中科院副院长竺可桢，他是气象学家，对伊宁气候如同江南颇为赞赏，还让我看看他的丝绵袄，说：哪里用得着嘛！洪水过去之后，渡船恢复了，我们就雇了一辆称为“六根棍”的俄式四轮马车赶往伊犁河渡口。过河后又行走了一段路，便抵达察布查尔县城。

察布查尔是全国唯一的锡伯族自治县。锡伯族原先生活在东北，清乾隆年间以“锡伯营”携眷移驻伊犁，分为 8 个“牛录”(旗)定居伊犁河南岸，如今 8 个屯堡还程度不同地残存在大地上。县城所在便是原先的“六牛录”。两百多年来，新疆锡伯族的语言、服饰、风俗、宗教依然保持自己的民族本色。他们那很有特色的“发面饼”松软可口，至今想来还觉口有余香。那里少数旧屋还保留木格子窗户，上面糊着桑皮纸，镶一片玻璃，两面透光。当然，在与其他民族长期共处中，也会相互影响。锡伯族干部文化程度普遍较高，一般都懂汉语汉文，兼通维、哈语文的也不少。

我们被安顿在招待所居住。县长郭基南是一位锡伯族诗人，懂得多种语文，还积极主张和推行双语教学。他请了县锡伯中学的教师韩练善、文化馆的塔勤台 2 名锡伯族同志协同我们工作，还派 2 名休学在家的锡伯族高中生给我们当助手。县政协主席管兴才是和蔼可亲的长者，常来看我们，还告诉我们：他本姓关，被人戏称为“关老爷”，而锡伯人尊关云长为“关老爷”，为了避讳才改姓“管”，族中独此一家。郭县长和管老给了我们的调查工作许多具体指导和帮助。招待所外面有水井，我在上海同济中学读高中时，大家为了节约自来水常自觉地用井水，现在到这里打井水可谓驾轻就熟了。我到过霍城县的伊车嘎善锡伯民族乡，那里的锡伯族干部给我传授的“骑术教程”，后来在阿勒泰牧区发挥了很大的作用。

1959年冬从伊犁回来，那时就坐上大轿车了。天蒙蒙亮从伊宁发车，“大跃进”方式，两天半的行程一天走完，路况太差，一路颠簸，深夜到达乌鲁木齐。在灯火通明的客运站大厅里，两个大火炉烧得正旺，我坐在自己的铺盖卷上，眼睁睁地等待黎明来临。

察布查尔是我科研工作的起点，我珍惜在那里迈出的趔趄的第一步，因为我们都是尽了力的，每晚不将一壶灯油熬干，谁都不肯就寝。晚饭后的散步是我们惟一的休息；十天半月一场2毛钱的露天电影是我们唯一的娱乐。每月跑一趟伊宁，主要是洗澡，顺便见见伊犁组的朋友。我们没有时间到霍尔果斯河畔去眺望对岸被割让的故土，也没有时间去凭吊金顶寺和银顶寺的遗址。稿子写成后，从校对、刻钢板到油印装订，都须自己参与。遗憾的是没有整理成调查报告，这是我们在“大跃进”时期的一项重大失误，不光是我们，各组都一样。由于情况和统计数字的虚假失实，许多资料都被蒙上了“浮夸风”的阴影，书稿的真实性和科学性都成问题，全国都一样。违背科学规律的做法，尽管也会带来一番热闹，过眼之后却只能剩下遗憾和教训。

经过这一段的工作实践，我发现了自己的不足，回到乌鲁木齐就选购了一些诸如逻辑学方面的书，认认真真地研习了一阵。这一次针对性的自我补课很有必要，受益匪浅。

牧区调查

从伊犁回来，头一个感觉是食堂伙食大不如前，全市的供应都不如先前了。前两年能随便买到的当地产酥油和台湾白砂糖，都见不到了。后来我就被查出“浮肿病”，从医院领得一大包“营养粉”，一看才知是黄豆粉加麦麸，令我束手无策。再往后，饭馆里有了“高价菜”，商店里有了“高价糖”，自己量入为出，日子倒也好过了一些！

1960年，历史调查组的工作告一段落，除留下少数人改稿外，其余都从借住的自治区党校返回各自单位。我回到了历史研究室。夏天，历史研究室升格为民族研究所。我被派到东风公社调查组去。东风公社地处南山，属乌鲁木齐县，科学分院每月来一辆中型卡车接我们回去休整。当我们完成了永丰渠、公盛渠等农业生产队的调查后，就进入了牧区。我们先在半截沟的畜牧兽医站居住。他们吃商品粮，90%的红高粱面，口感不错，肚子难受。后来搬到甘沟小学，可以在生产队食堂搭伙，主副食都是公社自产，吃的全麦面馒头，一斤一个；蔬菜只有煮土豆或煮豌豆，还不是天天有。令人难忘的是小学的那座用圆木搭建的房子：当地仅两三座，不知如今还在不在！

当年大家的粮食定量每天不足500克，有机会进牧区是令人羡慕的“美差”，至少能喝上牛奶和马奶。我们起初都有喝牛奶过多而腹泻的经验，肠胃告诫我们必须有所克制。牧民的自留牛羊仅够挤奶食用，他们破天荒地养起了鸡，为的是用鸡蛋换茶叶。历史上有“绢马贸易”“茶马贸易”，而我们却没法开展“蛋茶贸易”，因为城市户口每月供应1两茶叶，没有集体户口的份。同事汤永才碰上幸运，却仍是“功亏一篑”。他去调查一户牧民，主人正准备给怀孕的妻子进补，但对着刚被砍掉脑袋的鸡发愁，老汤立即让主人烧水，亲自操作拔鸡毛的活，受到主人称赞。他们双方达成“口头协议”：老汤写信到上海老家去买茶叶，寄来后再换鸡蛋。但这宗“贸易”仅此而已，不是有谁失信，而是我们终止了南山调查。

南山虽然是乌鲁木齐近郊，商品生产水平还是很低。牧业队需要自己种粮食，其中的旱地小麦能不能有收成，全看老天爷如何安排。一天，队里通知我们去劳动，走到地里一看，麦秆只有20厘米上下，麦穗更是短小，大家伸手就拔，一把一把摊在地里。山里的天像娃娃的脸，说变就变，没半个小时，晴天变成雨天，黄豆大的雨点“瓦解”了劳动大军。雨过天晴，问是否继续劳动？回答是：不必，过些日子把马放进来，当马料算了！小学老师告诉我，今年雨少，麦子长得像稀毛瘌痢；雨水多了，山上麦子好，山外就遇涝，反正旱地和水浇地总有一头有收成。

牧业生产队的马奶满足不了当地需求，只有牛奶有剩余，队里建了“奶粉厂”，将牛奶隔水加热使之浓缩结块，然后再将奶块磨碎过筛。这种土“奶粉”供销社没有，生产队也不卖，看来不是商品生产。机关食堂一再要我们设法买些牛羊肉回去改善职工伙食。一天早晨听说有条牛贪嘴吃得撑死了，我们前去请求购买，总算没让我们失望。电话联系要车也是麻烦事，直到傍晚车才来。这头不幸的牛让我们随车回去了一次，炊事员当即切肉为我们添了一份小炒。

调查是辛苦的。没有代步马匹，有时步行上山靠近林区，有时沿着羊肠小道翻越山梁，走上2小时寻访一户调查对象，不是搬走了就是搞错了人，都是常有的事。不过这里的哈萨克牧民长期同回汉农民杂处，好多人会讲一些汉语，所以语言障碍不算太大。调查也是不成功的。调查组三四个人，而两年来参与调查的却有分属5个民族的十二三人之多。频繁地换人，那是因为“精简”和“下放”，没人知道自己下个月身在何方。在那“大跃进”年代，民族所迅速扩充到60多人，还新建了好几个人文社会科学方面的研究所。贯彻“八字方针”时，除了民族所保留20人编制外，其余各所一律撤销。汤永才、黄治国、王守礼等骨干先后调离，牧区调查终止。我们告别甘沟时，生产队要求把两盏煤油灯留给他们。

选调书籍

“精简”之后的1962年，科学分院与自治区科委合署办公，一起迁到新市区的北京南路。我被安排到研究所的资料室工作。经领导批准，我为研究所申请了购书款，开立了账户。那些年出书不多，纸张也差，印量更是少得可怜。新华书店对科研单位颇为照顾，头一年，区区200元钱都花不完。我没有赶上赴北京的那次机会，却去了一趟南疆。

所里有人获悉喀什、和田公安部门存有一批没收来的少数民族文字书籍。经过申请，上级和有关部门同意调拨给我们。1963年，买买提赛来和我奉命前去选调这批书，他先买了客票回家探亲，我则搭乘上海分院彭加木先生去莎车指导工作的车同路去喀什。

从乌鲁木齐去南疆必须跨越天山。新开辟的乌库公路翻越胜利达坂可以直达库尔勒，比绕行干沟缩短200公里路程。彭先生得知后坚持要走这条新路，司机调转车头，苏制“嘎斯”车就直奔天山雪峰而去。尽管是伏暑8月，皮大衣都披上了身。

驶上海拔3000米，亘古不化的冰雪默默地迎送着我们。这里有兰州分院高山冻土研究所建立的观测站，主人让大家进屋小憩，还特意煮了一壶雪莲茶为我们驱寒。彭先生问了一些情况，略坐片刻继续上路。司机将车停在人工开凿的达坂豁口处，告诉我们此地海拔4200米。我们下车回望来路，只见谷底的卡车如同儿童玩具般大小，砂石路面的公路依衬着冰雪覆盖的陡峭山坡，连续“写”下了几个巨大的“Z”字后直攀豁口。这是乌库公路的最高点，往南望去便是延绵不绝的山体。

第三天午后小车途经阿图什，买买提赛来挽留我们在他家住了一宿。次日上午车行仅一个多小时就到了我国最西部的城市——喀什市。这1500公里的山路，如果乘班车将是5~7天的行程。安排停当后，彭加木先生兴致十足，又让司机开车去阿帕克和卓墓参观。守墓阿訇用生硬的汉语说：下次带翻译来，我有很多“香妃”的故事可以讲。彭先生问我史事真相如何？我说靠不住！哪有嫁出的女儿死后回葬娘家的道理，何况帝王家？种种疑团促使我后来写出《喀什“香妃蒸”辨误》的考证文章。

彭加木先生的这次南疆之行，在几年后的“文化大革命”中引来了某些人的“关注”。我那里的军宣队命我“交待”彭的行踪；拍了哪些照片？我写道：他有进口的塑料壳玩具相机，只能在阳光下拍摄，照了些什么，有他寄我的全部相片作证。那些照片军宣队没有还给我，很是可惜！“文革”后彭先生兼任新疆分院副院长，1980 年 6 月考察罗布泊时不幸殉职，长眠在寸草不生的戈壁荒漠下面。

那次我和买买提赛来在喀什开始了我们的工作，又去了莎车、和田、墨玉等地。公安部门调拨的书，经挑选后悉数打包交邮局寄回研究所。从和阗回乌鲁木齐的长途班车每周才一班，没赶上，而到喀什的邮车天天有，当天傍晚还要发一班，凭介绍信可以买票搭乘，我们决定先到喀什再换班车回乌鲁木齐。

和田的邮车傍晚出发，爬上卡车一看，邮件不多，乘客只有我们 2 人。夜色降临时汽车抛锚了，司机和机要员趴在车头上修车，我充当了笨拙的下手。大约过了 2 小时，司机宣布走不成了，叫我们取下重要物件跟他走。我们踏着月光走了一段路，拐下公路便见到邮电所的小屋，司机打电话要早班邮递车捎一个什么零件过来，我们便在旁边的空房内度过半宿。类似的遭遇当年并不鲜见，一旦出远门，皮衣、干粮和水都是“宁可备而不用，不可用而无备”之物。

回归专业

1963 年 12 月，领导通知我去一家宾馆报到。新疆军区在那里包租了几间房子，从地方上借调了几名专业人员，同他们一起整理新疆历史资料。那是全国人民学解放军的年代。我有幸同军区的干部在一起生活和工作，亲身感受到他们的敬业精神。这里没有闲人，没有闲言碎语，心情很舒畅。我珍惜这一来之不易的“回归专业”的机会，努力完成任务，也自感业务上有了不小的长进。此前曾因社会调查生疏不见成绩而对自己能力的疑虑，对前途的困惑，统统一扫而光，精神为之一振，体重也增加了。那时，生活供应已开始好转，尤其是在宾馆。

又是一个 12 月，军区派一名大尉送我回研究所，在所长面前说了一些赞扬我的话。这时，一项新的任务正在等着我。中科院哲学社会科学部扩大会议之后，新疆分院民族研究所更名为“新疆维吾尔自治区民族研究所”，与科学分院脱钩，业务工作受自治区党委宣传部领导，组织关系由科委代管。所长将我调到近代史研究室，并要我接手完成已调走的同事留下的《新疆简史》近代史部分。接连两次都让我从事近代史方面的研究，无形之中成了我的专攻方向，自己没有任何选择的余地。

《新疆简史》是少数民族社会历史调查组工作结束之后的1963年提出来的新课题，经上级同意后于1964年着手编撰。经过一年多的努力，修改稿完成了，从7万字增补到10万字，与已经出版了内部发行本的《新疆简史》古代史部分的篇幅大体一致。修改稿还没有来得及打印征求意见，“文化大革命”突然降临！

再下牧区阿勒泰

“文化大革命”期间一切科研活动都停顿了，“林彪事件”之后才略有一些转机。自治区革委会派我们去阿勒泰牧区调查，为牧区“划分阶级”做准备。做什么样的准备？请示后得不到任何指示，只说让我们自行考虑。领受一个这样宽泛而不具体的任务，大家都觉得有点蹊跷。经过集体讨论，我们建议先做牧区社会基层组织的“阿吾勒”调查，得到了上级同意，并指定我拟出调查提纲。1972年1月，军代表宣布“命令”：由王守礼带队，总共7人立即前往阿勒泰。我对军代表说，兼任翻译的仅2人，去4人就可以了。他没有向上反映。隆冬季节赴阿勒泰各地的班车一概停运，只有飞机可通。军宣队破例批准我们乘坐飞机，那是“安24”小型客机。

我们住在地区招待所，7人住一个套间，一张空床正好放东西。这里原先是苏联领事馆，错落有致的平房外面看来相连，里面并不相通；土坯砌成的墙体厚达1米，保暖性能甚佳。安置妥当后，我们去地区革委会，接待我们的是一身戎装的军分区副参谋长瓦哈孜，“三结合”的哈萨克族军官。他赞扬我们敢在最冷的时候到最冷的地方来，是“勇敢的人”；当他得知我们没有也买不到皮裤时，就不让我们进牧区。我们在档案馆里查阅和摘抄解放初期的档案，当年基层干部留下的资料是一座亟待开发利用的宝库。十来天之后，抄录旧档工作告一段落，大家认为调查几个不同类型的“阿吾勒”是可行的。向上汇报之后，地区革委会领导同意我们在阿勒泰附近，在布尔津、哈巴河等地的牧业公社调查，并为我们解决了汽车、坐骑和住宿等问题。在布尔津和哈巴河，县革委会指派沙木拉提和哈不力哈克两位哈萨克同志对我们的工作给予指导和协助。

阿勒泰冬季的严寒真是名不虚传！去牧区的路上必须经过一个生产队，我们被安排在一处废弃的集体食堂里过夜。生产队的干部临时为我们修门窗、拉煤、拉麦草、铺毡子、缝被褥，很费了一番周折。这一晚是令人难忘的：我们将棉衣、皮帽、毡靴都穿戴齐全后躺下，上面再压上棉被和皮大衣，还是难以入眠。不断地往砖砌的炉膛里添煤，炉火呼呼作响，三面透风的墙抵御不了大风的袭击。在这风与火的交响中，呼啸不停的风始终是那个夜晚的最强音。

第二天，我们进入了冬窝子。"冬窝子"是新疆牧民对冬季牧场的俗称，一般是向阳背风的山坳，人户比较集中，寻访比较容易。在这里，牧民们都有固定的"房子"——外形像毡房，里外两层都是荆条编的篱笆墙，两面抹上泥土，两层中间填充土块保暖。春季来临，牧民们便以两三户为一伙，沿着固定的牧道赶畜群下山放牧。畜群在作为春秋牧场的戈壁滩上啃食残雪下面的草，结束了产羔期，向着远处的高山牧场转移；在那里度过了凉爽的夏季，膘肥体壮的牲畜又须经过春秋牧场返回"冬窝子"圈养越冬。牧民就这样年复一年伺候着畜群，每年需要搬迁毡房 40 次上下。不像我们想象中的"游牧"那样优哉游哉！

我们的调查组分成 2 小组：王守礼带个 3 人小组，2 人汉族，1 人维吾尔族 (木一丁)；我在 4 人小组，2 人汉族，1 人回族，1 人哈萨克族 (贾合甫米尔扎汗)，人多，一壶奶茶只够每人一碗，女主人总要一连煮上两三壶。一天上午，我们骑马去访问一户牧民，刚进门，大衣和毡靴就被藏起来了。贾合甫告诉大家，这表示主人今晚一定要留我们住宿了。原来两天前，王守礼的小组访问完这户牧民后，见天色尚早又走访了另一户，引起主人的不快。我们原本也想再走访附近另一户，现在只得客随主便了。热情的主人中午拿出羊肉待客，晚上又要下锅煮肉，我们力图劝止，尽管按规定交足了粮票和钱，牧民能否在定量之外买得到商品粮肉可是个问题。主人说：定量是不多，但也没啥困难，办法有的是！调查得知，牧民们生活的改善是从解放初期"买得起瓷碗喝得起茶"开始的。问起当前生活，个个面露喜色，比解放前一般中小牧主还强，孩子们上了学，不少人有了手表和半导体收音机。

牧区的生活别有一番情趣。整个白天都是奶茶、"包尔萨克"(油炸小面团) 和"馕"(半发酵的烤面饼)，外加一碟切成小块的酥油，想喝就喝，想吃就吃。太阳落山之前，女主人在外屋用干牛粪生火做饭，先煮大块羊肉，3 个多小时后出锅装盘；然后擀面，切成大块面片下锅。这才是正餐。我们注意到，女主人上了羊肉后就将小孩招呼到外屋去了。我们不好意思将肉吃得盘底朝天，总要剩下几块，主人却笑话我们不习惯吃羊肉。吃完之后已是午夜时分，4 床被褥已经整齐地铺在地毯上了。入睡前，大家都到外面去寻求“方便”。我蹲在地上昂首搜索繁星中的北斗，不知是谁提醒我注意身后，我回头一看发现灌木丛中有两点幽幽寒光，它来自主人家牧犬的眼睛，正准备行使“安保”职责呢。第二天早上，我们辞别了主人，贾合甫带领大家到附近几家去道别，昨晚的被褥也许有些是从他们那里借来的，而且这也是哈萨克人的礼数！

4 月中旬，公社干部催我们快走，否则河水解冻、大地解冻，一个月之内就别想走了。我们随着县上的驻社干部一道，骑马跨过了冰面上已有薄薄一层融水的布尔津河，来到布尔津县城。调查报告理当就地完成，必要时可以就地补充，但限于这里初春的交通，只能移到招待所里撰写。解放前以血缘为纽带的“阿吾勒”，经过合作化和公社化运动已经完全解体了，如今又在我们的笔下被重新勾勒了出来。调查报告共 4 篇，我执笔整理了其中 2 篇：《哈巴河县团结公社、胜利公社调查材料》和《布尔津县长征公社调查材料》。

一到县城，带队的王守礼就打长途电话请示下一步工作，得到的指示只说调查完了就回来。这样的回答并不过份意外，我随身带了半导体收音机，广播中听到的是牧区完成了民主改革和社会主义改造，并没有听到牧区民主改革要“补课”和“划分阶级”的说法。看来，将我们派到阿勒泰，也只是“虚与委蛇”，而我们则利用这一机会，实实在在地做了一次牧区调查。就我个人而言，也算弥补了上一次牧区调查无果而终的缺憾！月底，大家在供销社里买了一些酥油，作为此行唯一的个人收获，离开了布尔津。长途客车奔驰向南，被冰雪覆盖的公路不知何时已经露出沥青路面本色，我们都脱了外衣，这才意识到已是初夏时节了。车轮将银装尚未消退的阿勒泰大地远远地抛在了后面！

我们将抄录的档案资料送到誊印社去打印，不料遭到偷儿光顾。后来案子破了，小偷们的目标是钱和粮票，这一沓资料看看没啥有趣，被用来点炉子了。我们的辛劳在偷儿手里化为灰烬。幸好调查报告还在修改，再也不敢拿到外面去打印了。“文革”结束后，4 篇调查报告先后被收入 1987 年新疆人民出版社的《哈萨克族社会历史调查》和 1988 年农村读物出版社的《新疆牧区社会》两种牧区资料汇编中。

机遇向我频频招手

1972 年下半年，革委会向我们传达了中央文件，要求组织力量开展沙皇俄国侵华历史的研究，科研工作又有了一点松动。

为了搜集整理沙俄侵略新疆的史料，全所上下着实忙碌了一阵。我参加了从《清代外交资料丛书》中摘录资料的工作，负责道光朝。接着又想从《清实录》中摘抄资料，而新疆还没有这部卷帙浩繁的书。与西北大学联系后，1973 年 10 月，我和同事郭平梁奉命到西安，在该校西北历史研究室的协助下，组织了几名待业在家的高中生，花了将近 10 个月的时间摘录了 400 万字的资料，我负责道光、咸丰、同治、光绪和宣统 5 朝，郭负责前期各朝。这些史料在 1980~1982 年间编印成《〈清实录〉新疆资料辑录》12 册。前不久，新疆大学出版社申请了古籍整理专款，将这些史料增补点校后于 2004 年起陆续出版发行。此番西安之行共有 4 人，承担两项任务，事先曾获准可以去一趟革命圣地延安。工作结束后我们还想回程顺道参观敦煌，认为不必另花车钱，理所当然，居然没被允准。

回到研究所，《新疆简史》的修改工作开始了。《新疆简史》也是命运多舛，“文革”初期曾被人斥为“大毒草”，唯应者寥寥，没有形成气候。此时有人建议用作自治区成立 20 周年献礼。争相参与此事的是刚从“五七干校”调来的几名非专业人员，3 名原作者反而默不作声。当时“评法批儒”、纵贯古今的“路线斗争”甚嚣尘上，弄得人们无所适从。后来领导公开动员，并决定仍以原班人马为主，郭平梁、王治来写第一册；我写第二册，另增加一位刚毕业分配来的同事和还在“靠边站”的陈副所长。白天必须参加没完没了的会，只有晚上和星期天等“业余时间”才有看书搜资料搞科研的权力，想 1975 年拿来“献礼”绝无可能。我智商平平，笃信“勤能补拙”的教条，奉行“笨鸟先飞”准则，由于劳累和精神压力，血压、血脂、血糖“三高”开始与我为伴，最后结成了不解之缘。

新疆地方的近代历史中，分歧意见最大的是评价 19 世纪中叶的农民起义：否定意见占上风，肯定意见很微弱。这是由于汉文史料失之简略，人们又疏于爬梳造成的。为了弥补这一缺陷，领导组织人力翻译维吾尔文史料，两种文字的史料相互补充，眉目就逐渐明朗了。参与农民起义的不仅有维吾尔、回族和哈萨克人民，还有众多汉、满等族人民；斗争矛头也不只指向清朝官员，也指向维吾尔族王公伯克。维文史料还记载：面对浩罕匪徒阿古柏和沙俄军队的入侵，新疆各族人民进行过艰苦卓绝的殊死搏斗。不同文字史料还都记载了清军到来时，新疆各族人民同仇敌忾、协同配合，迅速将入侵之敌驱逐出境的史实。这一切都无可争辩地证明了新疆的农民起义，是全国人民反帝反封建斗争的一个组成部分。思路清晰了，落笔成文就比较顺手了。

进入 1976 年，《新疆简史》的撰写才陆续开始。秋天，“四人帮”被打倒，“文化大革命”终于结束。又经过一年多讨论和修改，到了 1978 年，《新疆简史》第一、二两册的重写工作完成，共 47 万字，比旧稿扩充一倍有余。稿子刚刚脱手，恰好有北京的学术刊物来人组稿、来函约稿，我就将书稿中的相关内容删节后写成《阿古柏对新疆的入侵及其覆灭》《试论一八六四年新疆农民起义》两篇论文，刊载在 1978 年的《历史研究》和 1979 年的《民族研究》上。我能够在刚刚恢复出版的北京两家权威刊物上发表论文，自然十分高兴。《新疆简史》一、二册则由新疆人民出版社 1980 年出版；1986 年获得自治区社科联著作特等奖。我对新疆农民起义的论述得到史学界的认可，《中国大百科全书·中国历史卷》的编辑也来函约我撰写有关专条的释文。

此后，我着手编撰《中西回俄历表》。在研究工作中需要这样的工具书，苦于长期购求不得，“文革”后期决心自己动手，并构思了全书框架。此时稍得空闲，便编成了 1821~1950 年部分，于 1979 年交新疆人民出版社出版；退休之后再续编至 2020 年，出版增补本。将 4 种不同的历法汇总在一起，查检对照十分方便，迄今为止似乎尚未发现第二本。我很想再适当作些补充，不知还有机会否？

如果没有“文革”的终结和“拨乱反正”，党的“双百”方针不可能真正的贯彻落实，《新疆简史》的出版不会如此顺利。在这之前，新疆人民出版社为编辑《新疆历史论文集》曾来约稿，我提交了一篇《龚自珍和他的〈西域置行省议〉》，成为我公开发表的“处女作”，此后发表的论文逐渐增多，不料却引来了“非议”，无非是“名利思想”“白专道路”之类。与我同遭此议的还有两三位。唯与先前不同的是，这回竟然没有人附和，“独脚戏”只得收场。其实那时大家只不过想把已被耽误的时光“夺”回来，不要到头来一事无成，根本没有其他想法。

拨乱反正之后，各地学术活动空前活跃，使我迈出书斋斗室，走向更为广阔的祖国大地，重访伊犁、阿勒泰和南疆各地，目睹那里正在经历着的历史性变迁。那一段时间各种学会纷纷恢复或新建，我荣幸地担任过六、七个学会的理事或常务理事。

拨乱反正之后，党的知识分子政策得以回归，机遇开始向我频频招手。经历了20年的申请，1979年我加入了共产党，1991年出席新疆自治区第四次党代表大会。1979年被任命为近代史研究室副主任，1984年任历史所副所长，1987年任所长。此前，评聘职称开始，1980年全所有3人聘为副研究员，1986年又同时晋升研究员，我都是其中之一。我还被自治区聘为社科研高级专业职务评委会副主任；1993-1997年担任自治区政协七届委员兼文史委副主任；1996~1998年担任自治区第二届专家顾问团成员。评上高级职称之初，工资还停留在初级职称最低级的"8820部队"上，以后逐渐增加，再也记不住月薪究竟是多少了。自治区社科联对科研成果评奖时，我有幸获得集体奖和个人奖5项；自治区党、政给了我"优秀专家"的奖励；1988年人事部授我"有突出贡献中青年专家"荣誉称号；1992年开始享受国务院特殊津贴。凡此种种，都鼓舞我以更大的努力、更多的成果来回报社会。

协助包尔汉完成回忆录

包尔汉是知名人士，兼任中科院新疆分院院长，1958年以全国政协副主席身份到新疆视察，曾来我所在的历史研究室讲过话。1964年我被军区借调期间，有问题当面向包老请教，我担任记录。包老从新疆返北京之后厄运降临，"文革"初期就被押回新疆批斗。军宣队命我修改批判文章，又指定我参加自治区的"大批判组"，到各地开展批判，除了乌鲁木齐，1971年秋还去了喀什及其邻近地方，不久突然宣布计划有变，立即返回，原来林彪出事了！

1982年新疆社会科学院挂牌成立，自治区民族研究所隶属社科院。这一年7月，谷苞院长通知我，立即放下手中的活，到北京去协助包尔汉修改回忆录，说包老年事已高，时间耽误不起，还说这是王震交代的任务，已经与乌依古尔书记、陈慧生所长商定了。我无法拒绝，就随院长去见乌依古尔，他是包老的长婿，向我交待了任务大致情况，建议我马上走，否则包老去了北戴河找他就不方便了。

这样，我就飞到北京下榻新疆驻京办事处，离包老府上不远，下午登门拜访。接待我的是兼任秘书的包老三女儿依丽苏娅（今全国政协民族宗教委主任）和她姐姐，也见了包老夫妇和其他家人。包老与先前相比，多了一根手杖，蓄了山羊胡子，但精神很好，留我共进晚餐，吃羊肉水饺。

包老的回忆录，曾在《文史资料选辑》1964 年册上刊布过周春晖执笔的前面两部分；一段未完成稿是第三部分，刊布于 1979 年册；最后的续作是第四部分，军旅诗人韩英珊记录整理。包老三姑爷赵远帆 (中国社科院文学所) 告诉我：出版社认为续补篇对时代背景交代不清，行文风格也与前文有不小差异，再加上其他因素，所以书稿搁置两三年不见动静，想不到王震一直惦记着。我初来乍到，不好问这“其他因素”是什么，我只要求看稿子，他们说不忙，马上要去北戴河了，到那里再看。去北戴河动身那天，包老秘书王宝顺到新疆办事处上楼叫我，陪包老坐一辆黑色“大红旗”上火车站，他的家人已经在车厢里了。那是列车加挂的一节公务车，包老住套间，另有单人间、双人间和普通软卧一样的四人间；一头是厨房，一头是兼会客室的餐厅。在北戴河住一幢两层的旧屋，外面有一圈围廊，清晨鸟鸣醒人，洗漱出门，但见天空晴朗，林荫下青苔丛生，幽静之极，真是避暑佳境！下午游泳，晚上看电影，只有上午有时间看看稿子，什么时候完成心里没底，不免感到焦虑。不料一个多星期后，包老在海边偶感风寒，医嘱回京治疗，我也就跟回北京，下榻他的府上，王宝顺秘书办公室里的床褥暂归我使用；后面工作人员食堂里也多了我这个远道来的常客。

我在包府伏案 3 个多月之久，修改了续补篇，增补了第三部分，最前面的稿子也顺了一遍，统统交秘书读给包老听。我趁空隙到天津转了 3 天，拜访南开大学的老师和同窗。过了国庆节我就从北京返回乌鲁木齐，有针对性地收集补充资料，约定包老审完书稿就通知我上北京。

我回到历史研究所后意外地听说，有人认为这个任务交给我是不合适的，我知道准是早些年“非议”的翻版，“茶杯里的风波”，当时未予理会，想不到几年后又来，我不得不摆出事实来回“敬”。我真弄不懂“文革”后的人际关系怎么会是这样？

打算补充的资料搜集得差不多了，却迟迟不闻召我进京的音讯，只得将原先手边的工作再拿起来。1983 年元旦过后，研究所收到一份电报和一次长途电话，另有一个长途居然打到了院长家里，都是出版社出面十万火急催我进京。由于此前我已接到民委“五套民族丛书办公室”召开的《维吾尔族简史》初稿研讨会的邀请，便回电说一周后动身，会毕留京完成全书修改。

我抵达北京之后方获悉从迟迟不复到十万火急的变化缘由。原来是国家副主席王震为包老回忆录所写的序言已经送达包老，还附有一封热情洋溢的信；中央文献研究室主任邓力群也讲了话：趁包老健在时赶紧出版！百年之后再出，怎么向世人交代！于是，“这种人”能不能出版回忆录的老调顿时烟消云散，立即出书见书的呼声高涨。出版社派编辑给我送来书稿，要求月底改完，我一看只剩下2周时间，吓得不敢接稿。我对他们说，我带来了必需的补充资料，少于2月时间不成，建议第一个月交一半，第二个月交全，与出版社副总编面谈后终获同意。

主持《维吾尔族简史》初稿讨论的正是乌依古尔，我向他报告了出版社催稿的事，他说可以两头兼顾，结果在十一二天的会期中硬挤出一周时间修改包老回忆录。春节前，我赶最后一班飞机回乌鲁木齐，节后又搭第一个航班到北京。这个春节过得真够奢侈，3月下旬，我怀着轻松的心情提着30万字的一摞书稿前往出版社交稿。

1984年，题名为《新疆五十年》的包尔汉回忆录由文史资料出版社(今中国文史出版社)正式出版。这是新疆少数民族领导干部的第一本回忆录。包老亲笔签名送我一册，成了我书柜的珍藏。我能够为受人尊敬的世纪老人回忆录的面世尽一份绵力，是毕生的荣幸。但是，像包尔汉这样知名度很高的国家级干部，出一本回忆录竟然也一波三折，事前是无论如何想象不出的！

在整理回忆录的过程中，我还遇到过一个政治性的难题：如何处理30年代苏联在新疆的几次军事行动？早先“文史资料”是内部发行，订购者有级别限制，那里适当提一下尚无不可，而现在回忆录是公开发行，此前的公开出版物通常都回避这个问题。我面临着两种选择：要么将史实的前因后果交代清楚；要么继续含糊其辞语焉不详。我认为，当地居民尽人皆知，外国人也写进的著述，我国的学者们再不应该装聋作哑。于是我如实地写了出来，为谨慎计，我请出版社领导去请示邓力群。后来他们在电话里告诉我，邓力群同志的意见是：按照历史事实写！于是这个难题迎刃而解。

包老的回忆录问世后，《红旗》杂志当年国庆组稿，新疆少数民族领导干部中只约稿包老一人，非写不可。包老年事已高，他当面吩咐我代笔完成任务，我草成《天山万里故乡行》一文，经他审定后刊载1984年第17期《红旗》。后来他们告诉我，文章题目是包老亲自用毛笔题写的。我后悔当时急于返新疆，没能见到包老戴着小花帽，戴着老花镜握管挥毫的动人场面，也埋怨他们没有留下这一珍贵镜头。

在乌鲁木齐，不少人问我，包老的回忆录是否准备出下册？因为大家知道包老调北京后任务更繁重，是他一生中最为华彩的篇章，他受党和国家重托，为亚非人民团结呼号，为世界和平奔走，他与郭沫若、刘宁一并称为中国的“三只和平鸽”。此前我曾问过包老，他说“抄家”后历年日记都被拿走不知下落，单凭日渐衰退的记忆是补不起来了。后来我听从谷苞院长的建议，征得包老首肯和授权，替他编撰编纂了《包尔汉选集》。为了赶时间，收集的资料不够完善，至今心中尚觉不安，选集由邓力群作序，1989年民族出版社出版；《新疆五十年》后来又经过修订，1994年中国文史出版社再版。遗憾的是包老没能亲见这两本书面世。

为纪念包尔汉百年冥诞，1994年北京和乌鲁木齐都开了纪念大会，众多发言稿需结集出版。伊丽苏娅来电邀我帮忙，我答应了，但两次动手又两次被别的工作挤掉，那时我只卸任了所长一职，没有准许退休，工作量没有减少。1998年伊丽苏娅又来电同我商量，我说稿子全看过了，20万字左右，全书编辑2个月差不多。以新疆的科研经费整理包老回忆录那样的事是一去不复返了。伊丽苏娅另外为我申请了经费，我抽空赴京下榻政协内部小招待所，集中精力工作一个半月就完成了全书编辑。1999年《回忆包尔汉》一书由中国文史出版社出版，我得到了一个“特约编审”的头衔。

我曾将“文革”期间参与批判包老的事告诉了他的儿女们。他们说，那是人人都要“划清界限”的年代，包老挨批回家后还要接受儿女们的“审问”呢！但当我问起包老被押回新疆和在监狱的遭遇时，他们却支吾其词没人肯说。《回忆包尔汉》一书中有伊丽苏娅和弟妹们的文章:“生死相依共渡劫难”,记叙了“文革”时包老夫妇所遭的非法监禁和残酷迫害，读后令人唏嘘不已。我对伊丽苏娅说：怪不得你们都不肯说，只要一开口，必然泣不成声，谁也说不下去！

岁月将我打造成老兵

《新疆五十年》出版后，继续讳言30年代苏联在新疆军事存在的已经不多了。随着实事求是风气的恢复，又使我萌生了闯一闯“禁区”的勇气，那就是40年代苏联武装介入新疆三区革命的问题。学术本无“禁区”，毋庸自我设禁，有坚实的史料作依据，有正确的理论指导，史学家是应该和必须将这一段历史叙述清楚的。

在一次中俄关系史的学术讨论会上，《中国社会科学》总编、史学家黎澍说了，中俄关系史应当延续到中苏关系史，要研究苏联在新疆的活动。会后我就写了一篇《苏联与新疆三区革命》，并声言不署名、不发表、不打印，直接寄给了黎澍同志。后来随着学术活动的活跃和思想的解放，我曾经在兰州、厦门、北京等地的学术讨论会上就这一主题作过简短的发言，引起内地学者的极大关注和兴趣。10 年之后 (1989 年)，北京一份内部刊物的主编指明要用我的那篇未刊稿。我在补充了若干新材料之后署名寄给了他们。在此之后，我又一鼓作气写了《新疆三区革命与中国共产党》和《抗战胜利前后的时局与新疆地区和平的实现》，发表在新疆的学术刊物上，构成一组新疆三区革命历史的系列文章。

构成系列文章的还有关于新疆建省的几篇：《论清季新疆建省》《论新疆以建省为中心的改革——清季治新政策研究》和《新疆建省余事述议》，发表在乌鲁木齐和兰州的期刊上。此外我还对辛亥革命、林则徐流放、新疆和平解放等历史事件作了探讨。我的学术论文通常以政治史为主，有时也涉足经济史，发表过：《近世新疆通用的计量制度和工具》《维吾尔族度量衡旧制考索》《近世新疆人口问题的历史考察》等文章。另外还有一些考证性的文字，不少是答复某些单位的咨询而撰写的，后再逐步增补成文。

上个世纪 80 年代后期，社会上出现了一些怪论，出现了一些不安定因素。我着手收集资料，准备撰写《泛伊斯兰主义、泛突厥主义的产生及其对新疆的渗透与破产——兼述分裂主义旗号“东突厥斯坦”》，打算给予正面的回答和驳斥。在一次座谈会上，我在即席发言中提到了这样的内容，引起与会者注意，当场被邀前往他们那里去做专题报告。正是他们的催促，使我尽快完成了此文的写作。科研工作要得到社会重视，就必须关注社会热点问题，并提出经得起检验的见解。1992 年社科院领导搞了一个综合性课题，分给历史所的是《泛伊斯兰主义、泛突厥主义在新疆传播的历史考察》，我安排所里的同事执笔，最后由我增补修改两遍定稿。另外，我还写了《新疆自古以来就是祖国领土不可分割的一部分》，它成了新疆连续几年“民族团结月”活动和后来“反分裂再教育”活动的主讲内容之一，应邀在一些部门和单位先后做了 4050 场辅导报告。

普及历史知识在新疆具有特殊重要的现实意义。新疆社科院的老领导谷苞做了不少工作，他主编《新疆历史人物》1~5 辑，并曾嘱我提供几篇短文。1990 年，我与报社编辑商定，在《新疆日报》上开辟“新疆近代百年史话”，组织所内同仁写稿供稿。1997年，新疆美术摄影出版社约我主编《新疆历史百问》，我请同事们执笔撰写，自己统改两遍，再加上若干拾遗补阙之后交付出版。这一小册子两年内发行量超过4万，如果加上简编本《新疆历史教育读本》，总发行量达到15万册。科普类作品有着广泛的读者群，专业人员实在不该小觑。

科学文化事业的发展和社会的进步，对工具书的要求与日俱增。除了上面已经提过的《中国历史大辞典》和《中国大百科全书》之外，1987年我应吉林图书馆《中国地方志总目提要》主编之约，承担了历代新疆方志提要的撰写和组稿任务；1989年应新疆人民出版社之约主编了《新疆历史词典》；1998年应《新疆百科全书》编委会之约担任了该书历史分编委的主任。这些工具书经众多同仁的齐心协力，都已经陆续出版发行。

上面说的这些事，就是我当了“老兵”的特点，常常需要担任一些我不一定能做得很好的组织者的角色，自己想要做的事情不得不让位给别人要我做的事情。在这里，我更多的是感受到来自各方面的信任和关爱。退休之后，我才有时间对先前已有初步探索的课题继续研究补充成文，如《新疆的驿路、公路和铁路——新疆境内丝绸之路的历史变迁》《中亚的中国移民》等文便是这样完成的。此外，还写一些短文供报纸刊用，再做一些普及历史知识的工作。

在20世纪的最后年代，中国社科院边疆史地研究中心主任马大正约我编一本自选集。我就从旧稿中挑选了34篇文章，并将自选集定名为《新疆近世史论稿》，交稿后被辑入《边疆史地丛书》之中，1999年由黑龙江教育出版社出版。该书正好成了我退休前主要作品的汇集。

回顾我这几十年来，工作初期有过不成功的记录，后来才没有遭遇退稿的尴尬，这得益于老师的教导和工作环境的熏陶。我的母校，无论是同济还是南开，如今都是百年老校，那里师资雄厚，有教书育人解惑授业的传统，有深厚的学术积淀。我早在中学时期就打下了良好的知识基础；大学里养成了严谨的治学方法。

在新疆地方史和民族史的研究中，我们这一代人只是做了一点点“起步”的工作，更深入的研究和探索，只得留待后继者去努力了。人生苦短，尤其是经历过“文革”岁月的人，更是痛感事业生命的短暂，但叹息和怨尤均属无用，唯有趁着晚霞尚未被夜色驱尽的时刻，再多做些力所能及的事，以免终于要告别人生的时候，带走太多的遗憾！

2005 年 5 月于梦得斋

(31 /2、32/2、35/3、36/3、37/7、38/1、39/3、40/6)

追思夏绍宣同学

53届 陈克华

6月的一天，李维显电告我班老同学夏绍宣已在京病逝。噩耗突然传来，犹如五雷轰顶，我竟不敢相信这是真的，但现实是残酷的，不得不接受，沉思之中历历往事顿现眼前。

1950年秋，我与他同时进同济中学高一甲班，全是寄宿生，睡在一个像轮船统舱的大寝室里。我和绍宣的床位首足相连，是“脚碰脚”的邻居。绍宣比我年长一岁，说一口宁绍普通话，为人正直。我们一天生，两天熟，三天成了好朋友，常常躺在床上切磋学业、谈论家常，情同手足。我的三哥陈克文解放前比我早两年进同济附中，51届甲班，我们手足共济，人皆称道。而我与绍宣的情谊与三哥比，不说无过，亦无不及。有天夜里，忽闻轰隆一声闷响，赶快爬起一看，只见绍宣已趴在地上动弹不得，原来他从上铺重重摔了下来。熬到天亮后去医院，被诊断为骨折，应该治疗休养，但他为了不耽误学业，不多几天就硬拖着上了石膏的身子回校上课，真是拼命读书，让人揪心。幸而不久痊愈，没留后患。

我参加军干校后，再没与绍宣见过面，中断联系超过半个世纪，直到2003年我届同学毕业50周年返校活动时才得重逢。少小离别，如今两鬓斑白，皱纹盖面，互诉别后，有喜有忧，遭际坎坷，感慨万千。我们见面时曾说起1951年参干同学离校前我班的一张全体同学留影，我有一张一直存放身边，随我走遍大江南北，借此与老同学影中相见聊解思念。1997年母校90大庆时交李蘅同学拿去翻拍，不料她突发重病手脚失灵无法完成任务。那天我意外听绍宣说他也有一张在兰州，答应翻拍后寄给我，不久我就收到了不远千里从兰州寄来的照片。

这张照片对我太重要了，它记录了我人生转折的重要时刻，从百姓到军人，照片中还可以见到我们尊敬的范胜兰老师和情深谊厚的同济老友，还有我初中同学葛汉云、应慰耆、郭蔚兴，他们和我4人都从光华附中毕业后考入同济附中。为此，我对绍宣的感激一言难尽。

夏绍宣学长为人谦逊，淡泊名利，他在大西北从事经济、统计工作和教学工作数十年，发表过多篇重要论文，多次获得西北地区和甘肃省科研成果奖，培养学生三千余人……但当我们谈及他的成就，他总报以淡淡一笑，只说，他工作以来唯一可以骄傲的是，几十年从没编过一个假数据、做过一次假账。在那报喜不报忧的年代，这要承受多大的压力呀！绍宣同学也确实为自己的“固执”付出了不小的代价，险些遭到灭顶之灾。

母校百年大庆，绍宣从北方赶来参加，这是我们第二次见面。5月18日我们在同济大学活动，饭后空隙我向他请教了当时社会热点的中国股市，他对我说了流动性过剩、人民币升值，分析了股市走势。当时股市如其所述，节节向上，我听得一知半解，却也忍不住去买了一点股票，不料犯了股民通病，得陇望蜀，结果账面上的获利全部化为乌有，付了“学费”。虽然如此，我仍庆幸向绍宣学到了不少经济知识。绍宣学长在专业理论和实践方面造诣很深，不愧为大西北的经济、统计学权威教授。

5月19日是同济中学庆典日，我因与部队老战友数十人聚会，难顾两头，心想来日方长，后会有期，同学们也确实相约母校105、110……周年校庆再聚。谁料我这次与绍宣分别竟是永别！痛哉，绍宣！我们一定会继承你那谦逊正直的优良品格。绍宣学长，安息吧！

(50 /5)

十载同窗，难能可贵

53届 陈舫华

《同窗四月，友谊长河》业已细读，感触极深，感慨甚多。至于瑕疵，我们已在电话中谈及。由电脑输入，不知不觉中碰上了什么，便会蹦出个离奇词语来。想了又想，决定以书信式作文《十载同窗，难能可贵》与吾兄相唱和。我案头有部厚重精美的《高镇塍志》，上面有吾兄名录——新中国海军航空兵第一代飞行员，生于1934年9月。比小弟早降生两月，吾兄果真是我兄啊——我就这样称呼您了。吾兄文中提及小弟于反右斗争中干吗报名上了北大荒，还咬文嚼字搞起了文学。宗兄荣法啊，那是挥之不去的陈年旧事啊！有些事情，您或许还能知道一星半点。

1955年，我于武昌高级炮兵技术学校任教有机化学，自上至下，开展了反对胡风反革命集团的斗争。我有这个集团成员的两本书，一本是胡风的《论现实主义之路》，另一本是胡风夫人的作品，书名记不起来了。运动一开始，我就响应号召，将书上缴了，问我受了什么影响，我实在说不出来。后来我看了郭沫若撰写的《胡风的三把刀子》才知道胡风是怎样反党反革命反人民的。开会痛骂几句胡风，也就过去了，我依旧教我的有机化学。接着开始审干，并成立第二办公室负责此项工作。每人都得写自传，从八岁开始，父母亲兄弟姐妹，还有社会关系，七大姑八大姨，一个不落，都得写上。明文规定查三代，我只要写到我祖父就行，当然不会提及上了《宋史》《明史》和《清史稿》的先人。至于父辈与旧政府有染，交代经外调属实，也是不究的，我也就顺利过去了。直至有一天协理员(政治工作负责人)找我个别谈话，他声严色厉一口咬定，我有严重的政治历史问题还没有向组织交代，并限定我在一周内向组织交代清楚，口头或书面均可。我傻了，那时我才21

岁，1949 年江南解放我才 16 岁，居然会有严重的政治历史问题，我除了念书就是解放后投笔从戎（附 61 年前在高一丙班参军时的照片，摄于江湾五角场照相馆）上军校。协理员啊，您不是跟我开玩笑吧？又一连几次谈话，用协理员的话说是在争取我坦白从宽，只是我的表现十二万分顽固和恶劣。台下还坐有 30 多人，多为我的同事。协理员拍起了桌子，我更怒不可遏，将桌子拍得更响。协理员突然变冷静起来，他从文件夹里取出一张信笺，摊放上桌子，并对我说白纸上全是黑字，你可得好好看看。我一看是一份证言材料，指我参加过三青团，证明人为亳村一非陈姓农民，当过农会和村里的负责人，以后还当过公社副社长。彼时，我显得比协理员更为冷静。我是在亳村降生的，8 岁那年全家搬至小镇高塍，亳村有老宅，有田亩，每年只有在农忙时才回亳村春种秋收。这位证明人又怎样能知道我是三青团员？莫非亳村有三青团这一反动组织？我以理为自己抗争。协理员与另外两个人耳语后，宣布休会。事态严重了，如果那份证言被组织上认同，我肯定会被开除军籍。我的当务之急是要将这份证言成为一页废纸。我想起了我们军校的最高首长政委廖成美将军，福建人，邓子恢副总理的部下，正军级。也真太三生有幸，他听过我的课，还说我才 20 出头就登上讲台也真难得。以后，每次我在校园里碰上将军，我会向他行军礼，将军则会叫我小陈，记得有一次他还拍过我的肩膀。这些虽属小事，但对我来说实在太重要。我立即给将军写了封五六百字的短信，诉说自己的天大不幸，要求组织上对我再采一次证言，若还是三青团员，一切也就听凭组织发落。

一连几天，我在校园里游荡着，太知道什么是行尸走肉了。终于，第二办公室的一名大尉找到了我，他的第一句话是：什么大不了的事情，也值得给廖政委写信。我一时真不知该说些什么。大尉漫不经心又道，你上二办（审干办公室简称）说上几句不就行了吗？你也不想想，你的一封信，我们又得多立下卷宗。看得出，大尉是个办案行家里手。我立即感到廖政委看过我写的信了！更令我振奋的是，大尉竟问我陈荣法是你什么人？哈，我想起来了，自参军至今，每到一个单位，都会让你填写一份履历表，每次都要将证明人的姓名写上，我从读小学一年级到上海读高中，整整十年，写的都是陈荣法。大尉接着又问我陈荣法的工作单位和通讯地址。一个月后，系协理员又找我谈话，办公室仅有我们两人，协理员从卷宗里拿出我的同宗兄弟加十载同窗陈荣法写下的证言：我们都不知道学校有三青团组织，陈舫华怎么会是这个组织的成员呢？这次外调做得细致入微，协理员还从卷宗里取出宜兴第一中学(解放前叫宜兴县立中学)出具的4份操行评语的附件。在政治上，陈舫华无疑是清白的。令我感动的是协理员还当面向我赔礼道歉，还说自己脑袋里似乎缺了点什么。我忙以一个90度的大鞠躬以答谢！宗兄啊！还不是你高尚的品德和仗义执言，助小弟跨越了这要命的一劫。部队嘛，总会按规章办的。

这年深秋，西风开始一阵紧似一阵，校园里摆放在台阶上的菊花也渐次雕残。系协理员要我上校本部办理工作调转手续。我不由得一愣，那颗心也就七上八下起来。一到校本部，也就什么都明白了——我将去5413部(炮兵第八预备学校)。它是专为炮校培养预备学员的，主要任务是学文化。我在南京学完了从苏联翻译过来的一整套大学化学教程。对防化生化和高爆炸药也可说有点小小的研究，我的知识水平和业务能力在系里也是说得过去的，为什么调我去预校呢？倏地，我明白了我已触礁，我立即意识到自己正在下沉。我提出一个要求给我半个月假，回上海看看家人，再去5413部队报到。

宗兄啊！愚弟在上海待了3天，去高安路18号看望夏青萍，彼时夏青萍已为部队工薪制人员，正与一河北姑娘结为伉俪。由表情可知他心情不好，说他的一姑妈为敌特，被抓了起来。接着回宜兴看您。那时城墙还在，您由空中摔落到地上，再由上海去北京回宜兴，与疾病失学失业等抗争，终于有了一份工作。这人世间还有比您的经历与劫难更难想象的吗？如果是我，肯定会倒下去的。记得那时您在宜兴县木材公司工会工作。

白天，我们去了任家祠堂，它是我们读初中的地方。宜兴县立中学是所完全中学，加上简师，有两千多学生，可见这祠堂之大。我们初一甲班有108名学生，号称108将，级任老师姓吴，教英语。

午间我俩去了一家很不错的餐馆，吃了我们宜兴的名肴——泥蟹糊。下午逛书店，竟买到了四卷本的《约翰•克利斯朵夫》，大喜。晚间，随吾兄于荆溪旁的一间木屋下榻。时有船工的号子声与吆喝声传来。我俩不折不扣地长夜谈心，谈起有关三青团外调的事，宗兄便气愤不已。吾兄仗义执言，声斥那个外调者，还随外调者去了宜兴一中，取得了最可靠的原始依据。不知怎么回事，吾兄突然捧腹大笑起来。笑后才道：那外调者才不是你们军校派来的呢！我多次见过他，远的不说，昨天我在蛟桥商场还见过他。我说我知道了，那次外调是函调。是的，是的，咱俩搂抱在一起了。透过木屋小窗，能看荆溪上一星半点渔火。这里是地地道道的吴地江南啊！夜半渔火，幽思无限，我俩又谈起人生最美妙的一瞬童年。无疑要谈起湖滨小镇高塍北街头的滆南小学，它是一幢中国特色的四合院式二层建筑。庭院中心有一棵高大的棕榈树，再就是草坪、美人蕉与玫瑰了。我的父辈都在这里读过书。值得一提的是，从滆南小学走出去的竟有两位中国顶级的大学校长：清华大学校长蒋南翔和台湾大学校长虞兆中。我陈家与虞家又为亲戚，兆中先生胞弟兆良为我三姨夫，兆中先生太太唐玉凤又为我二姨夫胞妹。我外公姓姜，为小镇首富，吾母为姜家大千金。二姨老公公为小镇最大房地产主。还需提及的是，兆中先生胞姐虞秀娟还教过我们算术，一时兴起，还会教我们这些孩子两三句昆曲。这些，不是几句话能说清楚的。

5413 部在河南新乡，与 5201 部 (武昌高级炮兵技术学校) 相比，低了一个层次。它的最高首长为上校。令我喜出望外的是，训练处任命我为理化系化学教研组副组长，负责每周一个下午的业务学习。我在广泛征求意见的基础上，讲起了原子结构和周期律，加了点爱因斯坦和相对论，听课的同行们竟直呼过瘾。待第二次讲课竟有几个物理教研组同行在下面坐着。处长姓宋，抗大出身，在训练处的一次集会上表扬了我。我想，我已不再下沉，已开始上浮。周六，我去舞场，与一名广东姑娘——训练处打字员，翩翩起舞。

1957 年春，先是帮助党整风，殊不知党又发出号召，打退资产阶级右派分子猖狂进攻。偏又接到父亲来信，他已由上海被遣返宜兴亳村接受管制，每天一早起来扫大街。他必须规规矩矩、老老实实，接受政府专政、群众管制。还说老家宜兴正在搞新民主主义革命补课，我家土改时评的成分不算数，成分改为逃亡地主。此事十万火急，我立即向训练处协理员汇报。他说，此事组织上会按常规做出处理。我想问“按常规”是什么意思？一想，不可！这不本末倒置了吗？“按常规”嘛，不就是外调和函调，这对我早已领教过。我仰首问天，低头问地，它们都不理我。我十分清楚，我是被贬来到 5413 部的，时不时会有人在我身背后点点戮戳。

反右派斗争在向纵深发展，我在期刊阅览室里看到郭小川写的一首长诗，题名记不清了，不由得吓了一跳，人人自危啊，特别是挨过整的人。很快，有人贴起我的大字报，揭发我是漏网胡风分子，还是个隐藏得很深的三青团员。不是已有结论的吗？怎么又被捅了出来？霎时间，大字报似海潮，朝我铺天盖地而来。我的家庭成分何止是逃亡地主，是资本家兼地主或地主兼资本家，这还不算，有人说是伪官吏。我被协理员叫去个别谈话，不知挨了多少次揭批，更不知写了多少次检查，对每一个问题，都要交待动机和目的。我面临的问题大到国际共产主义运动中波兰和匈牙利事件，小到上自由市场买鸡蛋，逐一进行检查。我要给自己选戴一顶又一顶帽子。我说我是杜勒斯在中国大陆的别动队，我比蒋介石、李成晚和岸信介要坏要反动，等等。群众声斥我在大帽子下开小差。我回了一趟宜兴，回来后说过农民吃不饱肚子。有人问我说这话的动机和目的，我答随便说说，哪来动机和目的。那人一蹦老高，说我企图大事化小，小事化了。这就是昔时的群众运动啊！我豁出来了，你说什么我都承认，就连揭发我妄图偷渡出境，我都点头。有啥可怕的，脑袋掉下来不就留下个碗口大的疤。对右派分子不是还有给出路的政策吗？

约半年后，两个类似我这样的人被隔离宙查，我还是自由的。周日可到引黄济卫的那条卫河边走走，看看云朵般的羊群。初春一天，5413部的最高首长徐克政委(上校)找我谈话。心想，糟了，这第三个右派非我莫属。徐克上校三十五六岁，一米七八个子，体貌健美。他看了我一眼后开门见山道，看过你的检查，厚厚一本，有四五万字吧！我忙点头说是。他又看了我一眼，并道，你说你与党分庭抗礼，有这种可能吗？再有，你说你是杜勒斯在中国大陆的别动队，是你的真心话吗？我变得勇敢起来，说了心里话——不这样说，我过不了关。徐克上校要我回去重写。十分清楚，反右这一劫，到此可画上一个句号了。

4月初的一个清晨，我从校部经过，见告示栏成了光荣榜。有大红花，有隶书体的姓名，还有放大的相片。原来是上山下乡首批屯垦戍边去北大荒的名单，本人已为其中一员。我可没有写过去北大荒的申请书呀！废话，我真该揍自己一个耳光。很快我就知道5413部党组织放了我一码，保留了我的军衔。起关键作用的自然是政委徐克上校。我会永远记住廖成麦将军和徐克政委的名字。

回到宿舍，开始梳理起纷繁的思绪，我的当务之急是要对往后的岁月重新定位。我是学化学的，我对化学的付出和收获唯有自己才能知道。这5413部无需留恋，要说5201部有4个实验室，倒是能作些学业上的发展。但人家嫌弃我，我又何必自作多情。哈哈，就在此时此刻，我决心与化学彻底决裂。我将在南京攻读化学的一本本油印讲义和每次做实验后填写的一份份实验报告，以及所有的化学、物理、数学教程，一股脑儿地送给了我的室友，我们化学教研组组长。谢谢！谢谢！他含着眼泪，接过我的赠品。我就这样与我之所学分手了，我要上北大荒修理地球！

我是读过不少小说和诗文的。我将改弦易辙，丁玲不是成了右派了吗？这有什么关系，我会崇尚她和由她倡导的一本书主义，文学将是我手中的一块敲门砖。

1958年4月8日，我终于结束了算不了漫长却很值得咀嚼的军旅生活。4天后，我到了黑龙江密山县一个叫马家岗的地方，往南走3公里便是大海般的兴凯湖。“兴凯”为古肃真语，低洼的意思。我要做的第一件事是去分场邮局订一份《光明日报》，它一直让我十分喜欢，它登有详尽的新书目录广告，更不用说“文学遗产”专栏了，北京、上海等大城市还设有邮购书店，只要你将钱寄去，便会给你建个账号，不几天书便来了。

我是被保留了军衔的，每月有人民币70多元进项。伙食费每月才6元，出门口只要是农场的地盘，吃饭只要写张字条。每月花个三四十元买书对我算不上很大负担。只要我将钱寄出，但丁与荷马、巴尔扎克与托尔斯泰、普希金与拜伦，还有马克·吐温与小林多喜二，都会有序地姗姗向我走来。一天劳作过后，我会一头钻马架和地窨子，伴着一个(实在难以称作“盏”)用药瓶改制的废柴油灯，与古今中外的大家、大师与大儒高谈阔论起来。真个“躲进马架成一统，管他春夏与秋冬”。至于白天，大田所有的活计我都干过，我还当过大车老板的下手，扛起装满粮食200多斤的大麻袋装车卸车。我还学会了一些农谚和牛马经，什么“日落西山一片红，不是雨来就是风”，还有“牛吃长，马吃短，骡子吃的看不见”。稍加润色，它们会即刻成为美丽的诗篇。我因此得了这个奖和那个奖。

就这样一年一年过去，我开始觉得自己身边似乎缺了点什么？于是我娶了个老婆(一笑)，她来自山东蓬莱，饮食男女嘛！文学改变了我的命运，更重要的是社会变革大前提。我恢复了组织生活，上了鸡西市文联。老家宜兴的新民主主义革命补课也被平反了，家严白白扫了20年大街。

以上便是宗兄设问的陈舫华干吗咬文嚼字做起了文学。与吾兄书也就结束了。

最后赠送先人陈于廷的《自题》于吾兄——

自　题

(陈于廷)

为硁硁耶果而信，为镠镠耶简而径，为侃侃耶刚而正，为凉訚訚耶和而净，有愧于古之人。

不煦煦而恻隐深，不孑孑而羞恶真，不娇娇而辞让频，不诺诺而是非陈，抑有愧于今之人。

焚香可告帝，岂非喻诸人，性分无以加，岂复有所损，不可及者不可见也。

真悬结于衷，迹象不能出之，戆直根于性，学习不能移之，可自见者可自貌也。

——摘自《宜兴亳里陈氏家乘》开远堂藏本，清咸丰乙卯版

(68/6~8)

先舅姜景逸大人风雨诔

53届 陈舫华

小舅姜景逸大人于2001年3月6日，即辛巳年百花吐艳之时跨鹤西行，如今已10年矣！每每念及小舅，顿觉天地为之无光，尤感日月于焉失色，星宿因此惨白。彼时，小予一如既往身处北国边陲小城，噩耗由吾妹电告，我即面向南天，默而哀之……

呜呼尚飨！小舅之与我，既为舅甥，又曾两度就读同一学校，忝为游憩之伙伴，而小舅更为我师，一旦西逝，能不悲乎！

1931年10月辛未，正是芙蓉绽蕾黄花分外秀丽之时，小舅呱呱坠地于名曰高塍的江南湖滨小镇。塍溪由西而东拐了一个S形的弯，再滔滔向涌湖游去，镇上两三百家商号、茶楼、浑塘(浴室)……聚于这S形的两岸，北为上塘，南为下塘，还免不了延伸一番，好个热热闹闹的江南小镇！上塘与下塘有一座东塍桥沟通，站在桥颠，北望可见涌湖中之帆影，南眺可睹江南名山离墨之青峦(著名景点善卷洞就在其脚下)，好个钟灵毓秀之地！

从这里走出过2位大学校长，一位蒋南翔，曾长清华；一位虞兆中，曾长台大，巧的是他两家都住同一条街上。

小舅的降生，使这个江南小镇的士民无不为之雀跃，因为我外公为人厚道，又以诚信经商，十分富有，在小镇有口皆碑，老年得子人人称道。

我母亲共有姐妹兄弟6人，我母居长，小舅最小，相差23岁，因此，小舅他老人家比我的大哥还小1岁呢。小舅虽小，却提前与他的大外甥(我的大哥)一起上学，我大哥吃住都在外婆家，于是小娘舅、大外甥成为一对小伙伴。几年后等到我上学，外婆也无例外地把我接到她身边。我自己家住在3里外的一个村子，到镇上读书要过五六座石拱桥，没有人护送不行。

小舅上学早，等我上小学时，他已高小。那年代高小已学历史、地理、自然等课程，于是放学回家，小舅就会向我讲什么鸦片战争、八国联军、不平等条约，还向我讲欧罗巴和阿非利加、太平洋和大西洋。小舅还会讲什么氧气、碳酸气……啊呀，我想起来了，外婆家客厅南向有一排雕花窗棂的落地窗，那是怎样的窗棂啊！上面全是栩栩如生的精美木雕：关云长单刀赴会、群英会借东风、火烧赤壁……全都是《三国演义》的故事，于是我又过早接触了中国传统文化的精粹。小舅嗜书，他还向我讲福尔摩斯、亚森罗平——我又过早接触了西方的东西。无疑，启蒙老师应该是小舅，其中也少不了我大哥。我小时候好看、好听、好玩的多着呢：外婆家在河边，我们可以放学后去钓鱼，那鱼才多呢，扔下钩就咬。一到夏天，我们会纵身由石岸向河中跳去。更有：镇上有家戏院，每当放学，我会跟着小舅去看“放汤戏”，就是终场前半个多小时戏院门洞开，不论大人小孩，无需买票就可以进去看戏，那是旧时戏院的惯例。戏的种类和戏码丰富多彩，常锡文戏、绍兴戏、滩簧等多有，而更多的要数京戏，那才好看呢，什么《华丽缘》《火烧红莲寺》《蜀山剑侠传》，一演就是几十本。在这些活动中，小舅无疑是主角，而我只是个“跟屁虫”而已。小舅有时也会厌烦我，而我偏偏会离他几步尾随着，真格的，小舅也拿我没有办法，何况我还有很厉害的一招——告诉外婆！外婆对她的外孙男女也太偏爱了……我忽然想起“摇摇摇，摇到外婆桥”来了，其内涵之博大精深，即便如佛祖所说，人能“六道轮回”，又怎能够体验完它的全部呢！事隔五六十年，今天一旦想起来，仍会感到心神荡漾，全身心地投回到儿时生活过的时空中去了。当然只能想想，却无法再现，这大约就是人们常说的“历史”吧！

很快，小舅和我大哥上中学了。学校办在镇上的育婴堂里，全称为“江苏省立第六临时中学”，简称“六临中学”。其时正值国难当头，日寇占领着江南多数城镇，六临中学的教师全都不拿薪资，有口饭吃就行，不少镇民或邻近村民给六临中学送米送柴——这就是我们的中华民族呀！日本人和汉奸常来找事，致使六临中学不得不“化整为零”，搬到湖滨和野壤去上课。小舅和大哥每星期六来家一次，星期日再带着外婆做的肉酱回到学校。这段时间，肺结核病像瘟疫一样，可怕地在江南一带蔓延，小舅也染上了肺病，咳嗽不止，

痰中带血，只得休学在家，且今天无锡、明天常州，不断延医求药。小舅一病就是3年，他病中总也不忘读书，偶尔还给我讲个小故事什么的……

1945年日寇投降二战结束，我的二舅姜景林大人由渝飞沪，接收敌伪企业和产业。二舅出身交通大学，这次到沪奉命参与组建中纺公司。二舅一到上海，就对小舅的读书问题作了妥善安排，先将小舅送进常州的私立武进中学，二舅自己就是从此校初中毕业考入江苏省立常州中学，而后再进交大。后来小舅武进中学毕业来上海，顺顺当当考进了国立同济大学附中。我显然受小舅影响，初中毕业就从宜兴来上海报考同济附中，又一次成了小舅的“跟屁虫”。

我清楚记得，刚入校时，校门口挂的是白底红字“国立同济大学附属中学”牌子，不料没过几天，忽然换了白底黑字“上海市立同济中学”的牌子。不多久，“抗美援朝”了，小舅和我都报名参加军干校入伍。我们家经济条件都还可以，偏偏有书不读，要去当兵？我母亲特意从小镇赶来上海，送别她的小弟弟和儿子。彼时外婆已快70岁，身体硬朗。

起先我与小舅未中断通信，他于南京一个海军学校毕业后分配青岛某基地，大概从事鱼雷，可能是军事秘密，这方面我们从未谈过什么。我于解放军第二师范学院理化系毕业，分配到武汉高级炮兵学校任教官。不久我们有机会在上海见面，两人都穿上了军官制服，且都成了“布尔什维克”，外婆和母亲乐得合不拢嘴。常言“乐极生悲”，此后我因“右”被徙北大荒劳动改造，于是我十分“知趣”地与所有亲友断绝往来，小舅亦在其中。直到后来“落实政策”了，我才背起北大荒的土豆回上海。那时小舅早已转业上海，先在纺织管理局下属纺织医院当保健医生(我实在想笑，鱼雷和医术风马牛不相及)，而后转职上海电视机11厂，小舅笑说，组织上总是“知人善任”的。

看望过上海的亲戚，我回江南小镇高塍去了。我在小镇街上遇到一名姓王的老乡，他原来在我家对门开面店，在镇上小学读过书，比小舅还高几个年级，身体非常棒，爱打抱不平。据说他还跟小镇庙里和尚练过气功，一旦运气，肚子鼓起像个篮球，任凭嘴咬也咬不动。应王大哥之邀，我上他家小坐聊天，都是乡里乡亲的，又在一个小学读过书，所以没有隔阂。说起我小舅，王大哥脱口而出：你小舅是疯了还是神经病？他竟说自己是地主，一名穿海军服的“外调”军官硬逼着我打证言。我问：你打证言了吗？他说：你小舅顶多也就是个地主家子弟，地主的证言我可不能打。这下惹祸了，镇上领导说我混淆阶级阵线，把我从镇上下放到村里。听了王大哥的叙述，我倏地明白了，小舅没有疯，他其实是百分之百的对领导忠诚老实，因为1941年外公离世前曾立过一份遗嘱，将所有动产不动产平分给 3 个儿子。外公很富有，镇上有一家规模很大的南货店，后设糟坊、糕坊和砻坊，另有良田 200 多亩，算作“地主工商”或“工商地主”? 但有一点确切无疑，外婆家从未分过家，彼时二舅在大后方抗日，大舅纨绔一个，小舅才 10 岁，外婆家的里里外外全由我父亲 (外婆家女婿) 照料。据此，小舅怎么也算不上什么“地主”!

我回到上海，便将这件事当重磅炮弹向小舅发难。小舅听了，显得很无奈，这怎么说呢，肃反、整风、审干、交心……运动一个接一个，我没办法不交代外公那份遗嘱呀！于是我从地主子弟变成了地主，成了混进党内、军内的阶级异己分子，很快就被安排“转业”了。我问：你不可以不承认吗？小舅无语。看！我的小舅是何等的忠诚老实，我又能说什么呢？

1995 年我又来一次上海，那时小舅在上海市质量协会编辑资料。小舅妈姓范，已经离世，无子嗣，领养一女名姜健。曾是富家子弟的小舅不会做饭，生活十分不便。彼时小舅正准备与江西回沪的一名女性牵手，但未彻底了解对方，后来小舅病重时招来不少麻烦。身后还留下一宗“准官司”，由同济老学友帮忙了结。小舅病危，也是他们来送终。

呜呼哀哉！小舅大人仙逝，外甥也已白头，爰作《临江仙》以祭之忆罢往事天又暮。

小舅命终十秋。
落霞低处觅归舟，
风卷云涛涌，
唤起万古愁。

往事那堪频白首，
又见斜月如钩。
小舅一生坎坷多，
犹至日西时，
偏娶河东吼。

(71 /7)

回首往事

53届 姜贵庆

我1953年离开母校后，进入北京大学数学力学系就读，专业为流体力学。1957年毕业，分配在原0038部队3中队(1960年后改称为北京空气动力研究所)工作，1965年集体转业，隶属第七机械工业厂。现在单位为中国航天空气动力技术研究所。

参军前，对部队保密要求很严有所认识，但对其保密责任重于泰山，认识很不到位。1961年，我单位有两次因泄密而召开的军人大会，对自己教育很深。一次是我所一个保卫科干事把我所的任务性质写信告诉他原单位领导，这名领导将他的信转交给我所的上级领导。因此事泄露国家机密，他在军人大会上被逮捕，转交军事法院审判；另一名是一女同志，她向其朋友告诉我们单位的地址，亦因泄密同样被逮捕，移交军事法庭，真正感受到解放军的纪律严明。保守国家机密是有关国家整体利益的大事，部队是严格遵守保密条例的。从参军到“文革”，我很少与老同学联系，怕无形中不慎泄密国家秘密。

庄逢甘院士是我国著名的空气动力学专家和权威，1961年我很荣幸被分配在他任组长的热烧蚀热防护课题组工作。热防护是研究高速飞行器再入大气层飞行时，由于高速气流在飞行器表面被阻止，会产生严重的气动加热，需要采取防热措施，以保护飞行器不被烧毁。因此，热防护一直是各类高速飞行器设计的一个关键技术。在庄院士精心指导和亲切关怀下，业务能力有很大提高，先后参加过再入弹头，再入卫星和再入飞船的热防护机理及其实施途径研究工作。1965年我国两弹(导弹、原子弹)的飞行试验成功，1975年我国再入卫星首次飞行试验成功，以及神舟飞船的成功返回地面，热防护技术在保证上述飞行器再入过程中不被高温气体烧毁起了重要作用。作为参加这些工作的科技人员有一种自豪感。

1964年，我参加了弹头在落点地区再入过程的观察和弹头落地残骸的收集和分析工作。在戈壁沙漠生活比较单调，好在我们(当时我军衔为上尉副连)同战士吃住在一起，增加很多生活乐趣。我们住在帐篷里，晚上没有电灯，很早就睡了。一周有一次靠汽车发动机发电的电影，供大家观看。(68/5)

同济寒窗两年把我送进大学

53届 郑洪年

早在1948年，我还在家乡的省立常州中学读高一，有次看到高三的兄弟俩双双考进上海交大后回校报喜，被同学们团团围住问长问短，我也踮起脚尖伸长脖子，争看“英雄”凯旋。打那时起我也就萌生了自己的梦想。但现实与理想不同，就在那一年父亲失业了，我不得不中途辍学到上海谋生。那时我哥哥在上海暨南大学读书，兼做家庭教师维持生计，靠着这层关系，全家寄居在家教学生家的空房内，条件极差，窗洞没有窗门，室内没有电灯。1950年1月我考进上海三联书店当练习生，晚上自学完高一课程，次年考出了同等学历证书。接着我想报考同济中学高二插班生却碰上了问题，当时政策规定插班只收社会青年，一律不收在职职工，我不得不破釜沉舟，先辞掉三联书店的工作。这是孤注一掷，万一考不上，我还得再寻工作，来年再搏。

我还真侥幸，一次就考上，同时录取的还有倪秀玉和俞存达，他们在甲班，我在乙班。记得报到的第一天适逢吃中饭，我没有带碗，只好用一只绘有老虎的漱口缸盛饭，此时老师向饭厅里学生介绍我：“这是新来的同学。”大家听了报以热烈掌声，饭厅里响起了《歌唱祖国》的乐曲：“五星红旗迎风飘扬，胜利歌声多么嘹亮，歌唱我们亲爱的祖国，从今走向繁荣富强……”这乐曲和歌词，对我的经历而言，不也正是为我的前程歌唱吗？蓦然间，我脑海中似乎出现了孟母织布机的镜头，她当着孟子的面把已截断的布重新一根丝一根丝地连接起来。旧社会把我从学校里推出去失学，新社会又重新把我拉进了同济，真是冰火两重天啊！当时我的眼睛都湿润了。从这一幕到现在的50多年间，我每逢听到这首乐曲就会条件反射地想到刚进同济中学的那一天，那人生转折的第一天。

我考上同济中学，不但感觉门槛高，进校后更感到要求严，何况我离开课堂已有 3 年，学习起来加倍困难。我为了鞭策自己，心里暗暗把班上的陈道文和顾荣生作为自己的追赶对象，把考进上海交大将来当机械工程师作为自己的目标。学习任务艰巨，各课都在争抢学生的时间，尤其是英文，语法书是原文的，没有一个汉字，如果不先翻字典预习，明天的英文课管保听不懂，而且严幼文老师还经常在下课前几分钟来 DICTATION ，弄得我心惊肉跳，手足无措。同济中学的师资力量强大，各科老师的教学风格各具特色。上面说的英文老师是人如其姓，严字当头，教学模式是以学生自学为主，教师只管“校准”，大大激发了学生的自学拼搏潜力。语文课马茂元老师古文水平极高，讲课深邃流畅，美若音乐，使我的表述能力得益匪浅。历史课徐光烈老师风度儒雅，我从他一套套连环精彩的历史故事中领悟到了人生的哲理。让我印象深刻的还有代数老师姚人杰、化学老师张国模……老师们丰富的知识乳汁我竭尽全力吸吮着。我毕业离校多年后，才得知教过我们的好多老师都已调大学任教，我这才醒悟，当年教我们的老师都是教授水平，我们是“身在庐山不知真面目，身在福中不知福”啊！

我感到时间不够用，常不放过晚自修之后熄灯之前的那一小段功夫，在甲班大寝室入口外的一盏电灯光下看书，走过的同学对我这个不速之客 (插班生) 投以异样的眼光。我那时真的像今天的外来打工仔，为了生存和发展，不得不与上海当地人不一样地起早摸黑、跌打滚爬，别人有什么看法，根本无暇顾及。

50 多年过去了。李维显同学有天来我家，我兴冲冲地拿出了“家庭档案”中珍藏的旧时成绩报告单，高二总平均86.29分，高三总平均86.33分；高三上品德栏里还写着老师的话：“功课有进步，但学习观点不够正确，以致钻书本子，各科发展不平衡，而且脱离群众，但品质不坏，旁人意见尚肯接受，最近一月多来已有大改进，惟尚须努力，巩固和提高。”此外还有 4 本沾满点点煤油渍的练习簿，那是高二暑假我由哥哥辅导在煤油灯下提前做完的高三解析几何。可惜到了升学考数学时，我滚瓜烂熟的解析几何题不见踪影，偏偏是一道失学前在常州读高一的平面几何大题成了拦路虎。我还算头脑清醒，赶紧把其他会做的题目先做好，平面几何留到最后。时间只剩不多几分钟了，神经紧张到了极点，终于灵感来了四点共圆！等我写完最后一个字，监考老师已经来“抢卷”了。我走出考场时，人难过得几乎要呕吐出来。等到发榜那天，报载录取名单交通大学一栏中我一下子找到了“郑洪年”三个字，梦想的第一步实现了！

我在同济中学的两年是我拼命学习、进步最快的两年，也是我这个失学青年人生轨迹的转折点。随之，从我这一代人起，世代的常州佬也变成地道的上海人了。

同济中学这两年是我的音乐，是我的史诗！！

2005.6.30，上海 (27/4)

同济三年受益终生

54届 王 坚

同窗情谊亲如手足

我的家乡扬中县在镇江和常州之间的长江小岛上，当时交通极为不便，因此我把学校当成了自己的家，无论节假日，连寒暑假也很少回乡。当年学生一律住校，同学们学习、生活全天相伴，和睦相处，建立了亲如手足的情谊，校内既没有打架斗殴，更没有偷盗失窃之事，用现在的流行语来说，这是一种非常和谐温馨的环境。

同学之间友善相处，使我记忆特深的是1953年春天，我的扁桃腺严重发炎，而我还从未去过医院，真不知该怎么办。正在心急如焚时，肖光武同学把我带到他舅父的诊所，一分钱没花，就给我治好了病。他舅父医术高明、为人和善，那天还给我带了许多药品回校。我后悔当时太幼稚，不知道应该如何感激和报答。直到前几年才得知，他舅父是在二战初期，自带医疗器械从美国回来参加抗日救国，抗战胜利后就留在了上海行医，解放后五六十年代又志愿去青海支援落后地区，很可惜竟在“文革”中含冤去世。我知道这事太晚，内心一直自责！在我当年很困难的情况下，肖光武同学无私的帮助犹如亲兄弟般友善，我当铭记一辈子。

高中毕业那年夏天，长江发大水，家乡的小岛被淹，轮船靠不了岸，因此升学考后我没能回家，在校等录取通知，直到8月底才离开上海去北京。我在学校等待期间，许多老师和同学都很关心和帮助我，使我一点都不觉孤单。

值得敬畏的师资队伍

从校长曹礼吾到教过我们课的许多老师都令我非常尊敬和爱戴，并非是老师监管学生而使我们惧怕，主要是老师们治学严谨、爱护学生、友善相助、循循善诱而使我们树立起学习的信心和兴趣。母校的老师简直让我们无可挑剔，只有敬重不已。

我在农村读小学时不喜欢体育课，到同济后史汝棠老师才使我对体育产生了兴趣。史老师教我们打垒球，不仅锻炼身体，更重要的是提高我们思维敏捷和动作迅猛的能力，让我大开眼界。每天课间操后，学校领导向大家讲话，史老师会简短插话，往往画龙点睛，幽默中寓教育意义，很受大家欢迎。史老师这时俨然是一位德育老师，他留给我的印象就是正义和力量！

物理老师施智洲当时相对年轻，我们担心他缺乏经验，可是一听讲就感到老师思维清晰，例引恰当。我期中考试竟得了一百分，完全出乎预料。我从老师那里领悟到，无论谁开始做事难免缺乏经验，只要全身心投入，认真应对，就能弥补不足。后来1962年我第一次给学生上实验课时，心里有些紧张，当我一想起施老师，顿时增加了不少力量和信心。

政治课老师陈紫霄，他教政治课又是教导主任，乍一见他，外表的严肃让人有点畏惧，而一旦接触，就立刻感受到他对学生的一片爱心。我有事找他，陈老师总像父辈般耐心倾听尽力帮助，但年龄并不比我大多少，因此他成了我心目中的“父兄”。陈老师整天忙碌，夜晚常到宿舍查看，夏塞蚊帐，冬盖棉被，饭时则到餐厅了解伙食，无微不至。

语文、历史老师马茂元他是皖籍长江边的人，说话安徽腔很重，长相也不“帅”，矮小、瘦弱，左眼视力不好，但知识渊博，造诣颇深。我第一次见到老师上讲台直觉“很不起眼”，然而一堂课下来，就完全改变了看法。马老师的课深入浅出，生动有趣，乡音一点也不妨碍我们听讲的兴趣，不知不觉总嫌时间太快，正听得来劲时下课铃响了，马老师把左臂的衣袖撸得很高，用右眼看手表，大家既感到下课可惜，又被他看表的动作逗得发笑。

还有许多可敬的老师，如曹融南、张国模、屠心观等写不完，正是他们的日夜耕耘，以他们的学问、真诚和友爱为我们铺设了一条宽广平坦的道路，这怎么不令人感激一辈子呢？！他们的形象长期以来一直伴随着我，常在我的眼前显现，是我毕生的楷模！

伴我终生的“同济财富”

在离开同济中学后半个多世纪的日子里，我曾遇到过不少坎坷和困惑，但都被我在母校培育成的不折不挠精神和老师们授予我的扎实基础知识化解。

1954 年 9 月初，我到北京俄文专科学校留苏预备部报到，碰巧接待我的团总支书记是同济校友，他当即把包含 4 个班级的团支部书记重任压到了我肩上。任务不轻，我想专心学习俄文的时间和精力显然就少了。然而一年下来，我的俄文成绩并不差，这多亏我在高中学习德文的坚实基础帮了大忙。原来俄文和德文有多处相近，屠心观老师的德文又教得特别好，语法掌握熟练，当时谁也没有想到居然能灵活应用到俄文学习上，真可谓“一通百通”。

1955 年秋天，我到苏联读大学，第一学期在大阶梯教室里听数学、物理、化学课时，困难真不小，尤其是笔记写不完整，复习似懂非懂，无奈只得课后向苏联同学借笔记本补对。但是，我高中打下的良好基础，竟使我很快适应了这里的学习环境和学习方式。到了第二年，情况反过来了，有些苏联同学临近考试时会问我借笔记本看，因为他们早晨爱睡懒觉，常会缺课或迟到。甚而在考场上，我也不得不帮他们稍稍作点弊，在那里作弊现象漫延的情况下不能完全拒绝，不来点“哥儿们义气”过不去。

我学成归国后一直在中国农业大学工作，“文化大革命”后期，我因公负伤回老家休养，我不时翻看《德文入门》，当作重温情怀的好方法。到了改革开放初期，我校领导去西德霍恩海姆大学 (Universität Hohenheim) 访问，回校传达报告最后却说：“带回来的资料都是德文，看不懂，只好放一边了。”散会后我就找到领导，毛遂自荐，愿意试译。几天以后，我凭借高中的德文基础加上图书馆借的一本《德汉字典》，终于把资料翻译出来了。领导见到译文有点惊诧：原来学校里还有这么一个“不起眼的人”！从那以后，又陆陆续续接到领导交给的翻译任务。

1982 年初，由德国发展基金 (D.SE) 提供资助，我被公派去霍恩海姆和哥廷根大学 (Uni. Göttingen) 进修。当时到西德访问和进修的学者大多是 1949 年前后大学毕业的老先生，外语主要是英语，可是德国人和法国人一样，保护本国语言意识很强，往往对不讲其母语的人不愿理睬。我有同济母校教会我的德语，此刻就发挥了优势，交了许多德国朋友，至今仍保持着密切联系。

在 Uni. Hohenheim 时，来了一个会英语而德语懂得不多的韩国大学生，他认识不少中文字，能够在纸上同我交流。后来又来了一个苏联学者，德语也不太好。德国教授在给他们反复讲解一些新概念时，他俩仍搞不清楚，无法操作实验。德国教授很为难，就要求我和他们沟通。开始时我也没有把握，硬着头皮中、俄、德语混用与他们交流，终于让他们理解了新概念，从而顺利进入实验操作。夏天是德国人外出休假的好时光，1984年夏的一天，哥廷根大学的德国教授突然找到我，说有几个大学生即将上实验课，而老师已经外出休假，要我承担一下实验课任务，口气好似不容我拒绝。那时我心情很紧张，任务不仅要求讲清楚实验，还要即席回答大学生提问，这就不单要懂课程内容，还要运用好德语，一点也马虎不得。这个任务最后总算应对过去了，没出大的差错，自己在庆幸之余非常感激母校同济中学给我的这笔“财富”，也非常怀念我的德语老师屠心观先生。

如今离开母校已近60年，而我常感自己仍一直与她“同舟共济”，永远不能分开。母校赐予我的知识和精神“财富”是无价之宝，它将伴我终生。(54 /1)

母校的恩情永不忘

54届 李锦梅

1952年6月，我和妹妹李锦莲以及其他几名男同学在印尼办完回国手续后，离开班达亚齐市，到棉兰勿老湾市乘芝渣连加号轮船，经过7天7夜海上航行到达香港，再坐电气化火车到中国罗湖，当看到五星红旗在国土上空飘扬时，我流下了激动的眼泪。祖国，我终于投入了你的怀抱。

经过政府部门的指引，我们到上海投奔在同济中学念书的哥哥李锦秀，那时他已面临毕业。我们到同济中学后受到老师和同学的亲切关怀与照顾，我被编入高中二年级随班上课，我妹妹高中一年级。初到学校有些不习惯，特别是冬天感到寒冷，吃的大锅饭、大锅菜也觉得不合口。逢到节假日，大部分同学回家了，我们留在空荡荡的宿舍，更觉得冷清。有时我们趁星期天到五角场玩耍，买2角钱的猪头肉、5分钱的炒花生米，算是改善伙食了。我们也到离学校不远的复旦大学、同济大学看望与我们一起归国的华侨同学。在校学习时间稍久，上海话虽说不好但大部分能听懂了，不像刚到上海时听人家说本地话朦朦胧胧不知所措，甚至还会闹出笑话。和我一起到同济中学的一名男同学，由于多次看到上海同学之间常指着自己的鼻子大声说话："阿拉哪能啦？……"他就误认为上海话"阿拉"的意思就是鼻孔，一天课后他在门口遇到一个同学鼻子上有粉笔灰，就对这个同学说："你的'阿拉'上有粉笔灰，快擦掉吧！"逗得在场的同学和老师捧腹大笑。

1954年8月，我离开同济中学到华东政法学院念书，而后在上海、北京工作，经历了肃反、整风反右、"文化大革命"历次政治运动的洗礼，虽然我也遭受了各种冲击，有的亲友、同学劝我去美国定居或香港落户，都没有成行。

1987 年 12 月，我从航天部中国空间技术研究院高级工程师岗位上退休，律师工作一直干到 2002 年，又整整工作了 15 年。几十年来我在工作岗位取得的成绩，与同济中学老师们的辛勤教育和同学们的热忱帮助分不开，是他们教育了我如何应对可能遇到的挫折，我永远不会忘记母校培育我的恩情。

如今 50 多年过去了，我们同济 54 届在北京工作的十多位同学，退休后每年在清华大学或农业大学聚餐叙旧，回忆往日同窗轶事，其乐无穷。(54 /4)

我的同济情

54届 朱昌年

人生走向始于同济

我曾经读过三所学校，全是名校。初中及之前在上海南洋模范就读，中、小、幼合计长达10年之久；高中3年在同济中学；大学4年在北京外语学院。我对这3所学校都怀有感情，校友活动我都争取参加，会晤师长、同窗，追述当年情景是极大的乐趣。这3所学校相比，同济的年头最短，然而我对同济照样有很深的情分，许多同学有同感，说高中3年是最愉悦的三年，而且对我们的人生走向有决定性的影响，永不会忘怀。

大家也曾试着分析缘由，有的说同济有悠久的历史，光荣的传统，学校风气好；有的说同济师资阵容强大，不少老师原本就是大学授课老师之才，在各自的学科领域造诣颇深，他们教学经验丰富，懂得教书更懂育人；也有的说我们这批学生也不赖，年少单纯，精力充沛，求知欲旺，好奇心强，母校引导我们走上了正道。有的同学说得更远，同济那3年刚刚建国初期，运动虽然不少，但师生间、同学间那种伤人的折腾不多，学校气氛还是严肃、活泼、融洽的，未留下多少伤痕。

我当干部始于同济

我在外交部工作40年，一辈子当国家干部，但是我当干部却始于同济，在高一下或高二上被选为体育委员。我学习成绩虽一般，但身体不错，性格比较活跃。别小看这个管管课外活动的“差事”，却是个实打实、哪天也缺不了的工作。每天下午课后差不多都得安排体育锻炼，我必须按照敬爱的史汝棠老师的要求为全班30多名同学安排好当日的锻炼内容，下午上课前就在黑板左侧写上当天的安排，让大家都有个“着落”，如：“男生长跑女生篮球”、“男生投手榴弹女生跳绳”……这是一项蛮细的工作，你必须了解当天的运动场地情况和体育器材是否借得到，加上当时推广“劳卫制”，有些体育项目有指标，遇上一年一度的学校运动会，我更得早早地找体育骨干商量参赛方案、运动员搭配，争取最好成绩。

小小的班干部不算什么，但我觉得对我影响极深，小干部工作培养了我为大家认真做事的热情，组织能力和责任心也得到了锻炼。人生一步一步走，干部可大可小，但要当好，道理是一样的。

同济送我走上外交路

1954 年面临高中毕业，考大学是我们心中的大事，它在很大程度上决定着今后的人生方向，大家心情都蛮紧张。我暗地选中了造船或测绘。我性格喜欢水，喜欢船，喜欢开阔的空间、大地、草原，父母也希望我学工，因为 2 个姐姐一个学商，一个学医，哥哥学农，家里就缺个“工程师”。那年考期是 7 月 15 日，不料考前半月“风云突变”，学校领导找我谈话，动员我服从国家需要报考北京外语学校(今北京外国语大学)。我毫无思想准备，当时我已入团，不好“拒绝”，但当场明显表露犹豫，领导倒也通情达理，容我考虑，周末回家再征求父母意见。哪知父亲一听也感到意外，起先不同意，说：学外文当翻译有啥出息！成天拎个皮包跟在洋人屁股后面……情绪还很有点激动。现在分析，兴许父亲脑中的“翻译”就是旧时洋行老板的传声筒，油头粉面，低三下四……或许更坏，联系起东洋鬼子身边的翻译官来(父亲本人有过坐日本牢房的痛苦经历)。当然，父亲也懂得新中国的翻译与旧社会不一样，加上我本人态度似已接受，后来就不再表示异议了。考期只剩 2 周，我要从理工类改考文科类，考试科目、要求大为不同。但是人被逼到墙角，就会急中生智，我立即放下数理化书籍，向一名初中的小同学借来了他们的全套文史地初中课本，内容浅，易懂易记，就这样“临时抱佛脚”解决了问题。

我最终被北京外语学校录取，一个月后，我们上海 90 名同学集体乘车北上。那年南方发大水，不少路段铁路遭淹，火车缓缓如同行舟，而且时走时停，差不多 3 天 3 夜才到北京外语学校。报到后我被分配英语专业，外院毕业后又被分配外交部，从此开始了我的外交生涯，直到 1997 年末退休。

追根溯源，我这辈子从事外交，是同济为我选择的。母校把我送上外交战线，我非常感激，这份同济情经年累月，愈久弥深！在外交战线的最后 5 年，我奉命在香港工作，有机会直接参与了香港回归的全过程。在中国自己的领土上从事“外交”，真有十分独特的体会。(54 /4)

怀念张国模老师

55届 区振衡 许德成 贺澄日

1955年夏天，我们一群还只有十五六岁的学生踏进了同济中学的校门，为什么他们要远离市区的家，到当时还比较偏僻的江湾求学呢？这是慕名而来，这里有很好的教学条件，有很好的校风，还有过硬的师资力量。这里的老师对学生就像对自己的亲人一样。

入学不久才两个多月，迎来了严寒的冬天。上海的化工厂有条件洗澡，可天天晚上洗个热水澡睡觉。我们在学校哪有这个条件啊！几个男生就住在楼梯半腰的一间屋子里，夜里放在脸盆里的毛巾都能结冰，室内气温可想而知。我们都是未成年人，还需要父母的呵护，哪经得住如此的寒冷啊！那时张国模老师任我们班的化学老师，兼任班主任，因家在外地，平时他单身住在学校。在寒冷的冬夜，他都会像慈父般到男生宿舍为同学们掖好被子。虽然在寒夜中，每个人都像掉进冰窟窿一样，但我们心里始终是暖暖的，给大家送去温暖的人，正是张国模老师。有时张老师也会利用白天的时间，到女生宿舍关心她们的生活，问寒问暖，帮助她们解决实际问题。

在教学上张老师对学生要求非常严格，每次上实验课前，他都要求同学们认真准备。有一次上实验课时，他问到一个同学，该生因没有预习回答不上来。张老师对此非常生气地说，你没有预习就来做实验，怎么可以呢？做化学实验有时会有危险，出了事怎么办？上一堂课就要有一堂课的收获，只有预习好了，才能收到预期效果。他当即停了那位同学的实验，叫他回去好好预习，第二天再来补做实验。《三字经》上说，“教不严，师之惰”，张老师正是从这点出发，尽到了一位做教师的责任。

物理是研究物体运动的科学，化学则是研究物质变化的科学，除了高深的理论之外，有些是需要“死记硬背”的，如金属活动顺序就需要记住。为了帮助同学们记忆，张老师真是煞费苦心，下了不少工夫。他先把一些金属元素连同氢元素一起编成一个表，一共21个元素，再把这21个元素分成三组，每组7个元素，而且每组的第7个元素都是押韵的，具体编组如下：

钾、钠、钙、镁、铝、锰、锌；

铬、铁、镉、镍、锡、铅、氢；

锑、铋、铜、汞、银、铂、金。

经过这样一编排，背起来就顺口多了，但张老师还是不满足，他找精通苏州评弹的我班同学黄佩琴帮忙，把这个顺口溜谱上弹词的乐谱。为了保持乐谱的完整性，在原有顺口溜基础上，又添了一句话，“这张表要记在心”。乐谱谱完后，先在小范围内教唱，学会后再由张老师正式在早自习课上教给大家。经过一番认真教学，一张金属活动顺序表就深深印在大家的脑海里了。直到今天，我们还能清楚地背诵这金属活动顺序表。

2005年是我们毕业五十周年的喜庆之年，有20多位同学从全国各地返回母校再聚首。

尽管已是年近古稀的老人，但当大家回忆母校对我们无微不至的关心、谆谆教导我们如何做人、如何学习、如何将自己培养成对国家对人民有用的人……大家都像孩子似的争先恐后发言，缅怀我们的老师。在回忆张国模老师教导我们学习金属活动顺序表时，大伙竟似回到了当年的课堂上，将金属活动顺序表弹词顺口溜集体朗朗背诵了几遍，意犹未尽，久久才回到现实中来。这就是张老师的人格魅力！他的教育深入了我们的骨髓！可惜张老师已驾鹤西去，不能来到现场感受这极有诗意的场景。

张国模老师潜心教育，想方设法使同学们迅速掌握科学知识。张老师就是这样在教学上精益求精，不辞辛苦，堪称为人师表。随着科学的发展，现在这张表中钠和钙的位置应该互换一下。

张老师立足讲台，关心祖国的未来，也关心我们这些年轻人的前途。临近毕业时，有一天他在课堂上，语重心长地对大家说：今天我们国家不只是缺少化工人才，更缺的是化学人才。要报考化学系，毕业后当大学老师，或是到研究所工作，肩负起发展我国科学事业的重任。听了这一席话，我们班有不少同学报考了化学系，把毕生精力贡献给我国的化学事业。(68 /4)

怀徐光烈老师

55届　张静韵

岁月匆匆，往事如烟，离开同济已55年了，但同济的师生情、同学情却难以忘怀。当年教我们的老师大多作古，但他（她）们每个人的教学特长、音容笑貌我仍依稀记得。2005年我去上海同济中学参加55届毕业50周年聚会时，出于尊敬和怀念，特意去徐光烈老师在师大的寓所拜访。一个当年不起眼的小姑娘今日成了不速之客，他认出了我，让他又像慈父又像"老小孩"似的甭提有多高兴了。那年他已80多岁高龄，依然矍铄，只是个子更矮小了，黑黝黝的肤色，眉宇间充满喜悦。

我记得那时，徐老师给大家的印象是治学态度严谨，写一手漂亮的隶体板书，讲课一二三四五条理分明，说一口标准京话。但是我总觉得他心事重重，神情忧郁，似乎生怕自己说错什么，课堂上半句废话都没有。即使在黄昏见到他在教师宿舍区牵着孩子散步时，见了我们学生也唯恐避之不及。他为何如此谨小慎微？我们不懂。几十年后，师生再次见面，徐老师见了他的学生，竟毫无顾忌打开"话匣子"，把积郁在心中的往事"全盘托出"。一个下午，我几乎只有机会问了几句、插了几句话。对于一个迟暮老人，这是一种自嘲，一种解脱，一种愉悦，我能理解。往事已成历史，时代在进步，虽然抓人"小辫"不放的年代已经过去，但有些事在某些人面前也仍旧不敢说。我为他对我的信任感到荣幸。

翻开历史，1941-1942年，宋美龄去美国民间游说，并在国会两院发表演讲，以她的人格魅力和慷慨陈词，使美国政府大佬们和普通百姓，对中国军民在抗击日本侵略战争中的浴血奋战和军备匮乏深表同情，决定给中国以人力和物资上的大力支援。宋美龄的这一功绩在历史上是有记载的。然后美国派遣空军"飞虎队"、军事专家，源源不断运来战备物资，在中国军民抗日的最后决胜阶段助了一臂之力，这也是史实。就是在这个历史阶段，由于需要大量翻译人才，徐老师当时是中央大学在读的高材生，提前毕业为抗战效力，分配到部队当翻译，授军衔，奉厚禄，不拿枪，不打仗，好一个美差。谁能料到，从此厄运伴随半生，此乃福兮祸所伏兮！抗战胜利后复员遣散，徐老师加入了失业大军。几经周折，才挤入了同济大学穷教师行列，携妻儿，过着食不果腹、住纸糊板房的生活。上海解放以后，徐老师被“下放”到附中任教。1950 年代调上海师范学院 (今上海师范大学) 历史系。

然而，“当过美军翻译”的历史成了徐老师一生的“紧箍咒”。那年头只有“老老实实”做人，哪里再敢“乱说乱动”。他在人前抖抖瑟瑟，大气不敢出一口，正眼不敢看人一眼，可怜的徐老师！几十年后你的学生才读懂了您的神情，明白了您的苦衷，真是难为您了。他告诉我，幸亏自己夹着尾巴做人，领导、同僚、学生、下人一个没得罪过，在“史无前例”的风暴中，没蹲牛棚，没戴高帽，没挨棍子，只被发配到锅炉房添煤烧水，实际上受到了学生的保护，幸哉幸哉！我想也是，这么个小个子，哪经得起暴风骤雨般的乱棍棒揍将下来，不打个半死赖活，也得断胳膊折腿。

他还告诉我，他家祖上是官宦家族，在北京有一处大宅院，解放后成了门口有警卫站岗的中央首长“宅第”。有一次他出差北京，特意路过去张望张望，还没怎么地，就被警卫“吆喝”快走开。他心里念叨，这宅院原来是我们家的呀！说到这件事，他脸上露出了从未见过的笑容，快乐得像个孩子。

无论说什么，他心里已没有顾忌，只把他的经历和感受当作故事那样讲给他的学生听。我则像当年听课时那样认真聆听，会意微笑，时不时还鼓动他多说点，让他畅抒胸怀。徐老师已是耄耋之年，他自我解放了，这就是快乐，我为他祈福。

如今，徐光烈老师已经作古，谨以此文缅怀老师，也缅怀严幼文、许仲彝、张国模、马茂元、桑雪翠、徐燧等老师。我知道，其中几位由于历史原因，一生坎坷，甚至含冤入狱。这是时代的悲剧，无可奈何。如今他们已在天的另一边，愿他们不再烦恼，自由快乐！

(63/3)

同济高中五年半

55届 张耀波

双届生

1950年初春，我考取了同济附中，插班在高一下（同时考取的还有任美贤和吕美芳同学，她们和我一样，都是从粤东中学转学过来的）。可是，在体检时发现患有轻度肺结核病，这对我是个打击，心中闷闷不乐，情绪低落。在同济的生活是艰苦的，伙食是学生会自己办，饭是百家米煮成的，一个星期吃一次肉，大锅菜上漂两片很薄的肥肉，蹲在学校门前的水泥地上吃饭，这些大家都记忆犹新。学习的艰苦和缺乏营养，不到一年，本来有病的身体，健康进一步恶化，不得不在高二下悄悄离去，休学疗养。实际上我在52届只待了一年，并没有读到高三毕业。1954年我回同济重读高二下，1955年高三毕业，所以，我既是52届的又是55届的双届生。本文标题是说我在同济读高中读了五年半，不是说同济附中高中要五年半，那就没人来上学了。

按捺不住的举动

本来，我特别喜爱体育课和音乐课，由于我患有结核病，按照医嘱，必须停止一切体育活动，还不能高声歌唱，真是憋死我了。一天，体育课上，同学们正在练习跳高，是传统的跨越式，过竿时，上身与横竿成上下垂直，浪费了一半能量。于是，我终于按捺不住，也顾不得医嘱，上前演示了一下当时比较先进的“滚式”（过竿时上身与横竿平行再翻身落地）与“剪式”（过竿时，腿部先过，上身与横竿成水平垂直，过竿后再翻身落地）得到同学们的赞赏，我心理上得到一次很大的满足。

猪血惹的祸

一天，同学们往教室窗外望去，看到十几辆军车和警车往靶子场开去，老同学们都知道，是枪毙反革命，很多人都跑去围观，我没有见过枪毙，也去看了，心里有些害怕，只敢远远躲在后面，有些胆大的同学跻到警卫圈旁观看。当天吃午饭时，一名女同学突然呕吐起来，原来那天吃的是菠菜猪血汤，她联想到刚看过的枪毙，引起生理反应，都是猪血惹的祸。

不协调的乐声

每逢吃饭和下午课后活动时间，扩音机都要放些音乐，杨烈昭老师从家里拿来几张 14 英寸的大唱片，其中有贝多芬的《田园交响曲》，李斯特的《匈牙利狂想曲》和舒伯特的《圣母颂》。一天午饭时，我正在放舒伯特的《圣母颂》，杨老师来跟我说，吃饭时放《圣母颂》好像气氛不大适宜。我想想也是，我们在吃饭，扩音机里却在唱："啊，圣玛利亚，温柔的母亲，请你倾听一位少女的恳求，赐予心灵的抚慰——"缓慢的乐曲，带有几分哀怨忧伤，真是很不协调。后来学生会文娱委员贺扬同学和我一起到福州路新华书店买了一些唱片，有苏联的军乐和铜管乐，还有贺绿汀的《森基德马》和《晚会》，欢快优美的乐曲，让同学们食欲大增，桶里的饭团疙瘩都吃光。

短斤缺两的煤油

在饭厅东侧，按圆柱的位置用木板分隔了几间小房间，其中一间是小卖部，我就住在小卖部旁边的一小间里。小卖部由顾长根同学负责，我是他的助手。一天，徐光烈老师拿了一只酱油瓶来买一斤煤油，顾长根同学把漏斗插在瓶口，拿起一个吊勺在煤油坛里吊了两勺灌进酱油瓶里，徐老师看了看瓶里的油，心有疑惑地走了。我问顾长根同学，这一吊有多少？他说半斤。据我的经验，那吊勺是卖酱油用的，后来我们再吊了两勺煤油去秤核，去掉容器重量，果然只有九两煤油。这短斤缺两的事坑害了徐光烈老师一回。

豆腐干夹花生米

有一次，语文老师在课上讲了一个故事，大意说是在清朝有一个死刑犯临刑前向刽子手透露："豆腐干夹花生米吃，其味如火腿。"课后，我去试了一下，果真如此，味道就像吃火腿一样，经我这么一宣传，小卖部里的五香蘑菇豆腐干和花生米很快就卖完了（原编者注：有一种传说是，金圣叹被清廷以腰斩虐杀，临刑前对儿子说有重要遗嘱，结果戏说他在狱中悟出道理：豆腐干夹花生米有火腿味）。

赔钱的买卖

小卖部的货，是顾长根同学用学校的黄鱼车，我坐在车上，踏上半个多小时，到同济大学理学院去进的。货拉回小卖部后，卖价就是进货价，不赚钱，但可以有百分之一的损耗。经过半年经营，到了盘点的时候，损耗却大大超过百分之一，除去损耗，尚有二三十元亏损。这二三十元相当于我们当时两三个月的伙食费。怎么办，后来我才知道，他卖掉了自己的一只金戒指，才把亏损弥补上，真是赔钱的买卖。如今，顾长根同学已不在了，我很怀念他。

“大难”之后，没有“后福”

王昭良同学和我一样，也患有肺结核病，学校把我们两人安排住小卖部边的一个小间，里面有一张桌子和一张双人床，我睡上铺，他睡下铺。有一天深夜，一声巨响，我被一样东西砸晕过去了。醒来后，床头的拉线开关线也摸不着了，幸亏我枕头下还有一个小手电筒可用。被吓得蒙上头的王昭良问我，是不是发生地震了，我说是天震。原来是那些涂上民族色彩的天花板，因年久失修，厚厚一寸、一平方米的大块水泥天花板从4米高空掉落下来，正好砸在我头上，幸亏铁床架子高出我头部挡了一下，我才逃过一劫，砸碎的水泥块砸在我头上身上，脸上头上被划伤出血，床上被子上都是水泥块和泥灰，电灯泡也砸碎了。第二天早上，学校总务科知道了，看到我的模样，倒吸了一口气，说我逃过大难，必有后福。如今王昭良同学也不在了，我很怀念他，但我大难之后，也没感到什么后福，是不是我身在福中不知福？（37 /8)

一段值得回忆的往事

55届 贺澄日

1955年7月7日是我届同学参加高考的第一天。早饭后，我整理完考试用具，小心翼翼地把准考证放进书包的夹层里。这时，妈妈过来问我准备好了吗？边说边拿出5元钱让我中午在外面吃饭，我拿了钱就出门了。

医、农、生物的考场设在上海第二医学院内，七点刚过我就到了二医。在考场附近我看到李乃英拿着书还在念呢！我叫了她一声，说："你来得也很早呀！"她答："早来可心定一点，再复习一下。"我顺便问："你东西都带齐了吗？"她说："让我再看看。"边说边翻书包。突然，她"呀"了一声说："要死了，准考证忘拿了。"我惊问："真的吗？"一边说一边把她的书包翻了个底朝天，确实找不到。顿时她脸色煞白、浑身哆嗦、不知所措地说："怎么办呢？回去取来不及了呀！"这时我当机立断，拉着她的手使劲地往校门口跑去，到马路上拦了一辆三轮车，交代车夫说："到四川北路回家取准考证，为了节省时间来回都用你的车，请你费点力快拉快跑。"这时她告诉我身上只有几毛钱，我忙说"我有"，就拿出早上妈妈给我的5元钱给了她，催她上了车，并嘱咐不要紧张，即便迟到一会儿也不会有事。看车子走了，我怀着忐忑不安的心情在校门口来回不停地走，希望等到她回来。

眼看考试的时间很快就要到了，还差10分钟、3分钟……开始发考卷了，她还没到，我心急如焚！我一边答题，一边不停地望着门口，时间一分一秒地过去，已过了十分钟了，她还没到，我真担心。突然考场门开了！李乃英来了！只见她满头大汗、气喘吁吁地走了进来，监考老师检查了她的准考证后给她发了卷子。我见她埋头答题了，总算一块石头落了地。

第一节考政治，考完后在走廊里她紧紧地拉着我的手说："太感谢你了，如果没有你的帮助，我这大学怕是要上不成了。"我说："同学嘛！帮助是应该的。不管是谁碰到这种情况都会帮忙的，就别往心里去了。"由于5元钱给她用了，中午我只好回家吃饭。妈妈问："不是说好在外面吃饭，怎么又回来了？"我就把刚才的情况说了，妈妈赞许我："你做得对，帮助同学是应该的。"

后来李乃英考上了浙江医学院，毕业后在浙江第二医学院附属医院工作，担任神经内科医生。在这个岗位上，由于她的钻研和努力，医术水平不断提高，成为浙江省颇有名气的神经内科专家。

一晃20多年，我们没有见过面。1982年我到杭州开会，顺便到李乃英家拜访，她见到我十分激动，拉着我的手对她的妈妈、儿子、女儿说："要不是当年贺阿姨的帮助，我可能就不是今天这样子。"我忙说："言重了，你的今天是你自己奋斗出来的。"她妈妈说："乃英经常说起你的名字和你对她的帮助。我们全家感谢你。"在晚餐的饭桌上，她老公张大夫给我敬酒致谢。次日，李乃英陪我游了西湖、灵隐寺、虎跑泉，又在她执意要求下，我在她家一连住了三天，临走还给我带杭州土特产，亲自送我上了火车。

本来一件小事，何足挂齿！她却深深地记在心中。若不是她提起，我早都忘了。对她的盛情接待我表示衷心感谢。(63/7)

怀念王海青同学

55届 贺澄日 许德成

王海青同学在天津家中平静离世，噩耗传来，甚为惊讶。虽然明知他病魔缠身多年，近来更有加重之势，却仍然不愿意相信！王海青同学是我班同学中年纪最小的一个，属虎，今年才73岁呢。自从我们离开同济母校各奔东西以来，在漫长的57年中，我们从未再谋面，仅仅通过10多次电话。近年来他的听力急速下降，已经到了几乎无法接听的地步。2003年患脑梗死，留下了后遗症，经顽强锻炼后借助拐棍尚能自己行走，但步履艰难，行动迟缓。最近几年越来越多卧床，我感觉到他接听电话也遭罪，身不由己呀，于是就很少给他打电话了，免得打扰他的安静，徒增他的负担，电话联系也就此被迫中断近2年。如今这天终于到来，阴阳两隔，真是世事难料！

王海青给我最深刻的印象是：为人厚道，总是笑眯眯的。他曾任我班团支部书记一年，我任支部组委，两人工作配合默契，相处甚为融洽。海青就读于北京医学院药学科，毕业后分配在北京药物研究所工作。1971年林彪一号令下达，研究所迁至四川攀枝花，他在那一待就是20年。1991年单位回迁，但因种种原因进不了北京，在天津新组建了血液病研究所，他就被分配到该所工作，一直到退休。由于他业务好、成果多，1994年晋升为主任医师。

2005年5月我班同学为庆祝毕业50周年回母校大聚会，贺澄日曾打电话邀他参加，他很激动又很无奈。为了弥补因行动不便而缺席的遗憾，他写了一首动情的诗寄给贺澄日，请她在师生相聚时念给大家听，以表达思念同窗、手足之情。六月初贺澄日、张静韵回京后和陈惠娟专程去天津与已回津的竺艳容一起去看望了他，带去了同学们相聚时的照片及光盘。这天他情绪很高，兴奋地一起观看光盘，不过向他叙述庆典盛况时的交谈，则需时时依靠写字来完成，身体这样，真是想不到啊！随后他请大家共进午餐。

那天聚餐结束后，探望他的同学打的去火车站返京，应该顺道送他回家，他却执意不要送到家门口。我们只得看着他弓着身、步履蹒跚、颤巍巍地向家门走去的背影，想着他曾经风华正茂的英姿，心中涌出一股凄凉、悲怆的隐痛。更想不到这短暂的目送竟是最后的永诀，太叫人伤心啦！

他家就在血液研究所近旁，到医院看病本来比较方便，但由于他妻子去世已3年，子女忙碌，对他照应难以周全，而自己又行动不便，很难独自一人上下医院楼梯，所以竟有一年多没去过医院。为了提高自身免疫力，子女只能请护士到家为他注射白蛋白。不得已，卧床时间越来越长，最后全身生了压疮。去年12月14日上午8时，他儿子去看护他时，他眼里流着泪水，神智清楚，没说什么话，10时再看，仍很平静，不多久心力衰竭，离开了这个尘世。

（许德成执笔，弥留之际的情景都由贺澄日向他儿子证实过，2012年3月镇江）

(71/10)

琐言碎语

55届 唐钧蓓

离开同济中学已有54个年头了，这期《舟中情》首次由54届轮编，朱昌年、王坚、李锦梅写稿发给我转编辑组，看了他们写的文章，使我想起许多同济往事，一吐为快。

我是怎么选择同济中学的呢？以现在的眼光来看一定很可笑，用同济当年的流行语就是“荒唐”。1951年全上海的中学只有同济学德语，震旦学法语，其他学校不是英语就是俄语。此外，同济地处郊外，学生全部住校，我正想借此尝尝独立生活的滋味。事先我又到同济“实地”考察，发现借体育用品很方便，尤其是垒球器材齐全。当年我就是怀着青少年的天真和好奇之心，仅凭这三条就和同济结了缘。

入学考试我和朱昌年邻桌而坐，入学前的体检同在一个医院，报到后又分在一个班，晚间睡觉上下舖，我和他真是有缘啊！后来，整整半个多世纪，我们一直保持着联系，即使他远在丹麦工作，我们仍书信不断，他给我的帮助和关心永生难忘。五十余年的情谊超越一般，不是兄弟胜似兄弟，以我的拙笔要表达我的内心感受，真是言无词穷。我自1953年暑假后，因患肺结核休学，不能再与同年入学的54届同学“同窗”了，但许多同学依然关心我，朱世伟、王坚、徐支祥、沈子威、肖若鉴……50多年来，我和他们也一直保持着联系。

进入同济中学，我遇到了很多印象深刻的老师，第一位是高一生物范胜兰老师，她的谦虚和认真使我难以忘怀。当她知道我初中就读新沪中学，就把我叫到办公室，询问新沪中学的动植物李老师（曾就读东京帝国大学）怎样上课，问长问短，可见范老师对教学的认真，对学生的坦诚。听了马茂元、张国模、屠心观、曹融南、史汝棠、施智洲等老师的课，都使我受益匪浅，终身享用。马先生改变了我这个不爱文史的学生之喜好，从中悟到了中华文化的博大精深。屠先生在我高三时只教我一个学生，他传授我的德语知识，在我生活最困难的年月，通过笔译稿费解了一时之急。史先生的体育课内涵深邃，除了体育技能外，还有与运动有关的生理、生化、物理等丰富知识，后来我这个病号居然成了一名业余运动员。

读大学时朱昌年、郑洽余和我分别是北京外语学院、清华大学、北京大学的棒球队主力，郑还代表北京队参加过1959年的全运会得了冠军；我成了国家裁判，参加1958年的北京运动会。同济中学的学生有赖这么多高水平老师的培养教育，学习成绩都很出色。当年考大学要进一流学校也不容易，54届考入清华的就有6人，55届进北大也有6人，另如交大、复旦、一医、浙大、南大……真是全面开花。

现在母校的硬件(漂亮的体育馆、宽畅的餐厅、电脑房、空调……)和我们50年代那时相比，可谓“天上人间”。许多同学都谈到了当年的大寝室，那么食堂又怎样呢，既昏又湿，同学们晴天都手捧饭盒露天吃饭。说到浴室，我还有一件不怕见笑的轶事告诉大家：1951年时男、女只有一间浴室可用，当然不是日本的混浴，而是分时段使用。有一次我和另一位同学(记不得是谁了)双手拿了毛巾肥皂等物，悠然自得地拖着木屐到浴室一脚把门蹬开，突然惊闻女高音的美妙歌声，吓得顾不上关门就“落荒而逃”。浴室里的蚊子可是不分雌雄混杂其间，我们常常一面洗澡一面与蚊子展开大战。

前年参加母校百年大庆，听到了关于“同济中学”复名“同济大学附中”的热议，当今同济大学有人不顾历史、违背传统的态度确实不可取，他们可能有私心，说同济中学近年升学成绩不佳其实是托词。说白了“附中”不“附中”又有什么了不起呢？希望现在母校的教师和同学发奋图强，成绩是最重要的，人才辈出，国家才有希望，眼光须远大，让我们大家共勉之！(54 /5)

深情怀念同济高中的 26 位老师

57 届 华士珍

岁月不居，日月如梭，弹指一挥，60 余年已过，我也早已过了古稀之年，但我同济高中老师的教态笑貌，仍深深印在我的脑海中。

回顾同济高中 3 年的学习生活，教过我们的老师，按学科分大体如下：

政治：蔡祖善、张惠松、陈紫霄、胡友模四位。语文：汪瑞馨、王莱钦、姚来雁 3 位。

数学：金元洪、傅婄珏、曹家骐、吴公达、郑洪渊五位。俄语：屠心观、王习之两位。

物理：吴玉卿、施智洲、吴维僔 3 位。化学：邓俦老师。历史：张石山老师。

地理：褚先、张嚯、赵德民 3 位。生物：蔡西民老师。制图：臧汉老师。

体育：袁成韶、史汝棠两位。

以上共 26 位老师，下面我将分别说一点对这些老师的印象，有片面、不当甚至错误的地方，希望得到指正。

4 位政治老师

解放初期的政治课还未步入正轨。这涉及两个问题，一是教材编写，二是师资配备。其他文科课程，即使像语文、历史，也有教材编写问题，但比较容易解决。所以我们念初中时政治课以时事政策课取代。如初三，就讲过渡时期总路线。到我们上高一时，总算有教材了，就是胡绳、于光远、王惠德三位编写的《社会科学基本知识讲座》。胡绳他们当时还很年轻，30 岁左右，但已是党内有名的理论家了。这本书影响极大，被用作干部学习教材，几百万干部，还有我们这些青年学生，从此知道了猴子变人，社会如何由原始公社一步步发展变化，将来会到达社会主义、共产主义社会。历史唯物论的根底在我们这辈人身上扎得很牢固，与这本教材的学习不无关系。

蔡祖善、张惠松、陈紫霄 3 位老师先后给我们上过这门课。蔡、张是同济高中 1952 届毕业生，比我们高五届，李淑娴也是他们一届。两位搞学运出身，1952 年时，服从组织安排留校搞政工工作，蔡搞党务，任党支部副书记，张任团总支书记。解放初，学校搞党团工作的大多是搞学运出身的，既有政治背景，又熟悉学校工作，是应急的最好人才。我后来接触到许多这样的政工人员，他们不是做了校长，就是做了党支部书记。其实他们中不少人怀有理想，在学生时期都有自己的爱好，所以其中有些后来就转行了。特别是 1956 年国家号召向科学进军后，把这些年轻人的梦想又唤醒了，比如蔡、张两位，一个去了北京地质学院，一个去了北京化工学院。张惠松老师 1957 年和我们一起赶考，蔡祖善老师是哪一年考上的不清楚。这说明他们读书时偏向理科，搞政工，讲唯物论，是服从组织安排。

既然不是专行，所以只能现炒现卖。但毕竟是同济出身，而且是高材生，课都讲得不错。蔡祖善老师个子矮小，1.5 米左右，圆圆的脸，还是学生模样，讲课声音不高，但条理很清楚。她讲的内容其实有一点难度，什么是生产力、生产关系、生产方式，是理论性很强的部分，但我基本掌握了。她讲课时间不长，就由陈紫霄老师接任。

陈老师时任教导主任，身材修长，眉清目秀，浑身透着一股儒雅气，在学生中威信很高。他讲上海话，通俗易懂。教了一段时间，后来大概忙于搞教务，就不上了。他后来做过党支部书记、校长，1983 年后去宝山教育局，他是真正的老同济。2007 年同济百年校庆时，他和我们班十多名同学一起合影留念。捧着我们献给他的鲜花端坐在我们中间，脸上荡漾着幸福的笑容。接着又应我们之邀去五角场一家饭店，我和他同席，见他已用助听器，他兴奋地告诉我，是学生特地送他的。大概三四年前，从网上得到消息说他已辞世，享年 90 岁。

后来是张惠松老师接班，他个子高大，超过 1.80 米，是篮球队员，场上常见到其身影。他讲课语速较快，条理很清楚，思维很敏捷。1997 年同济 90 周年校庆时曾见到过，还和我们班几名同学一起合影。听说北京的同济校友会他在主持。

高二不设政治课，高三有一门宪法课。教这门课的是胡友模老师，时任教导主任。每周一节课，每人发一本《宪法》，一年下来，对于什么是国体、政体、国家政权机构、公民的权利义务都有了一定了解，应该说，这是一种普法教育。在 1957 年四五月间，还搞了一次现场法庭审理。由检察院带来近十名罪犯，他们一律带了手铐，来到学校兼作饭厅的礼堂，我们高三学生观看。先是检察部门宣读起诉书，担任辩护律师的是复旦法律系的两位助教，其中一名年轻女律师当即要求发言，说是其所收到的文本与检察院所宣读的并不一致，她认为，根据法律条文，这是加重了对当事人的指控，所以她认为审理不能进行。双方在对辩了不到十分钟后，审判长当即宣告休庭。随即与陪审人员一起合议，大约只几分钟时间，审判长即宣布庭审结束，整个过程大约 20 分钟不到。那几个罪犯又被押上一辆类似吉普的敞顶汽车，我们感到很不过瘾。不过这场活动说明胡老师对这门课的教学用了一番心思，他要让我们对法庭审案有个感性认识。他讲话带点四川腔，有一次把“笑里藏刀”误讲成“花里藏刀”，我们觉得很有意思，有的同学还学着他讲话的声调。他后来可能也吃了一点苦，校史资料上有一段关于他的记载：“1980 年 10 月，胡友模错案得到纠正，落实有关政策。”至于何时遭冤，遭什么冤，则不得而知。

宪法课在我们这一届搞了一个实验便结束了。

3 位语文老师

汪瑞馨老师在高一时教我们语文。她身材修长，肌肤白皙，鼻梁高挺，颇有西洋女子的风韵。一口京片子，教师中并不多见。当时有一部苏联电影《阿辽沙锻炼性格》，据说是她翻译的，不晓得是否属实。我在私下总是很佩服她，因为当时的风气是一边倒倒向苏联，解放初精通俄语的并不多，她能翻译作品，说明俄文水平已很了得。她课讲得不错。因她语言有着天然的优势，声调抑扬顿挫，讲激动时，杏眼圆睁，极能将你吸引住。但有一次她上课迟到约十分钟，却又不作解释，令我们不满，因为当年教师对这一点很注意。她还抽烟，一般男教师抽烟，我们习以为常，但她是一个年轻女性，当年大概也只二十七八岁。在教师中，她和教代数的傅老师很好，常看到她们一起打羽毛球。有一次她在课上注意到我，我坐在第一排南边靠墙的一个位置，这是我从初一到高一常年坐的座位，反正不是讲桌前就是靠南墙。温暖的阳光直照着我，她发现了我瘦小的身影。刚进同济时，我身高才 1.40 米，体重只有 65 斤，和那些身材高大体格魁梧的同学相比，我在空间占有欲上表现得太谦虚了，显得非常突出。大概我正走神，所以当她点着我说“太阳光里的小朋友”时，我才回过神来，提了什么问题已不复记忆，但我的回答似乎还令她满意。以后我每次见到她总是礼貌性地招呼，她总对我笑笑。她在同济过得不是太顺。1997 年，我和后来的同济党支部书记陆老师通话时，问起汪老师的情况，她说退休教师的活动她基本不参加。她现在应该九十岁左右了吧，在教过我们的20多位老师中，除了蔡、张两位，她是最有可能还和我们一起生活在这个世界的老师了。

高二教我们语文的是王莱钦老师。他身材矮胖，一张圆圆的脸，大概是过早谢顶的缘故，看去有60多岁光景。他喜欢喝酒，有时走过他身边会闻到一股酒气。有一次我见他睡眼惺忪地走进厕所，发现他还是老式做派，穿一条免裆裤。因为王老师也和我一样，星期天住校，所以恐怕只有我才见到这个景象。他是浙江海宁人，讲一口海宁土话，稍带点口吃。他古文修养很好，教师墙报栏上每年都能看到他写的古诗（自然我们看不懂）。那时的语文教材90%以上是现代文，内容又很浅，如魏巍的《最可爱的人》、刘绍棠的《青枝绿叶》，这样的篇目只要学生自己阅读即可，哪用老师教呢！让满腹经纶的王老师给我们讲这样的课文，于他也是一种浪费。王老师对我印象还不错，有一次到他办公室去，不知怎的话题转到王国维，我阅读还算广泛，但彼时我还不知道王国维。经他一讲，我才知道王国维是学问大家，而且约略知道他是王氏家族后人。他非常痛心地告诉我王国维后来投昆明湖自尽了，我当时听过也不当一回事。

到高三，姚来雁老师有一次讲做学问的三种境界，这一次，他也提到了王国维。他说王曾用宋词里的三段名句来比喻成就大事业大学问的三种境界。其一是北宋词人晏殊在《蝶恋花》中的一句“昨夜西风凋碧树，独上高楼，望尽天涯路”，此为第一境界；其二是北宋词人柳永在《蝶恋花》中的一句“为伊消得人憔悴，衣带渐宽终不悔”，此为第二境界；其三是辛弃疾在《青玉案》中的一句“蓦然回首，那人却在灯火阑珊处”此为第三境界。后来我才知道这是王国维在《人间词话》中写下的一段话，其实是王国维的夫子自道，是他毕生做学问的经验之谈。王是近代学术界的鼻祖，被推为清华国学院四大导师的榜首（另三位为梁启超、陈寅恪、赵元任），连郭沫若都向他顶礼膜拜，可见他在中国学术界的地位。姚老师在解释三种境界时将王莱钦老师与王国维联系了起来，说他是王的侄儿，这就加深了我的印象。最近几年对王国维的研究有许多成果，但没有一本像样的王国维传记，我想弄清王老师与王国维究竟怎样一种关系，竟毫无所得。这和对梁启超、陈寅恪的研究形成极大反差。他的知名度和其海宁小同乡徐志摩和金庸相比，也不可同日而语。

姚来雁老师教我们高三语文。他浓眉大眼，身材壮实，相貌威武，用现在的话比喻，是长得帅。他衣着很讲究，多毛呢哔叽之类，因他身板总笔挺，故更显精神。但有一次，他穿了一件打补丁的棉列宁装，倒也不见寒酸，人们犹如见到了舞台上的演员，在很好的衣服上打着一块补丁的模样。

我们上高三时，语文教学作了一次改革，将语文分为两部分：文学和汉语，同时拿到一本厚厚的文学课本和一本很薄的汉语课本。这是叶圣陶主持搞的，叶圣陶在文化、出版方面所起作用世所公认。1956 年的教材改革可说是一种创举。它按文学史发展线索，从上古、中古、近古到近代、现代，恐怕还有外国文学部分。据说高一、高二和我们高三一样，也用新教材，大家都从“关关雎鸠，在河之洲”开始。第一册学《诗经》《楚辞》《论语》《孟子》《左传》《国策》《史记》和汉魏六朝文学(包括建安文学、汉乐府、古诗十九首、陶渊明诗文)。第二册学唐诗、韩柳古文、宋词、欧苏古文。估计第三册应是元曲、明清传奇、小说等内容，不过这与我们无关。可惜这套教材只用了两三年便夭折了。1958 年提出“厚今薄古”，哪里能容你全讲古文。汉语那一册教材所花的教学课时很少，主要工夫化在文学课本上。

因为教材改革，又因姚老师的教学，这一年我有极大的收获。姚老师此时正年富力强，最多 30 出头吧，操一口带山东口音的普通话，声音响亮，语速时快时慢，节奏把握很好。带些肢体语言，但幅度不大，给人一种愉悦感。这样的一种教态细节，虽无关宏旨，但也很重要。设想一下，如果在讲坛上，施教者声嘶力竭，再作摇头摆尾状，不要说 50 分钟，就是 15 分钟学生也会受不住的。不知为什么，这一刻我想到了经常在百家讲坛露面的纪某人，也不由得我感叹，姚老师生不逢时，如果放在现在，他要是在百家讲坛露面，那才叫出彩呢！当然，讲课主要还是靠学识水平，特别是讲古典文学，起码得通古汉语，还得熟悉中国古代史。老师虽然年轻，但这方面功夫不错，听他的课，觉得很过瘾。

韩愈在《师说》中说：“师者，所以传道授业解惑也”。以往我们学的那些课文自己可以阅读，无需老师讲解，也就用不到老师解惑。现在不行，特别是先秦的那些文章，古典深奥，不是老师逐字讲解，是无法弄通的。什么是“蒹葭苍苍，白露为霜”，“带长铗之陆离兮，冠切云之崔嵬”又是什么意思，“风、雅、颂”是什么，“赋、比、兴”是何种修辞手法，都不懂，那就好好听课吧！我越听越觉得新鲜，只是沉思，要是早两年给我们讲这些内容该有多好。所以，也不用老师布置作业，我把许多课文，即便《国殇》《涉江》那样难背的篇目都背出了。我很可怜的一点古典文学修养，几乎都来自高三这一年的学习。像《琵琶行》那样的长诗，88句616字，现在一口气能背下来，如不是当年记忆正旺盛，做得到吗？前些时，听专为毛泽东录制，用昆腔唱的宋人词曲，其中由蔡瑶铣演唱的张元幹的《贺新郎》，我听了20多遍，才勉强将全词记住。

姚老师布置的第一篇作文是“《氓》读后”，这是一首描述男女爱情的诗，拿到题目后，大家都无从下手。我喜欢跑图书馆，其时阅览室在我们宿舍底层，有几十种书报杂志供浏览。我喜欢翻阅《人民文学》《文艺报》《解放军文艺》《诗刊》这几种。不知在哪一本上看到余冠英写的文章，专门论述《氓》这首诗，其时还不知余为何许人。若干年后，读到他的《诗经选注》，才知道他是著名的诗经专家。我读过后觉得可以参考，很快将自己的心得整理成文交了上去。这一次，老师给我打了5分，并加了几句赞语，从此，我更喜欢上了古典文学。

姚老师在学生记分册上签名时，经常写一个“萌”字，我才知道姚萌是他的另一个名字，大约从1958年开始，在《解放日报》的文艺版《朝花》上，他就用这个名字发表杂文、随感一类文章，文字短小精悍，每篇都只四五百字，紧密配合形势，带有时代特点。

姚老师的个人生活很不幸，这是1997年我和陆老师通话时得知的。据陆说，姚老师的这种不幸缘于旧式婚姻，他夫人是从山东带来的。他没有说详情，但我能理解。按年龄，老师这一辈不应是这种情况，但世事难说。民国时期的文化人最后大多挣脱羁绊，自我解放，而像胡适、季羡林那样，从一而终的，实属罕见。怪不得蒋介石褒奖胡适是“新文化中旧道德的楷模”了。1997年校庆时未见到姚老师，陆老师告诉我，姚老师已到弥留之际。他曾做过1956届高中班主任，当年的学生去看望他时，他泪流满面说不出话来。我不知他有没有看到校庆纪念册，因为上面有我的文章《同济忆旧》，其中专门写了他留给我的印象：“先生讲课富于感情。他讲白居易的《琵琶行》，讲到‘同是天涯沦落人，相逢何必曾相识’时，我见他言语哽咽，眼噙泪水，使我受到极大的震动。我现在从事中学历史教学，在课堂教学艺术上也推崇情感教学，以为教师一定要用对历史事件的深切感受，通过准确生动的语言感染学生，激励其情感，陶冶其情操。”如果他读了的话，那么在他快要离开这个世界时，多少还能让他感到些许欣慰。

5 位数学老师

高中时数学分代数、几何、三角，几何又分平面几何和立体几何。我们这一届还没有解析几何，如果有的话，那就成了五门课了。现在高中数学老师一人独挑，教了一段代数，再教一段几何，再教一段三角，这些内容都穿插在一起，到高三复习时哪容你一人搞一段，我看到的都是一个人一竿子到底，这对教师的教学素养是极大考验。所以我们只见数学老师一天到晚在解题，因为他如不解怎么对付得了学生。现在想想我高中时的数学老师，他们真是太轻松了。

高一学两门课，代数和平面几何，教代数的是傅婄珏老师。从高一到高三，没有变动。据校史资料："1954 年 4 月，市教育局由机关事业单位抽调有教学经历者支援中教发展，姚来雁、傅婄珏等 12 人被分配到我校，先分别在各教研组听课学习，至秋季开学后任教。"根据教工名单排序，我们的班主任邓老师也在其中，可见傅老师他们比我们早到同济几个月。因为是抽调来的，所以教学能力都很强。傅老师课上得很好，概念讲述很清楚，板书虽不漂亮，但很工整，语速掌握很好，往往她刚讲完，铃声便响起，从不拖堂。高中代数除了排列组合和牛顿二项式稍感困难外，其余觉得都很简单。我的成绩以 5 分居多，有时拿 4 分。大概是 1954 年 10 月，开学还不久，傅老师找我，在教室后门走廊处，带着怒气对我说："现在全班就你一个不照格式做，以后不许这样。"我只有唯唯称是。我的毛病是贪快，一道题运算有六七步，我总要简化掉一两步，等号又不对齐，惹她生气是有道理的。但我相信，如果对那些人高马大的同学，她的口气肯定要缓和一点。她还是把我当作初一小同学。不过从这以后，我便长了记性，作业也认真起来。

金元洪老师教平面几何。他中等偏矮身材，语速缓慢，声音响亮，表达清晰，逻辑性很强。平面几何重在推理，最忌逻辑混乱。金老师教得不错，不过和代数相比，我学几何的能力要弱一点，得 5 分的时候少，得 4 分的时候多。

高二时学三角，教三角的是曹家骐老师，他很年轻，高个子，大约 1.8 米以上。他极注意仪容，头发总是油光锃亮。很难说出他的上课特点，本来这门课于我来说好像也不难。他上课主要是演算，每次总是满满两黑板。高二时我座位移到了第 3 排，因近视缘故，那密密麻麻的板书我看不清，课堂上我往往只是听他讲，自己在下面演算。感觉稍难的是恒等式证明，但这只要题解得多一点自然能找出其中规律。曹老师是 3 班班主任，他会唱京戏，有一次用英语唱《空城计》。因为他是党员，后来被调到宝山县教育局搞行政。

郑洪渊老师上高三立几，立几这门课于我而言比平几容易。这要归功于郑老师在初始阶段给我们打下了一个很好基础，使我们对线与面的关系，面与面的关系弄得很清楚，由此建立起一个立体空间的概念。以后的内容似觉并不复杂，都是一些计算上的工夫。郑老师咽喉不好，有慢性炎症。他每次上课总带一块手帕，讲不了几句便要清一清喉咙，将手帕掩住嘴巴，似有吐痰的动作，我估计其实并没有痰液。因为这个咳痰动作一堂课总有10来次，真的有痰吐出怕是三四块手帕也不顶事。他讲课声音不大，但思路非常清楚，对提高学生思维能力很有帮助。郑老师不仅形体消瘦，人也斯文。他1950年毕业于交大化学系，数学并非其专业。因他生于1927年10月，1987年首评时刚好赶上，被评为中学高级教师。他享受离休待遇，估计解放前参加过学生运动，也曾是热血青年。但有过这样一段光荣史的人，在我们离校不久竟被划成右派，真让人大跌眼镜。

吴公达老师也教我们几何，但他教的是平面几何还是立体几何已记不太清。印象中他应该教我们一段平面几何。作图不用圆规、三角板是他教学的一大特色。他作图时，头微朝右偏，对着黑板站定总有一两秒光景，不知是运气还是思考。只见他运手速度很快，粉笔到处，一个规整的圆便呈现在我们面前。然后随着他的讲演，用彩色粉笔画出各种线段，使我们对题意有一个清晰的了解，解题思路也随之而出，听他的课一点都不费力。1997年5月20日同济90周年校庆时，我在《上海教育报》发文回忆同济时代的几位老师，介绍了吴老师的这一绝活。稍后参加一次会议时遇到闸北区回民中学的一位同行，他说看到了我的文章，向我通报吴老师后来在闸北区一所学校任教。

两位俄语老师

我们这一届初中学的是英语，高中改学俄语。学俄语在当时也算一种时髦。在初中时，因为低我们一届的学生已开始学俄语，我们这一届学英语已不很用心，上课只是为了应付考试，说不上有什么内在动力。对俄语倒有一种新奇。记得1953年的一天，学校来了一批苏联友人，全校不上课，在大操场开联欢会。学校临时搭了一个很大的台。校长讲话，贵宾讲话，听俄语老师叽里咕噜翻译，看苏联友人演出，几名年轻美女演绎俄罗斯舞蹈，这些都让我们大开眼界。晚餐时，全校大喝罗宋汤，真像过节一般。那天我还请一名苏联水兵在日记本上签了名，更让我兴奋莫名。就从这时起，班内有几人练俄语“p”的发音，说学俄语一定要会发这个音，但结果没有几人学会的，我倒学会了。这是一个舌尖颤音，其要领是要将舌尖稍稍卷起，让气流冲击舌尖，使其颤动。我练到最后的结果，可以连续颤动十几秒钟，后来我吹笛子时也用这个颤音，觉得很好玩。我想可能是我年纪小舌尖比人家灵活一点的缘故吧！

高一、二教我们俄语的是屠心观老师。他瘦高个，背微驼，戴一副金丝眼镜，常穿一双布鞋。和陈紫霄老师一样，浑身透出一股儒雅气息，但他已50开外，更属于老式文人雅士一类。屠老师是老同济，属于附中时期的，同济附中前身是德文专修科，他专长的是德语、英语。他教我们是边教边学。据说马克思为了写《资本论》，五十岁开始学俄语，我们屠老师为了适应新时代的教学，也在50多岁开始学俄语，其学习精神是一样的。德语、英语没有舌尖颤音，屠老师教学时发生了一点困难。因我就坐在讲桌前，他一下发现我会发这个音，于是让我示范。我由对屠老师的好感开始对俄语发生兴趣。和英语相比，记俄文单词比英文单词容易，只要读得出就拼得出，单词也就记住了。一堂课记10来个单词好像也不是什么难事。有几次小测验我的成绩都不错，有一次屠老师还奖给我和张利民各一本练习本。

屠老师板书极工整，无论中文俄文都像印出来一样。我观察他板书时粉笔转动非常灵活，是真正的得心应手。看他的板书就像欣赏一件艺术品，在我一生中还没见到有人达到他的水平。

要说和其他老师不同，屠老师除了让人敬服其学识之外，还让人感觉可亲。做到这一点很不容易。在我做学生的十多年中，从小学到大学，教过我的有几十位老师，他们都很可敬，但令人可亲的真不多，屠老师是其中的一位。

记得高二上学期结束时，班级举行联欢会，我们请到了屠老师。他把我们当小孩子，带来一大包糖果。联欢因在晚上举行，有些走读同学没有参加，印象中大概只有30多人。屠老师让我们猜谜，他设的谜面是唐代诗人李商隐《无题》中的一句：“心有灵犀一点通”，要打一个班内同学的名字。我们的古典文学修养很差，所以他将前一句“身无彩凤双飞翼”也讲了一遍，竟没一个人猜出来。后来他自己把谜底揭开，说是梅自发。梅自发在高一时担任室长，我们戏称他为“梅室官(色鬼)”，他有一点结巴，讲起话来会脸红。

对于屠老师来说，这样的设谜是略施小技，因为他是上海很有名望的文虎大家。所谓文虎，即文字的拦路虎，猜灯谜也就是要破这个拦路虎，所以又称“灯虎”。精这一行的，必是具相当国学根底，学识广博者。抗战胜利后，屠老师是上海谜社“虎会”的创始人，会刊《虎会》主编，是上海谜坛的耕耘者和播种人。左手书法大家费新我喜欢制谜，和屠老师多有交往，还为《虎会》绘画谜。下举几例来说说屠老师的灯谜制作。

谜面谜底

1. 明修栈道，暗度陈仓 (打一作家) 艾思奇

2. 马谡决不从王平之言 (打一京剧名) 定军山

3. 静养 (打一会计名词) 不动产

4. 媒婆 (打一粤剧演员) 红线女

大约我们毕业后不多年，屠老师被调到张家口解放军外语学院教德语，其德语专长总算得以发挥。但张家口风沙很大，冬季极冷，屠老师有哮喘病，很难适应这样的气候。他很想重回南方，但领导颇多倚重，希望他为教学把关，他也只能勉为其难，直到退休才回到上海。部队分配给他原蕃瓜弄改造的新建住房一套，老师得以安度晚年。搜索百度得知，屠老师于 1979 年病逝，其生年不详。

高三时来了一位王刁之老师，他很年轻，可能刚从学校出来，缺乏教学经验，加上湖南口音，我们很不习惯。这时我已考虑考大学，我们这一届除考外语学院外都不测试外语，加上高三的俄语语法有点复杂，有什么形动词、副动词之类，已没有初学时那种新鲜感，所以上课就很随便，大部分同学只求考试过关，我也属于这一类。要说这一年的收获也只能说我开始习惯听湖南话，后来和湖南人交流似也不感困难。

国门打开以来，为适应对外交往，对外语的重视到了空前未有的地步。国人的浮躁情绪在学外语上表现最为突出。提了许多“从娃娃抓起”的口号，唯有外语确是落到了实处。不少幼儿园小孩子，母语还不会讲多少，却在叽里咕噜讲英语，十几年书读下来，及至大学毕业，写毕业论文却过不了文字这一关，这真是我们教育的悲哀！

和我们学生时代相较，我们国家的外语教育走了两个极端。我们这一代受教育时最大的问题忽视外语教学，除极少部分人外，大部分人连一门外语都未能学好，至今都引为遗憾。如果当年也像现在这样重视外语，我想在人的一生中掌握一门外语也不是一桩难事吧！

3 位物理老师

高中物理从力学开始讲起，再讲声学、热学，最后是电学和原子结构。最先开始教力学的是一位女教师，也回忆不起其名字，从老师名录上看，列在另一位物理老师王正之后是吴玉卿，估计应该也是物理老师，姑且认定她是吴玉卿老师吧！她教的时间不长，恐怕只有一个月时间，牛顿三大定律是否开讲已记不清，接她课的是施智洲老师。施老师讲课形象生动，他讲自由落体、上抛、斜抛、力的合成与分解，我都感兴趣。力学这部分我自认还学的不错。

此时的物理教学也向苏联学习，学习其综合技术教育经验。1955年4月24日，《文汇报》刊登报道“同济中学出现了综合技术教育的因素，高三物理科教学中，理论联系实际收到良好效果”，表扬物理组组长施智洲教学有方。

1958年提出“教育与生产劳动相结合”的方针后，同济高中在这方面表现更令人瞩目。1958年10月3日《青年报》，10月5日《解放日报》《文汇报》编发了同济开展勤工俭学取得成绩的消息，学校还制作学工、学农成绩的版面，先后参加上海市及全国综合技术教育成果展览会。因为出了这样的成绩，同济高中部在大跃进中改为中专性质的“上海市技术物理学校”。高三年级经政审后新编两个中专班进复旦大学学习专业，学校改归中科院上海分院及复旦大学双重领导。1959年1月，“上海市技术物理学校”正式挂牌，与原上海市同济中学校牌分挂校门两侧。至暑期，中专两班68名学生毕业，其中50人分配至中科院技术物理研究所。1959年9月，“上海市技术物理学校”停办。

我之所以将上述一段校史资料抄录下来是为了说明，大跃进中曾出现过许多令人想像不到的事，同济中学也曾有过中专班，并和复旦发生了直接关系。要说起来这和施老师在劳技这方面的特长有关。上世纪80年代末起，市教育行政部门又开始重视劳技教育，规定学校各年级开设劳技课，劳技课教材编写，师资培训就提上议事日程。由于施老师在市内的名望，于是被调至市教研室担任劳技教研员。从高级教师名录册上得知，他是在市教育局教研室被评为高级教师的。

不过施老师的劳技教育于我们似无多大实惠，因为他只教我们一年。吴老师给我们讲课还来不及，就谈不上搞什么劳技了。我的动手能力本来就差，学了半天并联串连，解题还可以，但见到电总是“吓势势”，有了故障，总让没有学过电学的师傅帮忙解决。

施老师在一次点名时将董迺莹的“迺”读成西。“迺”这字，除了姓氏与地名专用外，其实与“乃”通。不知董迺莹在取名时何以不用人人都识的“乃”，而要用人们不熟悉的“迺”。施老师非文科出身，大家也不计较。不过后来我们在议论时，觉得老师比较老实，他尽可故意将名字漏掉，然后由董迺莹自报家门。这是小聪明的做法，其实也不可取。所谓“知之为知之，不知为不知”，还是老实一点为好。

高二时改由吴维儁老师教我们物理，他从热学讲起，一直讲到原子结构。吴老师个子很高，深度近视，他边进修边教课。他语调时高时低，有时发出一种尖锐的声音，听去很不舒服。他大概信基督，口误时常在胸前划个十字，以示忏悔。但他教学很认真，课前准备也很充分，所以高二、高三时我的物理成绩虽比高一时差，还能维持在 4 分的水平。

3 位地理老师

高中地理设在高一、高二两年，每周 3 教时。内容只讲世界地理，不讲中国地理。

高一一开始就由褚先老师讲授。褚老师高个子，国字脸，中分头，头势很清楚。因他已过中年，给人一种滑稽感。他苏北口音，吐字清晰，慢条斯理，声音高亢。听他的课不费力。当时中苏正处蜜月期，和历史课专用一学期讲苏联现代史一样，地理课专用一学期讲苏联地理。放在过去，作为世界地理的一部分，苏联地理最多用十节课即可解决，但现在却要花一个学期，而且又只讲经济地理。我们这一代人对苏联比较熟悉，这与我们接受的教育有关。如果要我们讲出苏联 16 个加盟共和国的名称，也不是难事。但要讲出美国 50 州中的一半，你行吗？六十年前正是我们记忆力最佳的年龄，所以到现在为止，那些长达七八个汉字的俄文地名，如马格尼托哥尔斯克，符拉迪沃斯托克，可以脱口而出，凡教科书上有过的，一个都不忘，到底有什么用处，自己也说不上。褚老师讲课给我留下的最深印象，是差不多每节课都要讲生产配置 (他将“配”读成 pòu)，这大概是苏联社会主义建设一条最重要的经验，工业生产不能远离原料基地，比如发电厂要建在顿巴斯，因为那里产煤，钢铁厂要建在哈尔科夫，因为那里有大型铁矿，离顿巴斯又不远，这道理好像并不难懂。

褚老师恐怕也到过不少地方，有一次晚饭后文娱活动时间，他应邀给我们讲他的旅游经历，讲云南的过桥米线，讲大理饵块，这是我最早获得的“舌尖上的中国”的知识，对小吃里还有那么一些学问感觉很新奇，估计抗战时期他也到了大后方。

记不清是高一还是高二，张欌老师上过一段课，时间不长。张老师也是高个子，他的名字我后来从校史资料才弄清，以前误以为张玃，但毕竟想不通，何以起名取了这一“玃”字，现在才知道是传错了。张老师没有褚老师讲得好，留下印象不深。接他课的是赵德民老师，传说赵老师是“重庆号”起义人员。“重庆号”是一艘巡洋舰，二战后英国赠送给我们，于 1949 年渡江战役前宣布起义，驶往葫芦岛。当时解放区还无制空权，“重庆号”最后遭国民党空军轰炸后自沉。因为有这样一段经历，听赵老师讲课就很觉兴趣。他常常会将亲身经历的事加以描述，如讲到印度，便会讲印度人对牛的崇拜，将它视为神物，在德里街上是车让牛，而不是牛让车，使我们感到奇怪。又如讲到澳大利亚毛利人，见面有碰鼻礼的习俗，更令我们惊异。六十年前，即使我们生活在上海，也像生活在边远荒漠之中，对世界缺乏了解。像赵老师这样，随着海军船只周游世界者寥寥无几，所以听他讲述亲身经历犹如听天方夜谭。赵老师对学生很好，有一次在去五角场的路上碰见，我向他鞠躬致礼，他特意停下问我姓名，平时他也总是笑嘻嘻的。

我们中学时代，教材内容中，人文类的内容占了大部分，自然类的只占极小部分。教材名称就叫世界经济地理，将它完全与国民经济建设挂起钩来。这是向苏联学习的结果。即使是人文方面的内容，比如人口、宗教、民族问题基本未涉及。而自然地理，则有关地质、地貌，大地构造，水文气候，土壤植被这些基础知识我们都未接触，连最基本的国际时区，大气洋流，季风带的分布，这些日用性内容我们都弄不清。

和历史课一样，大跃进之后，地理课时被大大缩减，初中改成三教时，高中改成二教时，“文革”中这门课被取消。

历史老师

历史课由张石山老师担任，从高一一直教到高三。除了张老师，连上三年的，只有班主任邓俦老师和教代数的傅老师。

张老师中等偏矮身材，皮肤黝黑，相貌不敢恭维，唯其对自己仪容相当注意，倒也并不惹眼。和姚来雁老师一样，烟抽得很凶，故手指蜡黄。他操北方口音，像是河南、山东一带的。他讲课从来不看教材，也不看教案，语调虽无多大变化，但语言连贯，无窒碍之处，表现出他的史学功力。和我初中时的几位历史老师一样，他基本一讲到底。板书不多，整板书写几行提纲，一堂课下来，也只几十个字。副板书较乱，东写一个词，西写一个词，没有章法。在讲到某个战役时，他也用板图示意，但这种板图恐怕也只有他自己看得懂，因为他无法让你弄清全局，只孤零零写上几个地名，他的习惯表述是“叭”一下，于是在一个地名处，画一个箭头，朝向另一地名，以示大军所指方向。他自己自然清楚，但学生往往莫名其妙。一场几十万人伤亡的战役就这样“叭”一下在几分钟内演绎完毕。这自然不能怪他，因为当时还没有教学挂图。

张石山老师具备相当的历史专业知识，在同济这种地方要教高中也不会随便挑个人，我听了他三年课似也没有发现他在史实叙述上有什么大问题。与他同时上高中课的徐光烈老师是中国古史专家，后来被调到上师院历史系，我虽没有听过他的课，但知道他很有学问。同济的图书馆馆藏典籍很丰富，不但有许多线装书，还有全套《中国近代史》丛书(大约有五六十大厚本)，一般中学根本不具备。这样一种学术氛围，也决定了张老师在专业上一定会有所追求，而不肯落伍。问题是时代限制了他。试想高二上学期讲苏联现代史，时间跨度从1917年十月革命到1945年卫国战争结束。放在现在，这一点内容最多安排15教时，张老师却要讲一学期。他所能参考的恐怕就是斯大林搞的《联共党史》了，但这些内容无论怎样讲，想要将学生吸引住，这不是太为难张老师了吗？再如胡华编写的那一本《新民主主义革命史》,这三十年的历史放现在最多安排20课时，张老师却要讲2学期，其难度可想而知。

我们进同济时，听说张老师曾和汪老师拍拖，两个人三轮车同进同出，感到很惊奇。因为单从外貌看，两人似不很般配。但因未经考证，姑且存疑。这里没有一点对张老师不敬的意思，后来听说他有历史问题，不知什么时候起，他从同济历史上消失了。因为我后来从事历史教学，张老师是我的前辈，也是同行，而且他为人和善，经常笑嘻嘻的，我还是很怀念他。

生物老师

高一的生物课是达尔文主义基础。达尔文是生物进化论创始者。因为初中时学了一点植物学、动物学，懂了一点常识，所以学达尔文主义觉得并不难。

教这门课的蔡西民老师身材矮小，与蔡祖善老师差不多，恐怕不到1.50米。她看去已五十岁左右，讲话声音很低，我因坐在讲桌前，听来不吃力，后面的同学如精神不集中恐有问题。但老师讲课条理极清晰，语言干净利落，无一句赘语，如记录下来，应是一篇很好的文章。这说明老师教学功底很深。因为有了初中生物，特别是动物学的基础，对于生物进化很易理解。当然，她还要讲遗传与变异、种内竞争和物种竞争、自然选择与人工选择，这都是达尔文的发明。

蔡老师有一次发现我在看周汝昌的《红楼梦新证》。周汝昌是有名的红学大家，但在50年代，他才30岁左右，因受了胡适影响而走上红学研究道路。当时李希凡、蓝翎两位小人物正受到毛泽东鼓励，向俞平伯开火，关于红楼梦研究的论战已在全国展开。周的这本书是他的处女作，他按胡适“自传说”，将红楼梦中人物一一考证，如贾宝玉即曹雪芹，贾代善即雪芹祖父曹寅等。我因刚看过家里线装本《石头记》，对这种考证有一点兴趣，看周著是借以了解贾家的身世。书刚进馆，我是第一个借阅者。蔡老师想不到我还会有这种兴趣，她关照我还书时直接将书转给她。像蔡老师这个年纪自然与我不同，她不会像我这样泛泛而读了，肯定是有所研究的。

达尔文主义这门课对我们影响最深的是“物竞天择、适者生存”的观念。生物界的进化是根据遗传变异法则进行的。只有遗传，没有变异，谈不上进化；只有变异，没有遗传，物种不能固定，世界也会乱套。而物种进化则是通过物种之间的竞争和物种内部的竞争来完成的。这种竞争或者说斗争是残酷的，所根据的是“适者生存”的原则。蔡老师这门课教学的成功，在于她通过教学将这一番道理说得清清楚楚。

但就在生物进化论学说风行时，解释生命科学的孟德尔、摩尔根学说兴起。他们创造的遗传学，建立在细胞分子学基础上，这就是基因学说。它解释了达尔文学说所不能解释的问题。但50年代的我国学术界，却给它贴上“资产阶级伪科学”标签，而拼命宣传米丘林、李森科学说。直到毛泽东和谈家桢谈话后，才将孟德尔、摩尔根学说引入课堂。但其时我们已在大学。按蔡老师的年龄，她肯定了解遗传基因学说的大概。民国时期孟德尔、摩尔根学说在大学传播不会有什么障碍。老师在一次讲到遗传和变异时，她将基因学说作为一种观点作了介绍，也只是几句话，大部分同学不会留下印象。她也只能点到为止，因为这不是一下能说清的。我因为坐在讲桌前，而且对新名词感兴趣，所以当时就留下了印象。

制图老师

高一有制图课，教材 8 开张大，厚厚一本。还有一块制图版。除了圆规、直尺外，还得备一支鸭嘴笔。虽然每周只一节课，因有制图作业，费去时间还不少。

按当年的教学计划，这门课从 1952 年开始开设到 1957 年停开，大约五年，这恐怕也是学苏联的一套。重理工，轻文史，是国家将重点转向建设的必然结果。学理工成了一代青年人追求的目标。制图这门课的开设就适应了这种需要。

从其教学目的来说，主要培养学生具有初步绘图和读图能力，培养和发展学生的空间想像力和构思能力。教学内容主要是点、线、面的正投影和基本几何体的三面投影规律和视图画法。

臧老师高个子，嗓门很大，课也讲得不错。我的空间想像能力不强，但通过臧老师讲解和制图练习，这方面能力有所加强，学会了画三视图，这对于我以后学立几有不少帮助。但我对制图作业没有多大耐心，加上我用的鸭嘴笔是父亲早年使用的，1920 年代的老货，图作得不太好，得分也不高。

臧老师会说相声，有一次文艺演出时，他和邓老师登台表演，邓老师作逗哏，他作捧哏，效果真不错。有一次文娱活动时，他还给我们唱锡剧《双推磨》，嗓音亮丽。

有时见臧老师穿军人制服，足蹬翻毛低统靴。从校史资料上得知，他属离休干部。按老师年龄，恐怕应是抗战时期的。但如按其教中学的知识学历，应该不再从教而是充当领导干部。一般都是处一级的，起码也是科一级。所以我怀疑，老师应是搞技术的。搞技术也有两种情况，一种是参加革命队伍后，在部队搞技术工作或作文化教员。在抗美援朝后部队缩编时因种种原因，不宜留在部队，即转业到地方。还有一种，即原在国民党部队，随部队起义，再编入人民解放军。当然，只要赶在 10 月 1 日之前参加革命，也就可享受离休待遇了。臧老师不知属于哪一种？

两位体育老师

袁成诏老师上我们高一、高二体育课。在高中老师中，我最早认识他。因为在肇和中学(现六十中学)参加升学考试时，他做我所在考场的监考。他个头不高，理平头，站得笔直，不苟言笑。两天考试下来，他已对我留有印象了，因为我不唯瘦小，而且差不多每场考试我总先交卷，他开始还示意我不要早交了，但我很自信，所以后来他也不管了。

高一刚开学，袁老师就教我们第二套广播操。大约从初二 (1952 年 9 月) 开始，国家推行广播操，其时我在陆行中学。上午第二、第三节课间全校集中在大操场，由学生会体育部长在司令台上领操。伴随着乐曲声，一千五六百人一起操练，场面颇为壮观。学校操场离金桥镇只百来米，每次乐曲声起，便引来许多金桥居民观看，这也可以说是解放初的一大景观。到了 1954 年，国家又推出第二套广播操，袁老师就在课上教我们。他苏北口音，讲解要领很清楚，其示范动作按现在的标准完全可以上电视台。因为有了第一套广播操的基础，学第二套也不难，几堂课下来，我们都学会了。这和他的严格要求也有关，因为他每节课要抽学生上台，作为测试，并当场记分。我也被他抽到过一次，记得给了我 80 分。袁老师大概专长于体操，常见他带着学校体操队训练，那是在大楼底层，看穿着白色吊带服的队员，在他指导下，做各种高难度动作，特别是空手翻跟斗，一个个子矮的队员可以连翻好几个，让我大开眼界。

高三时史汝棠老师上我们体育课。其时史老师尚年轻，身材壮实，讲一口宜兴话，带一点沙音，但很响亮。史老师在上海中学体育界颇具声望。他是中央大学体育科出身，国家级裁判。1963 年在晋升工资时，他是中学一级教师，当时学校已属宝山县，全县就他一个一级教师。要知道，大学本科毕业生分到中学，经过一年转正后，才定为中教八级。因为到了 1979 年我才获得一次调整机会，私下曾经设想，到退休时能否提升到中教五级。史老师专长田径，1963 年，上海教育出版社曾出过他的专著《田径》。他教我们高抬腿，讲百米起跑要领，还有就是对我们进行长跑训练。他对我们要求严格，一堂课下来，总感觉累。他的课堂教学模式受到推崇，临着学校北边的上海体育学院的学生就由他带教，先是让实习生观摩，几堂课之后，便由实习生上课，我记得这样的实习课有过两次。

作为体育教研组长，他身体力行，操场上总能见到他的身影。他又有很强的组织能力。1956 年 11 月上海举行秋季田径运动会，地点就在学校附近的江湾体育场。运动会安排学校在开幕式上作大型组字表演。现在看惯了各类体育运动会形形色色表演的人们，如果将当年我们的表演再现的话，那真可认作是小儿科。全校大约一千多名学生，在体育场东边的看台，大概占十分之一左右席位吧！每人都穿白衬衫蓝裤子，我们的任务是组建“建设祖国，保卫祖国”八个大字。这八个大字用红色显示，被安排在组字位置的同学每人发一面小红旗，许多充当底色的同学，只要静坐即可，大约高中同学都要举旗。我们被集中到体育场训练了许多次，随着史老师的号令，一会儿举起，一会儿放下。这其实是最简单的动作，只要注意力集中，思想不开小差，举旗时放到一定位置，不要偏高，不要偏低，也就不会影响观瞻。后来听说市领导对我们的表演评价不错。因为这在上海恐怕是第一次，是创历史记录的。

1956年史老师被评为上海市优秀教师，1978年，他又被评为上海市教育系统先进个人。

我初中就读的陆行，高中就读的同济，以现在的标准，都可评为体育特色学校。1952年，陆行一名高一学生张长发，参加了一个全国性的运动会，跳远成绩是6米，三级跳远成绩为13米，放现在，当然不算什么。但当年，我们眼里，他就是运动健将。去北京前，全校欢送，回来时，像欢迎凯旋将军一样，全校像过节似的。记得在陆行中学时，知名度最高的是校篮球队的几位队员，他们才是我们心中的偶像，60多年了，我还没有忘记他们的名字。

为什么解放初期的学校，特别像同济这样的学校，体育运动能开展得很好呢？

首先，这和新社会初期整个民族奋发向上的良好氛围分不开。“歌唱我们亲爱的祖国，从此走向繁荣富强”，人们干任何事情，都自觉地和这个伟大目标联系起来。锻炼身体为什么，是为了建设祖国、保卫祖国。多少年来，我们被称为“东亚病夫”，这顶帽子都甩不掉，还谈什么自立于世界民族之林！那时我们高歌的是“当祖国需要的时候，我们马上拿起枪”，“是那山谷的风，吹动了我们的红旗”，没有强健的体魄，能当解放军，能做勘察队员吗！体育锻炼的目标很明确，没有一点功利。

其次，当年从苏联引进的劳动卫国的体育锻炼制度起了很好的作用。从1954年开始推行，到1964年废止，真正推行只有五六年。我们在同济中学读书时，正是推行最着力的阶段，恰被我们逢上了。史老师、袁老师都是优秀体育老师，一节课50分钟，一分钟都不肯放过。有时累得手瘫脚软，但受益的是我们。

最后是同济所特有的体育竞技的氛围。这种氛围的形成取决于多种因素。

①同济有较好的体育设施。校本部有多个篮球、排球场地，工字楼前的场地可供五六百个寄宿生做早操。府前右路东侧开辟出的一块场地有400米跑道，其面积和校本部

差不多，总在七八千平方米。环绕校本部一圈的四条路平时无闲杂人员，几乎为学校专用，跑 1500 米就绕着它跑，记得是四圈不到一点。这样的条件，不要说市区学校，即使是郊区学校，像我初中所在的陆行中学，也无法和它相比。还有一位勤勤恳恳、任劳任怨的器材管理师傅龚坤生。他是我小学同学海荣兄的父亲，大约早于 1951 年就来到同济中学，毕生为同济师生服务，直至退休。平时他穿着粗布衣服，戴着深度近视眼镜，在靠着府前右路的一间小房子里，整理、修理各种器材。但凡体育课或课外活动时，他便在小窗口为我们服务，从未听到过他有一句怨言。

②同济有一批华侨学生，不知为什么，这些来自印尼、泰国、马来亚的同胞兄弟都爱好体育。他们在羽毛球、举重、拳击、射箭等诸多项目中，表现尤为突出。低我们一届的张浪水得过全国射箭冠军，后来回到泰国后任国家队教练。还有一名长得很帅的华侨学生得过上海轻量级拳击冠军。我们班任应禄来自柬埔寨，我经常看见他在宿舍前那方地上压杠、练臂力，他的一身肌肉可以和米开朗基罗雕塑中的《大卫》媲美。来自马来亚的陈行东常活跃在篮球场上，1958 年他考入了上海师院体育专科，我还见到过他。华侨学生人数虽不多，但影响却不小。

③学校临着江湾体育场，后来北面的行政干部学校成了上海体育学院，大环境很好。1956 年上海市秋季田径运动会学校领受了任务，我们作了表演。记得开幕式上，列宁格勒泽尼特足球队和南京部队足球队举行了比赛，这是我第一次观看足球比赛，印象很深。江湾体育场在 1954 年重建完毕正式启用后，赛事渐渐多起来。但有时观众不足，特别是国际赛事，如观众稀稀落落，就会影响国际观瞻。每次出现这种情况，就组织同济学生填补空缺。我记得观看过一次印度国家排球队和上海排球队的比赛。这时中印处于蜜月期，赛前关照我们，要为印度队加油，因为他们在北京打得不好，情绪低落。这类活动，都能提高我们对运动的兴趣。

④教师的作用。教学活动中，学生是主体，教师为主导。以同济来说，两位老师不但专业素养高，自身修养也好，所谓“学高为师，身正为范”于两位完全适用。他们对我们的严格要求使我们不敢懈怠。在所有学科中，体育是我的弱项，这和我身体条件自然有关，但主要还是缺乏兴趣，少了一点蛮性。不过处在这样一个体育热的大环境中，我也一点点喜欢上体育了。球类不行 (个子矮，抢不到球)，还可以练跳绳、爬竿，可以练单杠、双杠，

可以练俯卧撑、引体向上。总之，这种锻炼习惯，一直带到大学，带到工作岗位。

班主任邓俦老师

邓俦老师做了我们3年班主任。他教我们化学，我对化学课兴趣不大，因我的座位就在讲台前，老师做实验虽看得真切，但我嫌发出的种种刺鼻味道、特别是臭鸡蛋味道难受。学化学当然需要理解，但主要靠记忆，我记忆力尚可，所以感觉并不难。老师教给我的金属活动顺序口诀至今还背得出，“钾钠钙镁铝锰锌、铬铁镉镍锡铅氢、锑铋铜汞银铂金”，解起题来很派用场。但我化学得分始终保持在4分。数理化三科，我的成绩也就按这个顺序，数学最好，物理其次，化学垫底。倒不是邓老师课上得不好，是我太任性。邓老师讲课条理极清楚，板书也工整，实验都一次成功，说明课前准备很充分。班内后来有4个同学进了医学院，袁湘云和王君玉还以化学为专业，也从另一面说明了邓老师教学的成功。

邓老师中等身材，看上去40出头一点。戴一副金丝边眼镜，很注重仪表，衣着更是考究，在他身上也透出一股儒雅气息。和姚老师一样，是1954年4月从外单位抽调来的，经过一段时期听课学习，到秋季开学时就接我们这个班。

在3年相处中，留在我记忆深处的是和邓老师的3次接触。

第一次是刚进同济不久，大约10月初，他把我找到办公室。他办公室在本部二楼走廊北端尽头。走进办公室就见到初中时教过我化学的芮秀庭老师，原来她和我一样，从陆行来到了同济。不过我是换一所学校念高中，她是换一所学校任教。她操苏北口音向邓老师夸我，我年龄小还不太会说话，不晓得谦虚一番。邓老师找我是因为团支部在全班搞了一次时事测验，我得了最高分，他要我在班内介绍经验，也就是说，要在全班同学面前亮相。我其实也讲不出什么经验，更不习惯在众人面前讲话，因为无论小学还是初中，我都是小八腊子。有一次和陆伟良开玩笑，我说你到什么地方都是领导，在竟锡联中是这样，到同济也是这样，我相信你在南工也一定是这样。我说，我从小到大，什么都轮不到，小学毕业时，好不容易佩了一道杠(少先队小队长的臂章)，进陆行中学后我舍不得将它拿下，照样佩着，别人对我说，你这已不算数了，我还呆了一阵。因为没有做过任何一级干部，所以就上不了台面。邓老师要我在全班面前亮相实在难为我了，好在老师没有坚持，他大约看我太小，怕也有一点怜悯我的意思。团支部搞这个测试是为了显示一点自己的权威，还是什么其他原因，弄不清，现在想来也有点怪怪的。题目也不知请谁出的，我的感觉是很简单，人们不知道，论时事其实是我的强项。这是受了家庭影响，我从五六年级起，就养成了读报习惯。自1950年6月朝鲜战争爆发起到66年后的今天，我一天都没有离开过报纸。就和抽烟的人要犯烟瘾一样，读报也会成瘾。所以只要一讲到时事，我的话题便会多起来。同济中学时代，班内和我一样也有这种兴趣的，是吴大苏、朱文祥和李增儒。在报栏前，我常能见到他们。吴、朱两人都是过1.80米的高个子，他们弯腰弓背，有时屈腿作半蹲状，我则须昂首踮足。唯有李增儒身材中等，可以神定气闲，从容自如。我阅读速度比旁人快，恐怕也是这样给逼出来的。试想，初中三年，在报栏前，我每天都得吊着颈，踮着足，如果不将阅读速度加快，那不是和自己过不去吗。这种情况到高二总算改变，我身高已过了1.50米，再也不用昂首踮足，可以比较从容地仔细研究、品味我喜欢的那些国际时评了。总之，团支部测的那份试卷于我是小菜一碟。要谈经验，实际只有6个字，养成读报习惯。

和邓老师的第二次接触也和报纸有关。有一次，也是在本部二楼走廊北端，靠着化学办公室的报栏前。因为教学楼内没有《人民日报》，只好到本部。其时《人民日报》刚由4版改成8版，我的阅读量加大了。我正读得出神，邓老师从办公室出来，我稍回头，四目对视，他便主动招呼我，他有话要对我说。他知道我喜欢文学，于是主动谈这个话题，他告诉我他学生时代读了不少古文，那些文章都会背。说着便背起陶渊明的《归去来辞》，“归去来兮，田园将芜胡不归”，他背得很快，只几秒钟时间，便背到“舟摇摇以轻飏，风飘飘而吹衣”了。用滚瓜烂熟来形容一点也不为过，我不得不佩服他的这份童子功。因为我当时虽能将全文背出，但还有几处显得生涩。和他相比，差得远了。

和邓老师的还有一次接触纯属私人间的事。大约从1955年开始，人们对计划经济开始有一点感性认识了。先是粮食定量，后是发行布票。当时布票还不紧张，我从来不用。邓老师大约也知道从同学处可以调剂一点，估计是他也没有专门问我，而是在同学中说起，我说我反正放着不用，老师需要，就拿去好了。那一次，他随我到四楼学生宿舍走了一趟。

除了这3次交往外，我还给他写过两次信。第一封信大约是高三那一年寒假。高二那一年，我已经开始接触世界观、人生观的话题，说明我在思想上开始成熟了。大概有了一点想法，便在寒假期间给老师写信。他的住处在进贤路，虽然没有去过，因为写过信，到现在都未忘记。很快我收到他一封二三百字的短简。印象深的是他告诉我他与姚来雁、徐善绩老师友善，很佩服他们刻苦向学的精神。第二封信是在 1958 年 1 月，大概从张利民处得知老师身体不太好，我便向他表示慰问，并向他汇报进上海师范学院后的学习生活，这回我寄到同济高中，但没有收到回信。

邓老师多才艺。他会说相声，会拉京胡，会唱京戏。和臧汉老师一起说相声的那一次，他是逗哏，以他为主，表现出他的幽默感。他的京胡不像是一个玩家，很有一点专业的样子。他嗓子不好，嗓音不高，还带点沙哑。但唱起《打渔杀家》《甘露寺》《空城计》来，一板一眼，有腔有调。文娱活动时间多次来教我们，他唱一句，我们学一句，大约我们还有点灵气，每次也都能学唱一段。到现在"我正在城楼观山景""青龙偃月神鬼皆愁""家贫那怕人笑咱"，那一句句唱词，都能挂在嘴上。我接触戏曲，就是从他教我们唱这几段开始。最近几年学听昆曲，体会到学昆曲之难，使我常常想起老师，是他最早让我接触京剧，有了这一点基础，我才能去欣赏我们民族最优秀的艺术瑰宝——昆曲。

邓老师书法造诣很高。我因为喜欢写字，所以对每位老师的板书都很注意，并有自己的评价。可以这样说，同济高中时期的老师，不少人字写得不错，但让我折服的只有邓老师和屠老师。放现在，他们都可以出版字帖，可惜邓老师那封二三百字的短简未能保存下来。每次在书店里看到林林总总的各种硬笔字帖，看来看去，也很少有几种能有邓老师那样的功力。已经记不清何年何月，在主楼底层南边走廊墙上，陈列了许多老师的书法作品，邓老师写了一幅行楷，内容已记不清，但毛笔字功力深厚。没有见到屠老师的作品。江子翔老师的一幅草书联也给我很深印象，是龙飞凤舞的 14 个大字，写的是初唐四杰之一王勃的名句，"落霞与孤鹜齐飞，秋水共长天一色"。

邓老师具儒雅气质，他会多种才艺，又有国学根底，却从事理科教学。我猜想，他很可能是世家子弟，至少出身书香门第。民国时期提倡博雅教育，现在称为通识教育，要求学生做到文理兼备，搞理工的也要懂一点诗词曲赋，这在邓老师身上得到充分体现。邓老师和我们相处 3 年，他的班主任工作是成功的。

我们年级高一时是 4 个班，高二时，华侨中学并过来一个班变成 5 个班。后来很有名气的浦锦文便是五班的同学。原来四个班中，1、2 班没有女同学，被戏称为和尚班。3、4 班各有大约十一二个女同学，和现在的阴盛阳衰有明显差别。记得其他 3 个班的班主任是张石山老师，王莱钦老师和曹家骐老师。

据我观察，邓老师下班级最勤，和学生接触最多，你想，我这样的小八腊子都和他打了几次交道，团支委、班干部就不用说了。他不但常到教室，还下到宿舍。他辛苦经营所换来的成果，便是形成了一个很好的班级集体。不是有了班级，便自然就会有一个班集体的。如果没有一个能独立开展工作的核心，没有一个正确的舆论导向，即没有树立起良好的班风，那么即使几十个学生在一起学习生活，也不能称作是一个班集体。用这个标准来衡量，4个班级中，我们是真正形成了班集体的一个班。像夜营这样大的活动，没有听说其他班也开展过。在这样的集体中，我总感觉很温暖，而这在小学、初中乃至大学时代不曾有过。我不知别人有没有这种感受，这里我得多说两句。虽然当年大部分同学寄宿，但星期日乃至清明节国庆节放三天假都留在校内的，恐怕只有我一人。王国华不能回常熟，但能到他舅舅家去。那就到上海市区去玩吧，我连大世界在哪里都搞不清，我其实还是一个乡下囡。所以每逢假日，我便感到孤独，一个温暖的集体于我特别重要。在学生时代，临到开学，我便希望这个日子能迟一点到来，哪怕在家多待一天也好，弟弟妹妹的心情也和我一样。放寒暑假了，我应该是最着急回家的一个，因为已有四个多月不见家里的亲人了，但我却有悖常理，依恋起我们这个集体，觉着大家在一起真好，想和同学们一起再多待几天。我说这些是要解释一个现象，为什么我们这一届，现在也只有我们这个班还能聚得起来。同济中学一百周年校庆，我们班到了十七八位，其他班零零落落只来了几个。这至少说明，我们都对这个集体有着很深的感情。这里，我愿告慰邓老师的是，你当年的努力没有白费，你在天堂可以永远对着我们微笑！

有一句话叫多做多错，有的时候管得太多，或者说顾问太多反而不好。大约高三时便出现了这种情况。我们这届学生总体素质不错，据说，当年录取比例为七选一，恐怕应为事实。陆行和我一起报考的7人，最后也确实只有我进了同济。入学时水平差不多，即有相差也不会太大，但随时间推移，慢慢开始分化起来。到高三时，有些人对学习已丧失信心。加上我们又遇上了所谓“马鞍形”，(1956—1957—1958)，正好落在马鞍中间低的阶段。1956年上层头脑发热，主管实际事务的提出反冒进，冷水一浇，头脑清醒，教育主管部门一改1956年前的扩招，来了个缩招，全国只招九万。个人命运无可避免和国家政治联系在了一起，逃也逃不掉。放在1956年还能考上的，现在只能干瞪眼。有的估计自己已没有升学希望，就把精力用在别处。要说邓老师敬业，在这里也表现出来。估计他开始做工作，找学生谈话，但效果却不好。后来班里有些人在背后呼他老邓，其实是一种情绪表露。邓老师此时年届不惑，是人生最成熟的时期，经验老到。但这个年龄做班主任也有不利的一面，就是他已是我们的父辈，感情上已不容易和我们拉近，如换了女性还好一点。用现在的话说，就是师生间有了代沟，这是客观存在。不称邓老师，呼老邓，是这种情绪的发泄。虽说是个别人，但老师心里自然不高兴。这种不高兴在毕业典礼上表露了出来。

大约是1957年的6月初，全年级集中在礼堂内，因为人不多，主席台弃而不用，就在台前方放一排讲桌，先是校长钱楷元讲了几句话，接着是北郊区区委宣传部长讲话，他讲话的主题，用现在的话来说就是要懂得尊师，懂得感恩。在毕业典礼这样的场合，这是最适当的话题。他给我们说了黄石公和张良的故事，这个故事一般只要花几分钟就能讲完。但他就和说评书一样，绘形绘色，加以渲染，人物形象就鲜明生动起来，不愧是搞宣传的，讲话富于艺术性。几位班主任也讲了话，邓老师是最后讲的。和其他几位班主任一样，很简短。他是顺着部长的话，要我们懂得做人的基本道理，说到最后是，我希望以后你们见到他时，不要称呼他老邓。他讲得很直白，但也表现出无奈。

大约是1972年还是1973年，龚坤生老伯来到我工作的地方。他是同济的老工友，为同济服务了一辈子。他儿子海荣兄是我张江小学时的同学。他家离我所在的学校约两公里，乡间小路不好走，总要花半小时。其时他已退休，是专程来看我的。海荣兄从同济大学毕业后分到了北京，有几次回家时我们见过面。因为有这样一层关系，我便叫他龚老伯。将近20年不见了，他叫我华老师，我直说老伯别客气，我和海荣是同学，你还是叫我名字吧，我急着要了解同济情况，第一个问到的便是邓老师，他告诉我邓老师已病故，“文革”期间比较乱，详情他也不清。估计此时邓老师还未退休。

从校史资料看，自从我们毕业后，邓老师又担任1958届、1960届和1962届理科班的班主任。许品芳因病休学一年，复学后又回到邓老师班上。学校对邓老师有所倚重，从这里可以得到证明。“文革”前，像邓老师那样，高中班主任任4届以上的，只有3位，其中，姚来雁老师做了5年，但他最后带的一届是1967届，为什么邓老师的班主任生涯到1962年戛然而止了呢？我怀疑，最大的可能还是身体，他的身体从这时起恐怕就出问题了，不知我的猜想对不对。

后　记

一个月来，断断续续，写写停停，终于完成了对同济高中时代26位老师的回忆。好在已经不是酷暑，效率也就高一点。开始在纸上写，后来用iPad写作，方便很多。

同济高中历史悠久，60年前又属沪上名校，为16所市重点中学之一。这20多位老师，可以说个个优秀。我们敬重他们，但相互没有到达亦师亦友的亲密程度。这里有时代造成的原因。

其一，解放初学生年龄偏大，放在现在许多是超龄生，学生自治能力较强，能管理自己，即使是班主任，大都也放手让学生自己做。任课老师一般上完课走人，他们上课都不错，具有相当的学识水平，但师生间接触交往不多。

其二，解放初还没有升学率问题，不像现在，教师头上悬着一柄达摩克利斯剑，名誉与责任俱在，不管是班主任还是任课教师，都得将学生紧抓在手。师生关系好，成绩就容易提高，师生关系对立，成绩就容易下降，这两种情况我都看到过。但在我们做学生的年代是没有的。

26位老师中大部分已去了另一个世界，我们也将追随而去。上苍留给我们的时间不多了，乘着现在还有精力，抓紧做一点自己喜欢的事。我没有其他爱好，闲着没事也无聊，毕竟活了70多年，经历了一些人和事，不想将它烂在肚子里，同时也想让大家勾起对往事的回忆。这样我就开始写作，包括这篇对同济老师的回忆。

和大家同窗3年，实在是一种缘分。同济高中毕业过了60年，我们每年还都能见面，更不容易，让我们一起，好好珍惜这几十年来结下的深情厚谊。

2016年10月23日

敬爱的班主任邓倚老师永远活在我心中

57 届 4 班 陆伟良

1954 年 9 月 ~1957 年 7 月，我就读于上海同济中学高三 (4) 班，现为八旬退休教授。记得当时以七选一被录取，学生自称同济人，十分自豪！回忆六十年前刚入学时，邓倚老师任我班班主任，教我们化学。他看上去五十岁左右，身高一米七十多，戴一副金丝边眼镜，给人一种斯文而令人敬畏的教育家印象。我第一次见老师即得通知，要我代表高一新生在全校迎新大会上发言。当时我吓了一跳，怎会选中我？邓老师和颜悦色告诉我：因我在初中是班长。有一名高年级的女生姐姐 (也是该校毕业生) 推荐了我去发言。我十分惶恐，而邓老师讲上大会发言不要紧张，只要把听众当瓶子，你可大胆讲。而且要预先背得，不要照稿念。邓老师一席关于大会发言名言如神力助我，自认讲的还可以。第一次就得到邓老师的表扬，心里美滋滋的！以后被选进学生会当了生活福利部长，负责打扫卫生，反映学生伙食要求。从此我真能在大庭广众侃侃而谈，都是与邓老师这段名言教导有关。

3 年高中生活很快过去，到了高考我面临种种难题，亏得邓老师协助，邓老师对我的下面 3 件事让我终生难忘。

第一件事，我高三时，因父亲得肺病，又有 5 个弟妹读书，继母很喜欢我成绩好，但仍希望我作为老大能早点工作，以缓解家庭经济压力。我当时上大学心切，心里老大不高兴。而她已为我联系了杨浦区一个洋钉厂当学徒。我高二时写了一篇《佘山野营记》，经语文课汪瑞馨老师修改后被评为 1956 年上海中学生作文竞赛一等奖，很是得意！我虽不像陈饶同学参加上海中学生数学竞赛还得了名次，但我其他课程都学的可以。相当于“五项全能”，当我无奈将家长意见告诉邓老师时，他露出了为难神色后讲：“你成绩优秀，不考大学可惜了。”过了一天，邓老师专程从五角场校本部，乘公交车赶到我家。我家在杨浦区临青路41号，路上要换三次公交车，得花一个多小时才到我家。爸爸十分惊异，以为我出了什么事。后才知是动员我考大学事。听邓老师讲了我在学校表现后同意报考。哪知后来继母仍不同意，弟妹五个都还小，父亲又有病，确实有困难。为此邓老师第二次再奔波去我家，耐心做我继母工作，说是考考看，考不上就工作。第三次是填报名表，共十个志愿。邓老师仍不放心，带了表到我家，我记得填了南京工学院无线电工程专业是我第四志愿。当时我是上海市三好学生，自以为了不起，填了都是清华，北大。因我不愿在上海读大学，结果全部填了外地大学。现在回想起来要不是邓老师关心，一次次跑腿到我家才争取到的考大学权利，就不会有我今天当上东南大学上海四系校友会名誉会长了。邓老师真像自己父母一样亲啊！

第二件事，高考期间，我突然患了阑尾炎。记得当时1957年高考，同济中学全体考生租了上海第二医学院教室住宿。考试在另一楼教室。考到第二天晚上，我突然肚子疼得要命，考不下去了！检查结果为亚急性阑尾炎。邓老师获悉后，决定保守疗法，坚持考到最后一门数学。虽然成绩只有70多分，我其他考试成绩均为优等，才得以录取进入南京工学院无线电工程系。我分在无75班，陈荣孚同学成绩考得好，分在无72班。

第三件事，发生在上大学的第一个寒假。邓老师特地请我们几个考上大学的同学去国际饭店喝咖啡。当时1958年初，国际饭店地处上海南京西路跑马场对面，24层。顶层可登高远望，全上海尽收眼底，何等潇洒！我是上海人，但从来不敢上去，更不要说喝咖啡了。结束时大家跟邓老师到照相馆还拍了一张团体照。有朱荣国，叶良蓁，杨连法等。当时成绩最好的是朱荣国。我坐在第一排边上，围了一条白围巾，是我生母留下来，我在上大学时才用，很显眼！

我几十年在南京工作，但心中常想到敬爱的邓老师，您不愧为同济中学优秀班主任，您永远活在我们班全体同学心中！

以上3件在旁人看来是小事，但对于我却是一生中的大事。可以说没有邓老师，我不可能上大学，也就是平庸一生。

对邓老师值得我回忆的事还有很多。记得那时上高中住校，每周六天上课。周一、三、五晚上有1小时文娱活动，内容很丰富多彩：跳集体舞，唱歌，做游戏，唱京戏等。我与

师生合影，于1958年2月寒假期间。前排左起：朱荣国、邓老师、杨连法、陆伟良；后排左起：王贤国（已故）、张利民、王国华、陈荣孚、叶良秦（已故）、袁湘云（已故）

范民权合作还演出相声。据说邓老师京剧唱得很棒！那时没有卡拉OK，邓老师经常自拉自唱。记得《打渔杀家》唱刘关张三国演义，教我们唱（刘备、关羽、张飞）那句“他兄弟张飞（翼德）当阳桥上一声吼，吓断了桥梁水倒流”，至今我还会哼上几句，嘿！唱词多么气派！

“忆往昔，岁月峥嵘稠”。咱邓老师在现代肯定是京剧“明星”了！

中国从古以来，尊师爱生是教育主流。是中华民族的美德，尤其在当今世界进入互联网时代更是不能忘记的美德。我从教半个世纪，在南工当过系主任。一直以邓老师为榜样，爱学生胜过自己的子女。深受学校师生尊重。祝愿当今社会在习主席的英明领导下，教育改革能重新发扬古训，扬我中华教育美德，培养出新时代共产主义接班人。

同济杂忆

59 届 陈建生[①]

高耸入云的古庙式屋顶，几乎成了同济人心中永远的图腾。府前右路 100 号——原上海市图书馆不知何时成了同济附中的校舍和宿舍，千万学子便兢兢业业在这“樊笼”内耕耘。一幢主建筑，古意昂然，有校图书馆，教师办公室和男女宿舍。图书馆常去，宿舍则是禁地，那顶层的女生住所更是从未踏足。两侧裙楼——二层高平顶房是实验室高中部课室、音乐室，庭园里夹竹桃叶绿枝茂，衔着红白花朵，探头探脑伸向二楼，窥视小伙伴们开小差的一举一动。

记忆中，庙前一大片水泥地，是升旗游戏集会的圣地，18 米高两支铁质旗杆威武雄壮，国旗飘飘似接云霄。礼毕做广播操，由史汝棠老师或高年级同学领操，拳不离手天天老一套，不动脑筋也比划得像个模样。

偌大个校园四围是用竹篱笆圈住的，简陋寒酸匪夷所思，偷盗爱好者想进入显显身手可谓易如反掌，但没有。古人夜不闭户路不拾遗的民风此时犹存。

靠南面一排四间平房，安顿了 1953 年入学的初中 4 个班。教室前有肋木架，小休时像猴子似的在上面荡来荡去，或伸腿拉筋；女生多数三五成群窃窃私语，冬天踢毽子，或轧刹老娘有饭吃，偶尔男生加入捣乱，挤挤挤，尽显两小无猜的天真烂漫。

① 1953~1958 年就读同济初高中。1959 年复旦大学半导体班来校收并，自感政治资本薄弱，父亲在港经商对升读当时的尖端学科有所不便，便转去外校就读。之后读了无线电系，搞技术和外协作，之后全家赴港，营营役役，工商两栖，平凡过日。

这四个班是出了些名人的。艺术领域油画家秦大虎，书法家刘小晴都有不错的造诣。初中至高中，和刘小晴都在同一班。刘颀长瘦削，笑颜常开，从不得罪人。父亲是田径教授，母亲是艺术体操教授，都在体院工作。那时节这种家庭收入属于上乘的。去他家几次，体院教员宿舍，墙上挂着两枝双筒猎枪，德国名牌，锃亮沉重，摸一摸心里很舒坦，心想什么时候自己有一枝就好了。儿时的理想就这么简单独特。高中了，他未继承父亲衣钵，强身健骨，却因病休学，沾上了艺林雅露，浸淫良久成了书法大家，稳享北启功南小晴的美誉。现在功成利就了，一身清贵，半世快乐，正如他被上海市府邀请给美国总统题的字那样：积健为雄。

艺术天分甚高的丁建东，也不容遗忘。1959 年他名落孙山，在杨浦区工人文化宫苦修一年，1960 年进了浙美油画系。初中时他以丁疯子闻名于校。写作文，普通同学写两三页便收手，他文思滔滔，一写就是一本。一篇《母亲》令我对他刮目相看。他是贫苦子弟，自幼丧父，母有精神病，时好时坏，以打工为生，住齐齐哈尔路 531 弄某号。《母亲》一文，在各班示范朗读，凸显了他对父母的依恋崇敬孝顺之心，他说，形容母亲惟有伟大二字。

丁疯子之疯，不仅在于他的不修边幅，留着艺术家标志性的长头发，行走课室，还在于他思想前卫，出格，不落旧窠，反叛精神特浓厚。张悲鹭主教美术时，培养了秦大虎杨大忠；郑华麾下，有丁建东常伴左右。当年配合卫生运动，除蝇灭蚊热火朝天，墙上画的大大只苍蝇蚊子跳蚤老鼠鲜艳精灵，哪里是害虫，那是人见人爱的“宠物”呀！

除了画、作文，他的字和诗也写得漂亮，意境深形象美，与他生活朴素马虎相反，是个唯美主义者。或许他早熟，或许是艺术家天性使然，他如痴如醉地欣赏我班里的一个沈姓女郎。甚至有些追求措施。在 50 年代中后期，那是惊天动地的犯规事，大逆不道笑死全校。写诗写信表示爱慕，几乎日日为之，或者投递过，因沈女郎打闷包而爱芽死于萌芽状态，未致流短蜚长铸成大错。同一时段，音乐老师王汝静据传与数学老师徐善积闹出些绯闻，那年头压力山大，王老师以其不足 30 的妙龄顶不住三千年的意识镇压，暑期中孤身跳进松花江，成了罪恶世界和阴险人群的祭品。

两个女郎同校不同命。看来生活是需要智慧、勇气、忍耐和朋友扶持的。孤单就会钻牛角尖。

入读油画系后，有过书信往还，原想要些基础习作，特别是裸体那类的，因美院规定不得外流，终于绮梦成空。之后，各有各忙，信由一月两封到一年零封，友情的线断了，往同济校友处打听也音讯渺渺。直至今天，一点蛛丝马迹都没有，害得我胡思乱想空余恨。能有再生福尔摩斯和华生么？半点音信也好耶。我期待着奇迹。

另外，沈雷的事也值得一提。初中时我乙班，他丙班，喜打乒乓球。他以拿手的滑板球声东击西，把对方弄得狼狈不堪。入部队又辗转在无线电 14 厂当工程师。吃电子饭的，一定会知道 CMOS 电路原理及其应用这本权威著作，主编就是沈雷。那是 700 多页有详尽线路图分析说明和应用范例的设计师手册。这书对推动当时及后世 CMOS 集成电路的制造运用有举足轻重的作用。同济这个小庙出了这么个大菩萨，影响遍及全世界，创造的经济效果巨大持久，无穷无尽。但可惜同济不识货，百年校庆成果展竟拒绝陈列此书。沈君固然失望，无奈，略懂电子器件的笔者听到此事也气得双脚跳。瑰宝在手不识珍视甚至视为废料，育人成材的学苑意欲何为？受谁牵制？哎，这种低能的行为怎么解释有心有力培养高精尖科技人才？何以发扬陈寅恪先生所言独立之精神，自由之思想？不说也罢。

图腾的建立并非三年两载可成。50 年后，2008 年 10 月 20 日，再会庙堂时，脑中翳然，眼似白内障，心如血阻梗。

应学兄施照发之邀，由港飞沪专赴同学聚会。代远年湮，鸿雁欠通，本来诚恳贴心淡泊惬意的总角之情，因日月梭断而气息疏奄。命也，缘也。吃喝闲谈拍照之后，和沈雷顾少璜分手，跟随施兄乘车直奔古典庙堂——董大酉为之呕心沥血的图书馆建筑。

远瞧，琉璃瓦黄色褪淡，石墙风蚀剥落，石缝间无名杂草丛生，秋痕斑斑，心头一阵悲凉。及至步行到墙头门口，撞到的是无情锁。敲门，一名 40 开外的守门人出来了。“做啥？”说明来意，表示要进去看一看。“不行，不行。”他一口拒绝。“要维修，上级规定一律不准参观的。”

施兄坚持，我们是同济的旧同学，多年来耽于相思，进去拍几张照片就出来。怕他不信，又怕无功而返白浪费了千里折腾，我甚至取出身份证以示高矮两条汉子都是良民。端详了一阵，切磋了几句，或许他看我们一脸憨厚，诚恳有加，竟动了恻隐之心，手一挥：“快进快出，不要叫我难做。”

OK。过了海就是神仙。从后门沿便道内进，右侧蒿草茂密，一人多高，以为走错路。环视场景，没错呀，左边庙式建筑赫然在目。干脆靠近蒿草带以此为背景，叫施兄拍下几张相片。想到万家墨面没蒿莱的名句。蓖麻林般高的蒿草并非胜景，但绝对世界第一，昔日校园成荒滩，其难度之高与沧海桑田有得比。不知汗颜有几人。

站在做惯广播体操的土地上，水泥依旧，平整不再，乘着夕阳余晖，猛按快门，正面，左侧，右侧，全景，局部，一口气拍了 50 多张。记忆卡快速成像，无需怀疑漏光，原本的夹竹桃已换成雪松模样的东西，爬壁虎，抖动在秋风中的隙中野草，来者不拒一概收纳。阶级斗争革文化命的涂鸦和敲打痕迹，那历史的伤痛依稀可见。铁门是图书馆和师生的守护者，人不知牺牲凡几，那是中国人命运蹇踱，自作自受，与人无扰，也莫怪什么领袖；铁门未熔成铁水，保存着卑微的尊严古朴，岿然不动，实属万幸。

东蹿西跳忙碌了半小时，带着对庙堂的敬仰和树木花草的依恋，白云流天，烟水荒寒，喜怒哀乐骤然集中，又破裂在古庙的暮色中。物不是人早非，历史愧对了忠良的子民。

谢过门卫，跟着施兄，闯入新校舍，同舟共济的雕塑依旧动人。再去对面马路的同济体育馆，宽敞明亮看台井然。小朋友们投篮扣球扑救互传，小球玩得魔术似的，课余饭后，编织着人生的美梦。年轻真好。

承他年轻不再的施兄美意造访了古庙，自今之后又分道扬镳天各一方。在夕阳西下的路上，想迸出一两句表示友谊的话，讷讷地终于沉默。

没啥了，愿他快乐健康，遥遥地呼喊一句：珍重！

同济五年，识人无数，散布在各班，知悉故事不少。懒得记，记也无用，慢慢地都淡忘了。翻看故人旧信，人琴伤感，萦绕脑际，想想也没积极意义，干脆束之高阁。埋葬记忆其实对身体是有好处的。

保健康，少思量，三公里，跑莫忘。彭祖也能当。(81/3)

怀念黄洽老师

59届 王金山

我是1953年9月进入上海市同济中学初中部学习的。初一时我是同济中学少先队大队委员，初二时我是丙班学习委员。初一时黄洽老师教我们丙班植物学。他的教学与众不同，不局限于书本知识，更注重实际。他带领全班学生走进大自然，把书本上学到的知识与大自然结合起来。例如，他带领我们去联义山庄，实地观察各种花草树木；讲授水稻等植物时，他带领我们到附近农村，实地观察水稻的生长情况。在黄洽老师的带领下，同学们还成立了米丘林兴趣组，使大家从小就实践科学试验，这些都给我们留下了深刻的印象。

除了教学外，初一和初二时，黄洽老师还担任我们丙班的班主任。他每周召开一次班会，及时表扬班里的好人好事，并指出班里存在的问题。班会形式多种多样，内容丰富多彩。有一次，黄老师在班会上朗诵了我写的一首诗《一个美好的愿望》。黄老师还要求我们在班会上每人讲一个故事，我记得我讲了一个东汉时代班超投笔从戎出使西域的故事。事后，班里有些同学见到我，不叫我名字，而直呼“班超”。黄老师还把高年级优秀学生请到班上来，介绍学习经验，使我们从中受到启迪。

除了做好教学工作外，黄老师还经常撰写趣味性文章发表在《新观察》等杂志上，我还记得其中有篇文章是《吃动物的植物》。有的文章插图是由我帮他绘制完成的。

读初二时，国家颁布了《中学生守则》。有一次，黄老师对我说：“我知道你毛笔字写的比较好，请你用毛笔和大红纸抄写《中学生守则》张贴教室内。”我回家吃过晚饭以后，又回到学校，在黄老师办公室内开始抄写。由于《中学生守则》较长，我也写得比较认真，花时较长，直到近半夜才完成。当我回家时，校门已关，管校门的人不在，我只好返身又回到黄老师办公室。黄老师送我出来至校门口，我只得爬校门出去。这是我一生中唯一的一次爬校门。现在回想起来，当时的情景历历在目。

黄老师退休后仍坚持写作，成绩颇丰，曾有多本著作出版，被上级单位授予上海市优秀科普作家等桂冠。我退休后，黄老师还经常鼓励我，说我专业知识具备，也有文学写作基础，可以多写些文章。他还说我出生于贫苦农民家庭，是鸡窝里飞出的金凤凰，今天有此成就实属不易。由于过度操劳，黄老师不幸得了肺癌，过早离开了我们，我们为失去这样一位德高望重的好老师而十分惋惜。特以此文纪念敬爱的黄老师。(79/2)

难忘的同济高中三年 (1961~1964)

64 届 3 班 王光海

人的一生所经历过的事情太多太多，很多曾经的记忆随着岁月流逝而逐渐淡忘，有些则永远也回忆不起来了。然而也有许多对往事的记忆在我脑海里永远不能被磨灭，相反，随着年龄的增加，知识的积累和人生经验的丰富，它们却越来越清晰地呈现在我眼前。高中三年在同济中学的学习生活是难以忘怀的，我永远感激这三年里辛勤培育我成长的老师们，我想念他们！虽然离开同济中学已经 52 年了，每当想起教过我的老师们，我眼前总会出现他们那和蔼可亲的身影，他们那永远不老的音容笑貌依然是那样清晰……在动笔写这篇回忆录时，我的思绪又回到了 1961 年的暑假。

"非法"答卷让我上了同济中学

1961 年暑假，我从苏州铁路中学初中毕业，回到上海，决心报考上海的高中。几乎没有什么犹豫，我就选择了同济中学，一方面因为离家近 (步行半小时)，更主要的原因是我 4 位哥哥姐姐都曾在这所学校上过学，或初中毕业，或高中毕业，而我三姐这一年开学后将要升入高二年级。

可是一想到我在苏州那 3 年的学习情况，我就发起愁来："能考得上吗？"

1958 年到 1961 年那 3 年里，中国发生了很多大事，各行各业受到极大影响。苏州铁中的整个教学秩序被彻底打乱。3 年时间里，体力劳动成了我们的主课，真正在教室里听老师授课的时间只有一小半。上海则不同，学校教学基本稳定。所以当我回到上海家里听了姐姐的介绍后，非常吃惊，我连二次方程、韦达定律、正弦余弦等名词都从来没有听说过，怎么去面对上高中的考试？

事已至此，没有选择，姐姐在我临考试前仅有的几天时间里，为我补上数学课。看来她对于这些内容掌握得很好，简明扼要地把我该知道的全说到了。我也挺争气，至少我敢去参加考试了。

考试那天，我感觉还好，没有觉得考题和我太过不去。然而毕竟我的情况和上海脱节太大，渴望上高中的强烈愿望迫使我在语文和数学考卷上都“非法”写下了很多不允许写的东西，那就是我的初中经历和我当时的想法：我确信自己能在很短时间里补上所缺失的知识，学好高中课程。

照一般规律，这样的试卷恐怕要被阅卷老师毫不犹豫打入冷宫了，然而后来的事实告诉我，情况没那么糟糕。相反，在发放录取通知书前我就知道自己已被录取了！这要感谢学校教导处范家骅主任！还记得我带着苏州铁中的毕业成绩单，在二姐陪同下去见教导主任的情景。这是我第一次见到范主任，他个子不高，身体较瘦，却腰板挺直。当他看见我的成绩单时，很高兴地说：“很好，没有问题！”因为那上面记着我各门课程的成绩，除了政治是 4 分 (5 分制) 外，全是 5 分，连美术、音乐和体育成绩都不例外。我姐姐补充说：“我弟弟很聪明，学习一直很好，就是因为苏州……影响了他的学习，不过他肯定能赶上的。”我二姐是 1960 年同济中学高中毕业，因为品学兼优，在学校里几乎所有老师都知道她。毕业后，被当时的哈尔滨军事工程学院 (后迁长沙更名国防科技大学) 挑选去了哈尔滨。所以她的推荐一定也起了不小作用。就这样，我顺利地成为同济中学的一名高中生。

第一堂英语课就被“揪”了出来

当年同济中学高中分 3 个班，大部分学生都是从本校初中部升上来的，学校对他们的学习情况了如指掌。很明显，3 个班是按照当时学生们的具体情况分的，高一 (1) 班和 (2) 班同学学习成绩比较好，(3) 班学生主要是英语成绩差些，或初中阶段没有学过英语，所以集中在一个班里，准备英语课从头开始教，其他所有课程 3 个班都是一样的进程。

我很幸运被安排在 (1) 班。开学第一天第一堂英语课上，我们的老师，一位身体较胖，白发苍苍的曹佑民老先生，就发现学生名单中有两个陌生者，王光海和李大中 (李大中的情况和我一样，是我唯一从小学到高中一直同班的同学)，他想认识一下，就叫我站起来把课文念一遍。你可能想不到，我面对这厚厚的高中第一册英语书，第一次感觉到“文盲”是什么滋味！这是面对已有3年英语基础学生的教科书，第一篇课文就很长很深，我却连英语字母都没系统学过，认识的一些字母全是从数学、物理、化学等课本里学到的，还不知发音正确与否。于是我冷静地告诉曹老师：

“我来自苏州铁中，初中学了三年俄语，没有学过英语。不过我一定努力学习，争取尽快跟上。”我充满自信的回答很简单，以为这样就能过关了，没想到却让老师吃惊不小。他十分疑惑地说：“没有学过英语怎么可以分配在这个班里呢？”下课后，他找了教导处范主任反映情况。范主任找了我和同样命运的李大中一起商量。我们表示一定努力学习，加班加点。范主任见我们有如此大决心，便和曹老师商量，每天早上早来半小时为我们补课。对此我深受感动，于是每天早上都提前半个多小时到校，在不辞劳苦的曹老先生耐心帮助指导下，开始了英语攻坚战。

一个月后，情况有了变化，范主任又一次和我们商量，因为曹老师年纪较大，又身患高血压，每天这样给我们补课实在很辛苦，时间长了老师身体很可能受不了，那就会影响其他几个班的英语教学。范主任建议我们调到(3)班去，除了英语从头学起外，其他全一样。我们还能有什么话可说呢？除了对老师感激之外，我们怀着和(1)班同学依依不舍的心情，又加入了新的集体，高一(3)班。

可亲可敬的英语老师董小培

(3)班原有同学54人，我和李大中加入进来后，我学号是55，李是56。我注意到这个班里至少有一多半同学来自上海郊县农村，如宝山、罗店、刘行等地，也有的就在五角场附近农村。和大多数来自附近军医大学部队大院里的(1)、(2)班同学家庭条件比较，我们班同学条件差多了，这在后面要提到的班里的变化情况可以清楚地显示出来。

我们班56个同学中，有近半数同学对英语学习抱着放弃态度，无论我们的英语老师李剑秋怎样努力也没有用。课堂上他们拒绝回答问题，考试时，他们在卷面上写上自己的名字后就交白卷，老师说不到下课铃响不许交卷，他们就趴在课桌上睡上一节课。当然这些同学其他课程也大多学得不好。一年后，经过期末考试，有一半人成绩不合格。当年不知教育部门是怎么考虑的，那年不允许留级，凡成绩不合格者，一概作退学处理。这样一来，我们班从 56 人骤减到 28 人，而另外两个班仍是原来的 43 和 44 人。

我们新任的英语老师董小培是一位身体瘦小精干的老人，当年至少也快 60 岁了。第一次在教室里见面，他就给我留下深刻难忘的印象。他说一口显然不合格的上海普通话，在教室里从这头走到那头，非常专注地看着每个学生和他们的书本。他在一个同学身边停住了脚步，拿起桌上的英语书，喃喃自语，忽然他大声对这名同学说："侬哪能想得出来，各能 (这样) 做哪能学好英语？"原来他见到书上在"newspaper"一词旁有一个淡淡的用铅笔写的发音注解"牛死赔本"。看来，这个刚认识的董老师真生气了，在他眼里，这样的学习方法简直不可取。接下来的事情更令人惊奇，他几下子就把这本书撕碎了，扔到地下，然后快步走到讲台前，把自己的那本书放到这位同学的桌上，还留下一句话："侬要是我的倪子 (儿子)，我老早就奈侬 (把你) 当西特了 (打死了) ！"啊呀，这位老师太有个性了！

他把坐在第一排一个同学的书拿在手中对大家说：

"我没有什么文化，这书里说的很多事情我看不懂 (他是指书中某些涉及科学技术内容的课文)，希望大家能帮助我。学英语靠这本薄薄的小书能学好吗？我用几分钟就能把它读完！"接着，他完全丢开了书本讲起来。实际上，他是按照外语教学大纲的要求在给我们讲有关语法和单词。单词当然离不开书本里的课文，那是必须掌握的，而语法内容则是通过他自己想的许多例句来加以说明和练习。

从简单句到复合从句，从陈述句到疑问句，从一般疑问句到特殊疑问句，从肯定回答到否定回答……，董老师把一个句子变成许多句子，让大家反复练习，从而达到熟练掌握的目的。我从一开始就养成了一个习惯，就是老师说的每一个例句我都记在本子上，也把从这一句话所引出的所有变化句型全写下来，并且把老师没有提到的可能的变化也都写上。

例如对于这样一个陈述句：I get up at six in the morning everyday. 可以变成否定句：I don't get up at six in the morning everyday. 再把它变成疑问句，而这疑问句又可对原陈述句中的各个部分提问，例如对 'I' 提问：Who gets up at six in the morning everyday?

对 'get up' 提问：What do you do at six in the morning everyday?

对 'at six' 提问：What time (or When) do you get up in the morning everyday?

对 'in the morning' 和 'everyday' 提 问：Do you get up at six in the morning everyday? 显然这个一般疑问句在问什么，就要看你提问时把重音放在哪个部分了。

这样反复练习对我帮助极大，我觉得董老师这个办法真好。一学期下来，我记了厚厚一本，成了很宝贵的教学资料。这种练习使我对语法，时态(现在、过去、将来、进行时、完成时以及它们的组合，像过去完成进行时等)和语态(主动和被动、条件和虚拟)都能很好理解和正确使用。董老师看到我的笔记后，十分高兴，问能否借他一段时间，我非常愉快地答应了。实际上我也再没有把它要回来，因为对我来说，它并没有更多的使用价值，可对于老师来说，却可以当作教学参考资料来反复使用。

我在董老师眼中是个好学生，我也很为他争气。在课堂上，他经常叫我带领大家朗读课文，也常让我把书上某一段课文写在黑板上，然后他来分析和解释这段文字。我能够不看书就把整段文字一个不错地快速写在黑板上。实际上，我能把所有学过的课文全部背诵和默写下来，这是因为我对外语学习有兴趣，肯花时间下功夫。直到五十年后的今天，我还能一字不差背诵和默写当年学过的某些课文，像《愚公移山》等。

我成了董老师的“助教”，我们也成了“忘年交”。他告诉我说，他的英语是在和英国人打交道中学来的。他那纯正的英国英语让人羡慕，我也对每个单词的正确发音十分看重，不经过查阅词典确认，我从不凭想象或“经验”读单词。

我参加过学校举办的英语朗诵比赛，还得了奖。

我刚刚学会骑自行车，董老师就要我带他到五角场，因为他家在虹口区“燕山别墅”小区，在五角场换公交车。从同济中学到五角场路很近，我大胆带上了60来岁的董老师。快到五角场时，因为马路边全是农民晾晒的粮食，为了躲避行人，我又拐弯又捏闸，哗啦一下摔倒了。还没容我缓过劲儿来，只见董老师一个敏捷的后滚翻，站了起来！我连忙问他怎么样，伤着没？他一笑说：“很好，没有问题！来，上车继续走！”啊，还要上车啊，他鼓励我说：“不要紧张，稍微慢一些，不会有问题。”他又跳上了后座！这一次，我把他安全送到车站。这件事我永远忘不了，它成为董老师教育、鼓励、支持和信任我的最生动例子。

董老师平时特别注意锻炼身体。在课余时间，经常看见他在操场上踢足球，俨然像年轻人一样。所以他的身体才那样棒，能够胜任繁重的教学任务。

在我毕业即将离开同济中学时，董老师把我叫到他的办公室，语重心长地说：

“光海，你肯定能考上一所好大学。希望今后继续把英语学好，As it is a very useful

and powerful weapon for learning new science and technology.”我心里很激动也很感动。他从抽屉里拿出一沓泛了黄的旧报纸，小心翼翼翻开其中几页给我看，原来那还是一些他在解放前搜集来的上海旧报纸，上面记载着有关他的报道。董老师原来是中国某著名足球队的教练，一次在和外国某球队比赛前，报上就出现了各种对那场比赛结果的预测和评论，其中有一篇写道：“面对人高马大的某外国强队，中国队要取得这场比赛的胜利是很困难的，但有董小培教练的指导，此人足智多谋，足以应付。”董老师没有让我慢慢多看一会儿就将报纸重新收藏好，然后轻声对我说：“你反正要走了，让你知道我的一点情况也是我的愿望，但不要对别人提这些过去的事了。”

1966年夏季，“文化大革命”已经开始一段时间了，红卫兵到处在“造反”，大搞“打、砸、抢”。我在北京惦念家里，也惦记着我的老师们。利用大串联的便利，我来到上海看望董老师。在虹口区“燕山别墅”某个楼里，我找到了老师的家，可敲了半天门却不见有人开门。正在犹豫是再等等看还是离开时，门开了，是董老师！他身边站着他老伴儿。我感觉他俩的表情好像不太对劲儿，面色惨白，没有血色，特别是他的老伴儿，身体似乎还在发抖！我觉得他们好像刚遭到一场大难似的。尽管如此，我心中还是高兴的，毕竟没有白来。老师把我请到屋里坐下后，向我说明了情况。原来一些造反的红卫兵发现这里怎么叫做“燕山别墅”，就和当时被批判为“反党反社会主义的大毒草”——《燕山夜话》联系起来，要在这里造反。他们来到董老师家里，正好发现这里有他们所“憎恨”的“四旧”：墙上挂着一些旧时的大花瓷盘子，桌上摆放着几个“封建”的瓷花瓶。他们横蛮地命令董老师自己把这些“封建四旧”砸碎，师母不答应，与他们争起来，结果遭到一顿打骂。董老师讲到这里时，停顿了片刻，然后接着说：“好，我自己搞来的东西，应该由我自己来砸！”在红卫兵威逼下，他抱起这些心爱又很值钱的艺术品狠狠扔到地下……我相信在这些瓷器遭受如此厄运时，老师的心也同时破碎了！我除了默默听着老师那痛心疾首的叙述之外，还能说什么呢？老师后来说的几句话让我永生难忘：“早知道有这一天，我哪怕早把它们卖了呢，也不至于引出这样的祸来！谁让我一辈子就喜爱这些东西呢！”

离别前，老师向我道歉说：“你敲门时，老太太(指师母)以为又来了红卫兵，吓得浑身直发抖，不敢开门。我是大着胆子才开的门。”

老师把我送到楼下，直到我已走出很远，回头见他还在那里向我招手，我的泪水禁不住流了下来。

我和董老师只有一张合影照片，这成了我最珍贵的纪念品。

1997 年同济中学 90 周年校庆，我回到母校，看到了部分同学和老师，却没能看见我最想见的董老师。听说他也来了，不过是在家人陪同下坐着轮椅来的。据那天有幸见到董老师的人说，他已经不太认识人了，我即使能够见到他老人家，恐怕也说不了话了，我心中顿感悲伤。最近和老同学见面，提到20年前的校庆，说那一次董老师回学校时身体还挺好，并没有坐轮椅一说。哎，要知道那样，我怎么说也要再去看望他老人家啊！现在这愿望再也不可能实现了。

全面的培养

在学校老师的教育培养下，在良好的家庭气氛熏陶下，我除了努力学习课本知识外，在政治上也一直追求进步。在苏州上初中时，我一直当班长，并积极要求加入共青团组织，可不知为什么，这个愿望就是实现不了。到了同济中学后，我一开始就把入团申请书揣在身上，等待合适的时候交给组织。从 (1) 班转到 (3) 班后 (开学仅一个多月)，班上团支部宋书记问我：“是团员吗？”我说还不是，但我时刻在努力争取加入团组织，并立刻把申请书交给他。1961 年 11 月 14 日，在进同济中学两个多月后，我被批准成为共青团员，非常高兴。入团后不久，学校团总支书记原宜彩老师就调我担任宣传委员，从此我就负责每两周一期的学校黑板报 (8 块黑板的版面) 的编辑和出版工作，当然还有其他宣传教育方面的任务。这项工作给了我极大锻炼，使我的社会工作能力有了很大提高。原宜彩老师对我的关怀和支持无微不至，否则我也难以胜任当时的工作。这里我还要特别提到我们的政治课老师张冬云，她给我的印象是母亲般的亲切慈祥，她在课堂上对我们的教诲语重心长。正因为在同济中学的 3 年里在工作能力上得到锻炼和提高，使我在毕业后到清华大学担任班级团支部书记时，也能胜任那里的工作。

同济中学不但在政治上给予我亲切的关怀和培养，在学习书本知识方面也给我们创造了良好条件。一批业务精干，知识全面，富于爱心和诲人不倦精神的教师队伍是根本保证。早先从我哥哥姐姐那里就听说同济中学的老师教学水平高，而我自身的亲历也证实了这一点。一批批老教师退下去了，一批批年轻教师又成长起来了。

数学老师

记得我们的数学老师褚沈英、孙宗渊等，能把本来枯燥乏味的数学像代数、几何(平面、立体、解析)、三角学等讲得有声有色，条理分明，清晰易懂很不容易，如果再要通过讲课来引起学生对它们的浓厚兴趣就更难了，然而我通过自身的学习都体会到了。在我记忆里印象特深的有这样一个镜头：当我们进入高三总复习阶段后，各任课教师都希望自己能有较多时间帮助同学复习，争夺目标就是我们的自习课。只见我们教室的门轻轻地被推开一条窄缝，一个头伸进来看看教室前面的讲台没有人，他笑了，进来对大家说："讲两道题！"然后就在黑板上开始写写画画，分析讲解题意和解题思路和方法。这就是我们的孙宗渊老师！因为他来得最多，所以印象最深，他真不愧是一位负责任的老师！

语文老师

江淑英和臧佩芬先后担任我们的语文老师。她们讲课生动，富于想象力，尤其对古文的解释最能引起我的兴趣。那些本来深奥难懂难啃又难记的文言文在老师讲解后，变成优美华丽的文章，其用词的精炼和准确给我印象深刻。我由怕变为爱，能把所有学过的古文全部背诵下来。至今五十多年过去了，我还能熟背像范仲淹的《岳阳楼记》等古文。

我喜爱听臧佩芬老师的"作文讲评"课，听她这门课是一种享受。每次写作文后，都要进行讲评。她把同学写的作文中较好的和问题较多的拿出来分析。当以我的作文为例时，我就特别专注地听讲，当她说到某段文字写得怎么怎么好时，我非常高兴，因为本来自己并没有这样的认识啊！这大大提高了我对作文的兴趣。后来，我将自己的业余写作也给老师看，她十分乐意加班加点认真批注，写出肯定或修改意见，在作文最后还要写上总评意见。她经常用赞赏和鼓励的话结尾，如"长篇大论，一气呵成""夹叙夹议，叙事详实清晰，议论有理有据"等，当然她绝不会忘记写上不足之处和改进意见。我很明白她是在坚持用鼓励和肯定的办法激励她的学生对学习的兴趣和进取心，我就是在这样的氛围中成长的。

几位物理老师

蒋鉴丰、周润芝和穆世明先后担任过我们的物理课老师，他们讲课嗓门都很大，蒋老师和周老师是老教师，穆老师是刚走上工作岗位的青年教师。蒋老师为人和气，谦虚谨慎；

周老师比较严肃，轻易不露笑容；穆老师比我们大不了几岁，还显出孩子气呢！但他们讲课都无比认真严谨，没有半点马虎。他们常常喜欢搞些小测验，不是对全班，而是对教室里某一列座位的学生出一道题，几分钟后收卷。记得有一次，年轻的穆老师在我的小试卷上打了个3分，那是一道有关 $F=MA$ 的问题。我检查后并没有发现有什么错误，为什么给3分呢？下课后我去找他解释。他看了后把3分改成了5分，对我说："对不起，我弄错了！"像这样的"小事"，我觉得不能糊里糊涂过去，一定要弄明白是非。年轻教师可能会出错，但知错必改才是唯一选择。穆老师的行动对我是一种教育。

政治老师

我们新增加了"辩证唯物主义常识"课，老师是黄寿祺。这门课重点内容是哲学常识，它对于我的世界观形成有很重要的影响。哲学里对于很多概念都有严格定义，如什么是"哲学"，什么是"规律"，什么是"矛盾"，等等。这门研究自然科学和社会科学共同规律的学问是严肃、严谨和科学的，来不得半点虚伪和马虎。黄寿祺老师留给我的一句永远无法忘记的话就是：我在黑板上写下的每一个字，我在这里讲的每一个定义，每一句话，每一条结论都是查阅了大量资料确认无误后才教给你们的！可想而知，为了这45分钟课，他需要花上多少个45分钟啊！这正是一位严肃认真而又负责任的老师对自己工作态度的完美体现！

我大学毕业后也当了老师，也给学生们讲课，这时我才对黄寿祺老师上面那句话有了真真切切的体会。

班主任老师周翔熊

我特别想提起我们的班主任周翔熊老师。他作为我们这28个同学的班主任，时时刻刻把我们大大小小的事情都放在自己心上。他既是我们的化学课老师，又是我们思想、生活、学习、体育锻炼等各方面的指导员，还是其他学科的义务教员。他常常带领大家朗读英语课文，和我们共同背诵语文课本中的古文古诗和现代文中的精品段落，还在适当时机或在同学需要时为大家讲解数学题。在化学课上，他也常喜欢用上海话说："拿张小纸头出来！"我们便知道要给大家出练习题了。周老师在我们心目中知识渊博，诲人不倦，爱和我们打成一片。他爱说爱笑，谈吐幽默，语言犀利，思路严谨，爱憎分明。我从他身上学到了不少有用的东西，他对我的性格成长也有一定影响。

记得在高三最后一次综合化学考试后，很多同学都渴望知道考试成绩。有个同学有些糊涂，对自己的答卷盲目乐观。周老师问他能不能估计自己答得怎样，能得多少分？他犹豫片刻后说："可能不太好，大概只能得 90 分吧！"老师说"没有"，他的脸马上红了，说："啊，那大概只能得 80 分了。"老师很失望地说"也没有"，他的脸更红了。"你刚刚考及格啊！"老师非常遗憾地告诉他，只见他张着嘴说不出话来。老师继续说："这次考试题是难了点，但是没有难到怪题那样，也完全在大纲要求范围之内，难就难在考察同学综合解决问题的能力。比如最后一道计算题，如果你对溶液的百分比浓度和克分子浓度的概念清楚，你就不会做错。"他还告诉我们，最后这道题全班只有两个同学完全答对，他指着我说："你和×××(当时不在场)。"我听了后很高兴。

周老师说："面对考试题，你应该知道自己会不会解，会就是会，不会就是不会。如果一个学生自己在做题之后不知道做得对或错，不明白自己考得怎么样，那比不会做题本身更糟糕！"我完全赞成这样的话。

二十年前，我在同济中学九十周年校庆时见到了周老师。他依然那样精力充沛，脖子上挂了架照相机。他匆匆来到我们年级同学所在的教室里看了看，又匆匆离去了。我本来很想对他说几句话，但怕打搅他就没有追出去。反正看到他那健康的身影就非常满足了。

多方面的业余活动

在学校的 3 年里，我参加过许多课外活动，例如上海宝山县举办的"讲普通话"比赛，我以书写汉语拼音速度第一和准确率第一的成绩获得了综合二等奖；在音乐老师带领下，我代表同济中学参加了区里举办的合唱歌咏比赛，演唱的是多部和声《唱支山歌给党听》，得没得奖我不知道，但参与本身就有意义；我参加了上海市在科学会堂举办的每周一次的数学讲座，由上海著名大学教授给上海部分中学生讲课，以提高这些中学生的数学水平。记得第一堂课是复旦大学数学教授苏步青老先生的演讲，但演讲内容没有一句关系到数学，而是强调他从年轻时代就如何重视汉语学习，对中国古代文学的兴趣等。他说他的古汉语考试成绩竟是 100 分！

我参加了在上海体育学院举办的上海青少年体操训练班。每周六下午上课，主要训练力量，技巧动作等，通过垫上、单、双杠上、鞍马、吊环等运动器械上的体操动作，达到健体强身作用，好以更充沛精力投入到学习中去，直到高三下学期才中断。

3 年中，我们多次去上海郊区农村劳动，也多次到上海空军炮兵部队参加军事训练。这些活动使我们在一定程度上了解了农村，了解了部队，开阔了眼界，也锻炼了我们吃苦耐劳的品格。

戏剧性的毕业前后

高三毕业那年，党对我们提出“一颗红心，两种准备”的号召。我作为一个共青团宣传干部，在当时情况下主动提出“放弃考大学的机会，直接去边疆参加生产建设工作”的愿望。我这不是独树一帜的做法，因为早在 1957 年，我们同济中学就有以浦锦文为代表的 10 名应届高中毕业生响应党的号召，做第一代有文化的农民。他们到上海郊区参加了农业劳动。以后在全国各地都有响应者，我只是众多响应者之一。学校领导和团组织对我的这一决定都抱支持态度，在学校范围内还做了宣传，在学校大礼堂还对全校老师和学生做了汇报。为此，我也不必再复习功课准备高考了，一心一意做去新疆的准备。

我父亲和全家人几乎都不赞成我的决定，他们认为不参加高考是片面的做法，如果没考上大学，我到哪里去他们都不会有疑义。我父亲甚至怀疑我的这一决定是否有学校参与的因素。但当我说清楚学校并没有任何人建议或推动我这样做之后，父亲也就不反对了，他尊重我个人的意愿，开始帮我考虑需要做些什么准备了。

然而形势突然起了变化。临高考前几天，学校有关领导原宜彩老师等找我谈话，动员我参加高考，原因是上海市政府下了一个文件，说上海有一批品学兼优的应届高中毕业生愿意放弃上大学机会直接去边疆和农村，应该劝说他们把主动权交给国家，动员他们报考大学，我们的大学应该欢迎这样的年轻人去上……

还有什么说的呢？响应党的号召本来就是我的行动准则，那就积极准备参加考试吧！

在报考什么学校的问题上，我又犯了难，因为那时高中毕业生有几个能明白自己喜欢学什么专业，又适合学什么科目呢？最后还是学校教导主任范家骅等老师为我填写了报考志愿表，他们告诉我，为我报了清华大学。

高考 3 天像过节，每门考试像在做练习和参加智力游戏。对英语考试，我的体会最深。一道大题是阅读试卷上的一段故事《公牛的奶》后回答一连串问题。刚好在高中三年的课本里都没学过这两个单词 (那些年外语教材所选课文内容很成问题，以政治内容为重，根本违反了学习语言规律)。试卷上给了“公牛”的汉语解释，可那个“milk”并没有解释。谁能想到那个词竟会是“奶”呢？我因为看了较多课外读物，认识这个词，所以看懂故事没问题，回答也就容易了，我的英语考试成绩很好。到了清华大学后，被分配到英语甲班 (还有乙班和丙班)，以学文学英语为主，可见我入学时的保证没有落空。只要有决心，花 3 年工夫完全可以超过 6 年水平。

祝贺母校校庆

明年是母校同济中学 110 周年庆典，我祝母校在今后能有更好发展，为祖国培养出更多更好人才，无论是升入高等院校，还是去专科技术学校，或是到其他岗位，都能成为建设国家和保卫国家的有用之才。应该说，现在的年轻一代遇上了好时候，虽然社会竞争比我们年轻时激烈多了，但这正好给了年轻人更宽阔的道路，更多种的选择和更美好的前景。

我今年已 71 周岁了，真正感受到“光阴似箭，日月如梭”的说法一点不假。回想在同济中学的学习生活，好像并不遥远，一切还那样清晰可见。我所有的老师和同学们在我头脑中的形象永远是 50 多年前的样子，永远那样年轻、快乐、活泼，永远不会老。不过回到现实中来，如果我们现在能见面，恐怕基本上已经难以相认了。不要说分别 50 多年后，就是 20 年前我们同学聚会的时候，大部分人都已经相见不相识了，岁月不饶人哪！

感谢我的老师们，你们现在好吗？值此母校百十周年之际，我在北京的家里遥祝各位幸福、快乐、健康、长寿！

2016 年 5 月 20 日北京 (84/10、85/8)

同济高中的回忆

64届3班 李德兴

1961年经过紧张复习后参加了初升高的考试，我和王德龙被同济中学录取。

打工一月

在没有拿到录取通知时父亲已经为我选了职业——当泥瓦工，让我跟对门的杨金龙(和我哥哥同龄)当学徒，金龙也答应了。后来赞明(同村人、初中同班)父母也有这个想法，他也来了。于是我们俩每天跟着去上班，星期天休息。我们主要是和泥、装、运。我们要保证和泥的质量和速度，一桶泥很重，有三四十斤，开始师傅让我们少装一些。每天我们都很累。一次工休间，我站到了木条堆上，突然木条“滑坡”，我也随着滑下，当我屁股着地时后面滚下的木条砸到我身上，好在木头不太重，疼了几天，没有事了，否则后果严重。那次我体会了“安全第一”的重要，做事要考虑可能的后果。我们干了一个月，中间拿到了高中录取通知。开学前师傅给我们送来了工资(每天1.5元，我们开学时的费用基本够了)。

背着口粮去上学

父亲知道我被同济中学录取后，对我说：这是所好学堂，侬去读没蛋(你去读好了)，显得既欣慰又无奈。报到那天我和德龙骑自行车，从家里(通河新村地铁站西北约一公里)到了五角场，打听同济中学在哪儿，没有问对人，所以没有打听到。我们想应该在同济大学附近，就打听同济大学。去了那里，问门口人回答“不知道”。我们商量了一下，就去问看似中学生的人，很快打听到了。我们到了黑山路上的同济中学，校区在路东(路西是初中部)，进校门后路两侧是平房，再往里有一座楼，很特别(后来知道是旧上海市图书馆楼)，在它北面有一排门向南的平房是教室。一进入楼就是报到的地方总务处。那时一学期学费16元，还有住宿费、伙食费、代工费，另买菜票、书费等。报到后我们就回家了。后面我们还来了一次，把行李运来，上课前一天把粮食运来。那时农村分粮为主，没有那么多粮票。以后每月初把粮食运来(保持一年多时间)，运来大米就给你米饭票，运来面粉就发你面票。交一些加工费，单独买菜票。

高一的老师、同学

我们被分到了3班，教室在平房最西端，从东往西依次1、2、3班。我们的班主任是臧汉老师，教代数的。据说从部队下来的；还有教三角的老师据说在部队给炮兵讲课的；教语文是臧佩芬老师。

高一时教生物的是位女老师，个子不高。她因为敢给我们介绍摩尔根的遗传学说，给我留下极其深刻的印象。她向我们介绍了国内情况：我们国内认为摩尔根的遗传学说是唯心主义的，不让讲，只能讲唯物主义的米丘林学说。但复旦大学有一些教授坚持认为摩尔根的遗传学说是正确的。她表示对他们的赞同，所以要给我们介绍，当然她也讲米丘林的进化论。我敬佩她对科学执着的精神。可惜我记住她的姓名。

教英语的是李剑秋老师，他总是西装领带加上一根斯的克，给同学们印象极深，他教英语的音标。据说解放前在他洋行工作。

我初中没有学过英语，后来知道其他两个班都是同济中学初中上来的，我们这个班有一半是同济中学初中上来的(英语较差)，其他都是别的学校(原来宝山县)来的，都没学过英语。那一年把同济中学划归宝山县。要让我们和另两个班一起参加高考，对英语必须有特殊的教学方法。所以从音标开始，起初进度可能慢一些。

来之不易的上学路

那时因为共和新路修好了，我们村供市里的蔬菜每天要送到江湾(以前送到纪蕴路，今易初莲花超市那里)，都是靠平板车用人力拉去的。为了能有帮手，我们仨(我、德龙、赞明)的家长把时间安排在星期六晚上。所以我们每星期六晚饭后大约6点出发，到半夜十一二点才回到家。每车 500 多斤，过桥时互相帮助。平路上大人在前拉和把方向，我们在后面推。回来空车，我们就坐车上。这段时间大概有一年多。很可能这段时间锻炼了我的长跑能力。

说实在第一学期的心没有踏实下来，每月向父母开口要钱时很难开口，10 元钱对我们家来说是一笔很大的支出。父母每月从队里预支的钱，每月给了我和姐姐(初、高中都住校)后很难维持家中余下 6 人的生活。哥哥在清华每月有 19 元助学金，基本不需家寄钱。尽管这样我在班里学习还保持中游，我很不满意自己的成绩。不知为什么那时班里不及格的很多，尤其是物理、数学。英语只学习音标，还显不出来。到了第二学期，过了春节，父亲告诉我："因为家里要个人帮着干活，你弟弟还小，你姐姐还有半年高中毕业了，你就别去读书了。"于是我每天跟着妈妈干农活。春节刚过，天还很冷，我是多么想通过读书改变生活啊，现在不可能了！四月的一个周末，德龙回来后到我们家来，对我父母说："老师叫德兴到学堂里去一趟。"我也不知什么事，周一和德龙一起到了学校，我去找班主任臧汉老师，他把我带到一个没人的房间，让我坐下，他在我对面坐下。他第一句话就很和善地问我："你为什么不来上学了？"我就如实告诉他，我家父母农民，有 5 个孩子上学，最小的(55 年生)也快上学了，没有钱，所以让我在家干活。他听我说完后，又问了一句："你想不想读书？"我刚回答一个"想"字，泪水止不住流了下来，并失声痛哭。老师安慰我，看我停止哭后，说："帮你上学好吗？"我点了点头。于是老师说给我每月 7 块钱助学金，问我行不行，我答应后，他又说给我每学期减免 4 块钱学费，我说不行。最后给我减免 12 块钱学费(那时每学期学费 16 元)。老师最后说："来了安心读书。"我点了点头，于是回家把这结果告诉了父亲。我继续读书的愿望终于实现了，我一直感激老师给了我读书机会。

班里的变化

再次回到学校时，发现班里多了两个同学，戴眼镜，一高一矮，很文静，说的普通话很好听(我们很多同学高中毕业前没有说过普通话)。高的叫李大中，白面书生一个；矮的叫王光海，方盘脸，大框眼镜，两眼好像在发光似的。他们的名字很好记。慢慢知道他们是苏州铁路中学来的，先在一班，刚转入我们班。时间不长，我发现他们不管哪一科，学习成绩都胜过班里其他同学。王光海虽然个子不高，体育照样很棒，我打心里佩服他们。

这两个新同学加入，给班里带来了很强活力，老师提问总能找到能回答问题的学生了，这对老师是最大的激励。对同学来说，看到别人能回答，能学会，就应该想想自己没有学好，问题在哪里？

回到学校后物理老师换成了穆世明(实习)老师，他和同学关系很融洽。我回来读书后，首先调整学习方法，把成绩赶上去。

升入高二后最大变化是，进到教室(在大楼里)课桌那么少！只有28个同学了(原来54个)。听说不来的都退学了。我一直不明白他们退学是为什么？班主任为什么没有帮助他们？直到2014年我拜访光海时他告诉了我。原来那时学校收到一个上面来的文件，考试不及格的一律退学，不许留级。只有李大中是因病休学，没有和我们一起升高二，所以班里只有28个同学。2015年，一次和一个1961年入上海师大的人说起我们1962年高中同学留级退学的事，他马上告诉我那时大学里也这样，而且张榜公布考试不及格令其退学的名单，其中有他最要好的一个同学被退学了。这使我联想到“文革”中北京师大校园中的大字报，大意是，1961年大招生，招了许多工农兵调干(在岗干部)生，1962年因为其中一些人学习不好，把他们赶了回去，这是资产阶级统治学校，是对工农兵大学生的迫害！可见1962年在学校执行中央“调整、巩固、充实、提高”的八字方针很坚决，全国统一。

教学楼

高二起我们的教室在大楼的楼上。这座楼是民国时的上海市图书馆；南面有一楼是民国时上海市立医院，当时由第二军医大学使用；其东南方有一楼是民国时上海市政府办公楼，当时由上海体育学院作办公楼(3个楼都是在上世纪30年代盖的)。

我们的楼以南北结构来说可以分为三部分。

北部是藏书楼，4层，楼层较低。当时地面一层部分用来种蘑菇，另一部分为老师、学生洗澡房；二层是学校图书室；三四层为住校生宿舍。西面是男生宿舍，东面是女生宿舍，分别从一层的东西两个侧门进后有盘旋(形似螺钉侧面)楼梯上下，地方小，所以楼梯只能上下人擦肩而过。楼梯绕空心柱盘旋，所以在4楼可以直接看到底下。宿舍很大，三四层各只有一间，每间宿舍住40人左右。所以同宿舍有不同班的，也有不同年级的同学。以前的藏书架全部拆了，但与楼上下相通的竖直的角钢条都在，每4条之间正好是一个床位，上下两床，每4个床位一组(挨着一起)，所以那时挂蚊帐很方便。木床里臭虫很多，经常用药效果也不大，有的同学对此过敏，常起很多包。进宿舍一侧靠墙做了许多木箱(像游泳时放衣服的木箱)，每人一个。因为男宿舍靠西北部，窗很大，冬天很冷。记得晚上放在脸盆里的洗漱用水，早上就成冰了(楼里没有洗漱间)。伙房在现在的体育馆那里，吃晚饭时同学们用热水瓶打好开水，第二天早上洗漱时用。宿舍没有厕所，每天晚上宿舍门外楼梯口放两个大木桶，撒尿时室内都能听到，早起有值日生抬走。管理我们生活的是张超老师。

南部是办公室和阅览室，当时东半部改为教室，西半部为办公室和实验室。南半部和中部都是三层，楼层较高，它的三层顶与藏书楼的四层顶等高。

二楼中部是大厅，是排队借书的地方。东西两侧都有大窗户可以看外景，那时一二层大厅放鞍马，垫子，双杠等体育器材，下雨天就在厅里上体育课。大厅正对的南门外是个不大的水泥广场，上面有一钢管焊接起来的旗杆(那年代我第一次看到这样的旗杆，现在学校都是这种旗杆)。加上部分土地面，就是我们的操场。

操场西面是三个篮球场。学校里没有跑道，学校一年两次的运动会都借用体育学院操场。平时体育课跑，不管多少米都是在校外的小柏油马路上，那地方基本上没有汽车开过(就是现在学校大门口那条南北路)，跑400米就绕现在学校体育馆外的马路方块跑。往北不远是江湾体育场(游泳馆)。

难忘的老师

高二、高三时老师都没变。班主任是教化学的周翔熊老师，几个老师中他个子最高，比较瘦，戴黑框眼镜，头发总是梳得很整齐，一看就是做事干净利索的人。他平时说话风趣幽默，早读时经常会来教室带我们读英语。平时上课很多时候一进门第一句话是“拿张纸头出来”，他就在黑板上写题。同学们就习惯地拿出纸来做题，三五分钟就交了。他住地离学校较远，冬天穿了棉衣，外套了实验室的蓝色工作服，像个很粗的圆柱，上下露出头和脚，样子很滑稽。我们听说他是圣约翰大学毕业的。50多年后知道他原来学法律的!

教我们英语的是董小培老师，他的教法完全靠他对英语教学大纲把握精准和对英语的熟练。我们用的课本很薄，他利用课本的词汇、短语，反复讲、练各种提问句型，反复讲、练各种时态(那时不要求考口语)，适当引入新词。他讲练习课时常会插上一句“这么简单”。后来我体会到把词汇、短语、动词态变、界词用法等记住后，就像摆方块，一般不会错，就“这么简单”。我那时每天晚自习安排半小时英语复习和记生词，第二天早起再记一下，忘了的早上进教室后看一看，效果很好。高三时英语考试都能在90分以上。那时听说董老师以前是外国人足球队的(50多年后知道他还是那个队的教练)。有一次他往黑板写字时，不小心一脚踩空(黑板前有约20厘米高的垫板)，看他要摔倒了，同学叫了起来，可他很快单脚站住了。他安慰同学说：“不要怕，不要怕，我虽然55了，但以前是踢足球的，功夫还在，你们看。”他把不着地的脚晃了晃，同学们都笑了。我有几次看到他在初中部的小足球场上踢球。高三时一次刚下课，英语课代表邓勤民到老师处，拿出个金属的滴眼药水瓶似的东西，上面有英文，问老师这是什么东西？老师一边看着，一边问从哪儿来的，邓说是垃圾堆捡到的。老师说，里面是消毒气体，到后面(我们教室后空地较大)去把它的头打掉。邓到后面打掉了头，高压气体喷出，大力的反冲瓶掉到地上。气放完了，邓去拿瓶，刚拿起就大叫一声，扔掉了。过了一会儿，老师说，拿吧，没有关系了。原来我们化学课讲制冷时学过气体迅速膨胀时会温度降低，这次我们都看到了！邓当时拿到的瓶温度极低，以至于那样。

教代数、解析几何(复习时有三角)的是褚沈英老师，她说话快，写字也快。每节课要讲不少例题，用完了黑板就把前面的擦了继续，黑板利用率极高！她身上的粉笔灰总是最多的。她思路清楚，我特别喜欢听她的课，听后做题就好像照葫芦画瓢一样，只要运算不出错就没问题。教立体几何的是孙宗渊老师，一个爷爷级老师，快退休了。立体几何是高中最难学的，因为有的同学空间概念较差，可能也是因为某个基因有点问题(后来我在当高中班主任时，同事生物老师的孩子在我教的班上，他告诉我他孩子就学不好立体几何，一张数学卷，往往只有立体几何题不会做。可能也是某个基因有点问题)。孙老师非常耐心，总拿着电焊条做立体模型引导我们。同学喜欢和他开玩笑，那时刚提倡学习雷锋，刚下课，一些同学围着他，有个同学对他说：老师，你是真正的雷锋。他马上笑着说；我不是，我哪够啊。那同学说：你门牙没有了，你不是真的雷锋(漏风、上海话与雷锋音差不多)？他明白了仰头哈哈大笑，说：我就是漏风、我就是漏风。同学们也跟着大笑。我们自习课时两位数学老师经常来讲题。

教物理的是蒋鑑丰老师，他总是笑眯眯的，说话慢悠悠。物理概念引入、应用，解题思路、步骤都很有条理，对我后来从事高中物理教学有很大影响。高一时我的物理经常得 3 分。后来发现考试时常有一些填空题，我就增加了对一些概念的理解和记忆，经过一段时间后体会到概念理解对解物理题至关重要。到了高三我感到学习物理就是理解好概念 (记住引入概念的实验怎么做的) 和用好数学。回头看高一时那么难学的运动学好多公式一下子变得很好记、很好理解了。在我以后 30 多年的高中物理教学中贯彻这一理念，效果一直很好。王德龙，他的成绩总是和我差不多 (我俩一个课桌，三年不变)，各科都是。有一次我们俩一起被蒋老师叫到办公室，他拿出我俩的试卷，指向一处说：你们俩怎么一样的？我们一看错的一样，我们都说“我没有看他的” (全考卷就错这里，得了 95 分)。因为我们经常一起讨论，完全有这可能，老师平时知道我们学习都不错，没说什么就让我们拿上考卷回教室了。

这里顺便提一下，我在张家口一中工作时看到一个自由落体的演示实验装置，贴的纸上写：“制作：上海市同济中学 (附中) 某某某”，是解放前的。可惜老师名字不记得了。

教语文的是江淑英老师。那时规定理工科考生高考语文只考作文，所以我不太重视古文。这也是我后来感到最欠缺的地方，也对不住老师。班上作文写得好的是王光海、尹尊声、王守良、王杏兴，他们的作文经常被老师作范文讲评。

教体育课的是陈老师，我认为很成功，特别是对增强体质开展体育运动。我个子小，按单项测试，好几项不及格 (只有 1500 米是 5 分)，但我爱好运动。因我小时有病，知道锻炼重要。早晨、下午活动时间总会在操场运动。体育的评分是两者兼顾，既看单项也考虑参与运动的态度。所以我的体育平均得 4 分。我认为这才是体育的宗旨。到了大学我个子高点后自然单项都及格了。

良好的体育传统

同济中学有良好的体育传统，和体育学院有良好关系。一年两次的校运动会都在体育学院举行，每年会请体育学院来表演，我们的陈老师总当解说员。我记得一次手球比赛，陈老师说某某“打哪儿是哪儿”，意思是球打得好，但同学都笑开了，议论说我不会打球，但也是“打哪儿是哪儿”，想想也是。还有一次请来了“杠王”表演单杠，非常精彩！学校有自己的水球队，参加市中学生比赛，我班乔汉同学就是校水球队员。学校篮球队经常到复旦大学篮球场与他们的系篮球队举行友谊赛，我就去看过 3 次 (晚上)。我们还到江湾体育场看过一次巴西“里约”队和我们国家队的足球比赛，看到我们的董老师在主席台坐着。那场门票是一角钱，我第一次看足球比赛，看到“铲球”是怎么回事，看到他们的脚像手一样能控球。回来后董老师给我们介绍了一些足球知识，特别告诉我们那是一场商业比赛 (第一次听说)，每输一个球，给他们两万美金，出场费另给。我们年级有好几个长跑 2 级运动员，还有游泳 2 级的。宝山县中学运动会我们学校总分绝对第一。记得高三毕业前有个同学身高 1.62 米，跳高过了 1.64 米，学校板报上就进行了宣传。他本想考体育学院，但身高原因没有被录取，上海外贸学院要了他。

“一颗红心两种准备”

很快我们临近毕业了，学校提倡“一颗红心两种准备”，我们农村同学从入学第一天起就准备好了。而居民户口的考不上大学就可能去新疆。后来真的有两个同学 (郭物平和赵胜鹤) 去了新疆。

高二升高三时的考试，周道根同学没有去考试，我们发现他在宿舍待着。班主任老师到宿舍，我们也在，问他为什么不去考试，他说想留级 (当时我很惊讶，还有用这办法主动要求留级的！)。结果他真留了一级，后来考上复旦大学英语专业。李大中同学和他同年考入了复旦大学物理系。周道根没有和我们一起上高三，但高三时来了一个叫陈宝余的同学，所以还是 28 个同学。

填报志愿

填报志愿时，我们一类可以填 12 个学校，每校 3 个专业，二类也是这样。我当时填的第一个学校是北京航空学院。草表上交后，有天晚自习时班主任周翔熊老师把我叫去，告诉我说：你报北京航空学院条件不够，你报清华吧。我说我哥哥上了清华，我就上别的学校，师范大学不要钱的，就报师范吧。老师同意了。我们的邻居 1960 年上华东师大，经常到我们家说学校吃得怎么怎么好，又不要钱。我父母也多次说让我以后上师范大学。我想不能满足我的愿望，就满足我父母的愿望吧。结果一类第一填北京师范大学，二类第一填上海师范学院。王德龙的所有志愿和我完全一样。祝永康同学因为色盲，受很多限制，填的都是物理、数学、木材加工等专业(我们仨在一起填写的)。正式填毕业生登记表时，因为我的草表字太乱，周老师让我重新填写，而且拿来了我初中毕业时填的表，让我照它那样工整填写，并且把两表都给了我。在那表上我看到有一栏“政审”，大意是：其父1936年前(应是八一三前)任3年伪保长，并代理镇长3个月，解放后已主动交代，情况属实，属一般历史问题。我明白了为什么不让我考北京航空学院。可能老师把那表留给我就是这个用意。

差点不能参加高考

那时每年7月12日高考。9日我发高烧，祝永康同学用自行车把我送到了第二军医大学的医院。那时就挂了个号，没有交其他费用。量了体温40.5度，安排我住了医院，验血后确定是疟疾，马上输液。德龙知道后下午来看望我，我让他找新根伯伯(金龙的父亲、就在二军大里做瓦工，每天都回家)，让他回去后告诉我父亲，拿医药费来。第二天早上新根伯伯送来了医药费。下午我退烧了，出院回到学校，头很痛，头骨好像和脑分开了似的，不敢晃动。回校后就睡，昏昏沉沉到第二天醒来。那几天宿舍里只有我们班住校同学(另两个班没有住校生)，临考前一天大家放松的在大宿舍里打闹着玩，他们大声震得我头好痛，我只好让他们离我远点。他们都很理解我。那天我最担心第二天不能参加考试。好在12日我的头痛减轻多了，和同学们一起步行到五角场，坐3路有轨电车到大柏树，再步行到55中学。那几天特别热，教室里放了冰块，每个教室50个学生，共25张课桌，我和尹尊声同桌，我在左边坐位。我在思考时身不由己腿会抖动，带着桌子也晃动，尹就会用左臂推我一下，我就安静了。每科考试都会有一两次。每考完一科，同学们免不了议论答案，我考后什么也不管，好像考过就忘了。只想回校休息。

录 取

考后大约一个月我收到了邮递员送来的北京师范大学录取通知，后来尹尊声同学(他和王光海被清华录取)来我家告诉我班上同学被录取的情况。那时我们村没有电话，全靠人员来往或写信了解情况。到8月23日我去北京上学前知道；去北京有清华(2人)、北师大、北京政法、北航、北京二外。另外外地有西安冶金建筑学院、太原重型机械学院、南航(2人)、南京大学、沈阳空军。上海的有：上外、上海外贸、上海工学院、上海科技、上海中医、上海体育学院等。后来又知道一些同学上了专科学校或培训学校，像王德龙、郭物平学习很不错，因“不宜录取”，另两个班有几个学习年级前几名的也因“家庭背景”原因没能上大学。王德龙后来是大队的会计。

进入大学后我当了物理课代表，为了收作业有记录，老师给我班上28个同学(和高中班一样多)的花名册，每个同学名字后写着“上、中、下”三个字中的一个。我名字后写着“上”，写“上”的有4个同学，写“下”的两个，其他都是“中”。可见我高考成绩还不错。可能是物理不错，可能是总成绩不错，因为班主任是我们的物理辅导老师。

半个多世纪，我一直惦记着高中学校、老师、同学的这份情。(85/7)

缅怀班主任褚沈英老师

66 届 3 班

胡向东：我们的班主任褚沈英老师，离开我们已经有 10 个年头了，但她的音容笑貌，始终在我脑海闪现，因为她是一位十分勤奋的园丁，热情培育我们成长。从 1992 年起，褚老师和我班学生有四次愉快的相聚。我们一起缅怀这位慈母般的老师，以满腔热情报答褚老师的无私付出。

杨承华：相见欢 • 犹见老师

无言独下高楼，夜幽幽。犹与恩师相会在今秋。思无济，泪还涕，内心惆。别是莘莘滋味在胸留。(夜深未寐，提笔追忆)

秦肖棻：凌晨 4 点醒来，想起群主布置的任务就再也睡不着了。脑海中沉寂已久的褚老师的形象又活了起来。褚老师毕业于西南联大，华罗庚的学生。她是当时的二级数学教师，是我们的班主任，教代数和解析几何。她上课经常拖堂，因为想多讲几道题。她批改的作业，从你错的这一行起，一步步引导你完成正确答案。她认真批改每道题、每个本子。她住在宿舍，每天熬夜，常靠吸烟提神，经常一两点钟才睡。她全身心投入在我们班上，当然我们班数学成绩也是年级第一。因为熬夜，第二天上午的第一堂课，班长曾去宿舍叫醒过她。

郭申美：褚老师是我们高三 (3) 的班主任，她虽然教数学，但很有音乐天赋，歌唱得特别好。她用假嗓子唱男高音，很动人。我们班大合唱都是她亲自指导。记得当时班级大合唱，由男同学朱军领唱，她就教朱军如何用假嗓子唱好男高音。老师非常耐心，一遍遍用男高音调子先唱，让朱军跟着学，同学们哈哈大笑。褚老师就不断说：静一静，静一静，再来一遍，再来一遍。她教唱的热情，现在想起来还历历在目。褚老师平易近人，没有师道尊严的架子，同学们都喜欢和她讲笑话，褚老师永远活在我们心中。

严而正：在当今社会里，在如今的教育界已很难找到像褚沈英这样的老师了。她为了把自己年轻时在西南联大所学到的知识传授给学生，一生辛勤耕耘，培养出成千优秀学子。记得她教我班数学时，正值不惑之年。我时常去她办公室，她办公桌上有一面圆镜子，每次见到她总是用手在拔她秀发上零零散散的白发。她爱美，但辛苦的教学怎会不添白发！她才不到40岁呢。……褚老师活着的话应该91岁了。同济100年校庆时，想找她，但她已走了，默默地走了，走得多么突然。愿老师安息，下辈子我们再做她的学生。另，褚沈英老师和我妈一个姓，是衣者褚。唐朝宰相褚遂良的褚，她是嘉兴人，出生在沈阳。以上是她家访时对我妈说的。

杨承华：忆先生

过遇黑山冷雨丝，忆昔莘子叩学时。昂眉评点方程表，鞭指推敲代数式。讲课如公诚长者，学余似儿不吟痴。墨磨人是八三夏，敢献先生片断诗。(班级发起纪念褚老师活动，特凑拙诗表怀念之情)

胡向东：和承华兄《忆先生》

同济育人藏有魂，黑山路上忆师恩。扬鞭重点方程式，昂首轻开代数门。学子专心读书本，恩师勤手护花根。桃红柳绿花蝶舞，遥看青山遮一村。

方治矿：师恩难忘——忆褚沈英老师

梦中惊醒不为别，忽如恩师浮眼前。

猛然回首两鬓白，恩师一去不复返。

追忆教诲潸然泪，隐隐心痛难阻拦。

德高儒雅博学才，三尺讲台留风范。

郭申美：昨晚我也是没睡好，先是要找出和褚老师合拍的一张照片，因搬过家，翻箱倒柜到晚上11点多才找到。清晨5点不到醒来满脑子还是这件事，想想应该写点对褚老师印象最深的事，写了一半，微信来了，原来肖棻已写好先发出来了，我们同学……真有意思，满腔热情不减当年……

胡学素：褚老师是我们的数学老师也是我们高三3班的班主任。在教学上她认真备课，把解各类题型的思路告诉我们，提高我们分析问题和解决问题的能力。给我印象最深的是她布置作业时，有大家必须完成的作业，还有根据各人不同水平和能力布置的AB两类题。这样因材施教的方法，培养了我们班很多同学对数学产生了浓厚的学习兴趣，并有不少数学尖子涌现。褚老师作为班主任，关心我们的身心成长。我们班文体活动她都给予支持。记得我们班排过一部话剧：《女飞行员》。从彩排到演出，整个过程都有她的关心。从我们的文体活动中，我们学会了团队精神，互相配合、协助，有强烈的集体荣誉感，在年级各项活动比赛中总拔得头筹。这都和班主任的培养分不开。如今，我们都年近七十了，班级集体的概念仍存在，仍有热心同学组织各种活动。我后来也成为一名老师，没读过师范大学，但刚开始我的一些教学理念及教学方法，都是从我的老师那里潜移默化学来的。其中从褚老师身上更学到很多做好老师的品质。如今老师已离我们而去，但师恩一直存在我们心中。写下这些，在即将到来的感恩节作为对褚老师的怀念。

胡向东：看到各位描述的点滴小事，又一次激起我心中的涟漪。褚老师是无党派人士，但她始终呕心沥血为教学热情付出。下课铃声响起，她还在耐心讲解而“拖堂”，这显然是不足之处。但在听取同学意见后，褚老师每次上课，首先脱下手表放在讲台上，拖堂情况就大为减少，以至下课后，夹起教具走出教室时，偶尔也会把手表遗忘在讲台上。

方治矿：我在班里个子较矮，所以坐第一排。平时我身体较单薄虚弱，上课时精力容易分散，注意力往往不够集中。一次上数学课时，打起了瞌睡。褚老师看我正在打瞌睡，就用教棒轻轻在我课桌上敲了几下，予以提醒。我在朦胧中惊醒，心怦怦乱跳，怪难为情的，

74届28班毕业前合影，二排左一褚老师

我想褚老师肯定要批评我了。没想到褚老师聚精会神上她的课，没有一句责怪的话语。下课了，褚老师走到我桌前。我想坏了，这回该受批了吧，想不到褚老师脸色和蔼，轻声细语地问道："你今天哪里不舒服？要不要到卫生室去看一下？"刷的一下，我脸一下红到脖子上。老师非但没有批评我，还慈母般地关心我，我知道自己错了，真有种无地自容的感觉。从这件小事可以看出我们的褚老师对自己的学生是如此体贴，如此关心，如此会做思想工作。褚老师是我们的好老师、好长辈。她永远活在我们心中。

高志辉：我们班数学底子扎实，褚沈英老师功不可没。初三时为考高中，初等几何做题无数，却从来没觉得那是门数学课，全靠逻辑和经验。但褚老师教我们时说得好，解析几何是用代数的方法来描述几何图形，这使大家茅塞顿开。她把几何与代数两门课统一了起来。从此我对数学兴趣大增，参加了兴趣小组。褚老师在兴趣小组又大胆引入英文版高等数学。我去黑龙江下乡时就买了清华大学英文影印版高等数学和普通物理自学，在入大学前就学完了。这对我一生帮助匪浅。褚沈英老师是我人生中最重要的启蒙导师之一。

杨承华：一次家访，高二下学期一天，放学后五点多，正在家中做作业。突然有人敲门，开门一看是褚老师来家访。家母见贵客上门很是意外，因小学到中学从未有老师专为我而来造访，自然是一番热情。正说着，平常不到七八点不挨家的家父，这天竟然也提早回来了。转而是家父接过了话题，家母盛情邀请老师留餐。得知老师能吃辣，家母特地做了贵州口味的宫保鸡丁、酸汤鱼、豆豉茄盒，谁知家乡的风味勾起了老师尘封的记忆，她说好像回到了在西南的日子。无独有偶，家父作为陈纳德飞虎队的翻译官，曾经也在昆明待过一段时日。只见他们越谈越有内容，别说我始终诚惶诚恐，连家母都插不上话。最后临走时，老师才说她的神经衰弱和失眠症很厉害，是特地来问家父可有好药可以推荐(可想老师受到多大的病痛折磨)。家父笑着说，"我早已不吃任何药了，我的独门绝技是，每天晚上一两白酒，比任何药物灵验还没有毒性。"这次以后我也明白了，老师的家访原来不访学生，访家长的。也怪家父太忙，否则该会和褚老师多交谈几次！

谢鲁兖：曾认识一位陈老教师，她悲情万千，因为老伴在刚熬到"文革"平反之际，突然急病去世，情何以堪！继而儿子又因吸毒，劳燕分飞。她眼前一片昏暗。这时一封学生邀请函及时而至，学生再次邀请老师赴杭一游。这是一位功成名就的企业家，当年他执意要弃学从艺，在陈老师细细分析和劝慰下坚守了学业，今日成就不忘师恩。老师得很大安慰，从此走出阴霾。老师是传授学识之人，更是种树育苗之人。一句表扬鼓励和肯定就是一个少年的一生。我们的褚老师也是这样的呀。她言传身教，把学习放在第一位，堂堂拖课，恨不能多灌输点。她曾劝我兴趣课不要选书法，最好选数学。她对每个学生都关注不放松，我们班形成浓厚的学习气氛，和老师潜移默化的引导分不开。褚老师毫无架子，性格大气率真，有话直说，所以我们班也一直很团结，少有纠结和矛盾，我们班出来的都是低调好学的读书人。感谢褚老师，为曾有这样的班主任感到庆幸。

再补充一件事：我曾骨折，脚腕处三踝全断，脚痛之余心绪烦恼。褚老师知我骨折后说，太好了！我大惑不解，她解释道，她背弯人变矮难以行走多年，直到现在才明白是骨质疏松引起的，但太晚了。我方才明白，这样一种坏事情换个角度看也能变成好事情，细想确也有道理。一个乐观率真的老太太形象出现了。我以后看事不自觉的都会换个角度看看，心境就平和多了。

胡向东：褚老师就是刀子嘴菩萨心，风风火火，雷厉风行，快人快语，立竿见影；辛勤耕耘，一生园丁，虽有拖堂，忠心耿耿；潜心教学，无比虔诚，弘扬正气，掷地有声！

人生七十古来稀，时至如今谁自卑？唯独深情念同济，只亏桃李谢恩师。英雄憨笑当年乐，迟暮戏言来日痴。休管云烟伴霾雾，但看彩蕊蝶相随。

胡向东：三桩小事 ① 我家离学校较近，有时偶尔周六晚上去学校工会文娱室观看电视。一进校门，常常见到数学教研组办公室灯火通明。看完电视回家时仍见灯火依旧，免不了要到门口窥视一下，但见班主任褚沈英老师单枪匹马，端坐在办公桌前，左手燃着一支香烟，右手或翻书或疾笔奋书，当然此时我绝不会去惊动她。褚老师是一个爱校为家，时常忘记回家的人。②“文革”前提倡向工农兵特别是向贫下中农学习。当时我们的学农定点基地，是葛同学所在的小浜口生产队，每次她总是推着自行车和大家一起行走，时常领唱《我们走在大路上》等歌曲(当然主要是胡学素领唱)，我们这支队伍总是雄赳赳气昂昂行进在长海路中原路上，总能获得两旁路人百分之百的绝对回头率。我们那时是多么自豪和骄傲啊！③“文革”前福建的理科教学在全国一流，福建出版过几本数学参考书，里面夹杂着不少难题，在难倒了班内几位高手后，我再去请教褚老师。褚老师反应极其敏捷，她从不直接解题，而是启发式的提示：我们曾经做过类似题目，换一个角度去思考，用几种不同方法分析。触类旁通式的教学方式，思路清晰，至今我仍然牢记着。(83/6)

我们的教室我们的班

67届高二(3)班 裘建孙[①]执笔

2017年1月14日是个好日子，同济中学67届(3)班20多位老头老太在国和路上的榕港大酒店过完70岁集体生日后，怀着忐忑激动的心情走进了母校同济中学的老校楼。这里正在进行改建，不久的将来，这里将成为杨浦区新图书馆。

母校的老楼，我们中间大多数人已经有五十年没有进去过了，当大家看到老楼那金黄色琉璃瓦盖顶的门楼、寻到一楼那浅灰色修缮一新的螺旋楼梯、见到二楼阅览室那扇黑色镂空铸花铁门、找到水磨石地面上那本象征“求知好学”的摊开书本的图案，大家都思绪万千，感慨万分，记忆的长河中往事如烟。

穿过林立的朱红大柱，在描有绚丽彩绘的天花板下左转往前，我们看到了走廊尽头西面那间大家没有来得及完成高中学业、让我们魂牵梦绕的教室。当年，我们这间教室除了东墙只有门没有窗，其余三面墙上都有一扇狭长的窗户，其中除南面的窗户因黑板遮挡，被涂成黑色外，另外两扇窗户分别直面老楼的后花园和树荫绰约的长海路，所以，这里一直是下课后同学们聊天看景的首选处，稍晚一步就会有人捷足先登。教室呈狭长形，2014年，已经退休的同学们为了排出当年教室的座位表，为教室课桌当年是被排成3行还是4行争得面红耳赤。稳重的班长杜望基回忆：“汤顺道应该和何勇年坐在第一排，隔开走廊是王芝莲”；机灵调皮的汤顺道说：“当时为了帮助毛善国，陈秀平曾经被安排与毛善国坐”；曾经是三班班网群主的吴悦十分肯定地说：“高一时，我坐头排，门过来第二行，左边是我的帮

①裘建孙，同济中学67届高二(3)班学生，宣传委员。

教二老师裘建孙。但也非常肯定也和道道同坐过”，其实，这次自信的吴悦说错了，高一时，我们班的教室是在靠着学校南墙的一排矮平房内，还没有搬进老大楼呢；吴悦又补充说：“周镐良不可能坐倒数第二排，他坐在第三组的正数第三排位置”；只有精明的邱小维斩钉截铁地说：“我和严涧是坐在最后一排的”，因为当时他们的个子最高。七嘴八舌、众说纷纭，直到最后也没有定论，班级座位表也就排不成了，“课桌椅摆成三排还是四排？”这个问题将成为一个永远解不开的谜留在了3班的班史中；而由好事者吴悦和裘建孙将这一争论过程制作成的视频《桌位表之歌》依然在坊间流传，背景音乐是《同桌的你》，所填的歌词填得也很诙谐，主歌：

“(第一段)昨天你出了个难题，问大家曾坐哪里；哥德巴赫般猜想，个个都想不起；勇年讲同桌是望基，班长讲毫无记忆；又讲汤顺道淘气，拿大元帅闹钟藏起；顺道讲他曾经坐第一，勇年就坐在旁边；吴悦讲哪里哪里，勇年定坐在后面；

(第二段)姚老师读吴悦作文，严涧在后面嬉戏；信心十足的小维，肯定自己坐在最后面；问他是啥个道理，回答讲排队排第一；排队跟座位有啥关系，叫人做丈二和尚。还是裘建孙叫人服气，因为赖皮脚气；脚臭熏倒了淑花，引来了秀平抗议。”

副歌：“从前的日子已远去，回想起趣事件件；座位是三排四排？窗口是一扇二扇？故事成美好的回忆，座位表成好游戏；让阿拉回忆过去，让阿拉快乐今天，啦……啦……啦……啦……”歌词朗朗上口，音乐满满感情，五十年前的学生生活带给了我们许多幸福的回忆。(视频地址：http://tv.sohu.com/upload/static/share/share_play.html#4391541_5635106_0_9001_0)

在悦耳的音乐声中我仿佛坐走进了教室，在那里和同学们一起等待上课。我仿佛看到班主任叶倩云老师满脸严肃地走上讲台，教室里立刻鸦雀无声，一堂令人窒息的班会课即将开始；我仿佛看到副班主任姚来雁老师大步流星跨上讲台，长着粗长汗毛的大手摊开讲义，浓眉下那对炯炯有神的眼睛威严地巡视了一遍教室，下面立刻响起一阵轻微的翻动声，同学们纷纷翻开笔记，打开笔套，急切地等待着一节旁征博引、谈古论今、引人入胜的语文课拉开帷幕；我仿佛看到英语老师陈宗扬笃悠悠地走上讲台，照例是衣冠端正、头丝清爽，教室里有同学在窃窃私语上次布置的作业，有同学在念念有词地抢背生疏的单词，大家都知道别看陈老师总是满脸微笑，和蔼可亲，但他上课时治学严谨的态度让许多不用功的同学如坐针毡；我仿佛看到绰号大元帅的数学老师孙宗源点着头微笑着碎步踱上讲台，摸索着从衣兜里拿出他那只锈迹斑斑小闹钟，准确地放在讲台右前角的固定位置，教室里依然打打闹闹，热闹非凡，因为孙老师没有架子，也从不训斥学生，凡事采取商量解决的教育方法，这使得一批调皮的同学上他的课如鱼得水，轻松无比，而那些要学的同学也能从孙老师细致推导、由浅入深的教学中很快领会了要点重点；孙老师讲解并引申出来的那几十个三角公式几十年后有些同学仍然记得，这让他们前来求教的孙辈们目瞪口呆。

裘建孙回忆：

我继续沉浸在教室的喧闹中。那是在数学课上，孙老师正讲在兴头上，突然后排传来一阵女同学的尖叫声，回头一看只见团支书于淑花满脸通红，坐在前排的数学课代表陈秀平转身大声指责，定睛一看，原来是张林发同学脱掉鞋子，将一双臭脚伸在前排女同学的椅子下，在大热天拥挤的教室里，那臭味顿时弥漫开来。顿时，教室里像开了锅，有尖叫的、有嬉笑的、有起哄的、有告状的，乱作一团，大元帅奔东跑西批评劝说，当然毫无用处，他自己倒青筋凸起、一脸无奈。

杜望基回忆：

好不容易事态平息，教室里安静下来，回到讲台边的孙老师又突然惊叫起来，吓了大家一跳，原来是他那只宝贝闹钟不翼而飞了，这个案子倒不难破，准是坐在第一排的汤顺道又将大元帅看时间的闹钟偷偷藏起来了，孙老师夸张的一惊一乍引来全班同学哄堂大笑。

吴悦回忆：

那是在语文课上，姚老师将吴悦的一篇作文作为范文在课堂上讲评，作文题目好像是《错在哪里》，那是姚老师要大家回忆假期生活两三事布置的作业，吴悦的作文中有一节是说作者自己在游泳池里学游泳的故事。姚老师表扬说这段写得有景有情，细节描写有特色，很生动，说得吴悦此时此刻轻飘飘的有些小得意了。在姚老师讲评作文的过程中，吴悦总感到左后方有人在时不时推搡自己，耳边还不断传来带着嘲笑口吻的揶揄，回头一看是严涧同学，当时吴悦很无奈也很感慨。严涧的游泳技术超群到令人咋舌，他不仅多次参加市里组织的市民横渡黄浦江的活动，还和他品学兼优的哥哥严浚（当时就读复旦附中）一起靠着一只轮胎、扬着一面小红旗，从吴淞游到了横沙，全然不顾长江口江水那汹涌的波涛和涌动的暗流。此刻吴悦心里想的是如果自己的游泳本事也有严涧那么好，那么，这个复旦大学教授的儿子就不会这么数落他了。

那是在体育课上，部分同学在操场上踢球，照例是史德基做裁判，史德基嗓门大、哨子吹得也响，不管足球、篮球、排球，比赛规则他都略知一二，所以，他什么对抗赛的裁判都敢做。记得那天在球场上踢足球，吴悦总觉得裁判史德基对他特别关照，老跟着吴悦奔跑，其实大家都知道吴悦是再老实不过的人了，怀疑吴悦这样的谦谦君子会偷着犯规，史德基真有点小人之心了。时间一长，吴悦心生不满，想发泄苦于没有抓到把柄，终于他发现史德基的跑步姿势很古怪，于是吴悦说："史德基！你这个裁判怎么喜欢做怪腔？"史德基说："啥怪腔？你放老实点。"吴悦挑逗地说："你好像穿着大套鞋跟着我跑似的。"史德基脸唰地一下红了，立即抄起哨子一声恨吹："犯规！犯规！"吴悦问："犯啥规？！""侮辱裁判！"史德基狠狠地说。

裘建孙回忆：

另一部分同学在老楼前面的大平台上活动，大门右面铺着两张垫子，灵活的汤顺道正在训练有些木讷的王强康打排球，由汤顺道发球，王强康双手前伸垫球；汤顺道口里不断喊着："两臂伸直"、"重心下沉"，王强康则跟着口令不断改变姿势，一次次把师傅发来的球垫回去；后来，汤顺道开始不断加码，排球越发越快，落点越来越刁，力量越来越大，可怜王强康笨拙地一次次前扑侧滚着救球，弄得脸上、身上都沾满了灰尘，这场景让人想起了当年日本的魔鬼教练大松博文训练日本女排的情景；明白人一眼就看出汤教练此刻明显是在有意作弄王强康，但是，看到老实的王强康依然在一丝不苟接球、救球，我们都被他的精神所感动。后来汤顺道当上了电话修理工，而王强康却成了一名警察，变得机敏、强壮，当警察的王强康应该得益于那时汤教练的排球强化训练。

回忆的闸门一旦打开，往事如泉喷涌而出，无法阻挡，过去班级的往事像过电影，一幕一幕不断在我眼前展现。政立路南面的学校食堂有时也兼作他用，经常会变身成为会堂，东端的舞台上常常有学生们自己的演出吸引了众多观众。记忆中，我们班级曾经排演过歌剧《江姐》引起过轰动。副班长谢国英在剧中扮演江姐，着一身蓝色旗袍外罩红色毛衣，脖子上一条白色围巾，配上她端庄的面容和修长的身材，活脱脱的江姐站在大家眼前，上台一亮相就赢来满堂喝彩；赵筱斐演的是孙明霞，一身学生装，梳着小辫子，举手投足间把进步学生渴望参加革命的急切神态表现得惟妙惟肖；那面红旗是买来的国旗，当"绣红旗"的音乐前奏响起，女监里5个革命者簇拥着站立着的江姐围着五星红旗穿针引线的经典造型展现时，台上台下已是歌声一片，场面感人。当时，我也十分荣幸参加了演出，初次当演员的兴奋让我一直激动到今天，虽然当时我演的是匪兵，还是“乙”，台词也只有一个字，那就是在押解“江姐”上台时，在台口吼的那声“走”！

还是在食堂的这个舞台上，学校举办的英语剧目汇演正在如火如荼进行中，我们班排演的剧目是《东郭先生与狼》(*Mr Dongguo and Wolf*)。英语老师陈宗扬亲自导演，他从班级众多英语高手中钦点了班长杜望基演“东郭先生”、章申民演“农夫”，裘建孙演“狼”。直到今天我依然在纳闷，为什么我总被选去演反面角色？不是“匪兵”，就是“狼”！是我相貌狰狞？还是我处世刁钻？不过在剧本中，东郭先生和狼的台词最多，农夫最少，这不禁让我有些得意，至少说明我当时的外语学得还不错。道具十分简单，敦厚的杜望基换一件长衫，手里那本书，就是东郭先生了；农夫戴顶草帽扛把锄头就可以登台；我当时好像有一只狼的头饰，找了根鸡毛掸子倒插在皮带里，就成了长着一条毛茸茸尾巴的狼了(亏陈老师想得出来！)。剧情也简单，在狼和东郭先生讲了一大堆背得滚瓜烂熟的英语对话后，章申民上场，他引诱我钻入后台扔出来的一条麻袋里(其实只是套进上半身)，一锄头下来，我在麻袋里的挣扎就停止了，场下发出一片笑声，剧终。回到台下卸妆，陈老师依次和东郭先生、狼和农夫拍肩握手，嘴里一个劲地说:“好！演得好！”我正沉浸在演出成功喜悦中，突然感到屁股上挨了一脚，回头一看是章申民，他瞪着那对小眼睛说：“喂，我锄头还没有砸下，你怎么就死了？”有这样的事？难怪临结束台下一片笑声。1990年央视春晚看经典小品《主角与配角》，这边朱时茂还没有拔枪，那边陈佩斯已经轰然倒地，笑声中我总觉得这个包袱应该是抄袭了我的原创，我是1965年倒下的，比陈佩斯整整早倒了25年。

场景换到了长海路和民星路那个S形转角，向北不远就是高炮3连的营房，这是我们班继上港十区学工、横沙东兴学农后的学军基地。阵地上成犄角阵势摆着8门单管高射炮，炮管角度整齐划一指向蓝天，在周围大片农田衬映下显得威武而又神秘。经过枯燥的队列训练后，我们6人编成一组在战士们指导下上炮操作，十六七岁的学生能亲手操作这冷冰冰的真家伙，大家都十分兴奋和激动。那时高射炮全靠人工操作，我和哪些同学搭档组成炮班已经没有印象了，记得我担任六炮手。一炮手使用圆盘控制高炮方位(使高炮原地打圈)；二炮手是摇圆盘调整高炮的角度(炮管仰角高低)；五炮手和六炮手轮流从炮弹箱里取出炮弹；递给四炮手用引信卡子调节引信(确定爆炸高度)；三炮手装填炮弹，拉炮栓发射。解放军教官告诉我们六个人是一个整体，必须密切合作，还要听命令与其他7门炮协同才能取得战斗胜利。高射炮炮弹长一米多，饭碗粗细，弹头镀铜，底火足有5分硬币大小，重量有几十斤，当时抱着感觉还真不轻，训练很辛苦。为了演示实战过程，驻沪空军组织了一次演练，阵地上的雷达飞快旋转着，指挥员在阵地中央用响亮的声音不断报出敌的方位、坐标和高度，一二炮手不断调整高炮，瞄准敌机方位，四炮手根据所报高度不断旋转引信刻度，不一会儿，一架米格机掠过，长长的牵引索拖着靶机飞越阵地上空，在指挥员发出发射命令后，三炮手接过调整好高度的炮弹，推入炮膛，小红旗落下，

1967年9月同济中学67届高二(3)班毕业照(五角场照相馆)
四排左起：何勇年、瞿贵林、邱小维、薛金飞、吴悦、苏中魁、邹永康
三排左起：周镐良、赵国道、张世民、刘金生、沈树良、杜望基、乔德成、陈咸郴
二排左起：王芝莲、陆丽菊、赵筱斐、周美珍、周丕静、李爱玲、孙诗诗、谢国英、汪濮阳
一排左起：黄培芳、杨海琴、叶倩云(班主任)、顾海华、裘建孙、周郑、严涧、毛善国
缺席：赵来娣、夏志芳、陈洪娣、李娟娟、赵筱妹、杨林娣、史德基、卞永生、陈勇林、章申民、金昌荣、瞿谷兴、汤顺道、王根宝、王焕、王强康、严炳生、张林发、张洪英、陈秀平、于淑花

三炮手拉下炮栓，炮弹头呼啸着飞入高空，滚烫的炮弹壳“哐当”退出炮膛，跌落地面。精彩的连贯操作、整齐划一的果断动作，让我们看得目瞪口呆，连调皮的男同学也聚精会神，目不转睛。我们算了一下，一颗炮弹炸开，杀伤范围半径60米，那就是体积为一个1万多立方米的大球，八颗炮弹同时爆炸，在敌机高度的方位行成9万立方米的杀伤空间，敌机即使没有被直接击中，被弹片击伤的概率还是很大。通过这段时间的学习，我们不仅掌握了高射炮的射击要领，同时也懂得了遵守纪律、团结协同的重要性。当我们结束一天的训练，列队回校时，同学们昂首挺胸、底气十足地踢着正步唱着歌，感觉再穿上军装，我们就是货真价实的军人了。

……

身边叽叽喳喳、由轻而响的议论声把我拉回到现实，抬头一看，我们教室门的位置已经变成一堵白墙，沿着白墙往前走，原来教室的北墙开了一扇大门，进门是一个梳洗台，梳洗台两边的门上分别标着烟斗和高跟鞋的LOGO！呜呼！我们的教室整体变成了装修豪华的厕所了，我听到的一片议论纷纷就是大家因这一巨大落差引发的，看着珍藏着我们多少回忆的教室变身厕所，感情上无论如何总会有点纠结，但是，转念一想，我们的教室依然作为知识殿堂的一部分为如饥似渴的读者们提供服务，那也算物有所值了，一丝快意涌上心头。

斗转星移、物是人非、光阴荏苒、白驹过隙，转眼半个世纪过去了，我们教室和我们的班级都发生了巨大变化，教室变成“歌厅”，我们也从风华正茂的阳光青年变成了老眼昏花的古稀老人。回顾同济中学高中那段日子，我们可以自豪地说，当年我们的班级虽然离“团结、紧张、严肃、活泼”的要求还有一定距离，但那段我们青春、友爱、热情、快乐的高中学习生活将是我们永远挥之不去的美好记忆；当年，虽然“好好学习天天向上”，我们没有做得尽善尽美，但是，夕阳下，我们从高炮连训练回来，在杜班长带领下，排着整齐的队伍，唱着“打靶归来”，一二三四雄赳赳地走在回校路上的情景(何永年回忆)必将成为我们三班班史中的经典桥段。岁月还会流逝，我们还会老去，80岁、90岁……谁知道呢？但是，我们“格物、穷理、为国、为民”的母校、我们五十年始终如一的班级、我们狭长又终年夕阳的教室都将会留在我们67届高二(3)班每个同学心中，永远、永远！

2017.6.20 (85/11-12)

此情可待成追忆

67届 胡公展

我从1961年到1967年，在同济中学读完了初中和高中，整整六年的中学生涯，精彩纷呈，令我难以释怀。从上世纪50年代中后期到60年代中期是同济中学教学最为辉煌的年代，更让我难以忘怀的是这里汇集了大量德艺双馨的优秀教师，他们的举手投足、音容笑貌时时浮现在我的眼前，几十年都不曾褪去颜色。

我决意用“速写”的笔调，尽我所能，去勾勒出几位老师的形象。我自忖，不写会遗憾；写了兴许也会留下遗憾。生怕我的拙笔，描绘不出他们的风采和神韵。未被我写的老师，我仍深深地欠着他们。需要说明的是，这些小短文写于1997年3月间，是为了庆祝同济中学建校90周年的应征文章，出于种种原因，当时给退了回来。近来，偶然之间在一大摞故纸堆中意外地发现了它，于是做了些增删，并输入电脑，成为电子版，我也可永久地保存下去。

我想告诉同济人：千万不要忘记这些老师们！正是他们，铸就了同济昔日的辉煌，是他们，彪秉了同济今日的价值。

谨以此文，告慰逝者，奉献生者，激励来者，以及与所有的同济人分享。

陈紫霄——海纳百川，有容乃大

在同济，我是以桀骜不驯而闻名全校的“狂人”，调皮捣蛋的同时学习成绩却不错。运动会上，长跑叱咤风云；乒乓球打擂台，英文教师唐伯翔、陈宗扬多是我的手下败将。许多任课老师不时逮着机会要修理我，我一准以恶作剧相报。唯独一见到陈紫霄校长，我那些耍耍小聪明的小伎俩、撒撒野的蛮横劲就跑到九霄云外去了。在我眼里，陈校长是师道尊严的代名词。他每天清晨经常戴着“值班”的红袖章，巡视在黑山路上，迎接进入初中部和高中部的同学们。他长的高挑，人也清瘦，目光严峻，嘴唇紧闭，双手后交，腰杆笔直。一次，我与几个同学正嬉笑打诨走在校园里，抬头一看，迎面走来陈校长，立即低下头，鼠蹿而逃。

初一年级，有一次我又做恶作剧，抓一只活生生的癞蛤蟆放到粉笔盒中，把年轻的数学老师沈丽庄惊吓得哭了出来。下课后，听到办公室里其他老师为她打抱不平：“这次不告不行，一定要上告陈校长，好好教训他！”当天平安无事。第二天清晨上学，无巧不成书，陈校长正在初中部大门口巡视，我无路可退，壮壮胆，硬闯鬼门关。看见我，他迎上前来，支开我的同伴，把我拉到一角，语气严峻地说：“在同济，成绩好，不算好学生！”话音刚落，上课的铃声大作，他推了我一把，在后肩膀上一拍，命令道：“上课去。”我忐忑不安的心顿时如释重负，自己都不敢相信，难道陈校长就这样放过了我？

1977年恢复高考，我在农村插队落户8年之后，终于迎来了一次改变人生历程的历史机遇。考场就设在同济中学新大楼即当年的初中部。第一天上午考数学，我那考场的监考老师，是教了我5年英语课的陈宗扬。下午一时考历史，鬼使神差，我把时间搞错了，待我骑上自行车心急火燎赶到初中部大门口时，已经超时一二分钟，门卫丝毫不为我的解释和哀求所动，纠缠到最后，丢下一句狠话：“我做不了主，把主考官叫来！”

很快，主考官被从考场里叫出来了。天呐，居然是陈校长。在同一个地点，时光仿佛倒流了15年。同样冷峻的目光、同样严厉的语气，他从衣兜里拿出一份《考场规定》，扬着这张纸片在空中划着，眼光往左右扫着，似乎不是在向我宣读，而是在对门卫、对在场的其他我并不认识的老师说：“考场规定，凡是考试铃响之后迟到15分钟者，不得进入考场。难道你不知道？你怎么解释。”被他这一问，我灵机一动，脱口声辩：“我骑自行车，路上坏了。”此时，围观的人越聚越多，陈校长一把拽着我：“进去说。”在大门通往新大楼的路上，陈校长以一种难以置信的宽容的口吻，压低了嗓门对我说：“跟我走，不要再说了，好好考！”

我只花了一小时就做完了历史考卷。当年报考的复旦大学国政系的录取通知也下来了，最后却被涉及所谓“文革”政审挡在了大学门外。

现在看来，我一向避之如鼠见猫，敬畏有余，了解甚少的陈校长，之所以令人折服，绝非浪得虚名。

他以恢宏大度的气量，以海纳百川的气度，以教育家尊重人才、爱惜人才的胆魄，以领导者尽揽优秀教师、知人善任的人格魅力，长期以来获得了同济中学广大师生交口赞誉。他曾对一个与我很熟悉、但与他有一些过节的老师说过这样的话："你再对我有意见都没有关系，只要学生说你好，你就是好教师。"

于是，在他麾下，集结过曹佑民、董小培这样一批深受学生爱戴的德高望重的资深教师；容得下杜伯桴这样曾在国民党联勤总部当过少将的优秀几何教师；网罗住唐伯祥、陈宗扬、陈翠英、王鼎沅、沈丽庄、唐慧珍、张以榕、邬学政、张金兴等一大批几乎囊括了上世纪60年代同济中学最优秀的中青年教师队伍；呵护着张云溪、顾泽武、汤国弟等被人视为半路出家的颇具潜力的骨干。

在"以阶级斗争为纲"的年代，许多有才华有学识但背负不良家庭出身或所谓"历史问题"包袱的教师，从市区的各个角落聚拢到城乡结合部的中、小学，而在同济中学则更多，他们"偏安一隅"，以教为责，以教为荣，以教为乐。

陈宏辉和陈紫霄两人，一个党外，一个党内，一个尔雅，一个威严，一唱一和，相得益彰。他们因时制宜地延揽了大批有真才实学的教师。

史地老师赵德民，生物老师徐才贞，体育老师史汝棠，美术老师郑添福，还有"西洋味"十足的音乐老师胡翰樱等，哪一位都不是当年当局要求的"红色"教师，可是哪一位都是令人尊敬、让人感怀的师长。他们以及其他"园丁"共同辛勤浇灌的桃李早已满天下。

在陈紫霄校长心目中，教师治校、学生至上，为国家培养人才，是教育家的应尽职责。在我们记住以上那么多优秀教师的同时，千万不要忘记延揽他们、团结他们，发挥他们才智的校长陈紫霄。

赵德民，是军人，也是师长，更是热忱的爱国主义者①

……

面对日本帝国主义的侵略，赵老师从小就立志投笔从戎，不及弱冠之年就贸然给冯玉

①此文写于1997年3月。翌年，赵老师辞世，他没能看到此文。谨以此文为花，敬奉在赵德民老师灵前。

祥将军写自荐信。冯将军怜其出身贫寒，赏其拳拳爱国之心，将其招入麾下，后又保送其到英国南部海港城市朴次茅斯英国皇家海军学校深造，回国后曾任国民政府海军旗舰“重庆号”前甲板枪炮长。全国解放前夕随“重庆号”起义，加入中国人民解放军海军。1950年代初转业从教，到同济中学任史地教师。因为他曾环游世界，周游列国，开口成章，滔滔不绝。上他的历史、地理课，让人赏心悦目，也令顽童就范。譬如，他讲巴西，就把巴西地图形象地比做一只下卸的牛腿；讲意大利地图，说那是一只伸向地中海的女人穿的高跟靴子，又形象，又好记。

……

粉碎“四人帮”，举国欢庆。赵老师在他四平路的寓所设宴款待他1964年所带初三(4)班的得意门生。这个班，当年由同济中学上报，层层审核，欲评市级“优秀班级”，最终，因赵老师的所谓历史问题而未果。

他执意让班长周启熊出面，一定要找到我。我忐忑不安，欲上门向他负荆请罪。席间，还未等我开口，赵老师拿起酒杯，与学生们一一碰杯，碰到我，他说：“这杯酒下去，以往的事，一风吹。你们那是少不更事呀！”师生一场，喜怒哀乐，一笑之间，泯灭恩仇。

记得初二时，自然灾害的阴影依然笼罩在神州上空。董必武的原秘书、复旦大学党委书记陈传刚之子陈乐群与我们同班。他属于自带饭盒蒸饭一族，中午吃饭，只要他的饭盒一打开，顿时满屋溢香，经常是白米饭上铺一条广式香肠，有时还有半个卤蛋。赵老师极细心，经常上教室来看看我们吃什么。看我们馋，一次，私下里约上七八个他的中意学生上他位于山阴路附近的家中，由他那位漂亮的日籍夫人，弄几个小菜给我们吃，还拿出许多他身着人民海军制服的照片给我们翻看，其中最有印象的，有他站在海边岩石上展示肌肉的，有他代表海军队参加全国跳水比赛的。

那次之后，他还搞了一次全班集体聚餐的盛事。学生每人拿出一张肉票，其余全由他出，趁着星期日，在学校食堂自己动手包饺子。那天吃的是卷心菜肉馅饺，放开肚量吃。记得我狼吞虎咽一共干掉88个，大肚汉孔繁强不甘示弱，吃了90个，荣登榜首，我只得屈居亚军，至今再也没有破过这项纪录。

课余之暇，他经常会在你漫不经心走路时，从你的背后上来，纠正你走路的姿势，手要如何摆，步幅要怎么迈。他常说，坐没坐相，站没站相的人，至少缺乏教养。他经常提醒我们，即使教师办公室的大门洞开，也应先叩门，得到应允之后，再进门，再行礼，再说话。这般琐事，看起来婆婆妈妈，但按照他的教训去做的人，后来都得益匪浅，行为举止稳妥得体，彬彬有礼。这种素质教育，我没有学好，至今大大咧咧，略欠教养。

中日建交后，赵老师偕夫人薛惠玲女士东渡扶桑，探亲访友，他的妻舅们竭力挽留他俩定居日本，一切相关手续和费用均由他们包办。赵老师对他们说，我是中国人，夫人是日本人，中日建交，就是我俩结合的最好象征与结局。我的根在中国，家在中国，事业在中国，子女在中国，中国是我的根本，怎能动摇她。

这对伉俪在历经几十年风雨磨难后，不为富贵淫，不为威武屈，以一腔热忱的爱国之心，毅然返回中国。在80年代初，沾亲拈故都要向外跑的风潮中，他们是鹤立鸡群的一对，令人肃然起敬。赵老师至今还在为欧美同学会留英海军分会的工作操劳着。他是军人，举止孔武有力；他是师长，以他教师的人格魅力陶冶他的学生，他更是一位热忱的爱国主义者，他以他年近80年的生命历程依然在谱写着这一华彩篇章。

张以榕——数学，让你睿智一生

倘若你有一种缘分，或者叫着福分，能有机会聆听张以榕老师上数学课，那简直就是一份知识享受，一场逻辑训练，一种思维升华。在层层深入浅出的剖析下，在步步紧逼的逻辑推理中，在发散性思维的演绎上，由不得你，从而进入了他的数学王国。跟着他，你会在这个天地广袤的疆域里，触摸到数学世界的玄机与奥妙，领悟到人生的哲理与真谛。

张以榕老师上数学课，竟能把毫无生机的一连串阿拉伯数字或符号演绎成一组组悦耳动听、旋律优美的数学交响曲，短短的粉笔是他的指挥棒，根据不同的坐标和曲线，他会不时地更换五彩粉笔，于是，他手中的指挥棒变得更加绚丽多彩。

他使劲用粉笔在黑板上清晰地写下娟秀小巧的文字和符号，粉笔经常被他压断，乘更换另一支粉笔的当口，他会时常回眸打量一下学生脸部的些微反应和变化。你会心了，你听懂了，你颔首了，你点头了，他会更加卖力。他是属于那种用心灵、用激情讲课的老师。

不像有的数学教师，在黑板上列罢式子，就按班就绪演算下去，轻过程，重结果。张以榕老师往往列出数学式子后，便打住，然后，抑或先向学生提问，抑或不断提示启发，抑或旁敲侧击、迂廻包抄，通过各种手段，让你领悟，待你豁然开朗之时，你学到的知识远远超过解这道题目的方法，它的内涵充实了，它的外延扩展了。

他教数学与其做人一样：张扬过程，追求过程，摒弃迂腐，不拘一格，不断创新。无论教书还是做人，他信奉这样一条定律——过程有了，结果自有定论。

1965年快放暑假前，担任班主任的张老师要上这一学期的数学总结课。上课铃声响起后，只见一个年轻漂亮的娇小女子，扎一根几乎拖到大腿的发辫，穿一袭白底缀粉红色杜鹃花连衫裙，手拎一只小矮凳，径直走到教室最后一排过道顶头，端端地坐下。张老师介绍，这是来听课的蒋老师。那天的课，如行云流水一般，上下互动，效果极好。后来我们才知道，她叫蒋淑维，是1963届苏州大学数学系与张老师同班的同学，那时，他俩正在热恋之中。她是仰慕张老师的才气，特地从常州赶来“取经”的。70年代初，在陈紫霄校长的鼎力帮助下，蒋老师的户籍才得以调到上海，在少云中学任数学教师。他俩终于结束了劳燕分飞的状态。

我曾问蒋老师，为什么会看中张以榕？蒋老师对我说，他好胜，早先我就认定他能够独当一面，想在同济争第一，在宝山争第一，不然，我心气那么高，怎么会嫁给他。想不到嫁给他之后，他的心气比我想象的还要高，要在全市争第一。

1980年代末，张以榕毛遂自荐，独自跑到复旦附中去应聘。后来在人才荟萃的复旦附中高中部担任了数学教研组组长，曾带领复旦附中国际奥林匹克数学竞赛队参赛。1989年张老师在复旦附中任教的毕业班，数学高考成绩平均分数高达117分，名列全市前茅。

张老师比我大九岁，我们之间常以兄弟称呼。记得1966年到崇明岛劳动，我老大不小地当着班上同学的面，称他“以榕弟”，他只是一笑了之。没几天，我的母亲给我来信，邮差送信时，我俩正躺在一间农舍里用稻草铺就的“通铺”上，他抢过信来，撕开，大声读着：“公展吾儿……”引来满屋笑声，我们俩互相占对方便宜，就此扯平。

我和我的姐妹四人都是同济中学毕业生，我们下一代共四个孩子，在临近高考前的半年，都受过张以榕老师的数学培训。奇异的是，孩子们的数学感悟都在短时期内突飞猛进。记得1999年我女儿面临高考，在上过张老师的十几堂数学课后，她突然有一天对我说：“爸，我现在一点也不怕数学了。”原先她的几门功课里，最差的是数学。高考成绩单发下来的那一天，我几乎不敢相信，女儿的数学成绩得了136分。

2006年张老师偕夫人蒋老师与我们几位当年的学生一同畅游新疆天山南北，2009年又一起结伴周游宝岛台湾，师生情谊延绵半个世纪。

假如你这么多年来没有机会再见过张以榕老师一面，那你一定会记得在校本部底层的大厅里，他挥动羽毛球拍，英姿勃发、奋力劈杀的矫健身影，他是当年同济中学的汤仙虎，所向披靡，打遍同济无敌手；你一定还会记得，每当夕阳西下时，他坐在老大楼前的石板台阶上，悠闲地拉起手风琴，“莫斯科郊外的晚上”、“红莓花儿开”……悠扬的琴声，宛在耳边荡漾。

岁月如流，如今他的双鬓也渐渐地染上了白霜，不过，据我所知，他仍旧保持一星期打两次半天羽毛球的健身运动，依然还在辅导应届高考生。

对所有跟他学数学的学生们，张以榕老师有一句名言——学数学不是将来要当数学家，学好数学，你的逻辑和思维能力就会大大提高，它会伴你聪明一生，睿智一生。

邬学政——无怨无悔的选择

邬学政，1964 年上海师范学院化学系毕业，刚毕业就来到同济中学任教，担任我们高一年级的化学课老师。五短身材，小平头，四方脸，挺括的鼻梁上架着一副考究的玳瑁边框眼镜，高度近视，因为眼镜镜片好似啤酒瓶底似的，一圈又一圈，密匝的像涟漪。

他第一次带领我们到校本部二楼南边的化学实验室上实验课时，就出了洋相。那天，他穿着一套靛蓝色大褂，稍显肥大，袖管卷得老高，手忙脚乱演示着，快到关键时刻，他提高嗓门，让同学们盯着试管看，注意此时有什么化学反应。不料，试管突然爆沸，药品溅了他一身。他先忙着干的不是灭火，也不是清理台面，而是掀起权当工作服的靛蓝色大褂的衣襟忙着擦拭他的眼镜。没有这个动作，下面的一切都是白搭。好像是班长跑到讲台上去帮他灭火的，下面引来了一阵阵善意的笑声。他的额头沁出了汗水，那时候的邬老师，真是略显得稚嫩了点。

33 年后的 1997 年初春，还是化学实验室的这些同学聚会在“延安饭店”，快进入尾声时，大伙纷纷上前和与会的老师握手道别。邬学政一边应接不暇与大家握手，一边动情地说：“假如时光能够倒流，我真的再想教大家一次。30 年前刚上讲台，没有把大家教好，现在有些经验了，大家都快当爷爷了。”啤酒瓶底后面闪烁着几颗晶亮的光。这是一位教师教学达到炉火纯青后升华的光，这是一位教师对教学一往情深的责任在闪光，是他的心底之光。

邬老师的父亲1931年17岁时赴日本留学，学化学，抗战后回国，在一家日本公司当高级职员。得乃父之真传，耳濡目染之下，邬学政从小酷爱化学，高中是高材生。1960年报考大学，志愿填的都是清华、复旦等国内名牌大学化学系，其他一概不填。结果，考分绰绰有余，却因袭父辈所谓“政治问题”，未能进入理想的大学。高招办的人丢下一句话：“像你这种情况，除非到师范大学去，否则没门。”

命运之神就这样把邬老师推上了中学讲坛。其实，邬老师还算幸运，再晚一两年考大学，全国都在贯彻“以阶级斗争为纲”，录取与否以阶级成分论，师范的大门都可能进不了。

在三尺讲坛上一站就是30多年，邬老师无怨无悔，他已深深爱上教师这份神圣工作。1986年，邬老师被查出胸壁上长了恶性肿瘤，从1986年到1989年连续经历了三次大手术，同时接受放疗。长海医院的医生忠告他，今后只能上半天班。邬老师坚信，这一次要把命运掌握在自己的手上，“我就不相信自己只是可以工作半天的人！”

在上世纪60年代一大批中青年教师队伍中，至今依然栖身同济中学的老师已经为数不多了，邬学政是其中唯一一个由教书出身继而当上学校行政领导的。说他善于应付中国式人际关系也好，说是改革开放后机遇使然也罢，面对30多年前的学生，能够讲出“我真得再想教大家一次”的老师，真可谓在执着中蕴藏深情，在坦诚下显出率真。

教师这个职业，原先就应该是蓝天底下最神圣、最令人羡慕的职业，邬学政老师干得无怨无悔(后调离同济中学，任杨浦高级中学教导主任，并在该岗位退休)。

林修权——深谙中英文的雅儒

在同济，既能教中文，又能教英文的，据我所知，仅林先生一人，单凭这点，就让我景仰不已。我大姐胡学素是他的门生，在家常对我说，林先生好生了得，上中文课，兴之所至，突飚英文。一次，讲李白的诗，竟然大讲莎士比亚的诗句，还洋洋洒洒写了一黑板的板书，英文板书也极其漂亮，比起中文毫不逊色。倘若这堂课是在比较这两位中西大文豪，说不定，在上世纪60年代初，林先生倒是将比较文学搬到中学课堂演绎的先驱者。

可惜，我无缘听先生的课。只是有几次，我们下课了，路过他正在执教的班级，看到他仍在讲，于是贴在窗口，听上几句，仰慕一番。大多时间只能在一旁默默观察，似乎想在他身上寻觅到一点林语堂的遗风——学贯中西、幽默古朴。不过，结果非常令人失望。他丝毫不像林语堂，既不抽烟，更不用说叼烟斗，也不穿对襟中式棉袄。微微谢顶的他，一年四季西装革履，蹬一双擦得锃亮的白皮鞋。吃饭上食堂，从校本部走出来，上身笔挺，手捧搪瓷碗，碗上置一双竹筷，上盖一方白纱布，洁净得很。先生终生未婚，孤立独行，走起路来，目不旁骛，极少主动与人搭讪。

1964 年夏，我刚入高一，全校举办了一次作文比赛，我的一篇《参观青岛啤酒厂》获得高中年级二等奖。张榜公布后的第二天，我上食堂吃午饭，见先生独自一人边看书，边进食，索性坐到他身旁，想找个话题与其攀谈。他正在看《古文评注》，见我坐下，很客气地点点头，待将嘴里的食物细嚼慢咽地吃下，清了清嗓子，不待我开口，他先说了话，有点福建口音的普通话:“文章写得不错，假如要更上层楼，记住，写作的功夫全在文章外。”接着，便迅速翻手中的书，翻到《留侯论》，是大文豪苏东坡写张良的名篇，用手指了指，继续吃他的，让我自己看：

古之所谓豪杰之士，必有过人之节。人情有所不能忍者。匹夫见辱，拔剑而起，挺身而斗，此不足为勇也。天下有大勇者，无故加之而不怒，卒然临之而不惊，此其所挟持者甚大，而其志远也……

我这人一向不谙世事，在学校里经常惹是生非，老师们对我的评价大概也是争论不休，反正壁垒分明。先生让我看这段古文用意十分明显。别看他不曾教过我，信手拈来，便一语中的。

……

陈宗扬——笑在后面，笑得最好

“陈宗扬的语法，唐伯祥的发音”，在同济中学，学生中流传着这样一种说法，虽然不甚准确，但由此可见大家对这两位中青年英语教师的教学长处，心知肚明。到了我们这一届，索性就用他俩名字的谐音，给编了个顺口溜——“来拉上海的城中央，荡来荡去，荡白相。”至今一提起，陈老师听了，自己也会发笑。

陈老师可算是同济中学的美男子，白皙的皮肤，大眼，高鼻梁，乌黑的头发常向后梳，吹着一个大包头，他那张青春横溢的艺术照，放在五角场朝阳照相馆的橱窗里直到“文革”

才被撤掉。

陈老师年长我一轮，与我是忘年之交。课余，我俩厮混得稔熟，彼此如兄弟。午休时分，他典着啤酒肚与我打乒乓球，他虽年长，可一分不让。为了一个有争议的擦边球，为了他是否在抽高球时用一只手支撑了球台，还是我发球时是否拼命跺脚，我俩经常争得脸红脖子粗。即便如此，他还是很少能赢我，可是他嘴里从来不服输，屡败屡战，整整交锋了五个年头。

他曾是上海外语学院垒球队的攻垒手，那个年头，会玩这项运动，令他很自豪，嘲笑我们对此一窍不通。一次看我们在初中部操场上玩自行车定车杂耍，批得我们一钱不值，夸耀他当年能双手脱把，定车之间，坐在车凳上能把一碗阳春面吃光。

陈老师生性内向，木讷寡言，公众场合下很少露出笑容。外加他的家庭出身是工商业者，即所谓资本家，被人叫着是食红利的剥削者，对待一波接踵一波的政治运动，他信奉“沉默是金”，以不发言、不表态应万变。他原本被分配在宝山县北部罗店镇任教，被陈紫霄校长网罗到同济。据说，他夫人也是上海外语学院的同学，被分配到江西，不愿去，也没哪个学校敢要，只能待在家中做起全职夫人。

虽然不苟言笑，陈老师上起英语课来，凡涉及语法，那真是收放有度，汪洋恣肆。往往由一个单词，发展到前、后缀及其派生词，再生发到一连串词组，以及警句、格言，再回到语法现象和规律上，并且强调根据语境的不同，哪些词会出现不同的意思及不同的用法，等等。笔记要记一大堆。我五年的英语全是他教的，笔记本假如都在的话，盈篇累牍，可摞起尺余高。

大概是对英语不太感兴趣的人，面对枯燥的英语语法提不起兴趣，消极办法就是在课堂上打瞌睡，再不就是叽叽喳喳讲话声不绝于耳。初二下半学期，陈老师被查出患有肝炎，住进长海医院被隔离治疗，消息一出，居然有人欢呼雀跃。

真叫“不怕货比货，就怕不识货”，接下来代课老师像走马灯似的连续换了三个，有的把新课所列生字表从头读到尾，有的叫学生一个接一个站起来朗读，再不就是背课文，愣是没有认真讲语法的。

一个多月后，陈老师被解除禁令。一天午休时分他从医院溜出来看望我们，那天中午课堂出奇的安静。陈老师端坐在讲台上，环顾四周，看着大家，沉默了好一阵子。代课老师的不堪胜任，他也许有所听闻，一时三刻，他还不能回来上课。突然，平时吵闹得最凶的同学中有一个站起来说："陈老师，你早点休养好回来教我们，我们保证不再吵了！"这时，我第一次看见他在公开场合露出了满意并且狡黠的笑容。

那年头，每逢周六，各班教师都要率领学生到附近生产队干农活。陈老师经常带我们到市京大队去。如今这里已是高楼林立、住宅成片的市光、开鲁小区，当时是农田一片。秋末初冬，寒潮来袭，刺骨钻心。拔棉花秆时，连我们学生都要戴上手套，可他却自讨苦吃，拒绝戴手套。拔累了，满手脏兮兮黑乎乎的，迎着冷风，点一根香烟，喘口气。我曾私下里问过他，为什么不戴手套？他自嘲地苦笑："班上工农出身的同学多，我怕戴手套干农活，人家要讲闲话，又要说我是资产阶级的公子哥儿。"

1991年陈老师终于调到离家较近的静安区教师进修学院，就任英语教研组组长。从1961年到同济中学任教，每天要从建国西路的家里辗转三辆公交车，才能到达五角场的黑山路，跨越上海的西南直奔东北，整整30个年头。他从不迟到。30年的奔波，来回挤公交车，挤掉了他一个青春年华，外加一个壮年时代。巧的是，他到静安区教师进修学院上班不久的一天，我和他在胶州路北京路路口他任教的学院附近遇上了。他说，他老了，虽然留恋同济，但再也挤不动公交车了，好在现在无需挤车了。说完，他露出了久违的灿烂笑容。

当时，他还对我说，退休以后想到美国的女儿家中住住，也好把教了几十年的英文实实在在地派派用场。

2012年的国庆节前，陈老师从美国加州斯坦福大学附近的圣荷西给我打来越洋电话，电话那头，传来他的笑声，夹带着他夫人啥贻弄孙的笑声。这些笑声让我听起来更舒畅、更迷人。陈宗扬老师，你笑在后面，但愿你笑得最好！

写于1997年3月

修改于2012年11月

(75/4、76/3)

《翻开封存的记忆》(摘选)

初64届4班 严 浚

去年十月的某一天，因一个偶然的机会，笔者去上海闵行区看望分别了数十载的小学班主任和语文老师陈惠和。席间，陈老师郑重取出一包东西。打开一看，里面装的竟是笔者小学时代的作文本、写字本、绘画簿和成绩册等物，还有一些是同济中学初中一、二年级时的东西及同班同学的习作选。

虽然纸张历经久远，看上去已陈旧发黄，但大多保存完好，字迹清晰可辨。陈老师对我说:“严浚，这些东西我帮你保存了五十多年啦，现在我年纪大了，应该物归原主了。你拿回去自己保存吧!”陈老师的这一番话，令我惊喜交加。

看着一篇篇少时习作，我不禁思绪澎湃，感慨良多，遂决定将其逐一整理出来，编成一集《翻开风尘的记忆》，留做纪念，并赠送给在世的老师和老同学们。

在这里，我要衷心感谢陈惠和老师，是她这位年已届八十七岁高龄的老人，虽历经磨难，仍有心将这些物品珍藏下来，从而将其对共和国后辈学生们的拳拳之心和谆谆之意，也从上个世纪五十年代，一直延续到了今天，堪称弥足珍贵!

我们同样深深感谢和缅怀另外两位影响我们成长，教导我们上路，但已经离开我们的同济中学初中老师:

赵德民老师，河北沧州人，回族，青年时代考入并远赴英国皇家海军学院深造，后随同国民党海军主力战舰“重庆号”(英国赠送)回国，任枪炮长，1949年随舰起义，加入中国人民解放军海军；1954年转业到上海同济中学任教；1962年起担任笔者所在初二(4)班班主任和史、地老师，直至毕业。1998年在上海逝世，享年80岁。

海晏老师，1927年生，河南开封人，回族，毕业于开封市立一中高中；1954年毕业于华东师范大学中文系，同年，赴同济中学担任语文教师。1962 年在上海同济中学任教期间，担任笔者所在初二 (4) 班语文老师兼副班主任，至初中毕业；1979 年调邯郸中学任语文教师。1987 年 4 月 2 日因患肝硬化，在开封市立第一医院病逝，享年 60 岁。

赵、海两位老师是继陈惠和老师之后，笔者小学和中学时代，在语文写作、人文思想和社会认知上成长的启蒙老师。

一个早晨（选自初中二年级作文，1962 年 9 月）

八月里的一个早晨，我怀着异常激动的心情回到了学校。和煦的阳光透过朝霞，映照着学校的田园、操场和房屋，像是披上了一层橙黄色的轻纱。清风微微吹拂，院子里的庄稼立刻掀起了绿波；茂密的树丛中，不时传来叽叽喳喳的鸟叫声。分别了两个多月，学校的一切都好像变了，只有新教室大楼，却仍然神采奕奕地矗立着，与校本部巍峨的大楼遥遥相望。这时，我突然产生了一种说不出的感觉，仿佛那与我们共同生活的大楼，突然变大、变得更加美丽宏伟了。这是个多么可爱的环境啊！一年来，我们就是在这个粉墙绿窗的大楼里，领受了丰富的知识，一天一天地沿着科学的大道，向建设祖国的行列前进。

阳光渐渐强烈了，学校里的人也渐渐增多，他们都是来缴费和注册的学生。虽然离开学还有几天，但是迫切求知的心情，驱使他们一早便来到了学校。校园中，走廊里，到处是川流不息的人群：那是教导过我们的老师，那是亲切和蔼的高中大同学，还有那同班的老相识。他们也怀着与我同样的心情，正在游览和观赏分别了两个月的学校呢！你看，那活跃在校门口的、脖子上系着鲜艳的红领巾的少年们，他们是来干什么的？哦，对了，他们是新近考取我们学校的小弟弟小妹妹们。我为我们又增加了一批新伙伴，我们学校又增加了一批新同学而感到喜悦和自豪。看着他们谈笑欢乐的情景，渐渐地，我情不自禁地回想起了一年前的今天……

记得去年今天，也是这样一个明丽的早晨，阳光普照，草木丛生。我们这些考取同济中学的伙伴们，和今天的新同学一样，幸福地度过了中学的第一天。当我们办过交费注册手续，参观好了整个校园，沿着花园般的小径走进我们的新教室的时候，我的心简直要飞了：新鲜、美丽，一切是如此的可爱！我贪婪地欣赏着这个新的学习环境：雪白的墙壁，整齐的桌椅，还有乌油油的黑板，整个教室充满了早晨的阳光。在这里，我们认识了慈祥的班主任马玉珍老师，还有陌生的朋友胡公展和徐文兴。我们怎么能不高兴呢？从那天起，我们就是一个中学生了，就开始在这个优美的环境里学习了！

幸福的思潮又把我带回了今天。今天，党所建立的学校哺育了我们，使我们成为具有一定文化程度和思想觉悟的初中二年级学生。它也哺育了千千万万的新中国少年，送走了一批，又来了一批。你看，那些聚集在校门口的小弟弟小妹妹们，不是正以无比喜悦的心情，庆贺自己新生活的开始吗？而此时此刻，全上海全中国的青少年学生们，也都在庆贺新学年的开始呢。这种事情在旧社会想都不要想，而在解放了的新中国，在共产党毛主席的英明领导下，到处涌现出了和我们学校一样的新型的抚育青少年成长的学校。

缴费的时刻到了，我迈着大步向办公室走去。早晨的阳光笼罩着学校的田园、操场和房屋，那古典式的大楼和现代化的教室，依然是精神抖擞地屹立着。新的学年开始了。

海晏老师评语：

写景抒情相交织，构成一幅幅生动的画面。落实了“插叙”的基础知识，过渡自然，构思巧妙，确切地表达了主题。

字迹秀丽，语言清新，“拟人”也用得好。错别字如美玉之瑕，当消灭。

记班级中的好人好事（胡公展）

天气阴晦，冷风飕飕地吹着，毛毛细雨下个不停，寒暑表上指着10摄氏度。这倒霉的天气好像故意给人捣乱，因为今天我们将要在江湾体育场举办“一九六二年同济中学初中田径运动会”。

各班的小运动员们都到齐了，个个精神抖擞。他们将要全力以赴地参加比赛，为班级的集体荣誉争光。

“呯！”发令员举枪发令。这响声划破寂静的天空，传到运动员们的耳里，他们飞跃地起跑，向终点冲去。紧接着一组又一组，一个高潮又一个高潮。我快步向田赛场走去，看见我们班的运动员们在做准备动作，预备跳高。突然一个同学叫道：“王成志，你脸上怎么那么多风疹块？”大家立刻轰动起来，对他说：“快回去吧！”“算了，别比赛了！”可是王成志坚决地说：“我不回去，我一定要坚持到底！”跳高比赛开始了，一个高度过去了，紧接着是考验你的另一个高度。一个同学被淘汰了，紧接着又一个没跳过。高度表上指着一米十，王成志毫不犹豫地敏捷地跳了过去。一片欢腾的掌声，在场的同学都为他这种为集体着想、为班级争光的共产主义风格而喝彩。

“为集体着想”是众人皆知的，大家都会说这句话。可是王成志同学却把它用到生活当中去，以实际行动为集体争光。这种精神怎不令人赞扬呢？

这种精神在“一九六二年宝山县中学生运动会”上又一次被我班同学发扬了。星期日，天气晴朗，来看运动会的人真不少。江湾体育场人声喧哗，十四个学校的选手们到这里争魁斗艳。

四百米长跑比赛开始了。站在第二跑道的个儿较高、身体胖胖、穿着钉鞋的运动员，就是我们故事的主人公孔凡强同学。只见发令员举枪发令，运动员拔脚起跑，迈开了比赛的第一步。四周围助阵的同学齐声呐喊，运动员们的脚一起一落，如踏在弹簧板上；我们的心也随着一起一伏地跳动。哎，多不争气！孔凡强总是落在第一名后面。一百米过去了，二百米过去了，他还是落在后面。到了最后的一刹那，也就是在最后的一米，他咬紧牙关用全身向前冲去…… 好险哪，仅仅快了零点一秒，他为学校夺得了宝山县四百米的第三名！

王成志、孔凡强同学的这种顽强意志和不屈不挠的精神是值得赞扬的。他们为了集体荣誉，在最后的一米，也要拼搏到底，在最后一秒，也要决一雌雄。这种坚强的意志品格，应该让大家一起来学习和发扬。

同学们：“鼓足干劲，力争上游”，用这样的精神作学习斗争的鼓动力吧！

海晏老师评语：

文笔简练，能围绕中心选择材料，落实了夹叙夹议的基础知识。叙议得当，尤其结尾的议论，更深刻地揭示了主题。

外滩江边（裘建孙）

夕阳西下，余晖消失，夜幕笼罩着整个大地，国庆的夜晚不知不觉地来到了人间。我刚下车，一幅奇异的画面突然跃入我的眼帘，我整个的心都禁不住欢腾起来。这是一幅多么美妙的图画啊！东面是江水滔滔的黄浦江。倒映在江面的灯光，经微风一吹，宛如一块碎了的宝石。江心那五颜六色的灯光映得一片通红，蓦地一看真好像来到了蓬莱仙境。北面是上海大厦。那高大矗立的像巨人一般顶天立地的大厦，如今显得更加美丽庄严了。彩花霓虹灯和五星红旗给它戴上了一顶五彩缤纷的高冠。那围绕着大厦的成千上万个灯泡组成的光柱，又给它披上了一件鲜艳夺目的彩衣。但最美的是西面的南京路，万盏明灯结成了一条玉龙似的宝带，盘绕在百货公司、食品公司……棱角边上，远远看去好像宝石连成的神话中的宫殿，在漆黑的夜空的衬托下，闪闪发光……(74/3)

我圆大学梦

初 67 届 顾德敏①

每年一入夏，学校就迎来中、高考的繁忙季节。此时，我就会想起 40 年前的一段往事。当时，国家正经历着一场浩劫，处于十六七岁花季的我们无“学”可上，别无选择地远赴黑龙江建设兵团，来到查哈阳新立农场 (即后来的五十团二营)，成为一名农业工人。

在连队的几年里，田间农活的艰辛与知青集体生活的趣味相伴，酸甜苦辣麻五味俱全，在我心中总感到有一种迷茫和缺失。一次，连队场院上，大伙儿聚在一个用草茓围起来的大粮垛旁边，七嘴八舌猜测着这个茓垛囤积了多少粮食。不称怎么知道呢？这时，上海知青叶志鸿想出个办法，他运用微积分近似计算的方法，很快得出了结果。顿时，我觉得心里一亮：我所缺少的不就是文化知识吗？一个念头在脑海里扎下根：我要读书、要上大学。

我从叶志鸿那里借来一本大卫•李嘉图所著《政治经济学及赋税原理》，读起来深奥、吃力，朦朦胧胧地对劳动价值论有了最初印象。在营直学校当老师的上海知青马新华、李军等人也鼓励我自学，马新华还给我送来数学教材，加上其他战友找来的书，一下子，我变得“富有”起来。

白天劳动一整天，只有晚上读书了，为了不影响别人睡觉，我托回沪探亲的战友买了一盏小巧玲珑的煤油灯。晚上，宿舍的灯熄灭了，夜深人静，我点燃小油灯，在闪烁跳跃的小火苗陪伴下，在方程的王国和几何证明的逻辑世界中享受着无比乐趣。

有一段时间，营里派我出差到拉哈的师部转运站，负责全营的大豆出口管理。白天工

①男，同济中学初 67 届，上海知青。1968 年 9 月到黑龙江生产建设兵团五师五十团，先后在二营种子队、综合连、工副业连、武装连、十二连等单位工作，1975 年年初返城。

作完了，晚上回到拉哈镇上的旅馆，买上两个甜烧饼，就着白开水边吃边读书。旅馆小屋成了我的书房。学物理，读史记，不到十平方米的空间仿佛成了能量转换的世界，抑或正在演绎一部规模宏大的社会变迁史。灯火通明，没有任何干扰，任思维自由求索，那时真觉得是在过着一种“奢侈”生活……

在知青上山下乡接受再教育的那个年代，学习数、理、化会被认为是扎根边疆、农村的思想不牢靠而授人以把柄，有战友为我担心，便把我的小煤油灯藏了起来。但是，我没有放弃，坚信“书籍是人类进步的阶梯”，读书没有错，想上大学也没有错。那时连里除了我，叶志鸿也在学习，北京知青王骥还在学习日语，许多战友都在读书……

1973 年年末，我探亲在家时，接到于小勉副连长发来的电报，内容是：团里下调令，调我到团部供应股工作。能到团部工作固然是件好事，可是团机关是知青人才集中的地方，竞争激烈，上大学的机会比在连队相对要小。返回兵团后，见到团部供应股陆股长，我将自己的想法和盘托出，表示如果可能，愿意继续留在连队工作；同时表态：如工作需要，我会服从组织的决定。陆股长在向团政委汇报请示后，同意我继续留在连队。

1974 年，组织上将一个上海体育学院的招生名额分配给我。不久，我接到通知：到五十五团团部参加上海体育学院的招生考试。当时恰逢我因腰部扭伤正在休养，腰扭伤怎能参加体育考试？怎么办？

我没有选择余地，只能搏一回了。考试那天很不巧，营里没有前往五十五团方向去的汽车，只有拉着麦草到海洋农场去的马车。我躺在高高的草堆上，一路马车颠簸，腰部也一阵阵疼痛，赶了约二十里路，来到新立农场与海洋农场的十字路口，接下来的路程只能步行了。

离五十五团团部还有二十二三里路，我一边走，一边不停用手搓揉腰部，以减轻疼痛，更是为即将进行的考试做热身准备，走了两个多小时，终于到达目的地。

考场设在团直学校，考生来自五师各团，上海体院的招生老师亲自主持考试，考试项目有：俯卧撑、仰卧起坐、单杠引体向上回环、100 米跑、纵跳摸高等内容，我强忍着腰痛完成了所有项目。

考试一结束，两位招生老师把我留下来谈话，我被告知，体能素质考试成绩不错，同意录取我。这一切来得太快、太突然了。上体院招生老师给我团干部股写了一封信函，并让我带回去。回到团部，我把信函交给了干部股，看完来函，干部股的人对我说："你是今年全团第一个确定被大学录取的。"听到这话，当时我只觉得是在做梦。

回连队后，我平静地等待录取通知书，一天、两天，一周、两周，眼看着其他学校招生工作陆续结束了……终于等来一个消息：我的录取资格被取消了，名额由他人顶替，原因是有人反映我不服从组织分配，扎根边疆思想不牢固……

这年冬季，天气特别寒冷，我又不幸得了出血热，住进了团部卫生院，遭遇九死一生才逃过一劫。家里下决心把我调回城。由于父亲所在二军医大从上海调防西安，因此，1975 年年初，我调到西安，进工厂当上机修钳工。

从农村回到城市，由农工变为工人，可是，我想上大学、继续读书的心愿没有变，我还"雄心勃勃"地计划自学高等数学呢。当时，中国思想文化史专家张岂之(西北大学教授、前校长)的女儿也在厂里当工人，经她联系，我们俩请西北大学数学系一位刘教授辅导微积分学习。刘老学识渊博、仁慈豁达，1957 年被划为右派，"文革"中也少不了受到冲击。每次去他家，他总是笑呵呵地，一支笔、一根烟、一张纸、一口京腔，为我们作辅导。为了感谢刘老的无偿付出，我们投其所好，买烟给他抽，老头儿乐得跟孩子似的。就这样，我自学了大学微积分的部分内容。

1977 年国家恢复高考，我参加了第一届考试，进了大学。数年坎坷学途，几经挫折不悔，终于圆了大学梦。(76/2)

哀伤中的疑惑

初 67 届 邹致平[①]

1976 年 1 月 8 日早上我还没起床，躺在被窝里习惯地打开了半导体收音机，突然传来了我们敬爱的周恩来总理病逝的噩耗，我被震惊了。在阵阵哀乐声中我感到无尽的哀伤，眼泪顺着眼角流淌，湿了两边的枕巾。屋里就剩我和韩新华两人，她早就起了床，听到广播后一句话也没说，默默收拾完屋子，又把炉火挑旺了，然后坐到一边抹起眼泪。

当时元旦刚过，报纸上发表了毛主席的两首诗词，大伙儿学诗词的热火劲儿正酣。当听到周总理逝世的消息，大家不约而同地没了嬉笑，心头笼罩着无尽的哀伤。沉闷的气氛持续了整整一周。直到 1 月 15 日，中央人民广播电台广播当天将召开周总理的追悼大会。我们都聚在一块儿，守候在收音机前，等待着向总理告别。但是一直等到晚上也没有转播追悼大会实况，仅仅是报道了吊唁活动。大家都十分疑惑：总理是全国人民的，怎么不让我们听听追悼会的实况，一块儿寄托哀思，送送我们的好总理呢？这是为什么？真堵心！后来我把这堵心的问题写信给了姬成章。他已经回天津上班了，应该比我们消息灵通些。

此时，要为团部盖大俱乐部突击备沙石料，生产任务特别的紧张；团里的“基本路线工作组”又进驻我连，政治学习也相当频繁。哀伤和疑惑都暂时被掩盖了。这年的“4•5”清明，在天安门广场和人民英雄纪念碑前人民群众自发举行了对周总理的悼念活动。姬成章的来信虽然没有正面回答我们的疑虑，但寄来了廖晓琪 (在北大上学) 到现场拍下的人们悼念周总理的令人感动的照片，以及摘抄的悼念诗词。通过这些相片看到了如潮的人流，

①女，上海同济中学 1967 届初中毕业生。1968 年到黑龙江生产建设兵团五十团，曾在二营种子队、团宣传股、工程连工作。后到芜湖解放军 5720 厂子弟学校、天津环卫局职工中专任教。

如山的花圈、花篮……不知怎的，我心里的雾霾一下被驱散了，内心充满着激动。嗳！这才是我们渴望见到的场景，这才是我们想说的心里话！尽管姬成章在信中一再嘱咐：自己看了就收好，不要扩散宣传。我才顾不了那么多呢！迅速地把这些相片和诗词给大伙儿传阅，这在连队知青中着实引起了一阵小小的骚动。

可是，中央的广播很快就对“4•5”清明悼念周总理的活动开展了狂风暴雨般的批判，把它说成是一小撮跳梁小丑的反革命行为。雾霾重又笼上了心头。工作组还要追查北京传来的照片、诗词。其实连队工作组的成员老龙、田中人也是相片和诗词的积极传阅者，他们心情跟我们又何尝不一样呢？为了应对调查，大伙又使出了“聪明招”：男知青说是上厕所时听女的那边说的，而女知青则说是从墙那边听来的，谁也不知道是谁。哈哈！工作组和团里的领导也心照不宣，事情就这么不了了之了。

直到“四人帮”被粉碎后才彻底拨开云雾见到太阳，“4•5”清明期间因悼念总理活动而遭到打击迫害的人终于重见天日成了时代的英雄！

人心啊！人心所想，人心所向！(75/3)

恰同学少年风华正茂

72 届 5 班 张莉莉（张莉）

我们毕业于同一所小学——六一小学，我们来自同一个家属院——二军大三院；我们又迈入了同一所中学，美丽的母校——同济中学。

1969 年，伴随着同济中学的晨钟声，我们踏进了校门。

那时的同济中学，教我们学到了不少知识。当时开设的课程有语文、数学、英语等。物理和化学被工业基础课和农业基础课取代，被调皮的我们戏称为工（公）基（鸡）课。我最喜欢的是英语课。在同学们的嬉笑声中，英语老师顽强地，一遍一遍教着国际音标，内容当然也摆脱不了时代的强音："东风吹，战鼓擂，现在世界上究竟谁怕谁……"至今我还能背诵前几句。

那时的同济中学，使我们掌握了不少技能。每天一早的"天天读"，日复一日地领读《毛主席语录》锻炼了我的口才；每天课间抄写"大字报"，一抄就是 10 多张。悬腕、定神，不错写和涂改一个字，打牢了我的书法和文字基础；每天课余的"玩扑克"游戏，要求我们记住包括自己在内 4 个人的代号。赢者必须能快速、准确地叫出对方的代号，这代号有时用水果、有时用物品，最难的要数 5 位数的代号。玩过这种游戏，锻炼了我的记忆力，让我至今都能很快记住重要的电话及手机号码。

对于同济中学来说，我们 72 届只是她百年华彩乐章中一个小小音符。但在离开校园几十年后，每当我闭上眼，同济中学的校舍，同学们青春的笑脸总能清晰浮现在脑海里。

（《同济通讯》40/8）

同济故园

74届 王亚非

春华稍纵白霜早，已近黄昏了。

断桥雁过又初冬，故园萋萋荒草冽风中。

钟楼宇空飞檐黯，朗朗声难返。

众多尘事付东流，只有寒窗恩义不绝休。

断　桥

一阵劲风，几朵黑云，飘洒下无数雨花，上学的路湿了，来往行人愁了。

一缕阳光，几朵白云，池塘边蜻蜓点水，放学的桥干了，人群穿梭如潮。

如果，在这世间上，有哪一座桥，让你神情恍惚。

是西子湖畔，千古风流的断桥残雪？是许仙与白蛇娘娘，风雨同舟的情缘？

那就是黑水断桥，通向故园的桥。黑水断桥的故事像它透风、漏光、穿雨，黑洞洞的一样神秘传奇。

每每过桥，桥下黑水潮起潮落，总感眩晕，不是踮着脚尖小心翼翼地，就是急速快步的跨越。

传说，在哪烽火年代，黑山战道上，炮火连天，兵败如山倒，炸桥了，路断了，潮退了，黑水倒流了。

南眺西子断桥残雪，烟雨如梦，古今迷惑多少情侣。北望黑山断桥黑水，硝烟散尽，有多少壮士作鬼雄。

断桥上，搭了座，人行小木桥。桥头雕栏石砌仍然留着战争的伤痕，小草野花却在残垣断壁的石缝中顽强的生长。

每次背着书包，路过断桥，石缝中隐约飞出悠扬的歌声，啊朋友再见，如果我在战斗中牺牲，请把我埋葬在山岗上，每当人们从这里走过，都说多么美丽的花……

年复一年，少小变成老大，当年上学的路上，断桥才不再断，但桥的歌声，仍余音缭绕，不绝于耳。

于是，恍然之，残缺遗憾，虽不完美，却是心中美好的怀恋。

如今，人们不会再叙述这断桥黑水的传说了。

一阵风，几朵云，来去无踪桥上行。一段情，几多愁，飘零桥下自东流。

碉　堡

碉堡是战神的象征，它扼守在黑山，封锁南北要道，故园断桥全在火力网内，可谁又能说得清楚，它曾喷射过束束火舌？

后来，碉堡像土地公公的土地庙，它大腹便便，有板有眼地守护着故园。

那时，有一群同济弟子，出川入海，书生意气，站在碉堡上，仰天长啸，碉堡内外，充满着久违的热闹气氛。

初夏时节，黄鹂鸣翠柳，红旗卷金浪，三夏学农正忙。

一伙弟子，放归自然，野性爆发，惹是生非，挑起两校群殴。工农大举进军，高举着钉把锄头，黑压压一片，大有黑云压城城欲摧之势，同济故园，十万火急。

众弟子奋起还击，飞石满天，头破血流。弟子们边战边撤，被压缩到故园死角。在这千钧一发之际，同济教师齐援手，众人全部撤入故园古殿，大门紧闭，厅内一片寂静。

故园外，吼声杀声，仍然此起彼伏。

围魏救赵，少云弟子急速增援，却遭伏击围剿，终因寡不敌众，束手就擒，被关押在昏暗潮湿狭小的碉堡内，被俘弟子们狼狈不堪。

几个工农女生把守碉堡，颇有一夫当关，万夫莫开傲慢之气，羞煞死人。

自烽火连天的兵败后，几十年间，碉堡内外还不成有如此的喧嚣。

碉堡里孕育出小蘑菇，碉堡外蔷薇蔓延，碉堡静静地卧在道旁，默默地注视着南来北往和时代变迁。

时光荏苒，青丝染白发，碉堡与董存瑞一同走进了课文。故园外的碉堡，碉堡里的壮士，都已无踪无影。琅琅的书声，早已将昔日的恩怨情仇，抛向九霄云外。

惊叹兮，风萧萧，黑水寒，壮士一去不复还，人面不知何处去，谁复侠肝照义胆？

故　园

黄昏的风，徐徐吹拂，故园塔楼沉静在斜阳中。在光影之间，仿佛飘逸着似曾相识的身影。

儿少之年，初登同济，为之震撼。

古楼殿宇，气势宏大，红柱撑天，藻井彩画，端庄华丽。

可迷宫式的学堂，犹如一座古代城堡，阴森森的，层层楼阁，纵横交错，神秘莫测。

是否感到，古堡中充满着精灵，可能还有幽灵，神出鬼没的。而古堡中的老师，肯定各个神通广大，法力无边。

可走近一看，才发觉，他们有的似吴刚，手握扫帚忠于职守，有的似嫦娥，孤灯长明辛勤耕耘。也有斗私批修苦中作乐的开朗绅士，还有慈祥可敬的白头老翁，以及才思敏捷

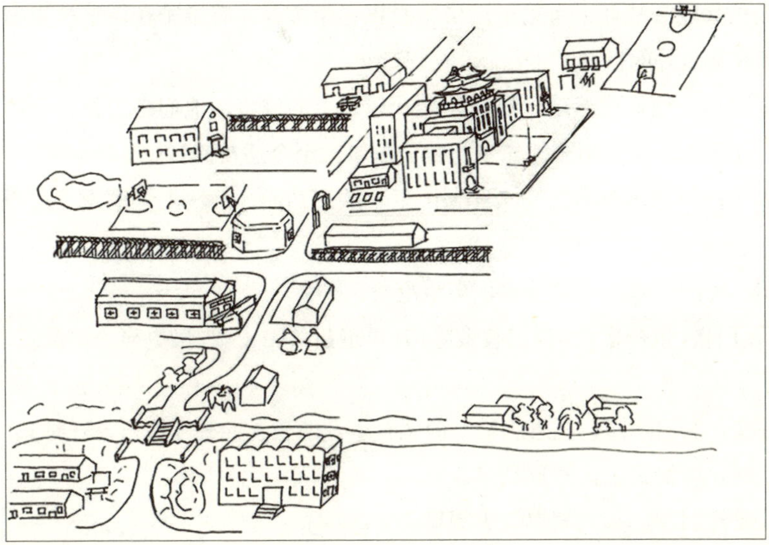

同济故园

的翩翩君子，真是八仙过海各显神通。

曾记否，

(赵德民老师)重庆号赵舰长，侃侃而谈，幽默风趣，川蜀情愿，倍感亲切；

(孙怀俭老师)远征军孙译官，随和文雅，恭谨谦让，教浪衣服，赢个利息；

(陈　刚老师)印尼华侨陈公，鼻音隆重，才华出众，学工工头，大材小用；

(史汝棠老师)体育恩师史翁，和蔼可亲，尊尊长者，同济体育，风生崛起；

(张冬云老师)佘太君张先生，临危受任，统领川军，师道尊严，教导有方；

(顾泽武老师)工基课顾帅哥，技艺高超，温柔敦厚，子弟之情，尊为师长；

(金承杰老师)农基课苻社长，乡里乡亲，津津乐道，蒸馏水瓶，装九二零；

(穆世明老师)春秋非攻墨子，物理大师，可亲可爱，浓缩精华，短跑健将；

(张以榕老师)神算子张天师，数学奇才，神机妙算，英俊潇洒，网球高手；

(范家骅老师)大内总管范爷，眼观六路，耳听八方，兢兢业业，克己复礼；

……

同济老师个个出类拔萃，博学多才，为人师表，恩深义重，弟子们受益匪浅，没齿难忘。

那时月朦胧，会有一支竹笛，在塔搂上吹着，抬头望见白斗星，心中想念……

那时有弟子进入红色兵团去战斗，有弟子读资本看鲁迅学雷锋，有弟子在图书楼里穷“借”书，窥视着工基农基之外的世界。

那时众弟子们钟情文体，他们是篮球、排球、乒乓球场上的健将，他们是田径场上的冠军，他们是舞台上的宣传队，英语剧东郭先生与狼的故事，至今还在流传。

那时疾风骤雨过去了，复课闹革命兴起来，上山下乡洪流汹涌，滚滚红尘湮没了，不经世的你和我。

忆往昔峥嵘岁月稠，民国旧事，文革往事，事事沧桑。

故园历经磨难，黄瓦门楼，重檐歇山，都已破敝陈旧，再遭封关二十载，虽更显冷清孤寂，却铮铮风骨犹存。

晚风萧瑟，冬月寒江，船笛声声，沉思悠长，但愿春华，能长久，共度往日，好时光。

一个身影，魂牵梦绕，悄悄来去，春夏秋冬。

故里寻他千百度，蓦然回首，那人却在灯火阑珊处。(82/4)

六月的落英——怀念我的班主任褚沈英老师

74届28班 梁 元

屈指算来，褚沈英老师离开我们已有11年了。2009年10月16日，我惊闻她去世的消息，但并不知晓她何时去世。我的震惊里含着哀悼和缺憾，总以为会有机会和她在一起叙旧的，不料人生无常，这一愿望竟未能实现。

2010年五月末，我利用回国之机取道上海，停留了一个星期。说来难以置信，这是我出国后第一次回上海。一个阳光明媚的上午，我专程去了阔别22年的溧阳路。上海的变化可谓翻天覆地，但所幸那一带连同四川北路都旧貌依然，我在熟悉的景物里感到了时光倒流。行至褚老师的故居，我几乎要像过去那样，在楼下大喊几声褚老师。居住在三楼的她听见了，就下来为我打开楼门。但现在这一切只能发生在回忆中了。我在那道黑漆铁门前伫立良久，往事历历在目。

从进入同济中学的1972年2月起，我就与褚老师未断过往来。中学毕业后我们不常见面了，但联系没有中断，一直持续到我离开上海去美国。我与她的交往跨越了我的整个青年时代。可以说，褚老师已成为我青春记忆中抹不掉的一部分了。来美国伊始我们还有书信往来。后来因为繁忙的读书、打工生活，又几经搬迁，丢失了通讯录，便渐渐与所有朋友失去了联系，也包括褚老师。这成为我终生的遗憾。

1970年小学毕业后，我继续留在原校(当时叫翔殷学校，现为翔殷路小学)，读了两年“戴帽”初中。1972年2月，我们这一届同学全部转入同济中学，成为高一班学生，开始了新的学习生活。那时，同济中学本校的高一年级已有14个班级，加上我们外校转入的14个班级，共28个班，分为甲乙两部。我们新加入的班级划为乙部。那时由于学生人数太多，教室不够用，甲乙两部错开，各上半天课，等到后来教室调整好了才开始全日制教学。至此，我所在的班级也就称为高一 28 班，而不叫乙部 14 班了。

刚进校分班的时候，我被分在乙部八班。班主任并不是褚老师，而是一位姓叶的女老师。进入新班后我环顾四周，看到的是一张张陌生的脸，感到十分失望：老同学们都不在一个班了，不好玩了。但是两天之后，转机意外地来了。我被叫到教师办公室。一进门就见翔殷学校原班同学、好友朱伟伟和两位女教师在谈论着什么。见我进来，其中一位老师说：

“梁元，请过来一下。”

“有事吗？”我有些疑惑，因为我并不认识她们。

“现在决定把你调到14班去，因为那儿正缺干部。”年长的老师盯着我的脸，严肃地说道。她就是褚老师，乙部 14 班的班主任。这是我们第一次见面。

“到 14 班？真的？”我感到惊讶。

“是的。朱伟伟向我请求过，说你们很要好，要求编在一起；14 班也正缺干部，我们就决定把你调到 14 班。哎，你们俩可要共同搞好班级工作啊！……好吧，你现在可以去了。”

我与朱伟伟一起欢快地走出办公室，心里别提有多高兴了。

在课堂上，因为这次突然换班，我仔细打量了我的新班主任。她看上去年约半百，个子不高，但是很健康，褐色的脸上闪着红润的光泽。后来才知道她每天骑自行车上下班，从四川北路溧阳路到同济中学，风雨无阻。难怪看上去不像坐办公室的样子，倒像是长期从事户外活动的人。她的目光老练而锐利，一口洪亮的普通话，头上隐约有着几丝白发。我立即向她投去尊敬和信任的目光：看她的外表便知是一位任教多年、经验丰富而有实力的老师。后来的接触完全证实了我对她的最初印象。当我得知她曾在西南联大求学、与杨振宁是同学时，心里不住地庆幸自己有这样一位学术背景极强的数学老师兼班主任。

后来接触多了，才知道褚老师的才能不仅表现在数学方面，也表现在文学艺术方面。这与当时酷爱文学的我一拍即合。因为有着共同的兴趣和爱好，加上褚老师平易近人的风格，我们的关系始终很融洽，平等而坦率。

我进入同济中学的第一学期，遇上学校组织朗诵比赛。褚老师希望我去参加，但被我一口回绝了。我性格内向，平时在课堂上被老师叫起来读课文都感到紧张，要在大庭广众之下朗诵诗歌，哪里有这样的胆量？褚老师并不灰心，不断来做我的思想工作，或许她有意给我锻炼机会，增益其所不能吧。过了几天，她利用自己的午休时间，找了几本文艺刊物借给我，说其中有几首诗不错，我可以选一首参加朗诵比赛。但我又一次拒绝了。不过这一次，我后悔自己的不近人情，心想褚老师平时够忙了，却花了那么多时间为我去找文艺刊物，我为什么偏不领情呢？于是松了口，对褚老师说可以去试试。从那一次朗诵比赛开始，我就逐渐喜欢上了朗诵，并认真读了一些关于朗诵的书籍。经过不断的学习和提高，我打下了朗诵的基础，胆子也比过去大了，终于在毕业那年与易华同学一起朗诵了由我创作的《毕业之歌》，并且连闯数关，挤入上海市普通话教学暨观摩演出的名单，在市少年宫的舞台代表同济中学，抒发了走向生活前夜的豪迈心声，赢得了台下的热烈掌声。如果当年不是褚老师的鼓动，我是不会对朗诵发生兴趣的。

那天在阔别22年的溧阳路，我满脑子都是褚老师的身影，不断浮现出与她交往的一幕幕。越是去追忆，我就越是与往事拉近了距离，仿佛一抬脚就走回中学时代了。

褚老师有着很强的时间观念，做起事来风风火火，恨不能在有限的时间内完成更多的事，可谓分秒必争。但过于匆忙容易导致生活中出错。记得第一学期就要结束的七月，我们紧张地准备着期末考试。但褚老师一连好几天都没露面。我后来得知她在家里遭遇脸部严重烫伤。当我在长海医院门诊部见到分别了一个星期的褚老师时，她烫伤的样子有些吓人。我找到穿着白大褂的母亲；她带褚老师去外科看了病，上了新药。考试结束之后，褚老师仍在家里养伤。我和朱伟伟同学决定一起去看望她。于是在某日中午乘3路有轨电车上了路，还买了些水果送去。老师看到我们显然十分高兴，摆上西瓜招待我们。她亲切、随和的性情使我们毫无拘束之感，反而乐意将心里话向她倾诉，比如理想、前途，以及一些现实情况。老师认真地听着。不知不觉三个小时在我们的交谈中过去了。我们告辞的时候还有些恋恋不舍呢。

校园合影（左起梁元、褚老师、朱伟伟，1974）

这次交谈加深了师生之间的相互了解，也奠定了了我们与褚老师良师益友的关系。

虽然褚老师办事雷厉风行，看上去有些粗线条，其实十分细腻、能够体贴别人。

1974年夏天我中学毕业了，被分配到位于横沙岛的宝山县横沙公社新胜大队插队落户。同济中学连我在内共有四名同学分在那里。报到那天，我们的家长与代表同济中学的张冬云老师一起，乘了两小时船抵达小岛，然后在码头乘班车到了新胜大队。那天褚老师没有送我去岛上，我并不在意，因为张老师一路将我们送到乡下，等一切都安排妥帖了才离开。没想到后来，在褚老师给我的一封信中，她对没能送我去岛上表示了内疚。她写道：

“那天早晨我也很矛盾，是送你还是送黄洪义？由于他家经济困难，要帮助具体落实，最后还是决定送你到码头后即回校送黄洪义到吴淞公社(泗塘大队七队)。尽管给他的住处已落实好了，但一转身队长又给他搬到个漏雨的房子。后来我知道了去信大队反映，现屋漏已修好……”

事后她向张冬云老师询问了我的情况，张老师说把我一个人安排在十队，离公路最近。她说：“梁元安排最好了，放心吧！”知道我去横沙岛一切顺利，褚老师才宽下心来。

然而，她仍有些担心我能否适应农村的生活节奏，说这次下乡正好赶上双抢农忙，颇不合适。要是刚下去时不是农忙季节，就有机会慢慢适应农村的生活，而不至于太突然了。当她从我的信中得知我咬牙闯过了双抢这一关时，感到十分欣慰，说以后就可以松一口气了。她毕竟当了我两年的班主任，对我有着透彻的了解，在信中特意关照我要改变孤僻的性格，多与周围的群众接触，扩大生活圈子。“要随便一些，不要老是一个人闷声不响，很容易使人感到你实在瞧不起人或者不愿接触他们。”她对我这份细致入微的关心令我感动，我也确实按她所叮嘱的那样有意改变自己，尽量与当地人搞好关系。

那天在溧阳路褚老师故居前徘徊，我时而沉浸在回忆中，时而走在现实中。当缓步转到褚老师家那幢旧式小洋楼的后门时，见一个老年妇女正欲跨入邻门，我赶忙走上前去，向她打听褚老师的情况。她告诉我，褚老师几年前过世了，她的三个子女都在国外。她的房产已经卖给别人了。我谢过她，在心里叹息不已。那个温馨的楼上，曾经有过我们师生多少次愉快的交谈和笑声啊。我拿出相机拍了几张照片，然后走进附近的溧阳路长春街道派出所。

“你有什么事？”窗口一个民警问道。

“我想打听一个人。听说已经去世了。你能告诉我她是哪一年去世的吗？”我将褚老师的姓名和住址对民警说了。他递给我一张纸片，让我写下褚老师的姓名，同时问我：

“你为什么找她？”

“她是我过去的中学班主任。”

他对照褚老师的名字查了电脑，对我说，她是2006年去世的。

“是在几月份呢？”

“六月。”

问清楚了日期，心里感到宽慰了一些。有了纪念日，就可以在这个时候缅怀故人了。

写罢此文，正值槐花飘落的六月。我仿佛站在中学时代高大的槐树下，望着满地白绒绒的花朵。槐花谢了，槐树崔巍依旧。我在心里默默地说：“褚老师，这么多年了，我仍能感受到您落在我身上淳朴而慈爱的目光。你永远活在我心里，与你一起走过的那些日子永远在我心中飘飞着记忆的花瓣。”

2017年6月于美国南加州 (85/13)

我的兴趣班

76届8班 秦海庆

1975年下半年是我在同济中学高中学业的最后一个学期。学校鉴于当时的情况，考虑到我们当中会有许多人上山下乡，为了增强我们自食其力的能力，专门为我们开设了一些兴趣班。

我已记不得一共开设了几个什么班，但我记得我报名参加理发班。为什么我会报这个班呢？主要是由于当时我想，一是理发每个人都需要，到哪都用得着；二是受到当时一些文学作品影响，觉得这门手艺不错，可以学学。当学校正式通知我们要开班时，我还专门到五角场去买了理发工具。当时我先买了最基本的三件套：推子，剪刀和梳子，兴致勃勃把它们带到了学校。

记得我们上课的地点是在黑山路东面的老校区。下午放学后，我们从平时上课的黑山路西面的新校区穿过黑山路，进入老校区，走到校区最靠南面的两栋平房前。这两栋房子当时已弃之不用，教室里空空如也，门窗也都破烂不堪，只待拆除了！记得教我们的老师好像姓徐，50多岁的男老师，慈祥可爱！他没给我们上过文化课，也不知道是教什么的。老师找来几个凳子，叫一个同学坐下当示教，我们十几个同学围成一圈。老师一边给我们讲解理发的基本知识和要领，一边就在同学头上示教。待他讲解示教完毕后，就叫同学们开始互相操练，你给我剪，我给你推，好不热闹！老师就在边上指导，你也可以随时提问。

我记得当时兴趣班上课是每周一次，每次一小时。记得我们在上了五六次课后，老师可能感到我每次都能准时来，学得比较认真刻苦，掌握得也比较好，就突然提出让我给他理个发，这下可把我吓了一跳！老师望着我惊讶的目光，安慰我说："不要紧张，没关系，你大胆剪。”在他的热情鼓励下，我哆哆嗦嗦拿起了推子，在老师头上开始了我的第一次理发生涯！尽管剃得很慢，但自我感觉还可以。当时心想，先少剃点，就是不好也不会太难看！就在我即将完成、正在做最后修饰时，边上过来一个看上去比我年长、据说理发技艺比我高的人，我就谦虚、礼貌地说：“你看，怎么样？帮我指导一下？”没想到，他二话没说，可能是感觉我剪得少了一点，想展示一下他的才华，就顺手拿起剪刀，咔嚓咔嚓剪了起来，一下子就剪下了许多头发，基线也升高了不少。我当时是想看看，他到底能修成什么样子？那时天已有些黑了，又没有大镜子，又没洗头，老师和我也都没仔细看清剃的效果。我感觉不是太好，可当时也不敢讲。就这样下课了。

过了一个星期，我想听听老师的讲评并看看最终的效果，便按时来到了学习点。可上课老师一直没有来，我们等了很久，感到很纳闷，便到办公室去找老师，可惜没找着。询问边上的老师，他们说，给我们上课的老师，那天回家就被他老婆狠狠地骂了一通，说：“这是谁给你剃得头，这么难看！”老师说是学生剃的，她接着说：“你教的都是些什么学生，什么水平啊！”给我们上课的这位老师受到了极大刺激，从此就再也不来教我们理发了！我为这位老师为我们受到了如此对待、为我们付出了如此代价而深感惋惜！我是多么想找到这位老师，当面向他表达我们深深的歉意和最衷心的敬意！由此我也想到，老师是多么伟大，为学生付出了太多太多，可有时还得不到别人、甚至是家人的理解和支持，有时甚至还会受到不公正对待，真是既可悲又可敬！我从小就很崇敬老师，在当时老师还不像现在这么吃香的年代，就很想当一名老师。可是命运没有满足我的心愿，我的第一志愿落空了。尽管我现在也有机会给学生上课，但不是专职老师，没有教师证，总觉得不正宗。但我还是非常认真地对待每一次讲课，总想以此来弥补我的缺憾！

没想到，我的第一个兴趣班是以这种方式结束的，人生就是这样。不过，我的理发技艺还是为日后的生活做出了贡献。我高中毕业后被分配到宝山林场，虽然单位里有会剃头的，但我有时也会给别人剃头。后来当兵到了野战部队，再后来考上了军校，都有机会施展我的理发才华，给战友们剃头。再后来，当上了爸爸，儿子第一次剃头就是我自己剃的，还把胎毛送出去作毛笔。后来还买了电推子，一直给儿子剃到小学毕业。再后来儿子大了，时代也变了，就不再给儿子剃头了。可这套理发工具我还一直保留着，作为美好的回忆吧！

2012.10.15(74/2)

77 届历次聚会组织者发言选编

2011 年 5 月，77 届原第七军医大学子弟相约我们的第二故乡上海活动。

汪浦同学在师生欢聚会上致词：

时间飞逝，我们走过了无数个春夏与秋冬，四十年前随我们的父母来到了东海之滨的上海。今天我们在 2011 年春暖花开的时节相聚在我们的第二故乡，此时我们的心情格外激动。虽然我们也到了知天命的年龄，但我们还是相约从世界各地和全国各地回到这里，大家时时刻刻都想回到我们整个少年时期度过的地方，今天这个愿望终于实现了。

曾记否当年的六一小学、翔殷学校、同济中学、少云中学，那时的教室和操场留下了我们的身影，更难忘学校各位老师的谆谆教导，在此我代表同学们向今天在座的老师们深深地鞠一躬，衷心感谢你们对我们的知识传授和各方面的影响力，我们没有辜负你们的教育与教诲。

回首往事，我们仿佛又回到那个纯真无瑕的年代，那时的我们正值豆蔻年华，桀骜不驯，大家还没来得及回味少年的欢乐就匆匆走向了大社会。

多年来我们并没有坐享父母们给予的优裕生活，我们像那个时代的青年一样拼搏与彷徨过、欢乐与忧伤过、成功与失败过。今天我们依然笑傲江湖，让我们大家永远欢笑。也祝愿我们的老师们身体安康。

1. 从合影照片看邀请教师主要是同济中学的老师，还有可能是少云中学或六一小学、翔殷学校的老师。

2. 原第七军医大学现更名为第三军医大学，地点重庆，1969~1975 年换防上海。

附：77届原第七军医大学子弟“相约我们的第二故乡上海”活动通知

1969年的夏天，我们中的大多数同学跟随父母所在的第七军医大学由山城重庆换防来到东海之滨的上海，在随后的五年多时间里我们相继在大上海度过了美好的童年、少年时代。我们常把上海比喻为我们的第二故乡，在这里留下了我们太多太多美好的记忆。

自1975年我们各奔四方以来，光阴流过快四十年了，我们盼望着分别了近四十年的伙伴在上海再相聚。为此，我们在重庆和上海的许多热心同学从2010年起便开始筹划这次聚会。我们真诚地呼唤远在海外和外地的同学们，在2011年春暖花开的时节(2011年5月1日—3日)相约上海——回到曾给我们带来难以磨灭记忆的成长故地，相约在五月的春风里，相约那欢快的青春年华！

2009年4月，同学50岁相聚。

77届袁辉(二军大子女)

原以为随着时光流逝，我们这些奔50的人激情不再。然而，分别后的再次重逢，我们仿佛回到了从前，那时的情，那时的景历历在目。忘不了老师的谆谆教导，同学的纯真友情，忘不了教室里渴求的眼神，也忘不了同学间无忧无虑的嬉戏搞笑，忘不了文艺演出时的动情歌声，也忘不了运动场上矫健的身影，那时的我们多么活泼，多么纯真。光阴如箭，岁月可以带走我们年轻的容颜，但永远带不走我们彼此的感情。

往事如烟，1977年我们走出校门，各奔东西。虽然大家走的路不同，但奋斗、拼搏的精神相同，人生终极的归宿相同。当我们用自己的智慧和汗水，在创造生活和实现自我价值的过程中，体味了人生的酸、甜、苦、辣之后，在经历了世事的沉沉浮浮之后才发觉：让我们最难忘怀、割舍不掉的依旧是那份浓浓的同学情。尽管由于通讯地址的变化，我们曾经无法联系；由于工作忙碌，我们疏于联络，可我们的友谊没变，互相间默默的祝福从未间断。友谊不曾因岁月的流逝、境遇的变迁而褪色、而淡漠。这份情谊如同一首深情的歌，悠远而回味无穷。

岁月不饶人，当年的少年同学，如今都奔50。在人生的道路上，我们认识了生活，也最终认识了我们自己。社会的发展。又造就了我们这一群栋梁。看今朝，尽是风流人物。“无时人事日相摧，冬至日生春又来”。我为大家祝福明天：相信所有同学的明天更加灿烂……

忆往昔，峥嵘岁月，风雨沧桑，世事多变！然唯一没有改变的是：同学之间的情谊，师生之间的情感，师生与母校的情缘——永生难忘，永远珍藏在同学们的心灵深处。

77届5班赵沪军(二军大子弟)

今天我们为我们自己的50岁生日所举办的《金秋相聚》项目的最后完成而感到欣慰。一年多以来我们为之投入太多的精力和热情，这让我们永远难忘。

从一个提议到最后把《纪念册》发到各个同学手中，这其中经历了太多的波折和激动，其中大家的热情是一个很重要因素，再就是核心团队的组织能力和相互配合也起了很关键的作用。这次的聚会活动前后经历了：

(1) 倡议的提出

在两年前一次欢迎海外同学的宴会上有同学提出，大家离开中学多年了，一路风尘和辛劳，转眼快50岁了，大家共同的军医大学子弟情节和难忘的大院生活情景，非常需要找时间聚会来共同庆贺我们50岁的生日。自发组成的筹备组就这样形成了，近十名同学开始为大家筹划，并确立了三个“一”的目标即一次聚会、一部电影、一本纪念册。

(2) 开始筹划

在2008年年初飘着大雪的一个周末，几个平时非常热心帮助大家的同学凑到一起开始策划有关聚会的时间、形式、规模、地点、资金来源，各自分工联络已失去联系的两个军医大学同学等重要问题，并很快就基本确定了所有工作步骤。

为了起到广泛联系增进互动的效果，又提出建立网站或博客的设想。经过简单商量一致认为建个博客比较实际，博客的形式一是简单直观借助与大网站的平台传播迅速范围广，二是稳定性很好不需要任何费用。很快第一笔启动资金得到了落实。

第二天《军医大学子弟50》的博客就开通了，这起到了很好的互动作用。大量照片、回忆文章、互动信息纷纷张贴上博客，大家把这个博客称之为我们的“空中家园”。

(3) 具体实施阶段

在以后数个月里筹备组同学开始进行具体的工作，主体文章的撰写(集结号)、照片收集、名单添加、经费估算、资金管理、博客维护、聚会地点的踩点权衡、电影编制、QQ群开通等都具体落实到相应同学身上，同时都明确了相应的时间节点要求。

特别是起到鼓动作用的“集结号”召唤起天南地北伙伴们的热情：我要参加、我要报名、我一定要到上海去、我已经请好假、我一定回来、我已提前订好机票……各种联系方法和渠道把久已失去联系多年的同学找到了。

文章的修改、名单的核对、节目的编排、电影画面的审核、纪念册的式样、照片的筛选、博客里产生的误会消除、用餐标准、住宿安排、会标名称、会场音箱和图像效果、应急药箱和药品配备、出行车辆落实、机场火车站接送等都做到了认真仔细。

聚会期间全体同学的积极参与和欢乐气氛则是整个聚会的目标。

(4) 结　论

这次活动之所以圆满成功首先要感谢广大同学的积极响应和支持。其次就是筹备组同学的奉献精神和精益求精的品质，特别是整个核心团队在遇到问题时能顾全大局，既有核心领导作用又有很好的相容性互补。

这次参加聚会有 88 个同学，共收集到照片 3100 多张 (仅限在博客、纪念册里和电影里使用)，寻到 160 多个同学的信息，《军医大学子弟 50》博客的点击率达到 16 万多次，【东方网】上始终排名在十几名左右。共召开各类会议 30 几次。驱车行程几千公里。为确保整个活动按期进行，组委会同学都为此奉献了几十个休息日和无数与家人团聚的时间。 直到今天，大家才真正地斟满杯中酒一饮而尽。

2009.4.25(76/4)

说说我们的故事

78届　赵晓春

2004年10月2日，我参加了78届六一小学(重庆同学)的重庆聚会，几天里七军大的孩子们(重庆同学)把这次活动搞得红红火火。我(二军大子弟)好歹也是六一小学的(前任)。对我这个从没去过重庆人来说太兴奋了。我除了在张驯坛主(倡导了六一小学七八届同学会)的带领下，游览了重庆的主要风景地外，还让我们参观了三军大的场所(此生我完成了四所军医大学的一饱眼福)。最后一天我和解小英脱离组织包了一辆出租车(一天300元人民币)游览了重庆的老巢……红岩村和渣滓洞、北温泉、吊脚楼、磁器口、重庆最长的立交桥(新建的)。吃了正宗的毛血旺、辣鱼头火锅(类似潭鱼头火锅)，好开心啊。认识了很多重庆六一小学的同学，还找到了我的“侄子”沈洁。他们让我们真正享受到了吃得好，玩得好，睡得好。回来后他们又精心制作了DVD给我们留念。

我在张驯坛主的启发下，回来后开设了同济中学七八届的同学会坛子。开坛后，第一个进入坛子的是一班的王绪心，第一个通知我有人进了坛子的是张葆红，第一个把这个消息群发大家的是冯利萍。

2002年我们实现了森林公园的大聚会，参加者将近300人。当时能把这么多人找到一起，贡献最大的要算张建蓉、康雷、冯利萍了。我只是合伙一起张罗。她们把认识的找到了，不认识的怎么找？告诉你们，找父母。张建蓉和康雷有着先天条件，在二军大内开始了电话找人。凭着印象，谁的父母是谁，就找谁的父母，通过父母再找到本人。最终实现了2002年森林公园的大团圆。我们当时播了新闻，制作了VCD。很多人看了我们的VCD都高兴得不得了。没有参加的人更加兴奋，很多人见了我们都说什么时候再聚会。我们已经 20 多年不说话了，现在不能不说话了，也不能不见面了。再不见，再不说，再也没有见面的机会了。

自从森林公园大聚会后，我们至今没有这么大规模聚过会，小的聚会时有发生。2004 年夏天，我们在贾靖同学的番茄家庄聚过会，规模不大，过了一次田园生活。但很多人都希望再能大聚会。

2005 年 1 月 23 日，我们同济中学 78 届正式在网上注册开坛。开坛的目的想通过网络联系更多同学。没想到，效果这么好。国内的冯利萍由于在开坛后贡献很大，上网纪录最优秀。国外的李坚也贡献很大。为此，被我这个不称职的坛主聘为国内国外副坛主，同时外加冯利萍常务副坛主，主管事务。没有他们现在我们国内和国外的同学不会发展得这么快。现在我们的同学在册数达到了 150 人，国外的 30 多人，国内的 100 多人。

考虑到 2007 年是同济中学 100 周年校庆，同时又是我们 78 届同学 2002 年 5 年后的第二次大聚会。如果通过网络能联系到全部同学享受这一百年一遇的庆典活动那该多好啊。

就这样我们又开始了新一轮大战。百年校庆一天天临近，我们以坛子为主，成立了百年校庆组委会，周建军(当时的红团团长)、陈自立为总指挥。赵晓春为秘书长(兼宣传工作)，冯利萍为联络长。国内通过指定的每个班级的热心人，以最大能量寻找到自己班级里的同学，不定期召开联系人会议，看看还有什么地方还没做好的，再继续努力。另一方面我们陆续接待往返国内的入坛所有成员，美国、加拿大、澳大利亚、日本等国同学，为他们找好朋友，为他们找老师，为他们找班级同学。很多同学回国次数不断增加，都说过去我们回国，就是看看父母，现在我们回国，父母看不懂，问是父母重要，还是同学重要，要摆平这种关系也不容易。因为同学太重要了，几十年没见，从来不说话的同学们现在说起了话，他们都说有个坛子，让我们更像一家人了。有了坛子我们有了交流场所，说说话，叙叙旧，回忆回忆当年我们读书时不说话，男女同桌划条线，男同学想点子欺负女同学，男同学在外打群架，女同学看男同学低头走路，男女对走像没看见似的，等等。

我们还自发地成立了北美同学会，澳洲同学会，北美同学会去年二十几个同学相聚在了一起。我们与他们进行了同步视频联系，太兴奋了。

去年有一个澳洲同学得了肝癌，我们 78 届所有同学都为他捐款，还为他找最好的医生。虽然没有挽回他的生命，但他自己也感受到了同学的温暖，在网上带着病与我们国内国外

起舞——今日闻鸡起舞，明日与世界齐舞（同济中学 1978 届全体毕业生敬赠）

的同学聊天直到生命的最后时刻。病逝后澳洲的同学还为他举行了葬礼，所有国内国外的同学都为他送去了祝福。

同时，为了百年校庆，我们还在同学中进行了捐款活动，因为在我们的同学中有一些同学先后下了岗。同学有钱的多出点，就能多让一名下岗同学参加。很快得到了国内外同学的积极支持。接着同学中有人提议是否送学校一件礼物作为永恒的纪念，很快这个问题也得到了落实。最后在加拿大商会会长李兵同学的大力赞助下，请来了加拿大设计师为我们免费进行了设计，在国内友人的帮助下完成了这一“起舞”雕塑。我们在同学中共募集资金 85000 元。大家都说“起舞”雕塑是我们 78 级全体同学的骄傲，她将从此伴随着我们的母校走过一年又一年的学海之路；也将迎来一年又一年的桃李之花，她将带着我们的祝愿，祝母校一年三百六十五天天天“起舞”。

我们的同学会将随着入坛人员的不断增加，会一天比一天更珍惜同学间的友情，更加热爱我们的生活。大家都说，找到了坛子，就是找到了家，找到了同学，也找到了温暖。

下一阶段我们的任务就将起航，那就是动员全体校友加入我们的帮困队伍。在 72 届和 78 届的倡议下，同济校友帮困网就将出台，为同济中学的困难学生送上我们的厚礼。

2007 年 5 月 (《同济通讯》40/1)

参与设计金茂大厦的日子

80届9班 何 焰[①]

1993年，我当时才30刚出头，一天单位领导找到我，说陆家嘴要建一座88层的金茂大厦，设计方是美国著名设计事务所SOM公司。芝加哥的西尔斯大厦、汉考克大厦、现在迪拜的世界最高建筑哈利法塔都出自他们之手。而建设方是由当时外经贸部的19家进出口公司所组成的一个联合业主——上海对外经济贸易中心有限公司(现在的金茂集团)。经多家国内著名设计单位的比选，SOM选中了我们上海建筑设计研究院作为中方合作伙伴和当地的设计顾问。我们院准备要在两个层面与美方建立合作关系，一个是成立专家组，由院里各专业的总师负责总体技术路线把控，另一个则是成立一个设计工作组，在院里选拔各专业中青年设计人员，主要工作是具体深入下去和美方团队一起工作，配合美方设计。其中要分两次，每次2个月去SOM芝加哥的总部和美方团队一起工作。备选人员除要经过院里专业翻译人员进行英语面试外，还要经过SOM公司和业主面试。

我顺利通过院里的英语面试，SOM来面试的是他们公司的大老板、金茂大厦设计项目负责人弗雷斯丁，一个精明的美国犹太人。面试并不如想象的那样可怕，只是大家一起谈谈工作，也没有个别分开谈，很顺利。由于业主面试那天我正好有事，没有参加，据去面试的同事说面试的是业主的第二把手(后来病故)。面试时他们问了许多问题，包括一些尖刻问题。但总算也过去了。

接下来就开始了具体工作，美方项目经理中文名叫谢国豪，是一位有20多年经验的

①同济中学79届9班，现任上海建筑设计研究院有限公司副总工程师。该届学生一直称自己为79届，因学制调整，79年没有高中毕业生，该届80年毕业，统称80届。

建筑师。他对人十分友好。负责我们暖通空调设计的是一个印度人甘地，是即将退休的老人，金茂大厦设计完，他就退休了。

1994年1月和10月我们分两次去了芝加哥工作。根据合同，我们住在美方替我们借的公寓里，每周美方发250美元生活费，主要是用于吃饭和交通。由于公寓与公司路程步行20分钟左右能到，所以我们都步行上下班，一来节省点钱，二来下班顺便逛逛马路，感受一下风城(芝加哥别名)风情。平时的食品和日用品在超市里买，到了周末几位热心朋友带我们去郊外大型超市买东西。最令我们感动的是美方设计金茂大厦的电气工程师匡先生，广东台山人，二战时到美国，大学毕业后一直在SOM工作。他要是不加班，就会在周末抽出一天带我们出去玩或去他家，至今让我们难以忘怀。谢国豪的中文秘书GLORIA是台湾人，她母亲是上海人，她会说一口上海话。她在生活和工作中为我们提供了无微不至的关怀。谢国豪热情好客，在美工作期间我们还去过他家吃饭，他太太也十分好客，他们还带我们去参加当地的爵士音乐节，看当时时髦的音乐剧《剧院魅影》。

我们的主要工作内容是解释和协调国内设计规范的执行，同时还要完成设计图纸及文件的中文翻译。由于金茂大厦的设计许多地方突破了当时的设计规范，因此我们还要在美方设计人员和中方政府主管部门间起沟通作用。当时SOM公司用的绘图软件是其独自开发的AES系统，该系统的中文输入和输出还没解决，所以图纸上的中文要翻译好后用普通纸打印出来，再复印在透明粘胶纸上，喷上一层固定液后用刀裁下，贴在正式底图上，十分不方便。整个项目图纸量很大，所以这项工作做得也很辛苦。原计划1994年春节回国过，但因设计进度延迟，美方要求我们延长工作日期，这样我们就在美国过了一个春节。不过SOM对我们也很照顾，春节那天，谢国豪带我们一起去唐人街吃饭，大家还是过了一个特殊而愉快的春节。

由于我们的工作得到了SOM公司的认可，所以当1997年他们中标66层的厦门邮电大厦设计时，立刻要求我们上海院做美方设计顾问，并且要求安排原班人马参加。

金茂大厦已建成10多年了，但每当回想起当时参与设计工作的情景，我仍会感到非常地开心和自豪。(74/2)

忆吴佩煜教授

张 华

我是吴佩煜教授看着长大的。与佩煜教授忘年相交18载，她是我的长辈，是恩师，也是挚友。彼时我还是一名不谙世事的懵懂少女，毕业分配至东方肝胆外科医院。

我和佩煜教授是越剧的老少票友。她喜欢青衣，我喜欢小生；她爱王派，我则钟情尹派。一搭一档，相得益彰。

佩煜教授“一生与诗书做了闺中伴，与笔墨结成骨肉亲”。她1922年出生于浙江杭州，自小随在铁路上工作的父母走南闯北。佩煜教授说：“我最感谢我的父母在那样的年代送我读书、上大学”。她常说，要多读书看报，要读万卷书，行万里路，腹有诗书气自华。她是长海医院妇产科的专家教授，技术精湛，参与编著《妇产科手术学》等专著和教材。我怀孕早时，佩煜教授摸摸我肚皮，说：“胎位不正，臀位。”后B超一查，果然。

佩煜教授一生，经历了抗日战争、解放战争、“文革”，等等。甜酸苦辣，点点滴滴，回首往事时她说：“我这一辈子，起起伏伏，波澜壮阔，过得有滋有味，很带劲。你们现在虽然什么都有，但是很平淡，没劲。”她总是把苦难当成乐趣品尝。在佩煜教授的人生道路上，在任何艰难困苦中，她总是保持积极的心态，乐观的生活。她总说别人对她很好，殊不知，正是她乐观向上、诚恳待人的行为影响了周围的人。

佩煜教授生活十分简朴，袜口松得不能再穿了，钉个扣继续穿；睡的床单用了十几年洗得泛白还在使用；家里的华生电扇扇了几十年，比我的年岁还大；饭菜吃不完舍不得倒掉，总是热热再吃。她说自己经历过三年自然灾害，不会浪费粮食。她也不在乎吃别人剩的东西，年轻时妇产科同事买馄饨，吃不完问佩煜教授要不要剩下的，佩煜教授说“要的”……她说：“那时候我们家最穷了，我们一家人，三个女儿两个老人，人多钱少，什么都要掐着手指头算好。”在家里经济困难的情况下，同事问她借款，她却毫不犹豫解囊相助。她说：“人家对我开口，总是有万不得已的情况。”

佩煜教授从医始终，生活中养成良好的卫生习惯和一丝不苟的作风。佩煜教授常说“好记性不如烂笔头”。她把用过的日历纸裁好制作成小本本，把生活中要记录的及时记下，她是吴老(吴孟超院士)的“生活秘书”，她的小本本上，记得最多的是吴老的事情：什么人打来电话找吴老，吴老的出差日期，找吴老看病的病人情况……

自1940年考进同济附中起，佩煜教授与吴老相识相知71年，几十年风风雨雨，相濡以沫、风雨同舟。二老感情深厚，羡煞旁人。任何时间、任何地点、任何情况，佩煜教授总是默默站在吴老身后，无条件支持。就算到了生命的最后一刻，佩煜教授心里想的、嘴里念的，还是吴老的饮食起居、日常生活……佩煜教授从不愿因为自己是吴老的夫人搞特殊化待遇。此生唯一一次住特需病房，是因为考虑她疾病恶化，需要一个安静治疗休养的环境。佩煜教授为此耿耿于怀，说：“这怎么行，这可怎么好！”

佩煜教授待人真诚、热情、无私。她教我如何做人、说话、做事；字斟句酌地帮我看竞岗演说词；热情招待我吃饭吃菜；笑眯眯拖长声音喊我：“张华哎，过来玩”。

哭！这样一个好人，走了，2011年8月5日下午15:48分。享年89岁……(68/2-3)

怀母校恩 叙同窗情——记同济中学理科班师生聚会

62 届理科班 张一心 徐晋庆

岁月流逝，阔别重逢。我们是同济中学理科班两个班级的同学，55 年了，我们终于相聚在虹口公园。

今年是母校建校 110 周年，理科 (1) 班的同学在微信上呼唤理科 (2) 班的同学，幸好 (1) 班程雪屏同学和 (2) 班程雪华同学是姐妹俩，正是这样的关联“同济中学理科班”微信群不断壮大，于是把两个班各地同学联系起来了。在群里不时可见欣喜的问候和交流，互联网一下子拉近了我们的距离，凝聚了同窗情。理 (1) 班同学果断决定 2017 年 4 月 9 日，我们风雨无阻虹口公园正门见。

这是一个难得的聚会。天也有情，当天气象预报的大雨居然没有下来。同学们一早从各地赶来。大家都是白发苍苍，有的腿脚不灵了，还有家属陪同而来的，因故未能前来参加的同学纷纷致电致信表示了自己的心意和兴奋之情。在公园门口大家自我介绍、相互介绍像是重新认识。令人欣喜的是有同学还把 93 岁的韩志萱老师和 87 岁的徐武侠老师也接来了，同学们搀扶着他们，围拢在他们旁边问长问短。韩老师是语文老师，当年风华正茂一口流利的普通话。徐老师当年朝气蓬勃，负责学校共青团工作。55 年过去了，他们俩满怀喜悦看着我们，诧异地发现这些学生竟是一群满头白发的老学生了。他们没有忘记我们，他们清晰地记得我们是一批同济中学建校 110 年来唯一的一届高中部二年制理科班的学生。此时此刻，在老师面前我们返老还童了，同学们在心里默默地说：老师，你的学生又回到了你的身边。有道是，饮其流者怀其源，学其成时念吾师。大家乘天还没有下雨，师生拍下了一张又一张合影。

中午时分，我们在公园对面天鹅宾馆共进午餐，大家把酒言欢。此时，我们仿佛又回到了学生时代，天真任性、嬉笑作乐，大家无拘无束热闹非凡。

理科 (1) 班同学周富兴满怀深情地朗读起他的诗作《相聚抒怀》：

我们之间的分别竟是如此遥远长久，
无论是精彩还是一般。
我们已奏响人生乐章，
时而深沉，
时而高昂，
但我们将永远无怨无悔，
因为这是命运的安排！
这时间的沧桑，
车轮的转换，
我们无法更改。
当今我们虽是一轮黄昏夕阳，
但我们要为自己没有虚度的人生喝彩……

这诗，在我们心中流淌，字字句句谱写了我们的人生经历，震撼着每个人的心！大家送上了热烈掌声。

殷八斤同学送上了给老师的纪念品，祝他们健康长寿。他还展示了戴光滋同学为大家制作的“毕业 55 周年纪念”的水晶球。

理科 (1) 班同学对这次相聚真是有备而来，句句诗、件件事渗透了同窗友师生情！

韩老师、徐老师也掩饰不住高兴之情，情深意长、感慨万分地回忆、寄托、希望、祝愿，如同长辈和亲人，句句深入每位同学的心灵。

追忆往昔，重返青春，同窗往事并不如烟。我们两个班的学生中有很多还是初中时的同学，他们在相逢之时纷纷回忆那些童真往事。同学们没有忘记在校外田间一起晨跑；夜间一起晚自修；男生宿舍音乐会半夜里还响彻校园。这一桩桩、一件件的往事历历在目。前几年，理科两个班的同学都曾重访校园，在老校舍、教学楼前拍照留念，那黄色琉璃瓦古典式重檐歇山式翘角楼顶，雕梁画栋、朱红色大柱的建筑曾是我们的大礼堂。我们旧时简陋的宿舍，就是在这个威武文气的楼台上。这端庄严肃的建筑让我们熟悉又难忘。

母校，我们曾经在您温暖的怀抱里聆听老师讲课，在这美丽的校园中生活成长，直到1962年夏依依不舍离别，从学生时代走向各自学习和生活的征途。时值母校110周年校庆之际，我们两个理科班的同学深深怀念着母校，怀念着曾经教导我们的敬爱老师。当我们相聚的消息告诉远在美国的李健人同学时，他激动万分遥寄了诗一首：

三月春色正漾然，

江南穹景旧曾谙。

亲风吹至天涯角，

犹忆相逢言腾欢。

李健人同学收到我们相聚的照片后，他说看了一遍又一遍，这真是千山万水隔不断同窗友情。

半个多世纪的人生历程、社会变迁、经历各异，尽管曾经的教学楼已经华丽变身为杨浦区图书馆，但唯有母校恩、师生情、同学情永不改变。理科班中不少同学成就斐然，成了国家和社会的栋梁，向母校交出了优秀的成绩单，我们倍感自豪！

相聚总有散席时，大家一一道别时，声声保重，祝愿健康和平安，眼神中期待再相聚。

(85/6)

后　记

在庆祝同济中学建校110周年之际，凝聚着几代校友心血的《舟中情——同济中学校友回忆录》，即将和大家见面了。

1998年1月，由原国立同济大学附属中学50届校友曹其行发起、邹祖荣主编并创办了年级性校友通讯刊物《舟中情》，主要叙述同窗情深，别后彼此思念。《舟中情》甫一出现，就受到各届校友欢迎。二十年来，从最初一个年级的上海同学办刊，合作编辑年级开始只有49、50、51三届。此后编辑阵容逐步扩充，扩大到48~55届八个年级，北京、武汉、南京、福州等地轮流编刊，发行上延45届、下接56届部分同学。刊物发行范围也逐步扩大，每期印数越来越多。诸位老校友不辞辛劳，全身心投入，赢得了不少赞誉。

2012年5月，发行72期后的《舟中情》由同济中学校友会接办，张明女士以学生、教师、校友会负责人三重身份接办。至2017年，《舟中情》已发行到85期。

2016年3月，在同济大学校友会吕美安教授举荐下，同济大学出版社陈立群先生参与此项工作。此后在与学校沟通中，经多方协商，兼顾史料抢救、文化传承和交流需要，张咏梅校长明确表态支持并列入学校110周年校庆计划，在2017年110周年校庆时出版一本涵盖《舟中情》创刊以来主要内容的回忆录，精选其中文章并补充部分《同济中学通讯》文章。

此书主要记载40年代至60年代校友在校学习生活的经历。随着抗战胜利，学校从四川李庄复员上海，辗转至黑山路181号原上海市图书馆办学至今。这一时期，社会发生了巨大变化，编入本书的内容着重反映了师生之间回忆解放前夕地下抗争斗争和解放后建设新中国的经历。校友们回忆的字里行间，充满了难以忘怀的同窗情，师生情，爱国爱校之情。此外，华德中学的校史也有所反映，尤为难得的是，陈立群发现了朱树卓回忆接管华德的文章。书中大部分内容选自《舟中情》1~85期，少量内容选自学校创办的《校友通讯》和《同济中学通讯》校友之声栏目。57届华士珍校友专门撰写长文，深情回忆26位老师，也一并编入此书中。由于篇幅原因，个别文章做了删减或合并。作为同济传统体育项目的篮球队、文艺剧团、学生刊物、上山下乡这些方面内容，只能留待以后陆续整理汇编。

近一年来，面对厚厚的《舟中情》72期合订本，饱含从40年代开始进入同济的学子对师长、同窗的深情厚谊，那些珍贵的老照片背后是娓娓道来的一段段历史。仅《舟中情》1~72期就有160万字，加上后续各期，篇幅巨大。要从中精选内容，工作量巨大，编辑工作着实不易。所幸陈立群先生正在主持推动有关同济大学抗战时期的史料抢救，已将《舟中情》的部分相关内容编入《同济人忆抗战》一书中，以便这本回忆录可以容纳更多回忆。

为此项工程做出基础工作的有：老编委袁义善不顾自己已是耄耋之年，体弱多病，在夏日小屋和康复病床上完成合订本索引；张晓明女士完成了大部分文稿的数字化转换，张明女士补充完成部分稿件数字化、翻拍照片以及72期以后内容的初选；陈立群负责1~72期内容挑选及全书定稿，并专程赴京津等地拜访多位高龄校友，寻找当年照片，抢救即将消逝的历史痕迹。部分在校学生利用寒假完成了1~16期文稿的数字化。

在本书即将出版之际，我们要特别感谢已故的《舟中情》主编谢颖武校友及夫人徐静兰女士，他们为《舟中情》的出刊与大量珍贵资料的保存和整理做出了重要贡献；衷心感谢袁义善、钟敏、李世煌、李维显等《舟中情》老编委，正是他们的热情和敬业奉献，为本书出版奠定了扎实基础；我们也要衷心感谢陈立群先生为本书出版和史料抢救做出的贡献；同时要衷心感谢同济大学校友会吕美安教授和其他各界同仁与朋友。

感谢前辈校友，他们的回忆将成为“同济人”共同的精神财富，因为我们都是舟中人。感谢所有为此做出贡献的人。

赵强

2017年11月26日